"后发赶超"论坛(第十二辑)编辑委员会

主　任：
　　　　黄朝椿　黄　勇
副主任：
　　　　胡　庆　陈应武　赵　普　索晓霞　谢忠文
成　员：
　　　　蒋莉莉　陈加友　杨雪梅　戈　弋　刘　岚
　　　　张　松　颜　强　李　妍　余　希　罗　凡
　　　　秦治瑶　袁　觅　龙军民

后发赶超论坛

【第十二辑】

"后发赶超"论坛编委会 编

贵州省社会科学院智库系列

Houfaganchao Luntan XII

中央民族大学出版社

图书在版编目（CIP）数据

"后发赶超"论坛. 第十二辑 /"后发赶超"论坛编委会编.
北京：中央民族大学出版社，2025.6. --ISBN 978-7-5660-2507-4
Ⅰ. F127-53
中国国家版本馆 CIP 数据核字第 2025J0A749 号

"后发赶超"论坛. 第十二辑

编　　者	"后发赶超"论坛编委会
策划编辑	舒　松
责任编辑	舒　松
封面设计	布拉格
出版发行	中央民族大学出版社
	北京市海淀区中关村南大街27号　邮编：100081
	电话：(010) 68472815（发行部）　传真：(010) 68932751（发行部）
	(010) 68932218（总编室）　　　(010) 68932447（办公室）
经 销 者	全国各地新华书店
印 刷 厂	北京鑫宇图源印刷科技有限公司
开　　本	787×1092　1/16　　印张：42.25
字　　数	720千字
版　　次	2025年6月第1版　　2025年6月第1次印刷
书　　号	ISBN 978-7-5660-2507-4
定　　价	170.00元

版权所有　翻印必究

本书获中国社会科学院—贵州省人民政府战略合作专项经费资助出版

贵州省社会科学院"甲秀文库"出版说明

近年来,贵州省社会科学院坚持"出学术精品、创知名智库"的高质量发展理念,资助出版了一批高质量的学术著作,在院内外产生了良好反响,提高了贵州省社会科学院的知名度和美誉度。经过几年的探索,现着力打造"甲秀文库"和"博士/博士后文库"两大品牌。

"甲秀文库",因贵州省社会科学院坐落于甲秀楼旁而得名。该文库主要收录院内科研工作者和战略合作单位的高质量成果,以及院举办的高端会议论文集等。每年根据成果质量、数量和经费情况,全额资助若干种著作出版。

在中国共产党成立100周年之际,我们定下这样的目标:再用10年左右的时间,将"甲秀文库"打造成为在省内外、在全国社会科学院系统具有较大知名度的学术品牌。

贵州省社会科学院
2025 年 6 月

目　　录

在第十二届"后发赶超"论坛上的致辞 …………………………… 黄　勇（1）
在第十二届"后发赶超"论坛闭幕式上的致辞 …………………… 赵　普（4）

篇章一　新发展理念示范区与区域高质量发展

试论新的文化使命与中国式现代化的内在关系 …………………… 赵志浩（9）
基于身份认同和共同表达的地域文化形成研究 …………………… 熊安静等（21）
旅游产业化语境下文化的符号特征、基本面向及主要功能 ……… 蔡贞明（31）
创意下乡：乡村全面振兴背景下传统民族文化资源资本化的
　　逻辑与策略 …………………………………………………… 徐　哲等（41）
电子游戏：文化传播新载体与文化新质生产力新引擎 …………… 周伯洲（49）
创新文化与新质生产力实现路径倡导下搏克题材网络游戏研发探析
　　……………………………………………………………… 浩斯巴雅尔等（60）
非物质文化遗产"两创"的实践路径研究 ………………………… 王　子（73）
当前黔东南州文化旅游产业快速发展亟待解决的若干法律层面
　　问题研究 ……………………………………………………… 刘仕海等（85）

篇章二　中国式现代化地方实践

高质量发展背景下四川森林康养产业实践路径研究 ……………… 金小琴（97）
构建现代森林康养产业促进乡村中国式现代化发展 ……………… 郭　莉等（109）
互助式健康养老服务的实践探索与推广价值 ……………………… 方金友（123）
乡村振兴背景下后发地区森林康养产业创新 ……………………… 张　帆（133）

贵州农作物种业振兴研究 …………………………………… 谢　军（146）
民族地区乡村生态产品价值实现推动绿色共富：逻辑、障碍
　　与路径 ……………………………………………… 胡剑波等（161）
青海省生态经济高质量发展路径探索 ………………………… 张明霞（177）
我国生态产品价值实现政策扩散时空演进分析 ……………… 颜强等（189）
产业政策、贸易保护与工业化：基于重商主义的理论演进视角
　　……………………………………………………………… 徐雅卿（204）
地方链长式国企培育与现代化产业体系构建研究 …………… 郭　鹰（216）
建设农业强国背景下广西推动现代设施农业高质量发展对策研究
　　……………………………………………………………… 王造兰（229）
内蒙古加快农业农村现代化的地方实践 ……………………… 汤明媚（241）
西部地区高质量对接东部沿海地区产业新布局路径研究 …… 王　娟（252）
制造业现代化产业体系构建的金融支持研究 ……………… 刘佳宁等（265）
中国式现代化视域下贵州现代山地特色高效农业发展路径研究
　　……………………………………………………………… 刘克仁（279）
共同富裕试验区建设视域下提升农村干部廉政能力路径研究 … 李昕玮（290）
宁夏农民合作社质量提升的创新举措与推进路径 …………… 郭勤华（302）
苏南打造共同富裕示范区制度设计与实现路径研究 ………… 张慧利（313）
内地与港澳旅游合作研究综述 ……………………………… 罗艳等（327）
农文旅融合：推动乡村产业高质量发展 ……………………… 薛正昌（339）
人与自然和谐共生的现代化话语体系构建语境、核心内涵与
　　实践向度 …………………………………………………… 王会芝（352）
以林业碳汇为支点撬动绿水青山变金山银山 ……………… 魏霞等（364）
贵州融入全国统一大市场研究 ………………………………… 谭　茜（378）
全国统一大市场视阈下行政性垄断之法律规制 ……………… 谌立芳（389）
省际贸易视域下江苏参与国内大循环的现状及对策 ………… 卢晓菲（403）
奋力推进中国式现代化的地方实践 …………………………… 刘伯霞（419）
谱写美丽中国海南篇章的生动实践与展望 ………………… 吴秋花等（431）
中国式现代化的贵州实践：以贵州"跨越式发展"为分析对象
　　……………………………………………………………… 邓小章（444）

篇章三　新质生产力与数字经济

新质生产力引领西部地区高质量发展：内在逻辑、现实挑战、
　　提升路径 ………………………………………… 沈开艳等（461）
加快培育农业新质生产力推动乡村产业高质量发展的江苏实践
　　………………………………………………………… 赵锦春（472）
数字经济与农业融合发展水平测度及影响因素研究 …… 王娜等（487）
乡村"文体旅融合"高质量发展策略研究 ……………… 曾梦宇（504）
乡村振兴战略下青藏高寒农业山区生态安全评价研究 ………… 郭　婧（517）
新质生产力应用"脱虚向实" ………………………… 时润哲等（534）
新质生产力助推乡村振兴的内在逻辑与实践路径 ……… 杨　骏（546）
以新质生产力赋能贵州农业现代化高质量发展 ………… 陈昊毅（559）
加快培育和发展新质生产力以数字经济赋能粤港澳大湾区
　　高质量发展 …………………………………… 陈嘉玲等（570）
因地制宜发展云贵川渝新质生产力 ………………… 杨正权等（587）
数实融合：推动贵州经济发展的"质"与"量" ……… 王楠等（602）
通用人工智能生成内容的法律保护研究 ………………… 逯　达（614）
新质生产力赋能"专精特新"中小企业高质量发展的实现路径
　　……………………………………………………… 蒋楚麟（628）
贵州以数字经济人才赋能新质生产力发展研究 ………… 陈玲玲（638）
人工智能对企业高质量发展的影响研究 ………………… 刘　英（648）

Contents

Address at the 12th "Catching Up from Behind" Forum ········ Huang Yong (1)
Address at the Closing Ceremony of the 12th "Catching Up from Behind" Forum ···
·· Zhao Pu (4)

Chapter One: Studies on Xi Jinping Thought on Culture

Exploring the Internal Relationship between the New Cultural Mission and Chinese
　　Modernization ·· Zhao Zhihao (9)
Research on the Formation of Regional Culture Based on Identity and Co-expression
　　·· Xiong Anjing et al. (21)
The Symbolic Characteristics, Fundamental Orientation, and Primary Functions of
　　Culture within the Context of Tourism Industrialization ······ Cai Zhenming (31)
Creativity in Rural Areas: The Logic and Strategy for Capitalizing on Traditional
　　National Cultural Resources under the Framework of Comprehensive Rural
　　Revitalization ··· Xu Zhe et al. (41)
Electronic Games: A Novel Medium for Cultural Communication and a New Driver of
　　Cultural Quality Enhancement ·································· Zhou Bozhou (49)
Analysis of the Development of Bokh-themed Online Games under the Advocacy of
　　Innovation Culture and the Pathway to Achieving New Quality Productivity ······
　　·· HaoSi Bayaer et al. (60)
Research on the Practical Path of the "Two Creations" for Intangible Cultural Heritage
　　·· Wang Zi (73)

Research on Urgent Legal Issues in the Rapid Development of the Cultural Tourism Industry in Qiandongnan Prefecture ……………… Liu Shihai et al. (85)

Chapter Two: Local Practices of Chinese-Style Modernization

Research on the Development Path of Sichuan's Forest Health Industry under the Framework of High-Quality Growth ……………………… Jin Xiaoqin (97)
Develop a Modern Forest Health Industry to Advance the Rural Modernization with Chinese-Style Modernization ……………………… Guo Li et al. (109)
Exploration and Promotion of the Practical Value of Mutual Health Care Services … ……………………………………………………… Fang Jinyou (123)
Innovation in the Forest Health Industry in Late-Developing Regions under the Context of Rural Revitalization ……………………… Zhang Fan (133)
Research on the Revitalization of the Crop Seed Industry in Guizhou Province: A Perspective on Latecomer Catch-Up ……………………… Xie Jun (146)
Realizing the Value of Rural Ecological Products in Minority Regions to Facilitate Green Co-prosperity: Logic, Challenges, and Pathways ……………………… ……………………………………………………… Hu Jianbo et al. (161)
Investigation into the High-Quality Development Path of the Ecological Economy in Qinghai Province ……………………… Zhang Mingxia (177)
Spatio-temporal Evolution of Policy Diffusion in the Realization of Ecological Product Value in China ……………………… Yan Qiang et al. (189)
Industrial Policy, Trade Protection, and Industrialization: A Theoretical Evolution Perspective Grounded in Mercantilism ……………………… Xu Yaqing (204)
Research on the Development of Local Chain Long State-Owned Enterprises and the Construction of a Modern Industrial System ……………………… Guo Ying (216)
Research on Countermeasures for Promoting High-Quality Development of Modern Facility Agriculture in Guangxi under the Context of Building an Agricultural Power ……………………………………………………… Wang Zaolan (229)

The Local Practices for Accelerating Agricultural and Rural Modernization in Inner Mongolia ······ Tang Mingmei （241）

Research on the New Industrial Layout Path for High-Quality Connectivity Between the Western Region and the Eastern Coastal Area ······ Wang Juan （252）

Investigation into Financial Support Mechanisms for the Development of a Modern Industrial System in the Manufacturing Sector ······ Liu Jianing et al. （265）

Research on the Development Path of Efficient Agriculture with Modern Mountain Characteristics in Guizhou from the Perspective of China's Modernization ······ Liu Keren （279）

Research on Approaches to Enhance the Integrity Governance Capacity of Rural Cadres from the Perspective of a Common Prosperity Pilot Area ······ Li Xinwei （290）

Innovative Measures and Development Pathways for Enhancing the Quality of Farmers' Cooperatives in Ningxia ······ Guo Qinhua （302）

Research on the Systematic Design and Implementation Path for Establishing a Common Prosperity Demonstration Zone in Southern Jiangsu Province ······ Zhang Huili （313）

Summary of Research on Tourism Cooperation Among the Mainland, Hong Kong, and Macao ······ Luo Yan et al. （327）

Integration of Agriculture, Culture, and Tourism: Facilitating the High-Quality Development of Rural Industries ······ Xue Zhengchang （339）

The modern discourse system of harmonious coexistence between humans and nature establishes the context, core connotation, and practicaldimensions ······ Wang Huizhi （352）

Leverage forestry carbon sinks as the fulcrum to transform green mountains into gold and silver mountains ······ Wei Xia et al. （364）

Research on Guizhou's Integration into the Nationally Unified Large Market ······ Tan Qian （378）

The Legal Regulation of Administrative Monopolies within the Framework of a Nationally Unified Large Market ······ Shen Lifang （389）

Current Situation and Strategic Countermeasures of Jiangsu's Participation in the Domestic Grand Circulation from an Inter-Provincial Trade Perspective ············ ·· Lu Xiaofei (403)
Strive to Advance the Local Implementation of Chinese-Style Modernization ········ ·· Liu Boxia (419)
Vivid Practices and Prospects in Writing a Beautiful Hainan Chapter for China ··· ·· Wu Qiuhua et al. (431)
Guizhou's Practice in Chinese - Style Modernization: An Analysis of Guizhou's "Leapfrog Development" ································ Deng Xiaozhang (444)

Chapter Three: The New Era of Quality Productivity and The Digital Economy

New Quality Productivity Drives High-quality Development in The Western region: Internal logic, Realistic challenges, and Pathways for Improvement ················· ··· Shen Kaiyan et al. (461)
Jiangsu's approach to accelerating the development of high - quality agricultural productivity and promoting the advancement of the rural industrial structure ······ ·· Zhao Jinchun (472)
Measurement of Digital Economy and Agricultural Integration Development Levels and Influencing Factors ································· Wang Na et al. (487)
Research on High - Quality Development Strategies for Rural "Cultural - Sports - Tourism Integration" ································· Zeng Mengyu (504)
Ecological Security Assessment of Agricultural Mountain Areas in the Qinghai-Tibet Alpine Region Under the Rural Revitalization Strategy ············ Guo Jing (517)
New Quality Productive Forces Applied from "Virtual to Real"
　—A Study on the Construction of a Digital Rural Governance Complex Model ·· Shi Runzhe et al. (534)
The Internal Logic and Practical Pathways of New Quality Productive Forces Boosting Rural Revitalization ································· Yang Jun (546)

Empowering High-Quality Development of Agricultural Modernization in Guizhou with New Quality Productive Forces ·················· Chen Haoyi （559）

Accelerating the Cultivation and Development of New QualityProductive Forces to Empower High-Quality Development of the Guangdong-Hong Kong-Macao Greater Bay Area with the Digital Economy ············· Chen Jialing et al. （570）

Developing New Quality Productive Forces in Yunnan, Guizhou, Sichuan, and Chongqing Based on Local Conditions ·········· Yang Zhengquan et al. （587）

Digital – Real Integration: Driving the "Quality" and "Quantity" of Economic Development in Guizhou ·················· Wang Nan et al. （602）

Research on the Legal Protection of AI-Generated Content (AIGC) ················· Lu Da （614）

The New Quality Productivity Empowers "Specialized, Refined, Unique, and Innovative" Small and Medium-sized Enterprises to Embark on a Path of High-quality Development ·················· Jiang Chulin （628）

Research on Guizhou's Digital Economy Talent Empowering the Development of New Quality Productive Forces ·················· Chen Lingling （638）

Research on the Impact of Artificial Intelligence on High – Quality Enterprise Development ·················· Liu Ying （648）

在第十二届"后发赶超"论坛上的致辞

黄 勇

尊敬的各位领导、各位专家：

大家上午好！

在全国上下深入学习贯彻党的二十届三中全会精神之际，在金秋送爽硕果累累的美好时节，我们相聚在风景秀丽的贵阳市花溪区孔学堂，共同拉开"习近平文化思想与中国式现代化地方实践"学术研讨会暨第十二届"后发赶超"论坛的帷幕。在此，我谨代表会议主办方贵州省社会科学院对各位领导和专家的莅临表示热烈的欢迎和衷心的感谢。同时，特别感谢贵阳市委宣传部、贵阳孔学堂等单位承办此次会议，并提供了精心、精细、精致的服务，让大家有宾至如归的感觉，在此致以诚挚的谢意。

贵州是一片古老而又充满活力的土地，不仅拥有壮美的自然风光，更孕育了深厚的文化底蕴。从苗侗的歌谣到布依的织锦，从黔北的茅台到黔南的石桥，每一处都流淌着历史的印记，述说着文化的传承。今天，我们以论坛为载体和平台深刻学习领会习近平文化思想的深刻内涵，深入探讨文化助力中国式现代化建设的现实路径，努力在担当新时代，新的文化使命上贡献社科力量，习近平文化思想是新时代中国特色社会主义思想的重要组成部分，是新时代中国特色社会主义文化繁荣兴盛的指南针。

习近平总书记指出，文化自信是一个国家，一个民族发展中更基本、更深层、更持久的力量。对贵州而言，丰富的民族文化资源和独特的自然景观是我们宝贵的文化财富，也是我们实现后发赶超的重要精神支撑和文化自信来源。党的十八大以来，我们深入学习贯彻习近平文化思想，深入挖掘和传承优秀文化传统，创新文化表达方式，让文化成为推动贵州高质量发展的重要力量。在习近平文化思想的引领下，贵州正以文化为纽带推动经济社会的全面发展，始终坚持走符合省情的文化发展道路，努力在推动经济高质量发展的同时保护好绿水青山，传承好民族文化，让人民群众在中国式现代化进程中共享发展成果。

我们通过保护与传承民族文化，让多彩民族文化成为贵州靓丽名片，通过文化与旅游深度融合，让绿水青山变成金山银山，通过数字文化创新让贵州故事走向世界。这些实践不仅提升了贵州软实力也为文化助力中国式现代化的探索提供了宝贵经验。贵州在习近平文化思想生动实践地建设、数字赋能文化发展等方面取得了显著成效，为文化助力中国式现代化建设积累了宝贵经验。同时，也在建设习近平文化思想生动实践地的工作中深切体会到只有全面准确深入学习领会习近平文化思想才能确保发展始终沿着正确方向前进，只有坚持以人民为中心的发展思想，才能不断满足人民群众对文化产品、文化服务的美好向往。只有坚持文化的交流互鉴才能不断激发文化传承发展的动力与活力。只有坚持科技赋能文化发展，才能不断提升文化产业的竞争力和可持续发展的能力。

近年来，贵州省社会科学院围绕习近平文化思想和中国式现代化地方实践这一主题，紧密结合我省"四大文化"工程，深入落实"三有"科研理念，形成一批有深度、有温度、接地气的理论成果。在学科建设方面，以民族文化与认知科学和黔学两个重点学科为引领。加强支持培育和引导不断夯实习近平文化思想研究的学科根基。我们还围绕遵义会议精神，文化遗产保护传承等选题，组织精干力量，开展课题申报和研究，设置学习贯彻省委十三届四次全会精神及中国式现代化贵州实践研究等专项课题，持续编辑出版《贵州文化产业发展蓝皮书》，在各类媒体发表宣传贯彻习近平文化思想的理论文章。目前，在进一步学习宣传贯彻贵州省委十三届五次全会精神，为建设习近平文化思想生动实践地贡献社科力量。

借力东风，抢抓机遇。各位领导，各位专家，各位同仁，党的二十届三中全会改革号角已经吹响，站在新起点上我们要深刻学习领会习近平文化思想，拿出"闯"的勇气，"创"的智慧，"试"的良方，当好西部发展省份的探路者、试验田、先行区，努力在新时代西部大开发上干出一番新事业，闯出一片新天地，我们期待各位领导、各位专家学者和各界朋友能够充分发挥专业知识和独到见解，为贵州建设习近平文化思想生动实践地和推动中国式现代化贵州实践提供宝贵意见和建议。让会议成果转换成为贵州奋力"后发赶超"的智慧力量。

最后，衷心感谢各位领导、各位专家，各位同仁长期以来对论坛的支持、参与和贡献。预祝论坛取得圆满成功，祝愿大家在爽爽贵阳度过一段美好而难忘的时光。

作者简介：黄勇，贵州省社会科学院党委副书记、院长，二级研究员，经济学博士。

在第十二届"后发赶超"论坛闭幕式上的致辞

赵 普

尊敬的各位专家学者,各位嘉宾,女士们,先生们:

大家好!

"习近平文化思想与中国式现代化地方实践"学术研讨会暨第十二届"后发赶超"论坛在各位领导和专家的热烈交流中已圆满完成会议的各项议程。在此我代表主办方贵州省社会科学院和广东省社会科学院向所有参会的领导和专家致以崇高的敬意,向为本次论坛付出辛勤劳动的各位朋友表示衷心感谢。

习近平文化思想是习近平新时代中国特色社会主义思想的重要组成部分,深刻回答了新时代我国文化建设举什么旗、走什么路、坚持什么原则、实现什么目标等根本问题,是推进文化强国建设、铸就中华文化新辉煌的根本指南。

本次论坛呈现出几个特点:

一是紧扣主题聚焦主线。本次论坛以"习近平文化思想与中国式现代化地方实践"为主题主线,紧紧围绕"习近平文化思想的生动实践""'强省会'战略与高质量发展""新质生产力与中国式现代化"等三大主题,从文化使命、文化凝聚力、民族文化、非物质文化遗产"两创"等方面研究探讨了文化本身的发展以及文化如何赋能社会经济发展,深入探讨习近平文化思想在中国式现代化地方实践中的引领性作用和实践路径,新见迭出,美不胜收,既交流了思想,又探讨了学术,既辨析了问题,又碰撞了智慧火花,有助于我们更加深刻理解习近平文化思想。

二是实践指向明显。学者们立足各自省情,结合国际国内发展趋势,从产业政策、乡村振兴、国企改革、区域协调发展以及建设全国统一大市场的角度,深入地总结探讨了中国式现代化地方实践的成果和经验,提出了一系列有价值的对策建议,为推动中国式现代化建设地方实践贡献了智慧力量。

三是体现时代特征。学者们对新质生产力的内涵与外延、数字经济与实体经济融合发展、人工智能应用发展与法治保障等内容进行了系统全面的分析研究,对贵州发展数字经济,推动新质生产力发展有很高的理论指导和启发。

四是凝结高度共识。通过研讨,大家深刻认识到,在新时代推动文化繁荣、建设文化强国,必须加强对习近平文化思想体系化研究、学理化阐释,特别是围绕坚持党的文化领导权,推进"两个结合"、坚定文化自信、巩固文化主体性。推进中国式现代化是一项长期而艰巨的事业,只有坚持习近平文化思想的指导,才能确保我们党始终掌握思想和文化主动,以文化推动道路、理论和制度发展。

同志们,贵州是中国式现代化的后发追赶者、西部欠发达地区推进中国式现代化的典型实践者、中国式现代化的创新探索。"后发赶超"论坛举办十二届以来,一直致力于探讨和交流中国式现代化实现的路径与经验,为推动中国各地区均衡发展、实现共同富裕提供了重要的思想平台。与会专家学者的真知灼见,为我们提供了宝贵的智力支持和理论指导。我们相信,通过不断深化对"后发赶超"的理解和实践,通过不断探索和创新地方发展的有效路径,我们一定能够在中国式现代化新征程上取得新的成绩。

最后,再次感谢各位专家学者的积极参与和精彩发言,让我们携手并进,为实现推动中国式现代化地方实践贡献智慧和力量。期待来年和大家再聚一堂,在"后发赶超"的道路上继续前行!

作者简介:赵普,贵州省社会科学院党委常委、副院长(保留正厅长级)、二级教授,产业经济学硕士生导师。

篇 章 一

新发展理念示范区与区域高质量发展

试论新的文化使命与中国式现代化的内在关系

赵志浩

摘　要：新的文化使命为中国式现代化提供源源不断的精神动力，与新的政治使命不可分割。新时代党的政治使命规定了新时代文化使命的发展方向，那就是要为中国式现代化服务，新的文化使命为中国式现代化的政治使命提供坚强的思想保证。应发挥文化对中国式现代化的阐释功能，主要表现为对新时代文化新使命内涵的阐释，对中国式现代化的本质、内涵与特色的阐释，对中国式现代化与现代性的关系的阐释。发挥文化对实现中国式现代化的引领功能，文化引领就是"让现实趋向思想"、实现奋斗目标，文化引领的重要任务是塑造一代新人，抢占真理和道义的制高点，团结带领全国人民坚定不移地为实现中华民族伟大复兴的目标而奋斗。

关键词：文化使命；政治使命；中国式现代化；文化阐释；文化引领

习近平总书记在文化传承发展座谈会上的讲话中指出："在新的起点上继续推动文化繁荣、建设文化强国、建设中华民族现代文明，是我们在新时代新的文化使命。"要坚定文化自信、担当使命、奋发有为，共同努力创造属于我们这个时代的新文化，建设中华民族现代文明。深刻领悟新时代文化使命与中国式现代化的关系，对于完成中国共产党在新时代的政治使命，建设社会主义现代化国家具有十分重要的意义。

一、新的文化使命为中国式现代化提供精神动力

习近平总书记指出，"中国式现代化是物质文明和精神文明相协调的现代化"。中国式现代化要求"两个文明"一起抓，"两个文明"相互促进，均衡

发展，推动全体人民物质生活和精神生活共同富裕，不断满足人民对美好生活的期待，激发全民族文化创新创造活力，增强实现中华民族伟大复兴的精神力量，建设中华民族现代文明，内在地要求中国共产党人担负起新的文化使命。

（一）新的文化使命建立在中华优秀传统文化基础上

中华民族有着悠久的历史文化，形成了特定的文化基因和文化禀赋，结成了丰厚的文明成果，塑造了中华文明的连续性、创新性、统一性、包容性与和平性。实现文化自强自信，要求传承中国优秀传统文化，这也是中国式现代化的必然要求。中国式现代化既要求符合中华传统文化的特征，也要求实现马克思主义中国化。马克思主义基本原理同中华优秀传统文化相结合，才能传承弘扬传统文化，实现马克思主义中国化。习近平在文化传承发展座谈会上指出，"中国式现代化赋予中华文明以现代力量，中华文明赋予中国式现代化以深厚底蕴"。中华文明在长期的发展过程中，形成了具有自身特色的宇宙观、天下观、社会观、道德观。党的十八大以来，以习近平同志为代表的党中央把马克思主义基本原理同中国优秀传统文化相结合，提出了一系列的新发展理念、新战略布局，体现了中华传统文化的精髓，把马克思主义推到了新的高度和境界，为推动中国式现代化和中华民族伟大复兴提供了思想动力支持。中国式现代化要求在科学社会主义价值观的指导下，充分发挥中华优秀传统文化在当代的价值，为中华民族伟大复兴提供精神动力，展示中华民族独特的精神标识。

党的二十大报告指出，要"坚定道路自信、理论自信、制度自信、文化自信"，其中的文化自信要求挖掘中华民族优秀传统文化的价值，吸取优秀传统文化的智慧，延续中华文明基因。在社会主义现代化进入新时代，我们更加需要思想引领、文化滋养，需要构筑中国精神、中国价值、中国力量。传统文化的仁爱诚信、尊老爱幼、见义勇为、亲仁善邻等道德文化资源是社会主义核心价值观的重要源泉，也是实现中国式现代化的内在要求。挖掘中华优秀传统文化的以民为本、天人合一、求同存异、和而不同等文化精髓，才能彰显中国式现代化的中国特色。

（二）新的文化使命要求面向世界和未来

习近平总书记指出："中华文明自古就以开放包容闻名于世，在同其他文明的交流互鉴中不断焕发新的生命力。"中华文明自诞生以来，就不断学习借鉴不同地域文明成果，孕育了学习型的中华文明。鸦片战争以来，中国人民在寻求独立自主过程中，开始开眼看世界，学习吸收西方现代化文明成果。中华人民共和国成立后，特别是改革开放以后，中国人民以更加包容的姿态加强与世界各国特别是现代化发达国家的学习交流，深入研究世界各国现代化发展模式，吸收世界文化精华，通过融合创新，开创了中国式现代化的发展历程。人类文明是世界各民族共同创造的，世界各国的现代化成果为中国式现代化提供了丰厚的经验，当今世界是开放的世界，推进中国式现代化要保持思想开放、兼容并蓄，以更加博大的胸怀，更加广泛地开展同世界各国文明交流，更加积极主动地学习借鉴世界一切优秀文明成果。加强同世界各国的人文交流和文化合作，学习借鉴人类创造的所有优秀文化成果，取长补短，实现跨文明对话。坚持不忘本来、吸收外来、面向未来，学习借鉴各国宝贵经验，为中国特色社会主义服务。中国式现代化既要面向世界，又要立足本国，推动不同文明之间的交流互鉴，以开放的胸襟包容吸纳世界一切文明成果，推动人类文明发展进步。在推进中国式现代化过程中，要洞察人类发展潮流，吸收人类创造的一切文明成果，以文明互鉴超越文明冲突，为中国式现代化提供思想借鉴。

（三）新的文化使命为中国式现代化提供强大动力支持

新的文化使命让中华文明焕发新的生机活力，为建设中国式现代化和实现中华民族伟大复兴注入强大的精神力量。习近平总书记强调，在新的起点上，继续推进文化繁荣，建设文化强国，建设中华民族现代文明。党的十八大以来，以习近平同志为核心的党中央把文化建设摆在更加突出位置，坚持守正创新，激发中华文明新活力，开创了党和国家社会主义事业的新局面，为实现中华民族精神上的独立自主，筑牢中国特色社会主义的道路根基打下了基础，为推进中国式现代化提供了强大的精神力量，为民族复兴注入强大精神动力，创造这个时代的新文化，为中华民族现代文明做出更大贡献。在建设中华民族现代文明过程中，既要全面了解中华文明的历史，推动中华优秀文化创造性转化、创新性发展，又要建设中国特色社会主义新文化，为中国式现代化建设汇聚文化文明的力量，更加有力推进中国式现代化道路建设。中国式现代化是中华文明传统文化的延续，在推进中国式现代化进程中，中华文明会焕发出新的活力，起到引领世界文明的重要作用。

文化是一个民族、一个国家的灵魂，中国式现代化的文化建设实践关系到中华民族伟大复兴这一中心任务。建设社会主义文化强国，建设中华民族现代文明，必须加强具有强大凝聚力和引领力的社会主义意识形态建设，才能够调动全国人民建设社会主义的主动性和积极性，担负起新时代文化建设的新使命。要注重中华优秀传统文化与革命文化、社会主义先进文化的有机结合，增强文化自信自强，用先进文化引领中国式现代化建设，把全国人民的价值理念引导到社会主义核心价值观上。一个民族没有共同的价值观，就会一盘散沙，四分五裂，中国特色社会主义新时代要把社会主义核心价值观作为中华民族赖以维系的精神纽带，做到知行合一。中国式现代化的每一项事业、每一项工作，都是社会主义核心价值观的新实践，要用社会主义核心价值观指导引导各项工作，坚守中华文化立场，讲好中国故事，提升中华文明影响力，建设新文化，创造新文明。

二、新的文化使命与新的政治使命不可分割

马克思、恩格斯指出："一切划时代的体系的真正的内容都是由于产生这些体系的那个时期的需要而形成起来的。"[1] 在《新民主主义论》中，毛泽东以唯物史观为指导，揭示了文化的根本性质，他认为一定的文化（当作观念形态的文化）是一定社会的政治和经济的反映，又给予伟大影响和作用于一定社会的政治和经济；而经济是基础，政治则是经济的集中的表现。1949年9月21日，毛主席在中国人民政治协商会议第一届全体会议的开幕词中指出："随着经济建设的高潮的到来，不可避免地将要出现一个文化建设的高潮。中国人被人认为不文明的时代已经过去了，我们将以一个具有高度文化的民族出现于世界。"[2]345 这些论述告诉我们，文化是对经济政治的反映，中国共产党在一定时代的文化使命是为一定时代的政治使命服务的。习近平总书记在二十大报告指出："从现在起，中国共产党的中心任务就是团结带领全国各族人民全面建成社会主义现代化强国、实现第二个百年奋斗目标，以中国式现代化全面推进中华民族伟大复兴。"[3]21 新时代新的政治使命与新时代新的文化使命是紧密相连、不可分割的。党在新时代文化使命与政治使命的关系是辩证统一的。

（一）新时代党的政治使命（奋斗目标）规定了新时代文化使命的发展方向就是为中国式现代化服务

文化关乎国本国运，一个民族要走在时代前列，就不能没有理论指导和思想指引。党的十八大以来，以习近平同志为核心的党中央坚持把文化建设摆在治国理政的突出位置，把文化自信纳入"四个自信"，提出要担负新的文化使命，彰显了中国共产党在创造人类文明新形态中的历史担当。担负起新的文化使命，促进文化繁荣兴盛，增强文化自信，才能够为中华民族伟大复兴提供思想根基和强大精神力量。中国式现代化的本质是中国共产党领导的社会主义现代化，文化建设必须体现中国式现代化的本质要求，为这个本质要求进行精神上、理论上、价值上全方位的辩护。文化是一个国家、一个民族的灵魂，文化建设最重要、最根本的就是文化发展的方向，离开党的政治使命、政治任务孤立地谈文化使命，就会失去意义的支撑。尤其在各种风险和挑战面前，如果没有自己的精神独立性，政治制度、理论等就会被釜底抽薪，就会丧失立场、东倒西歪，社会主义现代化建设就难以顺利推进。

（二）新时代党的政治使命任务（奋斗目标），规定了新时代文化使命的主要内容

毛泽东在《新民主主义论》中指出："至于兴新文化，则是在观念形态上反映新政治和新经济的东西，是替新政治新经济服务的。"[4]659 推动文化繁荣，建设文化强国，是建设社会主义现代化强国的内在要求。习近平指出："统筹推进'五位一体'总体布局、协调推进'四个全面'战略布局，文化是重要内容；推动高质量发展，文化是重要支点；满足人民日益增长的美好生活需要，文化是重要因素；战胜前进道路上各种风险挑战，文化是重要力量源泉。'十四五'时期，我们要把文化建设放在全局工作的突出位置。"[5] 中国特色社会主义是全面发展的社会，经济、政治、文化、社会、生态五位一体的发展必然要求文化的繁荣兴盛，文化兴，则国家兴，文化强，则国家强，一个没有精神力量的民族难以自立自强，一项没有文化支撑的事业难以持续长久。正如习近平所指出的："一个国家、一个民族的强盛，总是以文化兴盛为支撑的。中华民族伟大复兴需要以中华文化发展繁荣为条件。"[6]3 中国式现代化道路为

新时代文化研究注入了新的内容,开拓了新的领域,提出了新的课题。譬如,中国式现代化道路打破了对西方现代化的迷思,它是一条成长于资本主义体系之外、打破西方路径依赖的现代化新路,回答了什么是社会主义现代化强国、怎样建设社会主义现代化强国的一系列理论、战略、实践问题,形成了完整、科学的理论体系,从文明的高度实现了对西方的超越。这种新文明是植根于中国大地上和中华五千年文明基石之上的,这种新文明是中国农业现代化、工业现代化、国防现代化、科学技术现代化和国家治理体系与治理能力现代化相融合的全新的文明。这个新文明解决了困扰西方文明的两个问题:贫富悬殊的内部结构和弱肉强食的外部格局。中国式现代化道路实现共同富裕,建立人类文明共同体,改变世界几百年依靠掠夺致富的秩序格局。这个新文明告诉我们:过去五百年的殖民史是剥削压迫的黑暗的历史,现在,新殖民主义以新自由主义的外衣对殖民主义重新做了包装,仍然在掠夺发展中国家的人民。这更显示中华民族现代新文明的价值。我们今天的现代化、现代性,既是中国的,也是属于世界的。我们的文明增加一分,世界的野蛮就减少一分。中国走和平发展道路的现代化是遏制野蛮的力量。正是建设社会主义现代化强国的伟大实践,呼唤着新时代的文化繁荣,建设文化强国,建设中华民族现代文明。

(三)新的文化使命为中国式现代化的政治使命提供坚强的思想保证

在新民主主义革命时期,毛泽东就十分重视文化的重要地位和作用:"革命文化,对于人民大众,是革命的有力武器。革命文化,在革命前,是革命的思想准备;在革命中,是革命总战线中的一条必要和重要的战线。"[4]708 2012年3月17日,习近平在第十二届全国人民代表大会第一次会议上讲话指出,实现中国梦必须走中国道路,必须弘扬中国精神,必须凝聚中国力量。这"三个必须"实际上就是新时代文化建设提出的新要求。在二十大报告中,习近平进一步强调指出:"全面建设社会主义现代化国家,必须坚持中国特色社会主义文化发展道路,增强文化自信,围绕举旗帜、聚民心、育新人、兴文化、展形象建设社会主义文化强国,发展面向现代化、面向世界、面向未来的、民族的科学的大众的社会主义文化,激发全民族文化创新活力,增强实现中华民族伟大复兴的精神力量。"[3]42-43

党的十八大以来,习近平总书记对新时代文化建设提出了新的思想、新的论断、新的观点，内涵丰富，论述深刻，丰富发展了马克思主义文化理论，形成了习近平文化思想，构成习近平新时代中国特色社会主义思想的文化篇章，标志着党对中国特色社会主义文化建设规律的认识达到了新的高度，文化自信也达到了新的高度。中国式现代化要求围绕新时代新的文化使命推动文化繁荣，建设文化强国，建设中华民族现代文明，深入领会党的二十大关于文化建设的战略部署，筑牢全党全国各族人民团结奋斗的共同思想基础，提升国家文化软实力、中华文化影响力，为全面推进中华民族伟大复兴提供思想动力，这要求广大领导干部要深化理论学习和理论宣传，让党的创新理论"飞入寻常百姓家"，巩固壮大主流思想舆论，把握正确舆论导向，引领舆论走向，维护社会和谐稳定。担负新时代新的文化使命必须践行社会主义核心价值观，开展党史、新中国史、改革开放史、社会主义发展史、中华民族发展史学习教育，增强爱国主义、集体主义、社会主义精神信仰，把社会主义核心价值观融入日常生活，加强意识形态引领作用，敢于亮剑，敢于斗争，防范化解意识形态风险，增强凝聚力、引领力，做好意识形态宣传教育工作，开创新时代宣传思想文化工作新局面，同党中央保持高度一致，打造一支政治过硬、本领高强、能打胜仗的宣传思想文化队伍，更好地担负起新时代新的文化使命，激发全民族文化创新活力，从而推动中国式现代化不断向前推进。

不难看出，只有联系新时代党的使命任务来认识新时代党的文化使命，辩证地把握二者的关系，才能从全局上、战略上把握新时代文化使命的重大意义和根本要求，发挥文化对中国式现代化的阐释功能。

三、发挥文化对中国式现代化的阐释功能

文化是经济、政治的反映的本质说明它具有解释、阐释的功能。文化是人们掌握世界的一种方式，这种掌握是从观念上认识世界和解释世界。完成新时代的文化使命，就要把握新时代文化使命的内涵，充分发挥文化对当代中国尤其是中国式现代化的阐释功能，构建具有中国特色社会主义现代化的理论体系和话语体系，形成中国式现代化的一整套理论系统。

（一）对新时代文化新使命内涵的阐释

现代化的发展是人类发展的必然趋势，一个国家的历史文化总是影响着这

个国家的现代化进程,中国式现代化根植于中华文明之中,必然受到中国传统深厚的历史文化影响。习近平总书记指出:"在新的起点上继续推动文化繁荣、建设文化强国,建设中华民族现代文明,是我们在新时代新的文化使命。"关于推动文化继续繁荣,应讲清楚为什么没有文化兴盛,就没有中华民族伟大复兴,讲清楚文化何以能够成为中华民族伟大复兴的支撑力量,讲清楚文化自信的根据与底气,讲清楚没有精神独立性就不可能立于世界民族之林的道理。关于建设文化强国,应讲清楚服务中华民族伟大复兴是文化的重要使命,讲清楚文化强国为什么是"国之大者",讲清楚立德育人是社会主义文化育人的根本任务;关于建设中华民族现代文明,应讲清楚中华民族现代文明的内涵、特征与形成的实践逻辑、历史逻辑和理论逻辑等。在当今时代,新的文化使命要注重文化创新,探索新的文化的表现形式和表达方式,还要通过教育推动文化传承创新,让更多的人了解、认同中华优秀传统文化,加强文化引领作用,以先进文化引领社会发展,促进社会和谐进步。以文化的力量促进人的全面发展,提升人们思想道德素质和科学文化素质。在全球化背景下,新的文化使命要求加强文化交流传播,通过各种渠道方式将中华优秀传统文化推向世界,推动文化多样性、包容性发展。

(二)科学阐释中国式现代化的本质、内涵与特色

党的二十大报告提出中国式现代化的本质、内涵和五大特色。文化阐释就要解释本质、内涵与五大特色及其相互关系,弄清其中的道理、学理、哲理。做到知其言更知其义、知其然更知其所以然。同时还要阐释现代化的普遍性与特殊性的关系,中国式现代化的历史进程,为什么中国不能走西方现代化的老路,为什么中国式现代化必然是"并联式"发展过程等等。习近平总书记关于"现代化之问"的回答告诉我们:我们需要的现代化不是少数人的现代化,而是十四亿多人口整体进入的、规模巨大的现代化;不是两极分化的现代化,而是共同富裕的现代化;不是物质至上的现代化,而是两个文明协调发展的现代化;不是竭泽而渔的现代化而是人与自然和谐共生的现代化;不是零和博弈的现代化,而是合作共赢走和平发展道路的现代化;不是照抄别国模式的现代化,而是走自己道路的现代化等等。这些问题都需要从学理上、文化上给予深层次的阐释和回答。

（三）科学阐释中国式现代化与现代性的关系

西方现代化形成了不同于传统社会的一些突出特点。譬如，在经济上是现代工业、商业和城市的崛起；在政治上是满足国家的形成以及现代民主与宪政的发展；在社会层面上是人口大规模的流动，包括地域流动和个体的流动；在思想文化上是理性主义获得主导地位，还有自由、平等和个人权利意识的兴盛。所有这些都是西方现代化的结果，也成为现代化社会的特点。这些特点就是被西方称为的所谓"现代性"。通常意义上的西方现代化是指经济现代化，中国式现代化包括经济、政治、文化、社会、生态等在内的全方位的现代化，是物质文明和精神文明相协调的现代化。推动文化繁荣发展，才能够增强人民精神力量，促进精神文明进步。中国式现代化要关注文明文化发展，也要用文化诠释中国式现代化，创造人类文明新形态。西方国家往往用先进文明、落后文明指称西方国家和非西方国家。事实上，人类文明具有多样性，每个国家的现代化也具有多样性，都有权根据本国国情选择现代化道路。中国式现代化拓展了现代化的途径，为人类社会的现代化提供了中国方案，代表了人类文明进步发展的方向，展现了不同于西方现代化的新途径。中国式现代化不同于西方的现代化，有不同于西方的现代化的社会特点，自然会有中国式现代化的"现代性"。中国式现代化的"现代性"究竟是什么，需要我们在中国式现代化的进程中进行总结。

习近平总书记在党的二十大报告中指出："从现在起，中国共产党的中心任务就是团结带领全国各族人民全面建成社会主义现代化强国、实现第二个百年奋斗目标，以中国式现代化全面推进中华民族伟大复兴。"中国式现代化的社会主义性质、目标宗旨都需要从文化层面给予完整阐释。我国的社会主义性质决定了中国式现代化的发展要以马克思主义的世界观、认识论等为指导，坚持马克思主义的主导地位，不断推进马克思主义同中国传统文化相结合，推动马克思主义中国化、时代化发展，夯实中国式现代化的理论基础。中国式现代化必须坚持中国特色社会主义和共产党领导，必须在习近平新时代中国特色社会主义的指导下有序开展、稳步前进。

四、发挥文化对实现中国式现代化的引领功能

社会是由经济、政治、文化构成的有机体，文化在人类社会历史的进程中

的地位越来越重要，成为经济、社会和人的全面发展的重要条件。毛泽东在《关于陕甘宁边区的文化教育问题》中指出："文化是反映政治斗争和经济斗争的，但它同时又能指导政治斗争和经济斗争。"[7] 这里所说的"指导"就是文化对经济、政治的引领功能。习近平总书记把文化视作民族的"精神基因""魂魄"和"独特标识"，强调文化是民族生存和发展的重要力量，没有中华文化繁荣兴盛，就没有中华民族伟大复兴，在推进中国式现代化过程中必须切实增强文化的引领作用，才能为中华民族伟大复兴夯实磅礴的精神力量。

（一）文化的引领就是抢占真理和道义的制高点

中国式现代化离不开精神的推动力量，中华文明历来讲究以文化人，并进而增强民族凝聚力、向心力。在推进中国式现代化过程中，要不断增强人们的责任感、使命感和积极性，不断提升人们参与中国式现代化建设的能力水平，强化人们对建设社会主义现代化国家的认同感。习近平指出："文化的影响力首先是价值观念的影响力。世界上各种文化之争，本质上是价值观念之争，也是人心之争、意识形态之争。""我们要大力培育和弘扬社会主义核心价值体系和社会主义核心价值观，加快构建充分反映中国特色、民族特色、时代特征的价值体系，努力抢占价值体系的制高点。"[6]105 当今时代，社会思想观念和价值取向日趋活跃，主流的和非主流的同时并存，先进的和落后的相互交织，社会思潮纷纭激荡。思想舆论领域大致有红色、黑色、灰色三个地带。红色地带是我们的主阵地，一定要守住；黑色地带主要是负面的东西，要敢于亮剑，大大压缩其地盘；灰色地带要大张旗鼓争取，使其转化为红色地带。文化引领的任务，就是建设具有强大凝聚力和引领力的社会主义意识形态，广泛践行社会主义核心价值观，提高全社会文明程度，繁荣发展文化事业和文化产业，增强中华文明的传播力和影响力，通过引领方向、引领思潮、引领舆论，弘扬主旋律、增强正能量，使全体人民在理想信念、价值理念、道德观念上紧紧团结在一起，形成建设社会主义现代化强国的伟大精神力量。文化的引领包含着文化批判与意识形态领域的斗争。只有发扬伟大斗争精神，才能明辨是非、明确方向、提升境界，朝着正确的目标迈进。

（二）文化引领的重要任务是塑造一代新人

中国式现代化充满机遇和挑战，面对世界和未来的不确定性因素较多，青年是中国式现代化进程中的主力军和推进中国式现代化的重要力量，科学技术的进步，生产力的发展等都需要现代化青年的支持和参与，青年担负着中华民族伟大复兴的时代重任，是中国式现代化的建设者和接班人。形成与推进中国式现代化向适应的青年人才供给，才能把人口大国转变为人力资源强国，必须培育一大批可持续的人才队伍。习近平总书记在党的二十大报告中指出："青年强，则国家强。当代中国青年生逢其时，施展才干的舞台无比广阔，实现梦想的前景无比光明。"[3]71 党和人民事业发展需要一代代中国共产党人接续奋斗，必须抓好后继有人这个根本大计。古人曰："文以载道""文者贯道之器也"。文化的引领功能就是用社会主义文化中贯穿的"道"来培育一代新人。具体来讲，就是要坚持用习近平新时代中国特色社会主义思想教育人，用党的理想信念凝聚人，用社会主义核心价值观培育人，用中华民族伟大复兴的历史使命激励人。只要亿万青年怀抱梦想又脚踏实地、敢想敢为又善作善成，立志做有理想、敢担当、能吃苦、肯奋斗的新时代好青年，中华民族伟大复兴就一定能够实现。要通过人文教育与科学教育，增强各领域人才的实践、创新、合作、沟通等的能力，培养培育一批引领未来的创新型人才和德智体全面发展的人才队伍。

（三）文化引领就是"让现实趋向思想"，实现奋斗目标

中国共产党新时代的历史使命任务是现阶段全体中国人民的政治理想，这个理想与现实之间的距离，正说明理想境界的实现需要艰苦奋斗方能实现。马克思指出："光是思想力求成为现实是不够的，现实本身应当力求趋向思想。"[8] 这里所说的"现实趋向思想"，就是通过艰苦奋斗，改变现实，达到理想境界的目标。幸福不会从天降，美好生活需奋斗。习近平在党的二十大报告中提出的"五个必由之路"和"三个务必"，就是对新时代全党精神状态的要求。生活实践告诉我们：任何让自身、让社会变好的选择，其过程都不会舒服。从来没有一种工作不辛苦，没有一种工作不累人。没有付出的回报、没有磨难的成功、没有苦难的辉煌都是异想天开的事情。古人曰，从善如登，从恶如崩，说的就是这样的道理。中华民族伟大复兴绝不是轻轻松松、敲锣打鼓就能够实现的，要准备经受风高浪急甚至惊涛骇浪的重大考验就需要用先进的文化来坚定信念、鼓舞士气，调动一切积极力量为实现我们的美好理想而斗争。

正如习近平所指出的："一个民族的复兴需要强大的物质力量，也需要强大的精神力量。没有先进文化的积极引领，没有人民精神世界的极大丰富，没有民族精神力量的不断增强，一个国家、一个民族不可能屹立于世界民族之林。"[6]7 新的文化使命中的坚定文化自信，就是要保持奋发有为的状态，确保现代化领导的坚定性，发扬历史主动精神，战胜各种风险与挑战，带领十四亿中国人民坚定不移地为实现中华民族伟大复兴的目标而奋斗。

使命呼唤担当、使命承担责任。团结奋斗是中国人民创造历史伟业的必由之路。文化既是中华民族伟大复兴的支撑力量，又是中华民族伟大复兴的引领力量，只要我们心往一处想，劲往一处使，充分发挥亿万人民的创造伟力，就一定能够达到建设社会主义现代化强国的伟大目标！

参考文献

[1] 马克思恩格斯全集：第3卷 [M]. 北京：人民出版社，1960：544.

[2] 毛泽东文集：第5卷 [M]. 北京：人民出版社，1996：345.

[3] 习近平：高举中国特色社会主义伟大旗帜 为全面建设社会主义现代化国家而团结奋斗——在中国共产党第二十次全国代表大会上的报告 [M]. 北京：人民出版社（单行本），2022.

[4] 毛泽东选集：第2卷 [M]. 北京：人民出版社，1991.

[5] 习近平谈治国理政：第4卷 [M]. 北京：外文出版社，2022：309.

[6] 习近平关于社会主义文化建设论述摘编 [M]. 北京：中央文献出版社，2017.

[7] 毛泽东文集：第3卷 [M]. 北京：人民出版社，1996：109.

[8] 马克思恩格斯选集：第1卷 [M]. 北京：人民出版社，1995：11.

作者简介：赵志浩，河南省社会科学院哲学与宗教研究所副所长、副研究员、中国哲学博士。

基于身份认同和共同表达的地域文化形成研究
——以穿越时空的琼崖"新海南人"文化为例

熊安静　张兴吉

摘　要：琼崖文化是作为海南岛及管辖海域这一独特地理单元的地方文化，它不是一种单一的或某种文化独大的文化，而是以中国传统中原文化为主体，融合海南当地少数民族文化，加入近代的海南华侨文化、当代开发海南过程中移民文化的内容形成的一种新文化类型，可以称之为琼崖"新海南人"文化。它具有地域特色、景观特色、民俗特色、语言特色、经济特色等特征，是中华优秀传统文化的重要组成部分，是展示中国共产党革命文化的一面旗帜，是加快建设中国特色自由贸易港的精神动力，是促进国际国内交流的重要载体。要推动琼崖"新海南人"文化创造性转化、创新性发展，需要在保护中开发，让景观"活"起来；在传承中创新，让"非遗""走"进来；在坚守中振奋，让精神"立"起来；通过国际交流与传播，让文化"动"起来。

关键词：海南；"新海南人"；琼崖文化；地域文化

习近平总书记在全国文化传承发展座谈会上指出，"在新的起点上继续推动文化繁荣、建设文化强国、建设中华民族现代文明，是我们在新时代新的文化使命"[1]，为做好新时代宣传思想文化工作、担负起新的文化使命提供了科学的行动指南。2022年4月，习近平总书记在三亚、五指山、儋州等地调研，强调越是深化改革、扩大开放，越要加强精神文明建设。海南省，古称珠崖（儋耳）、琼州，近代以来称为琼崖，在浩瀚的中国南海上以海南岛为主体，与三沙市辖域的西沙、南沙等岛屿及众多岛礁和周围海域构成了有别于中国其他区域的自然风貌和历史人文景观，产生了独具特色的地域文化。从历史发展的阶段性来看，琼崖文化不是一种单一的文化，而是以中国传统中原文化为主体，融合海南当地少数民族文化，加入近代的海南华侨文化、当代开发海南过程中移民文化的内容形成的一种新文化类型，可以称之为琼崖"新海南人"文化。

一、琼崖"新海南人"文化的主要特征

从唯物史观的角度来说，一个地区的文化形态形成于特定的自然地理条件之上，发展于此地区长期的历史演变之中，其中人文历史的变化对地区文化内在的差异性又产生了直接影响。

（一）地域特色：根植于热带海岛陆海一体独特的地理环境中

海南就其自然地理环境而言，有其相对封闭的问题，但也有地处热带海洋，陆上、海上物产丰富等优越的自然条件。比较国内其他的边疆地区，海南的社会文化开发较早，早在宋代已经是中央政权控制比较稳固的地区，同时，宋代，海南与国内的文化、经济交流，已有很高的水平，到了元明两代，海南已经属在边疆地区首屈一指的发达地区，到了清代与近代，海南社会的进步已经全面加速。海南社会经济在此时期发展很快，突出的表现是海南的物产开始不断向外输出，其中以热带资源所形成的产品，占了很大的比例，比如传统的杧果、海南的盐产品、海南的糖制品等。经济发展促进了地方文化的发展。在清代，虽然科举人数不及明代，但总体文化水平却有很大的提高。在民国时期，海南的小学数量已经排在了广东省各地区前列。民国时期到海南调查的学者撰文《海南岛》说："以人口比较论，以地位、面积论，除黎境外，初到琼岛者，未有不惊其学校设立之多。"[2]

（二）景观特色：绵延于移民的中原文明与其他文明的融合中

在长达2000年的海南各民族文化的交融中，形成了今天琼崖文化兼容并包的现象。这一点在海南各地的特色建筑中表现得尤为突出。比如在文昌的文庙，其主体建筑是闽南风格，而其周边的建筑具有明显的清代海南地方特色，再向外则是近代的具有南洋风格的建筑。在海南经常会看到乡间具有中国南方客家风格的围屋群，城市街道具有中外建筑风格的骑楼建筑，这些都构成了海南最有地域特色的建筑文化。海南黎族典型的住宅——船型屋，更是充分地体现了民族建筑特色。此外，干栏式的建筑也是中国南方民族的特色建筑形式。

海南祭祀冼夫人的庙宇数量也非常多，甚至不亚于冼夫人祖居地的广东高州。据海口市冼夫人文化学会编写的《海南冼庙大观》一书记载，目前的调查已收集到400多座奉祀冼夫人的庙宇，其中部分为合祀，这些庙宇主要分布在海口市、定安县、文昌市、澄迈县、临高县、儋州市、琼海市、琼中县、三亚市等地[3]。伏波将军庙，数量少一些，仅有海口龙舌坡的伏波庙与五公祠内的伏波庙。

（三）民俗特色：体现在不同族群生活中的"非遗"文化中

琼崖文化的丰富多彩，还体现在海南人民的具体生活形态中，以海南的非物质文化遗产（非遗）所包含的内容最为丰富，其涵盖传统音乐、传统美术、传统技艺、传统医药、民俗等多个领域，这些技艺至今仍为海南人民所使用，是其日常生活的一部分。其中的"黎族传统纺染织绣技艺"为联合国教科文组织急需保护的非物质文化遗产名录项目，也就是我们一般所说的"黎锦"的制作技艺。

琼崖文化中的非遗因素，是海南各族人民日常生活的积累，也是精神生活的深化。丰富的非遗因素，形成于海南人民生活环境与文化圈的影响下，如由丧礼习俗演化而来的黎族的"打柴舞"；还有海南岛沿海地区，从生产与生活出发，形成的各类汉族渔歌，如临高的"哩哩美"，南部崖州的船歌等，都是从日常生活中演变出的文化遗产。

在黎族音乐与汉族音乐之间，也形成了互相促进的关系，在民族间的音乐交流中，形成了用海南话演唱的黎族歌曲，同时，海南汉族民歌吸收了黎族音乐元素，形成了具有海南特色的海南汉族音乐、舞蹈。我们从著名的电影、舞剧《红色娘子军》中，就可以清晰地看到这些海南黎族与汉族文化音乐、舞蹈交融的场面。

（四）语言特色：发源于历史上大移民浪潮中的共同生活中

在人类历史上大移民潮中，在新的地理区域形成了新的族群，此类族群的标志性文化特征，就是新方言的形成。方言，凝结着族群血缘的乡情文明，是一种历史文化的记忆和补白。海南岛上各个历史时期来自不同地区的民族和族群使用的语言和方言，不仅有多种独特的地方语种——它们或具有海南方言岛的特色，或不同程度上保存着中国古代相应语言的元素，是弥足珍贵的精神文化遗产——也折射出海南历代社会氛围的宽松和民族、族群之间的融和。

在海南，同属汉语的多种海南方言，有官话、海南话、儋州话、军话、疍家话等。海南汉语方言官话，史称"正语""中州正音"，属汉语北方方言，是自西汉武帝在海南置郡立县以来，由历代汉族的朝命职官、商贾文人和中原"衣冠之族"移民陆续带来岛内，起先为官府、学校、商业活动等公共交际用语，后成为岛内的通用语言，对海南各民族社会经济、文化的交流产生了极为深远的影响。明万历《琼州府志·地理志·风俗》卷三记载："有官话，即中州正音，缙绅士夫及居城所者类言之。……大率音语以琼山郡城为正，使乡落一切以此，渐相染习，皆四通八达之正韵矣。"[4] 今天在海南的城乡、农场普通话是主要的交际语言，体现了历史上移民潮过程，语言趋同历史趋势。

次于普通话地位的是海南话，一般称为海南闽语，也称"琼州话"，是两晋至唐宋以来从闽南迁徙而来移民使用的语言，通行于海南岛各地。明代正德《琼台志·风俗》卷七记载琼州"村落乡音有数种：一曰东语，又名客语，似闽音"，"乃唐宋以来仕宦商寓之裔"，因其被当地士民称为"客人"，故其语言被称为"客话"。海南话既吸纳了中原"正语"成分，还受到临高话、黎语、回辉话等本地语言和方言的影响，形成了海南各地方言的不同形态；在近代又接受了海南华侨带回的许多英语、马来语、印尼语、泰国语等词汇，逐渐糅进了各种语言和方言，形成自身独特的品性，成为有别于福建闽语、广东闽语和台湾闽语的海南方言，具有较高的学术研究价值。

儋州话是儋州地区使用的方言，是一种南方古老的汉语方言，属汉语粤方言系统。还有临高地区流行的临高话以及与客家话相互融汇的方言，有迈话、富马话、海南客家话，系属于汉语的海南方言。

（五）经济特色：形成于海南重大开发与发展的经济活动中

在琼崖文化的发展历史中，海南岛内少数民族，特别是黎族与汉族之间的经济往来,是海南岛开发的一个重要的标志,极大地推动了海南社会与文化的发展。

早在宋代,海南岛的黎族和汉族在经济上发生了比较广泛的联系,无论"生黎""熟黎"都"时出与郡人互市"。苏轼的一首诗中曾经描写黎、汉交易的情况:"黎山有幽子,形槁神独完,负薪入城市,笑我儒衣冠","日暮鸟兽散,家在孤云端。问答了不通,叹息指屡弹","遗我吉贝布,海风今岁寒"。这里说的是来自僻远的山区的所谓"生黎"。至于"熟黎","半能汉语,十百为群,变服入州县墟市,人莫辨焉。日将晚,或吹牛角为声,则纷纷聚会,结队而归,始知其为黎也"[5]。

黎汉贸易中,当时从海南岛输出的沉香、椰子、吉贝、赤白藤、花梨木等等,"其货多出于黎峒"。黎族通过黎货向岛上的汉商换回盐、铁、鱼、米,汉商转手辗转销售到岛外各地。"黎幕"是黎族妇女将从汉区得到的锦彩,拆取色丝,间以木棉纺织而成,以四幅联成一幕;"黎单"是黎族妇女纺织的木棉布,这些黎族特有的手工艺品,也大量运销各地,"桂林人悉买以为卧具"[6]。上述的贸易物资,一直持续到了近代,是海南岛开发过程中的主要对外贸易物资,发挥了极为重要的作用。

近代之后,在南洋地区,取得新式生产技术与企业经营经验的华侨,不仅把华侨文化带回故乡,也同时把当时先进的热带作物品种及种植技术带回故里,形成了近代海南热带经济作物种植的最初形态。随着这种开发的不断深入,海南热带文化,也充分地展示出来,这就是人们所熟悉的咖啡、老爸茶等生活习惯的形成与延续。

二、琼崖"新海南人"文化的时代价值

"新海南人"是一个现实的身份概念,也是一个历史的文化概念,体现出的是海南社会不断前进中文化的变化与文化成分坚守的趋势。琼崖"新海南人"文化的时代价值,是要传承与发展中国传统文化与琼崖文化的特质,将海南文化的特质建设与现实的海南自贸港建设结合起来。

(一)琼崖"新海南人"文化是中华优秀传统文化的重要组成部分

琼崖文化是历久弥坚的中华优秀文化遗存,其在祖国的边疆,以中原文化

为自己的主干，不断吸收外来的文化元素，形成了优秀的中国地域文化类型。今天的琼崖"新海南人"文化既有中原文化与少数民族文化的融合，也有南洋文化与海南地域民族文化的结合，这在中国各地的地域文化中还是比较少见的，更能体现出海南文化的特色。

琼崖"新海南人"的形成过程具有很大的开放性，既可以大量吸收其他民族的文化内容并互相促进，也具有很大的包容性，在坚持自身文化传统的同时，并不排斥其他的文化传统与文化元素。海南岛内多个少数民族数千年来和睦相处就是最好的例证。应该说，今天琼崖"新海南人"文化还在不断吸收各类的文化元素，正处于一个不断地变化与进一步发展的阶段，其文化元素也与目前中华文化的变化节奏相一致，配合了今天中国文化的转型与发展。如果用三个字概括琼崖文化，可以用"海、南、岛"三个字，分别象征新海南人身上的开放、热情、快乐的特征。

（二）琼崖"新海南人"文化是展示中国共产党革命文化的一面旗帜

琼崖"新海南人"文化的精气神首先是琼崖精神的继承，有学者指出：琼崖精神体现在琼崖共产党人和革命群众的革命活动之中，是逐渐在艰苦卓绝、红旗不倒的琼崖革命进程中形成的以"坚定信念、坚持斗争，实事求是、勇于担当，民族团结、共同奋斗"为基本内涵的革命精神。[7] 北京师范大学中共党史党建研究院院长王炳林在"琼崖精神学术研讨会"中指出："琼崖精神是对伟大民族精神与伟大建党精神的传承和发展，为广大党员干部坚定理想信念、传承红色基因、赓续红色血脉，推进海南全面深化改革开放和自由贸易港建设提供了强大的精神力量。"[8]

（三）琼崖"新海南人"文化是加快建设中国特色自由贸易港的精神动力

当前，海南正在加快建设具有世界影响力的中国特色自由贸易港，在经济条件底子薄、社会发展水平低的不利条件下，奋起直追，利用政策优势，在国内特区建设中，不断开拓创新，在经济领域，在多种所有制经营、放开粮食市场等诸多方面都走到了全国的前列，为国家的全面改革开放积累了宝贵的经验。在"建设文化强省"思想的指导下，琼崖"新海南人"文化吸收了多种文明，有效地提升了琼崖文化的软实力，从而以把海南建设成为国家文化和旅游高质量融合发展先行区、国家对外文化贸易基地、"一带一路"国际文化交流基地、世界文化艺术品交易基地和展示中华优秀文化、彰显中国文化自信的重要窗口为目标，在文化产业事业方面，通过加强文物保护利用、创新非遗保护传承、繁荣艺术创作生产、壮大文化产业规模、提高对外文化交流水平等举措，强调弘扬优秀传统文化、保护历史文化遗产、坚定文化自信，释放海南文化的魅力。

（四）琼崖"新海南人"文化是促进国际国内交流的重要载体

琼崖通过大量吸收新式的外来文化，不断接受新事物，尤其是海南建省办经济特区后，这一趋势更加明显。在海南近代农业的发展中，最早就采取了股份制的经营方式，形成了海南近代农业具有更高程度的企业化的运营模式。近代海南的经济，也还是构建在近代之后对外贸易的扩大之上，形成了与周边地区，特别是港澳、广州等地密切的经济关系。中华人民共和国成立后，海南热带农业的高速发展，也得益于大型国有农场的建立与新的经营模式的采用。海南建省办特区后，推出了一系列的改革措施，如领先于全国的企业股份制改造，放开粮食价格的政策，都为全国的改革树立了榜样。尤其是打造国际旅游岛战略实施后，海南旅游业异军突起，成为海南经济的支柱产业，其最大的得力点在于大量吸收了海外先进的旅游业管理经验，其中海南华侨在旅游业方面的投资与经验起到了关键性的作用。这种海外的旅游文化与海南的旅游实践相结合，突出了琼崖文化在海南旅游的主力军作用，起到了很好的效果。

三、推动琼崖"新海南人"文化创造性转化、创新性发展的路径

《海南省"十四五"旅游文化广电体育发展规划》指出，打造"一先行区、三基地、一窗口"，即将海南建设成为国家文化和旅游高质量融合发展先行区、国家对外文化贸易基地、"一带一路"国际文化交流基地、世界文化艺术品交易基地和展示中华优秀文化、彰显中国文化自信的重要窗口。

（一）在保护中开发，让景观"活"起来

目前，琼崖"新海南人"文化中的许多内容，正在随着社会的发展而发生变化，具体体现在一些琼崖文化传统在消失，比如海南方言的变化，以及海南人日常生活习俗的变化。由此如何保护悠久的文化遗产，成为琼崖"新海南人"文化创造性转化与创新性发展的关键一环。

文化的创造性转化与创新性发展，并不只是理论上的阐述，而是要有实质性的行动的支撑，也就是说，鲜活的文化，活跃在海南社会，才意味着这些文化在现在以及未来还可以延续下去。这样就要求文化景观"活"起来。

要实现景观"活"起来，就是要将文化景观深植于海南社会生活之中，将文化景观与海南人民的日常生活结合起来。比如海南的各类"公期""军坡"等民间活动，政府、社会团体与企业，在一定程度上给予支持，并使之成为人们喜闻乐见的生活方式，从而加强文化遗产与社会需求的密切联系，打造出新型的文化景观。

（二）在传承中创新，让"非遗""走"进来

在实现文化传承的同时，更要强调创新继承，也就是依据社会的需求，适应社会的变化，将"非遗"的优秀内容从一般的保存转变为走向社会大众，就是要将非遗的各类技艺与目前海南社会生活结合起来。同时，促进文化遗产与企业行为相结合。例如海南黎族的土陶技艺，是人类原始社会时期的文化遗存，客观地说，其作为现代的日常生活用品，的确存在着缺点，比如质地粗糙，使用寿命短，外观不美观等等。但是土陶的技艺在一些领域又具有先天的优势。其一，陶艺作坊的技艺传承，陶艺制作是当今社会很流行的实践活动，能给人一种前所未有的体验。其二，可以在精加工后，将土陶作为海南餐饮业的使用器物，如餐具与炊具等。这样就使得非遗的技艺不再是处于楼阁中的技艺，而摇身一变为日常生活中具有特色的物质产品。

海南省优秀的非遗文化产品，特别是生活日用品，应加大宣传与生产的力度，使这些产品真正地走进大众的日常生活。海口市将一些非遗产品以走秀的方式，在海口市农贸市场中进行展示与销售，不仅形成了海南非遗的成果，同时，也为海南非遗产品在基础市场中打开销路，与市民生活紧密结合，实际上

是将非遗产品的根再一次植入海南社会生活之中，并以此为新的起点，使海南非遗产品得以传承下去。

（三）在坚守中振奋，让精神"立"起来

琼崖文化长达 2000 多年的历史，表明其已经具备了自我更新、自我完善的能力，我们要坚守琼崖传统文化，要实现文化自信，就要以具体的文化实践来振奋海南全社会的精神力量，并以扎实的文化活动树立起琼崖"新海南人"文化的精神。在具体的实施方向上，要有具有琼崖文化特色的代表作，以展现琼崖文化的精华。同时，建立多方位、多角度的琼崖文化精神的触角，并使其深入当今海南社会文化的每一个角落，与之紧密结合，形成一个官方推动、民间接受、经济增益的良好局面，真正将琼崖"新海南人"文化的精神立起来，并传下去。

（四）通过国际交流与传播，让文化"动"起来

民族的就是世界的，充满内涵的琼崖文化元素，随着我国对外交往的深入，也进一步展示在世界人民的面前。2007 年 8 月，在奥地利维也纳金色大厅，嘉积中学 5 位学生表演的古典舞蹈《秦王点兵》，让人们体会到了当代中国青年演绎中国古代战争场景的深刻文化功力。此后以"中华家园，舞起东方"为主题的"中华文化五洲行"大型歌舞演出在巴黎举行，嘉积中学男子舞蹈团表演的两个舞蹈，也受到现场 800 多位旅法华侨华人观众的热烈欢迎。

2023 年，在博鳌亚洲论坛的舞台上，五指山黎苗童声合唱团以其纯真动人的歌声，将黎族歌曲《久久不见久久见》的美妙的歌声唱响在国际舞台上，让世界听到了来自中国大山深处的声音。2024 年 5 月，五指山黎苗童声合唱团受邀参加"璀璨甲子 中法情缘"庆祝中法建交 60 周年人文交流活动，并与巴黎宝丽声童声合唱团同台演唱《把五指山唱给法兰西》，用甜美纯真的歌声相互传递着中法两国的深厚友谊。民族的文化，以具体的文化产品走向世界，进一步实现了琼崖"新海南人"文化的巨大生命力与感染力，为今后琼崖"新海南人"文化的发展指明了道路。

四、结语

一个地区文化的基本内涵与形成机理的研究，是一个很漫长的研究与探索过程，这需要海南全社会，特别是海南学界的大力参与，同时，也要求海南社会中基层组织与民众的实际参与，才能实现将基本的文化内涵转化为实质性的社会行为，进而形成更好的社会效益。在明确奋斗目标之后，如何实现琼崖"新海南人"文化的创造性转化、创新性发展，则又是一个更具体的实践问题。可以预见，这一过程也是一个不断探索、不断改进、不断有所收获的过程。在这一过程中，如何实现政府、社会、企业的相互协作，在贸易投资自由化的背景下，打造新的、可持续的文化景观，又是一项艰巨的任务。这一过程的实现，正是对海南自贸港建设的最好助力，也是海南自贸港文化建设中的重要一环，具有无限的发展空间。

参考文献

[1] 习近平在文化传承发展座谈会上强调：担负起新的文化使命 努力建设中华民族现代文明 [N]. 人民日报, 2023-06-03 (1).

[2] 蒋瘦颠. 海南岛 [J]. 东方杂志, 1925, 22 (10).

[3] 查干姗登. 巾帼英雄 丰功千秋：岭南圣母冼夫人 [M]. 海口：南方出版社, 2019.

[4] 琼州府志·地理志·风俗：卷三 [M]. 海口：海南出版社, 2003.

[5] 赵去非. 岭外代答：卷二 [M]. 北京：中华书局, 1999.

[6] 范成大. 桂海虞衡志 [M]. 北京：中华书局, 2002.

[7] 杨智平. 琼崖精神的丰富内涵和时代价值 [J]. 党建, 2024 (4)：42-44.

[8] 传承弘扬琼崖精神 汇聚强大精神力量 [N]. 海南日报, 2024-04-23 (4).

作者简介：熊安静为海南省社会科学院副院长、省社会科学界联合会副主席、《南海学刊》主编；张兴吉，海南省社会科学院特约研究员。

旅游产业化语境下文化的符号特征、基本面向及主要功能

蔡贞明

摘　要：旅游产业化是推动贵州经济社会高质量发展的重要抓手。丰厚的旅游资源是获得数量可观和可持续性客源的必备条件之一。人文景观之所以有着高于自然风光的优势和魅力，其根本原因在于作为载体的文化自身的符号特征，具体体现在从对象视角看能够立体呈现、从主体视角看可以多维感知两个方面。历史意蕴、地域差异、民族标识是衡量一个地方文化含量多少和文化价值大小的基本维度。在旅游产业化过程中，除了要保持文化吸纳转化、传承传播、教育熏陶等传统功能，最重要的，应充分彰显文化的衍生功能即开发利用功能，从而最大限度地获取经济利益。

关键词：旅游产业化；人文景观；符号；功能；文化资本化

近年来，贵州省委、省政府把围绕"四新"主攻"四化"作为实现经济社会高质量发展的主战略，把建设"四区一高地"作为实现经济社会高质量发展的主定位。作为"四化"之一的旅游产业化被提到前所未有的高度，旨在推动"四个轮子一起转"。2024年1月24日，在贵州省第十四届人民代表大会第二次会议上，省长李炳军明确提出了2024年文旅产业发展的工作目标和主要任务，要"聚焦'三大要素'，深入推进'四大行动'，加快建设世界级旅游目的地，开展四季旅游产品开发促销行动，旅游人次、旅游总收入均增长10%，逐步提升游客人均花费水平"[1]。

要使旅游实现产业化并将其做大做强，拥有数量可观且可持续的客源无疑是根本和最终目标。而要实现这一目标，就必须具备两大要素。一是要拥有丰

富的旅游资源，旅游资源通常包括自然风光和人文景观两类。这是客观要素。二是要作出人为努力，人为努力则主要通过服务质量体现出来。这是主观要素。两大要素缺一不可。如果没有旅游资源，即便"巧妇"也难为"无米之炊"；而如果服务质量低劣，则会导致"好米做不出好饭来"的后果。两者之中只要缺少一者，那么，无论是想增加旅游人次，还是增加旅游总收入，抑或提升游客人均花费水平，都可能只是一句空话，都难以让理想目标变成活生生的现实。

就旅游资源而言，自然风光与人文景观各自又存在着一定差异。自然风光必须具有审美价值，人文景观必须具有认知价值。一个地方，如果既不能使游客赏心悦目，又无法让游客产生感悟启迪，这个地方的旅游价值就几乎为零。而真正具有审美价值的自然风光不但非常有限，而且对游客来说，他们只要去观赏过一次，似乎就很难作为"回头客"会再去观赏第二次。人文景观则不然。人文景观不但还存在着较大的可发掘可开拓空间，而且由于各种原因，游客去过一次往往还想再去一次甚至多次，因为意犹未尽，普遍存在着"故地重游"的现象。基于此，本文拟以旅游资源中的人文景观作为主要考察对象，着重就其中的文化问题做一简要探讨。

一、符号特征

罗兰·巴尔特说："世界充满着记号，但是这些记号并非都像字母、公路标志或者像军服那样简单明了：它们是极其复杂的。"[2] 罗兰·巴尔特还说："记号就是由一个能指和一个所指组成的。能指面构成表达面，所指面则构成内容面。"[3]26 "记号是具有（两个侧面的）一束声音，一片视象，等等。意指作用（signification）可以被看成是一个过程，它是一种把能指和所指结成一体的行为，这个行为的结果就是记号。"[3] 可见，能指与所指结合起来构成符号，任何符号的外在形式背后都隐含着一定思想内容。符号不仅包括文字、图案、颜色，而且还包括线条、实物、行为、声音等，它们通过人的眼睛、耳朵等感觉器官加以感知。凡属留下人类印记的一切都可以称为文化，而所有类型的符号都可以视为文化的表征。文化的符号特征主要从两个方面体现出来。

(一) 立体呈现

从对象视角看，符号呈现出立体状态。如果把符号进行分类，从作用于人的感觉看，符号可以分为视觉符号和听觉符号；从动静状态看，符号又可以分为动态符号和静态符号。而在作用于人感觉的符号中，视觉符号所占比重最大。文字、图案、颜色、线条、实物、行为等都属于视觉符号，听觉符号所占比重较小。在处于动静状态的符号中，静态符号所占比重相对较大，而动态符号所占比重相对较小。当然，静态与动态是相对而言的，静态符号可以转化为动态符号，动态符号也可以转化为静态符号。之所以要对符号进行分类，主要是为了更全面地认识和把握对象。事实上，符号并不总是处于一种单一的形式或单一的状态。在多数情况下，作用于人的感觉的，可能既有视觉符号又有听觉符号，既有静态符号又有动态符号。也就是说，人们常常置身于不同形式、不同状态的符号组成的系统之中。以十字路口的交通符号标识为例，那里的符号在较短时间内可能既有作用于人视觉的文字符号、图案符号和颜色符号，也可能有作用于人听觉的语音符号；既可能有静态符号，也可能有动态符号。由此可见，由于存在着符号形式种类繁多、所处状态形形色色这样一种客观事实，因而某一符号究竟代表什么，通常未作强制性的唯一的规定，而要视具体情况而定。那些容易为人识别且不会让人误读的符号就是常见的符号。如果人们在识别某一种符号上存在困难，可以通过其他方式解决。比如同时呈现另一种符号或者用另一种更容易识别的符号去代替。公厕上既有表示男女性别的比较抽象的文字符号同时也有表示男女性别的比较直观的图案符号，就是典型的例子。

(二) 多维感知

从主体视角看，所有类型的符号都可以被主体感知。既然符号并不仅仅局限于一种形式或状态，那么人作为主体是否感知的渠道就只有一种呢？回答是否定的。由于人有视、听、嗅、味、触等多种感觉，因而在对外在对象进行感知时，就不可能只依靠某一种感觉来完成。一般情况下，视觉对象只有通过视觉才能感知，听觉对象只有通过听觉才能感知，嗅觉对象只有通过嗅觉才能感知，味觉对象只有通过味觉才能感知，触觉对象只有通过触觉才能感知。而承担这些感知任务的器官相应也并非只有一种。眼睛是感知视觉对象的器官，耳朵是感知听觉对象的器官，鼻子是感知嗅觉对象的器官，嘴巴是感知味觉对象的器官，四肢及躯干的表面则具有感知触觉对象的功能。由于不同的感觉对象不能相互替代，因而不同感觉器官也不能相互替代。就符号这种外在对象而言，视觉符号和听觉符号所占比重远远超过其他感觉符号。而在这两类符号中，视觉符号所占比重最大。文字、图案、颜色、线条、实物、行为等都属于视觉符号，这些符号只有通过眼睛才能得以感知。声音类的听觉符号，只有耳朵这种感觉器官才能感知。食品类的味觉符号，则必须依靠嘴巴来完成。在具体实践中，由于同时存在着多种外在符号需要感知的可能性，因而就要同时调动不同的感觉器官参与，不然就无法完成综合感知的任务。这种情况完全可以用"眼观六路，耳听八方"来形容。当然，综合感知不同的外在符号时，各种感觉器官所起的作用可能并不完全均衡。但无论如何，充分发挥各自的优势，实现不同感觉的互补，则是不争的事实。

二、基本面向

（一）历史意蕴

历史是时间概念。时间的久暂意味着历史积淀的厚重或单薄。人们在评价一个地方是否具有文化氛围或文化气息时，通常是把那个地方的历史因素考虑进去的。如果一个地方历史悠久并且从未中断，就意味着那个地方的文化氛围浓厚，就意味着那个地方弥漫着浓郁的文化气息。反之，如果一个地方历史短暂，或者虽然存在的时间较长，但由于种种原因而中断过一次或者数次，那么，那个地方的文化氛围就不可能浓厚，文化气息就不可能浓郁。有鉴于此，将历史意蕴作为一个维度来衡量某一个地方的文化状况就很有必要。如果把处于不同空间位置的两处人文景观进行比较，一处景观存在的时间在千年以上，一处景观存在的时间只有几十年，那么，人们很快就会得出前者文化积淀厚重而后者文化积淀单薄的结论。如果两处景观存在的时间长度并无明显差别，但其中一处的时间是始终从未中断，而另外一处则因为各种原因出现过多次中断，显然，具有连续性历史的那一处景观就更加令人肃然起敬，而中断过多次的这一处景观就大打折扣了。从这个意义上讲，那些出于某种不可告人的功利目的，在短时间内火速打造出来的所谓"景观"与经历过时间的风霜雨雪洗礼过的真正景观简直就不可同日而语。从而那些古城、古镇、古村落等古旧的景观，其历史含量和价值无疑就远远超过那些崭新的人造"景观"。如果一处人文景观经受住了漫长岁月的磨砺，那么，无论是从文化内涵还是从文化底蕴上衡量，它都要远远大于那种"速成"的"景观"。不同人文景观正是由于客观上存在着时间上的长短之别，因而在考察某一处人文景观的价值时，就不能被假象所迷惑，更不能主观臆断，而应持实事求是的态度，历史悠久的显然就更加令人敬畏，而历史短暂的则可不以为然。

（二）地域差异

地域是空间概念，置身于不同空间，人们的价值观念、心理动机、生产方式都会存在一定差异。一般来说，空间距离越小，差异就越小；空间距离越大，差异就越大。在我国，燕赵文化、齐鲁文化、吴越文化、巴蜀文化等都属于涵盖较大空间距离的地域文化，这些文化之间的差异也比较明显。其中，燕赵文化以粗犷豪放为其鲜明特征，齐鲁文化因儒家思想而彰显其影响力，吴越文化以舟楫农耕、好勇尚武而闻名，巴蜀文化则以闲适宁静而令人神往。从较小的空间范围看，每一个省（自治区、直辖市）、市（州）、县（市、区）也都有自己所在地的地域文化。地域差异同样会通过音乐、舞蹈、戏曲、礼仪、节庆、习俗等表现出来。例如，四川民歌《太阳出来喜洋洋》、陕西民歌《信天游》、东北二人转、安徽黄梅戏等。这些地域性文化形态都给人们留下了难忘印象。不同文化之间因其地域特征而千差万别。地域文化通常有一个内核，围绕这一内核，有大大小小的元素对该内核进行支撑，从而构成一个相对完整的文化圈。从这个意义上说，保留地域差异，不但有助于展示地域文化，而且也有利于提升地域文化的辨识度和知晓率。有鉴于此，在旅游产业化过程中，应把呈现地域符号放在更加突出的位置，要深入发掘那些具有地方特点的元素并将其尽快展现到世人面前。换言之，就是要千方百计把此地区别于彼地的让人过目不忘的标识展示出来，让不同地方的文化形成独立、炫目、互补的多元共生之势。

(三) 民族标识

"民族是人们在历史上形成的有共同语言、共同地域、共同经济生活以及表现于共同的民族文化特点上的共同心理素质这四个基本特征的稳定的共同体。"[4] 根据斯大林的这一界定，不同民族不仅在语言、地域等方面存在着差异，而且在经济生活、心理素质等方面也存在着差异。正是在语言文字、历史记忆、行为习惯、生活方式、宗教信仰、衣着打扮等方面的差别，才把一个民族与另一个民族区别开来。而不同民族之间的差别就是民族标识。我国是统一的多民族国家，除汉族外，还有55个少数民族。在铸牢中华民族共同体意识的同时，不同民族的音乐、舞蹈、戏曲、礼仪、节庆、习俗等文化形态，共同构成百花齐放、异彩纷呈的状态。由于不同民族之间文化形态存在多样性特征，因而在旅游产业化过程中，就要尽力展示这种多样性特征，把各个民族最具代表性的标识展现出来。那些人们已经熟知的民族标识要继续通过各种有效方式呈现，很少为外界知悉的民族标识要尽可能发掘。这不但容易引起外人关注，而且也是民族文化自信的具体体现。比如，侗族大歌、琵琶歌；苗族滚山珠，傣族孔雀舞，哈萨克族挤奶舞；彝族撮泰吉；景颇族目瑙纵歌节；布依族认亲习俗等都因其独特表现力、感染力而远近闻名。无论是音乐、舞蹈，还是礼仪、戏曲，抑或节庆、习俗，它们都是民族文化形态的重要组成部分。有鉴于此，在旅游产业化过程中，不管是宣传、文旅部门，还是旅游景点，都应以展现民族标识为己任，多渠道传播民族文化，立体化开发利用民族文化。

需要说明的是，在上述关于文化的三个基本面向中，它们的分布不会完全均等。可能一个地方的历史文化形态厚重一些，另一个地方的地域文化形态明显一些，又一个地方的民族文化形态丰富一些。存在着这种不平衡性十分正常，如果能够扬长避短，充分发挥当地优势，那么，文化资源的开发利用就能达到最大和最佳程度。如果一个地方无论是从历史意蕴、地域差异，还是从民族标识等方面考察，其禀赋都很单薄，那么，这个地方显然就缺乏发展旅游业、走旅游产业化道路的客观条件，就不能亦步亦趋，而只能另寻他途。

三、主要功能

（一）吸纳转化

吸纳转化是文化的第一个功能。吸纳转化是指一切文化成果都能被主体吸收和运用。文化成果包括所有的知识、技能和产品。当主体凭借大脑对其所需的知识、技能和产品加以学习、训练和摄取，就能拥有其原先并不具备的知识、不掌握的技能，并能从形态各异的产品中获得有益于自身的养分。如果把吸纳和转化分开来理解，那么，前者主要侧重于理论，后者则侧重于实践。所谓"学以致用""内化于心，外化于行"实际上包含了两层意思。一是文化成果的"输入"，二是文化成果的"输出"。从这二者的关系看，"输入"是前提和基础，"输出"则是运用和升华。没有吸纳不可能有转化，而能够转化就说明吸纳已经到位。实际上，文化成果被慢慢吸纳的过程就是从生疏到逐渐熟悉的过程，就是对原先一无所知的外部世界到了然于心了如指掌的过程。如果再作进一步分析，那么，吸纳可被视为手段，转化则可视为目的。转化就是把已有的文化成果变为实际行动，就是将被吸收的知识、技能和产品运用到具体生产生活中，从而达到解决问题的目的。就吸纳和转化的关系而言，两者既有明显区别也存在着必然联系。其区别在于，二者不能互相取代，吸纳与转化之间不能简单画等号，二者都具有自身的内涵和边界。但二者又密不可分。正是由于文化成果具有被吸纳并转化的功能，它才能源源不断地给人们提供智慧和力量。

（二）传承传播

传承传播是基于时空关系对文化本身所作的考察。传承是从时间维度所作的考察。文化传承是指文脉的延伸，是指文化在历经岁月风雨的吹打之后的状况。如果一种文化历经几百年乃至上千年还能完好无损地留存下来，那就说明这种文化具有强大生命力。如果一种文化没有经受住时间的严峻考验，要么完全消失要么残缺不全，那就说明这种文化自身存在着致命的脆弱性。从这个意义上讲，文化的传承实质上反映了其源流状况，它不但连接着昨天和今天，而且还连接着明天；不但关涉着古人和今人，而且还关涉着后人。传播则主要是从空间维度对文化所作的考察。由于它与文化的涵盖和辐射范围息息相关，因而地理场域的大小往往成为衡量其传播状况的标准。一般来说，一种文化的涵盖和辐射范围越大，说明这种文化的生命力就越强；一种文化的涵盖和辐射范围越小，说明这种文化的生命力就越弱。如果把二者联系起来，那么，无论是文化的传承还是文化的传播都不可或缺。片面强调文化在时间上的传承，势必就会忽视文化在空间上的传播；过分夸大文化在空间上的传播，势必就会漠视文化在时间上的传承。没有传承文化脉络就会中断，其结果要么有头无尾要么有尾无头要么断断续续。同样，没有传播新生的文化因子就无法繁殖，更大范围内的人们就可能对其知之甚少甚至一无所知，其吸引力和影响力就会非常有限。有鉴于此，无论是文化传承还是文化传播都应被置于同等重要的位置，切不可厚此薄彼或厚彼薄此。

（三）教育熏陶

作为文化功能之一的教育熏陶主要是由教育者和受教育者及熏陶者和被熏陶者来完成的。教育者和熏陶者在教育和熏陶过程中起主导作用，受教育者和被熏陶者则是教育和熏陶的主体。就教育熏陶而言，同样可以把它们分开来理解。其中，教育是一种有目的、有计划、有组织的活动。教育者根据受教育者的接受能力、天然禀赋，以及对某一门学科兴趣爱好等具体情况对受教育者进行教育，有针对性地选择与受教育者相适应的"传道""授业""解惑"内容，从而达到使受教育者对所学知识、技能和产品吸纳转化的目的。一般来说，受教育者接受能力越弱、天然禀赋越差，以及对某一门学科的兴趣爱好程度越低，选择的教育内容难度应当越小，反之则越大。此外，教育内容价值的大小、对受教育者身心健康的利弊等也是教育者必须考量的重要因素。熏陶与教育的差别在于，它没有明显的目的性、计划性、组织性，而是通过熏陶者平时有意无意的行为举止来对被熏陶者施加影响，所谓"潜移默化""润物细无声""身教重于言教"等就是并不刻意通过某种活动强加于被熏陶者就能产生令人意想不到的效果的具体体现。教育与熏陶两相比较，二者不能完全画等号，教育常常扮演主要角色，熏陶扮演次要角色。它们的地位虽然不尽相同，但二者都有其存在的合理性。在学校、家庭和社会这三大场域中，学校是专门的教育机构，肩负着教书育人的神圣职责。受教育者文化知识的习得、技能的掌握和对产品的感知均主要通过学校来实施。家庭和社会并不承担教育的专门任务，但它们的影响对人的塑造和人的成长也具有不可低估的作用，它们是学校教育的重要补充。因此，无论是学校教育还是家庭和社会熏陶对于受教育者被熏陶者都有举足轻重的意义，都可以将它们视为文化教育熏陶功能彰显的具体体现。

（四）开发利用

除上述三种功能外，文化还有一种很重要的功能，这就是开发利用功能。也可以将文化的这种功能概括为经济功能。这一功能实质上就是文化资本化，就是通过让具有文化含量的载体"变现"，以达到获取经济利益的目的。就开发利用而言，同样可以将它们分开来理解。其中，开发主要侧重于寻找并发现那些目前无人知悉的文化资源。这种资源虽然不多，但由于种种原因这类"稀有之物"仍然是存在的。利用则是把已有文化资源像物质产品那样进行有目的、有计划、有组织的售卖，以使其最大程度地释放并发挥经济效益，从而使文化资源所在地获得更多的收入。无论是文化资源开发还是文化资源利用都无可厚非，但在开发利用过程中，应当牢牢把握以下要点。一是要正确处理开发利用与保护传承之间的辩证关系。任何开发利用都不能以破坏环境为代价，即不能"杀鸡取卵、竭泽而渔"。要在保护传承文化资源的前提下开发利用，在开发利用过程中对文化资源进行更有效的保护传承。二是要最大限度地呈现文化符号。无论是历史文化，还是地域文化，抑或民族文化，都必须尽可能将那些世人并不知悉或者知之甚少的文化形态展示出来。任何一个地方，要使旅游业实现最大化发展，不用心盘点其旅游资源，不精心整合其旅游资源，不充分呈现旅游资源的"亮点""看点"和"卖点"，无疑都是对当地有限旅游资源最大的闲置和浪费。三是要转变观念，将片面追求"门票经济"变为"要素经济"。即不要把旅游景点获得门票收入的多少作为旅游产业化实现程度的唯一依据，而应将旅游目的地的综合收入作为旅游业发展状况的衡量标准。因为游客所到之处，不仅要花钱购买门票，最重要的是还要在当地吃、住、行，把游客包括门票和吃、住、行在内的一切费用加起来，就是一笔不小的开支。如果单就门票收入而言，它可能仅仅为当地政府、文旅主管部门、旅游景区带来好处。如果从要素收入来看，那它所惠及的可能还包括酒店经营者、能源供应点、交通运输部门等。由此可见，在旅游产业化过程中，不能"只见森林"，"不见树木"，不能仅仅把眼睛盯着眼前的局部利益，而应大处着眼，从长计议。

如果把文化的上述几种功能作一简单比较就会发现，前三种功能（吸纳转化、传承传播、教育熏陶）属于传统功能，而后一种功能（开发利用）属于衍生功能。在旅游产业化过程中，除了要不折不扣地保持文化的传统功能，还应加大力度，充分彰显文化的衍生功能——开发利用功能。要更加突出和强化经济功能，最大限度地将文化资本化，把一切包含着文化内涵、文化元素、文化意蕴、文化价值的资源通过各种方式变成实实在在的真金白银。

参考文献

[1] 李炳军. 政府工作报告 [N]. 贵州日报, 2024-02-18.

[2] [法] 罗兰·巴尔特. 符号学历险 [M]. 李幼蒸, 译. 北京：中国人民大学出版社, 2008：166.

[3] [法] 罗兰·巴尔特. 符号学原理 [M]. 李幼蒸, 译. 北京：中国人民大学出版社, 2008：34.

[4] 中国社会科学院民族研究所, 编. 斯大林论民族问题 [M]. 北京：民族出版社, 1990：28.

作者简介：蔡贞明, 贵州省社会科学院文化研究所副研究员。

创意下乡：乡村全面振兴背景下传统民族文化资源资本化的逻辑与策略

徐 哲 赵 颖

摘　要：乡村要振兴，文化必振兴。传统民族文化资源是乡村特色资源，对发展乡村产业、提振乡村文化具有重要作用。随着创意下乡的开展，各地已经涌现出一些创意扮靓乡村、推动发展的典型案例。传统民族文化资源也可以借助创意实现经济效益、社会效益和文化效益的转化。本文在梳理传统民族文化资源内涵，分析创意推动文化资源实现资本转化的学理逻辑基础上，提出了进一步推动乡村传统民族文化资源资本化的策略。

关键词：乡村；传统民族文化资源；创意

党的二十大报告指出，全面推进乡村振兴，坚持农业农村优先发展。乡村全面振兴是物质文明和精神文明的共同繁荣，因此既要发展产业、壮大经济，更要激活文化、提振精神，繁荣兴盛乡村文化。习近平总书记指出，"乡村文明是中华民族文明史的主体，村庄是这种文明的载体"。传统民族文化资源大多保留在乡村，如何让优秀文化资源适应新时代发展要求，转化为既"富脑袋"又"富口袋"的宝贵资本，创意下乡的实践探索，为此提供了新思路。创意下乡是近年来文化旅游繁荣发展的新任务，《"十四五"旅游业发展规划》提出推进"旅游+"和"+旅游"，措施之一就是"创意下乡"。文化和旅游部《关于推进旅游商品创意提升工作的通知》要求，"全面推进各省（区、市）'创意下乡''创意进景区'工作"，以创意设计呈现文化内涵。创意是无形的生产力，能够使民族传统文化资源转化为满足消费者需求的文化商品，实现民族传统文化资源的再生产。

围绕传统民族文化资源开发利用问题，学界在发展特色产业、数字赋能、非遗传承、文旅融合等方面进行了研究，例如，肖卫东认为乡村特色产业是构建现代乡村产业体系、推动农业农村经济持续和高质量发展的活水源头，由此提出了特色产业赋能乡村振兴的内在逻辑与行动路径[1]。范建华等学者认为复合语境是数字文化产业赋能乡村振兴的支撑基底和前提条件，应驱动乡村产业基础高级化、推动乡土文化接续复兴、引领乡村向绿色低碳方向转型、助力城乡命运共同体建构[2]。金家新提出通过建立并完善民族传统文化资源产权的评估体系与服务体系，着力发展文化产业新业态以促进"文化力"与"经济力"的双向实现，加大政策性文化金融扶持力度并促进文化金融产品的有序发展等优化文化资源与社会资本互嵌的策略。[3] 常玉荣、王致达以唐山"冀东三枝花"——评剧、皮影、乐亭大鼓为例，深入研究非遗文化元素的创新应用。[4] 李斯颖以广西河池市环江毛南族自治县为例，探讨民族传统文化资源赋能地方产业发展的可行性路径，对民族传统文化资源赋能地方产业发展进行总体规划和设计。[5] 黄燕玲、谢俊华、罗盛锋基于文化资本理论，运用扎根理论研究方法，对广西"中国少数民族村寨"的网络数据进行收集与编码，构建了包括自然资源环境、少数民族文化资源、文旅融合路径和发展成效四部分的民族文化资源向文化资本转换路径概念模型。[6] 学界对民族传统文化资源开发与乡村振兴已经有较为深入的研究，但创意下乡的相关研究还较为少见，本文在借鉴学界已有成果的基础上，通过梳理传统文化资源的范畴，分析传统民族文化资源创意转化的机制，并提出转化路径。

一、传统民族文化资源范畴

认识文化资源并对其进行梳理归纳，是进行产业分析与科学规划的基础。20世纪70年代美国国家公园管理局提出了"文化资源"一词，是指"与人类活动有关的自然和人工物质遗迹，包括遗址、建筑物和其他单独或同时具有历史、建筑、考古或人文发展方面重要性的物件"。20世纪90年代，国内学者开始关注"文化资源"。程恩富提出，文化资源是人们从事文化生产或文化活动所利用的各种资源的总和。[7] 胡惠林则提出，文化资源就是人们从事文化生产、文化活动所需的可供利用的各种文化生产要素，包括物质文化资源、精神文化资源和文化人才资源三类。[8] 欧阳友权则将其定义为：能够突出原生地区的文化特征及其历史进步活动痕迹，具有地域风情和文明传统价值的一类资源，包括历史遗迹、民俗文化、地域文化、乡土风情、文学历史、民族音乐、宗教文化、自然景观等。[9] 姚伟钧认为文化资源是在人类漫长发展中积淀的，能够满足人们精神文化需求的物质、精神产品。[10] 也有学者认为，文化资源是指凝结了人类无差别劳动成果的精华和丰富思维活动的物质和精神的产品或者活动。[11] ……对于"文化资源"的内涵与外延，学界难以形成统一的认识。从本质上来说，纷纭的学界概念源自学者们切入视角的差异。根据学者们下定义的出发点可以将这些概念分为三类：生产资料类、历史遗产类、精神文明类。这三类给出了文化资源的广义边界，长期生产、生活实践中人类本质力量的对象化形成的内容，经过合理规划，能转化成经济与社会效益，包括一切可以发展文化产业的技术、人才、历史遗产、当今文化信息等等。而狭义来说，文化资源更侧重于可以进入再生产的社会传承的文化遗传，包括传说故事、文物遗迹、民俗、建筑工艺、民间技术、文学艺术等。民族文化资源更贴合狭义的文化资源概念。根据这一概念可以将传统民族文化资源分为"物质的人工制品""精神性的、非物态的文化内涵""代代相传的特殊行为方式与民间技艺"三部分。

"物质的人工制品"主要是指具体的文化元素，包括各族人民在生产、生活中使用的工具、居住的房屋、再生产的场所、服饰、艺术作品等。这些具体的文化元素可以直接复制、转化、加工成文化产品，例如独具风情的建筑、器皿、服饰、传说故事、文学艺术作品等。

"精神性的、非物态的文化内涵"主要是指千百年来各族人民在劳动中形成的价值观念、宗教信仰、伦理道德、审美旨趣等。这些观念上的、形而上的文化内容并不能进行资本转化，但却是具象文化内容得以孕育的思想指导。

"代代相传的特殊行为方式与民间技艺"主要包括风俗习惯和民间技艺两部分。在产业中来说，它们是资本转化的强大动力。包括在饮食、起居、婚嫁、丧葬等方面形成了独具特色的行为习惯以及刺绣、雕刻等民间技艺。

二、传统民族文化资源创意转化的逻辑

在数字技术、网络技术和智能技术的带动下，创意无处不在。"所谓'创

意'就是我们平常说的'点子'、'主意'或'想法'","一般源于个人创造力、个人技能或个人才华"。[12] 这样的概念总有捉摸不定的缥缈感。故宫博物院的单霁翔院长对创意的解释更具象，更有可操作性。他认为，创意就是研究人们的日常生活，让文物适应人们的生活，还要有点趣味。故宫文物在创意产品开发中活了起来，走进了人们的日常生活，像故宫口红、朝珠耳机等等。质言之，创意就是要以消费者需求为中心，探索人们生活中的所需、所想、所求，并将文化融入其中，形成创意产品。向勇教授将创意赋能旅游的流程归结为"地方考现、符号提取、创意赋型、产品开发和创意营销等环节"。[13] 借鉴这一观点，传统民族文化资源创意转化的理论逻辑具体为生活考现、符号编码、设计赋能、产品开发和创意营销。

生活考现。1930年今和次郎提出了考现学，考现学是借鉴考古学而创立，是对现代生活的观察研究。[14] 在创意转化流程中借用考现学突出的是创意源于生活的实质。创意点子的生成之本在于对当下生活的观察，以博物馆文创为例，口红、书签、手机壳、耳机等等都是人们日常生活之物，发现这些日常生活之物，并使之成为文化的载体，这就是对生活考现的目的。创意产品不能像传统文化产品一样，只用来欣赏，它必须有实际的生活功能，才能获得消费者的青睐。再以民族传统文化资源中的典型代表刺绣为例，转变为日常生活服饰，不仅能打开产业市场，还能推动非遗传承。因此，地方考现是创意生成的现实之基。

符号提取。考现是针对日常生活，而符号面向的则是传统民族文化资源。"全部文化或文明都依赖于符号。正是使用符号的能力使文化得以产生，也正是对符号的运用使文化延续成为可能。没有符号就不会有文化。"[15] 传统民族文化符号的提取需要从地方历史文脉中进行提炼。神话故事就是典型的文化符号，神话原型"既提供了行为的认知基础，也提供了行为的操演模式"，是沉淀在人类思想深处的集体无意识，是区域文化的源头。这些神话原型形成了符号编码的第一级，在文化产品的生产中原型不断地再现，演绎为建筑、刺绣、文学作品等等，形成了N级符号序列，构成统一主题下的符号集合。符号提取就是要将这些符号集合从地方历史文化中提炼出来，成为能够进行创意再生产的文化对象。

设计赋能。在已有初步点子、符号对象的基础上，就要通过设计、手工艺、艺术手法等等将点子与符号融合，这也就是单霁翔先生所说的"趣味"。近年来，艺术乡建让人瞩目，从设计师、建筑师、艺术家对村落环境进行艺术化改造，让乡村成为一种视觉符号的最初模式到"乡村艺术节""当代乡村工坊"等乡村文化新形态、新业态，充分展现出艺术赋能乡村的魅力和价值。将沉淀在数千年中的"田园牧歌"再现，满足人民的乡村想象，是"和美"乡村的样板。另外，以科技为代表的新质生产力也是能够将点子与符号相融合的手段，VR技术、数字灯光技术、立体科技为建设沉浸式景观提供了可能。

产品开发。传统民族文化资源的创意转化不是单件商品，而是要形成文化符号聚合的产业链，以多元的产品产出提升市场竞争力。文化符号间具有聚合关系，任何一个文化主题都是通过符号聚合来完成的。生活在同一片区域的人们共享、使用着文化符号，并通过不同的排列方式来表现出他们所认同的价值和意义秩序，这就形成了独特的区域文化。一个民族的文化就是通过诸多符号来阐释的，将文化符号通过创意手段转化为不同的产品、景观后，可以借助文化符号的排列组合来形成产品的聚合，从而使文化产品、景观表达统一的主题，而这一主题就是该区域的文化内核。如此一来，产业区隔就被打破了，将在文化符号基础上形成的产品、景观进行排列组合，形成主题项目，拉长产业链。

创意营销。在"人人皆可为主播"的年代，营销方式的创意要求也越来越高。李子柒的短视频成功重要的原因在于她的田园叙事风格与中华传统文化的田园美学相契合，是中国乡土文化的当代表达。这告诉我们，做好营销离不开传统文化的根基，需要在故事性与非虚构间找到平衡点，才能讲好产品的文化故事。

三、传统民族文化资源转化策略

从当前的乡村文旅产业、文化事业来看，仍然存在同质化、与市场环境不适应、与民族文化不协调等问题，有必要借助创意的力量，将传统民族文化资源转化为推动乡村发展的特色产业、精神文明。

首先，可以借助科学技术的发展分析大众对传统民族文化的认知和对文化产品的期待。互联网的普及、大数据、云计算等为生产者了解消费者的精神文化需求提供了技术支持。借助新科技、新手段生产者可以更全面、更便捷地了解消费者的需求。在创新产品形式的同时选择符合消费者价值观念的文化元素融入其中，增加文化产品的附加价值，拓宽文化产品的意义内涵。这样文化产品进入流通消费后，不仅可以通过新颖的形式吸引消费者的眼球，还能通过文化价值与消费者达成审美的共鸣，刺激消费者的购买欲望。既是将传统民族文化元素进行了资本转化，也是将群众的集体想象作为产品销售的保障。从而，提升传统民族文化资源的开发效率和质量。

其次，人才下乡。创意是基于人的生产力，人才是创新创意的根本。要推动创意下乡，必须将人才输送到乡村。福建屏南县在漈下村首创"人人都是艺术家"公益项目，为村民提供油画教学，使油画创作成为该村的独特风景，村民创作的油画也成为该地的特色产品销往世界各地。让村民参与艺术创作实践，不仅让艺术更加"接地气"，也让村民贴近艺术，提高文化自信。乡村文化的主体是当地村民，但引领者却需要文化艺术界的精英。组建文化产品研发团队，提炼村庄传统民族文化精髓。符合群众的精神文化诉求并不是盲目地迎合群众的需求，一旦盲目开发，极有可能造成资源浪费、文化产品价值下降，甚至产生文化冲突等问题。这就要求文化产品的生产者严把生产关，生产具有典型性特征、能够满足大众需求，又符合在地文化内涵的产品。

再次，提炼乡村文化 IP。同质化是乡村文化开发依托在地文化，提炼乡村文化 IP 是解决同质化的有效方法。提炼乡村文化 IP 就是依托在地文化，梳理文化符号层级，形成特色主题，是代表性、可识别性的东西。而后，使其融入到乡村基础设施、生活环境的建设当中，融入到景观设计、产品开发之中，融入到活动营造、营销开展之中，在持续运营变现当中发挥传承和创新乡村的文化血脉、优化和重塑乡村的产业体系、推动乡村品牌价值提升、吸引消费者在地和多次消费等众多作用。

最后，做好主题式营销。借助短视频平台等新媒体手段，讲好乡村传统民族文化故事，要在故事性与真实性之间做文章，例如能够阐释文化深刻内涵的精彩语言，独具匠心的画面编辑，打动人心的农村故事等等，都可以运用到产品营销中。此外，文化产品不仅具有商业属性，还具有意识形态价值。在培育文化产品时不仅要切合大众的价值观念、文化需求，还要有意识地引导大众对传统民族文化资源的认知，培育新的产业增长点。

一言以蔽之，创意下乡，实现乡村传统民族文化资源的资本转化要符合大众文化想象、审美认同，同时尽可能地利用新技术、新手段创新产品形式。借助文化增加产品的价值，也利用文化来为产品的推广销售保驾护航。最终，实现传统民族文化资源向经济效益、社会效益、文化效益的转化，助力乡村全面振兴。

参考文献

[1] 肖卫东. 特色产业赋能乡村振兴的内在逻辑与行动路径 [J]. 理论学刊, 2023 (1)：117-126.

[2] 范建华, 邓子璇. 数字文化产业赋能乡村振兴的复合语境、实践逻辑与优化理路 [J]. 山东大学学报（哲学社会科学版）, 2023 (1)：67-79.

[3] 金家新. 乡村振兴战略背景下民族传统文化资源与社会资本的互嵌式开发运用 [J]. 西南民族大学学报（人文社会科学版）, 2023 (12)：21-29.

[4] 常玉荣, 王致达. 非遗传承视角下文化创意产业与乡村文化振兴 [J]. 国际公关, 2024 (2)：152-154.

[5] 李斯颖. 民族传统文化资源赋能地方产业发展的优化路径探析——以广西河池市环江毛南族自治县为例 [J]. 百色学院学报, 2023 (5)：88-96.

[6] 黄燕玲, 谢俊华, 罗盛锋. 文旅融合视域下广西民族村寨文化资源资本化转换路径研究 [J]. 三峡大学学报（人文社会科学版）, 2023 (2)：49-57, 116.

[7] 程恩富. 文化生产力与文化资源的开发 [J]. 生产力研究, 1994 (5).

[8] 胡惠林, 李康化. 文化经济学 [M]. 上海：上海文艺出版社, 2003.

[9] 欧阳友权. 文化产业通论 [M]. 长沙：湖南人民出版社, 2006：26-27.

[10] 姚伟钧, 等. 从文化资源到文化产业——历史文化资源的保护与开发 [M]. 武汉：华中师范大学出版社, 2012.

[11] 申维辰主编. 评价文化：文化资源评估与文化产业化评价研究 [M]. 山西教育出版社, 2005：7.

[12] 上海市经济委员会, 上海创意产业中心编. 创意产业 [M]. 上海：上海科学技术文献出版社, 2005：3.

[13] 向勇. 创意旅游：认同连接、艺术赋能和价值共生 [J]. 旅游学刊,

2024（3）：3-5.

[14] 藤田治彦. 民宅的再发现 [C]. 李小俞译，雷礼锡校注//黄有柱，雷礼锡主编. 城市公共艺术研究——环境美学国际论坛暨第七届亚洲艺术学会襄樊年会学术文献集. 武汉：武汉大学出版社，2014：435.

[15] L. A. 怀特. 文化的科学 [M]. 沈原，黄克克，黄铃伊，译. 济南：山东人民出版社，1988：33.

作者简介：徐哲，宁夏社会科学院农村经济研究所副所长、副研究员；赵颖，宁夏社会科学院农村经济研究所副所长、副研究员。

电子游戏：文化传播新载体与文化新质生产力新引擎

周伯洲

摘　要：本文深入探讨了电子游戏作为文化传播新引擎的角色，分析了其在信息化时代背景下如何赋能文化新质生产力的发展。通过案例分析《原神》与《黑神话：悟空》，本文揭示了电子游戏如何融合传统文化元素，促进文化传播与创新，同时展现了文化如何反过来为电子游戏注入核心竞争力，实现文化传播与电子游戏产业的双赢共生。以电子游戏为载体发展文化新质生产力的有效路径，可以从音乐元素、视觉基底、文化内核三个维度的深度挖掘与运用入手。以电子游戏为载体的新质生产力发展，也是粤黔合作实现"后发赶超"的妙手。

关键词：电子游戏；文化传播；文化新质生产力；传统文化

在数字化浪潮席卷全球的今天，电子游戏已不仅仅是一种娱乐方式，更是文化传播的重要载体与文化新质生产力发展的强劲动力。随着科技的飞速发展，电子游戏与信息技术的深度融合，不仅打破了传统文化传播的界限，更以独特的交互性和沉浸感，为文化传播开辟了新的路径。以文化新质生产力驱动，可以起到趋利避害的作用，充分发挥电子游戏的积极作用。本文旨在探讨电子游戏如何成为文化传播的新引擎，以及在这一过程中，文化如何反哺电子游戏，形成其独特的核心竞争力，共同推动社会文化的繁荣与发展。

一、电子游戏与文化新质生产力的共生共创

自第三次科技革命以来，信息化已成为推动社会进步与文化发展的核心动

力之一。习近平总书记指出，新质生产力已经在实践中形成并展示出对高质量发展的强劲推动力、支撑力。文化产业承担着优化经济结构和满足人民文化生活新期待的精神、物质双重功能。[1] 随着数字技术的飞速发展，信息技术与文化的联系日趋紧密，特别是与互联网、大数据、云计算、人工智能等先进技术相结合，形成了文化新质生产力。

文化新质生产力，本质是文化先进生产力，是文化产业高质量发展的必由之路、必结之果，引领科技创新与文化内容生产紧密结合，推动内容生产、文化传播、价值塑造等文化领域发生颠覆性变革，大幅度提升文化领域全要素生产率，进而满足人们日益跃升的精神文化需求和美好生活需要。相较传统生产力，文化新质生产力具有高度集成、跨界融合、动态创新、广泛渗透等特点。信息化技术使得文化内容创作、传播、消费等各个环节高度集成，实现了文化资源的快速整合与优化配置。新质生产力打破了行业界限，推动了文化产业与其他产业的深度融合，游戏与影视、旅游、餐饮等领域的跨界融合日益频繁。人工智能等先进技术能够降低文化创新创造的门槛，以更多的源头活水为创新注入不竭动力。短视频、游戏等新的文化传播渠道，虽然有营造"信息茧房"的风险，但打破了传统媒体的信息封锁，开辟了新的文化交流通道，使得文化内容能够跨越地域、时间限制，实现全球范围内的快速传播与共享。

电子游戏是信息化时代的代表性产物，其发展具有两面性。如果对其缺乏正确的文化引导，血腥、暴力、色情等低俗、庸俗、媚俗的负面文化内容充斥其间，往往就会成为"电子鸦片"，对青少年的健康成长乃至全社会的精神文明建设起到消极作用。然而，文化新质生产力的发展为电子游戏注入了新鲜活力与独特魅力，可以使其成为集艺术性、科技性、教育性、娱乐性于一体的综合性文化产品，文化传播的新形态和文化新质生产力的新引擎。其强烈的文化属性，不仅体现在游戏本身的故事背景、角色设定、音乐元素、美术风格等方面，更在于游戏所承载的价值观、世界观以及对现实社会的映射与反思。

电子游戏与文化传播是相辅相成、相得益彰的关系。新质生产力的发展大大增强了电子游戏的文化魅力和传播实力。人工智能技术的快速发展为电子游戏注入了新的活力。如人工智能在游戏设计、角色行为模拟、剧情生成等方面发挥着越来越重要的作用，游戏能够实现更加智能化的交互体验，使玩家感受到更加真实、生动的游戏世界。同时，AI还能根据玩家的行为习惯和学习进度，动态调整游戏难度和内容，提供更加个性化的游戏体验。在信息化时代，电子游戏不再局限于单一平台，而是实现了跨平台融合。无论是通过 PC、移动设备还是 VR/AR 设备，玩家都能随时随地享受游戏的乐趣。这种跨平台融合不仅拓宽了游戏的受众范围，还促进了游戏 IP 的多元化运营。通过电影、电视剧、动漫、小说等多种形式的改编和衍生，游戏 IP 得以在更广泛的领域内传播和深化其文化影响力。与过去电子游戏局限于电脑端不同，电子游戏已渗透到社会各个角落，成为连接不同年龄、性别、职业人群的桥梁。这种广泛的受众基础，使得电子游戏成为文化传播的重要渠道。通过游戏，玩家能够直观地感受到不同文化的魅力，从而增进对多元文化的理解和尊重。

传统文化传播方式往往受限于时间、空间、语言等因素，难以触及所有潜在受众。而电子游戏凭借其独特的交互性和沉浸感，能够打破这些限制，为文化传播提供新的可能。例如，青年是电子游戏的重要玩家群体之一，通过游戏化的方式讲述历史故事、传播民族文化，不仅能够吸引年轻人的兴趣，还能在潜移默化中传递文化价值，从而填补传统宣传方式这一群体接受度不高、认可度不强的短板，实现"润物无声""以文化人"。以青年为主要群体的游戏玩家，将情感投射到游戏角色中，可以体验传统文化，成为传统文化的当代体验者与传播者。随着中国游戏产业国际化发展带来的"游戏出海"新趋势，网络游戏作为新的媒介形态正在成为推动"文化出海"的新途径。以游戏作为方法，以青年作为主体，以科技创新形式，以创意活化内容，将为中华优秀传统文化的当代传播特别是国际传播开辟崭新的可能。[2]

另一方面，文化赋能电子游戏形成核心竞争力。电子游戏之所以能够在全球范围内吸引无数玩家，并持续创造经济价值和社会影响，很大程度上得益于其深厚的文化内涵。文化为电子游戏提供了丰富的素材和灵感，使得游戏作品能够超越简单的娱乐功能，成为传递价值观念、展现民族精神和促进文化交流的重要平台。例如，《原神》与《黑神话：悟空》等游戏，通过深入挖掘和创意呈现中华优秀传统文化的精髓，不仅丰富了游戏的文化内涵，也提升了游戏在全球市场的竞争力。这种由文化赋能形成的核心竞争力，不仅让电子游戏在激烈的市场竞争中脱颖而出，更推动了游戏产业的持续创新与发展。

二、电子游戏赋能文化出新出圈出彩

游戏不仅仅是一种娱乐形式，它还是一种文化现象和艺术表达。电子游戏作为一种互动媒介，其独特的参与性和沉浸感使其成为传递文化价值和故事的强大工具。随着技术的进步，电子游戏在视觉表现、叙事能力和互动体验上都有了显著提升，这为文化内容的创新传播提供了新的可能性。

（一）《原神》——在多元共生下传播传承中华文化

以《原神》为代表、融合中华传统文化元素，多元文化包容共生的电子游戏为中华优秀传统文化的发掘、利用与传播提供了多元路径。电子游戏作为虚拟文化空间的典型业态，成为数字化趋势下传统文化内容呈现的新载体，具有"再现""凸现""活现"的特点。在精美的画面、丰富的剧情和深度的游戏玩法之外，《原神》对全球文化的巧妙融合与创新表达促进了其文化传播交流交融。游戏中，玩家可以穿梭于七个风格迥异的国度，每个国度都蕴含着独特的文化背景和元素。其中璃月地区的设计充满了中国文化元素，包括古代神话、道家哲学、山水画、传统节日等，这些元素的融入使得全球玩家能够在游戏体验中感受到中国文化的魅力。这种跨越文化界限的创意融合，不仅满足了全球玩家的好奇心和探索欲，也促进了不同文化之间的理解和交流。游戏中的角色设计、音乐创作、美术风格等都成了玩家们热议的话题，甚至引发了对相关文化元素的深入挖掘和二次创作。同时，《原神》还通过举办线上线下活动、跨界合作等方式，进一步扩大了其文化影响力。例如，与知名博物馆合作推出文化联动活动，将游戏中的虚拟元素与现实文化相结合，为玩家提供了全新的文化体验。

2021年，《原神》荣获年度最佳移动游戏大奖，成为首个在 The Game Awards（TGA）颁奖典礼上获此殊荣的由中国开发团队研发的原创 IP 游戏。与此同时，游戏中的角色设计、音乐、美术等方面都展现了中华文化的独特之处，使得全球玩家能够通过游戏了解和体验中国文化。璃月地区的音乐结合了西方管弦乐和中国民族乐器，这种融合不仅让玩家在音乐维度上感受到不同文明的冒险感，也激发了国外玩家对中国文化的兴趣。2022年新年伊始，《原神》官方公布了新角色云堇的演示视频"云堇：虹章书真意"，视频中由戏曲工作者云堇演绎的京歌形式唱段《神女劈观》在全球同步保留中文京剧唱段和念白，引发了国内外玩家的热烈反响。[3] 2022年10月28日，《原神》入选文旅部2022年文化和旅游数字化创新实践十佳案例，获得文旅部"以游戏为载体的文化传播""拓展了游戏在娱乐层面之外的社会价值""原神致力于让全球玩家都能领略中华文化的魅力"等高度赞扬。

在文化效益、社会效益以外，《原神》也带来了巨大的经济效益。据SensorTower统计，《原神》在2022年9月全球上线两周年时，全球累计收入已经达到37亿美元。从营收比例来看，中国占34.6%，海外收入近三分之二，日本、美国、韩国分别贡献收入9.6亿美元、6.8亿美元和2.5亿美元，在世界范围内产生了巨大的经济效益。《原神》的全球热销为游戏开发公司带来了巨大的收益，同时也带动了相关产业链的发展，如周边商品销售、联名、游戏直播等等，带来了社会总需求的增长，促进社会经济的高质量发展。

（二）《黑神话：悟空》——广东孕育的中华文化游戏新实践

《黑神话：悟空》是一款以中国古典名著《西游记》为背景的单机动作角色扮演游戏，在2024年8月20日全球同步上线，因其精美的画面、流畅的战斗体验和深刻的文化内涵，以及对虚拟现实、云计算等先进技术的深入运用，迅速在全球范围内获得了巨大的成功和影响力。《黑神话：悟空》由游戏科学公司开发，其创始人冯骥和杨奇曾于2008年加入腾讯量子工作室，2014年二人离职后在深圳创立了游戏科学公司，可以说是广东成就了《黑神话：悟空》的破土而生。

在文化元素上，《黑神话：悟空》不是对《西游记》故事的简单复述，而是创造了一种全新的叙事方式。游戏中的建筑、服饰、音乐等都充满了中国文化的元素，如实地高清扫描技术的应用确保了场景和角色的真实感和文化深度。游戏中的角色设计和故事叙述，让玩家能够深入体验中国的历史、地理和文化特色，成功将中国古典神话重新诠释为一个引人入胜的数字体验。山西玉皇庙、重庆大足石刻、杭州灵隐寺等中国著名地标和名胜古迹，不仅为游戏场景提供了设计灵感，也在游戏中得到了高度还原。游戏中融入了太极图、八卦、龙凤等大量的中国传统文化符号，陕北说书等非物质文化遗产元素。采用了中国传统的山水画风格描绘山川、河流、云雾等自然景观，借鉴中国传统武术和神话传说中的元素打造战斗系统，营造出独特的东方美学氛围。动静贵州、云南日报、江西新闻等官方短视频号纷纷直播体验。

经济效益方面，《黑神话：悟空》上线首日全平台累计销量超450万份，总销售额超过15亿元。从投入上看，该游戏研发成本约4亿元，几乎销售首日即实现盈利，充分体现了文化加持下服务消费的高附加值。据国外数据分析公司VG Insights的数据显示，截至2024年8月27日，《黑神话：悟空》的总销量已达1540万份，总收入超过了7.3亿美元（约合人民币51亿元），其销量增长速度也超过了《艾尔登法环》《赛博朋克2077》《霍格沃茨之遗》等热门游戏。在《黑神话：悟空》本身销售收入之外，其还带动了《西游记》相关文化产品的销售和再次火爆，原著、绘本等书籍的销量显著上升，"猿神"成为网络平台新热词。游戏高画质和沉浸式体验要求玩家拥有较高配置的硬件设备，这直接刺激了显卡和游戏主机市场的销售热潮。据统计，2024年8月底《黑神话：悟空》公开发售以来，GeForce RTX 40系列显卡在游戏发售后销量大幅增长，尤其是高端型号系列，如RTX 4070及以上的产品，出现了供不应求的情况。此外，RTX 4060和RTX 4060 Ti系列的销售也得到了快速拉动。此外，主机和PS5等专业游戏设备的需求也在8月底快速上涨。

（三）坚持正确价值导向的电子游戏具有双重效益

随着文化新质生产力的不断发展壮大，电子游戏作为其中的重要代表之一，正在以前所未有的方式推动着文化的传播和创新，以其独特的魅力和创新力不断推动文化的出新、出圈、出彩。通过电子游戏这一平台，传统文化得以以全新的面貌展现在公众面前。同时，电子游戏还推动了中华文化出海，促进了不同文化之间的交流互鉴。在经济上，随着社会生产力的普遍发展和人们精神文化需求的日益增长，人们对优质文化产品的付费意愿显著提升。电子游戏作为高附加值的文化产品之一，其市场需求不断扩大。同时，电子游戏产业的快速发展也带动了相关产业链的发展壮大，如游戏开发、周边销售、硬件配套等等，发挥优质文化产品对社会总需求的提振作用，带动上下产业链的协同发展，有力推动经济社会实现高质量发展。

三、以信息化载体发展文化新质生产力的有效路径

中华优秀传统文化是一座丰厚的宝库、巨库。发展文化新质生产力，归根到底是要深挖中华优秀传统文化的宝贵内核，深挖文化基底，精心尽力开展文化挖掘、文化创作，实现对以电子游戏为代表的信息化载体的有效运用，从而勾勒出一幅以科技为翼、文化为魂的发展蓝图，让电子游戏等信息化文化载体传递真善美，传递向上向善的价值观。反之，精心制作的电子游戏，也能凭借其中的文化印记、文化创新，反哺中华文化传承发展。从具体路径上看，本文将从音乐元素、视觉基底、文化内核三个维度展开探讨。

（一）音乐元素：旋律编织的文化梦境

音乐，作为人类共通的语言，承载着丰富的历史记忆与情感表达。作为游戏不可或缺的组成部分，音乐不仅是营造氛围、增强沉浸感的关键，更是传递文化情感、展现文化特色的重要手段。在电子游戏中融入中华传统音乐元素，不仅能够丰富游戏的文化内涵，还能让玩家在享受游戏乐趣的同时，深刻感受到中华文化的独特魅力。

首先，游戏开发团队应与专业的音乐家、作曲家等文艺工作者精诚合作，深入挖掘中华传统音乐精髓，创作出具有中国特色、传统风韵和时代的原创音乐。这些音乐可以取材于民乐、戏曲、古典诗词等传统曲艺宝库，通过现代编曲手法进行再创作，使之既保留传统韵味又符合现代审美。例如，在古风题材的游戏中，可以吸收传统民间旋律元素，融入古筝、琵琶、唢呐等传统乐器的演奏，结合现代电子音乐元素，创造出既古典又时尚的音乐风格。这样的音乐不仅能够为游戏增添独特的韵味，还能让玩家在游戏过程中感受到中华文化的博大精深。

其次，游戏开发者应积极探索音乐与游戏机制的深度融合。通过设计音乐互动环节，如音乐解谜、音乐战斗等，让玩家通过操作或选择来触发不同的音乐效果，从而增强游戏的趣味性和文化沉浸感。同时，也可以设置音乐收集系统，鼓励玩家探索游戏中的每一个角落，收集并欣赏各种传统音乐曲目。这种方式不仅能让玩家在游戏中感受到音乐的魅力，还能激发他们对传统文化的兴

趣和探索欲。

同时，游戏开发者可以积极寻求与国内外知名音乐人或音乐团体的跨界合作，共同推出游戏原声音乐集或音乐会、演唱会，进一步扩大中华传统音乐的影响力，吸引更多年轻人关注和喜爱传统文化。其中吸收中华优秀传统文化元素进行传承创新的选段，也可以利用社交媒体、直播平台等渠道进行多形式音乐推广，将中华传统音乐推向更广阔的舞台。此外，还应注重游戏的国际化发行和推广，通过多语言版本的支持和跨文化的交流互动，让全球玩家都能感受到中华传统音乐的独特魅力。

（二）视觉基底：光影交错的文化盛宴

电子游戏以其丰富的视觉效果著称，而中华优秀传统文化的视觉元素则是构建游戏世界的重要素材。通过深入挖掘和创意呈现这些元素，可以打造出独具特色的游戏画面，让玩家在视觉享受中领略传统文化的魅力。

在游戏中巧妙融入中国传统文化的符号和元素，如书法、国画、剪纸、皮影、古建筑等，是构建游戏视觉基底的关键。通过精细的美术设计和动画制作，可以将这些元素融入游戏的场景、角色、道具等各个方面，展现出传统文化的独特韵味。例如，在古风题材的游戏中，可以设计国画风格背景的地图场景，以书法为灵感的角色名字和技能特效，以及融入剪纸元素的装饰品等。这些创意运用不仅能够提升游戏的视觉效果，还能让玩家在游戏中感受到传统文化的独特魅力。

利用 VR/AR 等先进技术，打造沉浸式文化体验场景，是提升游戏文化沉浸感的重要途径。玩家可以身临其境地游览古代园林、参与传统节日庆典、体验古代服饰文化等，通过视觉、听觉、触觉等多感官的交互体验，深入了解传统文化的内涵和价值。

与艺术家、设计师等跨界合作，共同探索传统文化与现代艺术的融合之路，是提升游戏视觉品质的关键。通过举办艺术展览、设计大赛等活动，可以激发创意灵感，推动传统文化在游戏领域中的创新应用。例如，可以邀请知名插画师为游戏设计具有传统文化特色的角色形象；或者与设计师合作，将传统图案和色彩元素融入游戏 UI 设计中。这些跨界合作不仅能够为游戏带来新颖的视觉体验，还能让传统文化在现代艺术中焕发新的生机。

线上线下的有效联动，无疑能为文化传承和游戏创收带来双赢。一方面，线下视觉元素的线上出现，会为玩家带来亲切感和好奇心，从而增加游戏的收益；另一方面，线上出现的线下元素也会为线下在更广范围内吸引游客，提振线下的人气。在电子游戏对线下视觉元素的积极运用下，畅通联动路径、丰富联动形式，实现线上线下的有效联动，化联动人气为发展底气，无疑能为高质量发展增添文化新动能。

（三）文化内核：虚拟世界的灵魂传承

电子游戏的叙事能力是其区别于其他娱乐形式的重要特征之一。充分发挥文化的灵魂作用，通过深入挖掘中华优秀传统文化的精神内核和价值观念，并将其融入游戏故事中，可以实现文化的深度传承和创新发展。

以历史、神话、传说等传统文化题材为基础，开发具有教育意义和娱乐性的电子游戏，是传承中华文化的有效途径。游戏开发者应深入挖掘这些题材的文化内涵和故事背景，通过精心设计的剧情和角色塑造，展现传统文化的核心价值和人文精神。在游戏中设置文化教育环节或任务，如历史知识问答、文化常识挑战等，是提升游戏文化教育价值的重要手段。这些环节或任务不仅可以让玩家在游戏中学习传统文化知识，还能激发他们的学习兴趣和探索欲。同时，也可以与教育机构合作，将游戏作为教学辅助工具引入课堂，提高学生的学习兴趣和效果。

通过电子游戏的全球化发行和推广，可以将中华优秀传统文化传播到世界各地。游戏开发者应注重游戏的国际化发行策略，通过多语言版本的支持和跨文化的交流互动，以大象无形的创新形式、润物无声的文化过程，让全球玩家在更大范围、更宽领域、更深层次都能感受到中华文化的独特魅力。同时，也可以借鉴其他国家的优秀文化元素和创作经验，推动中华文化创新发展，实现人类文明交流互鉴。

四、电子游戏是粤黔协作实现"后发赶超"的妙手

电子游戏产业作为数字经济的重要组成部分、文化新质生产力的重要载体，以其强大的文化融合能力，在全球范围内展现出巨大的发展潜力和经济效

益。高附加值、快速技术迭代的特性，让后来者有机会通过创新和技术突破实现"后发赶超"。粤黔可以发挥文化优势，利用这一特性，紧跟行业趋势，推动文化新质生产力发展壮大。

贵州拥有独特的自然风光和丰富的民族文化，这些都可以成为游戏开发的灵感源泉。通过将这些元素融入游戏设计，不仅能丰富游戏内容，还能提升游戏的文化内涵和吸引力。同时，成功的游戏作品也能反过来促进贵州文化和旅游的推广，形成良性互动。以千户苗寨、苗族银饰、侗族大歌、布依族六月六等为代表的丰富民族文化资源，可以通过电子游戏进行创造性转化、创新性发展。贵州的喀斯特地貌、黄果树瀑布、荔波小七孔、梵净山等自然景观可以为游戏提供独特的视觉元素，遵义会议旧址、"中国天眼"等元素蕴含了革命、建设、改革直至新时代的奋斗征程，也是游戏开发中的文化资源宝库。通过电子游戏为载体的文化新质生产力发展，也能促进贵州文旅产业引人气、提贵气、增财气。另一方面，贵州已成为中国大数据产业的中心之一，拥有国家级大数据综合试验区，具有以电子游戏为载体发展文化新质生产力的独特优势，也可以在电子游戏的开发过程中，以文化优势、硬件优势培育软件优势，吸引游戏设计、编程、美术等相关专业人才到黔就业，从而推动产业转型升级。

广东的文化底蕴深厚，粤剧、粤语颇具特色，岭南文化璀璨南国，岭南建筑风情独具，都为游戏开发提供了丰富的素材和灵感。将这些文化元素融入游戏，不仅能增强游戏的本土特色，还能吸引国内外玩家的关注。近代以来，广东音乐融贯中西，《彩云追月》登上太空，《步步高》《平湖秋月》《赛龙夺锦》脍炙人口，粤语歌曲风靡大江南北，具有文化传承发展创新的实践经验。广东是改革开放的排头兵、先行地、实验区，正努力在推进中国式现代化建设中走在前列，也迫切需要以电子游戏为载体的文化新质生产力，以在千帆竞发的新时代中夺得区域发展之先。广东在科技创新特别是在信息技术、人工智能、虚拟现实等领域具有明显优势，为以电子游戏为载体的新质生产力发展提供了强大的技术支持和创新动力。广东拥有完善的电子产业链和成熟的市场环境，科研机构多，人才集聚强，能够为游戏产业提供充足的人才支持和技术储备。

粤黔两地可以充分利用各自优势，加强合作，形成文化新质生产力集聚优势，共同推动电子游戏产业发展。广东可以依托其科技实力，发挥我国人口人才优势，借鉴过去文化传承创新的先进经验，与贵州丰富的文化资源和大数据产业相结合，共同开发具有地方特色的电子游戏产品，实现文化与科技的深度融合，推动地方经济的转型升级。同时，通过游戏产业的发展，可以进一步推广传播两地的文化，提升文化软实力，让粤黔两地人民群众成为新质生产力发展的直接参与者，激发增强人民群众创新创业创造的无限活力，汇聚起推动新质生产力发展的磅礴伟力。

参考文献

[1] 严若谷. 以新质生产力赋能文化产业繁荣发展 [N]. 南方日报，2024-04-29.

[2] 胡钰，朱戈奇. 网络游戏与中华优秀传统文化的当代传播 [J]. 南京社会科学，2022（7）：155-162.

[3] 冯鸣，童威. 以网游为载体的中国传统文化输出研究——以《原神》云堇角色设计为例 [J]. 新媒体研究，2022，8（12）：87-90，110.

作者简介：周伯洲，广东省社会科学院助理研究员、历史学博士。

创新文化与新质生产力实现路径倡导下搏克题材网络游戏研发探析

浩斯巴雅尔　木　仁

摘　要：推进中华优秀传统文化创造性转化、创新性发展，建设社会主义文化强国战略为文化传播与网络游戏产品融合发展指明了发展方向。随着时代发展，网络为文化传播和科技创新搭建新平台，在网络游戏中融入更多中华优秀传统文化和先进文化元素，已成为当今赋予文化新的表达形式，增强文化影响力和感召力的重要趋势。本文以打造搏克竞技题材网络游戏为例，利用建模与实时动态捕捉技术，设计开发具有高度互动性与沉浸感的网络游戏模型，模型中融入丰富的文化元素和搏克（摔跤）技巧，通过角色扮演、在线比赛和社区互动等方式，使玩家能够在游戏中体验搏克运动的魅力与中华文化的深厚底蕴。文中从设计理念、交互功能以及未来发展方向等方面提出具体建议，旨在进一步促进国民对于传统文化的保护意识，探索传统文化与现代科技融合的新路径。

关键词：创新文化；新质生产力；搏克；网络游戏

一、引言

习近平总书记（2013年12月30日）在十八届中央政治局第十二次集体学习时的讲话中指出，"中华文化是我们提高国家文化软实力最深厚的源泉，是我们提高国家文化软实力的重要途径。要使中华民族最基本的文化基因与当代文化相适应、与现代社会相协调，以人们喜闻乐见、具有广泛参与性的方式推广开来，把跨越时空、超越国度、富有永恒魅力、具有当代价值的文化精神弘扬起来，把继承传统优秀文化又弘扬时代精神、立足本国又面向世界的当代中国文化创新成果传播出去。要系统梳理传统文化资源，让收藏在禁宫里的文物、陈列在广阔大地上的遗产、书写在古籍里的文字都活起来"。

数字技术赋能中华优秀传统文化"双创"发展以无限可能。数字文化产品重要形态之一网络游戏，在文化继承和创新中的作用日益凸显。网络游戏中运用 AR 技术、VR 技术等，使得人们通过现代技术感知中华优秀传统文化体验感越来越真实[1]。中华文化与网络游戏跨界融合创新之所以成为可能，一方面是网络游戏作为新兴文化载体，需要中华文化为之提供源源不断的创作资源，另一方面则是在于数量庞大的网络用户对国风游戏的追捧为传统文化的保护与传承孕育了大批拥趸。在融合形式方面可产生多种尝试，如完全根据中华文化而进行游戏开发和设计，或在现有的游戏框架基础上灵活融入表演艺术、节庆仪式、传统技艺等文化元素。按其游戏功能可主要划分为三个类型：教育应用型的严肃游戏、休闲娱乐型的网络游戏以及虚拟仿真型的智能体感游戏。中华文化与网络游戏的融合还可分为以中华文化为新游戏创作主轴的"主体型融合"和在现有游戏中植入文化要素的"元素型融合"两种跨界融合形态。"主体型融合"主要指以中华文化为主题所开发的全新游戏，游戏本身基于文化内容而搭建，文化内涵在很大程度上决定了游戏的情节与玩法，在游戏设计上属于文化传播主导游戏呈现。而"元素型融合"则是指在已有游戏的基础上将中华文化元素植入游戏当中，文化内容襄助游戏效果但并不起决定性作用，在游戏设计上属于游戏在前而文化在后。"主体型"融合能够较好地还原并展现文化精髓和存续语境，从而让玩家在游戏过程中得以沉浸式体会中华文化的全貌，有助于他们更深入地认识文化内涵。但这类融合通常是根据文化本身的特性来进行游戏设计，游戏在制作完成后一般不再作出重大修改，融合的灵活性因此受到一定的限制。相比之下，"元素型"融合更加动态多变，在根据游戏剧情需要结合文化要素灵活融合的过程中能够最大限度向玩家展示文化内涵。但这种游戏至上的融合方式极易造成对文化价值的误读，同时也常常会分散玩家对文化元素的关注度[2]。借鉴以往研究和经验，我们在搏克竞技运动的网络游戏化

---

[1] 刘文洋. 优秀传统文化传播与网络游戏产品融合发展研究 [J]. 电脑知识与技术，2023（20）：150.

[2] 权玺，张成祜. 网络游戏与非物质文化遗产的跨界融合创新研究 [J]. 宁夏师范学院学报，2023（3）：104.

路径研究中,致力于构筑一个既能够体现中华传统文化韵味又符合现代审美需求的交互式游戏平台。游戏平台旨在引导玩家深入了解并体验搏克精神,增强玩家对于搏克这一国家非物质文化遗产代表性项目的认知和保护意愿。游戏制作采用先进的3D建模技术,通过当前顶尖的实时动态捕捉系统对搏克的动作进行高精度模拟。结合搏克服饰的细节设计,力求使虚拟角色行动举止间都透露出浓厚的民族特色。游戏叙事从根植于中华传统故事中汲取灵感,沉浸式的视角设计和丰富的角色互动充分拉近用户与搏克,以及地域特色文化的距离。游戏模型包含竞技性的在线对战模式,用户不仅能够在虚拟环境中体验真实的格斗技巧,还能在全球范围内的社区中分享搏克文化,学习技艺,从而推动中华文化的全球传播与认同感的形成。系统中植入评估用户行为分析与扮演体验实验,针对实验结果,进一步优化游戏机制,如调整在线竞技模式的匹配系统和加入更多的文化要素含量,力求提升游戏对用户的整体感受和文化传承意识,使网络游戏更好地显现出有效促进用户对搏克文化的理解和认同。玩家也会通过网络将游戏分享到微信、微博、QQ、抖音、快手等社交平台上,在提高网络游戏影响力的同时,与游戏产品融合的中华优秀传统文化也随之传播[1]。网络游戏以其独特的文化传播新渠道,使广大网民也成为中华文化的传播者,提升了传统文化的生命力。此项研究不仅为民族传统体育项目——搏克的数字化转型提供实证案例,也为非物质文化遗产的数字化保护和传播提供了宝贵经验与具体方法论。

二、搏克运动起源与发展

"搏克",蒙古语意为摔跤,其深厚的民族文化底蕴和独特的对抗形式,一直以来深受民众的喜爱并传承至今。研究表明,搏克已有两千年的历史,始于匈奴时期,西汉初期开始盛行,元代广泛流传,至清代得到空前发展。它通过自我演变、自我创新、与时俱进,成为蒙古族娱乐项目即"男儿三艺"之一。中华人民共和国成立后,深受广大人民推崇的搏克运动逐渐成为北疆民众喜闻乐见的竞技项目,是重要节庆活动的必不可少的体育运动。1991年,搏克被列

---

[1] 刘文洋. 优秀传统文化传播与网络游戏产品融合发展研究[J]. 电脑知识与技术,2023(20):151.

为国家少数民族传统体育运动会正式比赛项目，同时也被全国农运会列为正式比赛项目。

搏克，起源于古代北方游牧民族的生活习俗和军事训练，是一种融合了力量、技巧、速度等多种身体素质于一体的摔跤运动。据《元史·仁宗三》记载，"延祐六年六月戊申，置校署，以角抵者奈之"。可见当时搏克已成为重要的军事训练内容，用以提升士兵的格斗能力与战场生存率[①]。其竞技形式多样，比赛规则简明，不仅考验选手的技战术运用，还充分彰显了兵勇们崇尚英雄、注重力量和气魄的特点。随着时间的推移和社会的进步，搏克也由古代的军事训练渐渐转变为一项民间体育竞技活动，具有不区分年龄和体重，人人参与其中等特点，不断丰富和发展其技巧和规则，形成了现今我们所见的搏克运动[②]。近年来，国内外学者对传统体育及其文化研究呈现上升趋势，一系列研究成果加深了我们对搏克运动起源、发展及其文化价值的认识。随着现代科技的不断进步，特别是数字信息技术的兴起，搏克运动也在传统与现代交汇的优秀传统文化"双创"背景下迎来了新的发展机遇和挑战。网络游戏作为现代科技的产物，在传播文化，尤其是传统竞技运动方面表现出了独特的优势。它突破了时空限制，让全球玩家都能够体会古老运动的魅力，对促进民族体育文化的国际化传播起到了积极作用。依托3D建模与实时动态捕捉技术，开发搏克运动题材的网络游戏，能够在还原运动细节的同时，通过设计具有鲜明民族特色的游戏角色，复原比赛氛围场景，塑造经典装束道具，增加玩法多样性等手段，将搏克运动的独特魅力与竞技参与者的精、气、神淋漓尽致地展现出来。这不仅能够激发玩家的参与热情，进一步拓宽搏克运动中所含有的文化特征传播途径，还能为现代体育运动的创新发展注入新的活力。

三、网络游戏中的搏克素材特点

在多元文化融合和互联网信息时代，搏克运动以其独有的民族特色和深厚的文化底蕴，被赋予了新的社会价值和历史意义。"搏克竞技"作为国家重要

---

① 金启孮. 中国式摔跤源出契丹、蒙古考[J]. 内蒙古大学学报（哲学社会科学版），1979（z2）：236.

② 黎欣荣，刘忠良，温季平. 蒙古族传统体育的起源及变异研究[J]. 内江科技，2017（4）.

的非物质文化遗产代表性项目，不仅仅是一项简单的体育运动，其内涵与表现形式兼具武术、舞蹈、仪式和社会交流等多重文化功能，在蒙古族的日常生活和特定节庆中占据核心地位。搏克所传递的不仅是技巧与力量的对决，更是人们对自然环境的顺应，对生命坚韧的赞歌以及对社会团结和精神信仰的礼赞①。

随着现代社会节奏的加快，传统文化如何与现代生活方式相适应，成为文化传承的一大挑战。搏克运动不再局限于草原上的比赛场地，而是逐渐步入大众的视野，并在网络平台上发挥其独特魅力。网络游戏作为新兴的文化传播媒介，为搏克运动所含有的文化传承与发展提供了更广阔的空间。通过网络游戏这一平台，搏克竞技运动不仅能够吸引更多年轻人的关注，也能让全球玩家体验蒙古族传统文化及其独特韵味。

在游戏中，设计师们既要考虑游戏的本质竞技性和娱乐性，同时更要充分吸纳和融合搏克含有的文化特征和技战术要素，使游戏具有人文内涵并为其赋予更强的生命力。传统的搏克摔法及动作，如旋风摔、天鹰摔、干将摔等，在游戏中以3D模型及动作捕捉技术得以再现②，赋予玩家以身临其境的体感。在游戏场景设计中，取材自草原、蒙古包、那达慕大会等具有浓郁民族特色的元素，让玩家在游玩过程中感受到更加真实的草原文化、民俗文化、体育文化的氛围。

进一步讲，网络游戏不仅仅止步于传统搏克运动的数字化呈现，它更是对该运动精神内涵的一次深层次挖掘与传播。游戏中蕴含的民俗文化哲学思想如：搏克运动中"一跤定胜负"的规则真实地反映了人生在生死博弈中仅有一次胜出机会的哲理，对团结与协作的高度赞美以及对自然生态环境的尊重与珍惜，都与当下的习近平新时代文化思想和社会主义核心价值观相契合。搏克游戏的设计理念正体现了古老文化与现代科技相结合的智慧，它不仅促进了传统体育项目的现代化转型，也为探索非物质文化遗产数字化保护方式提供了有益的尝试。

搏克运动作为网络游戏题材，不但提供了一个全新的视角来审视和欣赏这项古老而文明的运动，同时也为其在数字时代的传播与创新提出了可行之路。

---

① 于松田. 浅谈民族传统体育项目的继承和弘扬——以蒙古族摔跤搏克为例 [J]. 体育风尚, 2020（7）：73-74.

② 李京. 当代蒙古族舞蹈的审美意蕴研究 [D]. 内蒙古大学, 2022.

这一创新项目不仅有助于拓宽中华优秀传统文化的传播渠道，更是对于中华民族文化自信的一种体现与宣传，推动了民族传统体育项目的现代化发展，拓展了非物质文化遗产的保护与传承新形式。

四、搏克题材网络游戏的传统文化"双创"实践思考

在习近平文化思想科学指引下，探讨及应用"推动中华优秀传统文化创造性转化、创新性发展""双创"理念于搏克竞技运动题材的网络游戏设计，不仅能够推动民族体育运动的创造性转化，还能将游戏作为高度融合传统文化与创新技术的载体，为传统文化的传承和推广开创新局面。着实文化传承与创新是促进新质生产力发展的重要环节，营造鼓励创新的文化氛围是新质生产力发展的重要基础。

搏克运动不只是中华民族优秀的传统文化，同样是国家级非物质文化遗产代表性项目（2006年5月23日，搏克竞技经批准列入第一批国家级非物质文化遗产名录，项目编号Ⅵ-16），它承载着深厚的历史文化价值和独特的民俗文化表现形式。保护好中华优秀非物质文化遗产，有助于民众更深入地了解中华文明史，提升国民文化自信，在多元文化融合的环境中增强民族认同感。近年来，随着信息技术和数字技术的迅猛发展和广泛应用，为非遗的保护和传播提供了更加丰富的路径和平台。尤其是数字经济时代的来临，逐步促使中国非物质文化遗产的创新创作向着多元化和产业化的方向发展。其中，网络游戏具有强大的传播力和吸引力，能够吸引广大年轻用户深度参与，对于促进民族文化的传播和传承具有不可估量的作用。得益于"双创"时代的契机与挑战，将搏克运动融入网络游戏，已成为文化创新与体育产业融合发展的新方向。通过构建一个具有民族特色的网络游戏生态，我们能够实现对蒙古族搏克运动更广泛的传播和更深层次的认知影响力，同时也为网络游戏增添了新的文化内涵和商业价值。在网络游戏设计过程中堪称一种"双创"理念的体现，将传统文化与现代科技相结合，不仅创新了游戏内容，也扩展了游戏的功能和意义。另一方面，网络游戏作为新兴媒介，本身也有不断演进和创新过程，对"双创"理念的响应在游戏设计和开发过程中表现得尤为突出。以搏克运动为题材的网络游戏项目，将动作捕捉技术与3D建模相结合，再现搏克运动的动感与技艺，不

仅提升了游戏的真实感和沉浸感，还增强了游戏的教育功能和文化价值。此外，通过模拟真实搏克运动比赛场景，玩家可深入体验大自然，理解及领悟搏克运动背后的文化和精神内涵，进而提升对民族传统文化的认同和尊重。

游戏内的互动性和社区构建，使玩家能够在游戏中实现社会化交往，创建和参与自己的社群，实现文化交流与传播。这种通过网络游戏进行中华传统文化教育的方式，能够有效调动年轻人的参与热情，实现对传统文化的广泛推广。

五、搏克题材网络游戏的设计原则

搏克题材网络游戏一定要打造成有影响力的游戏IP，从组织、运营、训练、电竞活动、电子商场、线上线下服务等各个环节形成完整的网络游戏生态链，增加游戏的商业价值，尤其增强社会、经济同步效益。

（一）游戏的交互性设计

游戏的交互性是影响玩家体感的核心要素，对于搏克题材网络游戏而言，交互性尤为关键，它需要考虑玩家之间的协作、竞技以及玩家与游戏环境的交互。在设计过程中，运用先进的3D建模技术，精心塑造民俗文化氛围与搏克运动场景，营造出沉浸感强的三维空间体验，以增强玩家对游戏环境的深度投入。通过实时动态捕捉技术收集运动员搏克技巧动作，转化为游戏角色的动作模型库，其动作反馈精确，大幅提升游戏真实感和互动性，使玩家在虚拟世界中感受到搏克运动的激烈与刺激。此外，系统的角色扮演（RPG）机制让玩家不仅能体验到传统搏克运动，还能沉浸于中华传统文化的学习与探索之中。

游戏互动模式的设计综合在线对抗、团队协作以及角色社区交流等多种维度。在线对抗模式支持多人实时竞技，玩家可以挑战其他玩家，争夺排行榜的高位，同时玩家的段位可以依据搏克竞技文化中独有的"将嘎"（指佩戴于脖颈上的彩色绸缎、项圈，是搏克竞技手的一种传统服饰）代表赢得比赛的次数和成绩，是玩家获得荣誉的象征。团队协作模式则要求玩家组成队伍，共同完成任务和挑战，这不仅锻炼了玩家间的配合与策略，也强化了社区氛围。

角色社区交流设立虚拟聊天室、论坛以及交易市场等，促进玩家间的互动与文化交流。针对传统搏克运动的复杂性和策略性，游戏中加入多样的操作技巧和战术选择，反映竞技体育中的真实交互性并在网络游戏中得以实现。此外，游戏内置动态难度调节系统，能够根据玩家的技能水平智能调整对手的强弱和游戏难度，确保不同水平玩家的游戏体验和持续挑战性。游戏交互界面（GUI）设计直观而简洁，强调功能性和易于导航，尽可能减少玩家的认知负担，使得玩家能够迅速上手，专注于游戏本身的乐趣。

综上所述，搏克竞技题材网络游戏的交互性设计充分考虑了文化内涵与运动特性相结合的创新途径，为玩家提供了一种新颖的文化体验与竞技方式，有望成为传统文化传播的有效途径与平台。

（二）文化元素植入融入原则

在探讨含有文化背景的网络游戏设计时，我们必须确保该款游戏中民俗文化元素的深度融入，才能在提升游戏趣味性的同时，也能让玩家沉浸于中华传统文化的氛围中。针对文化元素植入融入原则的具体表述，考虑到游戏作为数字媒体的一种，它的文化内涵应与现代审美相结合，持续激活民族变迁的文化记忆。鉴于此，我们提出以下民俗文化元素融入独立游戏创作的原则与措施。首先，游戏中的视觉艺术设计必须充分呈现民族风格的特色，包括对于服饰、装饰、符号及建筑样式的精准还原和创新性演绎。同时，角色设计上，加入古籍文献、英雄史诗、传说故事中的人物如"蒙古秘史"中的别力古台、史诗"江格尔"中的十二英雄以及民间故事中的都仁扎那等，确保这些角色的形象设计、动作捕捉和场景互动充分体现搏克竞技运动的精髓，赋予每个角色独特的身份背景，以及与之相应的搏克技巧和装备特性。此外，音乐和声效设计也必须贯穿整个游戏体验，不局限于传统音乐、蒙古族长调、祝赞词的使用，也要灵活融合现代音乐、舞蹈等元素，使游戏场景既有民俗文化根基的同时，又能满足现代玩家的审美习惯。通过这种方式，搏克题材网络游戏不仅是娱乐休闲的活动，也将成为一种传统文化的传承方式。在具体技术实施方面，需要借助先进技术如3D建模和实时动态捕捉技术，提升角色的真实感和动作的流畅性，从而强化游戏的沉浸感。此外，利用数据库系统对文化元素进行分类管理，将传统文化保护与现代数据库技术结合起来，不仅方便开发者有目的地加强文化元素在游戏中的应用，同时方便日后的文化元素更新与扩充。游戏内增加文化解说环节和互动问答模块，在游戏过程中对民俗文化知识进行传播，增加玩家的文化体验。游戏开发团队还应聘请文化专家顾问,确保游戏的文化内容真实性与深度,避免出现文化表述错误或滥用,维护中华传统文化形象。此外,针对玩家反馈,游戏应设计灵活的文化元素更新机制,及时调整不合适的内容,添加新的文化素材,使游戏能够随着文化的发展而进步。博克运动作为中华多元文化体系下的重要组成部分,其鲜明的民族特征与深厚的历史底蕴,成为独立游戏设计过程中不可或缺的资源。依托现代数字技术和游戏设计理念,不仅能够增强玩家的游戏体验,提升文化自信,同样也为民俗文化的传承与创新开辟了新的途径[①]。

(三) 履行社会责任原则

中华优秀传统文化赋予网络游戏重要的内容资源,相对地,网络游戏也是承载传播中华优秀传统文化的重要渠道。应注重文化传播与网络游戏融合必须同步实现社会效益和经济效益。在融合发展过程中,需要注重深度挖掘中华优秀传统文化的内涵、增强创新意识等,提高融合中华优秀传统文化的网络游戏质量,更好地推动中华优秀传统文化传播,提升中华优秀传统文化的影响力,推动中国特色社会主义文化强国的建设。尤其,游戏开发者必须履行好社会责任,在追求自身利益的同时,也要自愿承担社会责任,要对社会做出应有的贡献,在追求经济效益的同时不能忽视社会效益。将优秀的传统文化应用于游戏中,传播中华优秀传统文化,就是游戏开发者所要承担的社会责任。需要警惕网络游戏的娱乐性初衷和商业性驱动力,使其与中华文化的组合隐含着种种不确定性,由此,在发展中寻求最佳平衡点成为网络游戏与中华文化融合创新亟待解决的关键问题。

六、博克题材网络游戏构思

针对博克竞技运动题材进行网络游戏的设计,注重游戏剧情与角色的深层次设计,力求在内涵与形式上做到创新与传统的完美结合。博克运动因其独特的竞技特色和丰富的民俗文化底蕴,为网络游戏提供了一种全新的视角和丰富

---

① 王雪歌. 独立动画创作研究——以蒙古族文化题材为例 [J]. 中国民族博览,2022 (3).

素材。通过对传统搏克竞技和相关历史文化的深入研究，结合现代网络游戏制作技术，游戏剧情与角色设计成为传统民俗文化传承和推广的重要媒介。

（一）游戏剧情与角色设计

采用先进的 3D 建模技术，完整地复现搏克竞技运动的场景、服饰和动作。角色设计上，不仅还原了真实的搏克运动员形象，同时增加了角色背景故事的深度挖掘，让玩家能真实感受到每位搏克运动员背后的故事和情感。为增强玩家的沉浸感和游戏体验，研究采用实时动态捕捉技术，确保搏克运动员在游戏中的动作流畅自然，给玩家提供了极致的视觉和操作体验。此外，为更好地融入民俗文化元素，游戏中加入了标志性的民族音乐与场景设计，如蒙古族长调、乌日雅（入场音乐）、搏克内容祝赞词、传统蒙古包、阿萨尔（主席台）、帕帕尔（左右入场西）摔跤场中央的苏鲁锭（白色、黑色、黑白相间、单只、三只、九只）等元素，并搭配蒙古族传统服饰的定制化选项，玩家可以在游戏中自由穿梭于颇具民族特色的虚拟环境，加深对民俗文化的感知与认识。

通过角色扮演，玩家可以扮演不同的搏克运动员，体验从草根到冠军的成长历程，感受每一次挑战和胜利带来的喜悦与荣耀。游戏还设置了多样化的社交功能，玩家可以在线交流搏克技巧，分享游戏心得，并携手推动搏克运动的保护及传播。该网络游戏使用 3D 引擎构建高质量的游戏场景与角色模型，后端采用数据库技术进行玩家数据存储与管理，保证游戏的流畅运行和良好的用户体验。通过实时的游戏数据分析，开发团队不断优化游戏内容，确保故事情节可以持续吸引玩家的参与。不断通过游戏测试结果，使游戏充分呈现搏克运动的竞技精神，玩家通过游戏掌握搏克技巧，提升对搏克文化的理解与兴趣，达到了传统体育运动与网络游戏融合创新的目的。

（二）游戏玩法与系统创新

网络环境下的游戏玩法创新是推动游戏持续发展的关键因素。在设计具有搏克竞技运动特色的网络游戏时，我们深入挖掘传统搏克规则与精神核心，结合现代网络技术进行全新的游戏玩法构想。首先，在搏克运动的基础上，我们设定丰富的游戏角色，尽可能真实地再现搏克竞技手的形象与技巧，使玩家能够在游戏中体验到角色扮演的乐趣。角色间差异化设计，如力量型与技巧型选手的区分，增强了玩法的多样性与战略性。玩家不仅可以自由选择擅长不同技能的搏克选手，而且可以通过提升角色能力来完成个性化成长路径。其次，游戏中凭借 AI 算法实现了动态故事线的生成，根据玩家的选择与游戏进程，为玩家提供不同的剧情走向与挑战任务，增加了游戏的互动性与沉浸感。这一创新不仅提升玩家在游戏中的积极参与度，也为玩家提供了多样化的体验路径。然后，在多人在线互动方面，游戏充分利用网络社群的优势，为玩家提供实时对战平台，并依托于高性能的服务端支持，在对战模式中实现低延迟、高稳定性的用户体验。玩家可以组队参与联赛，抑或是在全球范围内的搏克大赛中与来自世界各地的选手竞技，实现文化交流、互检与分享。游戏系统的创新主要体现在三大方面：角色个性化成长系统，动态故事生成引擎，以及全球联赛交流平台。这三大系统的融合为搏克运动类网络游戏提供了全新的游戏玩法，不仅增加了玩家体验的乐趣，同时也对传统体育运动和网络游戏的融合研究起到了推动作用[7]。通过这种方式，游戏不仅在宣传和传承中华文化方面起到了积极作用，而且在网络游戏领域创造了一种促进文化多样性与社会互动的新模式。此外，根据游戏内置的行为分析系统收集用户反馈，并与行业内的先进技术和研究成果相结合，不断调整与优化游戏机制，保障游戏持续迭代进化，以满足玩家需求与期待①。

七、结论

本研究通过探讨搏克竞技运动主题的网络游戏，寻求传统体育项目与现代数字媒体的创新融合，实现中华优秀传统文化创造性转化和创新性发展以及非物质文化遗产的现代传播。网络游戏与中华文化的融合不同于以往的中华文化数字化保存与展示形式——将中华文化以数据的形式储存于数据库中或以文字、图片及视频的形式发布于社会化媒体上，而是让中华文化融入游戏道具、角色服饰、背景音乐、主题活动、场景搭建等方方面面，实现中华文化的多元化呈现。这种多元化呈现对于中华文化来说本身就是一种创新性表达，即借助游戏虚拟空间使其以一种全新的形态出现。同时，遵循着融合的新路径，诸如体现中华文化特色的网游周边产品和线上线下情境交互的数字文旅开发等，中华文化的生产性保护得

---

① Media Discourse Surrounding Game Regulation, Online Game Community and Gamers' Participation [D]. The University of Wisconsin - Madison, 2017：331.

以实现。尽管当前网络游戏和中华文化的结合尚停留在初级层面，但这种传统与现代之间的文化跨界融合必将会浇灌出更加绚烂的创新之花。

本研究不仅提供了一种新的中华传统文化传播路径，同时也为传统体育运动与现代科技融合开辟了新天地。网络游戏与文化传播融合，既有利于中华优秀传统文化的传播，也促进了经济的发展。科技创新作为新质生产力的核心要素，是国际战略博弈的主要战场。科技创新能够催生新产业、新模式、新动能，是发展新质生产力的关键。通过全面推动文化产业数字化和数字文化产业化，促进文化产业与科技产业的深度融合，加快构建文化大数据体系，可以培育和发展文化领域新质生产力。同时，大力推进文化数字化转型，积累资源基础，为新质生产力的发展提供持续的动力。

参考文献

［1］刘文洋．优秀传统文化传播与网络游戏产品融合发展研究［J］．电脑知识与技术，2023（20）．

［2］权玺，张成祐．网络游戏与非物质文化遗产的跨界融合创新研究［J］．宁夏师范学院学报，2023（3）．

［3］金启琮．中国式摔跤源出契丹、蒙古考［J］．内蒙古大学学报（哲学社会科学版），1979（z2）．

［4］黎欣荣，刘忠良，温季平．蒙古族传统体育的起源及变异研究［J］．内江科技，2017（4）．

［5］曲庆玲．蒙古族传统体育文化研究［J］．越野世界，2021：1（2）．

［6］于松田．浅谈民族传统体育项目的继承和弘扬——以蒙古族摔跤搏克为例［J］．体育风尚，2020（7）．

［7］李京，当代蒙古族舞蹈的审美意蕴研究［D］．内蒙古大学，2022．

［8］王雪歌．独立动画创作研究——以蒙古族文化题材为例［J］．中国民族博览，2022（3）．

［9］王大鹏．非物质文化遗产视阈下的蒙古族搏克研究——以杜尔伯特县蒙古族搏克为例［J］．大庆社会科学，2021（4）．

［10］吉木斯．锡林郭勒盟蒙古族小学"那达慕"传统体育文化传承的策略研究［D］．内蒙古师范大学，2020．

[11] 蒋帅, 那日苏. 蒙古族特色体育项目搏克对学生体育核心素养的研究 [J]. 2021.

[12] 于松田. 浅谈民族传统体育项目的继承和弘扬——以蒙古族摔跤搏克为例 [J]. 体育风尚, 2020 (7).

[13] 李·巴特尔. 试论搏克的民族特点和现代意识 [J]. 内蒙古社会科学 (文史哲版), 1992 (4).

[14] 郝延省. 蒙古族搏克运动史考 [J]. 兰台世界, 2014 (1).

[15] 白红梅. 蒙古族搏克的文化性格及其教育功能探析 [J]. 民族教育研究, 2007 (2).

[16] 张超. 非物质文化遗产保护传承与创新发展的探究与思考 [J]. 大众文艺, 2022 (4).

[17] 中共中央办公厅 国务院办公厅印发《"十四五"文化发展规划》[EB/OL]. (2022-08-16). http://www.gov.cn/zhengce/2022-08/16/content_5705612.htm.

[18] Media Discourse Surrounding Game Regulation, Online Game Community and Gamers' Participation [D]. The University of Wisconsin-Madison, 2017.

[19] Bluestockings: Exploring Tabletop RPGs and Pandemic Social Connection [D]. University of California, Santa Cruz, 2021.

[20] Q Yong. Research on the Cultivation of Undergraduates' Occupational Choices from the Perspective of Mass Entrepreneurship and Innovation [D]. Theory & Practice of Innovation & Entrepreneurship, 2019.

[21] Liu. A New Approach to College Students' Employment and Entrepreneurship from the Perspective of "mass entrepreneurship and innovation" [D]. Modern Agriculture Research, 2019.

[22] LI Chaohui. Exploration on the Path of Talents Training in New-type Undergraduate Colleges from the Perspective of Innovation and Entrepreneurship [D]. Theory & Practice of Innovation & Entrepreneurship, 2019.

作者简介：浩斯巴雅尔, 内蒙古自治区社会科学院北疆文化研究所助理研究员、博士; 木仁, 内蒙古自治区社会科学院语言研究所研究员。

非物质文化遗产"两创"的实践路径研究
——以织金苗绣蜡染为例

王 子

摘 要：2023年习近平总书记对宣传思想文化工作作出的重要指示提出要"着力赓续中华文脉、推动中华优秀传统文化创造性转化和创新性发展"，非物质文化遗产是中华优秀传统文化的重要组成部分，本文聚焦非物质文化遗产的创造性转化和创新性发展，选取毕节织金苗族刺绣和蜡染作为具有典型性的贵州实践案例进行剖析，提出正确认识"两创"的理论基础和适用范围，始终坚守"两创"的分工立场和合作原则，平衡把握"两创"的内涵发展和形式转化，鼓励发展"两创"的产业融合和新型业态的研究启示。

关键词：非物质文化遗产；创造性转化；创新性发展；刺绣蜡染

中国共产党第二十届中央委员会第三次全体会议通过的《中共中央关于进一步全面深化改革 推进中国式现代化的决定》指出："中国式现代化是物质文明和精神文明相协调的现代化。必须增强文化自信，发展社会主义先进文化，弘扬革命文化，传承中华优秀传统文化，加快适应信息技术迅猛发展新形势，培育形成规模宏大的优秀文化人才队伍，激发全民族文化创新创造活力"。文化的本质就是创新创造。创新创造，是我们思考文化问题时的重要关键词。习近平总书记关于创新的强调，贯穿于文化事业和文化产业各领域，既体现着对文化创新的着力推动，也内含着实现中华文化创新发展的坚定信心。2017年初，中共中央办公厅、国务院办公厅印发的《关于实施中华优秀传统文化传承发展工程的意见》强调了"两创"方针作为基本原则的重要性。此后，习近平总书记对宣传思想文化工作作出的重要指示也着重阐释了"推动中华优秀传统文化创造性转化和创新性发展"的必要性。毕节织金苗族刺绣蜡染历史悠久，流传分布范围广，辐射影响带动面大，正在作为一种民族文化产业，引领乌蒙山区传统手工艺走出大山、走向全国、走上国际舞台。刺绣和蜡染是织金苗族历史文化长期积淀的结果，也是他们在历史发展的过程中衍生出来的精神信仰，是织金苗族同胞智慧的结晶。本文以织金的刺绣蜡染为例，探讨非遗"两创"实践的经验模式与思路启发，通过非遗文化发展与现代文化需求的深刻对接融合，赋予民族非遗文化新的时代精神，真正实现守正创新，推陈出新，探索非遗文化的时空重构与价值重塑。

一、案例选取与介绍：贵州省毕节市织金县苗绣和蜡染技艺

贵州省毕节市织金县，位于贵州省中部，地处乌江上游支流六冲河与三岔河交汇处的三角地带，地势西高东低，最低海拔860米，最高海拔2262米，县城海拔1310米；属亚热带季风气候，总面积2868平方千米，截至2022年，织金县常住人口80.58万人；截至2023年6月，织金县辖7个街道，16个镇，3个乡，7个民族乡。织金历史悠久，秦属巴郡，汉属牂牁郡，晋以后彝族入主，至唐为晖州；宋、元、明为毗那；清为平远州；民国三年（1914年），改称织金。2011年，织金县属毕节市。民族文化浓郁，如苗族跳花坡、多声部情歌对唱、美妙"三眼箫"、芦笙舞，彝族火把节、布依族情歌、穿青人"傩戏"等。2020年3月3日，织金县退出贫困县序列，实现脱贫"摘帽"，是"黔中经济区"的重要组成部分和"毕水兴能源资源富集区"的规划区域，是毕节试验区连接黔中经济区、滇中经济区和黔北经济协作区的重要节点，素有"宝桢故里、洞天织金"之称。境内景名众多，如织金洞、织金大峡谷等。织金县辖33个乡镇（街道），有妇女58万余人。目前，从事蜡染刺绣手工妇女3000余人，其中蜡染2500余人，刺绣500余人，既从事蜡染又从事刺绣的1500余人；全县苗族蜡染刺绣和民族服装服饰特色手工企业5家，合作社26个（均属于个人领办合作社），家庭作坊56个，年产值10万—50万元的8家，年产值50万元以上的5家，年产值10万元以下的59家。2006年5月，苗绣进入第一批国家级非物质文化遗产名录。2021年6月，织金苗族蜡染入选第五批国家非

物质文化遗产代表性项目扩展项目名录，织金蜡染从传统走向现代，带着神秘而古朴的气息惊艳了世界。织金苗绣蜡染是适应现实社会需要对优秀历史文化传统进行创造性的传承与运用，更是进一步释放中华优秀传统文化作为中国特色社会主义内在价值的体现。

二、非物质文化遗产创造性转化和创新性发展的典型案例

坐落于织金县平远古镇的指承蜡染刺绣馆，彰显苗绣文化元素的家居生活用品琳琅满目。大到客厅家居的布置展示，小到随身携带的首饰挂件，无不显示出苗族蜡染、刺绣制作的精致。入眼之处是一套蓝色的时装走秀裙，细腻的蜡染工艺让人印象深刻。指承蜡染刺绣馆作为2023年依文·中国手工坊数字化产业基地，集文旅融合产业示范中心、数字化研发展示中心、手工艺设计研发中心、手工艺全球交易中心于一体，是依文·中国手工坊在织金县打造的数字化平台，融苗族蜡染、刺绣的参观、体验和销售于一体，也是苗族蜡染、刺绣文创产品研发的综合平台，还是苗族蜡染、刺绣文创产品销售和展示的织金实体店。

织金县对苗族蜡染、刺绣产业化发展的探索以歪梳苗支系为基础。歪梳苗是一个以花草为邻的民族，其传统的蜡染、刺绣文化元素，为指承蜡染刺绣馆推动苗族蜡染、刺绣产业化发展的探索和创意提供源源不断的灵感，创造出来的文创产品通过网络走向世界。在指承蜡染刺绣馆，借用苗族蜡染、刺绣元素进行创意设计的文创产品种类丰富、形式多样、涵盖广泛，既有地毯、沙发套、抱枕、床单等日常生活用品，又有手提包、挂包、手包等随身携带的日用品；既有装饰客厅的挂画、屏风，又有帽子、衣服、鞋袜等服饰。展区内，融合当代元素设计的香包、茶包、手包、服饰、靠枕、鞋履，传递着蜡染的艺术精髓——质朴、唯美、工整。"蓝染专区"推出"手工DIY蓝染帆布鞋"体验：消费者可现场挑选蜡染纹样，以铜刀在鞋面画出纹样，在染娘的指导下体验蜡染工艺，亲手染出独一无二的蓝染帆布潮鞋。"刺绣专区"囊括多个民族的绣片纹样，依文·中国手工坊设计团队将贵州民族传统刺绣图腾提炼、配色、再设计，矢量化、数据化整理后收编于中华民族纹样数据库，将大山里口

口相传的民族文化故事保留并传承下来，让每一个老绣片纹样背后的寓意和用法被永久地记录在册。"文创专区"融合织金县等地民族美学文化元素的商务办公用品、配饰、旅行箱、玩偶、小家电以及家居用品一应俱全、琳琅满目，充分体现"以民族美学赋能当代生活"的设计理念，折射出织金民族文化生生不息的传承力与可塑性。

除此之外，展区之内还有非遗产品展示。"蓝染专区"诠释了贵州苗族、布依族蓝染的独特灵韵。依文·中国手工坊团队将聚合全球优秀设计力量，共同推动传统非遗手工艺产业数字化转型，构建现代数字化产业体系，打造可复制的产业数字模型，为织金县打造可持续发展和不断增长的市场化商业模型，提升当地造血能力。同时，不断扩大织金文化传播力，赋能织金文旅和非遗文化输出，促进指尖产业销售和地方优特产品实现市场价值转化，用"授人以渔"的方式助推产业增收。2016年以来，依文集团深入织金县333个贫困村开展"绣娘培训"助力脱贫攻坚活动，累计培训1073名绣娘。在依文·中国手工坊深山集市——织金专场，500余名绣娘的蜡染、刺绣产品专场展演数次，走进北京等一线城市的消费商圈，让绣娘的蜡染、刺绣等手工艺产品以生活化、时尚化的方式呈现，拿到500余万元的订单。

采取"企业+工坊+绣娘"的运作模式和"互联网+一线商圈场景化营销"线上线下的营销模式，深入挖掘、开发织金的民族文化和传统文化，再通过依文·中国手工坊深山集市的线上、线下平台，推动织金蜡染、刺绣、石艺、砂陶等特色产品向市场化、商品化转型，走向全国及海外市场，至今已形成集培训、研发、生产、销售于一体的产业链。值得一提的是，在推动织金蜡染、刺绣产业化发展方面，指承蜡染刺绣馆坚持用数字化手段挖掘苗族文化资源，孵化苗族文化IP，推动苗族文化IP的跨界整合，构建民族时尚文化产业集群。依文集团通过培训绣娘，扩大就业创业范围，健全传统手工艺传承人培养机制，通过"专业设计、集中培训、分散生产、统一销售"的模式，以期实现文化富民、居家就业的愿景。通过数字化场景的打造，推动国潮文化新高地和消费体验目的地的形成，将苗族的文化元素与全域旅游理念结合起来，打造可游、可看、可体验的文旅项目和独具特色的指尖产业发展基地。

依文集团依托织金苗族蜡染、刺绣产业，在线上构建织金县苗族蜡染、刺绣及其他匠人的IP，如构建蜡染技艺大师杨晓珍、织金县官寨乡绣娘蔡凤等匠人的故事，推动独具织金县域特色的文创、旅游产品的展示展演，集产品、匠人及其故事于一体，打造"绣梦之旅"毕节—织金文化旅游网络集散地，再通过依文数字化产业发展平台打造集订单、设计、生产、销售于一体的全产业链，促进织金县苗族蜡染、刺绣等非物质文化遗产产业化发展。在线下以织金蜡染、刺绣产业为基础，以"织金绣娘"作为带动产业发展的匠人群体，以乌江源百里画廊、织金洞、财神庙、平远古镇等旅游景区景点和群众生产生活习俗中民族纹样等本地文化元素为创作元素，通过蜡染、蓝染、刺绣等地方传统非遗技艺及绣梦工坊等拓展文旅发展空间。指承蜡染刺绣馆的建成运营，是依文集团与织金县合作发展苗族蜡染、刺绣产业的一个成功范例。它在充分展示织金民族文化、传统文化的同时，还让前来织金的游客亲身体验蜡染、刺绣等非遗文化工艺，为织金文化旅游融合发展注入新活力。

三、非物质文化遗产创造性转化和创新性发展的经验总结

近年来，织金县以弘扬"工匠精神"为主旋律，在搭建平台、培育特色、打造品牌、带动手工产业发展等方面做了大量工作，充分发挥民族手工艺在脱贫攻坚、乡村振兴、创业创新等方面的积极作用，帮助织金妇女实现就近就业愿景，"绣"出美好生活新蓝图。

（一）创新产业研发，打造独特手工艺品

在产品研发上，通过充分尊重苗族蜡染刺绣传统手艺，采用当地优质天然棉、麻和古老的古绸作为底料，以精湛的技艺和古老的铜刀、石蜡、蜡灯、蜡笔、染灯等工具进行精雕细琢，植入传统文化基因，加入现代时尚元素，不断创新图案设计，精细画工，增加更多生活元素，推出更加新颖的颜色搭配。同时，要将更多刺绣产品和蜡染产品进行结合设计，在蜡染图案上做精细刺绣，增加点缀和装饰，使单调的蓝白蜡染产品更加立体、有趣，也更现代化。目前，蔡群苗族蜡染刺绣有限公司经营的产品除了传统苗族服饰，还有蜡染方巾、马尾绣绣片、苗家背带，以及用蜡染鱼纹刺绣的床单、被罩、枕套等，形成了"小手艺、大产业，小商品、大集群"的发展态势。"在接触了许多品牌

和市场后,我开始了更多的探索,我们通过和电商平台合作设计,推出更多类似蜡染腰封、蜡染巴拿马礼帽、盘绣双肩包等爆款商品,吸引了很多年轻用户。比如我们用洋葱染出浪漫的紫色,用百里杜鹃景区的杜鹃花染出美丽的粉色,并把这两种颜色染在寝具蜡染四件套上,一套价值4000多元,订单络绎不绝。"蔡群介绍道。

(二)创新生产模式,打造专业生产团队

"我想既然我们苗族有这么多妇女有如此优秀的手艺,我就把她们召集在一起,然后我们成为一个团体,一起把我们苗族文化发扬光大,让苗族文化走向世界。"在蔡群的带领下,蔡群苗族蜡染刺绣有限公司以创业带动就业、发展地方经济为经营理念,通过"公司+基地+妇女"的模式,把织金县城附近乡镇(街道)的绣娘集聚到公司,统一培训,统一规范生产,形成了专业团队,进行规模化、精细化、技能化的生产,引导妇女从家庭分散的个体向集群化、产业化、规模化、公司化、市场化发展,逐步实现农村妇女"绣着花、带着娃、挣着钱、养着家"的美好愿望。公司创立以来带动和影响发展小微企业、个体工商户100户,解决农村贫困农户就业岗位1000余个,开展技能培训20余次,参训人员3000余人次,培训技能骨干15人,形成了闻名当地"蜡染刺绣创业一条街",较好地促进了本地苗族蜡染刺绣非遗文化产业的健康发展,逐渐形成全域旅游的新亮点。

(三)创新营销手段,拓展国内国际市场

为增强织金苗族蜡染的内生动力,更好地拓宽销售渠道,产生更大的经济效益,带动更多绣娘增收致富。蔡群苗族蜡染刺绣有限公司充分发挥东西部协作帮扶政策优势,加强与广州欢聚集团的合作,积极探索"非遗+电商+直播"的路径,让苗族绣娘通过欢聚集团旗下的YY直播平台,进行文化传承及手工艺制作内容的直播,通过短视频、直播等新的宣传方式,生动展示苗族文化特色、蜡染技艺,进一步宣传、介绍、推广织金苗族蜡染,提升旅游、蜡染刺绣非遗和农特产品的知名度。同时,加强市场对接、拓展国内国际市场,加强与唯品会等大强企业的合作,打通销售渠道,使苗族手工艺品真正转化为有价值的商品,走入市场,真正实现商品品牌价值,让蜡染刺绣产业成为助推少数民

族地区发展致富的法宝。在"非遗+电商+直播"的营销模式下,官寨苗族蜡染逐渐大众化,在各大直播平台上,苗族蜡染已打破圈层火热"出圈",拥有悠久历史的苗家蜡染、刺绣手工艺品走出国门,远销美国、英国、日本等国,真正实现了让苗家蜡染、刺绣手工艺品走出山乡、致富百姓。

(四)创新利益机制,培育民族特色品牌

"以前是自己做,自己画点自己穿,现在是自己画来又穿又卖,又赚到点钱,给家里添点生活补贴,比较好。"蔡群苗族蜡染刺绣有限公司的绣娘杨志绣高兴地说道。公司成立以来,为将有着优秀手艺的苗家绣娘民间工艺品做成商品手工艺,打造独具民族特色的苗家蜡染刺绣品牌,公司成立绣娘专业合作社,通过龙头企业引领,形成"企业+合作社+基地+绣娘"的模式,以技术入股的方式,与绣娘建立完善的利益分配机制,促进蜡染、刺绣产业实现规模化、特色化、市场化发展,推动"指尖技艺"进一步向"指尖经济"转变。

四、非物质文化遗产创造性转化和创新性发展的实践启示

非物质文化遗产创造性转化和创新性发展是指在尊重和保护民族文化的基础上,通过现代化的手段和思维方式,对非遗文化进行再创造和再发展,使之适应现代社会的需求,同时保持其独特的文化价值和魅力。这一过程对于非遗文化的传承和发展具有重要的启示意义,需要准确把握以下四组关系。

(一)正确认识"两创"的理论基础和适用范围

从理念上来说,"两创"是弘扬中华优秀传统文化的根本路径,是辩证唯物主义与历史唯物主义在文化发展中的体现,是根植于中国实践,坚持中国特色,着眼于未来的科学的指导方向[1]。"两创"是对于马克思主义传统文化观的吸收和发展,是在充分肯定民族文化和传统文化的前提下,批判和辩证地继承和发展;是对中华文化和正确历史观、文化观的自觉赓续,也是重新激活传统文化,发挥其在新时代的现实价值的实践指导。"两创"是保护弘扬我国优秀传统文化的重要路径,也是社会主义文化强国建设的时代需要。但是需要谨

慎思考"两创"理念的适用范围和使用力度，不能盲目地为了转化而转化、为了创造而创造。首先，需要科学、严谨地辨析创造性转化和创新性发展文化对象的适用价值。针对中国式现代化发展的特定历史阶段或者中国未来发展的时空环境，辨析某种文化是否具有创造性转化和创新性发展的政治价值、社会价值和精神价值。也就是说要辨析此种文化对于维护和巩固中国共产党的执政地位和水平、推进马克思主义中国化时代化是否具有积极作用[2]；对于推动经济价值的创造与分配、对于促进社会进步和幸福感、对于促进社会公平正义等是否具有积极作用；对于提升道德原则和审美旨趣、对于内在成长和利他主义等是否具有积极作用。其次，需要谨慎、合理地辨析创造性转化和创新性发展文化对象的适用程度。在不同的语境和文化类别差异下，"两创"的适用程度也不尽相同。对于普遍性质的中华优秀传统文化，类似唐诗宋诗元曲等创造性和创新性适配度高、接受度高、普及度广的文化类型和文化元素，可以大胆地尝试和发展。但是对于民族传统文化，尤其是其中的非物质文化遗产，其创造性转化和创新性发展需要慎之又慎。一是需要考虑某些民族文化元素提取出来是否用以被大众接受、会否被误解，比如贵州傩戏的某些元素，对于不了解相关文化的公众而言会觉得有些难以接受。二是需要考虑商业价值和文化价值的平衡，当某些民族文化元素被滥用之后，过度宣传其衍生品会影响此种艺术在公众心中的地位和形象，其艺术价值和文化价值都会受到极大的冲击。三是需要考虑濒危项目的保护工作，一味地追求创造和发展，可能会导致某些文化基因的流失和破坏，只有先保障文化的保护和传承，才会有后续的转化和发展。

（二）始终坚守"两创"的分工立场和合作原则

《关于进一步加强非物质文化遗产保护工作的意见》明确提出"坚持党对非物质文化遗产保护工作的领导，巩固党委领导、政府负责、部门协同、社会参与的工作格局"的工作原则[3]。非遗文化的保护和传承、发展与创造不仅仅需要传承人，更需要政府、学者、专家、市场、运营等不同的社会主体参与，不同的社会主体在"两创"实践中的身份立场不同，在认识和处理问题时所抱持的尺度和角度也应有所差异。一是加强传承人在非遗"两创"实践中的主体地位。在文化自信的"国潮风暴"背景下，社会各界都陆续参与到非遗文化的领域中来，传承人告别独角戏迎来了万众瞩目的世界舞台，但是同时也受到了各方干预和限制。资本和政府过度干预，会使得传承人的主体地位逐渐模糊，在艺术设计上传承人失去了话语权，传承人成了出现在宣传和接待场合的噱头，成了授权的"代言人"和展示的"吉祥物"。传承人是负责非遗文化保护"原生态"的责任人，是工匠精神和传统技艺的主体，在"两创"实践中应基于"以文化为本"的角度，提高传承人的社会地位，提升传承人的荣誉感与使命感。其他工作人员和设计师必须注重自身设计思路与非遗文化的"相容性"，充分理解非遗文化的历史背景和审美旨趣，提高自身对于合作对象的理解与运用。二是明确政府部门在非遗"两创"实践中的行政立场。文旅局、妇联和非遗保护中心等政府部门需要做好各类相关政策的解读、积极鼓励各种创新和创造的项目实践，给非遗"两创"实践提供良好的氛围，避免出现过度的行政干预。更需要做好法律层面的保障，以法律法规的形式为少数民族非遗的合理开发保驾护航，对其"两创"实践的方式给予较为明确的规范。尤其是一些濒临失传的项目，更要以法律途径保护非遗项目的知识产权、承载空间以及传承人的地位与权利等，并对危害非遗项目与传承人的行为进行追究[4]。三是规范新闻媒体在非遗"两创"实践中的传播行为。随着自媒体发展的日新月异，各类媒体的新闻传播对于民族非遗文化的发展和推广作用不可忽视。这也要求新闻媒体对于自身传播立场的坚守，需要坚持报道的真实性，绝不可恶意抹黑民族非遗文化，也不可盲目跟风引流、刻意夸大其词。要基于第三方中立的角度，客观地报道和展示民族非遗文化的意蕴和风韵。在拍摄和采访过程中，也需尽可能地减少对于传承人及其工作的干扰和影响。

（三）平衡把握"两创"的内涵发展和形式转化

为了使非遗文化突破被单纯保护和传承的被动窘境，让非遗"家底"转化为发展"新引擎"，文化领域创新不断推出各种"非遗+"的产业跨界融合商品与内容。相关文化的产业链、传播链、创新链等多方位的链条架构不断升级，但是其文化的创新边界不能被模糊和侵害。需要明确的是，非物质文化遗产的内涵发展是"两创"实践的第一要义。在非遗"两创"的实践当中，我们通常得到的产品或者结果，多是非遗文化的衍生品。非物质文化遗产的本质是中华优秀传统文化的物质载体与实态表征，但是其文化内涵和历史价值绝不仅仅等同于非遗的物化形态。"两创"下非遗的衍生品是基于非遗文化元素的再创作,是非遗技艺重构的一种全新的呈现,绝不能等同于非遗本身,非遗项目也不能等同于非遗品牌。现在很多的文创产品以非遗为宣传核心,但是产品却并没有深入非遗的核心,仅仅只是停留在非遗的表面形式,采用的是固化的、有视觉冲击力的图形[5]。非物质文化遗产其明晰的"非物质性",先要尽量避免出现"两创"中重非遗形式而轻其内涵的发展,注意假借"两创"大旗,盲目追求创新,从而危害制作技艺本身的现象。要明确"两创"是"流",非遗是"源"。源流之辨就是坚定非遗"两创"的文化第一性立场,尊重非遗自身的发展规律,让非遗文化通过非遗产品渗透到每一个消费者心中。在传统社会非遗还没有成为遗产之前,它的实用价值与文化价值是并列的,非遗是现代性的产品,在非遗成为"遗产"后,文化属性是其第一位,经济属性是第二位,非遗品牌的本质是文化而不是经济[6]。所以非遗的"两创"要坚持整体性、系统性的实践原则,任何创新和创作都要尊重其内在的文化逻辑,让传统技艺在适应自身发展的文化土壤中赓续。总之,非物质文化遗产的"两创"要坚持内涵发展与形式转化并重,其产品形式的创新创造要基于非遗文化内涵发展的基础之上,形式转化是为了使非遗文化寻求到新的表现形式和传播途径,并且使其得到经济上的支持和可持续发展。内涵是核心价值,形式是辅助手段,决不能本末倒置忽略了非遗原真性和独特性的内在精神。

(四) 鼓励发展"两创"的产业融合和新型业态

在保持非遗自身文化属性和本真特色的前提下,丰富和发展非遗多产业模式,做好非遗文化的跨界与融合。构建非遗的品牌设计,尊重非遗的文化特征和表达形式,提炼出符合其价值意蕴的文化元素,更好地平衡非遗的传统与创新。一是非遗的"两创"实践与旅游产业的深度融合。将非遗文化的展示有机地融入旅游过程之中,这种产业融合不是在旅游景区兜售门票、文创售卖这种简单粗暴的拉动经济手段。而是打破旧有的思维限制,依托当地得天独厚的地理优势和多彩璀璨的民族文化,在旅游项目设计中以全域性的宏观视野,进一步将非遗资源和文化元素更灵活有效地融入到路线设计、民宿打造、文艺展演和非遗展陈中去,实现一以贯之的流畅文化体验。二是非遗的"两创"实践与数字产业的新旧融合。2022年7月,工信部等五部门联合发布《数字化助力消费品工业"三品"行动方案(2022—2025年)》[7],其中提到要"挖掘中国文化、中国记忆、中华老字号等传统文化基因和非物质文化遗产，加强新生消费群体消费取向研究，创新消费场景，推进国潮品牌建设"。互联网和数字技术的高速发展有效地解决了乡村和偏远地区"远在深山无人问""酒香也怕巷子深"的现实问题，互联网和数字技术成为了非遗文化声名远播的重要载体和传播渠道。数字摄影、高清技术、云技术、全息技术、VR/AR等技术与非遗文化元素结合，可以通过网络直播和展演等新型业态衍生创新型的非遗文化产品和服务，让不能到现场的群众也能感受到非遗文化的审美体验。在非遗文化与新型业态的产业融合过程中，要避免技术大于内容的"炫技"偏差，坚持技术服务于内容的创新原则。三是非遗的"两创"实践与影视产业的全面融合。非遗文化是一个民族的历史、价值观、信仰、艺术和生活方式的集合体，也承载着中华优秀传统文化的精神血脉，有着诸多重要的文化主题和文化元素可供影视作品创作借鉴。影视作品对于群众精神层面的影响是极其巨大的，其带来的流量、规模、范围不是其他形式可同日而语的。《甄嬛传》火了之后，观众对于清朝服饰的旗头、花盆底鞋这种文化特征如数家珍；河南卫视出圈的《唐宫夜宴》让唐朝的潮流妆容"斜红"为观众所熟知，《洛神水赋》让"翩若惊鸿，婉若游龙"在中国人心中从一句诗变成了一个具象化的表达。所以非遗文化与影视产业的全面融合是当前急需的转化和创新路径，让全国甚至全世界的观众一看到带牛角的发髻、插梳子的发髻就知道这是贵州苗族的文化，看到绣花高钉的"鹨子鞋"和"鹰头鞋"就知道这是贵州彝族的文化。非遗文化融入影视产业的形式仍有很大的创新空间，要更进一步地挖掘非遗文化中符合当代审美和价值观念的内容进行创编和宣传，弘扬中华优秀传统文化积极的人生观和价值观。

参考文献

[1] 王彬，徐国亮."两创"方针是弘扬中华优秀传统文化的根本路径[J]. 红旗文稿，2018（5）：27-28.

[2] 李健，邓晶晶，李晗."两创"：中华优秀传统文化时代性转化的基本方法[J]. 边疆经济与文化. 2024（4）：103-108.

[3] 林继富，王祺. 非物质文化遗产保护领域的"两创"实践研究[J]. 中国非物质文化遗产，2023（2）：14-30.

［4］李斯颖. 少数民族非遗资源的"两创"实践与乡村振兴——以广西为例［J］. 社会科学家. 2021（7）：57-63.

［5］杨慧子. 非物质文化遗产与文化创意产品设计［D］. 中国艺术研究院，2017.

［6］刘永明. 非物质文化遗产文化品牌研究［M］. 北京：中国文联出版社，2018：100.

［7］李克亮. 林岩：非遗"两创"需要"坚守传统"和"把握边界"［J］. 文化月刊，2024（6）：14-15.

基金项目：贵州省2023年度哲学社会科学规划课题"贵州建设铸牢中华民族共同体意识模范省的实践路径研究"（课题编号：23GZQN51）阶段性成果。

作者简介：王子，中共毕节市委党校文化与社会发展教研部副教授。

当前黔东南州文化旅游产业快速发展亟待解决的若干法律层面问题研究

刘仕海　张立新　梅丽娟　杨　航

摘　要：2023年是全面贯彻落实党的二十大精神的开局之年，也是三年新冠疫情防控转段后经济恢复发展的一年。随着我国经济回升向好，黔东南州文化旅游产业得到快速发展，但是，在景区旅游安全、游客权利、假冒和仿冒品、生态环境、旅游执法队伍建设等方面也存在亟待解决的若干法律层面问题。经深入黔东南州有关县（市）实地调研，结合有关资料进行分析研究，提出对策建议，形成本研究报告。

关键词：黔东南州；文化旅游；法律层面问题

旅游业被称为"无烟工业"，世界各国各地区都高度重视旅游业的发展。2022年10月16日，习近平总书记在党的二十大报告中指出，"坚持以文塑旅、以旅彰文，推进文化和旅游深度融合发展"[1]。2023年是全面贯彻落实党的二十大精神的开局之年，也是三年新冠疫情防控转段后经济恢复发展的一年。随着我国经济回升向好，黔东南州文化旅游产业得到快速发展，但是，也存在亟待解决的若干法律层面问题。经深入黔东南州有关县实地调研，提出对策建议，形成本研究报告。

一、当前黔东南州文化旅游产业发展情况

2023年以来，黔东南州国民经济持续恢复、总体回升向好，群众旅游需求旺盛，旅游市场的恢复性增长成为当前消费领域一大亮点。随着旅游业的复

苏，黔东南州抢抓机遇，聚焦资源、客源、服务三大要素，扬优势补短板，用好自然珍宝、文化瑰宝，发挥比较优势，加强资源整合，提升黔东南州旅游格调品味，推动旅游产业快速发展。

（一）推动丹寨和荔波景区联营合作

按照"资源共享、市场同建、客源互送"的原则，黔东南州组织丹寨县文体广电旅游局、万达小镇和黔南州文化广电和旅游局、荔波县文体广电旅游局、荔波大小七孔景区就黔东南州丹寨万达小镇与黔南州荔波大小七孔景区联营合作事宜进行座谈，达成共同打造世界级旅游目的地、推动节庆活动联办、争取新建项目联建、加强文化演艺联台、强化宣传推广联营、研究旅游产品联合、实现旅游客运联通、加大研学精品联创、建立机制定期联动等9个方面的初步意见。

（二）推动业态创新升级发展

聚焦景区资源、客源、服务三大要素持续发力，认真落实"9+2+2"特意性资源业态提升行动部署，根据"吃住行游购娱"六大旅游核心要素，优化传统业态，深化"旅游+""+旅游"多产业融合发展，从实施旅游产业集群、核心景区特意性资源打造、旅游业态体系建设、加强对外共联共享等开展旅游业态升级。

（三）推动旅游康养提升工程

积极争取首届贵州省生态康养旅游峰会落户黔东南州，开展"村BA"之旅、榕江半程马拉松、"跑乡村·助振兴"中国传统村落（黔东南）健身休闲大会等活动。实施台江"村BA"文化旅游配套基础设施等17个旅游康养提升工程项目。

（四）推动文旅项目建设

全州谋划储备旅游产业化项目177个、年度计划总投资70.31亿元。

（五）推动民宿产业高质量发展

探索"生态山居"精品民宿带产业集群，通过政策、资金激励，引导和培育一批体现地域文化的特色民宿，在全州特色民宿中形成示范效应。2023年，全州计划完成民宿建设200栋，其中新建85栋，改建115栋。

（六）推动文旅品牌顶层设计

紧紧围绕"村BA"的故乡黔东南这个现象级全民快乐顶流，大力推进锦绣黔东南整体文旅IP顶层形象："村BA"的故乡·锦绣黔东南、"三千部落·专治不快乐"的创意设计和推广运用，将IP系列形象打造贯穿到黔东南文旅品牌形象提升全过程，积极利用IP系列形象做好"三千之旅"（西江千户苗寨、肇兴千户侗寨、镇远千年古城）、"三村之行"（"村BA""村百节""村火车"）品牌旅游推介活动、文创产品开发、文旅宣传推广等工作。[2]

（七）推动文旅消费和体育休闲与满足人民群众美好生活需要深度融合

通过深度挖掘和创意表达，赋予文旅消费情感价值，开发新业态、探索新模式、开拓新赛道，提升文旅消费和体育休闲韧性，释放巨大潜力，达到扩大文旅消费的目的。贵州"村超""村BA"火爆全国，印证了文旅消费需要"烟火气"，满足大众美好幸福生活需要是文旅产业发展的必然要求。

（八）推动法治保障

《黔东南苗族侗族自治州乡村旅游促进条例》（以下简称《条例》）经黔东南州第十五届人民代表大会第二次会议通过，贵州省第十四届人民代表大会常务委员会第二次会议批准，自2023年5月1日起施行。《条例》共八章五十八条，重点对民宿开发建设、康养旅游发展、农文旅融合发展作了细致规定，在基础设施建设和服务保障管理上作了科学规范。《条例》的颁布施行，对深化"民族原生态·锦绣黔东南"旅游品牌有重要意义，为拓展乡村旅游新业态、激发乡村旅游新活力、优化乡村旅游新发展提供有力法治保障。

通过一系列政策措施的推动，黔东南州文化旅游市场迅速复苏，消费活力持续释放。

2023年春节期间，西江千户苗寨景区接待游客14.2万人次，同比增长482.01%；实现旅游综合收入14030.31万元，同比增长532.53%。镇远古城景区接待游客13.07万人次，同比增长104.86%；实现旅游综合收入15093.64万元，同比增长167.41%。黎平肇兴景区接待游客4.36万人次,同比增长148.16%;实现旅游综合收入5316.32万元,同比增长173.93%。全州重点监测的17家旅游景区,共接待外省入黔游客18.27万人次,同比增长237.01%。全州共接待游客258.95万人次,同比增长32.15%,恢复到2019年同期的58.98%,实现旅游综合收入22.98亿元,同比增长45.77%,恢复到2019年同期的77.74%。[3]

"村BA""村超"火爆出圈后,带动台江、榕江旅游产业发展。2022年7月至2023年8月,在"村BA"的带动下,台江县接待游客200万人次,实现旅游收入23亿多元。继台江"村BA"后,2023年榕江县"村超"期间,接待游客250万人次,旅游28亿多元。[4]

2023年1—9月份,全州共接待游客6437.93万人次,同比增长21.68%,恢复至2019年的114.32%;实现旅游综合收入717.21亿元,同比增长33%,恢复至2019年的122.72%;实现人均花费1114.03元,同比增长9.3%,恢复至2019年的107.35%。旅游业复苏带动相关行业发展十分明显,限上住宿业和餐饮业营业额分别同比增长30.93%、13.29%。[5]

2023年中秋国庆长假,全州各景区活动精彩纷呈,节味十足,八方游客纷至沓来。全州纳入重点监测的17个旅游景区共接待游客114.9万人次,同比增长451.75%。其中,雷山西江千户苗寨景区接待游客20.16万人次,镇远古城景区接待游客21.55万人次,肇兴侗寨景区接待游客5.25万人次,下司古镇接待游客4.38万人次,丹寨万达小镇接待游客25.44万人次。[6]全州纳入重点监测酒店出租率达70%以上。根据银联商务监测数据显示,假日期间,黔东南州消费金额占全省整体的9.42%。全省排行第三,同比增长35.33%。[7]

2023年,全州共接待游客7879.45万人次,比上年增长25.7%;实现旅游综合收入875.82亿元,比上年增长37.0%。[8]

二、当前黔东南州文化旅游产业快速发展存在的法律层面问题

黔东南州文化旅游产业在取得显著成绩的同时,也存在一些法律层面的问题亟待解决。

（一）景区旅游安全方面存在的法律问题

旅游安全是旅游产业高质量、可持续发展的红线和底线，是旅游产业提质增效的前提和基础，是实现旅游产业化战略目标的重要保障。西江千户苗寨景区"7·10""阿侬食府"和肇兴侗寨景区"8·18""梦幻肇兴"客栈两起火灾事故，分别造成3人死亡6人受伤和9人死亡2人受伤的严重后果。这两起事故暴露了黔东南州在旅游安全方面存在比较严重的问题。据调查，西江千户苗寨景区"7·10"火灾发生的建筑，一层为砖混结构，用于经营超市，二、三、四层为木质结构，其中二、三层用于餐饮，四层经营民俗客栈，是典型的多业态混合经营场所。火灾事故原因是，二楼存放的大量醇基燃料发生泄漏，其挥发气体遇高温、明火瞬间燃爆，引发火灾。随着文化旅游快速发展，黔东南州景区、旅游村寨的建筑物基本上是木结构或者砖木混合机构，耐火性差，存在较大的安全隐患。肇兴侗寨景区"8·18"事故起火原因，据调查是电线老化引起火灾。这两起火灾事故相关责任方都违反了《消防法》《安全生产法》的相关条款。

（二）游客权利方面存在的法律问题

如，2023年5月份，黔东南州12345热线接到游客来电反映雷山西江千户苗寨旅拍成片与预期不符、接待服务差等问题诉求11件。接到诉求后，12345热线与雷山文化旅游产业园区管理委员会核实，游客反映属实。经协调，经营户退还3名诉求人的部分拍摄费用。[9] 又如，6月份，黔东南州12345热线接到游客来电咨询榕江"村超"体育赛事时间及反映酒店满房无法住宿等相关问题诉求共147件，联动处置62件，其中，省调度5件。经核实12345热线与榕江县政务中心核实，游客反映属实。"村超"专班知晓情况后，第一时间为游客解决住宿问题。[10] 7月份，黔东南州12345热线接到游客来电反映，凯里市贵州双宇国际旅行社有限公司未退还定金及行程与合同不符等问题诉求共12件。经核实，游客反映属实。后经协调，旅行社按照要求退还费用。[11] 据统计，2023年上半年，全州12345政务服务便民热线共接到涉旅诉求1006件，同比增长28%，其中投诉类306件，同比增长159%，存在较大舆情风险隐患。[12] 从上述案例可知，显然旅拍店、旅行社违反了《消费者权益保护法》。由于维权成本较高,游客采取调解方式解决问题的比较多,走司法程序的比较少。

(三)假冒、仿冒品方面存在的法律问题

非物质文化遗产简称"非遗"。"非遗"与旅游融合是一种生产性保护的方式,目的是保护与发展,而不是短期经济利益。一是假冒、仿冒产品多。"非遗"旅游产品的销量中,也有大量假冒、仿冒产品出现。如,蜡染服饰是蜡染艺术与日常服饰结合的文创产品,其高难度的绘制技术和繁杂的染色工艺使蜡染服饰价格高于一般的服饰。在经济利益的驱动下,一些不法分子,使用机器印花和化学染生产的与蜡染服饰相似的衣服在市场上销售。还有银饰的制作有纯银(纯度为99%以上)、镀银(铅镀银、白铜镀银),价格相差很大。对不了解蜡染技艺和银饰制作技艺的游客来说真假难辨。这种假冒、仿冒行为,不仅侵害了游客的知情权,扰乱了旅游市场秩序,也阻碍了"非遗"的创新发展,违反《消费者权益保护法》《知识产权法》《刑法》等法律的有关条款。

(四)生态环境方面存在的法律问题

丹寨县国春银饰有限责任公司在龙泉镇卡拉村修建苗族银饰非遗传承基地滥伐林木0.4033公顷,林木蓄积24.9立方米,违反《中华人民共和国森林法》第五十六条规定,2022年2月被丹寨县综合行政执法局罚款26145元,责令补种725株。[13] 肇兴侗寨存在部分村民私自挖井向商户售卖山泉水的问题,这不仅破坏了景区的生态环境,也令供水源头无法监管,带来饮水安全隐患。这些行为违反了《森林法》《环境保护法》《矿产资源法》《食品安全法》等法律的有关条款。

(五)旅游执法队伍建设方面存在的法律问题

在调研中,参加调研座谈会的人员反映,县(市)旅游执法人员力量不足,执法人员办理执法证件受限于申领执法证件文件要求必须编制在执法岗位,办理行政执法证件存在困难,导致一个县级负责旅游执法的执法人员仅三四个,且执法人员老龄化严重。同时,存在执法人员法律素质较低,执法力度

不严谨，个别工作人员执法行为不准确等问题。

三、解决当前黔东南州文化旅游产业快速发展面临法律层面问题的对策建议

（一）加强旅游安全生产法制化建设

《国务院安全生产委员会关于印发〈国务院安全生产委员会成员单位安全生产工作任务分工〉的通知》（安委〔2020〕10号）明确文化和旅游部安全生产工作的第一项任务是：负责文化和旅游安全监督管理工作，在职责范围内依法对文化市场和旅游行业安全生产工作实施监督管理，拟订文化市场和旅游行业有关安全生产政策，组织制定文化市场和旅游行业突发事件应急预案，加强应急管理。第二项任务是：会同国家有关部门对旅游安全实行综合治理，配合有关部门加强旅游客运安全管理；指导地方对旅行社企业安全生产工作进行监督检查，推动协调相关部门加强对自助游、自驾游等新兴业态的安全监管，依法指导景区建立具备开放的安全条件；配合有关部门组织开展景区内游乐园安全隐患排查整治。从安委〔2020〕10号文件精神来看，旅游安全的主体在责任文旅部门。为此，建议：一是要强化依法管理。黔东南州级、县级文旅部门应依据《安全生产法》《旅游法》《突发事件应对法》等法律法规，结合本级安全监管工作实际，明确监管领域和对象，并经本级应急管理部门审核认可，制作监管领域和对象目录及监管工作台账。二是依法制定完善安全管理制度。县级文旅部门要结合本地区安全生产实际，加强旅游行业安全生产的制度建设，并督促指导文旅经营单位制定实施系统完善的安全生产管理制度；州级文旅部门要加强检查落实，确保制度有效实施。三是建立有效的旅游行业应急管理体系。州、县（市）文旅部门，要结合实际，制定应急预案，并加强应急演练，形成全行业系统完善、符合实际、快速反应、高效处置的应急管理体系。

（二）鼓励通过司法途径解决旅游纠纷

随着旅游业的兴起，我国先后颁布了《旅游法》《导游人员管理条例》

《旅行社条例》《风景名胜区条例》以及《消费者权益保护法》等法律法规。这些法律法规解决了游客与导游、游客与旅行社、游客与景区、游客与经营户的矛盾关系问题。但是，由于游客是外地人，一旦发生纠纷，因时间、精力的因素的制约，多数采取调解的方式比较多，走司法途径的比较少。这样难以对违规导游、旅行社、景区经营者起到惩戒作用。为此，要游客鼓励通过司法途径解决旅游纠纷。

（三）加强市场监管执法力度

"非遗"产品，如蜡染、银饰等商品依赖手工制作，投入的人力、物力、财力多，市场定价相对较高。而机械制作的"高仿品"则价格低廉。作为"不识货"的游客来说，肯定购买的是价格低的商品。这样造成的结果是，一方面高昂的价格让游客望而却步，另一方面产品的滞销打击了"非遗"传承人及产业发展的积极性。为此，市场监督、工信等部门要制定科学有效的行业标准，规范产品生产标准、保障商品公平交易，使游客所购商品"物有所值"，让游客放心。

（四）加大保护生态环境执法力度

民族文化和生态环境是黔东南州的"两大宝贝"，两者相辅相成，互为作用力和反作用力。生态环境是文化旅游资源形成的基石，生态环境的稳定，有利于文化旅游资源的保护开发和利用。在文化旅游资源开发过程中，如其依附的生态环境受到破坏，如同滋养文化的源头活水被污染。因此，要加大保护生态环境的执法力度，保护文化旅游资源。

（五）组建景区旅游综合执法队伍

食、住、行、游、购、娱是旅游的六大要素，因此，景区工作不仅仅是旅游部门的事，还涉及市场、自然资源、生态环境等部门。为进一步规范旅游市场秩序，营造良好优质的旅游环境，建议从上述相关部门抽调人员组建景区旅游综合执法队伍。

参考文献

[1] 习近平. 高举中国特色社会主义伟大旗帜　为全面建设社会主义现代

化国家而团结奋斗——在中国共产党第二十次代表大会上的报告［R］//党的二十大文件汇编. 北京：党建读物出版社，2022：34-35.

［2］黔东南州文体广电旅游局，黔东南州人民政府办公室. 黔东南州"六个推动"做好全州旅游产业高质量发展工作［EB/OL］.（2023-04-19）［2023-12-04］. http：//www. qdn. gov. cn/xwzx_5871605/bmdt_5871609/202304/t20230428_79405507. html.

［3］黔东南州文体广电旅游局. 黔东南州2023年"春节"假日旅游市场情况综述［EB/OL］.（2023-01-28）［2023-12-04］. http：//wtgdlyj. qdn. gov. cn/zwgk/xxgkml/zdly/tjxx/202301/t20230128_78022343. html.

［4］本报调研组. 火火的"乡村赛事"，醉了农人美了贵州［N］. 光明日报，2023-08-14（1）.

［5］黔东南州考核工作委员会办公室. 黔东南州2023年度综合考核第三季度监测情况［R］. 2023-12-07.

［6］余天英. 全州中秋国庆假期旅游业呈现强劲势头［N］. 黔东南日报，2023-10-07（1）.

［7］姚宁，杨云，杨胜鹏，侯天智，石隆贵. 精彩纷呈 持续火爆——黔东南州中秋国庆双节假日旅游市场势头强劲［N］. 黔东南日报，2023-10-09（5）.

［8］黔东南州统计局. 2023年黔东南州经济社会发展情况（州十五届人大四次会议参阅文件之一）［R］. 2024-01-31.

［9］黔东南州12345热线领导小组办公室. 黔东南州12345政务服务便民热线运行情况月报［R］. 2023（5）：9-10.

［10］黔东南州12345热线领导小组办公室. 黔东南州12345政务服务便民热线运行情况月报［R］. 2023（6）：8-9.

［11］黔东南州12345热线领导小组办公室. 黔东南州12345政务服务便民热线运行情况月报［R］. 2023（7）：9.

［12］黔东南州考核工作委员会办公室. 黔东南州2023年度综合考核半年评估情况［R］. 2023-08-30.

［13］丹寨县综合行政执法局. 丹寨县综合行政执法局行政处罚公示（2022年2月）［EB/OL］.（2022-02-25）［2023-12-04］. https：//www. qdndz. gov. cn/zwgk/jcxxgk/xzcfqzxx/202202/t20220225_73412922. html.

作者简介：刘仕海，黔东南州社会科学界联合会副主席，黔东南州法学会副会长（兼）、副研究馆员；张立新，黔东南州林业局林业风险防控与灾害预防中心副主任、黔东南州法学会法律咨询专家库专家；梅丽娟，黔东南州交通运输局行政审批科科长、黔东南州法学会法律咨询专家库专家；杨航，黔东南州民政局社会组织管理科科长、中国法学会会员。

篇 章 二

中国式现代化地方实践

高质量发展背景下四川森林康养产业实践路径研究

金小琴

摘　要：森林康养作为一个覆盖面广、产业链长、多业态融合的新兴产业，在人口老龄化和亚健康化背景下迅速步入发展快车道。四川是"森林康养的破译者"，森林康养产业的发展具有起步早、行动快、模式多、影响广的特点，在顶层设计、试点示范、规范引导和宣传推介下取得了一定成效。因此，本文以四川为例，结合森林康养产业发展历程，系统总结和分析森林康养产业发展的主要做法，并从供给端、需求端和消费端分析了森林康养产业发展趋势，最后提出要注重森林康养人才的培养、强化森林康养市场主体的培育、加强森林康养技术层面的研究、积极争取配套政策的支持、促进多业态融合发展，从而进一步推进森林康养产业高质量发展。

关键词：森林康养产业；高质量发展；四川

森林康养充分体现"绿水青山就是金山银山"理念，是处理好发展与保护辩证关系的实践形式，由于具备主体多元、产业共融、业态相生，覆盖面广、产业链长、多业态融合等独特优势，所以也是前景广阔、潜力巨大、成长性很好的新兴产业。近年来，森林康养产业的发展步入快车道，并出现了产品同质化、竞争白热化趋势；同时，由于过低的门槛造成森林康养产业良莠不齐，甚至打着养老、康养旗号行非法经营、欺诈行骗之实，在一定程度上影响了森林康养产业的健康有序发展。因此，如何可持续推进森林康养产业高质量发展，成为社会各界关注的热点话题。

一、引言

森林康养是一个新概念，它源于对森林生态的认知，也源于城市生活环境污染带来的困扰，还源于对林业改革与发展的选择与期待。森林康养是健康产业的分支，对于社会大众来说，是新型的健康生活方式；对于林业部门来说，是从供给侧结构性改革着手向森林经营发展的新方向；对于产业发展来说，是健康服务业中的一个新业态。森林康养产业是指依托丰富多彩的森林景观、沁人心脾的森林养身环境、健康安全的森林食品、内涵浓郁的生态文化等森林生态资源[①]，融入旅游、休闲、度假、娱乐、运动、医疗、养生、养老等健康服务的新理念，以修身养性、调适机能、养颜健体、延缓衰老等方式促进大众健康为目的，从而形成一个主体多元、产业共融、业态相生的产业综合体。

森林康养作为"绿水青山就是金山银山"理论的新实践，既是实施健康中国战略、积极响应人民群众对生态产品和健康服务需求，主动融入大健康服务业的有效载体，也是"双碳"目标下科学合理利用森林资源、拓展森林多重功能，推动林业供给侧结构性改革和林业产业转型升级的路径选择。四川地处长江黄河上游，作为全国第二大林区和我国重要的生态屏障区，一方面森林资源和特色民族文化资源丰富，具备森林康养产业发展的基础和条件；另一方面，四川面临生态脆弱性与民生发展紧迫性等现实矛盾，森林康养产业的发展有利于将潜在的生态资源优势转化为现实发展优势，以增强其绿色高质量发展的内生动力。因此，推进四川森林康养产业高质量发展，具有十分重要的现实意义。

二、森林康养的研究进展

（一）理论层面

国外关于森林康养的研究主要集中在森林环境的医学论据研究、森林康养产业的发展模式和森林康养基地建设评价研究上（Y. Ohtsuka, Noriyuki Yabunaka, Shigeru Takayama, 1998; Grilli Gianluca, Sacchelli Sandro, 2020）。

---

① 吴冕. 四川森林康养产业模式研究 [D]. 四川农业大学, 2018.

国内研究主要集中在森林康养概念（孙抱朴，2015；邓三龙，2016；吕火明，2019）、康养基地建设（束怡、楼毅、张宏亮等，2019；张英杰、曾迎香，2019）和森林康养产业发展（郑贵军，2019；曹净植、伍海泉，2020）等方面。而森林康养认知度不够、森林康养资源整合度不高、森林康养产品同质化、森林康养服务设施不完善、森林康养人才资源短缺等问题，制约着森林康养产业的可持续推进（吴后建、但新球、刘世好等，2018；李轩、谢海涛、谢煜，2020；陈梅、陶颖，2021；刘爱军、郭金鹏、张文凤，2022）。

（二）实践层面

森林康养（forest health）产生于19世纪40年代德国创立的世界首个森林浴基地，最早的起源是"森林浴"（forest bathing）、"森林疗法"（forest therapy）。在发展过程中逐步形成了几种较具代表性的发展模式，即森林医疗型的德国模式、森林保健型的美国模式和森林浴型的日本模式（张胜军，2016；侯英慧、丛丽，2021）。森林康养在我国处于起步阶段，湖南、北京、四川、贵州、浙江和福建等省市率先开展了试点建设（吴冕，2018；应传锋，2019；王政、杨霞，2020）。在地方政府大力推进森林康养产业发展的同时，部分高校、科研院所也开始将目光聚焦于森林康养的科技研究与人才培训[①]。截至目前，全国大部分省市区都先后开展了森林康养基地建设和认证评定，从而十分有力地推动了森林康养产业的蓬勃发展（宋维明，2020；李祗辉，2021）。

综上可以看出，国外对于森林康养研究相对比较成熟，而森林康养在我国的起步与发展较晚，主要兴起于2015年，目前基本形成了"概念界定、理论基础、产品体系、发展路径"的研究体系。因此，现有理论与实践层面探索为四川森林康养产业发展提供了经验型总结和方向性指引。

三、四川森林康养产业发展的探索与实践

四川森林康养产业的发展具有起步早、行动快、模式多、影响广的特点。作为"森林康养的破译者"，四川在森林康养产业发展方面，做出了积极的努

---

① 张绍全. 发展森林康养产业推进现代林业转型升级的思考[J]. 林业经济，2018（8）：42-46.

力和探索。

(一) 注重顶层设计

森林康养理念提出以来，中央连续多年的一号文件都对发展森林康养产业提出了明确要求，地方各级政府和领导对森林康养产业的发展也高度重视。2016年5月28日，四川省林业厅发布了《四川省林业厅关于大力推进森林康养产业发展的意见》（以下简称《意见》）。《意见》中提出了要把四川基本建成国内外闻名的森林康养目的地和全国森林康养产业大省，该《意见》也是率先在全国出台的省级发展意见。2021年12月，四川省委十一届十次全会审议通过了《中共四川省委关于以实现碳达峰碳中和目标为引领推动绿色低碳优势产业高质量发展的决定》，提出要加快建设人与自然和谐共生绿色发展先行区，这为四川森林康养产业发展指明了方向，推进森林康养产业高质量发展成为四川重点发展的新业态。

(二) 注重试点示范

2015年8月，在中国四川首届森林康养年会上，四川率先提出森林康养这一概念，并发表了《玉屏山宣言》。同年首批十大森林康养基地试点正式启动，并从天保工程改革发展奖励资金中给第一批试点基地各50万元康养项目补助。试点主要内容包括：改建康养步道，宣传森林医学，推广康养活动菜单，改善康养基本条件等。2016年，四川省林业厅发布《四川森林康养"十三五"发展规划》。2017年，成立以企业为主体的森林康养产业联盟。通过短短几年时间的努力，四川的森林康养基地和相关业态如雨后春笋般得到迅速发展。2022年末，四川省级森林康养基地达到273家，全省21个地市州皆有分布。从数量上看，位居全省第一的是宜宾市，有37家；位居第二的是巴中市，有33家；成都市位居第三，总共有31家；而内江市和甘孜州都仅有1家入选（如图1所示）。截至目前，全省有获评国家森林康养基地5个，全国森林康养基地试点建设地区13个，全国森林康养基地试点建设单位52处，中国森林康养人家5个；被评定为四川省森林康养国际合作示范基地11个，四川省级森林康养人家537家。此外，森林康养示范片、森林康养线路及康养驿站等多种实践模式也在不断探索。值得一提的是，峨眉半山的洪雅七里坪森林康养基地成为四川森林康养的领跑者，受到了省内外消费者的青睐，同时涌现出了洪雅玉屏山、峨眉半山七里坪、攀西阳光康养、广元天曌山和曾家山、北川药王谷、南江光雾山、崇州道明竹里、都江堰安缇缦等一大批示范典型。

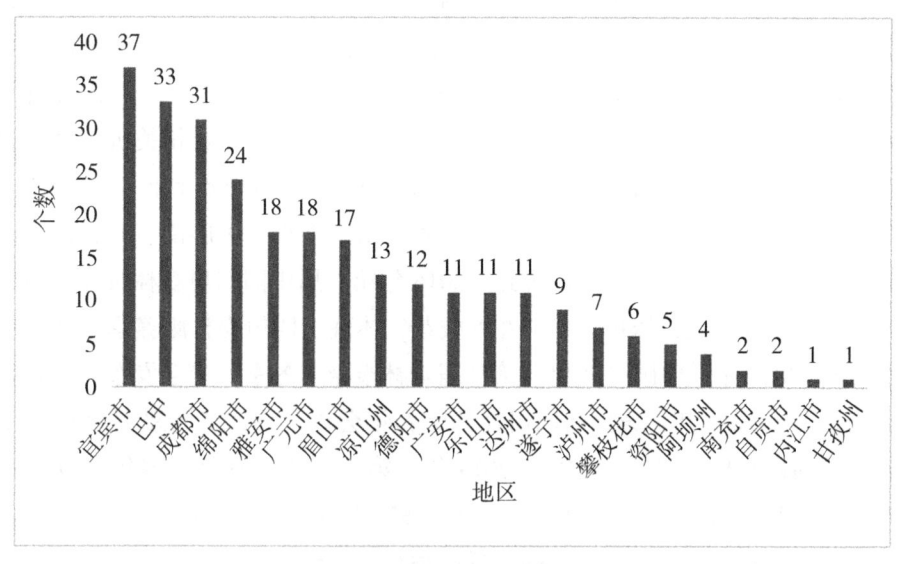

图 1　四川省级森林康养基地分布

资料来源：作者根据四川省林业和草原局公布数据整理所得。

地区	个数
宜宾市	37
巴中	33
成都市	31
绵阳市	24
雅安市	18
广元市	18
眉山市	17
凉山州	13
德阳市	12
广安市	11
乐山市	11
达州市	11
遂宁市	9
泸州市	7
攀枝花市	6
资阳市	5
阿坝州	4
南充市	2
自贡市	2
内江市	1
甘孜州	1

（三）注重规范引导

四川十分注重森林康养的标准化、规范化建设，并得到了省质量技术监督局（省市场监督管理局）的支持。自 2016 年起，四川陆续制定并印发了森林康养建设的系列行业地方标准。2017 年出台了《四川省森林康养人家评定办法（试行）》。在森林康养步道的建设上，四川省林业和草原局出台文件，提出康养步道建设与防火通道建设统筹布局，可以不单独报批康养步道林地占用的审批手续。2022 年 12 月，四川省林草生态旅游发展中心牵头完成了《四川省森林康养基地评定和运行监测办法》修订工作，以进一步规范四川省森林康养基地评定和运行监测工作。此外，四川充分发挥行业协会和产业技术联盟等社会性组织的桥梁、纽带、服务作用，形成行业内部自律和评价管理机制，规范、引导森林康养产业健康发展。

(四) 注重宣传推介

四川森林康养的发展引起了全国的关注并处于领跑地位，离不开大力宣传和推介。一方面，在舆论造势上，有关媒体不仅积极宣传中国传统中医的疗法（香囊、烟熏、花浴等等），更是积极介绍森林医学和园艺疗法的相关研究成果，为森林康养赋予医学佐证。另一方面，省主管部门联合相关机构每年召开森林康养年会，并轮流承办，通过会议方式进行经验交流和推广。2015年7月，中国四川首届森林康养年会在四川省眉山市洪雅县玉屏山召开，这标志着森林康养理念开始进入人们的视野。2016年第二届中国四川森林康养年会分别举行，夏季在广元天曌山，冬季在攀枝花，体现了四川森林康养季节性优势的特点[1]。2017年，中国（四川）第三届森林康养（冬季）年会发布了"森林康养指数"[2]。2018年，第四届四川森林康养年会以"绿水青山就是金山银山森林康养助推乡村振兴"为主题；2019年，第五届四川森林康养年会以"践行'两山'理论，助力全民健康——宜人宜宾·康养樟海"为主题。2021年，森林康养年会在眉山市洪雅县玉屏山景区举行，在会上中国林场协会授予洪雅县国有林场全国首家"森林康养林场培训基地"荣誉称号。通过举办不同主题的年会，给地市州森林康养探索提供了交流和展示的平台，同时也为全国其他地区森林康养发展提供了一个观察窗口。

四、森林康养产业发展的趋势分析

(一) 从供给端看：森林康养产业未来发展前景广阔

1. 国家政策大力支持森林康养产业的发展

新兴产业的发展离不开国家整体层面的发展战略与政策扶持，也少不了林业等相关部门的发展规范与标准完善，这些举措对促进森林康养产业发展有着重要推动作用。2013年9月，国务院发出了《关于促进健康服务业发展的若干意见》，2015年《政府工作报告》提出"健康中国"的行动，2016年发布《健康中国

---

[1] 吴冕. 四川森林康养产业模式研究 [D]. 四川农业大学，2018.
[2] 张绍全. 发展森林康养产业推进现代林业转型升级的思考 [J]. 林业经济，2018 (8)：42-46.

2030年规划纲要》，随后国家出台了一系列推进健康服务业发展的政策措施。2017年中央一号文件第一次提出"要大力改善休闲农业、乡村旅游、森林康养公共服务设施条件"，"森林康养"第一次写入中央文件。2018年中央一号文件又提出开展森林康养服务的"森林人家"。2019年中央一号文件提出发展"健康养生""养老服务"等产业。2019年《关于促进乡村产业振兴的指导意见》提出建设一批森林人家和康养基地的要求。《关于促进森林康养产业发展的意见》，使森林康养产业发展由一个部门的倡导变为国家多部门共同认可和推进。2020年10月，中国林业产业联合会标准化技术委员会发布了《国家级森林康养基地标准》《国家级森林康养基地认定实施规则》《国家级森林康养基地认定办法》《森林康养基地命名办法》四项国家团体标准。2021年7月，国家林草局和国家发展改革委印发的《"十四五"林业草原保护发展规划纲要》明确提出培育森林康养、自然教育等新业态新产品。从拓展森林经营方向的角度出发，顺应健康服务业发展的潮流，我国提出了"森林康养"这个新的概念和推出了森林康养这个新的业态，为森林康养产业的发展提供了广阔的发展空间。

2. 森林康养产业发展与市场需求契合度有待提升

森林康养产业是资源依托型产业，资源供给对森林康养产业的发展与变化有着极大的作用。随着森林康养关注度的不断提升，四川、湖南、贵州等省发展森林康养产业行动迅速，其他省市也积极主动探索森林康养产业发展路径，寻找将医学、医药、旅游、休闲、疗养、养老及林业等多产业融入森林康养的发展模式。从现阶段看，森林康养产业是一个综合性朝阳产业，其规模及产业化程度在我国处于起步阶段，森林康养的市场认知度、辨识度和吸引力仍有待提高。现有的森林康养产业主要与传统的旅游业发展有着密切的关联，森林康养现有产业模式并没能跳出传统旅游这个圈外而独立成型，森林康养产业的发展还不能很好地满足广大居民的康养需求。因此，森林康养相关的产品和服务需要进一步开发和推广，只有这样才能契合市场需求，形成有效产业链。而现有市场供给与人民对美好生活日益增长的需要之间的差距，正是我们今后高质量发展森林康养产业的重要动力。

（二）从需求端看：森林康养消费需求将呈现持续性增长态势

1. 人口老龄化加剧

人口老龄化是当前四川乃至全国、全球共同面临的挑战。2020年，根据第七次全国人口普查主要数据情况显示，四川65岁及以上人口为1416.8万人，占四川常住人口的比重达16.93%，已进入深度老龄化阶段，而且比全国高3.43个百分点，仅次于辽宁和重庆，居全国第三位。相关预测表明，到2050年前后，我国老年人口将达到峰值，高达4.87亿，占总人口数量的34.9%（全国老龄办，2019）。面对如此汹涌的"银发浪潮"，森林康养所提供的健康环境与医疗服务正是老年群体急需的休闲养生、健康食疗、调整心态、增添活力的好去处。

2. 亚健康群体增加

世界卫生组织把"亚健康"定义为人体处于疾病与健康的一种过渡状态，就叫第三状态，也就是亚健康。人们在尽情享受现代文明成果的同时，文明病、城市病、身心障碍类疾病正在日益流行，处于亚健康状态的人群越来越多。据世界卫生组织调查，全球亚健康状态人口约占总人口的70%，而中国亚健康人口的比例还高于世界水平，高达75%。同时，亚健康人口集中分布于经济发达地区、城市白领阶层以及在岗在职人群中。实际上，"亚健康"之所以与"不健康"有一字之差，说明此时疾病还没有呈现出压倒性的趋势，在这个阶段进行健康保养，可以产生非常好的效果。事实证明，森林康养对亚健康状态具有良好的修复作用，森林的绿色效应可以放松心情、缓解压力；森林的摄氧活动可以调节神经、改善睡眠；森林的清新空气可以调适功能、增强抗病能力。

（三）从消费端看：消费意愿和消费能力助推森林康养产业发展

1. 高品质生活的消费意愿强烈

近年来，随着国民的健康意识日趋上升，尤其是新冠疫情带给人类的反思，人们对回归自然、追求健康生活的愿望越来越强烈。根据国家卫健委数据显示，我国居民健康素养水平从2012年的8.8%上升到2021年的25.4%，提前实现了到2022年达到22%的目标。从马斯洛的人类需求层次阶梯分析，人口在有一定的经济基础后，会理性地思考现实问题，包括客观地分析生活环境，寻求维护健康的场所，对健康服务的主观需求就会自然产生，从而逐步增强对高品质生活消费的意愿。森林康养是以大众健康、绿色低碳发展为战略的一种环境友好、资源节约型的健康生活方式，它契合了人们对更高层次的需求。

据统计，2020年中国森林康养行业市场规模已超1300亿元。预计2021—2025年，中国森林康养产业市场规模持续较快扩张，增速总体维持在30%以上，2025年中国森林康养产业市场规模将超万亿元。由此可见，人们对健康服务需求强劲，森林康养产业发展前景十分可观。

2. 健康服务的消费能力得到保障

收入是消费的基础和前提，也是影响消费最核心的因素。随着我国人民生活水平的不断提高，城乡居民人均可支配收入水平也不断提升。2023年国民经济和社会发展统计公报显示，全国居民人均可支配收入39218元，比上年名义增长6.3%，扣除价格因素，实际增长6.1%；全国居民人均消费支出26796元，比上年名义增长9.2%，扣除价格因素影响，实际增长9.0%。其中，人均服务性消费支出12114元，比上年增长14.4%，占居民人均消费支出比重为45.2%。健康已经逐渐成为居民消费的重要内容。此外，作为世界第二大经济体，我国已经连续多年成为世界上的储蓄大国，根据《中国统计年鉴2021》显示，我国2021年的住户总存款为102.5万亿元，平均到每个人身上为7.27万元。因此，消费能力的提升如果转化为现实的消费需求，必将助推森林康养产业高质量发展。

五、推进森林康养产业高质量发展的几点建议

综合来看，森林康养产业发展取得了一定成就，但依然存在诸如政策支持不明确、示范带动作用不强劲、实际效果不明显等问题，还有待进行更深入的研究和探索。为了进一步推进森林康养产业的高质量发展，需要注意以下几点。

（一）注重森林康养的人才培养

森林康养产业发展，首先必须有相应的人才保障，打造一支掌握森林医学、健康保健、运动休闲和旅游服务等专业知识的复合型人才队伍，确保森林康养智力供给。一方面，强化对政府工作人员培训。森林康养作为新生事物，部分领导干部对森林康养理念认识不足，应使其熟悉了解森林康养基本含义、

理念、政策，从推进生态文明建设、健康中国建设和践行"绿水青山就是金山银山"发展战略高度，深化对发展森林康养产业的重要性、系统性和紧迫性认识。另一方面，加强森林康养的专业技术人员培养。建议把发展森林康养产业与落实各项就业、创业扶持政策紧密结合起来，将森林康养管理人员、从业人员以及森林康养师、森林引导员、解说员、理疗师等培训纳入行业、地方人才保障和就业计划。做好森林康养业务培训，利用新型职业农民培训等各种政策平台，强化对森林康养基地、森林康养人家等森林康养经营者、从业人员进行专业化培训，并给予一定的政策激励，提升森林康养从业人员的整体服务质量和技能水平。

（二）强化森林康养市场主体的培育

以市场需求为导向，以项目打造方式，引进优秀投资者和经营团队，因地制宜培育发展一批具有医疗保健、养生养老、旅游度假等多种功能的森林康养企业。制定森林康养龙头企业培育方案，打造创新能力强、管理水平高、引领作用大、辐射范围广的森林康养龙头企业。支持现有森林经营主体优化设施功能、提高服务质量，积极主动向森林康养产业转型升级。结合乡村振兴战略，鼓励引导大学生、在外成功人士等回乡开展森林康养产业创业，结合产业精准扶贫，大力培育一批从事森林康养产业的专业大户、家庭林场和专合组织[①]，鼓励和引导社会资本投入森林康养产业，全面推动森林康养市场体系不断发育壮大。

（三）加强森林康养技术层面研究

根据森林康养发展新需求，开展森林康养科学技术研究与开发，创新发展森林康养新动力，为森林康养发展提供技术支撑。森林康养是新兴产业，政府缺乏完善的管理经验，市场处于自由发展的状态。森林康养基地标准认定以及森林康养活动体验效果监测的方法和标准等还需要进一步规范，"互联网+"技术的应用以及新基建的发展等对森林康养产业发展的影响更值得关注。在电信网、广播电视网、互联网"三网融合"的基础上，进一步借助物联网、云计算

---

① 何欢. 巴中：打造中国最佳森林康养目的地 [N]. 巴中日报，2016-05-16.

等新一代信息化技术，促进森林康养向更加专业、更高质量的方向发展。

（四）积极争取配套政策支持

森林康养产业作为新兴产业，离不开国家和地方层面的政策引导。森林康养产业发展涉及养老、医疗、旅游、科技信息、绿色农业等多个领域，尤其是医疗、养老领域改革对森林康养产业发展至关重要。在具体操作过程中，森林康养产业健康发展需要包括用地、融资、税收政策优惠等多个方面的政策支持。值得注意的是，森林康养产业的发展与企业发展有着类似的生命周期，包括产业形成期、产业成长期、产业成熟期及产业衰退期四个阶段，每个阶段对政策需求重点不一样，比如在起步阶段，难以实现森林康养产业的充分市场化、高度商业化、产品高端化与推广品牌化，需要大量的政府资金撬动。因此，具体应根据不同发展阶段进行政策资源配置，实现政策导向与现实需求的精准对接。

（五）促进多业态的融合发展

森林康养作为一个新业态，是我国大健康产业新模式、新业态、新创意，也是养老产业发展的新方向。森林康养产业的发展，一方面促进了森林康养师、康养导游、康养治疗师等职业发展；另一方面辐射带动交通、餐馆、住宿、养生、养老等多个产业受益。因此，森林康养产业发展应以森林资源开发为主要内容，充分发掘利用当地的自然景观、森林环境、休闲养生文化等资源，融入旅游、休闲、教育、医疗、度假、娱乐、运动、养生、养老等健康服务理念，形成多元组合、产业共融、业态相生的多业态融合发展格局。

参考文献

[1] Grilli Gianluca, Sacchelli Sandro. Health Benefits Derived from Forest: A Review [J]. International Journal of Environmental Research and Public Health, 2020, 17 (17): 6125.

[2] Y. Ohtsuka, Noriyuki Yabunaka, Shigeru Takayama. Shinrin-yoku (Forest Air Bathing and Walking) Effectively Decreases Blood Glucose Levels in Diabetic Patients [J]. International Journal of Biometeorology, 1998, 41 (3): 125-127.

[3] 李后强, 廖祖君, 蓝定香, 等. 生态康养论 [M]. 成都: 四川人民出版社, 2015.

[4] 侯英慧, 丛丽. 日本森林康养政策演变及启示 [J]. 世界林业研究, 2022, 35 (2): 82-87.

[5] 吕火明. 森林康养: 内涵、作用与发展对策 [J]. 中国西部, 2019 (4): 103-107.

[6] 吴后建, 但新球, 刘世好, 等. 森林康养: 概念内涵、产品类型和发展路径 [J]. 生态学杂志, 2018, 37 (7): 2159-2169.

[7] 郑贵军. 森林康养产业发展的动力机理研究 [J]. 中南林业科技大学学报 (社会科学版), 2019, 13 (2): 95-101.

[8] 王政, 杨霞. 森林康养空间分布特征及其影响因素研究——以四川森林康养基地为例 [J]. 林业资源管理, 2020 (2): 146-153.

[9] 刘婧琳, 张洋, 吴成亮, 等. 居民森林康养基地认知对消费意愿的影响 [J]. 西南林业大学学报 (社会科学), 2022, 6 (5): 42-47.

[10] 李洪. 生态价值转化视角下森林康养产业融合发展 [J]. 南方农业, 2021, 15 (23): 180-181.

作者简介: 金小琴, 四川省社会科学院副研究员。

构建现代森林康养产业促进乡村中国式现代化发展

——以福建实践为例

郭 莉 刘海栋

摘 要：现代森林康养产业是发展绿色产业、促进中国式现代化发展的特色途径。森林康养起源于德国，我国于 2015 年将"健康中国"上升为国家战略，森林康养产业发展迅速，各省份形成了各具特色的发展形态。福建省具有发展现代森林康养的生态资源优势。通过分析福建省森林康养发展的概况，可以看出现代森林康养产业有利于推动乡村实现中国式现代化。最后，针对福建省森林康养发展的不足之处，提出了通过构建现代森林康养产业促进乡村中国式现代化发展的途径。

关键词：中国式现代化；森林康养；产业；发展；福建

一、现代森林康养产业概述

1. 森林康养概念的起源

大约自 19 世纪 40 年代，欧洲大陆的德国最初提出"森林康养"这一理念，位于现今德国境内的 Bathwilishern 地区创新式地设计出一种融合森林大自然的度假胜地，让旅客们可以尽情享受在林区的乐趣并且有益于身体的健康。[①]美国康养医生 Halber 提出了将康养与旅游结合的"wellness"康养旅游概念，

---

① 郭诗宇，等. 森林康养与康养森林建设研究进展 [J]. 世界林业研究，2022 (2).

将森林康养与旅游、医疗结合。① 随后，"森林浴""森林医疗"和"森林治疗法"这样的理念被日韩两国相继提出并付诸实施。韩国在国际上第一个出台了森林康养的法律《森林文化及休闲活动法》。②

以上这些国外关于森林康养的研究，起初主要依赖于森林资源来开展各种有助于身心健康的活动，然后深入探讨了森林对于健康生活的贡献，逐渐拓宽了森林康养的范围，并积累了一套完整的森林康养实践方法和经验。③

2. 我国森林康养产业的产生

"健康中国"自 2015 年第一次提出并写入政府工作报告，已成为我国的重要国家发展战略之一，并在其后的年度中不断得到强化。

2016 年我国出台了《"健康中国 2030"规划纲要》。其中森林康养被纳入全国《林业发展"十三五"规划》，国家还公布了首个有关康养旅游的规范性文件国家康养旅游示范基地标准。同年国家林业局颁布《关于启动全国森林体验基地和全国森林养生基地建设试点的通知》、国家旅游局（现为国家文化和旅游部）颁布了《国家康养旅游示范基地》的规范。以上文件发布后不久便得到了全国各地各级政府的热烈响应，多个地区把生态养老作为重要的议题并将其列进当地的"十三五"时期发展的总体规划中。此外各地还相应制定了一系列详尽且具有引导性的规划和建议来促进该领域的发展步伐。④ 国家级别的自然疗愈中心已被包含在由国土资源部提出的最新版的五年期全行业整体布局里。2017 年党的十九大报告中明确提出"积极应对人口老龄化，构建养老、孝老、敬老政策体系和社会环境，推进医养结合，加快老龄事业和产业发展"，⑤ 这些不仅丰富了现有的政策框架，还为健康护理行业提供了更广阔的前景。2017 年中国第一部养老产业的蓝皮书《中国康养产业发展报告（2017）》出台，将康养延伸到寿命长度、精神层面、自由度的范畴，与国际生命质量指标体系相契合。⑥

---

① 陈勤昌，王兆峰. 康复性景观理论下中国康养旅游发展潜力评估及其障碍因素［J］. 地理与地理信息科学，2024（1）.

② 苏全兴，等. 福建省森林康养发展现状与对策［J］. 防护林科技，2020（10）.

③ 周雨婷. 乡村振兴背景下森林康养产业发展研究——以福建三明为例，产业创新研究［J］. 2023 年（11）.

④ 李晓瑞. 基于国有林场的森林康养基地规划［D］. 安徽农业大学，2022 年.

⑤ 任远. 在应对人口老龄化中构建养老服务体系［N/OL］. 光明网，2017-10-23. https://news.gmw.cn/2017-10/23/content_26573617.htm.

⑥ 王祺. 海南省康养产业发展条件分析［J］. 福建质量管理，2020（3）.

根据2019年的《关于促进森林康养产业发展的意见》，我国第一次从官方角度定义"森林康养"这一术语"森林康养是以森林生态环境为基础，以促进大众健康为目的，利用森林生态资源、景观资源、食药资源和文化资源，并与医学、养生学有机融合，开展保健养生、康复疗养、健康养老的服务活动"。[①] 2020年3月国家认定了第一批107个国家级森林康养基地名单。党的二十大报告进一步强调了"深入开展健康中国行动和爱国卫生运动，倡导文明健康生活方式"，并明确指出"全面推进健康中国战略，切实以人民健康为中心，为人民群众提供全方位、全周期健康服务，是统筹解决我国健康领域主要矛盾的重要制度性安排"。[②]

二、我国现代森林康养的发展概况

（一）我国现代森林康养产业的特点

1. 现代森林康养产业具有多元融合性

现代森林康养是一种新兴的多元化经营业态模式。这种模式涵盖了休闲、养老、旅游、度假、疗养、康复以及医养结合等各类活动，极大地拓宽了森林康养行业的形态和内容。

2. 现代森林康养具有地方特色性

现代森林康养需要借助当地的森林、自然和地理环境，由于各地资源的特性和经济文化的发展情况各不相同，这使得森林康养具有地域特色和独特性，必须根据地理环境、时间背景以及人们的需求来进行适宜的发展。

3. 现代森林康养具有绿色可持续发展性

森林需要绿色可持续发展，同样，森林康养也要按照绿色可持续发展的方向，在不破坏森林环境的前提下，有序开发利用。

（二）我国现代森林康养产业的总体发展

2016年，国家林业局发布了《关于启动全国森林体验基地和全国森林养生基地建设试点的通知》，在全国范围内开始了森林养生基地的建设，随后，四

---

① 黄洋，等. 国家森林康养基地空间分布特征及影响因素［J］. 内江师范学院学报，2020（10）.
② 赵慧颖. 基于scp范式的福建森林康养产业发展研究［J］. 农业开发与装备，2022（10）.

川、湖南、贵州三省陆续发布了相关康养基地建设技术规范，率先推动了森林康养基地的发展，并为其建设资源条件制定了规范标准。2019年，国家林草局等四部门出台《关于促进森林康养产业发展的意见》后，各省开始了关于森林康养基地的建设工作，并逐步开发了越来越多的国家和省级康养基地，全国各地的森林康养基地试点建设如火如荼。目前，已有6批森林康养基地开始建设工作，数百个单位在开展森林康养基地试点建设。

我国拥有大量森林资源的省份或地区，以及气候条件优越的地方，森林康养基地的数目相当可观。全国整体情况，目前我国四大康养片区分布区域集中在京津冀片区、长三角片区、珠三角片区、川渝片区等，形成了南部发展优于北部的形态。在浙江、江西、福建、河南和贵州等地，已经陆续发布了森林康养产业的发展规划和实施建议等相关文件。各省发挥当地优势，进行了不同形式的森林康养探索，代表性省份的发展特色如下。①

1. 四川省

自2014年起，四川省率先在国内提出了"森林康养"概念并推动其相关行业的发展逐渐壮大至涵盖如老年护理、旅行观光、康养教育等相关领域。四川省积极推进建立以评定为基础的标准体系来评估各类林业健康养生区及其设施设备情况，于2017年出台了《森林康养基地建设·康养评价》的实施标准，并在成都举办中国（四川）老龄事业暨养老服务业博览会。此外，四川省还致力于打造各种类型的生态学习中心。2021年洪雅林场成为我国第一个由国家政府部门批准设立的国家级别的"国有林场森林康养培训基地"。②

2. 湖南省

自2016年起，湖南省全力推动其森林康养行业的发展，并颁布了《关于推进森林康养发展的通知》以支持林业福利和推动林业供应端结构调整。各县级城市的国有林场纷纷作出回应。2019年湖南省石门县白云山国有林场荣获由森林康养国家级创新联盟所颁发的"森林康养最优目的地"称号。③

---

① 何晶. 河南永震园林景区森林康养旅游发展研究[D]. 广西师范大学，2021年.
② 袁传武，等. 国有林场森林防火和资源监管"空天地人"四位一体监测系统建设[J]. 湖北林业科技，2021.
③ 张文凤，等. 基于产教融合的中职森林康养"1234"人才培养模式探索[J]. 现代职业教育，2020（20）.

3. 浙江省

浙江省雁荡山林场建立了我国第一个以康养为主题的科研机构。《浙江省森林康养产业发展规划（2019—2025年)》报告规划了构建"一心五区多群"，还明确了其包含医疗保健、老年人护理、食品药品制造与销售等六种不同类型的服务行业组成的大型产业链条框架设计方案；与此同时还进行了约3000公里的重要历史遗迹——古代道路系统的修缮工作；着手利用自然环境优势来促进本地特色农业产品的推广营销活动，并且鼓励游客参与到体验式农耕活动中去，以此提高农民收入水平和生活质量，同时也能提升整个地区的生态环境保护意识和社会责任感，以绿色经济促进美丽乡村发展。①

4. 贵州省

贵州省重视并大力推动康养产业发展，近年来贵州省各地依托优势资源因地制宜，形成了"森林康养""红色康养""山地康养""中医药+康养"等多种康养模式，"十三五"期间，贵州养老服务设施已基本实现城乡全覆盖。贵州省康养产业商会、贵州民族大学和南方少数民族非物质文化遗产研究基地联合举办学术年会，得到贵州省发改委、民政厅、文旅厅、农业厅、科技厅、工信厅、卫健委、省科协、省体育局等20余家单位的大力支持，出版了《贵州康养产业发展报告（蓝皮书)》，总结和推广康养产业发展经验。②

三、福建现代森林康养产业概况

福建省利用森林覆盖率高的优势，积极发展现代森林康养产业，通过旅游升级和旧场房改造的方式开展森林康养体验和自然教育，取得了良好的生态、社会和经济效益。③

（一）福建发展现代森林康养产业的优势

福建省是生态强省，森林覆盖率平均约66.8%，连续43年居全国第一位。

---

① 武长雄. 居民森林康养行为及其影响因素研究［D］. 浙江农林大学，2020.
② 贵州康养产业发展报告发布［EB/OL］. 新浪新闻，2022-08-11. https://finance.sina.cn/2022-08-11/detail-imizirav7640351.d.html.
③ 陈思清. 适老性森林康养基地设计研究——以福建省三明市龙栖山森林康养基地东部片区为例［D］. 北京林业大学，2020.

福建拥有丰富的森林资源，为发展森林康养奠定了坚实的生态基础。依据福建省林业局官方网站公示的国家森林公园总数，到 2022 年 10 月为止，福建省共有 32 个国家森林公园，占地面积达到 96024.04 公顷。[①]

通过统计可以计算出森林公园占地面积、数量占福建省前列的地级市分别为漳州市、龙岩市、南平市、三明市、福州市，详见表1。

表 1　福建省国家森林公园的数量和面积居前列地区

地区	国家森林公园数量（个）	国家森林公园面积（hm^2）
漳州市	5	19786.23
龙岩市	4	17995.89
南平市	3	12118.4
三明市	6	12064.82
福州市	6	12016.63

（二）福建省森林康养基地的数量及分布

在 2020 年，福建省政府正式颁布了康养基地评定标准，同年 12 月公布了第一批福建的省级"森林养生城市""森林康养小镇""森林康养基地"的名录。到 2023 年为止，福建已拥有 14 座省级森林城市、42 处省级森林康养小镇和 114 家省级森林康养基地。三明市国有林场和龙岩市永定仙崇国有林场被评为首批"中国康养林场"。

福建省各城市森林康养资源的数量及排序，详见表 2，可以看出福建省森林康养资源最丰富的是三明，其下依次为龙岩、南平、泉州、漳州、宁德、福州、厦门和莆田。

表 2　福建省各城市森林康养资源的数量及排序

三明	龙岩	南平	泉州	漳州	宁德	福州	厦门	莆田
57 个	26 个	23 个	21 个	15 个	9 个	7 个	1 个	1 个

---

① 福建省林业局，http://lyj.fujian.gov.cn/ssp/main/search.html。

（三）福建森林康养产业促进乡村中国式现代化发展

福建森林康养产业发展与乡村振兴发展耦合度较高。森林康养是推动福建全面乡村振兴的重要助力。森林康养主要在山区和远离城市的乡村，森林康养产业的发展水平关乎当地农村可持续发展和乡村振兴的发展水平。森林康养为乡村振兴带来产业振兴的动力，同时有利于改善农村环境，建设美丽乡村。福州市和泉州市在乡村振兴方面的发展略强于森林康养产业的发展，三明市和南平市则是森林康养的优势强于乡村振兴的发展。从福建各地市耦合协调度发展阶段看，在森林康养与乡村振兴的发展融合上，福州、泉州、南平、三明市均已处于优质耦合阶段。[1]

1. 产业支持政策不断叠加，发展环境得到优化

福建较早在全国出台专门的森林康养产业发展意见或规划，将其作为发掘林业资源、做大做强康养产业、助力乡村振兴的重要抓手。一是较早提出产业发展指导意见。2020年福建出台了《关于加快推进森林康养产业发展的意见》，要求加强森林康养林道、康养林带、康养林网、康养林区建设，依托国有林场、森林公园、风景名胜区、森林村庄等地，培育一批国家级、省级森林康养基地和森林康养小镇，支持各地将以康复医疗为主的森林康养机构纳入医保定点管理。二是基本实现对林业细分产业的全覆盖。2021年10月福建省委全面深化改革委员会印发《关于深化集体林权制度改革推进林业高质量发展的意见》后，福建省进一步细化给予创新研发服务、节能环保、市场开拓、品牌建设、人才培育、基础设施建设、园区建设、平台搭建等关键环节与领域，从财政补助、税收优惠和融资等多维度支持。例如，继续推进林业产业相关的减税降费政策落地；加快建设闽中（尤溪）绿色发展林业示范园等产业平台，进一步解决林业企业发展的用地难题，产业园区服务升级助力林业企业汇集资金、技术、人才、市场、物流等资源；省级财政每年安排发展专项资金等。三是多产业融合和多部门协作。福建省将森林康养产业与乡村振兴、养老产业、职工疗休养等方向结合，产生产业叠加效应。多部门联合行动，林业、农业、民政、工会、卫健、医保等推动森林康养产业的服务体系化、高效化。如医保

---

[1] 郑冰思，等. 森林康养与乡村振兴耦合协调研究——以福建省四地市为例 [J]. 山东林业科技，2023（6）.

部门将泰宁"耕读李家"、泰宁境元基地纳入医保定点管理;鼓励医疗机构与森林康养基地合作,在沙县马岩山庄、大田睡眠小镇等基地设立门诊部;清流天方悦潭、邵武云灵山等基地成为工会系统定点的职工疗休养基地。

2. 生态文明建设效果显著,林业经济持续增长

近年来福建森林面积和蓄积量继续增长,主导产业和龙头企业持续壮大,发展质量和产业竞争力逐步提升;产值连续创出新高,建立沿海基干林带、省属国有林场和重点生态公益林等三类林地储备库管理,推进新型林业经营主体标准化建设和森林认证。福建森林覆盖率连续43年居全国首位;"十三五"期间全省森林蓄积量居全国第七,亩均蓄积量比全国高23.8%;植被生态质量指数全国第一;生态文明指数全国第一;林业产业总产值在全国排名第四;林下经济总产值增长了39.5%。

3. 森林康养旅游全省布局,收入增长快速

"十三五"期间福建森林旅游收入增长了5倍。省林业局会同省卫健委、民政厅、总工会、医保局等单位,打造品牌设计了福建森林康养LOGO,形成156处省级以上森林公园、749个森林人家、9个国家级森林康养基地、2个省级森林养生城市、5个省级森林康养小镇和20个省级森林康养基地;年平均接待森林旅游游客约1.6亿人次。森林康养资源总数从2020年至2023年增长了约537%。福建省森林康养资源最丰富的是三明(62个),其下依次为龙岩(29个)、南平(27个)、泉州(21个)、漳州(15个)、宁德(9个)、福州(7个)、厦门(1个)和莆田(1个),形成"森林+休闲旅居""森林+禅修""森林+地磁""红色+研学""森林+民俗"等森林康养产品。三明市郊国有林场和龙岩市永定仙崇国有林场被评为首批"中国康养林场",通过旅游升级和旧场房改造的方式开展森林康养体验和自然教育。福州国家森林公园被国家林草局评为十大全国最具影响力的森林公园,泰宁猫儿山、三明仙人谷等国家森林公园景区获得"中国森林氧吧"称号,福州旗山国家森林公园、将乐金溪省级森林公园被确定为第一批全国森林康养基地建设试点。自2019年始,全省开展"百园千道"生态产品共享工程建设,对森林公园基础设施、景观环境实施改造提升,修建森林步道等公共服务产品。

四、福建现代森林康养产业发展的问题

1. 产业融合程度不足

一是森林旅游路线设计未充分整合森林旅游景点、非森林旅游景点、特色林下经济产品、木（竹）产业文化创意空间和展销场所、木（竹）加工企业产品展示空间、花卉苗木培育和种植基地等实物和空间。二是森林康养细分产业内部融合不够。例如，森林旅游景区、森林康养基地、森林人家和森林小镇的地理分布不均衡，制约森林旅游路线设计时的景点配置。三是跨行业融合发展有待增强。如森林旅游产业与文化产业、体育产业、教育产业等非森林旅游产业的融合度不足等。

2. 产业发展的要素保障不充分

制约森林康养产业发展的资金、土地、科技、资源等生产要素束缚还较为普遍。一是扶持政策供给尚需完善。与农业相比，林业的扶持政策尚不足，中央财政基本无扶持，省级财政对整体森林康养行业的扶持资金出口没有统一渠道。二是用地与资金难题仍未破解。森林康养的建设用地与国土空间规划、城乡建设规划和林地使用规划尚未有机衔接，项目建设用地落实不到位，融资渠道狭窄、成本高、融资难等问题依然突出。资金来源单一，缺少市场运作，目前各地的森林康养项目的投资，在招商引资渠道上较为单一，没有持续拓宽筹措资金的渠道，往往造成有项目建设资金，缺项目运营资金的窘境。三是基地建设处于初级水平，房屋空置率高。一些地市由政府建设的康养中心，按照普通的房屋进行设计，由于设计上不够科学，不符合康养产业的发展需求，造成没有运营商愿意投资入驻经营，至今空置。通过对森林康养消费人群的问卷调查，康养游客反馈的"基础设施落后"占 59.51%。

3. 部门协调机制不完善

森林康养产业涉及林业、住建、卫健、民政、交通等多个部门，各部门的协作机制还未形成，审批手续仍较复杂，造成基础设施建设的先天不足。一是山区森林康养基地道路整体上处于村道级别，路面宽度不足，小型车辆都难以交会车，大型车辆更难以进入，因此难以吸引大型康养团队入住。通过对森林康养消费人群的问卷调查，康养游客反馈的"交通不便"占 37.56%。二是康

养基地的建设处于粗放状态，建筑设计与生态环保尚未形成协调机制，康养基地的建设水平难以达到国际先进水平。三是配套的医疗资源尚未覆盖到乡村康养基地的"最后一公里"，许多森林康养基地的应急医疗、保健医疗等重要项目尚未配备完善，无法达到国际国内先进水平，吸引不了高端康养人群。

4. 产业链不完整产品附加值不足

产学研合作创新的服务体系不健全，自动化、智能化、数控化等先进设备的覆盖面偏低。一是缺乏拳头康养项目，目前福建的森林康养多数属于短期性森林旅游类型，缺少针对性强的专项医疗康养项目。二是管理和服务水平低，福建森林康养基地多数处在小而不精的粗放经营状态，缺乏专业的管理和服务人才，无法留住长期康养的客户群。三是缺乏森林康养配套文化创意产品，各地康养基地的餐饮、旅游纪念品简单、粗糙，没有足够吸引力和收藏价值。通过对森林康养消费人群的问卷调查，康养游客反馈的"服务水平低"占23.9%。

5. 结构合理性与项目差异化不足

森林资源潜力尚未释放，布局结构不合理，各地区发展不均衡。目前森林康养资源主要集中在三明、龙岩、南平，3个地市拥有森林康养资源占全省总数的68.6%；而厦门、莆田这两个人口密集的地市则只有1项；省会城市福州是"全球可持续发展城市"，城市森林丰富，但是康养资源才7个，远远无法满足当地的需求。通过对森林康养消费人群的问卷调查，康养游客反馈的"产品单一缺乏特色"占73.19%。项目同质化程度较高，目前福建省的森林康养各类基地和项目差异化不足，使得各康养基地的建设和服务项目大同小异，缺乏有专业区别度的康养项目。各地没有充分发挥地方特色，尤其是在森林、温泉等康养资源开发和利用中，缺乏凸显地方差异和优势的项目。

6. 产业人才队伍短缺

通过对森林康养消费人群的问卷调查，康养游客反馈的"缺乏专业森林康养人才"占60.49%。福建省在森林旅游管理、森林康养、技术创新、产品开发、工业设计、文化创意设计、市场营销、林业碳汇计量与监测等领域人才的供应不足，招人难、留人难和人工成本高的现象也普遍存在。

五、以现代森林康养产业促进乡村中国式现代化的路径

当前福建省森林康养产业还处在起步阶段，仍需不断积累经验做法，力争

森林旅游总消费到 2035 年达到预期的 2000 亿元，推动全面乡村振兴。

1. 统筹使用资金，提高森林康养与乡村振兴的协同度

在道路、管网、垃圾处理、物流服务等基础设施建设和公共设施方面，进一步提升森林康养与乡村振兴的协同度，统一规划、统一施工、协同管理，可以节约成本、提高效率，使森林康养项目有助于当地环境改善、当地劳动力就业、当地产品销售等，促进森林康养与乡村振兴共同发展。一方面，结合省文旅重点招商项目天台山国家森林公园生态康养建设项目、桂湖文化广场等，统筹农业农村、林业、文旅等渠道可以使用的补助资金有：林业国家级自然保护区补助资金、省级乡村振兴补助资金、省级以上财政林木良种培育补助资金、森林生态效益补偿资金、绿化造林补助资金、天然林停伐补助资金、省属国有林场省级以上林业专项补助资金、省级财政林下经济补助资金等。另一方面，丰富投资渠道，共享康养红利。要改变以往单一的政府或民间企业投资的方式。推动社会资本和信贷资金投入到康养产业的重点项目和龙头企业中，同时也可以将森林康养项目与当地村民的乡村振兴紧密相连，使得村民有机会参与到森林康养的投资中，从而分享收益；使得当地村民有主人翁意识，更好地维护森林康养赖以生存的生态环境，参与森林康养的建设和维养。

2. 破解要素难题，优化配套政策

国家公园法、自然保护地法、自然公园管理办法等相关法律法规尚在起草和制定过程中，相关政策制度需要进一步健全，提高自然公园相关管理规定的可操作性，针对自然保护地体系体制改革和整合优化的重点、难点、堵点等问题寻找解决路径。尤其是普遍反映的用地难问题，依据 2021 年 5 月自然资源部、国家林业和草原局审查封库的《福建省自然保护地整合优化预案》，整合优化后，调出自然保护地范围内的可用于建设的土地面积，尚留在自然保护地范围内的遗留问题有待进一步解决。风景名胜区内的遗留问题，待国家新政策或要求出台后，需要进一步优化。

3. 立足资源禀赋，开发地方特色品牌

培育差异化、个性化、定制化的优势产品，塑造和提升森林康养产业的"福建品牌"，提高产业发展效益。一是需要进一步加强森林康养特色品牌建设工作，以国家公园、自然遗产地、自然保护区、风景名胜区、森林公园和地质公园等为主要支撑，使现有森林康养基地的服务项目更具特色。二是要大力发掘乡村振兴的产业优势和农特资源，为森林康养提供特色的、优质的食材、药材，将"一村一品"与森林康养相结合，使各地的森林康养形成当地特色。

4. 发展多元业态，促进三产融合

要坚持系统思维，推动一二三产业深度融合发展，优化第一产业、深化第二产业、强化第三产业，推进森林康养细分产业间、细分产业内和跨行业融合发展，培育形成新业态、新模式，延长产业链。森林康养需要医药行业支持，同时森林康养储备的医药资源可以为乡村振兴提供医疗保障的便利。森林康养要发展多元业态，要有效发挥森林康养机构的医药资源优势，推进医养结合，不仅为康养人群服务，而且能扎根乡村为当地民众提供理疗服务，既提高康养机构收入，又能提升乡村民众生活质量。带动当地村民参与医养项目，当地村民身体健康状况良好，同时也能成为宣传森林康养的招牌。

5. 细分康养市场需求，推动全生命周期康养产业发展

结合省文旅推出的康养休闲规划线路，如休闲养生线、有氧亲水线、漫游山林线等精品线路，可将森林康养项目的服务对象扩展至从出生到老年人的范围，并且根据不同的年龄段和需求，提供全生命周期的森林康养服务。拓展母婴健康、少年儿童成长、中青年缓解压力的各类服务，提高森林康养基地的适用率，满足各年龄层的需求。

6. 提高现代科技含量，建设国际级康养高地

福建是著名侨乡，要发挥福建作为生态强省和数字中国峰会落地福建的优势。要加快智慧康养和数字乡村建设，助力森林康养个性化定制+智能制造、透过数字化营销实现精准引流、推进数创智造 C2M 模式等新模式应用，催生一批新技术、新业态、新模式，加速向数字化、网络化、智能化、品质化、绿色化、服务化转型，助力开放式创新模式以及无人零售等新零售模式。以大数据分析为基础、物联网服务运营平台为依托，助力森林康养基地实现个性化健康管理。将数字智能、康养产业、森林保护、低空经济结合，转化成新质生产力，建设低碳智慧康养的示范点"全球华人华侨康养城"，形成各具特色的国际康养高地，吸引福建的海外华人华侨、国际高端人才到福建聚集。

参考文献

[1] 习近平. 摆脱贫困 [M]. 福州：福建人民出版社，1992.

[2] 张胜军. 国外森林康养业发展及启示 [J]. 中国林业产业, 2018 (5).

[3] 刘思思等. 森林康养科学研究现状与展望 [J]. 世界林业研究, 2018 (5).

[4] 李萍. 森林环境健康因子的研究综述 [J]. 中国城市林业, 2004 (6).

[5] 孙抱朴. 森林康养是新常态下的新业态、新引擎 [J]. 商业文化, 2015 (19).

[6] 邓三龙. 森林康养的理论研究与实践 [J]. 世界林业研究, 2016 (6).

[7] 赵慧颖. 基于 scp 范式的福建森林康养产业发展研究 [J]. 农业开发与装备, 2022 (10).

[8] 中国人民政治协商会议福建省委员会课题组. 关于加快推进福建省康养产业发展的调研报告 [J]. 发展研究, 2021 (12).

[9] 康勇军, 刘晓霞. 各地持续发力推进森林康养产业发展, 100 多家森林康养基地面向医护人员推出系列公益服务和优惠活动 [N]. 中国绿色时报, 2020-04-09.

[10] 郑冰思, 等. 森林康养与乡村振兴耦合协调研究——以福建省四地市为例 [J]. 山东林业科技, 2023 (6).

[11] 李晓瑞. 基于国有林场的森林康养基地规划 [D]. 安徽农业大学, 2022.

[12] 黄洋, 等. 国家森林康养基地空间分布特征及影响因素 [J]. 内江师范学院学报, 2020 (10).

[13] 符畅. 康养蓝皮书: 中国康养产业发展报告（2019）在京发布 [N]. 羊城晚报, 2020-10-31.

[14] 郭诗宇, 等. 森林康养与康养森林建设研究进展 [J]. 世界林业研究, 2022 (2).

[15] 王祺. 海南省康养产业发展条件分析 [J]. 福建质量管理, 2020 (3).

[16] 陈勤昌, 王兆峰. 康复性景观理论下中国康养旅游发展潜力评估及

其障碍因素 [J]. 地理与地理信息科学, 2024 (1).

[17] 苏全兴, 等. 福建省森林康养发展现状与对策 [J]. 防护林科技, 2020 (10).

[18] 周雨婷. 乡村振兴背景下森林康养产业发展研究——以福建三明为例 [J]. 产业创新研究, 2023 (11).

[19] 武长雄. 居民森林康养行为及其影响因素研究 [D]. 浙江农林大学, 2020.

[20] 陈思清. 适老性森林康养基地设计研究——以福建省三明市龙栖山森林康养基地东部片区为例 [D]. 北京林业大学, 2020.

[21] 袁传武, 等. 国有林场森林防火和资源监管"空天地人"四位一体监测系统建设 [J]. 湖北林业科技, 2021 (5).

[22] 张文凤. 基于产教融合的中职森林康养"1234"人才培养模式探索 [J]. 现代职业教育, 2020 (20).

[23] 韩强. 节俭和认知对森林康养旅游意愿的影响研究 [D]. 辽宁大学, 2022.

[24] 任远. 在应对人口老龄化中构建养老服务体系 [N]. 光明日报, 2017-10-23. 光明网, https://news.gmw.cn/2017-10/23/content_26573617.htm.

[25] 何晶. 河南永震园林景区森林康养旅游发展研究 [D]. 广西师范大学, 2021.

[26] 郭诗宇, 等. 森林康养与康养森林建设研究进展 [J]. 世界林业研究, 2022 (2).

作者简介：郭莉，福建社会科学院习近平生态文明思想研究所、副研究员；刘海栋，福建社会科学院《亚太经济》杂志社编辑。

互助式健康养老服务的实践探索与推广价值

——基于黄山市的调研

方金友

摘 要：中国特色社会主义进入新时代，人民对美好生活的需求和不平衡不充分发展间的矛盾转化为我国经济社会的主要矛盾。加快补齐在健康养老供给体系与养老服务等方面的短板，推进养老产业满足人民对美好人生的追求，延长老年人的身心健康年限，提升老年人健康生活的质量，推进养老服务业供给侧改革与转型升级，更好地适应我国社会主要矛盾的变化需要。近年来，黄山市利用本土优良的生态资源，积极发展大健康产业，实现生态产业化。将互助式理念嵌入健康养老产业，探索发展互助式健康养老服务，实现产业生态化。

关键词：互助养老；健康产业；探索与推广

世界卫生组织认为："健康是整个躯体、精神和社会都很完美的状态，而不仅仅是没有疾病或身体虚弱"。"健康老龄化"最早出现在1987年世界卫生大会上，提出了"健康"有5项标准，即躯体、社会、经济、心理和智力健康。[1] 国内外学术界从临床医学、社会科学、生物学等不同视角，探讨健康老龄化的理论价值。随着该理论逐步在部分发达国家取得显著成效，"健康老龄化"理念开始引入国内并逐渐发展起来。互助养老是我国的优秀传统，扎根于我国乡村社会，社区内或家族内的老人本着自愿参与、相互扶持、友爱互助的情怀，在生活、照料以及精神慰藉等方面提供互相服务，满足老年人各种需求，提高老人生活质量的一种养老模式。西方发达国家经过近百年不断的实践与发展，出现了一些较为典型的互助养老模式，包括美国的"村庄"模式、德国的"多代居"模式、日本的"邻里互助网络"以及英国的"时间银行"等。2011年，国务院公布的《社会养老服务体系建设规划（2011—2015年）》中，首次提出新型农村互助养老模式，发展较为典型的是河北省肥乡县（今邯郸市肥乡区）的"互助幸福院"。2022年，国务院印发的《"十四五"国家老龄事业发展和养老服务体系规划》中，又提出以村级邻里互助点、农村幸福院等为基础，构建农村互助式养老服务体系。2023年，中央一号文件指出，在城乡社区推广日间照料、互助养老、探访关爱、老年食堂等养老服务。[2] 将中华民族优秀传统中"天人合一、自强不息、厚德载物、讲信修睦、亲仁善邻"等道德观，不断融入健康养老服务，推动社会生态环境适老化，改变传统养老服务理念，形成适合新时代的健康养老模式，进一步拓展健康养老产业的内涵与外延。

一、健康养老是新时代养老服务业的发展方向

（一）人口老龄化促进康养服务转型升级

根据国家统计局公布的第七次人口普查数据，截至2020年11月1日，我国60岁及以上老年人口达到2.64亿人，老年人口占比达到18.7%；65岁及以上老年人口1.9亿人，占比13.5%。我国已成为老年人口总数最多的国家，预计2025年60岁及以上老年人口将超过3亿，2033年将突破4亿。[3] 根据安徽省统计局发布的第七次人口普查数据，在安徽常住人口中，60岁及以上人口为1146.9万人，占18.79%，其中65岁及以上人口为915.9万人，占15.01%。老龄人口比重不断上升，表明安徽人口老龄化程度进一步加深。[4] 由此可见，当前我国人口结构呈现出快速老龄化趋势，与新时代经济社会发展呈现出不平衡局面。在此背景下，健康养老是实现我国经济社会转型优化的战略要求，不仅为未来经济社会可持续发展储备更加优良的人口资源，又能把握和发掘人口老龄化富含的生机与潜力。习近平同志在党的二十大报告中指出，我国居民人均可支配收入从16500元增加到35100元，人均预期寿命增长到78.2岁，基本养老保险覆盖10.4亿人。[5] 健康养老服务的供给日益成为养老服务业的短板，而加快推进养老服务业供给侧改革，满足老年人日益增长的美好生活的需求，

更高程度地延长老年人身心健康年限和保障老年人健康生活质量,[6] 需要全国各地结合实际情况,探索适合当地的健康养老模式,引导养老服务业结构调整与转型升级。

(二)养老服务业高质量发展将满足老人对美好生活的需求

随着我国人口老龄化率不断上升,经济发展进入新常态,人们对美好生活需要和不平衡不充分的发展之间的矛盾也体现在养老服务业上。我国传统家庭养老、机构养老、社区养老等主要养老模式满足大多数老年人基本养老需求,但较高收入的老年人对健康养老有更高要求,而这方面存在供给短板。随着我国经济高质量发展和居民收入不断增长,人民对养老服务业需求呈现出多元化趋势。根据国家城乡老年人口抽样调查数据,我国老年消费已从生存型转向更高层次,对心理疏导、康复治疗和保健服务等高品质服务的关注度日益增多,接近40%的老人希望医生上门看病,超过30%的老人渴望心理慰藉与健康指导。这就要求部分兼具产业特性和发展优势的细分领域须加快构建多元化供给体系,才可满足日渐增长的个性化、多样化的健康养老实际需求。[7] 与日渐增长的需求相比,我国健康养老服务仍有较大推进空间。在我国,大健康产业占GDP比重约为4%—5%(含健康养老在内),远低于西方发达国家15%左右的平均值。[8] 在健康养老市场开放纵深推进的宏观背景之下,人民对健康养老的认知与需求逐渐与发达国家看齐,若国内产业有效供给不足很可能导致需求迁移、外溢的结果,如老人到大城市著名医院或海外医院就医日益增多、高端养老机构一床难求等,这些情况皆表明健康养老提质增速迫在眉睫。习近平同志在党的二十大报告中指出:"人民健康是民族昌盛和国家强盛的重要标志。把保障人民健康放在优先发展的战略位置,完善人民健康促进政策。""实施积极应对人口老龄化国家战略,发展养老事业和养老产业"[5]。当前我国健康养老服务业已取得积极进展,具备良好的发展势头,但供需不协调亟待健康养老服务探索解决。国家层面的政策多集中在社会领域,健康养老的关注点集聚在老年人医疗保障、社会优待等公共服务领域,而市场主体系统性政策及统筹性规划不足。近年来,虽在养老领域、医疗领域市场化改革的创新探索上获得积极进展,但相关的顶层设计仍较缺乏,怎样从市场主体出发构建空间布局合理、产业链有机衔接、生产要素优化配置,将直接作用于市场各类主体的参与积极性和为其提供的保障水平。

（三）健康养老需探索多种模式

健康养老服务需要医疗健康资源与养老资源的互动融合，而不是健康与养老的简单相加，特别是老龄群体除了慢性病多发以外，还普遍存在多病共存和多重用药现象，这就要求搭建有效的协同机制，以统筹调配家庭医生、医疗机构、康养护理等多种渠道。目前健康养老模式多依赖以治疗为主体的形式，以预防为主的发展态势尚未真正形成。而基层卫生服务机构的服务功能难以有效发挥和充分利用，很多康复服务仍主要由大型医院提供。[7] 当下，健康养老服务供给链条尚未完备，导致健康养老发展滞后于人口老龄化趋势，不仅不能有效应对健康养老服务中面临的多层次需求，更会对产业健康可持续发展产生不利影响。我国现有设计中搭建的健康养老服务体系，主要围绕居家、社区两大核心要素，而在具体实施中仍偏重于机构建设，但满足不了老人日益增长的美好生活需求，需要探索适合当地实际的多种类型的健康养老模式。

二、黄山市互助式健康养老服务的实践探索

2022年，黄山市森林覆盖率82.9%，空气质量优良天数比例为98.4%，地表水、饮用水水源地水质达标率均为100%，是华东地区重要生态屏障和战略水源地，具备健康养老服务所需的资源禀赋。近年来，黄山市将农村互助式养老服务嵌入健康养老产业中，形成以市场为主体的多样化方式，既传承中华民族优秀传统美德，又推动黄山市生态产业化与产业生态化的高质量发展。就其模式，主要有政府主导与企业开发两大类型。

（一）政府主导推动互助式健康养老服务

为适应"候鸟式"度假、养老需求，徽州民宿成为黄山市大健康产业新业态。西递宏村、黄山汤口、休宁祖源、屯溪老街、徽州区西溪南上村等一批民宿集群，已然形成集聚发展态势。黄山区焦村镇汤家庄村采取"村集体+企业+农户"模式，以强村公司为主体，引进丛筑、携泰康养、古床文化等一批产业项目落地，与农户签订闲置房屋代管代修协议，利用专项资金修整改造，改善

集体房产及村民住宅的居住条件，吸引大批设计师、艺术家来此旅居养老。外来新村民成为乡村发展顾问，带来专业策划团队，主动参与村庄规划、农产品助销、村庄节点设计、节庆筹办等，助推乡村振兴发展。当地村民为旅居老人提供健康饮食、生活照料等服务，还经常开展关爱老年人志愿服务，弘扬尊老、爱老、助老的中华民族传统美德。黄山市各级政府推行多样化互助式健康养老产业，不仅促进了当地经济社会发展，也探索出健康养老新模式。

（二）企业开发健康养老社区

黄山互助家园是黄山富鼎置业有限公司开发的互助式健康养老社区。当地政府与开发商通过问卷调查分析，55—70岁的老年群体中有49.3%的人感到孤独，一方面这些老人有一定的劳动能力，另一方面这些老年人因退休、子女成家等社会交往的变化导致孤独感。而我国老年人口中，70岁以下老人占老年人总数的比重超过50%。第一期、第二期主要针对国内外55—70岁有健康养老需求的服务对象，2017年入住首批业主，如今已超过1000户。黄山互助家园位于黄山市黄山区耿城镇，距离京台高速甘棠出口仅6公里，到黄山北大门只有4公里。这里，空气负氧离子含量均值达每立方厘米2.5万个。经安徽省铜陵市疾病预防控制中心检测，第一、第二期的两处山泉水各项指标的检测值低于《生活饮用水卫生标准》（GB5749-2006）限值，可供居民直接饮用。这些硬件设施，具备了健康养老的基础需求。根据该公司对284位居住在黄山互助家园六个月以上业主的调查，其中196人健康状况有改善，占比69%；有明显改善的89人，占比31.3%。通过口碑宣传，黄山互助家园第一、第二期2000多套商品房基本售罄，入住率维持在30%以上。

在黄山互助家园社区中，各主体探索互助式健康养老模式，其内涵包括"日常生活互助、兴趣爱好互助、心理慰藉互助、健康管理互助、义工及志愿者"等内容。一是开展日常生活互助。把互助意识和行为融入到社区日常生活的小事中去，如提供买菜、做家务、陪同看病、收寄快递等，满足老年人健康养老生活需要。二是兴趣爱好互助。黄山互助家园业主综合配套设施面积达8000平方米，有综合文体馆、食堂、医务室、文化学校、健身房等，设立了养老事业部，成立了乒乓球、棋牌、羽毛球、篮球、柔力球、旅游、耕种、音乐、志愿者、摄影、书画等20多个业主社团。每一位业主可以根据自己的兴趣爱好参加多个业主社团,提升业主间的情感融合,为互助奠定感情基础。大家一起打球、一起健身、一起耕种、一起交流、一起生活,增加感情,增进友谊。三是心理慰藉互助。业主间通过相互聊天、倾诉,相互解决因家庭、子女、人际交往等过程中产生的负面情绪。社区党支部、业主社团定期开展各类活动,排解老人心中的忧结,让老人保持较为健康的心理状态。四是健康管理互助。社区设有医务室,有专门的医生与护士,还有安徽医科大学、安徽省立医院等退休老专家(也是业主)不定期看诊,开展健康讲座。业主间有类似病史的可以定期或不定期进行疾病知识的交流,养成健康养老生活习惯。有少数业主过去生活习惯不太好、生活没有规律、退休了喜欢过量饮酒等,社区健康管理互助小组想办法让他们锻炼起来,对过量饮酒的人限制其每餐的喝酒量等,通过互助让他们慢慢养成健康生活习惯。五是提倡义工和志愿服务。在社区党支部领导下,业主自发组建志愿者协会。义工和志愿者队伍活跃在社员生活的各个方面,从每个家庭有困难提供帮助,到社区公益事务都有涉及。满足老年人健康养老生活需要,提升业主间的情感融合,倡导"我为人人,人人为我"的互助理念,引导业主互助奉献,服务他人。

可见,健康养老首先要细分市场。随着健康水平的亚健康化趋势以及年龄增长的现实需求,健康养老成为必不可少的人生诉求,且伴有家庭照料功能的明显弱化趋势,我国独居老人、空巢老人及不同身体状况老人的健康养老需求将呈现层次化递进与医疗康养需求之间互为转换的特征。结合实践而言,健康养老本身内涵复杂、外延宽泛,是基于老人消费需求多样性产生的,呈现出与其他单个甚至多个行业融合发展的新局面,如健康养老投资、健康养老旅居等。业内及业间各要素在融通互动中重新组合不断形成全新的产业链[9],健康养老服务将出现模式探索、新型业态和发展动力等问题,亟待不断探索与发展。近年来,我国把"构建居家社区机构相协调、医养康养相结合的健康养老服务体系"作为健康老龄化战略的重点,并出台一系列政策促进医养结合健康养老服务体系的发展。[10]而产业供给质量的关注重点将由核心领域向配套领域延伸,在附加价值分配中,服务品牌化、项目差异性、创新独特化等要素将引导产业纵深发展。政府在指导健康养老服务发展上,要将底层逻辑建立在多元高效、兼容并包的发展路径上,既要保障弱势群体权益,发挥保基本、兜底线的作用,又要适度有序地挖掘市场,支持社会资本公开公平地投资健康养老,共同巩固和完善健康养老产业，从根本上保障供给质量。

三、互助式健康养老服务的推广价值

我国的健康养老模式要同中华民族优秀传统文化中的养老理念相结合，塑造互助式健康养老新观念。将中华民族优秀传统文化同中国特色社会主义价值观结合到健康养老服务中，它们具有高度契合性。[5] 黄山市互助式康养模式是将互助式养老理念嵌入健康养老模式中，并拓展健康养老的内涵与外延。当下，更要适应全域旅游发展新趋势，全面优化自然生态、文化生态、产业生态，用新发展理念推动生态型、康养化、休闲度假旅游目的地建设。同时，这一模式在安徽乃至全国具有推广价值。

（一）健康养老要有基础设施支撑，互助养老依托于互助氛围

我国千千万万家庭一直以来直接承担着养老重任，"养儿防老"这类深植人心的传统观念仍积重难返，发展互助式健康养老模式将直面孝道问题。黄山互助家园在社区营造出互助氛围，培育"我为人人，人人为我"的康养氛围。2022年，社区成立业主党支部，把党员生活和党的关怀融入到业主日常生活与精神慰藉中，让业主能切身感受到党员模范作用和党的温暖。社区注重养老适老的升级改造，更加注重细节。社区医疗方面，为每位业主建立健康档案，启动紧急呼叫系统，对80岁以上和有两种及以上基础疾病的人群定期回访，为业主开通医疗绿色通道。这样不仅使业主安心居住、健康生活，也使业主子女等亲属放心。

（二）发展健康养老需要因地制宜，探求多样化的适配模式

当前，养老服务之所以呈现多样化特征，归根结底是我国经济高质量发展，社会家庭形态逐渐发生转变，人们对美好生活的需求日渐增长的结果，互助养老与健康养老的两相结合适应了我国经济社会发展。发展健康养老不要拘泥于医养结合形式，要更加注重健康养老的效果。黄山互助家园在养老事业部的组织与支持下，业主社团经常开展活动，既提升了业主自身的身心健康，也加深了业主间的了解和友谊，塑造了业主们的互助社群关系并形成良性循环。

2022年12月19日，黄山互助家园召开了由社区党支部、养老事业部、业主代表、医疗中心、食堂等单位和个人参加的疫情防控动员会，对疫情防控、公共卫生、注意事项、组织管理、责任分工进行统一部署。养老事业部、物业公司为阳性业主送物资上门，食堂为有要求的业主送餐上门，社区两位医务工作者提供上门问诊服务。特别是广大业主相互代为采购、送药、送物资、嘘寒问暖等，充分体现了互助精神。社区成立抗疫志愿者服务队伍，业主踊跃报名，"我没阳，有体力，我报名"。党支部成员全天候值守在防疫群里，一人有难，八方支援。黄山互助家园在2022年12月疫情感染高峰期，感染率仅为27%，重症率为0。

（三）互助式康养模式需兼顾和平衡老年人的物质与精神诉求

我国互助式康养模式尚处于起步探索阶段。一些地方的互助养老只提供助餐服务，极少提供扑克牌、棋类游戏、电视以解决老年人的娱乐需求，农村的互助养老也较缺失精神层面的关爱。互助式康养模式以物质与精神两个层面为出发点和落脚点，力图满足老年人健康养老的需求，本身具有"以生活支持为主，注重精神需求"的特征，在社区内打造轻松愉悦的交往环境以缓解老人的孤独，此外通过互助方式解决老人日常所面临的购物、外出等生活难题等以疏解可能存在的困境。这一模式的前提是要具备健康养老的基础设施，通过互助式康养模式为老人创造交流机会，不断丰富老人的精神世界。可见，推广这一模式须结合本地实际情况和具体条件来因地制宜，根据区域内老年人的养老需求，开发出适宜适用的健康养老模式。

（四）互助式康养模式需要多元协作之下的共同参与

近年来，我国在健康养老领域作出诸多探索尝试，然而由于政府的直接介入，角色定位纷争等问题也不鲜见。黄山互助家园主要依靠开发企业、社区社团、业主等各主体来组织和运营，以发展互助式健康养老，当地政府通过法律和税收等政策手段为其发展保驾护航。从实践探索看，多元主体力量之间互动融通是这一模式行之有效的内在逻辑，而政府通过出台相关法律法规、调节完善税收政策等方式搭建好平台，将互助式康养模式的运营交由一系列主体诸如开发商、物业公司及志愿者协会、民间社团等社会组织来合力承担，当地政府与行业协会做好监管监督工作。各类社会组织通过互助理念和利民活动等调动业主的参与积极性，并依据社区居民的养老需求和现实条件来随时调整和灵活运用，业主则根据自己的身体状况、习惯和喜好、家庭情况等实际参与到不同的社团互助养老活动中。这样一来，政府、社会组织、个人等多方力量相互协调下的互助式康养模式，既能更大程度减轻政府的行政负担，又能给予社会组织更多的自主权和创新空间，还能为业主长期供应多样化乃至个性化的养老服务。国外的互助式养老社区经验表明，互助式养老可以解决 80% 的养老需求，需要市场对接的只有 20%。互助式康养模式还需要完善与提升，把互助理念融入到健康养老体系中，进一步做精做优。

参考文献

［1］（日）岛内宪夫. 世界卫生组织关于"健康促进"的渥太华宪章［J］. 中国健康教育，1990（5）：35-37.

［2］夏柱智. 互助养老：积极应对农村人口老龄化的中国经验［J］. 东北农业大学学报（社会科学版），2023（2）：1-2.

［3］第七次人口普查！全国各省份最新老年人口数据汇总［EB/OL］.（2021-07-12）［2023-07-10］. https://www.163.com/dy/article/GENE73VN0538H4VL.html.

［4］安徽省"第七次全国人口普查"今日公布数据情况［EB/OL］.（2021-05-18）［2023-07-10］. http://union.china.com.cn/zhuanti/txt/2021-05/18/content_41564807.html.

［5］习近平. 高举中国特色社会主义伟大旗帜 为全面建设社会主义现代化国家而团结奋斗——在中国共产党第二十次全国代表大会上的报告［EB/OL］.（2021-07-12）［2023-07-25］. http://www.news.cn/politics/cpc20/2022-10/25/c_1129079429.htm.

［6］邬沧萍，姜向群."健康老龄化"战略刍议［J］. 中国社会科学，1996（5）：58.

［7］国家卫生健康委员会. 2020 中国卫生健康统计年鉴［M］. 北京：中国协和医科大学出版社，2020.

［8］申曙光，马颖颖. 新时代健康中国战略论纲［J］. 改革，2018（4）：

17-28.

[9] 丁文珺, 张铮. 消费升级下服务业发展的趋势、挑战与转型路径 [J]. 学习论坛, 2020 (5): 32-40.

[10] 冯小溪, 任素娟. 我国医养结合健康服务体系现状、困境及优化策略研究 [J]. 未来与发展, 2023 (5): 83-88.

基金项目: 安徽省哲学社会科学规划重点项目 (2022年) "安徽构建共同富裕现代化的实践路径研究" (AHSKZ22D05)。

作者简介: 方金友, 安徽省社会科学院新闻与传播研究所所长、二级研究员。

乡村振兴背景下后发地区森林康养产业创新
——基于黑龙江自身优势下的可持续发展路径探索

张 帆

摘 要：在乡村振兴背景下，后发地区森林康养产业的创新成为实现可持续发展的关键路径之一。以黑龙江自身的资源优势为基础，本文旨在探索后发地区森林康养产业的可持续发展路径。通过列举黑龙江自然条件、社会条件以及整体发展状况，探讨森林康养产业在该地区的发展的必要性。通过对乡村振兴政策背景的分析，揭示了政策对森林康养产业发展的重要推动作用。进一步，通过指出黑龙江森林康养产业发展的制约因素，以便寻找到更好发展路径。本文旨在为黑龙江及其他后发地区森林康养产业的可持续发展提供更多实践指导。

关键词：黑龙江；乡村振兴；森林资源；康养产业

2016年，习近平总书记莅临黑龙江考察调研时，曾提出关切问题：林区经济转型发展如何？林区生态保护情况如何？2018年的第二次考察中，习近平总书记明确指出："要贯彻绿水青山就是金山银山、冰天雪地也是金山银山的理念，落实和深化国有自然资源资产管理、生态环境监管、国家公园、生态补偿等生态文明改革举措，加快统筹山水林田湖草治理，使东北地区天更蓝、山更绿、水更清。"2023年，习近平总书记再次莅临黑龙江考察，对森林资源仍然表达了极大的关切。他强调"森林是集水库、粮库、钱库、碳库于一身的大宝库。"他强调指出，要树立增绿就是增优势、护林就是护财富的理念，在保护的前提下，让老百姓通过发展林下经济增加收入。总书记对黑龙江森林资源的重视不仅为该地区生态产业的转型发展指明了方向，也为发展森林康养产业注入了强劲动力。

一、黑龙江发展森林康养产业的背景

(一) 黑龙江自然社会总体现状

随着经济社会的不断发展,人们的生活水平不断提高,因此对健康和身体素质的重视程度也越来越高。人们开始追求高品质的健康幸福生活,从而对各种健康养生产品的需求不断增加。与此同时,随着黑龙江逐步步入老龄化社会,老龄化问题日益突显。这一现实情况为康养旅游产业的发展提供了巨大市场机遇,尤其是森林康养产业。黑龙江拥有丰富的生态资源,包括中国最大的连片森林、最大的湿地群、世界第一界江以及亚洲最大的湖泊等。此外,还有温泉和中医药等康养元素。因此,黑龙江被视为理想的康养旅游目的地,具备得天独厚的自然条件,为森林康养产业的发展奠定了良好基础。

1. 黑龙江发展森林康养产业的自然条件

黑龙江省拥有着得天独厚的原始生态系统,发展森林康养产业条件优越。在地理和气候方面,黑龙江省位于中国东北部,是中国位置最北、纬度最高的省份,属于寒温带与中温带大陆性季风气候。在地貌地形方面,黑龙江地貌特征素有"五山一水一草三分田"之称。表明黑龙江主要由山地、台地、平原和水面构成。"山地"主要分布区在西北部的大兴安岭山地(东北—西南走向),北部的小兴安岭山地(西北—东南走向),东南部的张广才岭、老爷岭、完达山脉(东北—西南走向)。"台地"地处兴安山地与东部山地的山前,东北部为三江平原(其中包括兴凯湖平原),西部是松嫩平原。黑龙江省山地海拔高度大多在300米至1000米之间,面积约占全省总面积的58%;台地海拔高度在200米至350米之间,面积约占全省总面积的14%;平原海拔高度在50米至200米之间,面积约占全省总面积的28%。在森林资源方面,黑龙江省是中国最大的林业省份之一,天然林资源主要分布在大小兴安岭和长白山脉及完达山。黑龙江省林业经营总面积3175万公顷,占全省土地面积的三分之二。有林地面积2007万公顷,活立木总蓄积15亿立方米,森林覆盖率达43.6%,森林面积、森林总蓄积和木材产量均居全国前列,是国家最重要的国有林区和最大的木材生产基地。森林树种达100余种，利用价值较高的有30余种。

2. 黑龙江发展森林康养产业的社会因素

黑龙江省老龄化问题日趋严重，排名全国第三。根据中华人民共和国2023年国民经济和社会发展统计公报的数据，我国全年出生人口达到902万人。而根据第七次全国人口普查的数据显示，截至2020年，我国育龄妇女生育率仅为1.3，已经低于国际社会通常认为的1.5的警戒线。据相关部门测算，到2025年，我国老龄人口数量将超过3亿。而到2053年，这一数字有可能接近5亿，届时我国老年人口比重将约占总人口的35%，人口老龄化的严峻形势日益突显。

而黑龙江的情况就更加严重一些。据第七次全国人口普查数据显示，黑龙江省60岁及以上人口7395690人，占23.22%，其中65岁及以上人口4972868人，占15.61%。与2010年第六次全国人口普查相比，60岁及以上人口的比重上升10.19个百分点，65岁及以上人口的比重上升7.33个百分点。2022年黑龙江省国民经济和社会发展统计公报数据显示，据2022年5‰人口变动抽样调查显示，全省人口出生率为3.34‰，死亡率为9.09‰，人口自然增长率为-5.75‰。年末常住总人口3099万人，比上年减少26万人。0—14岁人口占全省总人口的比重为9.3%，65岁及以上人口占全省总人口的比重为17.8%。[①]

黑龙江省已经从轻度老龄化阶段跃升至中度老龄化阶段，其人口老龄化水平位居全国第三。随着老龄化的不断加重，黑龙江省劳动年龄人口持续减少，青壮年劳动力的供给逐渐减缓。这一趋势伴随着少子化和高龄化的特征，城乡间的老龄化现象也呈现不均衡态势。少子化加速了人口结构的老化，而高龄化则增加了失能老年人的比例。在应对黑龙江省的老年人养老问题上，老年人更倾向于拥有充实的晚年生活和自我保健。因此，我们需要提升构建老年友好型社会的水平，为老年人营造一个有益于他们发展和生活的环境。这需要重视促进康养融合发展，充分发挥地域优势，推动旅居、医药康养、休闲旅游以及老年用品等领域的协同发展。

3. 黑龙江整体经济发展状况

物价水平。2022年，黑龙江全年居民消费价格比上年上涨1.9%，其中城

---

① 2022年黑龙江省国民经济和社会发展统计公报. http://tjj.hlj.gov.cn/tjj/c106779/202303/c00_31558382.shtml.

市上涨 1.9%，农村上涨 1.9%。从商品类别看，食品烟酒上涨 2.2%，衣着上涨 1.0%，居住上涨 1.3%，生活用品及服务上涨 0.6%，交通和通信上涨 5.5%，教育文化和娱乐上涨 0.9%，医疗保健上涨 0.5%，其他用品和服务上涨 1.3%。工业生产者出厂价格比上年上涨 10.9%，其中生产资料价格上涨 15.4%，生活资料价格下降 1.7%。工业生产者购进价格上涨 10.0%。①

医疗卫生。2022 年，黑龙江共有卫生机构 20599 个，其中医院、卫生院 2185 个，专科疾病防治院（所、站）28 个，妇幼保健院（所、站）116 个。卫生机构床位数 26.1 万张，其中医院、卫生院床位数 24.7 万张。卫生技术人员 25.3 万人，其中执业医师和执业助理医师 9.8 万人，注册护士 11.1 万人。疾病预防控制中心（防疫站）147 个，卫生技术人员 0.5 万人。乡镇卫生院 966 个，床位 2.4 万张，卫生技术人员 1.8 万人。①

（二）黑龙江发展森林康养产业的必要性

1. 黑龙江经济社会发展的迫切需要

2022 年全省实现地区生产总值（GDP）15901.0 亿元，按不变价格计算，比上年增长 2.7%。其中，第一产业实现增加值 3609.9 亿元，增长 2.4%；第二产业实现增加值 4648.9 亿元，增长 0.9%；第三产业实现增加值 7642.2 亿元，增长 3.8%。三次产业比例为 22.7∶29.2∶48.1。第三产业五年（2018 年—2022 年）来占比分别为 49.1%、49.6%、49.4%、50.0%、48.1%。可以看出，黑龙江省第三产业呈整体持续上涨趋势。①2022 年 2 月，黑龙江省人民政府印发《黑龙江省文化旅游产业招商引资若干扶持政策措施》，这是黑龙江省首个专门针对文化旅游领域的招商引资扶持政策，旨在以高水平开放，推动文化旅游产业高质量发展。其中，投资文化创意产业园区改造建设奖补最高 200 万元，投资国家 5A 级旅游景区、国家级旅游度假区奖励 100 万元。2022 年，黑龙江省计划完成营造林 100 万亩、森林抚育 483 万亩。黑龙江省民族地区应以此机会，提升黑龙江省民族文化产业、打造民族特色产业集群，以发展森林康养产业为机，不断增进全省人民群众生态福祉。

---

① 2022 年黑龙江省国民经济和社会发展统计公报．http：//tjj.hlj.gov.cn/tjj/c106779/202303/c00_31558382.shtml.

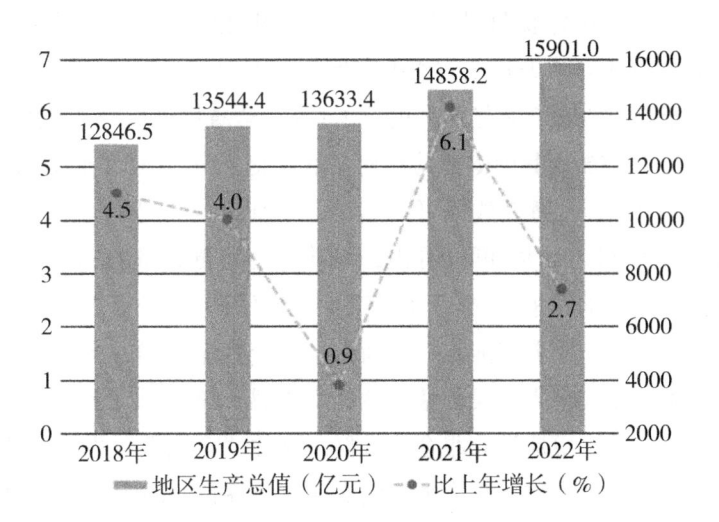

图1 2018—2022年地区生产总值及其增长速度

数据来源：2018—2022年黑龙江省国民经济和社会发展统计公报

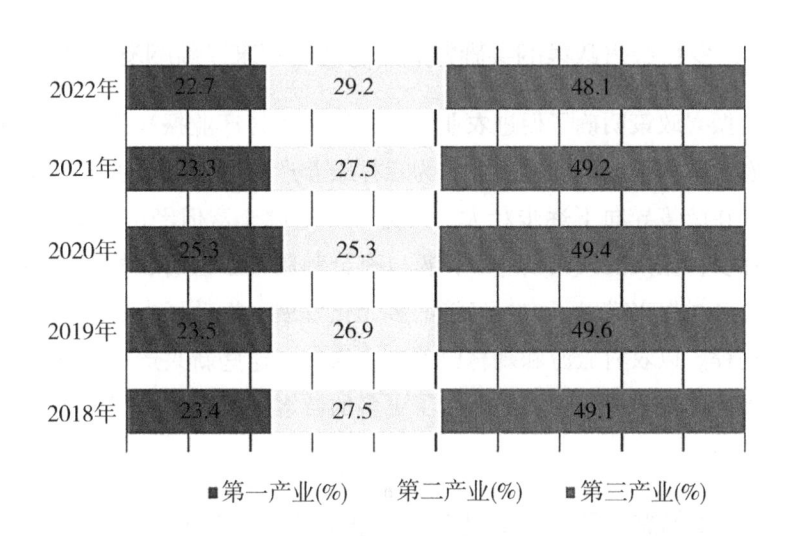

图2 2018—2022年三次产业增加值占地区生产总值比重

数据来源：2018—2022年黑龙江省国民经济和社会发展统计公报

2. 黑龙江居民对健康的认识程度加深

2022年，黑龙江居民人均医疗保健消费2487.38元，上涨0.5%。2021年，黑龙江居民人均医疗保健消费2475元，占比12%，仅次于食品烟酒、居住、交通通信。2021年黑龙江全省原保险保费收入995.5亿元，比上年增长2.1%，其中，健康险收入230.8亿元，增长1.0%；全省原保险赔付支出339.3亿元，比上年增长10.3%，其中健康险赔付115.1亿元（2020年健康险赔付69.3亿元），增长67.6%。通过数据可以看出，2021年，健康险收入增长1.0%，而赔付却增长了67.6%。[①] 可以看出，当前人们对健康的投入的认知越来越高、对自身健康的维护越来越高。"康养"不是仅仅针对老年人群，是贯穿于人的整个生命过程中，康养产业是一个面向全民全生命周期的产业。健康观念的提升，关系到黑龙江全省居民的整体性和幸福感，黑龙江发展森林康养产业不能止步于老年群体，更应该着眼全体人群。这种"全人群"发展思维，是黑龙江康养行业发展的风向标，将大大影响黑龙江康养行业的市场格局和发展。

二、乡村振兴对黑龙江地区的影响与意义

（一）乡村振兴政策的实施为黑龙江地区带来了新的发展机遇

乡村振兴政策明确了促进农业转型升级和乡村产业振兴的战略目标，强调了生态农业和休闲旅游的重要性。为森林康养产业的发展提供了政策支持和激励，使其在政策导向下逐步壮大。作为一个资源丰富但经济相对落后的地区，黑龙江在乡村振兴的政策引导下，得以充分利用其丰富的农林资源和独特的生态环境。乡村振兴鼓励了农村经济的多元化发展，推动了农业结构调整和产业升级的进程。以农村旅游和森林康养产业为例，这些新兴产业的兴起不仅为当地农民提供了增收的机会，还吸引了更多的游客和投资者，促进了地区经济的繁荣。

（二）乡村振兴政策的实施丰富了黑龙江地区农民收入来源

乡村振兴政策着眼于优化资源配置和产业结构，通过财政补贴、税收优惠、土地政策等多种方式，鼓励资金和人力资源向森林康养产业领域倾斜，为

---

① 2022年黑龙江省国民经济和社会发展统计公报. http://tjj.hlj.gov.cn/tjj/c106779/202303/c00_31558382.shtml.

其发展提供了强有力的资金和政策支持。黑龙江通过发展新型农村经营主体和壮大农村集体经济组织，推动农村产业融合发展，提高了农民的经济收入水平。政府为农民提供了更多的就业机会和创业平台。在政府的政策支持下，农民积极参与农村产业的发展，实现了农业的增效增收。尤其是在森林康养产业等新兴产业的带动下，农民可以通过土地流转、农村旅游和生态环境保护等方式获得额外收入，有效地提升了他们的经济收入水平，实现了农村全面小康的目标。

（三）乡村振兴政策促进黑龙江地区生态保护和资源可持续利用

随着人们生活水平的提高和生态环境意识的增强，政府采取了一系列的环保措施，鼓励农民积极参与生态修复和保护工作。通过生态补偿机制和生态环境保护补贴政策，鼓励农民参与生态修复和保护工作，政府引导农民开展绿色种植、生态养殖等生态友好型产业，推动了生态农业、绿色产业的发展，有效地改善了农村生态环境，保护了珍稀濒危物种和生态系统的完整性，实现了经济增长与生态环境保护的良性循环。

（四）乡村振兴政策引导黑龙江农村旅游消费升级和需求升级

乡村振兴政策的实施在很大程度上塑造了新时代乡村经济发展的面貌。农村旅游消费升级和需求升级理念成了政策导向的重要一环。这一理念的倡导不仅是一种消费理念的改变，更是对传统农村经济结构的转型升级。随着人们生活水平的提高和生活方式的变迁，健康意识日益增强，对于健康养生的追求成了一种时尚和潮流。在这样的背景下，农村旅游和健康养生产业应运而生，成了新的消费热点和经济增长点。对于森林康养产业而言，乡村振兴政策的推动作用尤为显著。随着人们对健康生活方式的重视，以及对自然环境的向往，森林康养产品和服务的市场需求不断扩大。政府的政策支持和引导，使得更多的资金和资源投入到这一领域，为森林康养产业的发展注入了新的动力和活力。特别是政府在推动文化创意产业方面的举措，通过打造具有地方特色和品牌效应的森林康养产品，进一步提升了产业的知名度和吸引力。这不仅促进了森林康养产业的健康快速发展，也为乡村经济的转型升级注入了新的活力。

三、黑龙江森林康养产业发展的制约因素

（一）组织领导不足

在黑龙江森林康养产业发展过程中，相关组织在管理和协调方面存在一定的问题和不足之处。如决策效率低下、资源配置不合理、项目实施质量低下、组织协调不畅等。这些因素影响产业发展的节奏和质量。造成资源浪费、重复建设或者资源短缺，限制产业的快速发展。时间进度管理不当、质量控制不到位，降低产业项目的实施效果和效益。导致重要决策的延误、决策结果不够理想。

（二）规划引导不够

规划中对森林康养产业发展的目标不明确，缺乏具体的发展方向和指导。通过梳理近三年黑龙江发布的文件发现，标题内含有"森林康养"这个关键词的文件仅有1个，另外，标题内有"康养"这个关键词的文件有2个，数量也不多。近年来，尽管黑龙江已经形成的一些两会提案、调研报告、社情民意等均提出了发展森林康养产业的建议，但还未就这一问题形成共识，即如何把森林康养产业提升到一定高度。产业发展规划编制相对滞后。另外，在规划的具体实施过程中，也没有开展全面的实证论证。没有明确的目标，企业和投资者难以做出长期规划和决策。

缺乏统一规划。在发展森林康养产业上，黑龙江存在省内自身国家森林公园和森林康养小镇发展规模相似、服务群体相似等问题，以及与其他省份国家森林公园和森林康养小镇同质化严重的问题。由于缺乏全面、系统的规划，在全域发展森林康养产业方面缺乏总体规划，对旅客消费方式和消费者需求的探索远远不够，如何将黑龙江森林康养产业各方面发展规划"向上"与国家、省级层面，与社会经济发展趋势相匹配，"向下"与县（市、区）及各乡镇（街道）相统一，是当前政府面临的一个重要问题。规划引导不够可能导致各地区在发展森林康养产业时重复建设、资源浪费，无法形成规模效应和集群效应。

(三) 要素保障不够

要素保障不够首先表现为资金受限，这是影响产业发展的重要因素之一。资金是有效开展所有项目和工作的必要先决条件，作为"欠发达地区"，黑龙江存在着一条有限的财政收入水平与森林康养产业发展中巨大的发展资金需求之间的鸿沟，资金受限体现在产业发展的多个方面，包括基础设施建设、康养场所的建设和运营资金等。比如，由于规划之初的资金不足，会造成对宏观计划布局的初步调查和可行性研究不充分，造成对潜在客户群的调查和分析不深入，以及一些未能考虑到的客观条件也会影响规划的实施；在基础设施建设中，如拓宽道路、道路硬化、绿化等要素都需要大量资金；在宣传和市场营销方面，由于大部分森林康养产业还未形成大规模经济，因此需要政府承担起必要的宣传责任，如定期举办森林康养大会等。

其次是交通不畅。以几个较为著名的国家森林公园和森林康养基地为例。以省会哈尔滨为出发点的话，到达伊春市［伊春市作为世界上占地面积最大的森林城市，拥有世界面积最大的红松原始森林，同时拥有五营国家森林公园、汤旺河林海奇石景区、上甘岭溪水国家森林公园、茅兰沟国家森林公园、桃山国家森林公园、宝宇（天沐）森林生态小镇、桃山玉温泉森林康养基地等旅游目的地］，总距离330公里，预计通行总时长为3.5小时。如果再前往各森林公园还要增加更多的时间。同样从哈尔滨出发，到达牡丹江镜泊湖［2021年9月，中国林业产业联合会森林康养协会宣布授予镜泊湖国家风景名胜区为"中国（夏季）森林康养产业发展大会永久会址"。同时，镜泊湖景区还被授予"国家级森林康养试点建设基地"］，总距离是420公里，预计通行总时长为4.5小时。到达漠河市（漠河市获评第一批以县为单位的国家森林康养基地），总距离超过1100公里，预计通行总时长为12.5小时。以上都是以公路距离并以驾车时常计算的路程和时间，因为前往森林公园以自驾的方式较为方便，这就大大阻碍了很多无法自驾但想感受森林康养产品的目标客户。

(四) 人员保障不足

森林康养产业作为新兴产业，起步相对较晚，这就更加需要具备相关专业知识和技能的人才来支持产业发展。然而，由于行业发展较为缓慢或是缺乏相关教育培训机构,导致人才供给不足,难以满足行业需求。现有的从业者行列中,工作素质存在参差不齐现象。由于缺乏行业从业资格标准,行业门槛相对较低,有些森林康养工作者缺乏必要的专业知识和技能,无法提供符合标准和质量的服务,这对行业形象和发展会造成负面影响。管理体系不完善。缺乏有效的管理制度和规范,导致人员保障难以得到有效监督和保障。薪资待遇不吸引人。黑龙江从业薪资待遇相对较低,难以吸引高素质的从业人员。这会导致优秀人才流失或是不愿意进入该行业,进而影响人员保障和行业发展。

四、黑龙江森林康养产业发展的路径选择

(一) 强化组织领导

政府推动。政府部门应起到组织和协调的作用,制定相应政策和规划,将森林康养纳入当地政府重要议事日程,列入当地国民经济和社会发展规划,一体谋划、一体推进、一体落实,在资源配置、政策机制、制度安排方面予以倾斜,推动森林康养产业的发展。建议成立"黑龙江森林康养产业工作领导小组",由文化和旅游部门牵头,民政厅、卫生健康委员会、中医药管理局等相关部门共同组成,定期召开联席会议,强化沟通联络,及时研究协调工作中遇到的问题,提出解决方案,落实工作责任,确保每项工作推进措施到位、责任到人。各相关部门各司其职,齐抓共管,形成工作合力。提供足够的资金支持,最大限度地在破同质化上下功夫。

成立行业协会。建议成立专业的森林康养产业协会,汇集黑龙江现有森林康养相关企业、机构和专家,共同推进产业的发展;组织相关的科研机构、高校和企业参与研究和创新,不断提升森林康养产业的技术水平和竞争力。推动研发新技术、新产品,提高产业的附加值和市场竞争力。协会可以承担森林康养系列宣传推广、培训交流、行业标准制定等职责,发挥统一协调作用,提升黑龙江森林康养产业的知名度和认可度,吸引更多的游客和投资者,促进黑龙江森林康养产业的健康发展。可以通过与旅行社、酒店等建立联盟合作战略,形成产业链上下游的协同发展,共同提供完善的服务和产品。

建立监管机制。建立健全的监管机制,加强对森林康养产业的监督和管

理，确保产业发展的合规性和质量。加强对企业和从业人员的培训和指导，提高行业的整体素质。推动黑龙江省森林康养产业的良性发展。同时，需要与相关利益方充分沟通和合作，形成共识和共同推进的局面。

（二）强化政策支持

按照财政事权与支出责任相适应的原则，统筹利用现有符合支持条件的资金，向森林康养服务设施适当倾斜。强化金融支撑力度，鼓励商业银行、政策性银行和开发性金融机构对符合条件的康养开发项目给予贷款支持。按规定落实减税降费政策，对森林康养项目配套建设的养老、医疗、托育等设施按照国家规定减免征收城市基础设施配套费。尝试将符合规定的医疗康复项目纳入黑龙江基本医疗保险支付范围。鼓励保险机构创新商业健康保险产品，为森林康养提供保险保障服务。探索建立机关、企事业单位干部职工康养制度，带动康养旅游业发展。

按照国家规定，适当放宽森林康养旅游项目准入标准，促进民间资本进入森林康养领域。与此同时，建立并完善行业相应的标准管理体系，以提高森林康养产业的质量和可持续发展能力。如制定安全生产、环境保护和服务质量等标准，加强对企业和机构的监督和管理，促进行业健康发展。制定具体政策。政府部门可以制定相关政策，如减免税费、提供优惠资金支持和土地使用权等，鼓励企业和机构在森林康养产业领域投资和创新。如扶持高新技术应用领域、引导企业创新投入等。政府部门可以通过科技创新、知识产权保护等途径，为森林康养产业提供更多的支持和保障。积极推动国际交流与合作，加强与国际森林康养产业的交流和学习，借鉴国外相关经验，提升黑龙江森林康养产业的发展水平。

（三）强化用地保障

开展土地调查评估。对于适合发展森林康养产业的土地资源，进行全面的调查评估工作，确定土地的利用潜力和可行性。这有助于科学合理地规划和利用土地资源，避免浪费和冲突。明确森林康养产业用地的优先保障，确保用地供应和使用的稳定性。各地要将森林康养度假地产发展所需用地纳入国土空间规划统筹安排，在符合规定的前提下，年度土地利用计划给予适当倾斜优先支持，适度扩大森林小镇等康养旅游用地供给，优先保障重点康养旅游项目用地，经行业主管部门认定属于非营利性项目的医疗卫生、养老服务设施用地可采取划拨方式供应。强化土地管理与保护。加强对森林康养产业用地的管理和保护，建立健全的监测机制和执法体系。加大对非法占用和破坏森林康养用地的打击力度，确保用地的长期稳定性和可持续发展。

推动跨部门合作。推动相关部门之间的合作，协同解决森林康养产业用地问题。例如，协调土地、林业、城乡规划等部门的工作，共同制定用地政策和指导意见，确保用地保障的顺利进行。在符合规定的前提下，涉及土地征收的，建立康养旅游项目用地审批"绿色通道"。在符合生态环境保护要求和相关规划的前提下，对使用林区土地建设的森林康养旅游项目，优先安排新增建设用地计划指标。鼓励将清理出来的批而未用土地按规划优先建设康养旅游地产项目和服务设施。发挥市场机制作用。鼓励市场主体积极参与森林康养产业的用地开发，引入市场机制，推动土地资源有效配置。通过招商引资、公开招标等方式，吸引符合条件的企业和机构来投资和开发用地，促进产业的快速发展。加强黑龙江森林康养产业的用地保障工作，为产业发展创造良好的土地环境和基础条件。

（四）强化人才供给

建立全新专业性森林康养旅游服务人才队伍建设渠道和人才培养体系。鼓励省内高等院校、职业院校等开设与森林康养旅游相关的学科和专业，设置系列课程。建立森林康养从业人员培训制度，联合旅游、康养等行业协会以及龙头企业、培训机构等主体，以提高森林康养从业人员专业素养和服务水平为目标，开展线上线下相结合培训，通过高校和职业培训机构的合作，提供系统化的教育培训，培养具备森林康养产业专业知识和技能的人才，提高从业人员综合素质。健全森林康养从业人员激励机制，提供奖励政策。构建职业技能等级与薪酬待遇相关联的薪酬激励制度，鼓励市场主体探索建立针对不同等级人才的对应性薪酬补贴制度，开展针对优秀人才的奖励与表彰机制，形成系统化的人才激励体系，鼓励人才从事森林康养产业的研究和实践工作。包括提供奖学金、科研项目资助、创业支持等，激励有创新思维和实践能力的人才参与到该产业中。

加强行业交流与合作。组织行业内的交流活动，如举办学术研讨会、行业论坛等，促进人才之间的互动与合作。通过搭建交流平台，推动行业内经验分享和技术创新，提高人才的专业水平和应用能力。鼓励产学研结合。加强产学研合作，建立企业与高校、科研机构之间的紧密联系。通过开展合作研究项目、实习实训基地建设等形式，提供实践机会和岗位培训，培养适应产业需求的人才。提供就业创业支持。为森林康养产业提供就业和创业的支持措施，努力做到留住本地现有人才、吸引外来人才。政府可以提供就业创业咨询、贷款优惠和税收减免等政策支持，促进人才在该产业中的良性流动和发展。

作者简介：张帆，黑龙江省社会科学院马克思主义研究所助理研究员。

//n# 贵州农作物种业振兴研究

——基于后发赶超视角

谢 军

摘 要: "种优则物丰,粮安则民安。"种业是农业的"芯片",是建设现代农业的基础性、战略性核心产业,亦是农业现代化的标志性、先导性工程。近年来,贵州省农作物种业获得了较快发展,在探索山区现代农作物种业发展模式和建设路径上取得了明显成效,有效保障了农副产品供给和粮食安全。但同时,贵州省农作物种业存在企业整体竞争力不强、种质资源保护体系不完善、种子品种质量和育种技术短板明显、种业政策支持体系不健全等问题,严重制约了贵州省农作物种业现代化进程。鉴于此,贵州省如何破解当前农作物种业"卡脖子"问题?如何打赢农作物种业"翻身仗"?如何实现农作物种业振兴?笔者在实地调研基础上展开了深入研究,现将成果报告如下,供决策参考。

关键词: 农业物种;振兴;后发赶超

一、农作物种业的特征及价值认识

(一)农作物种业的五大特征认识

农作物种业是农业生产的起点,亦是保障国家粮食安全的基石,更是现代农业发展的"生命线",其除了具备农业产业特点外,还具有如下特征。

1. 农作物种业具有高附加值性

农作物种业的盈利水平高于传统农业生产,经济附加值较高。据统计,全球跨国农作物种业公司平均毛利润在50%以上,纯利润在20%以上。以番茄为例，美国 1 颗番茄种子可以卖到 1 美元，1 克番茄种子的市场售价高达 60 美元。在我国，农民既是农作物种子的生产者，又是使用者，农作物种业投入产出比相对一般农作物种植效益更高，能有效增加农民收入。

2. 农作物种业具有高科技性

农作物种业本质是高科技的竞争。纵观农作物种业发展历程，农作物种业已形成标准化、商业化、专业化的大规模育种程序，科技研发投入在农作物种业发展中的地位越来越重要。据统计，2021 年度世界农作物种业前十强企业的研发总投入达 100.35 亿美元，占同期销售总额的 21.1%。荷兰瑞克斯旺、安沙等农作物种业公司研发投入占比甚至达到了 35%，比同期装备制造业跨国公司的研发投入占比高出近 28 个百分点。同时，农作物种业跨国公司专业研发人员占比不断提高，以美国先锋公司为例，其在全球有职员 12000 余人，其中拥有博士专业背景的研发人员达到了 4000 余人。

3. 农作物种业具有高风险性

农作物种业具有投入大、环节多、技术要求高和周期长等特点，导致容易受到市场、气候、资金、技术等多方面不可控因素的影响，一旦遇到阴雨、干旱等自然灾害，造成种子产量或质量损失，导致农作物种业企业"九年盈利一年赔光"的现象并不鲜见，严重制约了农作物种业现代化进程。为了应对农作物种业高风险难题，美国、加拿大等国在农作物种业领域率先开展制种保险业务，以政府提供保费补贴为种业企业合理规避风险，有效促进了本国农作物种业现代化发展。以美国为例，美国政府保费补贴根据品种不同有所区别，但都在 50% 以上，平均为 58.5%，特别牧草种业保险补贴比例最高，达到了 78%。

4. 农作物种业具有知识产权性

农作物种业的核心在于知识产权的竞争。农作物新品种从培育到审定需要 8 到 12 年时间，而市场惯性套牌和假冒伪劣等"搭便车"行为，迫使热门新审定品种的生命周期被迫缩短，无法按预期收回科研投入成本，严重打击了农作物种业企业从事原始创新的积极性。就目前来看，全球农作物种业知识产权呈高度集中的格局，全球农作物种业巨头企业掌握着大量的专利资源，占据了全球农作物种业大部分市场。例如，拜耳和科迪两大全球农作物种业公司合计掌握着全球 60% 的转基因种子专利权，占据了全球农作物种业市场份额的 50% 左右。一定程度上来说，知识产权是农作物种业市场竞争的核心。

5. 农作物种业具有垄断性

农作物种业是高科技产业，容易形成技术壁垒，且其又具有较强的公共性，全球各国为了谋求农作物种业战略制高点和经济新增长点，鼓励和支持本土企业对外兼并和并购，推动了全球农作物种业企业多元化、集中化和国际化发展格局，寡头垄断现象凸显。例如，2021年美国前三家农作物种企在美国国内的市场份额占有率合计超过了70%，而我国排名前三的种业企业合计销售总额也占国内市场份额的13%左右，农作物种企寡头垄断发展趋势明显。

（二）农作物种业振兴的四大价值认识

随着我国农业现代化的加速推进和全球新一轮农业科技革命的兴起，农作物种业振兴对引领农业高质量发展、赢得农业竞争优势和培育农业发展新动能具有深远的意义。

1. 确保农作物种业安全是保障粮食安全的核心

农作物种业是农业产业链的起点，亦是保障粮食安全的根基。我国系人口大国，除蔬菜、水果外，每年粮食消耗量约为6168.5亿斤，约占全国年粮食总产量的48%左右。因此，确保农作物种业安全是确保中国人将粮袋子紧紧抓在自己手中的前提和基础。据统计，我国农作物新品种每5年更新一次，每次增产10%左右，农作物新品种年均对粮食增长贡献率为2%左右，若以2021年我国粮食总产量为13657亿斤为底数，农作物新品种的广泛应用可每年增加粮食约273.12亿斤，可以解决全国总人口27天的吃饭问题。

2. 发展现代农作物种业是发展现代农业的根基

乡村振兴，重点是产业兴旺，产业兴旺依靠发展现代农业，而现代农业的源头是农作物种业现代化。美国农业现代化程度是当今全球最高的国家之一，美国每年以8%的增长率加大对农作物种业的科技研发投入，而1美元的农作物种业科技研发投资可为美国带来20美元的回报，带动相关美国农民家庭收入增长2.3%。

3. 振兴农作物种业是深化农业供给侧改革的必然要求

农作物种业是重要的农业生产资料，深入推动农作物种业由粮食种业为主向粮经饲料种业并重转变，由产量数量向绿色效益型转变，由资源驱动型向创新型转变，是深化农业供给侧改革的必然要求。随着我国社会经济快速发展，食物结构发生了巨大变化，全国粮食直接消费量从总产量的65%左右下降到现今的30%左右，动物性食物消费比重不断增加，粮食供需发生了深刻变化，深化农作物种业供给侧结构性改革势在必行。例如，美国为适应国内粮食消费需求结构变化，推行"粮草兼顾"农作物种业供给侧改革，重点发展饲料产业，加大对牧草品种研发扶持力度，政府对牧草新品种研发补贴费用达到78%，而牧草新品种提高了降水利用率18%左右，减少水土流失87%左右，提高了生物产量36%左右，农民收入增长了29%左右。

4. 优化农作物种业布局是防范国际不确定性风险的重要战略

随着世界农业的发展的相互渗透，全球种子需要跨国运输，但受新冠疫情及全球经济下行等因素制约，全球种子跨国流动受到了严重影响，部分国家之间种子跨国运输甚至按下了"暂停键"，同时，伴随国家之间政治、经济、文化等矛盾不断加深，国际贸易摩擦持续升级，不排除一些主要农作物种业供应强国采取贸易制裁、增加关税等措施限制乃至禁止对我国农作物种子的供给，从而影响我国粮油、饲料产业链生态。例如，日本一家西蓝花种业公司因培育出高品质西蓝花种子，逐渐控制了我国西蓝花种子95%左右的市场份额，其通过转移定价等方式不断抬升种子价格，每年从我国攫取近36亿元，严重威胁到我国西蓝花产业发展根基。

二、全球视域下中国农作物种业的审视

先进生物育种技术是支撑和推动我国农作物种业振兴的基石。近年来，我国以水稻为主的农作物育种技术优势明显，已达到了国际领先水平，实现了水稻农作物种业自立自强、种源可控。同时我们也应该看到，我国农作物种业发展基础仍不牢固，与美国、瑞士等西方种业强国相比，总体上我国仍处于农作物种业大国阶段，尚未迈入农作物种业强国之列。

（一）我国农作物种业集中度低

据统计，2021年我国农作物种业企业占我国市场份额靠前的四家企业，分别是隆平高科占4%、先正达集团占3%、北大荒垦业占2%、江苏大华占2%，而美国杜邦、孟山都、道化工等四家农作物种业企业约占全球农作物种业市场

份额的42%。由此可以看出，相较于美国为首的种业强国，我国农作物种业集中度较低，仍有提升空间。

(二) 我国农作物种业企业示范性较弱

我国农作物种业市场占全球总市场份额比重为28%，是全球第二大种业市场，但我国本土种企市场销售额占比较低。隆平高科是我国唯一一家进入全球农作物种业销售额排名前十的企业，2021年销售额为12亿美元，但在全球市场中的份额占比不足1%，而反观美国杜邦，作为全球最大的农作物种业公司，其通过海外兼并、收购等发展战略，2021年全球销售额达167亿美元，控制全球玉米种业57%的市场份额。由此可见，我国农作物种业龙头企业示范带动性不足。

(三) 我国农作物种业研发投入较低

农作物种业本质上是科技的竞争。尽管目前我国农作物育种论文排名全世界第一，种业队伍全球第一，种业资源世界第二，但截至2021年底，全国共计7000多家农作物种业企业投入研发总额仅为40亿元，仅为德国拜耳的一半。针对该症结，《经济日报》发出了"我国农作物种业创下了多个世界第一，为何没有造就种业强国？"之问。

(四) 我国农作物种业进口占比较高

近年来，我国农作物自主选育品种面积占比超过95%，国外农作物品种在我国的市场总销售份额占比下降到了3%，但在我国现今的种子结构里，农作物种子年进口量仍占国内用种总量的0.1%，年进口总额达30亿元，特别是番茄、西蓝花、胡萝卜、辣椒等蔬菜品种，每年进口额仍在2.5亿美元左右。反观法国和美国，2021年农作物种子出口量分别为79.05万吨和37.03万吨，分别是我国农作物种业出口量的26.26倍和12.3倍。由此可见，我国农作物种业特别是以蔬菜为主的种子进口依赖度仍较高，严重影响到我国粮食供给安全。

三、贵州农作物种业在全国的竞争力比较

近年来，贵州以打造"山地农业资源大省"为目标，聚焦保障粮食安全和

重要农副产品有效供给,把农作物种业作为现代农业第一产业,把优质农作物种业作为乡村振兴第一抓手,强化产学研育繁推一体化推进,全省农作物种业发展成效显著,但我们同时也应该看到,与全国其他种业强省,特别是国家级"三大种业基地"之一的四川省相比,尽管两省在区位、环境、气候和种质资源等发展条件方面具有高度相似性,但农作物种业发展差距明显,贵州仍处于种质资源大省向种业强省迈进阶段。

(一)贵州农作物种业之"现状"

近年来,贵州着力推进基地建设、培育优良品种、建设农作物种业创新中心和推广良种壮苗工程,农作物种业获得了较快发展。

1. 农作物种质资源保护利用上新台阶

2022年,全省累计收集地方特色农作物种质资源3.6万份,其中1.49万份被编入国家种质资源库保存目录,入库率为41%,位列全国前茅。采集菌类标本1.35万份,保存0.7万份DNA,保存率在全国靠前。

2. 农作物种业自育良种数量取得新跃升

截至2022年底,全省累计审定农作物品种213个,获得农作物新品种保护授权品牌137个。自育黔早1355、黔油早1号、黔油早31号、黔油早32号等油菜良种领先全国,累计在全国推广面积超1亿亩。自育贵单8号、自交系QR273、热抗白67和7031等玉米良种领先西南,该系列品种占西南玉米种业市场的50%以上。自育"红珍珠""红缨子"等一系列高粱良种为茅台酒指定唯一品种,成为酱香型白酒推广面积最大、应用最广的品种。

表1 贵州省主要农作物自育品种统计表

序号	农作物	主要自育品种
1	水稻	黔优88、香早优2017、安优08、德优1812、贵红1号、两优106、益农一号、黔南优2058、陆两优106等
2	油菜	油研50、油研52、金农优1号、油研2013、金矮油2、益油1号、油科1号等
3	高粱	"红珍珠"、"红缨子"、茅台红2号等

续表

序号	农作物	主要自育品种
4	马铃薯	黔芋 8 号、黔芋 9 号、黔芋 10 号、中薯 5 号、威芋 5 号、威芋 3 号等
5	辣椒	黔辣 9331、黔研 8 号、黔研 101、黔研 102、天香子弹头、黔椒 8 号等
6	茶叶	黔茶 1 号、黔茶 8 号、苔选 0310、黔湄 419、黔湄 809、黔湄 502、黔湄 701 等

数据来源：贵州农业农村厅

3. 农作物种业基地建设取得新成效

建成水稻（岑巩）、马铃薯（威宁）、油菜（长顺）和天麻（大方）、茶叶（湄潭）五个国家级农作物种业良种繁育基地，完成榕江优质稻地方特色品种"锡利贡米"种子繁育基地建设，锡利贡米系列曾连续三届获得全国优质稻米品种食味品质鉴定金奖。

4. 农作物种业科技创新取得新突破

投资建设贵州南繁科研育种基地，初步形成了贵州南繁科研育种乐东基地、旱作南繁科研育种基地、遵义南繁育种基地等 4 个核心基地，规模达到了 1135 亩。该基地现有农作物育种企业 30 余家，科研育种人员 300 余人，获得植物新品种权保护 137 个，获得国家级奖励 5 项，省部级奖励 53 项，制定技术标准 9 个。

（二）贵州农作物种业振兴之"势"

近年来，贵州农作物种业发展基础不断夯实，相关农作物种业配套设施不断完善，农作物种业获得了较快发展，农作物种业发展优势持续优化。

1. 农作物种业振兴提至新高度

当前，全球经济受到疫情影响，全球经济遭遇寒流，国家贸易争端带来种源供应不稳定问题，农作物种业发展内外部环境面临不稳定性和不确定性风险增大。为此，国家把农作物种业提升到国家战略层面，相继出台了《国务院办公厅关于加强农业种质资源保护与利用的意见》《种业振兴行动方案》等文件，把农作物种业提升到基础性、国家战略性核心产业高度。2020 年习近平总书记在中央经济工作会议上提出要加强种质资源保护和利用，加强种子库建设、开展种源"卡脖子"技术攻关，力争打赢种业翻身仗，种业振兴上升到新高度。

2. 农作物种业迈上新台阶

截至 2022 年底，全国保存农作物种质资源 52 万余份，农作物微生物种质资源 10 万余份，均列全球前茅。全国农作物自主选育良种覆盖率达 96% 以上，农作物覆盖率 96% 以上，良种对粮食增产贡献力为 45%。总体来说，我国农作物用种风险可控、安全有保障，农作物种业迈上新台阶。

3. 农作物种质资源丰富蕴藏新机遇

贵州省立体气候，提供了丰富的农作物种质资源，白及、天麻、太子参等道地中药材为贵州独有，大粒米、酒用高粱、油茶等地方粮油资源特色独具，湄潭苔茶、贵定鸟王种、石阡苔茶、都匀毛尖等地方特色茶资源成为重要产业支撑，花溪辣椒、大方线椒、遵义朝天椒等地方名优特产全国闻名，已发现大型菌物 1266 种，占已知菌种的 49%。丰富的特色农作物种质资源为贵州农作物种业振兴夯实了物质基础。

4. 特色产业发展提出了新要求

近年来，贵州省茶、辣椒、太子参、天麻和白及等特色优势农作物种植面积排名全国第一，农作物种质资源助力特色优势产业高质量发展贡献卓越。贵州省全面贯彻落实国家"藏粮于地，藏粮于技"发展战略，充分发挥农作物种质资源优势，全面推进农作物种业创新，助力十二大农业特色优势产业做大做强，实现脱贫攻坚成果巩固阶段向全面推进乡村振兴战略过渡，是新时期对农作物种业提出的新要求。

（三）贵州农作物种业振兴之"困"

近年来，贵州农作物种业取得了较快发展，但同时也存在诸多不足，阻碍了农作物种业高质量发展。

1. 农作物种业科研投入相对不足

"十三五"期间全省农作物种业育繁推一体化企业科研投入为 3000 余万元，而四川在"十三五"期间启动了生物育种重大科技专项投入经费 1 亿元支持"川种"振兴。由此可知，相较于全国种业强省，贵州农作物种业科研投入相对较少，制约了农作物种业创新发展。

2. 农作物种业企业实力相对较弱

据统计，截至2021年底，全省共有农作物种业企业129家，其中8家被评选为省级企业，2家企业在新三板挂牌，但尚未有农作物种业企业进入全国农作物种企前50强之列。而四川已有5家农作物种企进入全国种企前50强。另外，根据农业农村部2022年公布69家"国家级农作物种业阵型企业"名单来看，贵州无一家农作物种业企业上榜，而四川有4家农作物种业企业入围。由此观之，贵州农作物种业企业实力较弱，龙头企业带动作用有待提升。

3. 农作物种业授权品种相对较少

截至2021年底，全省累计审定主要农作物品种213个，登记非主要农作物品种278个，获得植物新品种保护授权品牌总计137个。而四川累计审定主要农作物品种274个，登记非主要农作物品种478个，获得植物新品种保护授权品牌272个。由此可以看出，贵州省农作物种业授权品种数量相对较少，且品种单一，与其丰富的农作物种质资源不相匹配。

3. 农作物种业自给能力相对不足

截至2022年底，贵州水稻种子自给率为19.4%，茶种自给率为16.3%，特色道地中药材自给率为15.2%，百香果种子70%左右从省外引进。而四川2021年水稻种子自育率为99.8%，玉米种子自育率为92%，蔬菜种子自育率为90%。由此可知，贵州农作物种业自给能力有待提升。

四、贵州农作物种业振兴的战略思考

贵州农作物种业品种自育率、市场占有率、研发投入率相对较低，农作物种业仍处于发展阶段。鉴于此，应立足贵州农作物种质资源丰富优势，结合新时期粮食安全和特色优势产业生产力规划布局，摒弃"一步到位"的思维模式，遵循"先易后难"的问题解决思维导向，确立贵州农作物种业振兴"近期—中期—远期"三步走发展战略，为打赢农作物种业翻身仗绘制蓝图。

（一）近期发展战略

贵州农作物种业近期发展战略主要目标任务是强优势，即未来1—2年时间，全面完成全省农作物种质资源普查与收集，扶持特色优势农作物种业发展,全面夯实贵州农作物种业振兴物质基础。

1. 全面完成农作物种质资源普查与收集工程建设

截至目前,全省已完成了42个县(市、区)农作物种质资源普查和收集工作,累计收集地方特色农作物种质资源3.6万份,但仍有46个县(市、区)尚未全面完成农作物种质资源普查和收集工作。因此,省级政府相关部门应统筹加快推进农作物种质资源普查和收集工作,做到应统尽统,摸清底数,确保在2023年底鉴定评价保存农作物种质资源3000份以上,并全部录入国家种质资源保存目录,为贵州农作物种业振兴夯实物质基础。

2. 扶持特色优势农作物种业工程

贵州油菜自育良种全国领先、玉米自育良种领先西南地区、高粱自育良种在酱香型白酒产业上占绝对优势。因此,贵州应充分发掘以上特色优势农作物种业优势,省级层面应统筹加强对以上相关种业在土地、税收、金融等方面的扶持力度,并设立财政专项资金支持相关特色优势种业发展,利用1—2年时间在相关农作物特色优势种业领域打造出全国领先的"贵州模式",实现贵州特色优势农作物种业做大做强目标。

(二)中期发展战略

贵州农作物种业中期发展战略主要目标任务是补短板,即未来5年时间,扶持2家以上农作物种业企业进入国家级方队和加强农作物种业基地建设,补齐贵州农作物种业短板。

1. 强化企业领军培育工程建设

引导和鼓励农作物种业企业兼并重组,强化联合,夯实研发创新基础,推动选育、扩繁、生产、经营、服务一体化全产业链发展,培植2家以上研发能力强、核心竞争力强、创新机制完善的领军企业。确保在5年以内,全省引进和培育有竞争力的农作物种业领军企业2家以上,打造上市企业1家以上。

2. 加强现代农作物种业基地工程建设

以水稻、油菜、茶、天麻等农作物为重点布局良种生产基地,以完善田间基础设施、制种科技装备提档升级为主要内容,提升国家级、省级良种繁育基地良种综合生产能力,优化供种结构,改善供种质量。确保5年内建成国家级农作物种业试验基地17个以上,省级农作物种业试验区77个以上,抗性基地6个以上。

（三）远期发展战略

贵州农作物种业远期发展战略的主要目标任务是破难题，即未来 10 年左右时间，完成农作物良种核心技术攻关工程及农作物良种创新平台建设工程，确保贵州省迈入种业强省之列。

1. 全面启动农作物种源核心技术攻关工程

针对小麦、水稻、玉米、油菜、蔬菜等农作物种源短板，优先启动实施关键技术攻关，鼓励行业龙头企业牵头，联合有关高等院校、科研院所，按照产业化创新模式联合攻关。确保 10 年内育成具有自主知识产权的农作物新品种 60 个以上，实现农作物供种保障能力显著提升。

2. 建设农作物品种创新平台工程

围绕推进全省农业现代化部署，重点突出优势农作物品种创新，加强国内优秀的科研团队和科研人才合作，建立跨省农作物种业核心技术攻关体系，推进贵州南繁科研育种创新平台和长顺油菜创新平台建设，并完善基础设施及相关配套设施设备，鼓励支持科研人员在优势品种创新、高效繁育、品种选育等核心技术研发和成果转化推广方面交流合作，提高科研创新能力。确保在 10 年内完成国家级农作物种业创新平台 4 个以上，保证贵州农作物种业科研水平领先全国。

五、贵州农作物种业后发赶超的对策建议

立足贵州区域和资源禀赋优势，结合新时期特色优势产业生产力规划布局和粮食安全，紧扣贵州农作物种业"近期—中期—远期"三步走发展战略，全面贯彻落实贵州农作物种业振兴"强""补""破"——近期"强优势"、中期"补短板"、远期"破难题"，立志打赢农作物种业翻身仗。

（一）围绕"强优势"，做强特色优势农作物种业

1. 加强农作物种质资源保护和利用力度

农作物种质资源是种业科技创新的物质基础，是实现农业可持续发展，保障国家粮食安全、生态安全和能源安全的战略资源。一是加快推进贵州农作物种质资源普查与收集保存工程。全面摸清农作物种质资源家底，重点加大对濒

危、珍稀、特色农作物品种和特有农作物种质资源收集力度，实现应收尽收，应保尽保，确保农作物种质资源不消失。二是加快推进农作物种质资源库建设。统筹新建一批国家级、省级农作物种质资源库，提升具有贵州地方特质的种质资源保护水平，重点建设天麻、辣椒和道地中药材等农作物资源库，新开工建设一批贵州高原山地农作物特色种质资源圃，优化农作物种质资源保护区域布局，新认定一批地方特色农作物种质资源原生态保护区。三是健全农作物种质资源保护利用体系。构建以省级农业种质资源信息系统为核心，以农作物种质保存圃、鉴定评价中心和原生境保护区为依托的贵州农作物种业精准鉴定评价体系，提升农作物种质资源管理与共享利用水平。

2. 加强扶持特色优势农作物种业做大做强力度

扶持特色优势农作物种业做大、做强、做优，具有重大的现实意义、战略意义和深远的历史意义。针对贵州油菜自育良种全国领先、玉米自育良种贵单8号领先西南地区、高粱自育良种"红珍珠"在酱香型白酒产业上占绝对优势，贵州应强化对特色优势农作物种业扶持力度，做大做强做优特色优势种业。一是完善政策扶持机制。统筹整合全省涉农资金，每年从财政资金中安排特色优势农作物种业专项资金，扶持特色优势农作物种业发展，同时全面落实农作物种业税收金融扶持政策。二是完善人才保障机制。鼓励和支持种业领域高层次人才和创新团队申报省、国家级项目，为农作物种业特殊人才需求提供"绿色通道"服务，同时全面落实农作物种业高端人才"兼职"政策。三是完善要素倾斜机制。全面落实对重大农作物育种项目采取"一事一议"政策，切实优先保障对特色优势农作物种业企业、科研机构和重点项目用地需求。

（二）围绕"补短板"，夯实农作物种业振兴基础

1. 加强农作物种业基地建设力度

农作物种业基地建设作为种业的重要组成部分，对构建现代化农业体系、提高农产品国际竞争力和农业综合生产力，保障国家粮食安全具有重大意义。一是加强农作物良种繁育基地建设。结合贵州特色优势产业布局，重点加强国家级、省级农作物良种繁育基地建设，聚焦重点区域、重点品种，建设一批区域性特色农作物良种繁育基地，实现农作物良种繁育标准化、规模化、机械化、信息化和集约化。二是加强农作物种业基地展示示范体系建设。以农作物

种业基地为依托,在特色优势农作物种业基地启动建设特色优势新品种和主要农作物展示示范基地,开展农作物种业集中示范,加快农作物优良品种推广应用。三是完善农作物种业基地储备制度。完善省市县三级农作物种业基地备荒储备体制机制,提前做好救灾备荒种子储备工作,鼓励和引导地方优势农作物种业基地储备种子,同时,完善农作物种业基地种业企业临时性救济制度。

2. 加强培育壮大农作物种业企业力度

农作物种业企业是发展现代种业的骨干力量,企业的强弱直接决定了农作物种业的兴衰。一是扶持农作物种业特色优势企业发展壮大。鼓励和支持省内优势农作物企业通过资源整合和强强联合,打造具有产业带动力、核心研发力和市场竞争力的龙头企业,同时,对具有潜力的农作物种业企业,在加工技术改造和农作物种业收储等短板方面给予扶持,合理引导农作物种业企业形成差异化竞争格局。二是加大农作物种业企业研发投入。省级层面统筹现有资源,通过部门预算、转移支付、金融扶持等一系列举措,支持"育繁推一体化"农作物优势种业企业整合资源和力量,促进人才、设备、技术、资金等要素向企业聚集,创新研发模式和育种理念,加强品种自育,提升农作物种业核心竞争力。三是健全农作物种业商业化育种体系。全面强化农作物种业企业创新主体地位,鼓励和支持高等院校、科研院所和种业企业强强联合,支持农作物种业企业牵头承担科研攻关任务,推动重点农作物育种项目协同创新机制,同时,鼓励和支持农作物种业企业与省内外优势农作物种业企业开展合作交流。

(三)围绕"破难题",提升农作物种业创新水平

1. 加强农作物种业科技创新力度

农作物种业是农业的"芯片",既是国家基础性、战略性的核心产业,亦是需要人才和高资本投入的高科技产业。一是实施农作物良种技术攻关。聚焦农作物种业重点品种、关键环节和重点产业,开展以玉米、水稻、马铃薯等为主的粮食作物,以大豆、油菜等为主的油料作物,以酒用高粱、茶、中药材等为主的特色优势作物,深入实施联合技术攻关工程,培育一批高效、绿色、优质新品种。二是实施科技创新农作物生物育种重大项目。以破解农作物种业"卡脖子"技术难题为导向,转变育种理念,重点推进贵州绿色优质稻分子育种研究与应用、油菜轻简化栽培新品种选育和光周期敏感性弱的玉米种质材料

创制等，提升贵州农作物种业科技核心竞争力。三是高质量打造贵州南繁育种创新平台。以打造农作物种业科技创新高地为目标，加快推进贵州南繁育种创新平台建设，启动建设仓储、展示、检测等配套设施，积极完善南繁综合服务平台，全面完成基地自动化灌溉工程。

2. 加强农作物种业保障服务体系建设力度

完善健全的保障服务体系是农作物种业创新发展的前提和基础，亦是实现农作物种业振兴的保障。一是完善农作物种业知识产权保护体系建设。统筹开展农作物种业知识产权专项整治"净化行动"，以农业农村部门牵头，联合公安、市场监管等部门开展联合执法，依法打击农作物种业套牌侵权、制售假冒伪劣产品等违法犯罪行为，同时，构建全流程、全链条的农作物种业知识产权监管机制。二是完善农作物种业质量检验体系。以构建"省级为骨干、第三方为补充"的农作物种业质量检验体系为目标，加强农作物种业质量检测机构能力建设，完善农作物种业检验设施设备，研制农作物种业生产技术规程等标准，积极培育第三方检测机构，同时，鼓励和引导开展团体标准、行业标准和地方标准建设。三是加强农作物种业市场监管体系建设。启动建设省级农作物种子市场监测平台，加快推进市场信息采集点建设，完善农作物种子供需调度监测体系，加强主要农作物及特色优势农作物种子产供需信息收集、分析与发布，保障农业生产用种安全。四是完善农作物种业保险制度建设。聚焦农作物种业重点区域和优势特色品种，完善农作物种业保险制度，针对性供给农作物种业制种保险、质量保险、知识产权保险和企业责任保险等，同时，完善农作物种业保费补贴政策，适时上调农作物种业保费补贴标准，为贵州农作物种业健康发展提供保障。

参考文献

[1] 刘石. 中国的种业开放与"粮食安全"[J]. 北京农业，2009（2）：3-4.

[2] 曹洪军，安玉莲. 跨国并购理论研究综述[J]. 青岛大学学报，2003（6）.

[3] 柴玮. 我国种业发展几个问题的思考与建议[J]. 中国种业，2010（6）.

[4] 陈建松. 加入世贸组织与中国农业 [J]. 农业农村经济, 1999 (6).

[5] 陈瑞剑, 黄季焜, 等. 从棉花种子市场和农户市场参与行为看我国种子行业商业化改革 [J]. 中国软科学, 2009 (5).

[6] 曹祖波, 王孝华, 等. 玉米种业改革机遇与发展前景 [J]. 农业经济, 2004 (2).

[7] 陈卫平. 农业国家竞争理论探索 [J]. 财经问题研究, 2003 (1).

[8] 陈志兴. 国际种子产业发展创新趋势及我国的对策 [J]. 中国种业, 2004 (2).

[9] 陈燕娟. 知识产权保护与中国种业国际竞争力提升方略 [J]. 农业现代化研究, 2011, 32 (3).

作者简介：谢军，贵州省社会科学院农村发展研究所助理研究员。

民族地区乡村生态产品价值实现推动绿色共富：逻辑、障碍与路径

胡剑波　樊国杰　徐志昆

摘　要：生态产品价值实现是民族地区乡村实现共同富裕的绿色引擎，也是民族地区乡村绿色高质量发展的应有之义。在民族地区乡村生态产品及绿色共富内涵阐释基础上，剖析民族地区乡村生态产品价值实现推动绿色共富的理论逻辑、技术逻辑、制度逻辑和现实逻辑，从价值认知、技术支持、制度体系、市场机制等方面审视现实障碍，进而提出破解障碍的实现路径。研究表明，在习近平生态文明思想理论支撑，现代数字经济技术支持，自然资源产权制度保障，实践探索给予操作借鉴的内在逻辑下，深化民族地区乡村生态产品的价值认知是绿色共富重要前提，加快技术研发是绿色共富的关键一环，优化制度环境是绿色共富的根本保障，完善市场机制是绿色共富的内生动力。

关键词：绿色共富；乡村生态产品；价值实现；民族地区

一、引言

党的二十大报告中指出，"从现在起，中国共产党的中心任务就是团结带领全国各族人民全面建成社会主义现代化强国、实现第二个百年奋斗目标，以中国式现代化全面推进中华民族伟大复兴"[1]。同时，还明确了中国式现代化的本质要求和重要特征，强调中国式现代化是"全体人民共同富裕的现代化"，是"人与自然和谐共生的现代化"，二者相辅相成，赋予了中国式现代化新使命、新高度。不仅如此，习近平还曾指出，"全面建设社会主义现代化国家，一个民族也不能少"。但要实现中国式现代化，最艰难最繁重的任务在乡村，

尤其是民族地区乡村[2]。民族地区的乡村经济发展相对落后，地理位置偏僻，贫富差距较大，同时，拥有优美的生态环境和丰富的生态资源。事实上，党的十九届五中全会就已提出"推动绿色发展，建立生态产品价值实现机制"，为新时代民族地区乡村实现共同富裕和人与自然和谐共生的现代化指明了方向。民族地区乡村生态产品兼具经济价值、社会价值、生态价值，其独特文化民俗印记赋予了丰富的内涵特性，其价值实现既是民族地区生态文明建设的必然要求与绿色高质量发展的题中之义，也是开启全面推动中国式现代化建设中，民族地区建设宜居宜业和美乡村的必由之路。

目前学术界更多关注生态产品价值实现如何影响区域协调发展[3][4]，从而促进共同富裕，较少关注个体层面共同富裕问题[5]，尤其考量生态环境质量不多见，尚存在民族地区乡村生态产品及绿色共富概念内涵的理解偏差，对民族地区乡村生态产品价值实现推动绿色共富的路径研究有待探索。基于此，本文在绿色发展与共同富裕的基础上衍生出绿色共富的目标，从推动绿色共富的新视角，剖析民族地区乡村生态产品价值实现推动绿色共富的内生逻辑及其障碍因子，探索推动绿色共富的路径。为推动民族地区乡村实现共同富裕和人与自然和谐共生的现代化建设提供必要参考，为铸牢中华民族共同体意识进一步夯实经济基础。

二、民族地区乡村生态产品及绿色共富的概念讨论

关于生态产品的研究尚处于起步阶段，不同专家学者对其概念阐释各有不同（参见朱竑等，2023[6]；廖茂林等，2021[7]；潘家华，2020[8]），尤其是民族地区乡村生态产品的概念内涵，学术界鲜有探讨。此外，在民族地区乡村实现共同富裕和人与自然和谐共生的现代化背景下，如何理解绿色共富内涵，实现乡村生态产品价值，打通"两山"转化通道，更多保障民族地区乡村居民主体地位，解决个体层面绿色共富的根本问题，促进民族地区乡村绿色高质量发展，是实现广大民族地区乡村共同富裕的关键。

（一）民族地区乡村生态产品的概念思考

关于生态产品，国外通常表述为"生态系统服务"，抑或表述为"生态标

签产品"[9]，而国内对生态产品的研究经历从理论探索到实践应用逐步推动的过程。理论层面，在早期阶段，欧阳志云等（1999）[10]、孙刚等（1999）[11]于20世纪90年代末开始对"生态环境系统服务"的概念、功能、经济价值及其保护策略等方面开始初步探索，随着研究的深入，研究由"生态环境系统服务"转向"生态产品"，杨庆育（2014）[12]、曾贤刚（2014）[13]等对生态产品价值核算概念、方法及其重要性进行了广泛而深入的探讨，为后续实践提供了坚实的理论支撑。实践层面，国务院2010年印发《全国主体功能区规划》中首次提出"生态产品"一词，将"生态产品"定义为维系生态安全、保障生态调节功能、提供良好人居环境的自然要素[14]。此后，党的十八大报告指出，要"增强生态产品生产能力"[15]；党的十九大报告指出，要"提供更多优质生态产品以满足人民日益增长的优美生态环境需要"[16]；党的二十大报告指出，要"建立生态产品价值实现机制，完善生态保护补偿制度"[17]。随着时间推移，生态产品概念逐渐由狭义扩展到广义，狭义认为生态产品生产基于自然要素，其目的是维护生态平衡、维持生命健康，广义生态产品概念考虑到自然要素与人类劳动的共同作用，更符合目前我国经济社会可持续发展阶段对生态产品价值实现与生态产品多样化供给的现实需要[18]。因此，基于现有文献对"生态产品"的定义，本文将民族地区乡村生态产品定义为：在民族地区乡村范围内，生态系统在资源承载能力前提下提供的生态产品和生态服务价值的集成。根据经济属性分类，可以将其分为表1中四类。

表1 民族地区乡村生态产品分类

类型	特性	价值类型	表现形式
私人产品	具有排他性、完全竞争性	市场价值为主	权属关系清晰，主要通过市场交易实现价值，如农林产品、民族药材、文化旅游产品等
俱乐部产品	具有排他性、一定竞争性	市场价值和非市场价值	使用者与受益者均限制在特定范围，如乡村旅游景区、历史文化古迹、集体林地等
公共池塘产品	具有非排他性、竞争性	市场价值和非市场价值	个人使用会对他人造成影响的生态产品，如乡村人居环境、水资源等

续表

类型	特性	价值类型	表现形式
纯公共产品	具有非排他性、非竞争性	非市场价值为主	个人使用不影响他人的生态产品，如气候调节、生物多样性、空气等

（二）绿色共富的概念思考

绿色共富源自马克思主义共同富裕理论和以"绿水青山就是金山银山"为代表的绿色发展观。一方面，马克思主义共同富裕理论提倡社会财富的公平分配和社会成员之间的经济平等，强调生产关系必须适应生产力的发展，认为人与自然应存在和谐关系，反对对自然的无节制开发，强调在社会主义发展过程中社会财富应由全体成员共享。绿色共富理念正是基于此理论，结合当前环境问题和中国式现代化要求，提出的一种发展观念。绿色共富理念强调在追求经济增长的同时，关注经济、社会和环境的协调发展。此观点与马克思主义理论的生产力和生产关系、人与自然的关系相符合。

另一方面，"宁要绿水青山，不要金山银山"，且"绿水青山就是金山银山"，深刻揭示环境保护与生产力发展之间的内在联系，明确实现发展与保护环境协同共进的新路径，阐述经济发展并非对资源和生态环境的过度开发，生态环境保护也非忽视经济发展的盲目之举，而应在发展中保护、在保护中发展，实现二者的相辅相成。绿色共富理念也提倡该观点，在绿色共富的框架下，经济价值和生态价值被视为统一整体，即通过保护和合理利用环境资源（绿水青山），促进经济的可持续发展（金山银山）。绿色共富理念进一步阐释如何将生态资源转化为经济增长的动力，同时保证这种转化对环境的影响是可持续和负责任的。此外，绿水青山是全民共享的生态福祉。通过保护环境，不仅可以创造经济价值，还能提高人们的生活质量，实现健康、可持续的生活方式。绿色共富不仅局限于经济领域的共享，更涵盖生态环境层面的共赢，意味着全体社会成员均能沐浴在优质生态环境的恩泽之中。由此，绿色共富是在共同富裕理念和以"绿水青山就是金山银山"为代表的绿色发展观的基础上发展而来[19]，其以高质量发展为前提、绿色低碳为鲜明底色、"两山"转化为实践基础、绿色技术为关键、公平分配为保障支撑、物质精神富裕为最终目标（图

1),通过绿色发展实现共同富裕,不同主体能够获得合理且公平的共享收入,实现物质与精神的全方位富裕,是对经济发展、社会公正和生态环境三者平衡的追求。

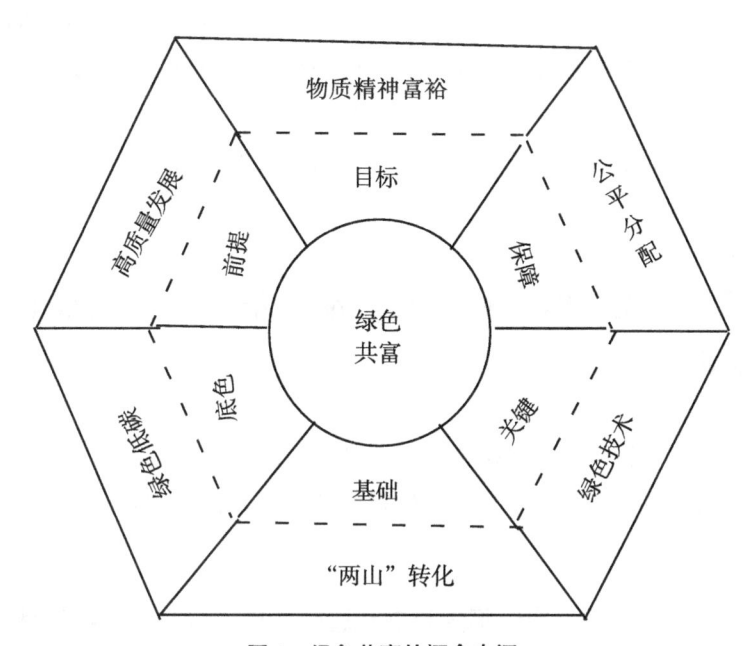

图 1 绿色共富的概念内涵

(三)民族地区乡村生态产品价值实现与绿色共富的关系

"生态产品价值"和"生态产品价值实现机制"是联结"绿水青山"与"金山银山"之间的纽带[20]。具体地说,其一,绿色共富是民族地区乡村生态产品价值实现的目标。民族地区乡村所面临的难题包括地理位置偏远、远离中心城市和城市群、交通不便、自然生产生活条件受限以及经济发展起点较低等。鉴于此,探寻实现共同富裕的有效途径显得尤为关键。民族地区乡村将绿色共富作为生态产品价值实现目标,通过完善生态产品价值转化机制,不仅推动生态资源的保护与利用,也有助于改善民族地区的经济条件,还能提高民族地区乡村居民生活质量,促进实现共同富裕。

其二,生态产品价值实现是推动民族地区乡村绿色共富的重要途径。在民族地区,乡村生态产品包含丰富多样的自然资源和人文遗址,不仅是该地区生物多样性和文化多样性的体现,而且是其经济发展潜力的关键。然而,民族地区乡村少数民族居民整体文化素质相对较低,其自我发展能力较弱,尤其是资本投入显得更为短缺。为此,通过全面深化自然资源资产与人文遗址资源的产权改革,合理划定出让、出租、入股等权责归属,不仅可以为资源的保护和合理利用提供法律与制度保障,明确其在市场经济中的角色,也能让更多的乡村少数民族居民参与其中,以增加少数民族群众收入,推动民族地区乡村绿色共富的实现。要而论之,厘清两者关系,是确保民族地区乡村生态产品价值实现推动绿色共富的关键。

三、民族地区乡村生态产品价值实现推动绿色共富的内生逻辑

民族地区乡村生态产品价值实现,是促进民族地区乡村绿色发展,推动民族地区乡村绿色共富的重要路径,体现理论逻辑、技术逻辑、制度逻辑和现实逻辑的内在统一。

(一)理论逻辑:习近平生态文明思想为推动绿色共富提供理论支撑

"绿水青山就是金山银山"是习近平生态文明思想的重要内容,是引领绿色发展道路的理论之基。党的十八大以来,习近平总书记高度重视生态文明建设,对民族地区生态环境保护和资源开发格外关心、格外关注[21]。在2019年全国民族团结进步表彰大会上,习近平总书记明确指出,要"加快少数民族和民族地区发展","提高把'绿水青山'转变为'金山银山'的能力"[22]。这一系列论断为民族地区乡村走绿色高质量发展道路实现共同富裕指明了方向。同时,生态产品价值实现被视为生态文明建设的重要组成部分,通过实行可持续的生产方式和生活方式,保护生态环境,可以实现民族地区乡村生态产品的可持续发展,有助于改善当地少数民族的生活质量推动绿色共富。

(二)技术逻辑:现代数字经济技术为推动绿色共富提供技术支持

现代数字经济技术为民族地区乡村生态产品价值实现提供了有力支持。一是数字经济技术提高生态产品价值核算的准确性和效率。通过运用国外替代市

场法、重置成本法以及国内生态系统生产总值（GEP）核算方法，能够更加准确地评估乡村生态产品的价值。此外，数字技术解决了零散化、碎片化的乡村生态产品不精细化利用问题，实现市场交易主体之间的数据资源共享。二是数字经济技术促进生态资源向生态资产、生态资本的转化[23]。数字经济技术全方位、全过程贯通民族地区乡村生态产品的数字化、一体化，使得生态产品资源能够更容易实现价值增值，实现资源资产向资本转化。三是数字经济技术搭建交易平台降低民族地区乡村生态产品交易成本。交易平台利用大数据、人工智能等技术，通过整合和共享数据资源，解决体制机制障碍，降低生态产品交易成本，赋能乡村生态产品价值实现。

（三）制度逻辑：自然资源产权制度为推动绿色共富提供制度保障

制度逻辑涵盖民族地区乡村生态产品价值推动绿色共富所需的法律、政策和制度框架，包括确立生态产品的所有权和使用权、制定生态补偿机制以及通过法律保护生态资源。在民族地区乡村，自然资源产权制度应以法律形式明确自然资源所有权、使用权、收益权和处置权，为生态环境的保护和可持续发展提供坚实的法律基础。一是自然资源产权制度有利于资源的高效配置和利用。通过确立自然资源的产权，对资源的使用更加注重生态环境保护，同时激发市场主体对生态环境保护的积极性和创造性，既有助于保护生态环境，又提升资源利用效益。二是自然资源产权制度为绿色共富提供强有力的制度保障。绿色共富强调的是经济与环境的协调和可持续发展，自然资源产权制度的实施，使得资源的开发利用更加注重生态环境保护，促进绿色产业发展和转型升级，使得经济发展与环境保护相得益彰。此外，自然资源产权制度的完善也反映我国生态文明建设的不断深化。随着制度不断完善和发展，我国生态文明建设的法治化程度不断提高，为推动生态产品价值实现和绿色共富提供更加坚实的法律保障。

（四）现实逻辑：实践探索为推动绿色共富提供可操作案例

实践探索既有成功的实践经验，也包含失败的教训，为推动绿色共富提供案例参考。深入剖析典型案例，可以更加深入理解生态产品价值实现过程以及推动绿色共富的途径。一方面，成功的实践案例为其他民族地区乡村提供宝贵的经验和启示。例如，贵阳市乌当区新堡乡王岗村依托独特的地域文化和布依族民族风情，通过"两山"实践创新，将非物质文化遗产与自然风光、少数民族风情融合，为乡村振兴注入源源不断的动力，促进少数民族群众增收致富，成功地将生态优势转化为经济优势，实现了绿色发展，从封闭落后的少数民族村庄转变为一幅如诗如画的少数民族美丽乡村画卷。另一方面，从失败的教训中，也能得到深刻的启示。在实践中，有些地区可能会因为缺乏科学规划和管理，导致生态产品的开发失败或者效果不尽如人意。因此，通过深入剖析实践案例，可以更加深入地理解生态产品价值实现的过程以及推动绿色共富的途径，凸显个体在生态产品价值实现中的重要作用，以及制度创新和政策支持对推动绿色共富的影响。同时，从中提取出具有普遍意义的经验和教训，为其他民族地区乡村在推动绿色共富过程中提供借鉴和可操作经验，为国家和地方政府制定相关政策和发展战略提供参考和启示。

（五）理论逻辑、技术逻辑、制度逻辑及现实逻辑之间的关系

基于上述，民族地区乡村生态产品价值实现推动绿色共富的四大逻辑相互支撑、相互关联和相互作用，共同构成一个全面和多维的实现框架，形成一个综合完整的系统（如图2），其中每个部分相互依存并促进整个系统的有效运作：理论逻辑为其他逻辑提供理论基础和方向性指导；技术逻辑提供实现绿色

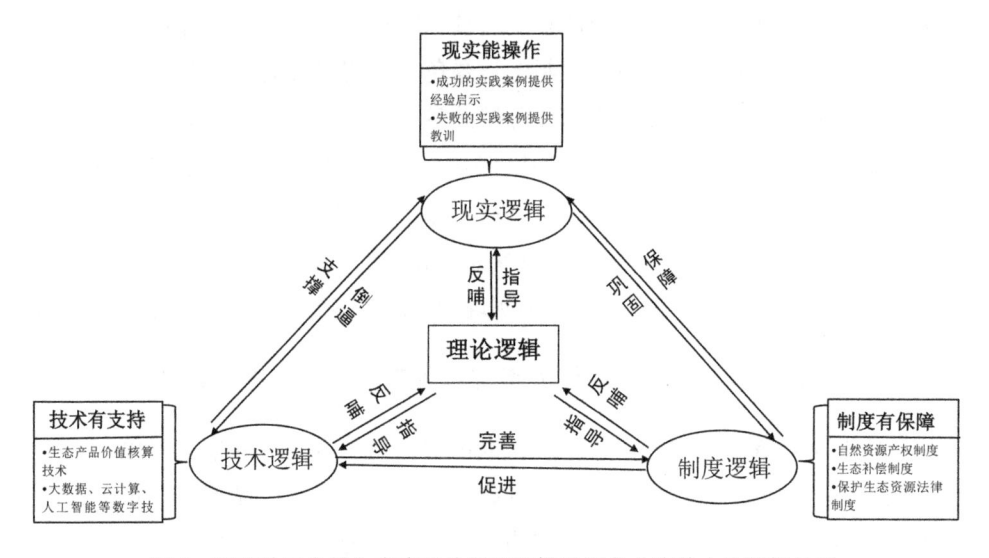

图2 民族地区乡村生态产品价值实现推动绿色共富的内生逻辑关系

共富目标的具体手段和方法；制度逻辑提供必要的制度保障和政策支持；现实逻辑则是理论、技术和制度逻辑在具体实践中的应用和验证。反过来，现实逻辑中的经验和教训反哺理论逻辑，促进理论的进一步发展和完善。循环过程保证民族地区乡村生态产品价值实现和绿色共富推动的持续性和有效性。

四、民族地区乡村生态产品价值实现推动绿色共富的障碍因子

基于内生逻辑关系，分析民族地区乡村生态产品价值实现推动绿色共富的障碍因子，发现生态产品价值认知不充分、技术支撑不充足、制度体系不健全、市场机制不完善等关键问题尚需解决。

（一）理论障碍：价值认知不充分

民族地区乡村生态产品价值推进绿色共富首要面临的是价值认知现实困境。一是学术界对生态产品价值内涵认识未统一。作为生态产品价值实现的基础，生态产品价值分类属性仍然模糊。目前学术界虽有学者从价值属性、供需特征等进行探讨，但由于生态产品具有突出公共池塘产品以及俱乐部产品等特征，其价值细分分类标准难以辨识，无疑增加其价值实现的难度。二是价值核算偏重学术化，实用性不强。当前贵州、青海等试点以行政区为核算单位，使用人力资本法、恢复费用法等方法核算生态产品价值，存在涵盖产品的类型过多、数值过大、方法参数不统一，不具有可比性等问题。三是对生态产品文化价值认知不足。民族地区乡村最大的价值在生态，最大的潜力在生态文化价值。当前，在生态产品文化价值方面的认识仍显不足[24]，亟需学界在理论上深入挖掘，加大生态文化价值宣传。譬如，布依族枫香染作为中国重要非物质文化遗产，是贵州省黔南、黔东南布依族聚居地的特色产品，兼具文化价值、经济价值及生态价值。然而，受外来工业化生产方式冲击与功利主义影响，传统手工艺产品所蕴藏的生态文化意涵和原生态文化实践技艺趋于消失[25]。此外，受现代化观念的影响，部分村民将民族传统生态文化、民族生态智慧视为落后，"天人合一""人与自然相生""万物有灵"等民族传统生态观逐渐消退。

（二）技术障碍：技术支撑不充足

民族地区乡村生态产品开发利用需相应技术支持。然而，当前民族地区乡村生态产品价值实现存在价值核算技术尚未突破、生态产品监测技术尚未推广应用、生态补偿预算方法口径尚不一致等问题，是推动绿色共富的障碍。一是生态产品价值核算技术突破尚存困境。主要表现为生态产品价值认证技术、度量技术的支撑不足，需要创新技术处理价值外部性或溢出效应，尚未达成价值核算模型方法、指标体系、参数设计的共识，以及尚无完善健全的评估核算体系等方面[26]。二是生态产品调查监测技术尚未推广应用。主要表现为生态产品调查监测涉及面广，且尚无专门部门统筹负责，因此对生态产品数字化监测所需的大数据、卫星遥感等技术的统筹推广应用不足。三是生态补偿预算口径不一，缺乏GEP核算技术标准的推广应用。表现为基于GEP开展生态产品价值评估核算的范围有限，各地生态补偿预算标准不一致，对生态产品补偿预算的精准性、完整性及规范性有待提高。

（三）制度障碍：制度体系不健全

制度体系不健全是推动绿色共富的制度困囿。如何建立健全生态产品价值制度框架体系，以便在市场经济体系中得以有效体现，是一个重大的实践问题。对于民族地区乡村而言，一是自然资源资产产权市场交易制度尚待完善。目前尚未完全清晰界定民族地区乡村自然资源资产所有权、收益权、承包权与经营权，导致生态产品供需主体不明、"家底"不清，权责利难以分辨，生物多样性、气候变化等权益尚难进入自然资源资产交易范围。二是生态补偿制度不健全。目前存在生态补偿对象界定不清、标准模糊、方式单一、额度较小等问题，需要从横向、纵向完善生态补偿制度。三是生态产品价值实现需要绿色财税金融制度支持与创新。政府和相关机构需要制定有利于生态产品发展的制度政策，如提供财政补贴、税收优惠、绿色金融等，以降低生产成本和提高生产效率，为生态产品价值实现提供绿色资金保障。同时，需要制定政策引导和激励措施，吸引私人和公共资本有序参与生态产品的开发与保护，对于改善基础设施、提升技术水平和扩大市场覆盖至关重要。

(四)现实障碍:市场机制不完善

生态产品市场化是其价值实现的关键环节。由于信息不对称、市场机制不完善等问题,生态产品的市场化进程受到阻碍,不仅影响生态产品的价值实现,也阻碍绿色共富的推动。一是民族地区乡村生态产品低端市场定位在生态产品增值过程中面临挑战。生态产品,尤其是民族地区乡村农业领域的绿色食品,固有的天然性、有限性和时效性使其成为生态价值链中的关键要素。然而,这些产品通常处于价值链低端,由于技术和资本限制,难以通过二次加工实现价值增值。二是生态产品价值实现需面对市场准入和品牌建设挑战。民族地区由于地理、文化和经济条件限制,难以有效接入更广泛市场。因此,需要通过建立更有效的市场渠道、提高品牌知名度和消费者信任度来增强其市场竞争力。三是如何开发和利用乡村生态产品的多样性,包括物质产品、调节服务产品和文化旅游产品,以促进民族地区乡村经济的多元化发展,是面临的现实困境。四是生态产品价值转化的市场机制尚不健全,市场通道不畅,限制了通过政府生态补偿、市场交易和生态产品抵押贷款等方式实现生态价值变现的可能性。

五、民族地区乡村生态产品价值实现推动绿色共富的路径选择

积极探索民族地区乡村生态产品价值实现的有效路径,从生态产品价值认知、技术研发、产权制度、市场机制等方面破解民族地区乡村生态产品价值实现推动绿色共富的障碍,切实将生态产品价值转化为推动民族地区乡村绿色共富的实际成效。

(一)以深化生态产品价值认知作为绿色共富的重要前提

深化生态产品价值认知是推动民族地区乡村绿色共富的重要前提。一是学术界应深入研究生态产品价值内涵,明确民族地区各类生态产品价值所在。涵盖对生态产品多维度价值评估,包括环境、社会和经济效益的综合考量。例如,应考虑生态产品如何通过促进生物多样性保护、提高生态系统服务质量、

增强地方文化认同等方面贡献于社会福祉。同时，研究应关注如何量化生态产品价值，并将其纳入地方和国家层面的经济决策过程。二是通过教育和宣传提高民族地区乡村居民对生态保护的意识。包括定制化教育方案提升对生态产品价值理解、强化环境伦理。教育活动可以采用创新方法，例如利用本地故事和传说来传达生态保护的重要性，或者通过社区参与项目让居民直接参与生态产品的保护和可持续利用。此外，媒体宣传和公共活动可用于提高公众对生态产品价值的认识，从而促进环境友好行为。三是深度挖掘民族乡村生态产品的文化价值。文化价值挖掘包括保护和传承传统知识、技能和实践，如农耕、渔猎、手工艺等，这些活动不仅是生计手段，也是文化身份和历史的重要组成部分。此外，促进以生态文化为核心的社区发展计划，如生态艺术项目和文化节庆，有助于将生态产品文化价值转化为经济机遇，同时增强社区凝聚力。

（二）以加快生态产品技术研发作为绿色共富的关键一环

加快生态产品技术研发是推动民族地区乡村绿色共富的关键一环。一是要提高技术开发研究水平，解决生态产品价值核算关键技术瓶颈[27]。当前，民族地区乡村生态产品价值核算关键技术开发研究滞后于现实发展所需，由于现有方法差异和不同资源禀赋的生态价值认知之间的差异，核算结果还存在较大差距[28]。因此，要提高技术开发研究水平，借助大数据、AI、物联网等现代数字经济技术，充分发挥数字经济技术解决零散化、碎片化，整合和共享数据资源的优势，实现价值核算数字化，通过数字化对生态产品信息收集归类、测算、应用，解决以往核算过程复杂问题，提高价值核算准确性和效率。二是推广数字经济技术应用于生态产品调查监测，实现生态产品调查监测数字化。现代数字经济技术是推动科技变革的新引擎，明确统筹负责部门，引进和培育专业人才，建立调查监测专业队伍，大力推广大数据、卫星遥感等数字经济技术应用于生态产品调查监测，实现生态产品确权登记、生产加工、流通供应、交易分配等全流程数字化动态监测，解决生态产品"在何方""有何物""去何处"的问题。三是推广 GEP 核算成果应用，建立生态补偿预算体系。发挥 GEP 核算成果决策、考核作用，探索 GEP 核算成果与生态补偿相挂钩制度，建立生态补偿预算体系，统一生态补偿预算标准，为生态补偿提供科学依据。

（三）以优化生态产品制度环境作为绿色共富的根本保障

优化生态产品制度环境是推动民族地区乡村绿色共富的根本保障。民族地区乡村生态产品制度体系涵盖自然资源资产产权制度、生态补偿制度、绿色财税金融制度、法律法规制度以及生态资源管理与保护制度等。一是自然资源资产产权市场交易制度。需科学界定民族地区乡村生态产品产权，明确权责利，形成清晰的供需主体，有助于民族乡村生态资源转变为生态资产、生态资本，并为生态产品参与市场交易创造必要前提，摸清民族地区乡村生态产品的"家底"，做好生态产品权属登记，制定生态产品清单目录，探索开展生态产品资源资产负债表编制工作，扩大生态产权交易范围，完善生物多样性、气候变化等权益交易。二是完善生态补偿制度。横向上，生态补偿制度设计应基于GEP核算结果，建立合理生态产品供给地与需求地的利益风险分担；纵向上，加快完善重点生态功能区转移支付资金管理办法，根据实际动态调整资金分配机制，并探索生态公益岗位、企业债券、社会捐赠等多元化补偿方式。三是应加强绿色财税金融制度支持与创新。政府和相关机构要制定有利于生态产品发展的制度政策，如提供财政补贴、税收优惠、绿色债券、绿色保险、绿色基金等，以降低生产成本和提高生产效率，弥补地方政府面临财政资金投入不足，引导非政府资金投入生态产品开发与保护。还应改善生态治理制度供给，增加民族自治地方环境法规数量，提高地方立法机关立法效果，建立有效的生态资源管理与保护制度，防止对当地生态资源过度开发和破坏。

（四）以完善生态产品市场机制作为绿色共富的内生动力

完善生态产品市场机制是推动民族地区乡村绿色共富的内生动力。生态产品市场机制是一个复杂系统，包括生产者、消费者、中间商和政府等多个参与者。参与者通过市场交易，实现生态产品的价值，其中市场机制起到资源配置作用，决定生态产品的生产、流通和消费。因此，需要通过完善生态产品市场机制。具体地说，一是通过引入环境税等手段，建立环境价值评估体系，完善反映生态产品环境价值定价机制。二是保障生态产品生产者利益，特别是民族地区乡村的少数民族群众，能够从生态产品生产中获得足够收益。三是通过提高生态产品的质量，提供多样化的生态产品，满足消费者对生态产品的需求，提高消费者的环保意识。总之，只有政府加强监管和政策引导，企业加强技术创新和质量管理，社会加强监督和参与，各方形成合力，打造民族特色乡村生态产品公共品牌，形成生态产品规模效应，才能建立持续健康稳定的生态产品市场机制，为民族地区乡村绿色共富提供内生动力。

六、结论

民族地区乡村，是我国实现"全体人民共同富裕的现代化"和"人与自然和谐共生的现代化"要关注的重中之重。在此背景下，绿色成为共同富裕的鲜明底色，民族地区乡村生态产品价值实现是绿色共富的必由之路，其将原先经济发展的区位和资源劣势，通过机制设计转化为生态优势，以及公平的生态收益分配制度来促进价值实现的充分共享，实现促进民族地区经济增长和少数民族增收。

本文首先在绿色发展与共同富裕的基础上衍生出绿色共富的目标，阐释民族地区乡村生态产品及绿色共富的概念内涵，从推动绿色共富的新视角，分析民族地区乡村生态产品价值实现推动绿色共富的理论逻辑、技术逻辑、制度逻辑和现实逻辑，并从生态产品价值认知、技术研发、制度体系、市场机制等方面展开，审视推动绿色共富的障碍，最后提出民族地区乡村生态产品价值实现推动绿色共富的实现路径，对民族地区乡村实现"两山"转化，铸牢中华民族共同体意识的经济基础，推进全体人民共同富裕的现代化和人与自然和谐共生的现代化具有现实意义。

参考文献

[1] 习近平．高举中国特色社会主义伟大旗帜 为全面建设社会主义现代化国家而团结奋斗——在中国共产党第二十次全国代表大会上的报告［M］．北京：人民出版社，2022.

[2] 陈庆玲，伍艳．民族地区乡村生态振兴助力共同富裕的理论基础、现实挑战及系统治理［J］．西南民族大学学报（人文社会科学版），2023，44（8）：20-28.

[3] 龚勤林，陈说．基于资本循环理论的区域优势转化与生态财富形成研

究——兼论绿水青山就是金山银山的理论逻辑与实现路径[J]. 政治经济学评论, 2021, 12 (2): 97-118.

[4] 党丽娟, 刘峥延, 高国力. 高效推动主体功能区生态产品价值实现[J]. 宏观经济管理, 2023 (8): 30-37.

[5] 庄贵阳, 王思博, 窦晓铭. 绿色共富视角下生态产品价值实现问题的再认识[J]. 中国软科学, 2023 (9): 53-63.

[6] 朱竑, 陈晓亮, 尹铎. 从"绿水青山"到"金山银山": 欠发达地区乡村生态产品价值实现的阶段、路径与制度研究[J]. 管理世界, 2023, 39 (8): 74-91.

[7] 廖茂林, 潘家华, 孙博文. 生态产品的内涵辨析及价值实现路径[J]. 经济体制改革, 2021 (1): 12-18.

[8] 潘家华. 生态产品的属性及其价值溯源[J]. 环境与可持续发展, 2020, 45 (6): 72-74.

[9] COSTANZA R, ARGE, GROOT R D. et al. The value of the world's ecosystem services and natural capital [J]. Nature, 1997, 387 (15): 253-260.

[10] 欧阳志云, 王效科, 苗鸿. 中国陆地生态系统服务功能及其生态经济价值的初步研究[J]. 生态学报, 1999 (5): 19-25.

[11] 孙刚, 盛连喜, 周道玮. 生态系统服务及其保护策略[J]. 应用生态学报, 1999 (3): 110-113.

[12] 杨庆育. 论生态产品[J]. 探索, 2014 (3): 54-60.

[13] 曾贤刚, 虞慧怡, 谢芳. 生态产品的概念、分类及其市场化供给机制[J]. 中国人口·资源与环境, 2014, 24 (7): 12-17.

[14] 国务院关于印发全国主体功能区规划的通知[EB/OL]. (2021-06-08) [2024-03-25]. https://www.gov.cn/zhence/content/2011-06/08/content_1441.htm.

[15] 胡锦涛. 坚定不移沿着中国特色社会主义道路前进 为全面建成小康社会而奋斗——在中国共产党第十八次全国代表大会上的报告[EB/OL]. (2012-11-17) [2024-03-25]. https://www.gov.cn/ldhd/2012-11/17/content_2268826.htm.

[16] 习近平. 决胜全面建成小康社会 夺取新时代中国特色社会主义伟大胜利——在中国共产党第十九次全国代表大会上的报告[EB/OL]. (2017-10-27) [2024-03-25]. https://www.gov.cn/zhuanti/2017-10/27/content_5234876.htm.

[17] 习近平. 高举中国特色社会主义伟大旗帜 为全面建设社会主义现代化国家而团结奋斗——在中国共产党第二十次全国代表大会上的报告 [EB/OL]. (2022-10-25) [2024-03-25]. https：//www.gov.cn/xinwen/2022-10/25/content_ 5721685.htm.

[18] 沈辉, 李宁. 生态产品的内涵阐释及其价值实现 [J]. 改革, 2021 (9)：145-155.

[19] 庄贵阳, 王思博, 窦晓铭. 绿色共富视角下生态产品价值实现问题的再认识 [J]. 中国软科学, 2023 (9).

[20] 庄贵阳, 丁斐. "绿水青山就是金山银山" 的转化机制与路径选择 [J]. 环境与可持续发展, 2020, 45 (4)：26-30.

[21] 专家学者谈习近平生态文明思想 [J]. 人民论坛, 2017, (31)：8-11.

[22] 习近平在全国民族团结进步表彰大会上发表重要讲话 [EB/OL]. (2019-09-27) [2024-03-25]. https：//www.gov.cn/xinwen/2019-09/27/content_ 5434024.htm.

[23] 俞东芳, 丁丽莲. 完善 "两山银行" 机制 助力实现共同富裕 [J]. 中国农村金融, 2022 (8)：66-67.

[24] 史哲宇, 张蓉. 新时代生态产品文化价值实现路径研究 [J]. 青海社会科学, 2020 (6)：104-109.

[25] 周伍阳. 生态振兴：民族地区巩固拓展脱贫攻坚成果的绿色路径 [J]. 云南民族大学学报 (哲学社会科学版), 2021, 38 (5)：72-77.

[26] 黄宇驰, 姚明秀, 王卿, 等. 生态产品价值实现的理论研究与实践进展 [J]. 中国环境管理, 2022, 14 (3)：48-53.

[27] 王宾. 共同富裕视角下乡村生态产品价值实现：基本逻辑与路径选择 [J]. 中国农村经济, 2022 (6)：129-143.

[28] 胡剑波, 叶树, 姬星. 国内外生态产品价值实现的回溯与展望——基于 Citespace 的文献计量可视化分析 [J]. 会计之友, 2023 (13)：42-50.

作者简介：胡剑波, 贵州财经大学经济学院副院长、教授、博士生导师；樊国杰, 贵州财经大学经济学院博士研究生；徐志昆, 贵州财经大学经济学院博士研究生.

青海省生态经济高质量发展路径探索

张明霞

摘 要：发展生态经济是深入贯彻落实习近平生态文明思想，推动人与自然和谐共生、形成绿色生产生活方式的必然要求和实际行动，是青海省迈向现代化的必由之路，也是青海省经济社会高质量发展的现实选择。文章从解析生态经济的内涵入手，系统梳理了青海省生态经济发展重点任务推进成效、面临的困境，结合省情实际对生态经济高质量发展路径进行了探讨，从五个方面提出了对策建议，走出一条生态保护与经济社会协调统一的可持续发展道路。

关键词：现代化新青海；双碳目标；两山论；一优两高

一、引言

保护好青海生态是国之大者，青海省委省政府团结带领全省各族人民全面贯彻落实党的二十大精神，深入落实习近平总书记对青海工作的重要讲话和重要指示批示精神，立足构建现代化生态经济体系，持续探索生态产品价值实现路径。现代化生态经济体系是一项复杂的系统工程，要求系统结构、功能、运行平稳，[1-5]需要提高生态系统服务能力，以不影响生态系统稳定为前提，遵循生态保护优先，挖掘自然资源禀赋的优势和潜力、发挥市场资源配置作用，促进资源的双向流动和资源共享，形成生态—经济系统良性互动的均衡状态[6-8]。国外生态经济学思潮的产生及发展始于20世纪60年代，随着各种环境生态问题凸显，理论界展开了激烈讨论并形成不同的观点和著作[9]。而我国更是从古代就有了生态经济学思想基础，例如"天人合一"等人与自然和谐共生的哲学思想、在利用自然资源的同时要进行保护的思想等[10-11]。生态经济与"两山"理论高度契合，此后我国在生态经济方面的研究逐步发展并取得一定成就，同时青海省生态经济发展获得了省内外学者的大力关注，从不同侧重点和视角对青海经济—生态保护协同发展进行了研究[12-16]。本文将重点从青海省生态经济发展重点任务推进成效入手，分析青海省生态经济发展过程中面临的困境，共同探索青海生态经济高质量发展的实践路径。

二、青海省生态经济发展重点任务推进的成效

立足青海省资源禀赋，践行"两山"理论，着力培育和构建具有青海特色的生态产业化和产业生态化的生态经济体系，使青海在保护中推进生态价值得以实现，不断体现绿水青山、冰天雪地的市场价值，重点任务推进成效显著，形成经济、社会、生态三者之间的良性循环。

（一）生态优先，更加凸显绿色本底

一是"中华水塔"更加坚固丰沛。长江、黄河、澜沧江三大河流每年向下游输送水900亿立方米，全省多年平均出境水量呈现递增趋势，源头活水水质保持在Ⅰ类，重要的江河湖泊水功能区水质达标率100%，水源涵养功能稳固提升，地球"第三极""中华水塔"保护机制不断健全，第二次青藏科考阶段性成果丰硕。二是"两屏三区"生态安全格局不断优化。三江源生态屏障更加稳固，祁连山生态保护和修复试点成果持续巩固，"五个生态保护修复试点示范区"建设成效明显，高原珍稀濒危物种日益丰富，切实保障了西北内陆地区和国家生态安全。重点区域增绿扩绿显著。三是山水林田湖草沙冰一体化保护和系统治理有序推进。重要生态系统功能不断提升，草原生态环境持续向好，森林面积和森林蓄积量实现双增长。湿地总面积位居全国首位，湿地生态系统功能稳步提升，水土流失持续呈现面积强度"双下降"趋势，荒漠化和沙化面积呈"双缩减"态势。四是国家公园建设走在全国前列。全面完成国家公园示范省建设三年行动，国家公园示范省建设再上新台阶，为建设青藏高原国家公园群奠定了良好基础。成功举办第一、二届国家公园论坛，《西宁共识》内涵不断丰富，国家公园"友好保护地"关系朋友圈不断扩大。珍稀濒危物种种群数量明显增加，生物多样性保护成效明显。

（二）绿色低碳，环境质量保持一流

一是"洁净青海"逐步创建。空气质量优良天数全面达标，全国唯一河流国考断面优良水质比例达到100%的省份，"提气降碳强生态、增水固土防风险"成效明显，西宁市、海西州、玉树州入选全国"十四五"时期"无废城市"建设名单，城乡人居环境明显改善。二是绿色生产方式加快形成。全产业链再生资源回收网络体系逐步向农牧区延伸，完成黄河谷地和湟水流域畜禽养殖禁养区、限养区划定整顿任务，全省农作物秸秆可收集量、利用量、利用率呈逐年攀升趋势。三是绿色低碳生活方式加快形成。出台青海省循环经济条例，格尔木、德令哈、大柴旦、乌兰、甘河、东川等6个国家循环化改造示范试点园区全部通过国家验收，工业绿色减排与绿色转型持续推进，政府绿色采购制度逐步建立，持续开展绿色建筑创建行动，促进了建筑垃圾资源化利用和产业化发展。四是"双碳"工作迈开实质步伐。全省出台碳达峰碳中和工作实施意见，印发碳达峰实施方案，启动"碳达峰十大行动"，持续建立健全碳达峰碳中和工作机制，构建了"1+16+23"政策体系。青海智慧双碳大数据中心正式成立，全省碳达峰碳中和的数字支撑体系逐步构建。

（三）因地制宜，加快推进"产业四地"

一是世界级盐湖产业基地建设稳步推进。"一区四园"西部产业集群初步建立，现代化盐湖产业体系加快构建，察尔汗盐湖资源开发利用效率持续提升，西宁经济开发区和海东工业园区优势凸显，"盐湖+"绿色低碳循环盐湖资源产业生态空间布局更加优化。开展多个数字化、智能化示范建设，"智能盐湖"工业互联网平台上线运行，省内首个"5G+智能盐湖"示范项目正式运营，开启了盐湖"互联网+"生产新模式。二是国家清洁能源产业高地加快建设。电源建设实现新跨越，建成海西、海南两个千万千瓦级新能源基地，首个百兆瓦国家级太阳能发电实证基地落户青海。全国首个全绿电供电可溯源的绿色大数据中心建成投运。高质量完成特高压直流输电系统稳态和暂态动态特性的验证，为数字孪生电网建设提供了实践经验。"青海产"中国首条量产规模IBC电池及组件跻身国际一流行列。西部唯一、全省规模最大、配套最全的风电装备制造产业基地开工建设，以新能源发电成套装备、关联设备制造为主体的产业链持续壮大。三是国际生态旅游目的地品质持续提升。生态旅游产业发展格局逐步形成，自然人文景观和多元文化相得益彰。生态旅游公共服务提质增效，交通旅游服务设施更加完善，生态旅游基础保障能力持续夯实。优质生态旅游产品供给更加丰富，旅游集聚和辐射功能持续拓展。文化旅游产业融合发展扩容升级，长城、长征、黄河、长江国家文化公园建设稳步推进，"大美青海生态旅游"品牌价值和影响力持续扩大。四是绿色有机农畜产品输出地更优更强。重要农畜产品综合生产能力有效提升，青海省被认定为全国唯一的北繁制种基地，建成国家作物种质资源库青海复份库及国家作物品种测试西宁分中心，泽库羊被评为全国十大优异畜禽遗传资源，青海已成为全国最大的有机畜牧业生产基地。农牧业绿色循环发展体系逐步构建，化肥农药减量增效面积连续增长，全省农畜产品质量安全例行监测合格率达到98%。

（四）释放活力，改造提升传统产业

一是特色工业体系基本形成。实施工业经济高质量发展"六大工程"、招商引资"六大行动"，以产业基础高级化和产业链现代化为主攻方向，进一步调整优化产业结构，持续推进铁合金、建材等传统产业向高端化、智能化、绿色化转型升级，钢铁、有色金属等先进产能比重显著提升，铝及铝加工、铅锌冶炼及综合利用、铜及铜加工、地毯绒纺、中藏药及特色生物资源开发等产业链和产业集群、产业体系日趋完整。二是重点行业节能降碳取得显著成效。电解铝、水泥、有色等重点用能领域能效水平已达到或接近行业标杆水平，全省规模以上工业单位增加值能耗累计下降。实施有色冶金就地转化专项行动，支持企业技术改造和设备更新，促进传统产业向高端化、智能化、绿色化方向发展。推动原材料工业和高耗能行业节能降碳改造升级，加快高耗能高排放项目产能置换，落实重点行业阶梯电价，遴选行业能效"领跑者"，推动规模以上工业单位增加值能耗持续下降。三是能源资源利用效率有效提高。严格水资源优化配置和节约保护，强化取用水监管，健全责任考核制度，全面提高用水效率和效益，为推进现代化新青海建设提供水资源支撑。开展批而未供和闲置土地集中再审核工作，推进土地使用制度改革，运用市场机制盘活存量土地和低效用地，提高土地资源配置效率。持续推进区域性一般工业固体废物利用处置设施建设，积极推广先进的生产工艺和设备，减少工业固体废物的产生量。

（五）精准施策，聚焦发展新兴产业

一是新材料产业发展加快。光纤、铜箔、碳酸锂、锂电池、碳纤维等产品从无到有，相继建成万吨级晶硅及硅材料、万吨级高档电解铜箔、万吨级碳酸锂、万吨级碳纤维、万吨级锂电正负极材料、兆瓦级晶硅电池及组件等一批建群强链的重大产业项目。形成铝材、镁合金、钛合金、电子铜箔等一批高附加值产品。二是生物医药产业培育加速。初步形成以生物技术、中藏药加工、高原绿色食品加工等为主导的产业集群，中藏药和特色资源加工产业已经形成了相对完善的产业链，"青藏高原特色生物资源与中藏药产业集群"入选国家第三批创新型产业集群试点，青海高新技术产业开发区形成全省规模最大的中藏药生产基地、以高原特色动植物资源为依托的保健品生产基地和绿色食品生产基地，是全省生物产业的中心聚集区。三是装备制造业实现快速发展。建成了一批具有示范带动效应的智能生产线、数字车间、智慧工厂和企业数据中心，生产效率和产品品质逐步提高，新能源汽车产业实现高质量发展。四是应急产业体系稳步构建。成立省应急产业集团，加快建设省应急产业园，引进知名应急产品和装备企业入驻园区，生产市场紧缺的应急物资和装备，填补了省内应急产业空白，为全省应急管理体系和能力现代化建设夯实了产业基础。

（六）持续稳妥，逐步健全保障机制

一是生态产品价值实现机制不断健全。青海省出台推动建立健全生态产品价值实现机制的实施方案，制定生态产品总值核算技术规范（试行），零碳产业园区绿电工程启动建设，初步形成以草原、森林、湿地为主的生态补偿机制，实现生态管护公益岗位"一户一岗"，农牧民收入不断增加。二是生态经济市场体系基本构建。构建生态产品市场交易平台，充分利用国际国内两个市场，促进了生态产品自主有序流动和直接交易。制定自然保护地特许经营规范，有效改善民营经济、外商投资企业发展的市场环境，民间投资生态经济发展持续增长。三是生态经济科技人才支撑不断强化。深入实施创新驱动发展战略，通过科技计划项目实施，攻克了重点领域一系列关键核心技术难题，多能互补绿色储能全国重点实验室等十大国家级科创平台整体推进。深入实施人才强省战略，"青字号"人才队伍不断壮大。四是生态经济对外开放水平不断提升。成功举办生态文明国际交流合作论坛,青洽会、国际生态博览会、"一带一路"清洁能源发展论坛影响力不断扩大,组织企业参加国际国内大型展会,招商引资力度不断扩大。西部五省合作建设中尼国际陆路贸易通道取得实质性进展,南亚陆路贸易通道加快建设。

三、青海省生态经济发展过程中面临的困境

"十四五"时期,青海省加快建设绿色发展和生态友好的现代化新青海,生态文明高地、产业"四地"建设全面铺开,但生态经济发展水平仍较薄弱,生态产业化、产业生态化发展基础仍不牢固,支撑生态经济发展的保障机制仍不健全等导致生态经济发展仍面临诸多困境,还需不断寻找突破口。

(一)高寒生态环境约束和不确定因素的影响

青海在需求收缩、供给冲击、预期转弱的三重压力下,经济回暖基础仍不稳固,部分重点领域风险犹存,在经受极其复杂严峻的多轮疫情冲击的同时,又遭遇了玛多、门源地震灾害及大通山洪、互助地质灾害等极端天气和灾害影响,对经济增长的冲击明显,推动青海高质量发展既面临一些长期积累的老问题,又面临不少新情况、新问题及不确定性因素明显增多。

(二)旧发展模式受限而新发展模式实践不足

生态产业化受环境约束不断强化,土地可利用总量不高,现代农牧业技术推广难度大,农畜产品总产量还处在较低水平。高端生态旅游产品打造能力不强,旅游文化融合发展不够。生态价值转换效率偏低,生态产业现代化程度不高,企业绿色循环化改造能力薄弱,资源消耗水平仍处于高位。国家公园特许经营试点还处于局部探索过程中,仍未完全破题,在流域横向生态补偿、体现碳汇价值的生态补偿等方面基础研究不够。农牧民改变生产生活方式意愿低,旧发展模式受限而新发展模式实践不足仍是现实之困。

(三)产业生态化发展受制和基础相对薄弱

产业生态化受制于"卡脖子"技术瓶颈,能源利用效率低,资源消耗水平

仍处于高位。"双碳"目标下生态经济发展路径还不明确，构建绿色低碳循环的现代产业体系仍存在产业转型升级不快、新动能培育成长不够等短板制约。人口基数小，内部市场容量不大，制造业基础相对薄弱，多数工业产业绿色化程度低、抵抗市场风险能力不强。产业生态化措施推进效果不佳、高品质供给不足，国际生态旅游目的地建设中生态保护与旅游开发的矛盾依然突出，产业发展层次低、链条短、规模小、转型慢现象突出。

（四）支撑生态经济高质量发展体制机制不完善

支撑生态经济发展机制不健全、要素保障不完善的问题仍是关键制约，生态文明建设体制机制创新也需要进一步加强，生态环境大数据整合度、集合度不高，生态环境监测系统尚未实现有效利用，信息化管理平台、决策辅助平台运行效率整体不高。生态产品价值实现过程中度量难、抵押难、变现难的问题亟待破题。生态产品交易市场虽有部分已经建成，然而总体利用率偏低，使得青海生态价值转换效率亟待提升。生态经济指标体系、考核评价以及激励制度尚未建立。

四、青海省生态经济高质量发展的路径探索

未来，青海将以"习近平生态文明思想实践新高地"为统领，以推动传统产业、战略性新兴产业提质升级为补充，不断夯实生态经济发展要素保障力、积极稳妥推进碳达峰碳中和、构建现代化"产业四地体系"，坚定不移打造生态文明高地，开拓青海省生态经济高质量发展格局。

（一）统筹兼顾，夯实生态经济发展要素保障力

一是强化生态经济科技创新。实施创新驱动发展战略，构建以多方面多层次生态技术为依托的创新支撑体系，深入推进科技体制改革三年攻坚行动，组建一批产学研用协同的创新联合体。聚焦生态保护、产业发展和民生需求，以产业基础高级化和产业链现代化为主攻方向，高质量推进海南州国家可持续发展议程创新示范区等十大国家级科技创新平台建设。二是培育壮大高素质人才队伍。持续推进人才发展体制机制改革，加强基础研究人才的支持培养，育好

用好乡土人才,加强新型农牧业经验主体带头人培训,有序引导大学毕业生到乡、能人回乡、农民工返乡、企业家入乡。着力引进生态经济相关国家重点学科、重点实验室、工程实验室学科技术带头人等高层次人才及团队。三是强化生态经济发展资金保障。健全完善绿色产业项目储备,争取将重大项目纳入国家、省级项目库,积极申请国家资金、省专项资金。运用多种政策拓宽投融资渠道,引导社会资本参与生态经济项目,逐步建立政府、企业、社会共同参与的多元化投入机制。吸引社会资本共同设立绿色发展基金,重点支持绿色高载能、先进装备制造、生态旅游、绿色农业等生态产业发展。

(二)协同互联,积极稳妥推进碳达峰碳中和

一是持续改善环境质量。深入推进环境污染防治,以西宁、海东为重点精准防治大气污染,深入开展重点流域水生态环境保护修复,强化水资源安全供给保障,推进地下水污染防治,开展地下水重点污染源排查。加强土壤污染源防控,高标准创建"洁净青海"。严密防控环境风险,健全突发生态环境风险防范和应急体系,提升生态环境执法监管能力和高原极端天气监测预警能力。二是推动在重点领域先行先试。实施低碳零碳负碳示范工程,持续优化能源结构,打造新型电力系统,争取零碳产业园纳入国家碳达峰典型性代表性园区试点,推动能耗"双控"向碳排放总量和强度"双控"转变。推行重点行业领域清洁生产,提升生态系统碳汇转化能力。开展城镇生态修复、功能修补,推进环境基础设施一体化、智能化、绿色化发展,建立智慧城镇管理体系,提升高原美丽城镇建设质量。三是推动形成绿色低碳生活方式。构建城市绿色低碳交通出行体系,扩大城市公交专用道覆盖范围,推进既有建筑节能改造。加强绿色低碳宣传教育,加快普及全面生态文明、碳达峰碳中和基础知识。依托青海省的传统文化底蕴,开展多民族、多文化绿色低碳科普活动。强化领导干部培训,增强各级领导干部对低碳发展的科学性和系统性的认识。

(三)聚焦优势,构建现代化"产业四地"体系

一是着力建设世界级盐湖产业基地。加快组建省级盐湖资源综合利用技术创新中心,建设盐湖资源绿色高值利用全国重点实验室,提高盐湖科技自主创新能力和盐湖产业核心竞争力。打造一批示范效应大、带动强、效益好的产能

合作样板,逐步融入全球供应链、产业链、价值链,提升战略物资储备保障能力。二是着力打造国家清洁能源产业高地。加快推动三批国家大型风电光伏基地项目建设、水电站建设、抽水蓄能项目,建设新型储能示范项目。运行好第一条特高压外送通道,建成投产第二条特高压外送通道,建设输变电工程、西北区域电力调蓄中心,打造全国首个省域零碳电力系统。三是着力打造国际生态旅游目的地。加快构建生态旅游发展框架,打造国际生态旅游目的地示范区,完善青藏、青川、青新、青甘区域生态旅游大环线,大力发展高原极地旅游,构建市、县、乡、村四级生态旅游目的地。加快文化生态保护区、国家文化公园、文旅融合发展示范点建设,加强与产业的融合发展。四是着力打造有机农畜产品输出地。严守耕地保护红线,加快高原特色农产品生产基地建设,支持牛羊肉、青稞、油料、枸杞、冷水鱼等领军企业全链条发展。深入推进草地畜牧业转型升级试点,提升农牧业清洁生产水平。强化"青字号"品牌宣传推介,推进牦牛藏羊追溯体系、农作物制繁种基地和畜禽良种繁育体系建设。

(四)强基固本,坚定不移打造生态文明高地

一是全面筑牢青藏高原生态安全屏障。稳固"两屏三区多廊"生态安全格局,坚定不移做"中华水塔"守护人,筑牢生态安全屏障。进一步科学优化生产力布局,加快完善现代生态农牧业发展布局,打造核心增长极。建立完善的生态环境分区管控体系,实施以碳强度控制为主、碳排放总量控制为辅的管控制度,实施重点污染物总量控制,并加快建立省级生态保护红线监管平台。二是加强重点生态功能区整体保护。切实强化三江源地区生态保护和修复,全面增强保水、增水、净水等核心生态功能。全面落实禁牧休牧和草畜平衡制度、草原生态保护补助奖励政策,强化草原火灾监测预警和防控体系建设。深入推进祁连山南麓生态保护和修复,泛共和盆地生态圈保护和修复,开展雪山冰川冻土消融退化对区域生态系统影响的监测与风险评估。有序实施柴达木荒漠生态区保护和修复,保护好戈壁原生盐壳,增强区域内水资源配置能力。三是构建具有鲜明特色的自然保护地体系。全力建设国家公园典范,建立健全国家公园保护建设管理标准体系,不断完善特需经营管理体系,持续创新社区协调发展机制,科学编制青藏高原国家公园群空间布局,健全青藏高原野生生物遗传资源国家基因保存库,统筹推进区域外来入侵物种防控。着力构建自然保护地

新体系，稳步推进自然保护地整合优化，抓好国家草原自然公园试点，设立一批省级地质自然公园、湿地自然公园、沙漠自然公园等，在全国率先建成以国家公园为主体的自然保护地体系，统筹整合形成自然保护地数据综合管理应用系统。

（五）创新引领，开拓生态经济高质量发展格局

一是加速培育壮大新兴产业。推动新一代信息技术与制造业融合发展，加快大数据、工业互联网、5G、智能终端、信息安全、藏文软件等产业发展，积极争取国家新一代信息技术与制造业融合发展试点示范，培育企业数字技术应用能力。推动节能环保产业发展，打造一批资源化利用特色环保产业链。开展先进制造业和现代服务业融合发展试点，推动生活性服务业品质化发展。二是推动传统改造升级。大力发展锂电材料、新型合金材料、新型化工非金属材料、新型光电材料等，实施有色冶金就地转化专项行动，推进有色金属深加工及高性能新产品高质量开发，逐步构建资源—开采—冶炼—加工—废金属回收完整产业链。推动绿色建材产业提档升级，推进既有建筑节能改造，提高城镇住宅产品供给质量。推动装备制造业技术创新和新产品开发能力，提高关键零部件制造和整机智能化水平。推动特色轻工业提质增效，增加乳制品、青稞酒、生物医药、旅游工艺品等优质特色轻工产品供给。三是促进绿色低碳产业发展。推进重点行业清洁低碳改造，对盐湖资源综合利用、有色冶金、建材、装备制造等重点产业领域实施绿色化、低碳化改造。全面推行清洁生产，促进企业产品结构向低碳化、高端化、环保化、高值化升级。推进再生资源高值化循环利用，支持企业通过产能等量或减量置换建设能耗低、排放低、生产工艺技术装备先进的项目。拓宽固废综合利用渠道，鼓励加工企业与再生资源加工企业合作，建设回收、拆解、加工、利用一体化绿色加工配送中心。做优做强牛羊肉、乳制品、枸杞、沙棘、藜麦、青稞、虫草、中藏药、矿泉水、藏毯等十个特色生态产业，开放高科技含量、高附加值、无污染的枸杞、沙棘、虫草系列保健食品和生物制品，将牛羊肉、乳制品、藜麦、青稞等原生态生物资源打造成高档品牌消费品，发展天然饮用水产业，开发汉藏药材新产品、新剂型。四是建立健全生态经济发展新机制。创新生态系统保护制度，加快构建具有省域特色的自然保护地体系，不断完善国家公园管理体制，健全生态系统修

复机制；不断完善生态产品价值实现机制，建立生态产品质量追溯机制。推进县（区）生态产品价值实现试点工作，推进建立林权、水权、排污权等生态资源交易制度。深化生态保护补偿制度改革，推动建立流域横向生态补偿机制。构建现代化环境治理体系，进一步建立健全打造生态文明高地相关法规，持续推进生态文明高地建设的法制化进程。健全重点区域流域生态环境联防联治机制，推进生态环境共建共治共管共享。

五、结论

总体来看，青海省生态经济发展中综合建设、能源资源消耗水平、生态环境质量、盐湖化工产业建设、绿色有机农畜产品输出地、国家清洁能源产业高地、国际生态旅游目的地等主要指标总体实现程度良好，绝大部分约束性指标达到预期进度，预期性指标实现稳步增长。特别是生态环境质量类和盐湖化工产业建设类指标提前实现或超规划进度目标，绿色有机农畜产品输出地建设类和能源资源消耗水平类指标好于预期，但国家清洁能源产业高地建设类和国际生态旅游目的地类指标仍需持续加力。青海省在推进生态经济高质量发展中，要深入实施"一优两高"发展战略，以产业生态化、生态产业化为目标，着力打造生态文明高地，推动产业"四地"建设，积极探索生态产品价值实现，拓宽生态产品实现路径，奋力推动生态经济高质量发展，构建绿色低碳循环发展经济体系。

参考文献

[1] 陈长. 省域生态产业化与产业生态化协同发展理论、实证——以贵州为例 [J]. 贵州社会科学，2019（8）：122-130.

[2] 张琦，庄甲坤. 高质量乡村振兴的内涵阐释与路径探索 [J]. 贵州社会科学，2023（5）：145-152.

[3] 赵星. 贵阳市乌当区生态—经济系统耦合关系研究 [J]. 贵州师范大学学报（自然科学版），2006，24（3）：111-115.

[4] 王书化. 区域生态经济——理论、方法与实践 [M]. 北京：中国发展出版社，2008：37-40.

[5] 文传浩, 李春艳. 论中国现代化生态经济体系: 框架、特征、运行与学术话语 [J]. 西部论坛, 2020, 30 (3): 1-14.

[6] 孙发平, 王礼宁. 生态经济: 青海省迈向现代化的必由之路 [J]. 经济金融, 2021 (9): 14-19.

[7] 张壮. 青海省现代化生态经济体系的框架设计与对策探讨 [J]. 内蒙古财经大学学报, 2021 (4): 68-71.

[8] 杨皓然. 青海省生态经济系统耦合分析 [J]. 青海社会科学, 2013 (5): 59-63, 68.

[9] 曾晓红. 青海省生态经济理论研究综述 [J]. 产业与科技论坛, 2020 (16): 71-73.

[10] 张岱年. 中国哲学中"天人合一"思想的剖析 [J]. 北京大学学报 (哲学社会科学版), 1985 (1): 1-8.

[11] 王松霈. 中国生态经济学创建发展 30 年 [M]. 北京: 中国社会科学出版社, 2014: 91-101.

[12] 丁生喜, 王晓鹏. 环青海湖地区城镇化建设的生态经济效应分析 [J]. 青海民族大学学报 (社会科学版), 2010 (2): 107-110.

[13] 王小宁, 魏婉茹. 青海省产业生态化水平评价研究 [J]. 青海师范大学学报 (哲学社会科学版), 2018, 40 (4): 10-16.

[14] 张孝德. 高原小体量生态经济发展思路与模式 [J], 攀登, 2015, 4: 1-4.

[15] 李双元. 青海省生态畜牧业合作社发展——模式优化与促进政策研究 [M]. 北京: 中国经济出版社, 2015: 66-77.

[16] 张爱儒, 高新才, 青海藏区重要生态功能区生态脆弱度评价研究——以三江源生态功能区为例 [J]. 西藏大学学报 (社会科学版), 2015 (1): 1-8.

作者简介: 张明霞, 青海省社会科学院生态文明研究所副所长、副研究员、生态学博士。

我国生态产品价值实现政策扩散时空演进分析

颜 强 于 涛

摘 要：生态产品价值实现作为我国提出的一项创新性的战略措施和任务，其涉及经济、社会、环境多方面的改革创新工作。近年来全国各地纷纷出台相关政策，极大地促进了生态产品调查监测、价值评价、经营开发、补偿等方面的实践创新，本文以政策扩散为理论视角，对我国省市县三级政府研究制定生态产品价值实现政策情况进行分析，探究其扩散时空演进特征及其扩散机理。研究发现：生态产品价值实现政策扩散效应显著，省市县整体随时间进程扩散表现出"S"形曲线；空间维度上，表现为长江经济带区域先行，逐步向中部、西部等地区推进，区域扩散和邻近效应显著。在生态产品价值实现政策快速扩散过程中也显示出地方政策内容效仿较多与创新性不足，后续政策设计应更具本地特点，创新发展地区特色生态产品价值实现路径。最后，本文汇总了省市县三级政府研究制定的生态产品价值实现配套工具包，以期为后续生态产品价值实现工作系统推进提供支撑。

关键词：生态产品；政策扩散；地方政府；时空演进

生态产品价值实现是践行"绿水青山就是金山银山"理念的关键举措，是提供更多优质生态产品以满足人民日益增长的优美生态环境需要的必然要求。2010年，国务院印发的《全国主体功能区规划》（国发〔2010〕46号）首次正式提出"生态产品"一词，并指出："我国提供工业品的能力迅速增强，提供生态产品的能力却在减弱，而随着人民生活水平的提高，人们对生态产品的需求在不断增强"[1]。党的十八大以来，国家把生态文明建设作为统筹推进

"五位一体"总体布局和协调推进"四个全面"战略布局的重要内容,生态产品价值实现也越来越频繁地出现在国家政策中,如 2017 年《关于完善主体功能区战略和制度的若干意见》(中发〔2017〕27 号),2019 年《关于建立以国家公园为主体的自然保护地体系的指导意见》等[2]。2021 年中办国办印发《关于建立健全生态产品价值实现机制的意见》,作为生态产品价值实现机制建设的顶层设计文件,围绕生态产品调查监测机制、价值评价机制、经营开发机制、生态补偿机制、价值实现保障机制与推进机制六个方面对下一步工作指明了工作方向。截至 2023 年初,我国大部分省份,部分市县已发布了本地区生态产品价值实现行动方案相关政策,指导各地开展生态产品价值实现工作[3]。作为一种政策创新,学术界也积极关注并开展生态产品价值相关研究工作,在内涵定义[4],核算方法[5],实现模式[6],交易机制[7],支撑体系[8]等方面开展广泛研究,为生态产品价值实现政策制定提供研究支撑。但目前研究以理论探索与经验总结为主,随着全国省市县三级政府愈加关注生态产品价值实现工作,随着各级政府相关政策文件的发布,形成生态产品价值实现政策的扩散效应,解析政策扩散机理,并总结提炼现有政策体系,为完善生态产品价值实现政策工具提供参考。本研究基于政策扩散理论,探究生态产品价值实现政策在省市县三级层面的扩散实践,从时空演变角度分析政策扩散趋势与特征。

一、政策扩散研究综述与研究设计

(一)政策扩散研究综述

20 世纪 60 年代,美国学者沃克(Walker),英国学者马什(Marsh)等开创政策扩散领域研究[9]。此后,学者们对于政策如何在不同地域与层级政府中制定,在发布与传播过程中演化、创新、转移等情况广泛地开展研究,并逐渐应用于世界各地,成为研究政策创新理论的重要工具[10-11]。不同学者在深入研究的过程之中,发现多种政策扩散的时空规律,如在时间尺度上政策采纳发布数量随时间的变化多出现"S"形曲线,在空间区域尺度上总结为水平扩散模型与垂直扩散模型两种主要类型,其中政策水平扩散主要表现为近邻效应与领导者—追随者效应,其中领导者主要指经济发达地区对经济欠发达地区的政策引领效应[12-14]。

垂直扩散主要为上级政府政策对下级政府的带动引领作用。近年来，越来越多的国内学者涉足政策扩散研究领域，并在国外政策扩散理论的介绍与引入、中国的政策扩散实践与政策扩散理论中国化等方面开展研究，通过国内研究者对如城市垃圾管理、河长制、特色小镇等一系列政策研究逐步总结归纳出我国政策扩散主要模式及其扩散机制，如我国在政策制定上广泛采用的"试验—推广"模式，即在政策的制定过程中采用地方政策试验与中央顶层设计相结合的模式推进，实现政策创新过程中的上下联动，由点及面[15-18]。

（二）研究设计

本研究以我国地方三级政府（省级，市级与县级）出台的生态产品价值实现总体方案政策文本为研究对象，通过对各省级、地级与县级政府相关部门官方网站（主要涉及发展与改革、生态环境与自然资源等部门），以及专业法律政策搜索平台——北大法宝进行检索，以"生态产品"为关键词进行检索，通过招投标网站对生态产品价值实现政策研究类项目招投标信息进行检索；通过网络搜索引擎，以省（地级市）名称+生态产品价值实现/生态产品行动方案/生态产品价值实现实施方案作为关键词进行反复搜索；并从时间和空间两个维度出发，分析三级政府生态产品价值实现政策的时空演进特征，从而总结出其背后蕴含的政策扩散机理等，并对生态产品价值实现相关政策进行汇总，总结生态产品价值实现政策工具包。

二、生态产品价值实现政策扩散的时间演化特征

（一）省级生态产品价值实现政策扩散时间演进

截至 2023 年 6 月 1 日，共有 24 个省级政府颁布生态产品价值实现政策，以生态产品价值实现政策采纳年份为横轴，政策扩散累积量为纵轴绘制折线图，探究省级生态产品价值实现政策扩散进程。折线图显示生态产品价值实现政策在省级政府间表现出明显的扩散效应，扩散呈快速上升趋势，2021 年中办国办印发《关于建立健全生态产品价值实现机制的意见》后，各省快速部署政策研究工作，2021 年当年即有 8 个省份开展或公布省级生态产品价值实现行动

方案，2022年有14个省份采纳了生态产品价值实现政策，标志着生态产品价值实现政策在省级层面快速扩散，仅一年半的时间，生态产品价值实现政策已有75%的省级行政区（除去特别行政区）被采纳，显示出各省级政府对于生态产品价值实现工作的高度重视，多个省份并将之纳入"十四五"时期重点任务事项，制定配套贯彻落实措施。

（二）市级生态产品价值实现政策扩散时间演进

按照生态产品价值实现政策省级扩散图相同的方法制作市级扩散图，以研究地级市生态产品价值实现政策扩散进程。不同于省级层面持续增长的政策扩散模式，在市级层面可以发现生态产品价值实现政策分为三个阶段。第一阶段，2019年1月—2021年3月，生态产品价值实现政策试点初创时期。浙江省丽水市与江西省抚州市作为全国首批生态产品价值实现机制改革试点市分别于2019年3月与12月发布《浙江（丽水）生态产品价值实现机制试点方案》与《抚州市生态产品价值实现机制试点方案》，但由于此时缺乏中央与省级支持政策的跟进，在市级层面生态产品价值实现政策扩展缓慢，直到2022年初，仅有湖北省咸宁市与浙江省衢州市采纳了该政策。第二阶段，在2021年4月—2022年3月，为生态产品价值实现政策扩展缓慢增长阶段，共有12个地市开展生态产品价值实现政策相关研究。随着2021年中办、国办印发《关于建立健全生态产品价值实现机制的意见》的出台，与丽水市生态产品价值实现机制建设的逐渐成熟，此外自然资源部也在2020年4月与7月公布《生态产品价值实现典型案例》（第一批）（第二批）共21个典型案例，这使得在原有小范围试点的基础上进一步扩大了生态产品价值实现工作的范围，完成了在各级政府中生态产品价值实现有关概念的普及。但地市对于生态产品价值实现路径还不熟悉，除生态产品价值实现试点省份外，多数省份还处于政策学习与观望阶段，导致该阶段生态产品价值实现政策的扩散速度依然缓慢。第三阶段，自2022年4月开始，生态产品价值实现政策扩散进入快速增长阶段，在此期间共有34个地市采纳生态产品价值实现政策，占总采纳地市数量的66%。通过上一阶段各地对政策内涵的学习消化，多个省份发布生态产品价值实现政策，极大促进了生态产品价值实现政策在地市层面的扩散。

（三）县级生态产品价值实现政策扩散时间演进

生态产品价值实现政策在县区级扩散同样呈现出三个阶段。在第一阶段，2019年1月—2020年6月，生态产品价值实现政策试点初创时期，只有浙江省丽水市与江西省抚州市所属的4个县区开展生态产品价值实现政策研究探索工作。第二阶段为2020年7月—2021年7月，生态产品价值实现政策进入缓慢扩展阶段，一年内有15个县区采纳了生态产品价值实现政策，这些县区主要分布于浙江省与江西省，主要由于前期试点的成功经验，向周围地区产生辐射作用。第三阶段为2021年8月—2023年6月，各县区生态产品价值实现进入稳定增长阶段，在此期间，国家与省市政策频繁发布，极大地促进了县区进行生态产品价值实现工作的积极性，在中办国办印发《关于建立健全生态产品价值实现机制的意见》中明确提出，按照中央统筹、省负总责、市县抓落实的总体要求，建立健全统筹协调机制。县区成为建立生态产品价值实现至关重要的一环，在许多省级的生态产品价值实现政策中，都将县区作为生态产品价值实现试点的基本单元，如贵州省2022年出台的《贵州省建立健全生态产品价值实现机制行动方案》中将建设赤水市、大方县、江口县、雷山县、都匀市5个省级生态产品价值实现机制试点。此外，在生态环境部创建的"绿水青山就是金山银山"实践创新基地要求中，重点要求各地开展生态产品价值实现方面探索。"绿水青山就是金山银山"实践创新基地申报主体主要为县区级单位，目前已命名六批共187个"两山"创新基地中，县区级为150个，占总数的80.21%。随着各地创建"两山"基地积极性逐渐增加，也促使越来越多的县区开展生态产品价值实现政策研究工作。

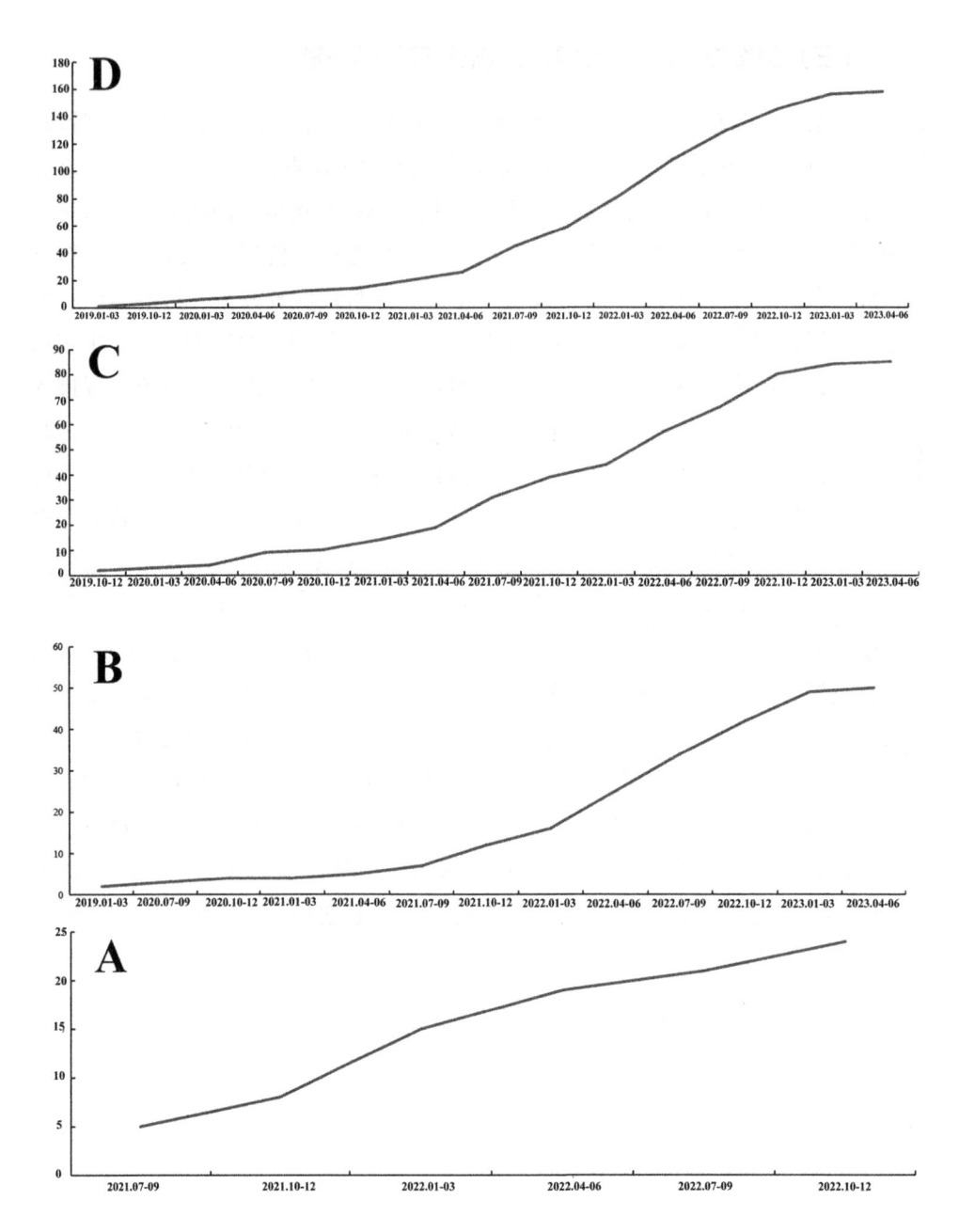

图1　省市县生态产品价值实现政策时间扩散趋势图
（A省级，B市级，C县级，D省市县总体情况）

三、生态产品价值实现政策扩散的空间演化特征

根据空间维度，以我国七大地理区域（华东、华中、西北、华南、华北、东北、西南）为基准，探索生态产品价值实现政策在省级、市级与县级政府层面的扩散进程（图2）。

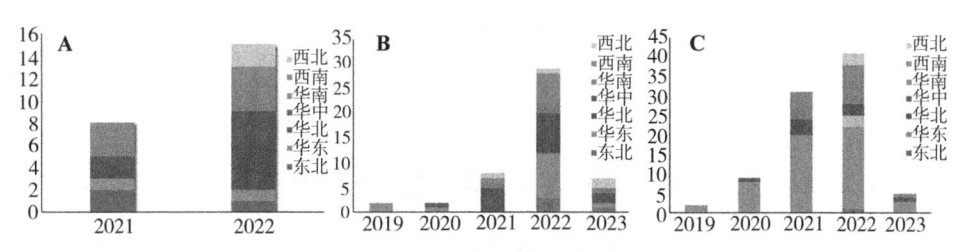

图2 省市县生态产品价值实现政策采纳区域分布
（A 省级，B 市级，C 县级）

（一）省级生态产品价值实现政策空间扩散梳理

2021年国家层面发布生态产品价值实现顶层设计政策，各省份随即开展生态产品价值实现政策的编制工作。该阶段并未表现出政策扩展过程中常见的邻近效应，主要由中央自上而下的垂直影响。生态禀赋较好的省份响应速度较快，如黑龙江、吉林、江西于2021年先后出台生态产品价值实现政策。

（二）市级生态产品价值实现政策空间扩散梳理

生态产品价值实现政策在市级扩散中，表现出显著的邻近效应。特别是在长江经济带区域内，多个相近地市在政策发布的时间上也前后相近。如首批开展生态产品价值实现政策研究的浙江省丽水市、江西省抚州市、湖北省咸宁市。2018年，习近平总书记在深入推动长江经济带发展座谈会上明确提出，要积极探索推广绿水青山转化为金山银山的路径，选择具备条件的地区开展生态产品价值实现机制试点，探索政府主导、企业和社会各界参与、市场化运作、可持续的生态产品价值实现路径。此后推动长江经济带发展领导小组办公室印发了《"十四五"长江经济带发展实施方案》提出要牢固树立和践行绿水青山

就是金山银山理念，构建生态产品价值实现制度体系。为长江经济带区域探索建立生态产品价值实现机制奠定了政策基础，也极大推进了长江流域城市对生态产品价值实现的研究工作，华东与西南地区成为市级生态产品价值实现政策采纳最多的地区，在2022年，华东地区共有9个城市采纳生态产品价值实现政策，形成了以丽水市与抚州市双核心的生态产品价值实现辐射区域，通过试点城市的带动，为周边城市制定生态产品价值实现政策提供了实现路径与典型案例。此外，地市生态产品价值实现政策多数先由其所在省级政府颁布后研究制定，但试点先行区也表现出对其上级省级政府制定生态产品价值实现政策自下而上的影响作用。

（三）县市级生态产品价值实现政策空间扩散梳理

生态产品价值实现政策在县级扩散中，具有较明显的邻近效应和聚集效应。特别在试点地市中，所属的县区往往都会采纳生态产品价值实现政策，如在浙江省丽水市，所属区县全部发布生态产品价值实现政策，并辐射影响周边县区。与市级生态产品价值实现政策分布相似，县区级也表现出聚集于长江经济带区域部分的特征，华东地区共有54个县区开展生态产品价值实现政策研究，占比为61.36%。在长江经济带之外的省份，缺乏邻近效应和聚集效应的影响，多为省级生态产品价值实现试点地区开展相关政策研究工作，受政策垂直影响较大，但也有部分地区，如在东北三省都已发布省级生态产品价值实现政策，但仅有一个县区政府采纳该政策，政策垂直影响力较为薄弱。

四、政策扩散机理分析

（一）整体时间维度上呈现"S"型的扩散趋势

上述分析显示我国地方三级政府（省级、市级与县级）生态产品价值实现政策在时间上表现出的扩散特征不尽相同。但从三级政府整体趋势来看，在生态产品价值实现政策表现出"S"形扩散曲线的特征，即在政策扩散进程中，最早由试点地区先行先试，并在局部区域获得采纳，政策扩展速度较为缓慢，但由于国家层面顶层设计政策于2021年出台，这一强大推动力量的产生，促使生态产品价值实现政策扩散速度急剧加速，扩散曲线急速上升，大部分省级政府，列入试点的市县，"绿水青山就是金山银山"实践创新基地授牌区县等生态禀赋优良地区在两年内纷纷发布生态产品价值实现政策。进入2023年，生态产品价值实现政策扩散速度有所减缓。但从目前我国生态文明政策演进过程看，中央层面对生态文明建设的重视程度愈发提高，随着绿水青山就是金山银山理念的不断深化，对从源头上推动生态环境领域国家治理体系和治理能力现代化提出了更高要求，顶层政策的后续跟进将促进更多地市开展生态产品价值实现政策研究。其何时进入政策扩散的第三阶段（饱和状态），需要进一步跟踪观察。

（二）空间维度上显示邻近效应和聚集效应显著

生态产品价值实现政策在扩散进程中，存在较明显的邻近效应和聚集效应。前期主要形成浙江丽水与江西抚州两大核心区域，其通过自身生态产品价值实现机制创新，吸引周边地区政府前往丽水与抚州调研学习，并在当地开展相关政策研究，在邻近区域内产生明显的聚集效应。在政策的不断扩散中，除丽水与抚州外，也出现不同区域新的政策热点地区，如陕西汉中、山东东营等，生态产品价值实现政策已向全国范围铺展扩展，在不同地区经济发展水平和社会文化环境下形成多个核心节点城市，进而带动周边地区开展政策创新活动。政策聚集效应在县域级层面更为明显，在生态产品价值实现试点地市中，为更好地推进生态产品价值实现政策，往往开展工作评比、创优争先等活动促进所属县区开展创新试点，县区为了避免在竞争中落后，进而完成政策采纳，形成区域聚集效应。

（三）政策扩散不同区域分布差异显著

我国七大地理区域在生态产品价值实现政策扩散程度上差异明显，从省级层面到县级层面，差异程度逐渐增加。生态产品价值实现政策起源于华东地区，在长江大保护工作中被重点强调，逐渐形成以长江流域为核心的政策聚集区域。其他地区省级政府虽然第一时间采纳生态产品价值实现政策，但在后续市县推进过程中，缺乏政策深入推进的动力，特别是在我国西北与东北地区具有较好的生态禀赋，在国家中央统筹、省负总责、市县抓落实的总体要求下，需要更多的县区结合本地区发展实际与生态禀赋，走出不同于长江流域经济较发达地区的生态产品价值实现路径。作为一项创新性系统性的改革工作，部分市县级政府还未充分了解其核心思想，简单把经济社会发展与生态环境保护对立起来，未能将生态产品价值实现理念融入地区产业绿色转型升级发展中。

（四）各地政策在内容上呈现创新失衡与特征不显著

对于生态产品价值实现这一颇具创新性的政策，各地由于对政策的学习不足，缺乏实践经验，担心概念不明造成的创新失败，同时基于中央文件权威性考量，各地在出台生态产品价值实现政策时主要以中央文件为政策蓝本，对其框架进行移植与复制，主要架构即六大机制，以生态产品的调查监测机制、价值评价机制、经营开发机制、补偿机制、保障机制、推进机制为主体的生态产品价值实现政策。通过对比各省生态产品价值实现政策内容，可以发现与中央政策趋同性，这主要由于省级政策在2021年下半年与2022年密集发布，缺乏本地化演进的时间积累。在熊曦等对国内36份生态产品价值实现政策文本分析结果中也指出应强化因地制宜凸显区域化特色和差异[3]。

五、政策扩散过程中政策工具包的形成

各地除生态产品价值实现实施方案或行动方案类顶层设计政策之外，为更好地搭建生态产品价值实现政策体系，通过多维度的政策举措，引导当地更好地解决生态产品价值实现四难问题，实现绿水青山转换为金山银山的实现路径。从省市县三级政府公布的整体来看，省级发布的配套政策较少，主要集中在分领域的指导意见，如在自然资源领域与林业领域发布指导意见，江西省为探索生态产品价格形成机制，发布《关于建立健全生态产品价格形成机制的实施意见》。市县层面作为生态产品价值实现抓落实的行政单元，积极探索生态产品价值实现政策创新，特别在以丽水与抚州市为代表的生态产品价值实现试点城市，出台《生态产品总值（GEP）核算工作方案》《GEP（调节服务）交易管理办法》《生态银行试点方案》《生态价值赋权及质押备案办法》与《金融支持生态产品价值实现机制工作实施方案》等创新政策，着力破除生态产品价值实现工作"度量难、交易难、变现难、抵押难"问题，为其他地区开展后

续研究工作提供先行经验。为使生态产品价值实现工作走深走实，多地也发布乡镇级政策，如《年度街镇生态产品特色考核试点办法》与《生态产品价值实现机制典型示范镇实施方案》为生态产品价值实现政策有效衔接乡镇振兴，实现乡村振兴与生态文明双向赋能，增进民生福祉创造有利条件。此外，多地将生态产品价值实现列入"十四五"发展的重要内容，并出台专项规划，如丽水市出台《生态产品价值实现"十四五"规划》，体现出生态产品价值实现在政府政策体系中地位的提升，已成为地区未来发展重点规划的方向之一。

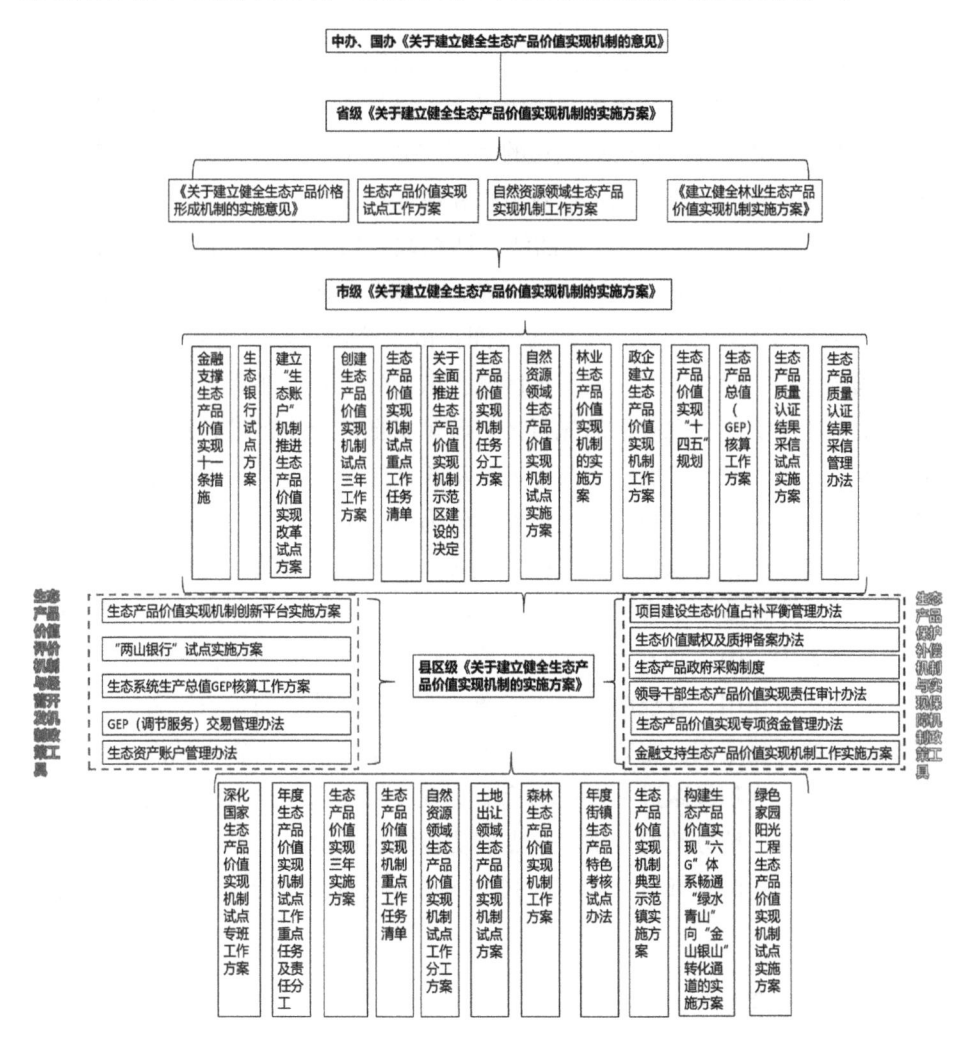

图 3　生态产品价值实现政策工具汇总

六、研究结论与政策启示

（一）研究结论

生态产品价值实现作为我国提出的一项创新性的战略措施和任务，从中央政府到地方政府都对其高度重视，2021年至今出台了大量政策文件，生态产品价值政策在短时间在全国范围内落地，这种现象级政策传播模式，为国内政策扩散研究领域提供了典型的案例，对其深入研究，也将有助于生态产品价值实现后续政策的跟进实施，为生态资源资产与经济协同发展提供政策指引。本文通过搜集省市县三级政府层面颁布的生态产品价值实现政策文本，探究政策扩散的时空演进特征。研究显示该政策存在明显的扩散效应，从省市县整体情况看随时间进程表现出的"S"形曲线。即在政策发布初期，试点城市生态产品价值实现机制尚未建立，缺乏中央指导，扩散速度缓慢；在中央出台指导意见后，各地采纳率急速增加，在较短时间扩散至全国区域，进入2023年后增速有所减缓。在空间维度上，显示出区域扩散与邻近效应明显，表现出长江经济带是生态产品价值实现政策的先行区与政策扩散的集中区域，逐步向其他地区扩展推进，这种区域扩展格局与国家推动长江经济带高质量发展系列政策息息相关，但也表现出东北与西北经济发展较为落后地区目前对生态产品价值实现政策接受度较低，尚未形成区域扩散模式。生态产品价值实现政策扩散过程中也显示出较为显著的垂直影响和层级效应，在"中央—省—市、县"的政策垂直扩散体系中，中央政府所颁布的政策起到高位推动的作用，为各级政府制定政策起到指引作用，省级政府在生态产品价值实现政策的扩散过程中更多作为省负总责的角色定位，主要以国家政策体系为主导，明确省级试点城市与实现要求，地方市县积极跟进生态产品价值实现政策要求，在本地开展相关探索创新活动。此外，地方政府特别是试点成功地区也可形成自下而上的政策扩散模式，如中央与浙江省都对"丽水模式"生态产品价值实现政策体系与实践做出了政策吸纳。

（二）政策建议

整体来看，生态产品价值实现工作依然处于起步阶段，各地颁布的政策缺乏本地特色，无法与本地区生态资源与生态产业衔接，此后应在目前各地实践探索的基础上，更多地对本地区生态禀赋与产业基础进行摸底调研。在政策制定过程中，针对本地区优势产业与资源，针对性地研究生态产品价值实现路径，特别是西部与东北地区，应走出一条不同于浙江丽水、江西抚州的生态产品价值实现创新路径，指导本地区开展后续工作。

在县区层面，已有多个尝试构建生态产品价值实现政策体系，通过政策体系化建设打通生态产品价值实现所面临体制机制中的阻碍，但目前在省市层面还缺乏生态产品价值实现政策体系化建立的创新实践，县区级政策未能形成畅通的"自下而上"政策扩散路径，作为新时代改革创新的重要课题之一，及时吸纳地区先进经验与评估试点建设成果，将有助于后续中央政府与省级政府指导性政策文件的发布。

目前，长江三角洲已发布跨区域生态产品价值实现实施方案即《长三角生态绿色一体化发展示范区建立健全生态产品价值实现机制实施方案》，有效链接区域内生态产品供给端与需求端，更好地搭建生态产品流通体系，为其他地区提供了先行示范。黄河流域、赤水河流域在下一步积极探索生态产品价值实现工作中建议研究制定区域生态产品价值实现政策，以生态产品价值实现机制促进区域产业互补，联动发展。

参考文献

[1] 国务院关于印发全国主体功能区规划的通知. (2011-06-08). http://www.gov.cn/ zwgk/2011-06/08/ content _1879180. htm.

[2] 靳诚, 陆玉麒. 我国生态产品价值实现研究的回顾与展望[J]. 经济地理, 2021, 41 (10): 207-213.

[3] 熊曦, 刘欣婷, 段佳龙, 等. 我国生态产品价值实现政策的配置与优化研究——基于政策文本分析[J]. 生态学报. 2023, 43 (17).

[4] 任耀武, 袁国宝. 初论"生态产品"[J]. 生态学杂志, 1992, 11 (6): 48-50.

[5] 张籍, 邹梓颖. 雅鲁藏布江流域生态产品总值（GEP）核算及其应用研究[J]. 生态经济. 2022, 38 (10): 167-172, 227.

[6] 陈清, 张文明. 生态产品价值实现路径与对策研究[J]. 宏观经济研

究. 2020, (12): 133-141.

[7] 高晓龙, 桂华, 欧阳志云. 生态产品交易机制研究 [J]. 中国土地. 2022 (8): 43-45.

[8] 孙博文, 彭绪庶. 生态产品价值实现模式、关键问题及制度保障体系 [J]. 生态经济. 2021, 37 (06): 13-19.

[9] DOLOWITZ D, Marsh D. Who learns what from whom: a review of the policy transfer literature [J]. Political Studies, 1996, 44 (2): 344.

[10] SIMMONS B A, Elkins Z. The globalization of liberalization: policy diffusion in the international political economy [J]. The American Political Science Review, 2004, 98 (1): 172.

[11] DOBBIN F, Simmons B and Garrett G. The global diffusion of public policies: social construction, coercion, competition, or learning [J]. Annual Review of Sociology. 2007, 33 (1): 449.

[12] BERRY F S. Sizing up state policy innovation research [J]. Policy Stadies Journal, 1994, 22 (3): 56-442.

[13] WELCH S, THOMPSON K. The impact of federal incentives on state policy innovation [J]. American Journal of Political Science, 1980, 24 (4): 715-729.

[14] STRUMPF K S. Does government decentralization increase policy innovation? [J]. Journal of Public Economic Theory, 2002, 4 (2): 207-241.

[15] 周望. 政策扩散理论与中国"政策试验"研究: 启示与调适 [J]. 四川行政学院学报, 2012 (4): 43-46.

[16] 杨旭, 秦枭童. 城市生活垃圾管理政策扩散的文本计量分析 [J]. 鄱阳湖学刊, 2020 (6): 87-99, 127.

[17] 王洛忠, 庞锐. 中国公共政策时空演进机理及扩散路径: 以河长制的落地与变迁为例 [J]. 中国行政管理, 2018 (5): 63-69.

[18] 杨志, 魏姝. 政策爆发: 非渐进政策扩散模式及其生成逻辑——以特色小镇政策的省际扩散为例 [J]. 江苏社会科学, 2018 (5): 140-149.

基金项目: 国家社科基金项目"民族学新时代西南民族地区绿色发展路径与对策研究"(项目编号: 20XMZ089)。

作者简介：颜强，贵州省社会科学院助理研究员、博士研究生、贵州省社会科学院国家治理现代化地方实践高端智库研究员；于涛，中节能生态产品发展研究中心有限公司、博士研究生、工程师。

产业政策、贸易保护与工业化：
基于重商主义的理论演进视角

徐雅卿

摘　要：在推进工业化实现经济赶超的过程中，世界各国都在一定程度上采用了产业政策和贸易保护政策。本文从学说史的角度梳理产业政策和贸易保护推动工业化的背景、机制和手段，从重商主义到美国学派再到新李斯特学派，通过产业政策和贸易保护推动国内工业化的思想一脉相承又与时俱进，不断丰富发展。通过对中美工业化的政策逻辑进行比较，本文认为在推进工业化过程中，产业政策并不必然等于贸易保护政策，贸易保护和自由贸易也并非完全对立，要结合国际环境、国家在竞争格局中所处的位置、产业的类型及其发展规律，选择合适的工业化模式；国际分工体系和全球价值链的生产方式使得国家在推动工业化过程中的角色发生改变；建设好全国统一大市场，构筑国内大循环是我国实现新型工业化的重要支撑。

关键词：产业政策；贸易保护；工业化；重商主义

一、引言

工业化是世界各国追求富强的共同目标，影响工业化进程的因素有组织分工、科技创新、规模效应、产业政策等。一直以来，前几个因素都是西方主流经济学的重要研究内容，而关于产业政策的研究却远不及其在各国经济实践中的应用。纵观世界大国崛起的经济史，各国在赶超时期推进工业化进程中无一例外都使用了产业政策，但这些国家在实现赶超并成为"领先国"后，选择"踢开梯子"[1]，并在意识形态上向新自由主义转变，如美国崛起后为了在全球推行自由贸易帝国主义和金融帝国主义,刻意删除了美国保护主义的历史及其推进本国经济崛起的工业化逻辑[2]。直至2008年国际金融危机爆发后,这些国家纷纷实行"再工业化",特别是在逆全球化浪潮盛行、地缘政治冲突的世界大变局下,美国发动贸易战,实施了大量以产业政策和贸易保护政策为核心的政策组合来遏制中国产业转型升级。有研究表明,当前实施产业政策的主体主要是发达国家,且选择性产业政策为主要组成部分。要理解发达国家实行这些保护性政策的逻辑,需要厘清政策背后的理论依据和现实背景。产业政策和贸易保护在推进工业化过程中扮演过什么角色?未来是否还能有效发挥作用?本文从产业政策和贸易保护政策推动工业化的学说史入手,梳理产业政策推动工业化的背景、手段和机制,研究二者如何影响工业化,并进一步讨论在当前国际形势和我国实行高水平对外开放的新型工业化背景下,应该如何处理自由贸易和贸易保护、产业政策和贸易政策的关系,为我国科学制定产业政策和贸易政策推动工业化提供有益的借鉴。

二、思想回溯:重商主义

通过贸易保护推动国内工业化的思想最早可以追溯到重商主义。"重商主义"一词是亚当·斯密在著作《国民财富的性质和原因的研究》中首次提出并进行抨击的对象,之后重商主义一直被后世误解为"财富等同于货币""出口要多于进口"的守财奴学说。虽然李斯特、凯恩斯、熊彼特等学者认识到重商主义思想的深刻性,并趋于认为重商主义指导了欧美尤其是英国的率先崛起。但其通过贸易保护推动工业化的思想还是没有得到主流经济学界应有的重视。事实上,重商主义的内核是贸易保护下的工业化战略[3]。李斯特曾指出,要不是斯密等人的误导性命名已约定俗成,重商主义实应被称作"工业主义"。

重商主义盛行于16—18世纪,由于地理大发现、民族国家的兴起和商业资本积累的需要,重商主义最初作为一种经济政策,关注民族国家的财富增长,认为财富增长来源于对外贸易的顺差,运用积累的金银财富来发展本国工业。因此,重商主义对工业化的认识和主张主要源于对财富积累和对外贸易的认识。重商主义扶植本国工业的主张,主要为:一是从出口角度认识到工业化的特殊性。重商主义通过对财富的来源的判断认识到工业是比其他行业更具有价值的活动，认为出口工业制品比出口原材料更能致富，如托马斯·孟认为，"天然物产并不能像工业那样带来高额利润"[4]32。因此，重商主义强调要对本国制成品输出和对外国原材料输入，而对外来制品的输入和本国原材料的输出设置高关税。二是注重对本国工业生产能力的扶持和产业保护。倡导购买本国货品（即便比外国商品更贵），旨在为国内生产提供需求，培养本国的工业生产能力；向工厂手工业者发放条件优惠的贷款；为了降低工业成本，各国实行普遍的低工资制；为发展本国的技术性产业高薪聘请外国工匠并禁止本国熟练技术工人外流等。

综上可见，重商主义学说早已认识到了如何通过调整贸易结构和贸易保护促进本国工业发展，是近现代出口导向型和进口替代型工业化模式的思想渊源，最终目的是希望本国制成品在世界市场上取得竞争力，保持出口优势，赚取贸易差额，增加国家财富。在重商主义时期，产业政策是零星的，没有成为系统推动工业化的工具，产业政策来自对待贸易的基本取向。

三、传承与演变：从美国学派到新李斯特学派

（一）美国学派：指导美国经济崛起的学说

在英国已经历工业革命，成为西欧经济领先大国，并开始倡导自由贸易时，美国还是一个落后的农业国。在寻求美国经济崛起之路的众多思想中，美国学派脱颖而出。"美国学派"是经济思想史学家迈克尔·赫德森[5]（Michael Hudson）在《19世纪美国思想中的经济学和技术：被遗忘的美国经济学家》一书中首次提出的概念。该学派始于美国第一任财政部长汉密尔顿在国会上提交的《关于制造业的报告》，提出"幼稚产业保护论"。随后的发展可以分为三个阶段：第一阶段的代表人物是马修·凯里和弗里德里希·李斯特，第二阶段的代表人物是亨利·凯里、帕申·史密斯。第三阶段的美国学派是指从德国留学归来并深受德国历史学派影响的美国留学生，也被称为"美国制度学派"。

关税保护是美国学派指导国内工业化的核心主张。李斯特着重阐释了关税保护对工业化的重要作用，指出"保护制度是使落后国家在文化上取得与那个优势国家同等地位的唯一方法""关税是建立与保护国内工业的主要手段"。但

李斯特笔下的关税保护是有节制的，关税的征收只能是以促进和保护国内工业为目的，而不可以使得输入和消费受到限制，否则会削弱国内生产力。他认为保护的方式和程度是由国家特有的环境和该国的工业情况来决定的，只有在满足一定条件下，才有理由实行保护制度，如实行保护主义的国家需要满足疆土辽阔、人口和资源丰富、农业发达、政治和文化高度发展等条件。只有满足这些条件，才可以与领先国家抗衡。且所有的保护主义并非绝对有利的或绝对有害的，而是要"两利相权从其重，两害相权从其轻"。

第二代美国学派进一步阐释了关税保护促进工业化的理论机制，其背后的逻辑始于美国学派"资本的能量生产率"理论。该学派对资本的认识与古典政治经济学家和马克思不同。古典政治经济学家把资本与"积累起来的劳动"物化等同，马克思认为"资本是产生剩余价值的价值""资本是一种社会关系"。美国学派所指的资本是指能够大幅度提高生产率的资本品，有独立的生产力属性，可以替代劳动，是经济增长的主要推动力。资本品多的国家，生产率高，即便工资水平高，也可以在自由贸易中生产出价格低廉的产品；而资本品较少、生产率低的国家，由于没有竞争优势，在自由贸易中会进一步陷入低生产率和低工资的恶性循环，就会导致富国越富、穷国越穷。因此，关税保护可以阻断恶性循环，促进工业化：一是保护国内工业投资，增加国内资本品；二是为在低资本生产率和高工资条件下生产的产品提供国内市场。另外，关税收入也可以为工业发展提供融资。

在国内生产领域实行自由竞争，在对外贸易领域实行贸易保护。李斯特的保护主义并不表示封闭自守，而是对外保护，即在与发达国家接触中要实行保护，但对内要建立统一市场，吸引外资。李斯特指出，如果被保护的产业已足够强大，就应该允许有限度的竞争，促进国内工业的竞争[6]。他还指出不同类别的工业应实施不同程度的保护，如高贵奢侈品的工业只需要最低程度的保护，而对一般消费品的工业要自己努力生产，因为这类工业品有利于本国在工业上保持独立地位，且这类工业会促进国内资本的储蓄和吸引国外资本进入。特别地，他指出，在专门技术和机器制造方面没有优势的国家，对于复杂机器的输入应该少征税甚至免税，直到技术可以达到先进国家制造水平。如果针对这类机器和技术征税，则会限制国内工业的发展。在李斯特那里，对外自由贸易是一个远景，需要许多条件，应该"把关税保护政策视为最终走向普遍的国际自由贸易道路上的一步"。在《政治经济学的自然体系》中，他指出："我们仅仅把民族主义视为人类发展的特定阶段，总有一天，这种民族主义要被世界主义所取代。"

总之，美国学派批判了亚当·斯密建立的世界经济体系学说，继承了重商主义在贸易保护和工业化的基本思想，建立了与亚当·斯密分庭抗礼的国家经济学说。当时的美国资源丰富，人口较少，工资较高，可以通过高关税保护，与英国经济脱钩，构筑本国国内市场循环。因此，亨利·凯里甚至认为，对外贸易对美国来说不仅是没有必要的，而且也是不受欢迎的。正是这种自给自足的思想使得美国建立起了内向型工业化模式，促进了美国经济的崛起。在这一时期，通过贸易保护和国内产业政策推动国内实现工业化的模式逐渐形成。

（二）新李斯特学派：后发国家实现工业化的经济学说

美国学派在指导美国、德国实现经济崛起后就逐渐销声匿迹，新自由主义大行其道，倡导金融、贸易的自由化。但新自由主义在指导后发国家工业化中使后发国家陷入贫困，同时国际生产分工体系也由单个国家生产转变为嵌入全球价值链生产。传统的李斯特经济学和美国学派学说能否在新的生产方式下对后发国家工业化具有指导作用？在对新自由主义的批判和后发国家实现工业化的学说中，新李斯特学派进入人们的视野。该学派借鉴了弗里德里希·李斯特对英国自由主义经济学家亚当·斯密和大卫·李嘉图的批判思想，继承了李斯特主义关于"国家是追赶发展的核心角色"的观点。"新李斯特"一词最早是1985年迪特·森哈斯在《欧洲经验：发展理论的历史性批判》中提出，本·塞尔温[7]（Ben Selwyn）把当代追随李斯特的经济学者关于后发国家经济赶超的学说统称为"新李斯特经济学"（Neo-Listian economics），代表性学者有如罗伯特·韦德（Robert Wade）、张夏准（Ha-Joon Chang）、艾丽斯·阿姆斯登（Alice Amsden）等。国内学者贾根良指出西方国家的新李斯特经济学未能研究20世纪70年代以来世界经济结构出现的重大变化，并在此基础上创立了中国的新李斯特经济学，为了与西方区别（New-Listian economics）。

强调国家在工业化中的主导作用。二战后，一些东亚国家和地区通过运用产业政策致力于推进工业化，实现对欧美国家的经济追赶。早期的新李斯特经济学家对战后东亚国家的工业化实践阐发李斯特经济学说。新李斯特经济学的核心观点是国家在刺激追赶式发展中扮演重要作用，如 Wade[8]、Chang[9] 和 Amsden[10] 对日本、韩国等国家和台湾地区如何有目的地推动工业化和经济追赶进行了分析，研究了这些国家如何严格管理对外贸易和外国直接投资，以及如何对国内企业进行监管，对其提出绩效要求并提供支持性补贴。东亚国家和地区在推动工业化的过程中，国家发挥自主性实施系统的产业政策，因此许多学者在对"东亚奇迹"经验总结中提出了"发展型国家"理论，并为当代发展中国家提出了另一种非新自由主义的政策议程。

将工业化理论置于全球价值链视角，提出"价值链高端保护说"。20世纪80年代以来，全球价值链的迅猛发展，生产方式由一个国家构建完整的价值链转变为生产某一环节。有学者（Baldwin①；Whittaker D. H., Zhu T., Sturgeon T., et al②）认为全球价值链的生产方式更加强调公司而不是国家，国家的作用不如工业化后期早期阶段那么明显，后发国家不需要通过积极的产业政策建立供应链来实现工业化，只需要加入全球价值链就可以实现工业化。但这些学者却忽略了发展中国家由于没有先进的技术和知识，往往以密集型劳动嵌入价值链，从事的是不具备报酬递增的生产活动，长期被锁定在价值链低端。因此，发展中国家即便出口了大量的制成品，依旧没有摆脱贫困状态。新李斯特经济学更加关注后发国家工业化过程中的利益分配问题，认为一国在参与全球价值链之前，首先要主动识别并培养高端环节，即将李斯特的"进口原材料并出口制成品"修改为"进口低端产品出口高端产品"[11]。新李斯特经济学发展了美国学派高工资生产率理论，强调通过保护以知识和技术为主的高端产业和产业的高端环节可以开发我国人力资本禀赋，使我国摆脱处于全球价值链低端的局面；提出了资本的信息——智能生产率理论以及价值链高端区域均衡发展说等。[12]

除了对李斯特经济学和美国学派的传承和发展，新李斯特经济学派创造性地提出了资本的信息—智能生产率理论以及价值链高端区域均衡发展说等[13]。信息—智能生产率理论指出以信息革命为特征的第三次革命在本质上是信息和

---

① Baldwin R., "Trade and Industrialization after Globalization's 2nd Unbundling: How Building and Joining a Supply Chain are Different and Why It Matters", NBER Working Paper, No. 17716.

② Whittaker, D. H., Zhu, T., and Sturgeon, T., et al., "Compressed Development", Studies in Comparative International Development, 2010(4): 439-467.

智能密集的资本对脑力劳动的替代，一国的国际竞争力日益取决于"资本的信息和智能生产率"。价值链高端区域均衡发展说是基于中国这样一个大国内部区域发展国情提出的，强调我国区域间水平分工原理的重要性。新李斯特经济学还提出发达国家产业保护说，认为李斯特关于贸易保护和自由贸易的三阶段论存在缺陷，美国作为发达国家，无论是在取得领先地位之前还是之后都实行了保护主义。

四、现实回响：中美工业化模式的政策逻辑比较

近几年发达国家陆续实施密集的产业政策和贸易保护政策，实施"再工业化"战略促进高端制造业回流。以美国为例，2021年2月美国发布保护美国供应链行政令，将与中国政府有联系的企业排除在供应链之外；同年6月发布"供应链百日评估报告"，旨在加强国内关键领域的供应链弹性，减少外部依赖；2021年11月、2022年7月和8月陆续出台了《基础设施投资与就业法案》《芯片和科学法案》《通胀削减法案》，分别对基础设施建设、芯片和前沿科技研发以及本土电动汽车提供大规模的补贴、税收和投资等优惠政策。发达国家实施大量的产业政策和贸易保护政策的现实表明，这两类政策并不局限用于后发国家追赶领先国家，领先国家在产业失去优势或受到竞争压力时也会使用，与新李斯特经济学派提出的发达国家产业保护说相符。余振和王净宇[14]认为，从美国对华的"脱钩"政策上可以看到美国学派关于"生产率立国"和内向型工业化的经济思想，"对华脱钩"政策的目的是限制和打压我国的技术发展以维护本国产业的国际竞争力，正如美国在崛起之初与英国"隔断"，保护本国特定产业免受外国竞争。但这些政策是否达到好的经济效果呢？有研究表明，当前美国贸易保护政策并未使制造业产出、结构构成、就业和劳动生产率等指标出现结构性改善[15]。

为什么发达国家之前经常使用的贸易保护主义政策会失效，是理论的失效还是现实的约束？一是当前制造业的复杂工艺特性和高度依存的生产方式。以芯片为例，芯片从研发设计到制作、封装、测试要经历上千道工艺，比18—19世纪的制造业工艺复杂得多，且芯片行业跨国间的依赖程度也比传统的制造业更深。根据世界贸易组织（WTO）的数据，全球2/3的贸易是通过全球价值链

分工的中间产品贸易实现的。在全球价值链的生产方式下，美国制造业需要进口大量的中间产品，关税保护会使得美国制造业的生产成本进一步增加，降低生产率。二是美国国内市场因素。从美国崛起的历史进程来看，美国国内丰富的资源和强大的市场为工业化提供支撑。当前，美国试图以产业补贴和贸易保护政策将先进制造业全产业链拉回本国，但此时美国已是发达国家，而非赶超经济体，其在劳动力、能源和物流等方面成本较高，国内市场可能无法在短期内为构建先进制造业全产业链提供保障。

从我国来看，我国经历了从"进口替代型工业化"到"出口导向型工业化"再到"立足双循环的新型工业化"的转变历程。中华人民共和国成立后，为了尽快建立起独立的工业体系，维护国家安全，我国实施了以幼稚产业扶持和贸易保护为基础的进口替代战略。随着国内资本不断积累，达到一定程度后，如果继续实施进口替代政策会使得落后企业和产业获得保护，降低经济效率。因此，改革开放后，我国的工业化模式转向了出口型工业化，依靠外资引进，通过加工出口推动产业升级和工业化。在此期间，外商直接投资对中国制造业参与全球生产发挥重要作用，同时政府的出口补贴、土地和税收优惠等政策的加持使得中国成为世界货物第一大出口国和第二大进口国。但这种大进大出的出口导向型工业化模式使得中国长期被锁定在价值链的低端，2008年国际金融危机后，全球经济增速下滑导致国外市场需求疲软，以及发达国家基于"再工业化"战略对我国高新技术企业产业链采取遏制和封堵，使得这种出口导向型工业化模式不可持续。有研究[16]表明，国外贸易保护政策对我国企业参与全球价值链产生了抑制作用。过去10年，中国的制造业出口对外资的依赖已经显著减弱，经济发展更加依赖国内市场的需求。在这样的国际国内背景下，我国提出"双循环"战略，实施新型工业化。新型工业化是以自主创新为根本动力，利用国内超大规模市场优势，关键产业实现"以我为主"，产业链安全可控，同时各产业各环节深度融入全球分工合作网络的工业化模式。新型工业化模式既强调自主性，又强调高水平对外开放。

从中美工业化模式的比较可以发现，贸易保护和产业政策的选择取决于国际环境、国家在竞争格局中所处的位置、产业的类型及其发展规律等因素，贸易保护和自由贸易也并非对立的，在不同时期、不同领域两者之间的关系是动态变化的。产业政策可以与贸易保护组合，也可以与外向型经济组合，将产业政策与内向型保护主义贸易政策等同起来已不再合适，当代的产业政策通常以外向型和促进出口为目标[17]。尽管支持自由贸易促进经济增长的观点在经济学中占主流，但也有研究表明自由贸易不一定会导致好的经济绩效，如 Rodriguez and Rodrik（2000）[18]通过对大量实证文献进行批判性分析，认为几乎没有证据表明开放的贸易政策——在降低关税和非关税贸易壁垒的意义上——与经济增长显著相关。关于贸易开放到底有利于工业化还是阻碍工业化，Shafaeddin（2006）[19]通过对过去二十五年来已进行贸易自由化的发展中国家样本和自由化倡导者墨西哥的案例研究，得出结论：当一个产业达到一定的成熟度时，贸易自由化必不可少，但必须有选择地、循序渐进地进行。

五、结论与启示

如何看待产业政策、贸易保护和工业化的关系是一个关系到工业化模式选择的重要问题。在现代语境中，贸易保护和保护主义被当成贬义词，时常与"封闭""零和博弈"等词语画等号。回顾产业政策和贸易保护的学说史，可以发现重商主义、美国学派的工业化理论和贸易保护主张指导了英国、美国、德国的崛起，新李斯特经济学指导了发展中国家的经济腾飞，因此，应该肯定其历史作用。值得注意的是，当前全球价值链的生产方式使得产业政策和贸易保护的内涵和政策工具发生变化。过去传统的产业政策和贸易保护主要是为了保护本国的幼稚产业免受领先国优势产业的竞争，采用进口关税和出口限制的方式（如关税是重商主义和美国学派的重要工具），而当前实施的政策不局限于幼稚产业，更多的是针对全球价值链上的具体任务和环节的价值链攀升、维护供应链的安全稳定和产业竞争力等。现代产业政策通常采用补贴和出口促进措施，贸易保护通常采用非关税工具，如反倾销、反补贴、供应链企业审查等。

自由贸易与贸易保护并非对立。从重商主义到新李斯特经济学，贸易保护有其历史背景和前提条件，在不同的发展阶段，国家采取相应的产业和贸易政策。当前，世界主要发达国家通过制定密集的产业政策和贸易保护政策进行竞争博弈，以占据新兴产业高地，发展中国家不能过分强调自由贸易。从历史来看，英国丧失了第二次工业革命的领导权的关键原因是其过于依赖由自由贸易带来的旧主导产业的海外市场利润,导致新兴主导产业被奉行贸易保护的美国、德国赶超。基于比较优势的自由贸易固然重要,但如果一国在新兴产业上不占据领先地位,那么,它在传统产业上也无法维持产业领先的动态优势[20]。我国需要在国际分工体系和生产格局中追求动态的比较优势,支持企业"走出去",另一方面也需要在自由贸易与贸易保护中灵活切换,寻求产业不断升级,如涉及国家安全和工业独立地位的产业以及某些先进技术落后的核心领域,要加强与发达国家的技术合作和技术引进,但更重要的是要充分发挥新型举国体制的优势,利用本国人力资本的优势,加强自主创新,努力实现高水平科技自立自强。

国家在推进工业化进程中发挥重要作用。产业政策和贸易保护政策只是在全球各国产业竞争的表象,其实质是国家意志的体现。重商主义、美国学派和新李斯特学派的产业政策和贸易保护政策都是出于国家和民族经济利益的需要,以国家主义观念作为推进工业化的基础。在当前的国际分工体系和全球价值链的生产方式,跨国公司成为全球价值链主导者,国家在推动工业化过程中的角色在发生改变,这种改变主要体现在国家在工业化战略上的政策空间和可用的工具。但全球价值链并非在制度真空的状态下发挥作用,国家在全球价值链下依旧扮演着促进者、监管者、生产者和购买者的重要角色。在新形势下,国家如何制定有效的产业政策和贸易政策推进工业化成为各国需要考虑的问题。这一问题引起了许多全球价值链学者和新发展主义学者的关注,如Hauge[21]认为赶超型经济体的政府需要为国内工业化的目的与外国投资者讨价还价;政策设计不仅应注重增加出口,还应注重以国内生产取代部分进口;成功的工业化必须在一定程度上挑战跨国公司。

我国在推进新型工业化的过程中要加快对国内统一大市场的建设,构筑国内大循环。无论是国内贸易还是对外贸易,都需要一个要素高效流通、竞争有序、规模巨大的国内市场作为支撑。重商主义、美国学派和新李斯特学派,都强调国内强大的市场作为工业化的重要支撑。从美国和德国的崛起历程来看,即便对外通过施加高关税保护国内市场和制造业,但无一例外致力于国内统一大市场的建设。贾根良认为国际大循环战略下"大进大出"的出口导向型经济容易使我国陷入结构性危机——低端产品生产过剩和国内需求的萎缩。为解决这一问题,必须依托国内大循环,为核心技术创造更大的市场,在国内建立高端价值链，同时支持高附加值产品的出口，通过国际大循环使我国制造业从全球产业链低端向中高端迈进。

参考文献

［1］张夏准．富国陷阱：发达国家为何踢开梯子？［M］．蔡佳，译．北京：社会科学文献出版社，2020．

［2］贾根良．美国学派：推进美国经济崛起的国民经济学说［J］．中国社会科学，2011（4）：111-125．

［3］梅俊杰．重商主义与中国经济再平衡［J］．学术月刊，2011（6）：80-85．

［4］梅俊杰．重商主义与国家赶超：世界经济史上的经验和教训［M］．上海：上海人民出版社，2023．

［5］迈克尔·赫德森：保护主义：美国经济崛起的秘诀［M］．北京：中国人民大学出版社，2010．

［6］弗里德里希·李斯特．政治经济学的国民体系［M］．陈万煦，译．上海：商务印书馆出版社，2011：294．

［7］Selwyn, B. An Historical Materialist Appraisal of Friedrich List and His Modern-Day Followers［J］. New Political Economy, 2009, 14（2）.

［8］Wade, R. Governing the Market: Economic Theory and the Role of Government in East Asian Industrialization［M］. Princeton University Press, 1990.

［9］Chang, H-J. The East Asian Development Experience: the Miracle, the Crisis, and the Future［M］. London: Third World Network and Zed Press, 2005.

［10］Amsden, A. Asia's Next Giant: South Korea and Late Industrialisation［M］. New York: Oxford University Press, 1989.

［11］丁涛，贾根良．新李斯特经济学的全球价值链理论初探［J］．社会科学战线，2017（8）：23-32．

［12］贾根良，等．新李斯特经济学在中国［M］．北京：中国人民出版社，2015．

［13］贾根良．新李斯特经济学作为一个学派何以成立？［J］．教学与研究，2015（3）：6-17．

［14］余振，王净宇．美国对华经贸的"脱钩"与"再挂钩"：思想渊源

与现实逻辑 [J]. 国际展望, 2022, 14 (3): 97-114.

[15] 刘戒骄. 美国制造业复兴困境与启示: 保护主义政策失灵的现实考察 [J]. 北京工业大学学报 (社会科学版), 2020 (5): 12-22.

[16] 乔小勇, 辛晓璇, 陈雪. 异质性贸易保护政策与中国企业嵌入亚洲区域价值链 [J]. 经济与管理评论, 2023 (6): 135-147.

[17] Juhász R, Lane N, Rodrik D. The new economics of industrial policy [R/OL] 2023-8-17. https://tinyurl.com/2ckdgn4z.

[18] Rodriguez F, Rodrik D. Trade policy and economic growth: a skeptic's guide to the cross-national evidence [C]. NBER Macroeconomics Annual, 2000, 15: 261-325.

[19] Shafaeddin, M. Does Trade Openness Favour or Hinder Industrialization and Development? (2006). MPRA Paper4371.

[20] 贾根良. 国内大循环: 经济发展新战略与政策选择 [M]. 北京: 中国人民大学出版社, 2020.

[21] Hauge, J. "Industrial policy in the era of global value chains: Towards a developmentalist framework drawing on the industrialisation experiencesof South Korea and Taiwan", World Economy. 2020, 43 (8): 2070-2092.

作者简介: 徐雅卿, 广东省社会科学院当代马克思主义研究所、上海社会科学院经济所博士研究生。

地方链长式国企培育与现代化产业体系构建研究

郭 鹰

摘 要：当前"链主"与"链长"功能错位、技术变革加速和产业链安全等问题对产业链治理的现代化改革提出了更高的要求，探索地方国企的"链长"新角色应成为新的着力点与突破方向。在具体的实现途径上应结合统筹产业链国际化、布局产业链共性技术、引领产业链整体转型、确保供应链、战略性需求引领等路径。具体的政策建议是在新时期国企改革中融入打造产业链"链长"的新使命、推动国企"链长"与相关企业形成良好的产业生态、引领推进数字化转型与多链融合、以产业链安全观统领产业链现代化治理。

关键词：链长式；地方国企；产业体系；现代化

产业链治理现代化改革是在以传统的链内企业单边治理主体、链外政府单边主体和链内链外参与者联合治理主体三者的实践基础上，尝试走出"市场失灵"和"政府失灵"困境的创新治理模式，本文将打造国企的"链长"新角色作为产业链治理现代化改革的着力点和重要抓手，进一步探索产业链治理现代化改革的突破方向。

一、相关理论研究

（一）产业链、供应链、价值链、创新链相关理论研究

1. 价值链

价值链这一概念首先由 Porter 于 1985 年在《竞争优势》[1] 中提出，但当

时更侧重于企业内部活动引起价值增值的分析，从微观视角探索组织内部价值生产和传递的各类活动和环节[2]。国内外学者们的后续研究将价值链的概念推及企业外部，将价值链定义为产品的最终价值在研发、设计、制造、销售、服务环节的分配图谱，自链条的上游向下游逐步增值的过程[3]。任何经济组织形态运行的基本要素都是价值链，构建基础都是创造价值和开展一系列价值活动[4]。

2. 供应链

供应链的概念起源于20世纪80年代，它是围绕核心企业的物流、信息流、资金流的综合[5]，从采购原材料开始，到最终产品送达消费者为止，由上下游各种供应商、销售商、物流服务商和最终用户组成的一个功能网络。供应链的核心理念是准时、有序、经济的供应，它主要通过控制成本、提高效率来提升总体价值。供应链是推动价值链跨组织形成、构成产业链流程体系的基本组织方式，它通过生产经营中自发产生的商流、物流、信息流和资金流实现资源和价值活动在社会范围内的整合，推动链条中不同经济组织间的协同合作，进而优化产业结构，降低经济体系运行成本，塑造具有强韧性和竞争力的产业链。

3. 产业链

产业链是20世纪90年代起中国学者开始关注的一个较为中国本土化的概念，但其思想可以追溯到亚当·斯密有关分工的诊断，以及Hirschman在《经济发展战略》一书中从产业（企业）的前向联系和后向联系的论述[6]。产业链的概念定义与供应链、价值链的边界较为模糊，在实际使用中常出现混淆。产业链强调产业整体价值，关注产业内部的上中下游的协调、均衡，关注产业的强大和综合价值最大化，是价值链和供应链的结合。产业链通常围绕某一具有竞争力的龙头企业，在一定的地理空间之内聚集而构成，是以分工协作为基础、以产业联系为纽带，因提供某类商品而从事具有内在技术经济关联活动的企业之间的网链式组织系统[7]。宏观上，产业链是不同区域相关产业环节构成的有机整体；中观上，产业链是不同行业企业的连续追加价值活动的总体；微观上，产业链是部分企业价值活动的总和[8]。

我国学者目前对于产业链的研究，主要呈现出两个方向：一是围绕某个特定产业、特定城市、产业小镇或产业集群展开的实证研究，寻求可供复制的发展建议；二是立足于国家的宏观层面，旨在探寻面对当今激荡的全球政治经济形势,如何完善提升中国产业链的竞争力和安全性。两个方向都表现出多链融合的研究态势,通过对价值链、供应链、创新链、人才链的关注,和增强其与产业链的空间、资源匹配度,提升产业链的整体质量和价值。

4. 创新链

创新链概念最早由 Marshall 和 Vredenburg 于 20 世纪 90 年代提出[9]。随着中国在全球分工中的角色不断向产业链的高端攀升,以及《国家中长期科学和技术发展规划纲要（2006—2020 年）》[10] 中建设创新型国家战略的提出,国内学者对于创新和创新链的关注度也在提高。创新链的核心内涵是以市场需求为导向,强调价值创造和价值增值,由多个创新主体构成,主要活动目的在于整合创新资源的结构网络[11]。在研发和生产两个维度上,产业的创新链可以总结为从基础研究、应用基础到应用技术研究的研究活动链条及围绕产业链分布的创新链两个方面,后者包括原材料、技术、产品、生产方式和市场五个环节的创新[12]。在横向和纵向两个方向上,创新链可以总结为包括供应商、经销商和普通客户的纵向链资源整合和包括大学和科研院所、合作企业、竞争者、政府资源的横向链资源整合的双元性创新[13]。在横向上,学者们主要关注官产学研协同等创新链协同效应与相应障碍；在纵向上,学者们主要关注创新链与资金链、人才链、知识流的融合机理,探寻创新要素的配置优化。

（二）链长制、链长式企业相关研究

1. 链长制理论研究

"链长制"于 2017 年在湖南长沙的全市产业链工作动员部署会上首先提出,为 22 条产业链分别在园区设立产业链办公室[14]。2019 年 9 月以来,为推动区域块状特色产业优化升级,浙江省率先在全省系统化、普遍化地推进链长制[15],建立"九个一"工作机制,由各开发区选拔出 27 家链长制示范单位,38 家链长制试点单位[16]。广西壮族自治区 2019 年 11 月出台实施方案,建立群链长工作机制,加快推进 12 大重点产业集群 23 条重点产业链发展[17]。为推动产业基础高级化、产业链现代化发展,江西省于 2020 年 4 月出台工作方案,选取 14 条重点产业链开展链长制工作。其他各省市也纷纷出台相关政策为疫情期间强链、补链,开展复工、复产工作或是促进特色产业集群发展提供助力。链长制是以地区经济发展的主导产业为主,由占据产业链支配地位的龙头企业发挥领军作用，协调统筹产业链上下游的联通和要素配置，充分利用溢出效应和协同效应强化产业链的产业组织制度，是开发区模式的竞争优势弱化后的升级和突破[18]。链长制这一产业组织制度的创新，是在产业链聚集的现实基础上诞生的一种对产业链理论的创新应用与发展，目的是推动点状的产业小聚集发展为链状的产业生态，使得简单、松散的同类企业集群得以串联成多层次、全方面的产业链网络，在微观层面上，促使企业从单纯地利用规模效应走向打通上下游阻滞环节，利用多方面的协同效应，降低交易成本，共享行业信息；在宏观层面上，为关注重点产业，统筹要素资源，防范化解产业链重大风险、稳定经济运行方面提供重要抓手[19]。链长制在统筹调配资源方面有着超越其他机制的优势，尤其在市场较难自发解决的创新资源的配置上能取得优良效果，有利于搭建校企合作的信息沟通双向通道，推动产业链创新链融合升级[20]。因链长制的创新性，国内学者目前还未对其形成系统的研究体系。现有研究的主要方向为阐释链长制的作用，分析优势与风险点，以及从宏观的地方或产业层面上提出如何利用链长制促进多链融合发展的实践建议。

2. 链长式企业相关研究

链长式企业是指在行业发展过程中，自然形成的能够连接行业上下游、带动产业链发展的龙头企业，产业垂直整合度高，在产业链上位于技术中枢和市场中枢的位置[21]。在同一条地方产业链中，链长式企业可以是一个，也可以是多个，在产业链生态中，链长式企业对其他企业并非支配控制关系，而是作为技术支撑和联结纽带的角色，更多地提供协同发展作用[22]。链长式企业在链长制的机制发挥中具有重要地位，对于产业链的拉长、延伸、扩展和巩固都要围绕链长式企业进行，从而达到真正固链、强链、补链、建链的实际效果，营造良性发展的产业生态环境，并以引育壮大龙头企业的方式打造高层级产业链发展空间平台和共性技术支撑平台，节约技术层面的交易成本，提高产业链竞争力。目前国内学界对于链长式企业的研究仍停留在外部作用层面，立足于顶层设计的视角，对其本身的关注不够，缺少实证研究来剖析链长式企业如何通过上下游产业链布局形成中枢地位，进行产业链资源配置，发挥协同效应。

二、产业链核心企业发展对于所处行业影响

（一）促进产业链形成

"产业链核心企业"与"链长式企业"是同类企业在不同产业组织机制层面的表达。产业链通常围绕核心企业建立，在核心企业的横向维度上，通过规模效应可以吸引更多同类企业聚集形成点状产业集群，利于增强、稳固当地的产业集群在产业链这一环节上的优势地位；在其纵向维度上，依凭核心企业的市场和供应，能够吸附中小企业补充其所在产业链上下游的空白生态位，成为产业链的延长和补充，在其周边形成地域性的生产分工和协作网络系统[23]，最终构成环节较为完整的地方性产业链。核心企业本身实力强劲，为自身获得规模效应，降低交易费用，筑牢护城河，也可通过横向扩张和纵向一体化的方式，针对性地固链、强链、补链、建链来完善所在的地方性产业链。现有研究肯定了核心企业在巩固、完善、延长产业链方面的作用，也要求其充分发挥这一功能，但对核心企业应如何结合自身当前产业链布局情况去选择具体增补哪些环节，如何使之发挥更好的产业联动效果，在此过程中有哪些难点和阻碍缺少相应的实证研究，呈现发展方向明确，但具体路径模糊的情况。

（二）营造产业链内部竞合环境

在产业集群形成的过程中，同类企业为获取规模效应，围绕核心企业聚集于一定的区域，形成了企业之间的横向竞争关系，同业的模仿、挤压会提升竞争的激烈度，形成追赶效应，成为产业集群中的成员企业技术进步的动力。同时，处在产业链之中的非核心企业的自身利益与产业链整体利益并不完全等同，可能因过度追求自身利益而采取短期行为，造成负的外部效应，使产业集群的竞争生态恶化。核心企业自身利益与产业链整体利益具有较高的一致性，其凭借市场优势地位和议价能力，得以发挥链长作用，在所在产业链发挥组织者和管理者的角色[24]。对产业链进行有效管理的根本在于协调好产业链中企业成员自身利益同产业链集体利益的关系，使得产业链内企业关系由单一的竞争变为"竞争、合作、协调"的良性的合作竞争关系[25]。

(三)提升产业链对外竞争力

核心企业作为形成的商业生态系统中的骨干,也是协同本产业链上被吸附的其他企业,与其他产业链竞争的主要力量,产业链的运作情况和竞争力很大程度上取决于产业链核心企业的协调能力[26]。核心企业的市场地位和技术能力稳固,可以协同产业链内大量企业共同发展,反之则可能导致区域经济崩塌。基于核心企业在地方性产业链形成过程中的作用,核心企业通常是吸附在周边的中小企业最主要的合作伙伴,核心企业维护稳固自身的市场地位,有利于保持周边配套企业的原材料供应源和产品销售的市场空间。因此,在确保所在产业集群的供应链活性方面,核心企业具有举足轻重的作用,核心企业市场地位的动摇会传导到整个地方性产业链,使得部分成员企业赖以生存的关键供应节点断裂。同时,供应链的建立和优化过程均需要较大的成本投入,中小企业缺乏相应能力,产业集聚必然形成以核心企业为集散中心,以核心企业的物流、信息流为基础的供应链网络。中小企业通过利用核心企业的成熟供应链,甚至是富余的运输能力,就能降低整个产业集群经济的运行成本,提高运行效率。核心企业通常掌握产业核心技术,并具有较高的创新研发能力和创新资源整合集成能力,在产研学创新合作平台的建立上发挥主要作用。通过人员、产品、信息在区域内部的流动和企业间的交流学习,能够实现知识、技术、人才等优质创新要素和创新成果从核心企业到其他企业的外溢和扩散,推动其他企业的技术升级进步,提升本产业链整体的技术水平和创新能力。在产业链、供应链、创新链从建立到成熟巩固的过程中,核心企业通过在科技创新、产业协作、物流、商品销售等方面带动全链条生产经营,建立、巩固、完善所在的当地产业链、供应链、创新链,提升整个地方性产业链的竞争实力,带领其他成员企业向价值链的上游攀升,并带动了更多优质企业的成长,为地方产业集群创新升级和产业竞争力提升做出了重要的贡献。

三、培育链长式地方国企的必要性与紧迫性

(一)"链主"与"链长"功能错位需要地方国企勇担"链长"新角色

"链长"是政府在"链长制"的实施过程当中的主体,由各地区的主要领

导担任，具有行政任命的特点，是政府实施经济政策的有机载体，其负责协同所管辖行政范围内的产业链问题，有效盘活与整合区域内产业链上下游企业，形成集聚规模效应。"链主"是产业链在行业市场发展的过程当中，自然形成的能够连接行业上下游、带动产业链发展的龙头企业，具有连接广、规模大和品牌强等特点，掌握了行业的核心竞争优势和营销网络。"链长"与"链主"的关系是政府与市场的关系，即政府调控与市场调节的关系。但是在各地"链长"制的实际运行中，存在地方政府通过行政命令的方式给产业链上下游企业调配市场资源，导致在产业链的一些特定环节，企业过度享受要素支持、行政补贴和政策优惠，政府作为"链长"代替"链主"深度参与市场活动，导致"链长"与"链主"的市场主体功能错位。

（二）不断加速的技术变革需要地方国企勇担更多创新风险

数字技术加速发展所推动的复杂技术集成和产业融合使得技术创新的复杂度逐步提高，大企业和中小企业在创新资源上的"鸿沟"不断变深、变宽，产业链上大中小企业的资源和能力分化加剧了产业链协同的困难。这就需要国企这样拥有更多资源存量和冗余、具有更高抗风险能力的市场主体来协同产业链、创新链和供应链，推动创新价值的实现和产业的成长。突破式创新往往是由技术创新和商业模式共同驱动的，多种技术和商业模式的组合可能会衍生出多条实现路径，这也需要国企这样具有引领能力的主体来主导并强化某种技术路径和商业模式，通过技术引领、需求拉动等方式整合特定技术路线和商业模式，推动产业发展，成为产业生态领导者和核心竞争力的载体。

（三）全球竞争新格局下需要地方国企勇担产业链安全新使命

在传统的基于比较优势和自由贸易的全球大循环下，以欧美日等发达国家跨国公司为代表的企业逐渐成为能够主导产业链资源配置方向的"链主"企业，它们凭借自身在资本、市场、技术和品牌等方面的优势在全球范围内获取和配置资源，促进了各类要素在全球范围内的流动。随着我国企业技术创新能力和全球竞争力的快速提升，主要来自西方国家的产业链"链主"企业在传统自由贸易规则下已无法基于自由竞争秩序遏制我国新兴经济体企业的崛起和赶超，在这样的背景下，少数发达国家不断强化政府干预贸易规则和市场竞争，全球形成的自由贸易规则正在受到严峻挑战。在这样的大背景下,要求国企在国家战略指引下主动担当,确保国家产业链安全。

四、培育链长式地方国企的实现路径

(一)统筹产业链国际化

构建新发展格局不是关起门来搞建设,在畅通国内大循环的同时也要积极畅通国际大循环,深入参与全球产业链分工与建设,共同维护全球产业链供应链安全,提升产业链国际化水平。应坚持以提高质量和效益为中心,统筹利用国际、国内两种资源、两个市场,立足自身优势,扩大合作对象范围,建立互利互惠合作共赢的合作模式;坚持高起点,争做产业标准制定者;要明确重点,有所取舍,充分发挥产业链的协同优势,稳步增加境外资产份额,掌握价值链高端环节话语权。应支持主动融入全球创新和产业网络,加大联合研发力度,设立全球研发中心,推动研发机构"走出去",吸引境外研发人员和研发机构"走进来",促进全球科技要素的整合利用。

(二)布局产业链共性技术

国企要从产业链发展的基础和共性问题着手,通过建立自主技术研发中心等机构推进一批共性技术研发平台和公共服务平台建设,形成良好发展的链状产业生态。国企既肩负着共性技术研发的公共使命,又掌握在竞争中实时形成的、有关前沿技术产业化方向的市场需求。牵头建设高水平产业共性技术平台、加快产业共性技术研发与扩散应用,理应成为国企加强公共创新供给的重要方向。应考虑共性技术研发的高风险和高资源投入,鼓励聚焦自身技术或市场优势明显、有效协调相关创新主体合作并落实成果应用的领域,牵头建设产业共性技术平台,组织带动共性技术研发;支持结合自身所在行业的技术需求,高水平建设共性技术平台;支持共性技术研发平台为"专精特新"中小企业提供技术支援服务和成果转化支持。

(三)引领产业链整体转型

在自身具有市场规模优势或领先技术优势的领域,国企有条件成为带动产业链上下游协同转型、实现全产业数字赋能、构建国产应用生态、打造高质量产业共同体和现代产业集群的龙头力量。支持率先完成全面数字化转型，探索克服数字化转型进入深水区后面临的困难和挑战，以全面数字化转型带动业务流程、治理体系和组织架构再造；支持发挥海量生产数据和丰富应用场景的优势，构建产业数字化平台，围绕连接生态形成数字化共生能力，推动全产业链数字化转型；支持探索推广符合现代产业链发展规律的价值获取、价值创造、价值分享机制，推动全产业链竞争模式转型。

（四）确保供应链

国企是战略性商品和民生必需品供应链上必不可少的"稳定器"。在自身处于供应链枢纽位置的行业领域内，国企有条件紧扣主责主业，维持战略性商品和民生必需品供需平衡，稳定战略性商品和民生必需品供给价格，协助产业链上下游广大供应商有效应对产业环境变化的冲击。支持从公共利益出发，切实保证自身生产的战略性商品和民生必需品供给总量满足需求，供给价格合理稳定；支持与产业链上下游主体通力合作，采取减租让利、平台建设等多种手段，加速释放全链条稳供保障能力和可持续性；支持深度发掘庞大供应链网络所蕴含的金融交易场景，规范发展供应链金融，支持供应链稳定循环和优化升级。

（五）战略性需求引领

国企多处于技术门槛高、规模效应显著、产业集中度较高的国家战略性领域，且其中某些领域属于较大规模的终端用户或总成企业。因此，国企有条件作为试验性用户和领先用户，以规模化、前瞻性、创新导向的市场需求牵引产业链尤其战略性新兴产业链成熟壮大。在国企"链长"作为终端用户的战略性新兴产业领域，支持发挥规模化需求优势，构建需求导向、创新导向的竞争选择机制，激发各类主体填补产业链空白，提升产业链关键环节创新能力，尽快形成自主产业链；在国企"链长"作为总成企业、政府部门或其他国有企业作为终端用户的战略性新兴产业领域，推动终端用户持续提供对标国际技术前沿的产品需求与技术机会，为其发挥战略性需求牵引作用创造条件。在已具备国际竞争优势但主导技术路线存在转换风险的产业领域，支持提升产业链技术布局与管理能力，引导全产业链战略性应对产业技术路线转换。

五、培育链长式地方国企的政策建议

（一）在新时期地方国企改革中融入打造产业链"链长"的新使命

建议将打造国企产业链"链长"作为各级国资委管理和监督国企的核心职能之一，根据不同国企的经济功能定位、产业链位置和能力特征，在现有分层分类改革的基础上，增加产业链"链长"企业属性，推动国企在平台打造建设、基础研究探索、关键核心技术突破和创新生态培育等方面扮演更加积极的角色。推动国资委与相关部门协同开展国企打造现代产业链"链长"的工作，梳理国资委和相关部门推动国企打造产业链"链长"建设的权力和责任清单，推进国资委与财政、发改、工信、税务和科技等部门间的协同。

（二）推动地方国企"链长"与相关企业形成良好的产业生态

产业链生态实际上是治理的外在表现形式，生态好坏反映了治理水平的高低，优化产业链治理，对于构筑并夯实竞争性、关联性与变革性三大支柱具有明显的积极作用，产业链现代化在某种意义上也可以看作产业链治理的优化和升级。理想的产业链生态，需要形成"链主"企业充分发挥引领支撑作用、中小微企业更好发挥协作配套作用的良性治理格局。通过有效的权力分配、投入方式、分配方式等，形成各类主体共同投入、共享收益、合理分配、有序竞争的良好局面，推动产业链内"链长""链核""链环"和"链辅"等企业的有效协同。

（三）引领推进数字化转型与多链融合

以数字技术为支撑，以数字化转型为主线，以工业互联网为依托，推进产业链、供应链、价值链和创新链等多链融合，形成产品网络、技术网络、生态网络和价值网络。在数字技术驱动下，多链融合的过程也是价值链跃迁、产业链延伸、供应链补缺和创新链提升的过程。数字技术与产业链的深度融合有助于降低信息沟通成本和交易成本，加强产业链上下游企业的有效对接，促进供给与需求精准匹配和高效协同。为加快推进产业链数字化转型，需立足国企作为"链长"企业在产业、数据、用户和场景等方面的优势，大力推进工业大数据、物流大数据等产业数字化平台建设，构建技术迭代速度更快、技术复杂度更高、架构更加复杂的平台体系，丰富平台应用场景，打破产业链不同环节之间的数据壁垒，完善平台生态系统功能，赋能产业链治理的数字化转型。

（四）以产业链安全观统领产业链现代化治理

现代产业链建设是维系国家安全、应对大变局下国际技术经济竞争的必然选择，要以总体国家安全观统领推进，既要利用全球大分工进一步提升效率和经济效益，也要关注关键设备、关键原材料、关键产品和关键技术等方面的国产化问题，同时要强化产业循环体系内的非对称竞争优势构建，从根本上保障国家安全。需将增强产业链安全备份能力作为国企打造产业链"链长"的工作重点，围绕原材料、技术、人才、设备和产品等，实施断链断供替代预演，形成替代方案并有序推进，提高多国备份能力，提高极限生存能力和抗风险能力，持续突破战略必争领域的原材料、技术、人才和设备等方面的瓶颈。

参考文献

[1] Porter M E. Competitive Advantage：Creating and Sustaining Superior Performance [M]. New York：Free Press，1985.

[2] 宋华，杨雨东. 中国产业链供应链现代化的内涵与发展路径探析 [J]. 中国人民大学学报，2022，36（1）：120-134.

[3] 王刚，施新玲. 产业链、供应链、价值链概念探讨和发展水平提升路径研究 [J]. 产业创新研究，2022（8）：1-3.

[4] 黄群慧，倪红福. 基于价值链理论的产业基础能力与产业链水平提升研究 [J]. 经济体制改革，2020（5）：11-21.

[5] 朱凤涛，李仕明，杜义飞. 关于价值链、产业链和供应链的研究辨识 [J]. 管理学家（学术版），2008，1（4）：373-380.

[6] 胡亦盛，楼儒铠，章豪锋. 价值链、供应链与产业链的概念辨析 [J]. 现代物业（中旬刊），2010，9（6）：22-23.

[7] 陈朝隆. 区域产业链构建研究——以珠江三角洲小榄镇、石龙镇、狮

岭镇为例 [D]. 中山大学, 2007.

[8] 杨宇昕. 从产业价值链看中国汽车零部件企业发展战略 [D]. 武汉科技大学, 2004.

[9] Marshall J J, Vredenburg H. An Empirical Study of Factors Influencing Innovation Implementation in Industrial Sales Organizations [J]. Journal of the Academy of Marketing Science, 1992: 205-215.

[10] 中华人民共和国中央人民政府. 国家中长期科学和技术发展规划纲要 (2006—2020) [EB/OL]. 2006. http://www.gov.cn/gongbao/content/2006/content_240244.html.

[11] 杨忠, 李嘉, 巫强. 创新链研究: 内涵、效应及方向 [J]. 南京大学学报 (哲学·人文科学·社会科学), 2019, 56 (5): 62-70, 159.

[12] 徐杰. 提升产业链供应链现代化水平的关键举措 [J]. 开放导报, 2021 (2): 65-70.

[13] 付丙海, 谢富纪, 韩雨卿. 创新链资源整合、双元性创新与创新绩效: 基于长三角新创企业的实证研究 [J]. 中国软科学, 2015 (12): 176-186.

[14] 长沙晚报网. 长沙加快发展完善产业链恰逢其时 [EB/OL]. 2017-11-23, https://www.icswb.com/h/101284/20171123/496482.html.

[15] 孙华平, 包卿. 产业链链长制的来龙去脉与功能角色 [J]. 中国工业和信息化, 2020 (7): 30-34.

[16] 浙江省商务厅. 关于浙江省开发区产业链"链长制"试点示范和试点单位公示 [EB/OL]. 2020-10-13. https://zcom.zj.gov.cn/art/2020/10/13/art_1389610_58926116.html.

[17] 广西壮族自治区工业和信息化厅.《广西重点产业集群及产业链群链长工作机制实施方案》政策解读 [EB/OL]. 2019-11-08. http://gxt.gxzf.gov.cn/xxgk/zfxxgkzl/zwxxgkml/wjjd/t5363537.html.

[18] 林淑君, 倪红福. 中国式产业链链长制: 理论内涵与实践意义 [J]. 云南社会科学, 2022 (4): 90-101.

[19] 张贵. 以"链长制"寻求构建新发展格局的着力点 [J]. 人民论坛, 2021 (2): 41-43.

[20] 陈会航, 张虎翼, 邓文星. 面向产业链升级的创新路径方法及平台

建设探究［J］．科技和产业，2022，22（4）：161-166．

［21］刘志彪．全球产业链集群战略：中国应对全球供应链重组的政策举措和行动［J］．经济研究参考，2020（10）：5-10．

［22］张乃欣．支点的力量——不同类型企业在产业链供应链中的地位及作用［J］．企业管理，2022（5）：16-22．

［23］池仁勇，杨潇．行业集聚度、集聚结构类型与技术进步的动态关系研究：以浙江省制造业为实证［J］．经济地理，2010，30（12）：2050-2056．

［24］赵建华．产业链核心企业技术集成能力影响其纵向边界的研究［D］．东北大学，2013．

［25］郝雪．基于核心企业的产业链整合研究［D］．河北工业大学，2011．

［26］刘贵富，赵英才．产业链核心企业研究［J］．中国管理信息化（综合版），2006（10）：25-28．

作者简介： 郭鹰，浙江省社会科学院经济研究所研究员、管理学博士。

建设农业强国背景下广西推动现代设施农业高质量发展对策研究

王造兰

摘 要：现代设施农业作为推动农业现代化的突破口，是培育发展农业新质生产力，建设农业强国的重要举措。近年来，广西抢抓国家大力发展设施农业机遇，全力推动现代设施农业成为广西农业发展新引擎。本文以广西设施农业发展现状为出发点，总结归纳主要做法、深入分析存在问题，并就设施农业发展规划、科技创新赋能、产业融合发展、要素保障支持等方面提出对策建议，为积极推进广西现代设施农业高质量发展提供智力支撑。

关键词：农业强国；现代设施农业；高质量发展；要素保障

发展现代设施农业，是建设农业强国的应有之义，也是保障国家粮食安全、促进农业增效、农民增收的重要途径。党的二十大报告提出，"树立大食物观，发展设施农业，构建多元化食物供给体系"。习近平总书记在2022年底中央农村工作会议上强调，"设施农业大有可为，要发展日光温室、植物工厂和集约化畜禽养殖，推进陆基和深远海养殖渔场建设，拓宽农业生产空间领域"[1]。2023年12月14日至15日，习近平总书记在广西视察时指出，"要大力发展设施农业"。强农重器，现代设施农业是农业现代化的突破口，大力构建设施农业发展场景，向非耕地要面积，向立体要空间，是培育发展农业新质生产力的重要举措，设施农业正成为为乡村振兴发展赋能的支柱产业。

一、广西加快发展现代设施农业的主要做法及成效

近年来,广西抢抓国家大力发展设施农业机遇,立足区位、资源禀赋优势,坚持把发展设施农业作为建设农业强国、农业强区的一项战略决策,构建了集发展规划、政策扶持、项目谋划、要素保障、科技支撑于一体的现代设施农业发展体系,全力推动现代设施农业成为广西农业发展新引擎。2023年,广西设施农业快速发展,设施农业产值达到了2500亿元,占农业总产值比重超三分之一,推动全年一产增速达4.7%,保持平稳快速的增长[2]。

(一)全面强化设施农业顶层设计

广西各级党委政府高度重视发展现代设施农业,对标对表国家部署要求,加强设施农业政策扶持。首先,加强政策引导支持。广西将出台加快现代设施农业发展政策文件列入改革事项,印发《广西加快推进现代设施农业发展实施方案(2023—2025年)》,从用地、财政、金融等多方面加大政策扶持力度。重点围绕渔业高质量发展、设施蔬菜基地建设、牛羊产业发展等重点任务出台一批系列文件,明确了设施农业发展目标、区域布局、项目要求。制定《广西设施农业项目建设流程指南》,规范了设施农业建设流程、设施农业用地备案、设施农业建设项目等工作。其次,加大对重大项目资金支持。广西持续增加投入力度,明确资金补助方向,2023年,广西支持约700个设施农业发展项目建设,其中投资超过1000万元的项目近200个,层次水平高、投资体量大、带动效应强的牵引性项目有16个[3]。2024年,继续安排中央和自治区财政资金16.34亿元,支持设施农业项目1041个。上半年,广西共实施了102个1000万元以上的设施农业重大项目[2]。再次,全面推动设施农业项目建设。广西通过建立区、市、县三级设施农业融资项目库,做好现代设施农业建设项目谋划储备工作。目前累计储备项目1260个,积极向国家推送投资1000万元以上项目,入库200个,投资总额达887亿元,41个项目获得贷款授信,授信总额84亿元。其中,一季度纳入国家项目库的项目投资总额达700亿元,超越湖南、江苏、湖北等农业大省,位居全国第八。建立处级领导干部一对一联系驻点推进项目机制,推动果天下公司芒果深加工等37个重大项目今年投产见效。

（二）全面提升设施设备现代化水平

近年来，广西农业生产设施设备持续迭代升级，设施水平正加速迈向现代化新征程。一是加快设施设备不断迭代升级。设施种植业方面，积极推动新建一批具有标准化规格、智慧化水平的设施棚室，实现精准的环境控制、高效的生产管理。对产地烘干中心的场库棚、粮食提升输送设施等相关设施设备进行智能化、绿色化转型升级，为粮食产后处理提供有力保障。畜牧业方面，从传统栏舍养殖向生猪和家禽多层立体养殖、奶牛智慧养殖、肉牛肉羊标准化规模养殖转型，引导粪污密闭处理、气体收集处理、有机肥和沼气沼液沼渣综合利用。设施渔业方面，全面推广多营养层次、立体生态养殖模式，推动传统池塘养殖、网箱养殖等粗放式散养模式向陆基圆池循环水养殖、工厂化循环水养殖和重力式深水网箱养殖等多种模式转型升级[4]。二是加快老旧低效设施改造提升。实施农机报废更新补贴政策，支持对高耗能、高污染、安全性能低的老旧农业机械进行报废淘汰，对耕、种、管、收、烘各环节农机装备加大更新力度。据统计，使用农机报废更新补贴资金2195.37万元，支持报废机具2035台，使用农机购置与应用补贴资金1.41亿元，补贴机具2.99万台（套），受益农户2.53万户[5]。三是实施现代特色农业"尖锋"行动，持续强化对果蔬、畜禽、水产品等96个设施农业专用品种的引进筛选工作，并大力推进技术装备的研发推广。目前，火龙果夜间补光技术普及率45%，覆盖面积15万亩以上，亩均增产600斤，增收10%以上。立体多层规模化养殖技术广泛应用，农业用地效率进一步提高[2]。全区陆基圆池2.55万个，养殖规模和产量均居全国首位。

（三）全面发挥示范主体引领效应

广西立足农业特色优势资源，在联农带农、用地保障等方面发挥示范主体引领效应。首先，强化龙头企业带动作用。实施农业龙头企业倍增行动，重点培育如农垦集团、力源等具有高成长性的本土企业[6]。2023年，有6家企业成功入选首批国家现代农业全产业链标准化示范基地，新创建全国现代设施农业创新引领基地4个。充分发挥面向东盟的便利地优势，引进一批全国行业领先的龙头企业，雪榕、品品鲜等全国食用菌领军企业入桂投产，推动广西成为金针菇出口第一大省区，出口量占全国六成。其次，探索创新联农带农益农模式。引导龙头企业与农民建立稳定、长效、合理、紧密的利益联结机制，将联农带农作为享受政府项目和财政资金等政策扶持的前提条件，特别是衔接资金扶持项目在实施前必须有联农带农实施方案，为农民提供更多就近就地就业岗位。鼓励新型经营主体带动农民共同发展，通过"公司+基地+合作社+农户"经营模式，在土地流转、打零工、农户务工、保价收购、订单农业等方面履行联农带农使命，完善利益联结机制，取得良好的经济效益和社会效益。再次，总结推广示范经验。广西各级政府深度挖掘"土特产"的潜力，因地制宜大力发展设施农业，涌现了一批各具特色的设施农业发展典型。如贵港市聚焦土地要素保障，"套图"破解设施农业用地瓶颈。金福农业创新"六大"生产管理系统，推行"五金"联农益农模式促农增收。通过认真总结和推广这些成功经验模式，为全区设施农业发展提供智力支撑。

（四）全面强化要素保障支持

为加快设施农业快速发展，广西在用地、资金、水电等关键要素上提供了全方位的保障。首先，突破用地瓶颈。近年来，广西积极调整土地规划，合力分配土地资源，先后出台强化乡村振兴用地保障19条措施、自然资源政策助力乡村振兴先行推进工作方案等，强化设施农业项目的用地保障。印发《关于进一步加强和规范我区设施农业用地管理的通知》系列文件，明确设施农业属于农业内部结构调整，可以使用一般耕地，不需要落实耕地占补平衡。种植设施不破坏耕地耕作层的，可以使用永久基本农田，不需要补划[7]，进一步释放设施农业用地空间。其次，坚持多元投入。积极构建财政、金融、社会共同参与的投入机制，为设施农业经营主体提供较为便捷的融资渠道。2023年广西被列入全国设施农业贷款贴息试点省份，截至目前获得中央贴息资金6372万元。2024年在"桂惠贷"设立"设施农业贷"专属产品，撬动金融资本投向设施农业14亿元，支持设施农业企业191家，直接降低融资成本1935万元，设施农业项目获贷款贴息近8000万元，位居全国第一。同时，针对部分企业融资难问题，探索并推广了包括农机具、农副产品和牲畜水产品在内的多种担保融资方式[6]。再次，强化水电保障。制定出台《加快壮大实体经济推动高质量发展若干政策措施》，支持家庭农场、农民合作社、供销合作社、邮政快递企业、产业化龙头企业建设产地分拣包装、冷藏保鲜、仓储运输、初加工等设施，对其在农村建设的保鲜仓储设施用电实行农业生产用电价格[8]。

二、广西现代设施农业发展存在的主要问题

当前，广西设施农业呈现良好发展势头，但对标国家要求部署，对照建设农业强区的要求，在设施农业产业规划、技术创新、产业融合、要素供给等方面还存在一些瓶颈、制约和短板弱项。

（一）产业规划布局不够清晰

总体上看，广西设施农业层面的统筹规划和科学布局仍显不足，不同农业产区、不同地区产季、不同产品产销与设施农业类型的相互配置协调度不够高。首先是目标定位不明确。对设施农业在未来5年、10年甚至更长时间内的发展方向尚未明确规划，短期目标与长期目标连贯性不突出，容易导致设施农业发展缺乏可持续性。设施农产品目标市场定位模糊，是面向本地市场、国内其他地区市场还是国际市场等区域范围不明晰。由于不同市场对产品的品质、规格、包装等要求不同，如果市场定位模糊，会影响设施农业的生产决策和市场竞争力。其次是区域布局不合理。地方党委政府在发展设施农业过程中缺少区域间的信息共享与统筹协调，导致设施农业项目重复建设、资源浪费，以及市场竞争过度。由于没有充分考虑不同地区的自然条件、资源禀赋和产业基础，盲目跟风发展设施农业，造成一些地方设施农业发展困难，而另一些地区则资源闲置。这种现象在设施种养业、设施畜牧业方面表现突出。同时，设施农业企业和项目分布零散，没有形成有效的产业集群，无法实现资源共享、技术交流和产业链协同发展，增加了生产成本和交易成本。再次是设施农业产品结构单一。设施农业生产过于集中在少数几个品种上，缺乏多样性。一旦市场需求发生变化，容易受到较大冲击。如很多地区的设施蔬菜主要以番茄、黄瓜等常见品种为主，缺乏特色和高端品种。由于没有根据不同设施类型和市场需求进行合理的品种布局，导致设施农业的经济效益不高。

（二）科技创新引领作用较弱

先进的设施农业技术有利于提高农业生产效率，目前广西设施农业科技研

发推广应用仍处于初级阶段,影响设施农业的生产效率和经济效益。种业研发相对滞后。目前设施农业中使用的大部分品种是从露地品种筛选而来,缺乏针对设施环境培育的优良品种。如高附加值蔬菜品种主要从区外引进,适合广西越夏耐热的蔬菜品种选育及栽培技术亟待突破。设施农业标准化装备比例偏低。设施结构方面,主要体现在许多温室大棚在建设时没有按照统一的标准进行设计和施工,规格尺寸不一,在高度、跨度、长度等参数差异较大,不利于机械化作业和统一管理。灌溉施肥系统方面,传统的大水漫灌方式在广西设施农业中仍较为常见,缺乏智能化的施肥设备,大多依靠人工施肥。设施农业机械化水平较低。针对广西设施农业特点的小型、轻便、多功能农业机械研发不足,设施生产机械化、自动化水平尚低。设施农业生产过程中,人工劳动仍然占据较大比重。2023年广西农作物耕种收综合机械化率为64.23%,低于全国9个百分点。产后处理技术薄弱。当前,广西设施农业生产的农产品在采后保鲜方面存在技术不足,导致农产品的货架期短,损耗率高。如广西果蔬,由于缺乏有效的保鲜剂和保鲜方法,产地损耗率超过30%,无法满足市场对新鲜农产品的需求。

(三)产业融合发展水平较低

设施农业依靠单一模式获取利润是有限的,很容易造成经营主体运营困难,农业产业效益低。总体上看,一产延伸不长、二产拓展不足、三产开发不强、一二三产有机融合不够成为现代设施农业难以深度发展的主要因素之一。首先,部分农产品加工转化率不高。广西大部分农产品多以初加工为主,低端农产品过剩和高端优质农产品供给不足并存问题明显。据统计,广西农产品加工转化率约为70%,低于全国平均水平,畜禽、水产品等加工转化率不足15%。农产品加工业产值与农业总产值之比为1.8:1,与全国2.5:1有较大差距,与山东的4.6:1、河南2.8:1差距更大。其次,广西水果、蔬菜等农产品产量位居全国前列,冷藏保鲜需求总量约760万吨,但受冷链物流不畅、运输成本较高和产销对接不到位等因素影响,冷藏保鲜储藏能力仅有300万吨左右,部分农产品销售压力较大。目前,广西农产品走出"田间地头"难,产品价格不稳卖不上好价钱,进而优特农产品离"快上桌""鲜上桌"还有较大的距离,农产品流通"最初一公里"短板特别明显。再次,广西农业品牌多而不强的问题比较突出，目前累计有"桂字号"农业品牌603个，但在全国叫得响的品牌比较少。尽管有些品牌名气不小，但一些品牌现存总量，如六堡茶的总量对比西湖龙井、益阳安化黑茶等同梯次品牌的产量还存在明显差距。

（四）要素供需矛盾不断加剧

现代设施农业发展需要集合各种要素支持，就当前而言，要素供给不足一定程度影响设施农业推进。用地方面，广西作为后发展欠发达地区，土地资源相对紧缺。根据"三调"数据显示，广西现有耕地面积为4961.46万亩，较"二调"数据结果减少25.35%。同时，受到"非农化""非粮化"耕地保护政策影响，加之设施农业用地方面政策进一步收紧，设施农业用地难的问题是突出的。设施用地不允许占用永久基本农田，一般耕地，要在年度内落实"进出平衡"，导致用地的选址难、耗时长。用海方面，设施农业用海需要经过多个部门的审批，包括海洋管理部门、环保部门等。审批环节多、时间长，可能影响项目的进度。同时，由于海域边界和海域使用规划等问题，可能会出现用海纠纷、养殖权益纠纷。融资方面，设施农业建设需要大量资金投入，包括温室大棚、灌溉设备、自动化控制系统等。但农业企业和农户普遍缺乏抵押物，难以从银行等金融机构获得足够的贷款。金融机构对设施农业的风险评估较为谨慎，贷款审批流程复杂、额度有限、利率较高，导致设施农业融资渠道不畅。人才方面，当前从事设施农业研究、生产、管理的高端人才较为匮乏，无法满足设施农业发展需求。据统计，广西家庭农场主、合作社带头人中，大专以上学历仅占4%，初中及以下占78.9%。

三、广西推动现代设施农业高质量发展的路径方向

（一）强化规划引领，持续推动现代设施农业提档升级

一是科学编制现代设施农业建设规划。加快出台广西现代设施农业建设规划，明确现代设施农业发展的总体要求、重点任务和战略步骤，坚持市场导向，突出"畜渔蔬果蚕菌"产业，将3年重点建设任务清单化。根据各地区位特点和资源禀赋，指导市县做好规划编制工作，引导科技、信息、人才、资金

等要素集聚，到 2025 年，力争在每个市创建以设施农业为主的自治区级示范园区 1—2 个。二是发展以节能宜机为主的现代设施种植业。以棚架设施大棚建设和水肥一体化改造为重点，支持设施蔬菜、设施食用菌、设施桑蚕、粮食烘干与集中育秧等现代设施农业（种植业）新建扩建改建，在北部湾、右江流域、湘桂通道、西江流域四大蔬菜产业带，布局建设一批蔬菜区域性集中育苗基地，支持在大中城市周边建设设施蔬菜标准化园区[2]。三是发展以高效集约为主的现代设施畜牧业。支持新建（扩建）畜禽现代生态养殖示范场，推广发展立体多层规模化生猪养殖场、家禽立体高效设施养殖场、肉牛肉羊高效集约养殖场和奶牛智慧牧场[9]，重点打造以南宁、钦州、贵港等市为主的设施生猪产业及现代家禽全产业链重点发展区。四是发展以生态健康养殖为主的现代设施渔业。谋划新建一批重力式深水网箱基地、桁架类大型深海网箱基地、陆基养殖圆池，打造以桂东南、桂中、桂东、桂西及沿海地区为主的设施渔业产区，重点围绕渔港经济区建设，推进沿海中心渔港和一级渔港升级改造[9]。

（二）强化科技支撑，持续提升现代设施农业发展动力

一是在关键技术研发推广上下功夫。加强农业科技创新能力建设，继续实施一批广西现代特色农业"尖锋"项目，开展农业关键核心技术产业化推广，持续发布推广一批适合设施农业的主导品种和主推技术。协助推动国家农业关键核心技术攻关项目实施，及时调度国家重点研发计划部省联动项目。支持在农业领域建设自治区实验室。用好院士冬令营成果，积极创建全国现代设施农业创新引领区和创新引领基地等一批国家级平台和载体。二是在种业创新上下功夫。大力推进种业创新攻关，推进甘蔗、芒果、桑蚕国家育种联合攻关，实施水稻、玉米、蔬菜、水果等自治区农作物育种联合攻关。完善品种区域试验、鉴定、展示评价基地建设，重点抓好农作物种质资源库、现代渔业种业园等重点工程建设，强化南繁基地提档升级。三是在发展数字农业上下功夫。构建全产业链、全价值链的智能化信息系统，推动应用物联网、大数据、智能控制等技术与设施农业发展深度融合，实时监控设施农业生产环境，全过程跟踪农产品生产过程，推进设施装备、系统的智能化远程操作控制。四是要推进农机装备升级改造和更新换代，加紧研发智能农机装备、丘陵山区适用小型机械和园艺机械，重点攻关水稻育秧插秧机械、甘蔗机收设备和丘陵山区动力平台

等农机装备，进一步提升广西农业机械化水平。完善农机购置与应用补贴政策，创新开展农机新产品补贴试点。

（三）强化融合发展，持续提高现代设施农业整体效益

一是做好三产融合文章。将一产的产能优势，向深加工、预制菜、农村电商等延伸，推进设施农业与旅游、休闲等产业相结合，发展观光农业、休闲农业等新业态，拓展设施农业的功能和价值。二是做好精深加工文章。积极引进和培育一批加工企业，加快推动农产品加工园区建设，促进农产品就近就地加工转化升值。培育壮大农业产业化龙头企业，支持带动管理规范、运营良好的村集体经济组织、家庭农场、农民合作社等经营主体发展产地加工。三是做好产销对接文章。加强农产品产销监测，完善农产品滞销应急预案，及时解决突发性大宗农产品滞销卖难等问题。利用好中国—东盟博览会、广西名特优农产品交易会等展销平台，组织开展农产品产销对接活动，营造、借助网络热点，推动农产品卖出好价钱。四是做好冷链物流文章。聚焦鲜活农产品主产区、特色农产品优势区，持续完善冷链物流发展布局，加快建设以国家骨干冷链物流基地为核心、产销冷链集配中心和两端冷链物流设施为支撑的三级冷链物流节点设施网络，形成衔接产地销地、覆盖城市乡村的冷链物流一张网、一张图。五是做好农业品牌文章。建立健全以"桂字号"农业品牌为统领，地理标志农产品、全国名特优新农产品等区域公用品牌为核心，企业品牌为支撑，产品品牌为基础的农业品牌体系。摸清农业品牌家底，加大品牌宣传推介力度，讲好广西农业品牌故事，让更多"桂字号"农业品牌叫响大江南北。

（四）强化主体赋能，持续增强现代设施农业可持续发展能力

一是培育壮大龙头企业。培育认定一批国家级农业产业化重点龙头企业，引导广西农垦集团、广西农村投资集团等农业龙头企业抱团发展，建立大型农业企业集团。鼓励农业龙头企业牵头创立乡村产业技术创新战略联盟，建立产学研合作机制。二是提升新型农业经营主体能力。以加快构建现代农业经营体系为主线，抓好农民合作社和家庭农场两类农业经营主体发展。依托"耕耘者"振兴计划、乡村产业振兴带头人培育"头雁"项目，每年培育一批新型农业经营主体带头人队伍。全面创建县级新型农业经营主体服务中心和县域（产

业）品牌联合社，以县域为单位全面开展家庭农场"一码通"赋码。三是加强科研团队建设。统筹农业、机械、材料、信息等科研力量，开展跨行业科研合作，发挥科研院所和高校作用，围绕重点产业组建技术指导专家组，建设国家现代农业产业技术体系广西创新团队。持续推动院士冬令营、校地合作，为设施农业发展注入强大动能。四是加强科技人才队伍建设。实施农业和乡村振兴人才支持专项计划，支持农业科技领军人才、青年科技英才实施一批设施农业重点课题攻关项目；实施乡村产业振兴带头人培育"千雁万群""头雁"项目，推动创建一批"头雁领航"的设施农业基地；实施农村实用人才带头人培训计划，将设施农业生产者纳入高素质农民培育计划。

四、广西推动现代设施农业高质量发展的保障措施

（一）破解设施农业要素瓶颈

发展设施农业，要引导各类资源要素向农村一线倾斜，为设施农业提供强有力保障。一是要加强用地保障，制定科学合理的用地政策。鼓励利用荒山、荒坡、荒丘、荒滩等未利用地和低效闲置土地以及废弃厂房等发展设施农业，有效置换耕地方面效益，促进耕地保护。创新推行"套叠法"，通过套叠自然资源、生态环境、水利、农业农村、林业等领域数据库，筛查出可用于设施农业用地，解决用地难题。同时，广西耕地面积只占全区土地面积的13%，非耕地占全区土地面积的87%，其中林地占67%，可通过充足的非耕地进行设施农业用地选址。二是要加大财政支持，拓宽资金筹措渠道，加快形成财政投入、金融支持、社会资本参与的多元投入格局。通过投资补助、贷款贴息、专项债券、设立基金等多种方式加大投入，引导社会资本、市场主体积极投资建设。在"桂惠贷"中设立设施农业贷。针对自然、市场、社会等风险发展设施农业专用保险产品，探索将设施大棚、种养设施等纳入抵押担保和风险保障范围，研究设立风险保障基金，消除市场主体和金融机构的后顾之忧。三是加强社会化服务体系建设，加大专业技术培训，提高市场信息化水平，促进人才、信息等资源要素向设施农业聚集，推进专业化服务队伍覆盖设施建设、苗种供应、种养管理、加工储运、市场销售等各

个环节，为发展现代设施农业提供强有力保障。

（二）强化项目支撑能力

项目建设是现代设施农业发展的"牛鼻子"，要紧盯国家导向，着力构建从项目谋划、储备、推进到落地的全链条、滚动式推进机制。一是完善项目库融资对接和项目管理两大功能，继续储备一批能落地、可实施的项目，定期向国家遴选推送。地方要围绕设施农业发展规划，储备一批必要、紧迫、综合效益显著的重大项目。重点支持设施种植、设施畜牧、设施（生态）渔业、水果产业基础设施及配套设备建设项目。重点支持工厂化种植食用菌、楼房养猪（牛）、家禽叠层笼养等具备高效集约节约用地作用的立体化种养项目。二是开展多种形式的小分队招商，引进和支持一批延链补链的牵引性设施农业项目。要结合优势特色资源和产业发展需要，梳理拿出项目招商清单，把"有什么""招什么""去哪招""找谁招""配套什么""解决什么"明确下来，采取小分队的形式，主动出击、精准招商，着力引进一批产业项目。三是优化营商环境。深入企业调研服务，全面梳理企业诉求，着力解决项目审批、落地、建设等方面的问题，促进项目加快落地建设。四是建立项目全过程跟踪调度机制，及时掌握项目进度，强化服务指导，加快推动落地见效。对超过一定时间节点、确实无法开工的项目，及时终止并收回资金，统筹投入可实施的新项目。

参考文献

[1] 农业农村部关于发展现代设施农业的指导意见［J］. 中华人民共和国农业农村部公报，2023（8）：34-38.

[2] 莫迪. 广西陆基圆池养殖规模产量居全国首位［N］. 广西日报，2024-07-29.

[3] 陈静. 现代设施农业成为广西农业发展"新引擎"［N］. 广西日报，2024-01-21.

[4] 广西壮族自治区农业农村厅. 广西：着力推动现代设施农业加快发展［N］. 农民日报，2023-10-09.

[5] 陈静，黄文莲. 我区对报废老旧农机给予适当补助［N］. 广西日报，2024-07-11.

［6］黄智宇.聚力现代设施农业 加快建设农业强区［J］.农村工作通讯，2023（23）：45-46.

［7］自治区自然资源厅 自治区农业农村厅关于进一步加强和规范我区设施农业用地管理的通知［EB/OL］.（2023-06-12）.http://njfwzx.gxzf.gov.cn/zfxxgkzl/fdzdgknr/bmwj/zcwj_tz/t17132473.shtml.

［8］广西壮族自治区人民政府办公厅关于印发加快壮大实体经济推动高质量发展若干政策措施的通知（桂政办发〔2023〕55号）［EB/OL］.（2023-09-07）.http://www.gxzf.gov.cn/zt/sz/2024gzlfz/guangxizhengc/t18035260.shtml.

［9］广西壮族自治区人民政府办公厅关于印发广西加快推进现代设施农业发展实施方案（2023—2025年）的通知（桂政办发〔2023〕40号）［EB/OL］.（2023-08-01）.http://www.gxzf.gov.cn/html/zfgb/2023nzfgb/d2q202331_190285/zzqrmzfbgtwj202309/t17121569.shtml.

基金项目：2021年度国家社科基金"滇桂黔民族地区实现巩固脱贫成果同乡村振兴有效衔接的效果评估及对策研究"（批准号：21XM076）阶段性成果。

作者简介：王造兰，广西社会科学院民族研究所副所长、副研究员。

内蒙古加快农业农村现代化的地方实践

汤明媚

摘　要：作为边疆民族地区，内蒙古把推进农牧业农村牧区现代化作为"三农三牧"战线最大的政治任务，努力建设宜居宜业和美乡村，让农牧民就地过上现代文明生活。将嘎查村党支部建设为引领农牧区发展的坚强堡垒、持续加强农牧业农牧区基础设施建设、夯实农业农村现代化的物质基础、推进乡风文明和精神文明建设、满足农牧民城乡流动需求是内蒙古加快农业农村现代化的重要做法。着眼未来，应把好资金使用关，处理好政府与市场关系，推动农牧民自觉主动迎接新事物、新技术、新生活方式。

关键词：内蒙古；农村牧区；农业农村现代化

习近平总书记强调，"没有农业农村现代化，社会主义现代化就是不全面的"[1]。在中国式现代化的战略规划中，农村被赋予了"以加快农业农村现代化更好推进中国式现代化建设"[2]的使命和职责。此时，无论农业农村现代化基础雄厚或薄弱，坚持以人民为中心的发展思想，建设宜居宜业和美乡村，满足农民就地过上现代文明生活的美好愿景，加快建设农业强国成为各省区的重要任务之一。

具体到内蒙古，作为边疆民族地区，内蒙古118.3万平方公里的区划面积中草原占比74%，耕地面积1.73亿亩。受自然条件影响，即便同为草原、耕地类别，东西跨度约2400公里的东、中、西部却呈现出不同的甚至千差万别的农牧业生产生活形式。同时，内蒙古4200多公里的边境线和36万平方公里边境管理区上还分散式居住着承担守土戍边重要职责的农牧民，其生产生活方式更为独特。面对如此辽阔、复杂的农牧区条件及多民族聚集的民族地区区情，2024年1月召开的内蒙古自治区党委农村牧区工作会议强调，"把推进农牧业农村牧区现代化作为'三农三牧'战线最大的政治,……努力建设宜居宜业和美乡村,让农牧民就地过上现代文明生活"[3]。

为此,本文以农业农村现代化为理论依据,以内蒙古农牧区为对象,梳理总结内蒙古加快农业农村现代化建设的做法,以期探究内蒙古农牧区在农业农村现代化上的发展深度及区域进展,提出未来发展展望。

一、党建引领:将嘎查村党支部建设为引领农牧区发展的坚强堡垒

(一)党建引领之于内蒙古农牧区的重要意义

党建引领是党的农村工作的要求,民族地区的基层党建引领必然存在深刻的政治意义。然而,在地广人稀的内蒙古农村牧区,党建引领的表现之一,即党支部对嘎查村各项工作的引领带动及先行先试,让嘎查村有了更为坚强的组织力量,极大地弥补了青壮年和能人匮乏的缺陷,这对于内蒙古农牧区而言,有着基于区情特征而生发的更为独特的意义。相较而言,内蒙古农牧区产业转型起步晚,一度长期处于传统的农牧业发展方式,二、三产业及农牧业的产业链文章不是发展主流,常住人口的收入渠道局限于简单的种植养殖一产收入和政策性收入。在这种产业结构影响下,常住人口的生产生活也就局限于传统的种植养殖思维和农牧业生产习惯。随着脱贫攻坚工作的完成,农牧区进入推动乡村全面振兴及夯实农业农村现代化基础阶段,农牧区迎来了更多的不同产业类型发展机会。然而,短时间内,农牧区的人才环境和乡土能人素质难以及时跟上这种转型变化的步伐,尤其在老龄化严重、常住人口少的牧区,嘎查村两委班子成为相关工作,尤其是承接来自上级党委政府惠农政策、产业扶持政策的主角。全面加强党的领导及"一肩挑"制度也促成了将嘎查村党支部建设为引领嘎查村发展的坚实堡垒的路径选择,这促使嘎查村拥有更为坚强的组织力量去应对各项事关乡村发展与建设的工作。

(二)内蒙古提升党建引领效能的主要做法

1. 优化阵地建设

近年来,内蒙古将各行政村的办公场所统一更名、改建为综合性更强、功

能更多元的党群服务中心（站、所），将村级组织和工作机制办公场所、各类面向农牧民的服务和活动阵地统一纳入嘎查村党群服务中心管理，使之具备通网通电通信通邮通路条件，确保各地有现代化、光鲜亮丽的办公阵地和党群服务阵地。以内蒙古通辽市为例，通辽在2020年7月实现了市旗镇村四级党群服务中心全覆盖。基于牧区的辽阔性及人口居住分散性，牧区衍生出了独特的党群阵地，如锡林郭勒盟以党员家庭为基础，设立了一批党员中心户，使之成为广袤草原上的活动中心，在此开展支部活动和政策宣讲活动。同时，大多数的党员中心户同时或多或少兼任着护边员之家、草原110报警点、网格员之家、矛盾纠纷化解点、补给点、医疗点，使其由单一的党组织活动站点发展成为综合功能驿站和综合治理中心。

2. 强化班子建设

加强嘎查村两委班子建设及成员素质提升是内蒙古在党建引领乡村振兴、党建引领基层治理实践中的重要内容。内蒙古自治区党委政府发布的《关于做好2022年全面推进乡村振兴重点工作的实施意见》要求在农村牧区基层党组织中全面开展"比武争星"活动，逐级选树"乡村振兴担当作为好支书"[4]。各盟市则相应开展星级化亮晒比、创建坚强堡垒"模范"支部活动，实施嘎查村书记"头雁"能力提升行动，为村干部在理论学习、进修培训、到先进地区参观学习提供了更多机会。此外，面对嘎查村两委班子"后继无人"的问题，各地高度重视发现、储备、培养乡村两委后备干部工作的同时，自治区层面也确定了持续实施"一嘎查村班子一名大学生"的培养计划，给各嘎查村的相关工作提供了大力支持。

3. 深化党建品牌建设

重视党建品牌建设是各地党建工作的特征。例如，二连浩特深入实施北疆基层党建长廊建设，不断深化和拓展边境党建"点线面"工作法，积极打造祖国北门党旗红边境党建品牌，激发边境党建内生动力，构建起区域统筹、部门联动、共筑共建的边境党建一体化工作格局，为落实五大任务和全方位建设模范自治、推动口岸高质量发展提高坚强组织保证。苏尼特右旗的红书包党建品牌，有效整合资源力量、优化机制举措，持续在理论宣讲、志愿服务、乡村振兴领域释放"红书包+"党建品牌效能。

二、设施补齐：持续加强农牧业农牧区基础设施建设

（一）基础设施建设之于内蒙古农业农村现代化的重要意义

基础设施建设对内蒙古农牧区而言是实实在在的民生事实，也是促进农牧区加强与外界联通、发展乡村产业、对外输送农牧产品所必不可少的基础性条件。以阿拉善盟额济纳旗为例，该旗是内蒙古最西部的旗县，常住人口2万人左右。该旗距离盟行署所在地约650公里，周边最近的旗县是甘肃省的酒泉市，约370公里，旗下最远的苏木镇，也有近300公里的距离，这意味着当地人外出时不得不开支一笔流动费用，不仅制约幸福体验，也是现实的生活和产业成本问题。虽然额济纳旗地理位置过于独特，但是行政管辖较大的牧业旗县普遍呈现出居住点点多、面广、距离远的空间结构。而目前国家对农村牧区的发展要求及当地推进乡村产业的意愿、农畜产品的产业化发展等相关工作，都势必要求突破来自公共基础设施和农牧业基础设施的阻碍，形成各方条件都能予以积极支持的促发展合力。

（二）内蒙古加强农牧业农牧区基础设施建设的做法

1. 补齐农村牧区公共基础设施短板

内蒙古农牧区居住点点多、面广、距离远的空间结构与内蒙古用于基础设施建设的人财物相对薄弱的矛盾决定了内蒙古补齐公共基础设施短板是持续推进的工作。农村牧区的街巷硬化、现代房屋等内容在新农村建设、脱贫攻坚期阶段获得了集中发展，电讯邮也极大地克服了地广人稀的疆域实际，除较为偏远的边境地区，基本实现了电讯邮的覆盖，村村通快递满足了农牧民的网购邮寄需求。交通方面，采取就近快速连接的规划布局，已建成呼和浩特至北京、赤峰至朝阳、通辽至沈阳、乌兰浩特至长春等高（快）速铁路，解决了呼包鄂乌与京津冀，赤峰、通辽、兴安盟与东北城市群的就近快速融入问题。公路上，启动四好农村公路建设已有十年，不断修建旅游路、资源路、产业路，截至2023年底，内蒙古农村牧区公路总里程达到17.7万公里，所有苏木（乡镇）和具备条件的嘎查（村）全部通硬化路，并于2023年实现了国家高速公

路主线内蒙古境内全部贯通。人居环境整治上的厕所革命、垃圾处理、污水处理工作、畜棚草棚等方面也得到了系统性推进。此外，信息化的基础设施建设也在数字乡村建设的工作要求下展开了布局，如电子商务公共服务中心、防火监测塔、网格化管理系统，并在农牧业的发展中接入了智能监测、喂养、管理系统，逐渐替代传统的种植养殖手段。

2. 提升农村牧区基本公共服务水平

内蒙古在"十三五"时期构建了覆盖全民、较为成熟的基本公共服务体系，基本公共服务资源持续向基层、农村牧区、边远地区和困难群众倾斜，城乡区域人群间基本公共服务差距不断缩小。在此基础上，"十四五"时期确定了促进基本公共服务资源向基层延伸、向农村牧区覆盖、向边远地区和生活困难群众倾斜，增强兜底保障能力，推动优质服务资源延伸下沉和提质扩容，扩大普惠公共服务资源供给，不断提升质量水平，实现普惠性公共服务付费可享有、价格可承受、质量有保障、安全有监管等方面原则。对于农牧区关切较高的教育、医疗、养老，改、扩、新建多批次设备齐全、信息化水平高的新校舍，加强苏木乡镇寄宿制学校建设，优化教师结构，设立义务教育阶段特岗教师岗位，推进教师交流轮岗，促进学校"硬件"和"软件"提档升级。有序推进国家和省级区域医疗中心项目建设，完善三级医疗服务体系建设，加强嘎查村医疗服务站点建设，定期开展义诊活动，不断增强县级医疗设备和医疗水平建设。支持各地积极探索基层养老方式，如乌兰察布市在全国率先打造互助幸福院，实行集中居住、分户生活、自我保障、互助服务，目前已入住近6万名农村老年人，约占全市农村老年人口的五分之一。

3. 不断加强农牧业基础设施建设

内蒙古将"建设国家重要农畜产品生产基地"确定为内蒙古的"五大任务"之一，正在打造国家级粮仓、肉库、奶罐。作为我国13个粮食主产区和8个粮食规模调出省区之一，内蒙古每年有一半以上的粮食调往区外、供应全国。在农业生产方面，落实最严格的耕地保护和节约用地制度，严格实行土地用途管制，稳定永久基本农田面积，严禁违规占用耕地和违背自然规律绿化造林、挖湖造景，严格控制非农建设占用耕地。围绕"一块田、两块地"，即高标准农田建设和盐碱化耕地综合改造利用、黑土地保护利用，努力提升耕地地力。不断推进水渠、水井、灌溉设施等水利基础设施建设，推行节水农业，满足牧业用水需求。推进科技小院建设，推广"专家+农技人员+科技示范户+辐射带动户"的技术服务模式，畅通农技服务最后一公里。印发《关于支持设施农业、设施畜牧业发展若干措施的通知》，在设施农业和舍饲圈养上给予补贴和奖励。

三、发展产业：夯实农业农村现代化的物质基础

（一）乡村产业之于农村牧区的重要意义

对于产业基础相对薄弱的内蒙古农牧区而言，发展乡村产业有助于激活农牧区发展和治理活力，对联农带农、发展现代农牧业、健全乡村产业体系、为农业农村现代化打下物质基础有重要意义。一般而言，有产业的嘎查村要比没有产业的嘎查村更富有活力，农牧民生活奔头和精气神更足，生活水平和富足程度更高，村级组织的运行经费更有保障，对于乡村治理及乡村建设工作具有积极的正向作用。同时，农牧民后代成长及养老压力所带来的生活压力期盼着就地的就业机会，乡村产业可以满足这一需求。此外，内蒙古确定的农牧业现代化转型及农畜产品优势产业带的布局等方面的部署与规划，需要通过各种产业类型和市场主体在实践中完成延链补链及市场行为，以此推动农牧业完成现代化转型。

（二）内蒙古发展乡村产业的主要路径

1. 扶持发展壮大嘎查村集体经济

受农牧区产业基础薄弱影响，扶持发展壮大嘎查村集体经济是内蒙古乡村振兴衔接期的重要做法。为进一步加强对扶持发展壮大农村牧区集体经济的政策引导，自治区党委组织部、农牧厅、财政厅联合印发《关于扶持发展壮大嘎查村级集体经济的指导意见》，自治区农牧厅印发《关于进一步做好农村牧区集体经济薄弱嘎查村发展工作》，自治区财政厅、党委组织部、农牧厅印发《内蒙古自治区扶持壮大嘎查村级集体经济项目和资金管理办法》，加强对发展集体经济的政策引导及管理，支持和指导各地集体经济组织盘活利用集体资产资源，因地制宜采取直接经营、委托经营、出租经营、入股经营等多种方式，

确保集体资产增值保值，促进嘎查村集体和农牧民增收。对一些本地资源较少、区位条件较差的薄弱村，引导其整合各类资金跨区域建设"飞地"项目。在广泛的实践中，形成了政府给政策、企业来助力、村民得分红的良好局面。

2. 加强产业链和农畜产品品牌建设

内蒙古作为国家重要的农畜产品生产基地，做大做强农牧业是推动经济总量迈向全国中游的重要一条。内蒙古结合产业调整，深入推进农牧业一二三产融合发展，强化农牧业科技和装备支撑，鼓励多元社会力量参与乡村产业振兴，延长农牧业产业链，发展和培育特色优良的农畜产品及精深加工、品牌打造，推动内蒙古绿色优质农畜产品走向全国市场，实现优质优价。例如，在推动奶业振兴上，既从财政上支持牧场和规模化养殖建设，又在奶食品的加工制作上配备生产加工车间进行规范化管理，还在奶食品的销售和市场上预计官方推介支持，助力内蒙古的奶制品不断成为联农带农的重要抓手。在打响农畜产品品牌方面，内蒙古制定《内蒙古自治区做优做强农牧业品牌工作方案》，印发《农畜产品区域公用品牌建设三年行动方案（2021—2023年）》，正在制定《内蒙古自治区农畜产品营销输出三年行动方案（2024—2026年）》，在农特产品的品牌打造上予以强劲支持。2019年，具有鲜明内蒙古特色的区域品牌"蒙"字标获批国家市场监管总局认证，为内蒙古优质农畜产品赋予了质量管理的"体检证"、市场经济的"信用证"，一大批特优农畜产品在"蒙"字标的带动下走出大草原、走向大市场。同时，各地区的品牌，如五原黄柿子、赤峰小米、苏尼特羊、阴山荞麦也在内蒙古的品牌打造上更加唱响了知名度和美誉度。

3. 发展乡村旅游

发展乡村旅游是内蒙古挖掘乡村多元价值、开发乡村多元功能的重要体现。在全国乡村旅游的广泛实践中，内蒙古借助乡村临近生态景观的地理优势和拥有民俗文化的文化优势，发展各类别的乡村旅游，有采摘、研学、文旅、观光、休闲等多种类型，在联农带农，拓宽农牧民收入渠道上发挥了重要作用。经过不懈努力，内蒙古的乡村旅游得到了积累和发展，2023年文旅部策划的149条"橙黄橘绿 乡村胜景"主题线路中，内蒙古有6条线路入选，2024年推出的82条"岁时节令 自在乡村"路线中，内蒙古有三条线路入选。除此之外的其他线路推介中，内蒙古也有多条线路上榜。

四、加强治理：推进乡风文明和精神文明建设

（一）农牧区治理之于内蒙古的重要意义

一般而言，人口结构、产业结构、居住结构会影响治理方式和成效。乡村治理作为国家治理的重要组成部分，同时是当前国家治理的薄弱环节。具体到内蒙古农村牧区，面临着较重的防止返贫、关心关爱"三留守"人员、民族团结、农牧业发展、精神文明建设等方面任务，面对着地广人稀的治理范围挑战、缺乏治理资金挑战、缺少高素质治理人才挑战，还需要在协调资源环境承载与有序放牧、节水农牧业、环境保护与治理等方面付出大量精力。因此，在农业农村现代化的视域下，内蒙古的农村牧区的治理深刻影响群众生活幸福度及农牧业绿色可持续发展，是一项需要持续加强的工作。

（二）内蒙古农牧区乡村治理的重要内容

1. 在推进农牧民共同富裕进程中不断铸牢中华民族共同体意识

2023年6月，习近平总书记在内蒙古考察时指出，"铸牢中华民族共同体意识是新时代党的民族工作的主线，也是民族地区各项工作的主线"[5]。内蒙古自治区党委政府把铸牢中华民族共同体意识贯彻落实到改革发展稳定工作的全过程各方面，同各项工作有机融合、统筹推进，推进各民族共同走向社会主义现代化。农村牧区的工作中，加强铸牢中华民族共同体意识宣传教育，依法保障各族群众合法权益，把农牧民和脱贫人口增收作为重点，全面推进乡村振兴，持续提高农牧民生活质量、缩小城乡发展差距，让现代化建设成果更多更公平惠及农牧区各族群众成为内蒙古农牧区贯彻铸牢中华民族共同体意识的重要内容。

2. 加强农牧民精神文明建设和农牧区乡风文明建设

在发展农牧区经济的同时，推进农牧区精神文明建设也是内蒙古农牧区的重要工作。多年来，内蒙古在文化强区建设、北疆文化建设上，不断加强农牧区文化基础设施建设，乡村图书馆、乡村大舞台、文化活动室不断覆盖农牧区，乌兰牧骑基层会演、那达慕大会、祭敖包活动、重要节假日的群众性文娱

活动丰富了农牧民的娱乐生活，非遗事业的盘活及传统民俗文化的保护式发展活跃了基层文化氛围，"高价彩礼""封建迷信""薄养厚葬"等专项治理行动有效推动了移风易俗，普及科学知识、评选"文明家庭""道德模范""身边好人"等工作助力培育文明家风、民风、乡风，社会主义核心价值观在广大农牧区得到了广泛践行和深化。

3. 加强对农牧业生产和生态环境的保护监管

基于国土空间管控，内蒙古优化调整国土空间保护开发布局，在"三区三线"划定成果的基础上，划定基本草原、耕地和永久基本农田保护红线，突出粮食生产功能区、重要农产品生产保护区和特色农畜产品优势区功能，严格生态保护，加强对耕地和草牧场保护管理，推行草畜平衡和轮牧禁牧，制定草原奖补政策，实行种植者补贴。嘎查村作为农牧业生产生活及生态保护与修复的基层一线，在草原耕地防火、耕地保护、粮食安全保障、农技试验和开发、多元食物供给、防止农田撂荒、草畜平衡管控、动物疫病防控治疗等方面发挥着重要的管理、协调、矛盾处置的作用。

五、城乡融合：满足农牧民城乡流动需求和生产要素双向流动

（一）城乡融合之于农牧区发展的重要意义

我国乡村振兴战略的基本原则之一便是推进城乡融合发展。在经济社会发展水平较低的农牧区，旗县级城市成为当地农牧民生活娱乐的中心站点，人们在这里可以获得吃喝娱乐的活动满足，也可以购买到常用的生产生活物资。有陪读或在城里定居需求的农牧民还会在旗县或购买房屋或租赁房屋，而且可以随时随意愿返回乡下的家中。在一些政策较为独特的地区，如额济纳旗，已经实现了全体农牧民在旗里都有房屋，而且形成了较为规律的城乡两栖季节性流动。这意味着，对内蒙古而言，城乡融合在体现了城乡融合发展的硬性任务要求外，还隐含着更为深刻的温暖和关怀，为经济状况不稳定的农牧民提供了更自由的发展空间。

（二）农牧区推进城乡融合发展的做法

1. 推动形成多个城市中心的格局

自治区人民政府办公厅印发的《内蒙古自治区新型城镇化规划（2021—2035年）》要求立足内蒙古东西狭长、人口分散的区情，强化呼包鄂乌城市群引领带动作用，培育赤峰、通辽形成东部中心城市，稳步提升海拉尔、乌兰浩特、锡林浩特、乌海、临河等中心城区综合承载能力，促进大中小城市和小城镇协调发展，并鼓励扩张型城市"精明增长"、人口规模收缩的中小城市"精明收缩"，加快中等城市强身健体，推动以县城为载体的新型城镇化，强化大中小城市和小城镇产业、基础设施和要素联系，促进合理分工、功能互补、协同发展，从而助力形成工农互促、城乡互补、全面融合、共同繁荣的新型工农城乡关系。

2. 推动要素下乡

为加强对农牧业农村牧区发展的要素支持，要求财政建立涉农涉牧资金统筹整合长效机制。加强农村牧区信用环境建设，加大开发性、政策性金融支持农牧业和农村牧区力度。推动工商资本下乡，鼓励工商资本、国有森工和农垦企业与集体经济组织合作，壮大嘎查村集体经济。鼓励农牧户以土地经营权入股企业，探索实行农牧民负盈不负亏的分配机制。通过政府购买服务等方式，支持社会力量进入农村牧区养老、康养等生活性服务业。推动科技成果下乡，实施一批农牧业种业创新等科技攻关项目和重大科技专项，探索建立产学研协同推广新模式，深入推行科技特派员制度，推进专家服务基层活动等。

3. 推动城乡基本公共服务普惠共享和基础设施互联互通

内蒙古在加快县域内城乡融合发展、建立城乡教育资源均衡配置机制、健全农村牧区医疗卫生服务体系、完善城乡统一的社会保障制度、加强和改进乡村治理、完善城乡规划机制、统筹城乡基础设施规划和布局等方面推进城乡基本公共服务普惠共享和基础设施互联互通，并要求健全城乡融合发展体制机制，推进城乡发展一体化，城乡要素实现平等交换、双向流动，基本消除城乡发展二元结构。

六、总结与展望

内蒙古在推进农业农村现代化的过程中，贯彻落实党和国家对三农工作的部署和安排，各项相关工作都有相应部署和开展，乡村发展正不断呈现新面貌。然而，由于基础禀赋的差异，各项工作的开展程度有所不同，发展程度有所差距，连续性和稳定性有待检验。未来，内蒙古的农牧区建设及农牧业发展在以生态优先、绿色发展为导向的前提下，应久久为功，不搞形式主义，不乱作为，把好资金使用关，将资金合理分配于乡村建设各方面，避免资金浪费或侵占，处理好政府与市场关系，稳妥有序推进乡村改革，充分调动社会力量和市场主体参与农业农村现代化的积极性，推动农牧民自觉主动迎接新事物、新技术、新生活方式。

参考文献

[1] 习近平. 加快建设农业强国 推进农业农村现代化[J]. 新长征, 2023 (7)：4-11.

[2] 中共中央 国务院关于学习运用"千村示范、万村整治"工程经验有力有效推进乡村全面振兴的意见[N]. 人民日报, 2024-02-04 (1).

[3] 自治区党委农村牧区工作会议暨国家重要农畜产品生产基地建设推进会召开[EB/OL]. (2024-01-25). https://www.nmg.gov.cn/zwyw/ldhd/202401/t20240125_2446346.html?slb=true.

[4] 内蒙古自治区党委自治区人民政府关于做好2022年全面推进乡村振兴重点工作的实施意见[N]. 内蒙古日报（汉），2022-04-09 (6).

[5] 习近平：把握战略定位坚持绿色发展 奋力书写中国式现代化内蒙古新篇章[N]. 人民日报, 2023-06-09.

作者简介：汤明媚，内蒙古自治区社会科学院马克思主义研究所助理研究员。

西部地区高质量对接东部沿海地区产业新布局路径研究
——基于新时代我国优化重大生产力布局背景

王 娟

摘　要：优化重大生产力布局已经成为新时代我国促进国土空间均衡布局、区域经济协调发展、保障国家安全和大局的重要举措。加快推动产业转移是优化重大生产力布局的主要途径之一，其中高质量对接东部沿海地区产业新布局成为西部有条件地区需要思考的重要关键问题。文章分析了新时代我国优化重大生产力布局的重要内涵，并结合近年来我国东部沿海地区产业新布局动向及东西部产业转移实质，即西部有条件的区域承接东部沿海地区战略性新兴产业和未来产业，发展新质生产力，进而从新质生产力区域布局机理出发，提出西部地区高质量对接东部沿海地区产业新布局的路径选择。

关键词：重大生产力布局；新质生产力；国家战略腹地；未来产业；战略性新兴产业

　　党的二十大报告对促进区域协调发展作出重要部署，要求"优化重大生产力布局，构建优势互补、高质量发展的区域经济布局和国土空间体系"。[1] 2023年底中央经济工作会议、2024年政府工作报告均强调"优化重大生产力布局，加强国家战略腹地建设"。[2] 优化重大生产力布局已经成为新时代我国促进国土空间均衡布局、区域经济协调发展、保障国家安全和大局的重要举措。加快推动产业转移是优化重大生产力布局的主要途径之一。当前，东部沿海地区引领我国高新技术发展和自主创新步伐，是我国参与国际市场竞争并获取海外资源的主要基地；而西部战略腹地也在积极布局一些事关我国国际竞争力、国家安全的关键领域和产业,加快形成具有战略后备能力、完备自主的工业生产体系。"[3] 从这个意义上讲,重大生产力布局如何在东西部地区之间实现承接与备份是其中应该思考的重要关键问题。为此,2023年7月25日至27日,习近平总书记在四川视察工作时,考虑到"我们的主要家当都摆在沿海一带",未雨绸缪指出:"你们这里也要成为高质量发展的一个增长极,一个新的动力源。这个后方的意义和过去不可同日而语了。"[4] "要依托制造业的独特优势,积极服务国家产业链供应链安全,高质量对接东部沿海地区产业新布局。"[5] 此外,2023年12月14日至15日,习近平总书记在广西视察工作时指出,主动服务国家重大战略,对接沿海发达地区产业新布局,有序承接产业梯度转移,加快北部湾经济区和珠江—西江经济带开发开放,把广西打造成为粤港澳大湾区的重要战略腹地。[6]

实践进展总是悄然发生且鲜活不已,而理论关注与研究则相对迟缓。因此,本文立足新时代我国提出优化重大生产力布局的背景,分析近年来我国东部沿海地区产业新布局动向及东西部产业转移实质,即西部有条件的区域承接东部沿海地区战略性新兴产业和未来产业,发展新质生产力,进而从新质生产力区域布局机理出发,提出西部地区高质量对接东部沿海地区产业新布局的路径选择。本文研究对新时代我国通过因地制宜发展新质生产力优化重大生产力布局,从而建设国家战略腹地具有边际贡献。

一、文献回顾与评价

现有研究对优化重大生产力布局、推进东西部产业转移都有所涉及,尤其是后一方面的研究成果较为丰富。在优化重大生产力布局研究方面,有学者借鉴苏联生产力布局实践,剖析了我国高质量发展下优化重大生产力布局的内涵,即包含划分经济区域、协调地区经济关系、优化产业部门布局和重大项目优化布局等;[3] 同时也有学者认为重大生产力布局不关乎经济体制,是世界各国推动国民经济发展的重要手段,从科技、战略性新兴产业、新基建、人才、生态建设、文化保护等方面分析了新时代我国优化重大生产力布局的内涵特征。[7] 据此,学者们也提出了优化重大生产力布局的重点方向、任务与策略等,其中共性部分表现在发挥政府和市场的作用、完善要素与产业体系布局、强化科技力量的统筹布局等方面;在个性主张上,有的学者强调了区域发展格局的重要性,有的学者则突出生态和文化在其中的作用,还有的学者更加重视体制机制的保障作用。此外,还有学者细致梳理了中华人民共和国成立以来我国重大生产力所经历"均衡—分散—集中—协调"四次调整阶段及特征。[8]

在推进东西部产业转移研究方面,现有研究成果集中在以下几个方面。一是产业转移内涵。由于产业转移本身是个复杂的经济现象,有学者对其提出了广义和狭义两种概念,广义概念注重的是产业区位在国家和区域层面的重构,狭义概念则从企业对成本和收益权衡的角度关注产业转移动机。[9] 而目前被学术界普遍认可的定义则是:由于资源供给或产品需求条件发生变化后,某些产业从某一地区或国家转移到另一地区或国家的一种经济过程。[10] 二是对东部沿海地区产业转移新特征的研究。刘友金和周健(2021)指出迄今为止全球共发生了五次国际产业转移,每次均与制造业格局变迁有关,我国正是抓住了第四次国际产业转移机遇,一跃成为新的"世界工厂",同时也成为第五次国际产业转移主要转出地,东部地区出现了两端转出的"双线路转移"现象。[11] 三是东西部产业转移推进策略或规律的研究。这方面既有理论研究也有实证分析。为系统解决东中西部产业转移不畅问题,王树华、刘志彪(2023)构建了"推力—拉力—阻力"区际产业转移作用力系统,从推力因素、拉力因素、阻力因素等三个维度对产业转出地和产业承接地的产业转移作用力进行系统性分析,推动区际产业转移应该着眼于破解东部地区产业发展的路径依赖、提升中西部和东北地区产业配套能力、健全和完善中西部和东北地区市场经济体系三个方面的目标任务。[12] 学者们已经开始关注高新技术产业在东西部地区转移的情况。孙佳文、赵海东(2021)从科技创新视角出发,通过调查长三角、珠三角和已转入内蒙古的120家企业,发现企业整体转出意愿偏低,转出企业更倾向于转入中部地区;企业对转入地科技创新能力越来越关注,科技创新能力已经成为吸引产业转移的关键因素;科技创新能力是影响营商环境质量的关键因素,而营商环境是企业投资最为看重的因素;知识产权保护能够激发企业创新能力,保护企业核心利益,吸引外商投资。[13] 成祖松(2018)对1995—2015年中国高技术产业在东部、中部、西部和东北四大区域的转移趋势进行实证研究,发现1995—2015年中国高技术产业在四大区域间存在明显的产业集聚和产业扩散现象,其中1995—2004年向东部地区集聚趋势明显,2005—2015年则由东部地区向外扩散,不断向中部和西部地区集聚趋势明显。[14]

综上，现有研究成果解读了优化重大生产力布局的内涵、方向与任务等，关注了东西部产业转移的新特征新问题及规律等，并提出了一些完善路径或对策等。但现有研究成果也存在一些不足，将区域产业转移作为优化重大生产力布局重要手段的成果还是较少，且未从建设国家战略腹地角度揭示新时代我国优化重大生产力布局的内涵与特征，也未从两者结合的角度深度思考东西部产业转移问题。即从优化重大生产力布局、建设国家战略腹地角度研究东西部产业转移问题显得滞后。

二、新时代我国优化重大生产力布局的提出

生产力布局理念最早起源于苏联，是当时苏联在计划经济条件下为提高全社会生产效率、解决资源与生产力空间分布不匹配而采取的重要手段。生产力布局是指所有生产要素在一定空间范围内的分布和组合，生产力布局的合理与否直接影响整个生产系统的功能发挥和资源配置效率。从传统意义上讲，重大生产力主要是指工业力，尤其是能源、冶金、化工、机械装备等国民经济发展的基础性经济部门；随着社会发展，保障国家战略竞争安全的高科技产业和保障国家民生安全的相关产业无疑也应该作为我国未来重大生产力的重要组成部分。[8] 作为国民经济中长期发展的战略议题，宏观尺度的重大生产力布局通常是围绕一定历史时期的国家总任务，权衡经济效率、国家安全、生态保护和地区均衡等多种需要，根据地域比较优势和承载能力，把握生产方式变化趋势，以统筹视角对国家重要的战略性产业和区域性基础设施等进行空间调整和地域整合。[7] 习近平总书记在《推动形成优势互补高质量发展的区域经济布局》一文中指出，"新中国成立后，我国生产力布局经历过几次重大调整。……下一步，我们还要研究黄河流域生态保护和高质量发展问题"。新时代，当与"建设国家战略腹地"放在一起，我国优化重大生产力布局具有了新的内涵。[15]

（一）中华人民共和国成立以来我国生产力布局的实践探索

1. 20世纪50年代至60年代中期，我国以苏联援建的156项重点工程为依托，实现生产力在全国的均衡布局

二战后，东西方两大阵营的对立和冷战时代的降临，维护国家安全、防范

可能到来的战争成为重点。在中华人民共和国成立以前，虽然东南沿海地区以及京津地区多次受到外敌攻击或占领，但后因海权上升，贸易发展使东南沿海地区不断被市场力量强化，经济活动、生产力分布主要围绕海运港口来分布。"156项重点工程"是中华人民共和国成立之初从苏联、东欧引进的重点工矿业项目，其建设持续了10多年，直到中苏关系破裂为止。"156项重点工程"（实际建设的是150项）主要布局在我国东北和中西部地区，其中东北56项、西部48项、中部37项、东部9项，为中西部地区奠定了初步工业化基础。

2. 20世纪60年代中期至70年代末，我国实施以"靠山、分散、隐蔽"为重要原则的"三线建设"，推动生产力布局的分散化

这是在当时国际局势日趋紧张的情况下，为了加强战备，我国生产力由东向西转移的战略调整。1956年4月，毛泽东同志在《论十大关系》中提出正确处理沿海工业和内地工业的关系，由此我国从1965年全面展开"三线建设"。所谓"三线"，"一线"是指沿边沿海的前线地区，比较容易受到攻击，要减少重大项目的布局；"二线"是过渡地带；"三线"是战略腹地、战略大后方，要强化重大生产力布局。"三线地区"主要包括四川（含重庆）、贵州、云南、陕西、甘肃、宁夏、青海省区及山西、河北、河南、湖北、湖南、广西、广东等省区靠近内地的部分。在"备战备荒为人民""好人好马上三线"等口号动员下，无数三线建设者来到祖国大西南、大西北的深山峡谷、大漠荒野，用血汗和生命建起了数千个企事业单位，创造出了诸多大国重器，为我国工业化作出了极大贡献。

3. 20世纪80年代至90年代中后期，我国实施东部地区率先发展的非均衡区域发展战略，生产力布局由分散化走向集中布局

改革开放初期，我国逐步实施了设立经济特区、开放沿海城市等一系列重大举措，此时正值第四次国际产业转移浪潮袭来，东部沿海地区由于低成本的生产要素和优惠的外资政策面临着难得的发展机遇。我国确定了以经济建设为中心的社会主义初级阶段基本路线，区域发展也从追求公平转向追求效率，实施东部率先发展的区域战略。这样，东部地区不仅抓住了承接国际产业转移机遇，而且得到了西部地区源源不断的劳动力、能源资源等的支持，从而实现了经济腾飞。西部地区成为全国发展的后备区，生产力向东部地区集中。

4. 20世纪90年代中后期至21世纪头十年,我国实施非均衡区域协调发展战略,生产力布局走向区域协调阶段

20世纪90年代中后期以来,我国在继续鼓励东部地区率先发展的同时,分别于2000年、2003年和2006年相继作出实施西部大开发、振兴东北地区等老工业基地、促进中部地区崛起等重大战略决策,由此全国形成了东中西部和东北地区"四大经济板块"。生产力水平东部最高、中部和西部随后,东北地区较弱,四大板块之间总体差距有所缩小,也进入非均衡协调发展阶段。

5. 党的十八大以来,我国实施了一系列区域协调发展重大战略,在统筹发展与安全理念指导下,生产力布局在原有基础上进一步优化

党的十八大以来,我国区域发展战略的总体战略指向仍是推进区域协调发展,尤其是推进跨区域、跨流域的协调发展。区域发展水平分化态势明显,同时区域发展动力极化现象日益突出,经济和人口持续向大城市及城市群集聚,成为承载发展要素的主体空间依托。在这一背景下,国家提出要发挥优势、完善空间治理,形成优势互补、高质量发展的经济布局,即经济发展条件好的地区要承载更多产业和人口,加快构建高质量发展的动力系统,成为带动全国高质量发展的新动力源。我国提出共建"一带一路"倡议,并实施长江经济带发展、京津冀协同发展、长三角一体化发展、粤港澳大湾区建设、推动成渝地区双城经济圈建设、黄河流域生态保护和高质量发展等战略。与此同时,面对世界百年未有之大变局和中华民族伟大复兴战略全局,为了统筹发展与安全,我国需要在西部地区战略纵深地带加强国家战略腹地建设,维护产业链安全、重要初级产品供给安全和生态安全等。

(二)新时代我国优化重大生产力布局的内涵

"优化重大生产力布局,加强国家战略腹地建设"的意图在于把集中于我国东部沿海地区的关键产业链、关键技术、重大项目等适当分流与备份到西部内陆腹地,在西部内陆腹地打造与东部沿海地区同等重要的高质量发展动力源,形成"国家战略腹地"与"战略头部"共同成长的局面,以便应对未来可能发生的各种极端性挑战。换言之,"优化"不是"弱化",而是在原来的基础上迈向更优。相较于中华人民共和国成立以来的其他几次生产力重大调整,新时代我国优化重大生产力布局具有以下特点。

1. 面临的国际国内环境有所不同

从国际环境看，和平发展是当今世界发展的主题与基调，虽然仍不排除战争风险，但没有中华人民共和国成立初期生产力均衡布局和"三线建设"时期严峻，此次"优化重大生产力布局"是在和平时期启动的。从国内环境看，以往我国是"一穷二白"或者经济发展水平较低，现在已经跃升为世界第二大经济体，实现了从"站起来"到"富起来"再到"强起来"的历史性转变。

2. 政府和市场作用发挥有所不同

"156项重点工程"实施、"三线建设"时期都是在计划经济条件下推进的，政府发挥了绝对主导作用。而新时代优化重大生产力布局是在我国已建设社会主义市场经济多年、市场经济日益完善的条件下实施的，并且与西部大开发等一系列区域协调发展战略结合起来，需要尊重经济规律，采取"有形之手+市场"方式推进，不可能一刀切、突击式推进。

3. 实施范围有所不同

"156项重点工程"实施对象是广大中西部地区和东北地区，"三线建设"主要是在西南、西北战略纵深地带和地形险要的山区。新时代优化重大生产力布局主要集中在地处西南的成渝地区，并且不是在险要地带，而是在大城市。大城市才有较好的生活工作条件，才能真正留住企业和人才并激发其创造力。

三、近年来我国东部沿海地区产业新布局及东西部产业转移实质

近年，在探索高质量发展要求下，我国加快构建现代化产业体系，而东部沿海地区走在全国其他区域前列，在加快传统产业腾笼换鸟、转型升级的同时，努力筑牢战略性新兴产业发展优势，积极部署和抢占未来产业发展新赛道，在发展新质生产力上继续发挥着引领带动作用。这有利于我们理解当前西部地区尤其是国家战略对接东部地区产业转移的实质。

（一）近年来我国东部沿海地区产业新布局特点

东部沿海地区通常是指上海、江苏、浙江、广东、山东、福建和海南7省市。本文通过搜集这7个省市的"十四五"发展规划纲要、2024年政府工作报

告，发现它们产业新布局的以下特点。

1. 以加快构建现代产业体系为总目标

东部沿海 7 省市都坚持发展实体经济，加快推进新型工业化，而且专注于发展提升制造业尤其是先进制造业。在制造业发展方向上，7 个省市提得最多的是"绿色化"和"智能化"（各出现了 3 次），其次是"高端化""集群化""融合化"（各出现 2 次）。

2. 以培育新质生产力引领现代产业体系

2024 年我国政府工作报告将"大力推进现代化产业体系建设，加快发展新质生产力"列为首位，强调"以科技创新推动产业创新"。2024 年东部沿海 7 省市政府工作报告也无一例外强调了这一点，而且培育新质生产力都出现在制造业领域。

3. 以发展提升战略性新兴产业和前瞻布局未来产业为培育新质生产力的主要途径

东部沿海 7 省市都提出了培育新质生产力的重点领域，绝大多数省市都以发展提升战略性新兴产业和前瞻布局未来产业为两个主要方向。在发展提升战略性新兴产业方面，个别省市（如广东省）在巩固现有优势战略性新兴产业的同时，又在部署谋划新的战略性新兴产业，而且都明确提出打造战略性新兴产业集群。在前瞻布局未来产业方面，7 个省市都提出了重点领域，同时也只有上海和广东提出了培育提升未来产业集群、打造未来产业先导区，这或许与它们强大的制造业能力有关。此外，只有广东省提出"传统产业、新兴产业、未来产业并举"，体现了对国家要求"因地制宜发展新质生产力"精神的体会与落实。

表 1　东部沿海 7 省市新质生产力培育着力点

省市	战略性新兴产业	未来产业	相关目标
山东省	重点发展新一代信息技术、高端装备、新能源、新材料、现代海洋、医养健康等领域	重点发展人工智能、生命科学、未来网络、量子科技、人形机器人、深海空天等未来产业	2025 年，全省战略性新兴产业增加值占地区生产总值比重达到 17% 以上

续表

省市	战略性新兴产业	未来产业	相关目标
江苏省	重点聚焦集成电路、生物医药、人工智能等前沿领域，积极发展新一代信息技术、新材料、节能环保、新能源、新能源汽车等产业	前瞻布局第三代半导体、基因技术、空天与海洋开发、量子科技、氢能与储能等领域	到2025年，战略性新兴产业产值占规上工业比重超过42%
浙江省	大力培育新一代信息技术、生物技术、高端装备、新能源及智能汽车、绿色环保、航空航天、海洋装备等产业	超前布局发展第三代半导体、类脑芯片、柔性电子、量子信息、物联网等未来产业	到2025年，数字经济增加值占GDP比重达到60%左右
上海市	重点打造电子信息产业、生命健康产业、汽车产业、高端装备产业、新材料产业、现代消费品产业六大产业集群	培育提升新能源汽车、高端装备、先进材料、民用航空、空间信息等高端产业集群，加快打造未来产业先导区	到2025年，战略性新兴产业增加值占全市生产总值比重达到20%左右
广东省	重点发展新一代电子信息、5G、超高清视频、新能源及智能网联汽车、生物医药等十大战略性支柱产业；前瞻布局半导体与集成电路、高端装备制造、氢能产业等十大战略性新兴产业	超前布局6G、量子科技、生命科学、人形机器人等未来产业，创建国家未来产业先导区	"十四五"期间，十大战略性新兴产业集群营业收入年均增长10%以上
福建省	培育壮大新一代信息技术、新能源、新材料、生物医药、低空经济等战略性新兴产业	前瞻布局人工智能、量子科技、氢能等未来产业	到2025年，战略性新兴产业增加值达9000亿元
海南省	加快发展数字经济、石油化工新材料、现代生物医药三大战略性新兴产业	培育壮大南繁产业、深海产业、航天产业三大未来产业	到2025年，高新技术产业增加值占地区生产总值比重达到15%等

资料来源：东部沿海7省市"十四五"发展规划纲要、2024年政府工作报告。

4. 不同省份在不同的发展禀赋下侧重点各有特色

例如：浙江省在2024年政府工作报告中要求"聚焦聚力建设现代化产业体系"时，就提出"以深入实施数字经济创新提质'一号发展工程'为牵引"。大力发展数字经济成为浙江省扎实推进新型工业化、培育新质生产力的侧重点。又如：广东省、江苏省都注重于巩固提升现有亿万级优势制造业产业集群，而不是一味另起炉灶。

（二）西部地区高质量对接东部沿海地区产业新布局的实质

综上，不难看出，西部地区高质量对接东部沿海地区产业新布局的实质在于：一是西部地区要承接东部沿海地区的战略性新兴产业和未来产业，而不是承接传统型产业、一般产业等。二是在国家调控调拨、市场发挥作用相结合下，东部沿海地区战略性新兴产业和未来产业的区域性总部、功能性机构等放在西部地区国家战略腹地，更多关键工序、生产基地、研发中心等布局在西部地区国家战略腹地，实现战略性新兴产业和未来产业在西部地区国家战略腹地适当备份，让东部沿海地区和西部地区国家战略腹地协同培育新质生产力。三是西部地区国家战略腹地也要聚焦新质生产力，招"新"引"智"，全产业链、全生命周期打造相关重要产业，实现本地化生产制造，从而加快构建以科技创新为引领、以先进制造业为支撑的现代化产业体系。

四、西部地区高质量对接东部沿海地区产业新布局的路径选择

通过认识西部地区高质量对接东部沿海地区产业新布局实质，本文认为有必要结合新质生产力区域布局指向特征，分析西部地区高质量对接东部沿海地区产业新布局的路径选择。

（一）国家调控调拨与地方能动性发挥相结合

东部沿海地区战略性新兴产业和未来产业的关键工序、关键技术、区域性中心等转移到西部有条件的区域，遵循市场规律固然重要，但离不开政府的调控调拨，需要国家以战略眼光指引方向、以顶层设计给予政策保障与支持。同时，这也是西部有条件区域高质量发展的一次重大机遇，如川渝两省市正是抓住了"三线建设"机遇，才成为今天的国家重要制造业基地，要将其与地方现代产业体系建设、区域协调发展、科技创新等结合起来，在国家顶层设计框架内，制定相应的承接产业转移的指导目录和任务清单，统筹考虑并加以落实。

（二）采取链条式承接产业转移

在对接东部沿海地区产业转移的过程中，以增强产业链供应链的安全韧性和竞争力为统揽，做到有的放矢、精准发力。即在先进制造业、战略性新兴产业和未来产业集群打造中，围绕标志性产品和产业链，逐一梳理链条的关键和薄弱环节，筛选列出目标企业、平台、机构清单；缺什么项目，特别是引领性的重大项目，就重点对接什么项目，进一步补齐短板、拉长长板、锻造新板。

（三）加大力度招引行业龙头企业

梳理重点招引的目前企业以及与之关联的上下游企业，实行"一企一策"，市区协同、部门联动攻坚，共同招引承接一批具有竞争力的产业项目。依托国家高新区等平台载体，突出精准对接，积极培育和发展新质生产力，让园区加快成为产业上下游集聚的集中配套区，助力园区在承接产业转移中更好发挥载体作用。

（四）承接东部沿海产业转移与国际产业转移并重

一方面，西部地区要加强区域对接合作，积极承接东部沿海高端产业转移；另一方面，以自身传统产业、新兴产业和未来产业并重，以挖掘新质生产力为着力点，发展壮大特色优势产业。此外，西部地区还应借助共建"一带一路"倡议机遇，充分发挥西部陆海新通道、中欧班列等作用，积极承接国际产业转移，支持企业大力拓展国际市场，打造内陆开放高地。

（五）进一步优化营商环境

新质生产力是创新起主导作用，摆脱传统经济增长方式、生产力发展路径，具有高科技、高效能、高质量特征，符合新发展理念的先进生产力质态。传统产业与生产力主要有原料地指向、消费地指向、劳动力指向与资本指向等类型；新质生产力的核心是科技创新，其布局无疑是技术指向的。[16] 科技创新能够催生新产业、新模式、新动能，是发展新质生产力的核心要素。因此，西部地区要以营造有利于科技创新的条件为根本，让产业转移来的企业放心发展。对重点外来投资企业开展"个性化定制服务"和"项目全生命周期服务"，开发支持科技创新的融资服务、完善生产生活配套条件等促进项目落地。

参考文献

[1] 习近平. 高举中国特色社会主义伟大旗帜 为全面建设社会主义现代化国家而团结奋斗——在中国共产党第二十次全国代表大会上的报告 [N]. 人民日报, 2022-10-26.

[2] 李强. 政府工作报告——二〇二四年三月五日在第十四届全国人民代表大会第二次会议上 [N]. 人民日报, 2024-03-13.

[3] 孙久文. 优化重大生产力布局的途径探索 [J]. 学术前沿, 2022 (22): 37-43.

[4] 杜尚泽. "找准在全国大局中的战略定位"（微观察）[N]. 人民日报, 2023-08-01.

[5] 张帆, 龚仕建, 王明峰, 等. 把贯彻新发展理念、构建新发展格局、促进共同富裕贯穿经济社会发展各方面全过程——习近平总书记四川和陕西汉中考察重要讲话引发热烈反响 [N]. 人民日报, 2023-07-31.

[6] 习近平在广西考察时强调解放思想创新求变向海图强开放发展 奋力谱写中国式现代化广西篇章 蔡奇陪同考察 [N]. 人民日报, 2023-12-16.

[7] 中国城市和小城镇改革发展中心专题研究组. 新发展阶段优化重大生产力布局的内涵特征、重点任务和对策举措 [J]. 区域经济评论, 2023 (2): 61-69.

[8] 李佳洺, 张文忠, 余建辉. 我国重大生产力布局的历史沿革与"十四五"时期优化策略 [J]. 中国科学院院刊, 2020 (7): 796-805.

[9] 张倩肖, 李佳霖. 新时期优化产业转移演化路径与构建双循环新发展格局——基于共建"一带一路"背景下产业共生视角的分析 [J]. 西北大学学报（哲学社会科学版）, 2021 (1): 124-136.

[10] 陈建军. 中国现阶段的产业区域转移及其动力机制 [J]. 中国工业经济, 2002 (8): 37-44.

[11] 刘友金, 周健. 变局中开新局：新一轮国际产业转移与中国制造业的未来 [J]. 湖南科技大学学报（社会科学版）, 2021 (2): 63-70.

[12] 王树华, 刘志彪. 区际产业转移的发生机制: 基于"推—拉"模型的分析 [J]. 学海, 2023 (1): 74-81.

[13] 孙佳文, 赵海东. 提高科技创新能力加快西部地区承接产业转移研究——基于120家企业的问卷调查数据 [J]. 科学管理研究, 2021 (3): 76-84.

[14] 成祖松. 中国高技术产业转移趋势时空分析——基于1995—2015年中国高技术产业相关数据 [J]. 科技进步与对策, 2018 (2): 66-75.

[15] 习近平. 推动形成优势互补高质量发展的区域经济布局 [J]. 奋斗, 2019 (24): 4-8.

[16] 张可云. 通过优化新质生产力布局促进区域经济协调发展 [N]. 光明日报, 2024-03-26.

作者简介: 王娟, 四川省社会科学院区域经济研究所副研究员、区域可持续发展研究室主任。

制造业现代化产业体系构建的金融支持研究

刘佳宁　冯　帆　黎　超

摘　要：金融作为现代经济的核心和社会资源配置的枢纽，在促进制造业转型升级、加快建设现代化产业体系方面发挥着不可替代的作用。各地积极引导金融机构以服务制造业为主题，创新发展产业链与供应链金融模式，不断丰富差异化的金融产品供给体系，制造业金融服务质效稳步提升，为探索金融支持制造业高质量发展的体制机制创新提供示范经验。面对新阶段、新格局、新机遇，要以深化金融供给侧结构性改革为主线，完善制造业金融政策体系和市场体系，聚焦推进新型工业化重点任务，持续加大金融支持力度，优化金融服务模式，增强金融专业化能力，为构建现代化产业体系、实现我国从制造大国向制造强国转变提供有力金融支撑。

关键词：金融支持；现代化产业体系；制造业高质量发展

先进制造业是全球主要经济体竞争的制高点，是科技创新的主战场，也是构建现代化产业体系的重点和难点所在。[1] 党的二十届三中全会强调，要"加快推进新型工业化，培育壮大先进制造业集群，推动制造业高端化、智能化、绿色化发展"。这要求做大做强先进制造业，积极推进新型工业化，改造提升传统产业，培育壮大新兴产业，超前布局建设未来产业，加快构建以先进制造业为支撑的现代化产业体系。金融作为实体经济的血脉，是推动金融、科技、产业高质量循环发展的重要支撑，是促进创新链和产业链深度融合、提升产业链整体水平和竞争力的重要手段。[2] 中央金融工作会议指出，要把更多金融资源用于促进科技创新、先进制造。高质量建设制造强国，需要强有力的金融支撑，需要完善的金融政策体系和市场体系支撑。[3] 为加快建设制造强国，全国各地充分发挥金融资源杠杆作用，合理引导资本要素配置到制造业发展的关键领域和薄弱环节,以深化金融供给侧结构性改革为主线,积极打造涵盖天使孵化、创业投资、融资担保、上市培育、并购重组等全生命周期的制造业金融服务体系,形成金融支持制造业高质量发展的地方经验模式,推动金融服务制造业发展实现质的有效提升和量的合理增长。立足新发展阶段,为深入贯彻习近平总书记关于推动制造业高质量发展的重要论述精神,本文系统梳理金融助推产业转型升级的理论逻辑,归纳总结金融赋能制造业高质量发展的地方实践,并根据新的发展环境和发展要求,提出金融支持制造强国建设的思路路径,旨在为推动制造业高端化、智能化、绿色化转型,加快构建现代化产业体系,助力制造强国建设和推进中国式现代化,提供理论指导和实践借鉴。

一、金融促进现代化产业体系构建的理论逻辑

(一)金融助推现代化产业效率全面提升

第一,金融业态突破性提升加速产业体系结构优化与迭代升级。林毅夫指出,只有金融结构与实体制造行业的结构匹配时,才能有效满足企业的融资需求,进而全方位促进发展和增长。[4] 金融高质量发展才能够有效提供制造业新质生产力发展所需要的资源配置与结构升级,产业结构推进又能进一步加速金融行业的迭代变革,动态视角上相互内生促进。[5] 我国一直致力于制造产业的结构转型,加之当前"工业4.0"引领的第四次工业革命正如火如荼地开展,智能制造俨然成为制造业新质生产力发展的重要体现形式。[6] 在数字工厂、智能生产、物联互联等结构升级的实现过程中,高效的数字金融体系在催生新兴产业颠覆式更新中功不可没,创新又有着创造金融产品需求和牵引产品迭代功能,实现相互促进的上升合力。[7]

第二,金融科技创新巩固资本支持,赋能现代化产业生产率颠覆性创新。全球正进入前沿技术创新空前活跃的时期,模式的快速转变对资金质量的更高要求使传统信贷支持形式无法全面及时地满足资金需求,而依托大数据、区块链、人工智能模型等技术赋能的数字金融服务,自供给侧改革与质量提升,从缓解融资约束、降低融资成本、扩充企业研发资金来源和解决多项融资错配等多方面提供全生命周期支持,引导资本更有效地推进新兴战略性制造产业和未

来产业发展，为新质生产力所需的颠覆性创新提供动能。[8,9,10]

第三，高水平金融体系全面推动制造体系智能化，实现更高效生产要素配置。研究表明，一国的金融资本市场发展失衡和失灵现象是导致资本和劳动力要素在城市行业间配置效率低下的主要原因，[11] 更加完备和多样化的金融环境更有助于通过降低资金交易成本提高周转速度和要素配置效率。[12] 在制造业领域，物料与机器为主的传统劳动资料形态开始变化为"数据+工业机器人"的数字智能形态，生产形式也由智能制造取代了传统机械制造。变迁之下，只有匹配于此类新型资产形式和制造过程的先进金融资源配置模式如产业基金、设备专项购置贷款、创新资金支持等才能有效匹配制造产业的数智化更新升级。[13]

第四，绿色金融创新持续推动产业体系环境友好转型，实现低碳化与绿色化高质量发展。产业绿色创新推进需要足够的金融投资支持，绿色金融业务如绿色信贷、绿色公司债券、绿色ABS产品等，将环保因素纳入信贷决策流程之中，实现将融资资源从非环保产业部门转向绿色产业部门的引导功能，同时也提供了更加便捷且稳定的融资渠道。[14] 绿色化和低碳化的环境友好转型是建设现代化产业体系的重要议题，现代化进程中企业社会责任体系建设重要性已成共识，将绿色金融纳入宏观审慎评估体系的重视方式能够有效增进企业社会责任水平及意识，结构性引导制造业企业向低碳化和轻污染化的环境友好形态转变。[15]

（二）金融助力现代化产业人才队伍全面壮大

第一，科技金融精准赋能企业创新活动展开，有力支持现代化产业人才队伍培养。智能制造升级要求对于企业的劳动力管理同时存在就业促进效应以及劳动力水平结构性调整效应，而科技金融可引导统筹社会资源流向人才培育和科技创新，以金融服务的高效性和便捷化推动劳动力改造和科技创新深度融合，合理有效地为关键领域专业人才和高水平人才教育工作持续提供金融资源，赋能地区或企业人才吸引集中，实现制造业人才队伍扩张，以人才推动三新经济①体系良性提升。[16,17]

---

① 指新产业、新业态、新商业模式的经济活动集合，它代表了经济中的新型经济活动、活动形态和商业运行模式。

第二,充足资金支持推动教育基础设施更新,为现代化产业高水平人才供给奠定坚实基础。劳动者在生产力要素组成中居主导者地位,创新又在其中起主导作用,因此要素的长期质效升级所需的是人力资本的持续积累。在当前数智化制造全面深化背景之下,产业部门对劳动者技术能力、创新意识以及持续学习能力都有着更高标准和需求。因而畅通教育、技术、人才要素的良性循环,深化人才培育和创新体制等改革,更有效地发挥人才集中的正外部性,是实现生产技术突破进而发展新质生产力的有效路径。而畅通的融资能够保障科技基础设施以及数字教育的扩充升级过程中所需的大规模和长周期的基础投资。

第三,高效高质金融产品有助于加快政银企多平台联合,激活产学研活力。科技金融的快速发展能推动产学研联动与新质生产力的深度融合,通过为政府及相关产学研合作平台提供融资资金,推动高校、科研院校与相关企业形成高效联动,开展"人才培养—技术创新—成果转化—产业应用—经验总结分享"的互补活动,利用资本助力科技成果向现实生产力转化。有效的金融资源配置,伴随科技创新的协同作用、产业结构转型的趋同效应,以及产学研的协作效应,技术创新能够推动企业生产效率提高,促进产业集聚和转型升级。[18,19]

(三)金融强化现代化产业风险全过程管理

第一,金融科技升级助力实现低成本企业全链条监管与全生命周期风险评估管理。对于制造企业来说,种子或初创期企业多存在技术基础尚不完善,采取创新活动成果转化成功可能性和商业化程度不确定性均较高等问题,相较成熟和衰退期的企业,创新研发多为在原有基础上的渐进性创新,因而融资模式和产品类型也应具备针对性。[20]而借助人工智能与电子数据平台,金融机构以及投资者对包括技术开发、生产、销售等在内的全业务链条都能有清晰的认知,因此能够更为精准地评估企业风险价值,有效拓延直间接融资产品所能触及的行业和产品,拓展金融业务开展边际的同时也具备更强的筛选功能。

第二,依托大数据平台与人工智能服务,有效缓解信息不对称。金融高质量发展能够通过缓解信息不对称的方式有效解决融资需求企业的道德风险问题。金融科技创新如依托大数据、区块链和人工智能等建立的智能全生命周期监控平台和融资信用信息共享平台,能够更加有效平衡融资供需两方之间的信息不对称程度。在供给端,科技手段能精准描绘企业的创新性和未来新兴性画像,切实根据采集的可视化和全数字化资金流和信息流数据评估制造实体行业,降低信息获取和监管成本,增强融资创新风险容忍度,扩展融资边际。[21]在需求端,企业以数据资产等"软资产"贷款的模式创新,缓解了实物资产占比不高的专精特新中小企业的融资约束,提供的更为有效的风险管理咨询也能间接提升制造相关企业尤其是尾部小微企业的科研资金充裕度。

二、金融赋能制造业高质量发展的地方实践

近年来,全国各地着力提升制造业核心竞争力,聚焦先进制造业集群、战略性新兴产业、未来产业等重点领域和关键环节,深入推进金融供给侧结构性改革,逐步建立健全产融对接机制,围绕产业链"链主"延伸不断完善金融服务,持续优化制造业金融生态环境,推动实现"科技—产业—金融"良性循环,助力加快构建以先进制造业为骨干的现代化产业体系。

(一)优化金融服务,完善产品供给体系

一是不断丰富差异化的金融产品体系。鼓励银行机构优化信贷投向和信贷结构,持续加大制造业重点领域中长期贷款投放力度(见图1)。支持有条件的银行业金融机构通过探索设立专业部门等方式,满足制造业不同发展阶段的资金需求。截至2024年上半年,广东辖内共设立超140家科技特色支行,部分银行设立制造业(专营)中心,通过搭建专业中心、专业团组、专职经理"三专架构"等,引导新增融资重点流向制造业薄弱环节和重点领域。引导金融机构结合制造业企业发展阶段特点、金融需求和风险特征,创新金融工具和产品、优化服务。如推出"制造支持贷""鲁科贷""鲁贸贷""政采贷""苏科贷""苏信贷""浙科贷""融担贷""科创制造贷""上市通"等一系列特色产品,持续探索"贷款+外部直投""投贷保一体联动"等服务模式,为企业技术升级、产品研发、设备更新、产能扩大等提供金融支持。同时,推动"险资入粤""险资入浙",引导保险资金与产业资金合作,通过投资股权、债券、私募基金等多种形式,为先进制造业发展提供长

期稳定资金支持。

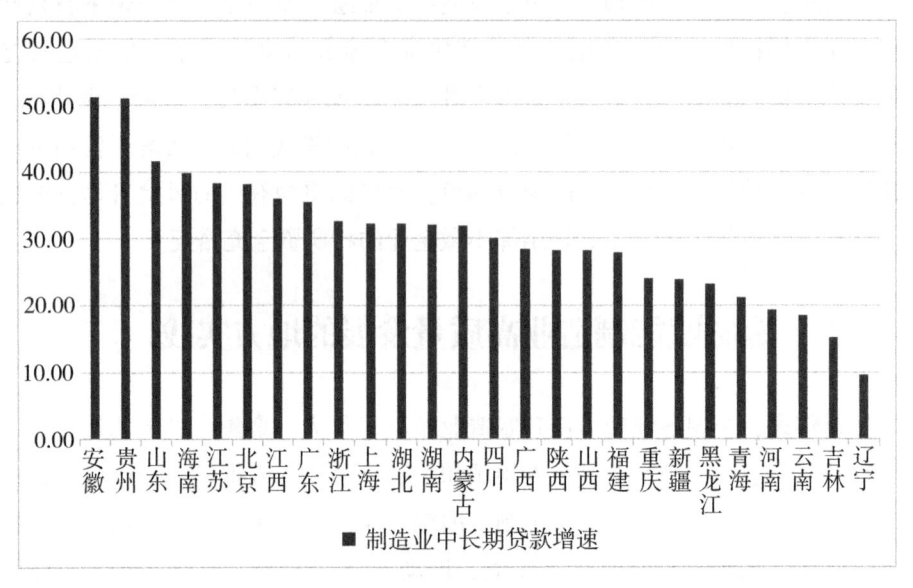

图1 2023年各地制造业中长期贷款增速（单位:%）①

二是积极搭建多层次资本市场综合服务体系。建立与境内外交易所的联动机制，完善分类、分阶段的企业上市培育机制，推动更多制造业企业上市挂牌，提高直接融资比重。如山东组织实施"泰山登顶"上市培育专项行动，把专精特新、瞪羚、独角兽、制造业单项冠军、制造业领航企业等高成长企业作为上市培育"金种子"，优选上市培育企业1000家以上。支持已上市公司依托上市平台通过发行股份购买资产，开展获取高端技术、品牌和人才的境内外投资并购和产业整合。优化制造业企业债券融资项目储备，推动先进制造业企业发行科技创新债、项目收益债券、专项债券等符合先进制造业特点的创新债券品种。推动风投创投集聚区建设，依托资本市场融资对接平台，建立风投创投与先进制造业企业融资对接机制。

三是持续完善产业链供应链金融服务。鼓励金融机构依托制造业产业链核心企业、"链主"企业，积极开展仓单质押贷款、应收账款质押贷款、票据贴

---

① 鉴于数据的可获取性，图中的数据只包括除天津、河北、西藏、甘肃、宁夏之外的26个省市区的数据。选取数据均源自各地《金融运行报告（2024）》及金融运行形势新闻发布会披露的相关数据。

现、保理、国际国内信用证等各种形式的产业链金融业务,有效满足产业链上下游企业的融资需求。鼓励金融机构、供应链核心企业接入中征应收账款融资服务平台,健全信息共享机制,完善供应链金融生态,支持制造业供应链企业应收账款融资。积极开发体系化、全场景的数字供应链金融产品,支持全国性银行通过核心企业属地行"一点对全国"等方式依法合规办理业务,提高上下游企业融资效率。

(二)拓宽融资渠道,推动资金支持增量扩面

一是充分发挥政府产业基金体系的政策导向功能。发挥政府引导基金、母基金、产业投资基金以投促产、以投促引、以投促创的核心功能,探索通过市场化方式组建专项基金,搭建"专而精"产业基金体系。如浙江发挥数字经济、创新引领、"凤凰行动"等政府主题产业基金导向作用,利用金融小镇各类基金集聚效应,加大对十大标志性产业链企业的投入。鼓励地级以上市人民政府建立健全政府性股权投资基金体系,引导国有企业、社会资本以多种模式设立子基金支持制造业发展。如发挥1500亿元广州产业投资母基金和500亿元广州创新投资母基金投引带动作用,形成以母基金为载体,国企资金、社会资金共同参与的集中力量办大事机制。同时,建立与国家相关产业投资基金常态化对接工作机制,积极争取国家制造业转型升级基金等产业基金,加大对地方制造业项目投资力度。

二是全面提升高端制造业融资租赁渗透率。加快发展融资租赁业,支持符合条件的设备制造"链主"企业及厂商设立融资租赁公司,发展上下游产业的融资租赁业务。大力拓展以直接融资租赁为主,经营租赁、售后回租、联合租赁为辅的经营模式,因地制宜丰富服务产品品类与业务结构,支持制造业企业实施设备更新改造和智能升级。如以横琴、前海、南沙为集聚地,共建粤港澳大湾区国际融资租赁中心。支持横琴联合澳门发展融资租赁产业,探索跨境资金自由流动和租赁资产交易;支持前海与香港联动开展飞机、船舶、海工设备、矿产设备等融资租赁,发展国际融资租赁;支持南沙继续大力发展飞机、船舶等融资租赁,打造全国飞机融资租赁第三极。

三是持续推进制造业企业跨境投融资便利化。简化跨境融资业务办理手续,探索将外债签约、变更登记事项下放银行办理。如广东允许符合条件的非

金融企业在不超过净资产2倍的登记额度范围内自主举借外债，便利重点制造业企业跨境融资。引导银行充分利用跨境金融服务平台为制造业企业办理贸易融资业务，提高交易背景真实性鉴定和融资审批效率。如，山东"港云仓"电子仓单综合服务平台获批跨境金融服务平台应用场景试点，截至2024年4月末，平台累计实现电子仓单融资超100亿元，有效满足企业融资需求。便利制造业企业外商直接投资，鼓励外商投资制造业企业以资本项目外汇收入进行境内再投资。完善制造业企业跨境金融服务，引导银行为制造业企业提供外汇和跨境人民币资金结算优惠，支持更多企业纳入跨境人民币结算优质企业名单，强化线上汇率避险平台建设，降低企业结算成本并提升汇率风险管理能力。

（三）深化产融对接，营造良好金融环境

一是积极拓展产融对接服务机制。加强政府部门工作联动，推动金融政策、财政政策、产业政策的有效衔接和信息共享，形成政策合力。大力实施产融对接"金桥工程"，建立制造业企业"金融管家"融资服务机制，积极推动制造业中长期贷款项目申报等融资对接工作。发挥"粤信融""信易贷""科融信""先进制造业投融资平台"等平台企业融资综合信用服务功能，加强企业信用融资产品创新，全力引导资源向制造业企业倾斜。加强链金合作，支持现代金融业产业链链主企业开展送金融服务进各产业园区活动，引导金融资源向重点产业链群以及基础设施建设领域集聚。

二是不断完善制造业风险保障机制。鼓励政府性融资担保公司加强与制造业企业合作，积极创新融资担保业务模式、开发专项担保产品，为制造业企业提供融资增信分险服务。如，广东支持政府性融资担保公司创新发展"线上审批、批量担保"业务模式，切实减轻制造业企业融资成本。发挥保险风险保障和战略投资作用，支持保险机构聚焦先进制造业、战略性新兴产业等重点领域，不断优化保险产品供给。推进首台（套）重大技术装备保险以及新材料首批次应用保险补偿机制试点，做好强链补链、技术攻关过程中的风险保障。发挥政府风险补偿机制的激励引导、风险分担作用和杠杆效应，用好用足国家融资担保基金和省级再担保风险补偿机制，支持担保机构为缺乏抵押物和信用记录的制造业小微企业提供担保。

三是建立健全金融风险防控机制。健全多层次风险分散机制，适当提高金

融机构和政府性融资担保机构对制造业企业不良贷款的容忍度，实现政府基金、银行业金融机构和融资担保风险暴露的合理分担。加强社会信用体系建设，引导金融机构逐步完善制造业企业授信体系，结合重点制造业企业特征，完善针对性的信用评价模型和风险防控体系。建立健全金融风险处置机制，探索建立金融风险监测和预警平台，运用互联网、大数据、人工智能等技术甄别金融风险，提升行业信息报送和监测系统管理水平，加大对制造业核心企业和上市公司的监测，提升金融风险预警和防范处置能力。

三、金融支持制造强国建设的战略展望

立足新发展阶段，要深刻把握新时代新征程推进现代化产业体系构建的基本规律，以服务制造强国建设为目标，围绕制造业创新平台建设、产业基础能力提升、产业链现代化、产业结构转型升级，加快构建与制造业发展阶段相匹配的现代化金融市场，加快培育满足制造企业金融需求的高能级金融机构，加快推广为制造企业量身定制的创新型金融产品，着力完善产业金融监管制度，形成全周期、差异化、多层次、强协同、可持续的金融支持体系，为建设现代化产业体系、实现我国从制造大国向制造强国转变提供有力的金融支撑。

（一）抓关键企业，提供全周期、立体式、全方位资金支持

一是提供针对性的资金支持。银行机构要根据企业类型和发展阶段，适当调整金融产品种类、期限、利率、担保方式、偿还方式等，提供针对性资金支持。国有商业银行要主动加强与地方性商业银行、股份制银行的合作，建立银团贷款联盟或投贷一体化等组合金融产品，推动投贷联动金融服务模式创新。支持商业银行建立专门的知识产权质押融资管理制度，积极探索知识产权金融业务发展模式，重点支持制造业企业的知识产权质押融资需求。金融机构要积极开展线上供应链、产业链金融服务，探索开发生态金融、建立产业链金融事业部，构建专业化产业链金融服务。同时，要进一步优化完善金融机构海外布局，积极运用银团贷款、并购贷款、项目融资、出口信贷等多种方式，创新"出口信用保险+商业信贷资金"等组合金融服务，为制造业企业在境外开展业务活动提供多元化和个性化的金融服务。

二是加快风险投资发展有效弥补企业融资缺口。加速发展种子基金等各类创业投资基金,吸引天使投资人等创业投资主体加大对种子期、初创期新兴企业的支持力度,同时提供企业管理、商业咨询、财务顾问等多元化服务,支持技术创新完成从科技研发到商业推广的蜕变演化。鼓励创业投资基金、产业投资基金投向先进基础工艺和产业技术基础领域重大项目,摆脱核心技术"卡脖子"困境。通过建立中外合资、外资风险投资基金、联合投资的方式加快引进国外风险资金,推动保险公司、信托公司、商业银行、证券投资基金、社会保险基金等金融机构加入风险投资业务,鼓励大公司、大企业开展公司风险投资,拓宽风险创业投资和私募股权投资的资金来源。

三是构建多层次的"互联网+综合金融"服务平台。由政府帮助平台对接税收、工商、环保等信息源部门构建企业征信系统;支持建立平台企业准入标准与信贷评审制度,吸引有影响力的、各类型的银行、保险和担保机构以及知识产权、高新技术、文化创意、专精特新等优质企业加入平台;设立融资支持、产业投资等专项财政资金,引入风险投资、私募股权基金、债券基金等国内资金以及多种形式的外资进入。

(二)抓关键环节,推动制造业高端化智能化绿色化发展

一是为制造业企业提供数字化、智能化金融科技综合服务。要加大金融科技产品服务创新力度,加快完善企业信贷流程和信用评价模型,引导企业征信机构利用替代数据评估企业信用状况,提高贷款发放效率和服务便利度。加强供应链大数据分析应用,通过跨界融合、搭建供应链金融服务平台、建立产业链生态等,为供应链上下游企业提供高效便捷的融资渠道。持续探索新型互联网银行发展之路和业务模式,在线实现为制造业企业客户提供存款、贷款、支付、结算、汇转、电子票证、电子信用、账户管理、货币互换、P2P金融、投资理财等全方位无缝、快捷、安全和高效的互联网金融服务。

二是创新绿色金融,推动打造绿色制造体系。设立金融机构绿色金融事业部和专营机构,创新绿色金融产品、工具和模式,撬动更多社会资本参与绿色项目建设,推动传统制造业绿色改造转型。加大制造业绿色改造信贷产品开发力度,创新和发展能效贷款、排污权、碳排放权抵质押贷款等产品。提高制造业企业绿色直接融资比重,支持符合条件的制造业企业发行各类绿色债券和股

权融资用于节能减排改造。不断创新丰富绿色保险产品,有效分散制造业绿色改造升级过程中的相关风险。

三是大力发展融资租赁模式。支持重点领域大型装备制造业企业集团开展融资融物相结合试点,开展租赁资产的证券化试点增强装备制造业企业资产的流动性。鼓励跨国并购,开放可以抵押、质押、留置的不动产以及不动产的范围,加大商业性金融业对装备制造业"走出去"的服务力度。构建互联网融资租赁平台,提高融资租赁与制造业融资需求对接的精准度和服务效率,为融资租赁公司和承租人提供高速、开放、平等和透明的互联网金融服务。大力推进高端技术装备、智能制造装备、节能及新能源装备等制造业融资租赁公司创新资产管理的新方式。

(三)抓关键机构,建立健全分工协作的金融机构体系

一是发挥政策性金融机构对先进制造业的引领和支撑作用。发挥开发性金融在市场建设、创新发展、引领资金等方面的功能和优势,积极支持集成电路、战略性新兴产业、传统产业升级改造等重大项目、重大技术推广和重大装备应用领域的发展。通过内外合作、银政合作、银企合作等途径,提供出口买方和卖方信贷、境外投资贷款、进口信贷、转型升级贷款等多种信贷产品,灵活运用银团贷款、融资担保、咨询顾问、选择权贷款等业务模式,满足制造业企业多元化的融资需求。

二是发挥好商业银行支持制造业高质量发展的主力军作用。探索建立先进制造业融资事业部,加强对信息技术、高端装备、新材料等战略重点行业的针对性和专业化支持。适时跟进科技企业产业园区、"制造业+互联网"等重点转型升级项目,建立制造强国建设重点客户名单库,增加专营机构布局。建立"数据化、智能化、网络化"服务新模式,实现内外部数据信息整合直联,整合政府与产学研以及各类金融机构的资源,提高金融业务流程效率。鼓励有条件的商业银行和地方政府尝试通过金融控股集团的形式发展混业经营,开展多元化金融服务。

三是发挥好保险机构对制造业高质量发展的独特作用。在符合保险资金运用安全性和收益性的前提下,通过债权、股权、基金、资产支持计划等多种形式,为制造业转型升级提供低成本稳定资金来源。支持保险机构投资制造业企

业发行的优先股、并购债券等新型金融工具，并允许保险资金投资制造业创业投资基金等私募基金。鼓励保险机构与银行机构合作开展制造业股债结合、投贷联动等业务。

（四）抓关键问题，持续完善制造业金融风险防控体系

一是通过金融的"风险共担"机制降低投资风险。银行业金融机构要坚持独立审贷、自主决策、自担风险原则，择优支持有核心竞争力的产业聚集区和制造业企业，注重从源头把控风险。保险机构要创新发展企业财产保险、科技保险、专利保险、制造业贷款保证保险等商业保险业务，分担企业经营与融资风险。鼓励保险机构在风险可控的前提下，开展与知识产权质押融资相关的保证保险业务，拓展知识产权被侵权损失保险、侵权责任保险等保险业务。

二是利用高新技术降低和管控技术风险。运用区块链、大数据和云计算等科技手段，建立金融合规、场景依托和技术驱动"三位一体"的金融风险防范体系，使风险控制从单客户、单品种、局部化、碎片化的管理方式，向业务关联、上下关联、跨账户交易的大数据风控方式转变，提高金融业务风险防范能力，实现客户资信与风险定价的精准匹配，通过自动化授信降低实际业务办理过程中的操作风险。

三是降低制造业企业杠杆率。金融行业要通过债务减记、债转股、利息减免等方式让利制造业企业，通过兼并重组破产等方式实现制造业资源优化配置，通过去产能、提高产业集中度提升企业投资回报率。有序促进社会储蓄转化为股权投资，作为企业降杠杆的重要补充方式。政府部门与金融机构、制造业企业之间要建立定期沟通长效机制，引导实体企业优化自身经营及财务管理模式，引导金融机构强化事前审查与投后管理，提升整个制造业金融体系的风险把控能力。

参考文献

[1] 于金闯，刘丽，刘丽娜，等. 产业生态化与现代化产业体系建设：以先进制造业服务化为例 [J]. 中国软科学，2024（4）：67-78.

[2] 刘佳宁. 科创资本推进广东制造业转型升级 [J]. 中国金融，2023，(21)：30-31.

[3] 陈四清. 谱写金融服务制造强国建设新篇章 [J]. 中国金融, 2022 (1): 14-16.

[4] 林毅夫, 章奇, 刘明兴. 金融结构与经济增长: 以制造业为例 [J]. 世界经济, 2003 (1): 3-21, 80.

[5] 刘佳宁. 新常态下制造业转型升级的金融支撑 [J]. 广东社会科学, 2016 (1): 46-54.

[6] 张森, 温军. 数字经济赋能新质生产力: 一个分析框架 [J]. 当代经济管理, 2024, 46 (7): 1-9.

[7] 肇启伟, 付剑峰, 刘洪江. 科技金融中的关键问题——中国科技金融2014年会综述 [J]. 管理世界, 2015 (3): 164-167.

[8] 谢绚丽, 沈艳, 张皓星, 等. 数字金融能促进创业吗?——来自中国的证据 [J]. 经济学 (季刊), 2018, 17 (4): 1557-1580.

[9] 唐松, 伍旭川, 祝佳. 数字金融与企业技术创新——结构特征、机制识别与金融监管下的效应差异 [J]. 管理世界, 2020, 36 (5): 52-66, 9.

[10] 任宇新, 吴艳, 伍喆. 金融集聚、产学研合作与新质生产力 [J]. 财经理论与实践, 2024, 45 (3): 27-34.

[11] Wang L, Yuan L. Was capital misallocation an important factor for loss in total factor productivity? [J]. Statistical Research, 2014, 31 (8): 11-18.

[12] Greenwood J, Sanchez J M, Wang C. Financing development: The role of information costs [J]. American Economic Review, American Economic Association, 2010, 100 (4): 1875-1891.

[13] 李伟. 金融资源配置赋能新质生产力的理论逻辑与现实路径 [J]. 会计之友, 2024 (16): 16-20.

[14] Yang L, Ni M. Is financial development beneficial to improve the efficiency of green development? Evidence from the "Belt and Road" countries [J]. Energy Economics, Elsevier, 2022, 105: 105734.1-105734.14.

[15] 彭俞超, 汪凡智, 倪晓然, 等. 绿色金融考核的社会责任引导效应——基于宏观审慎评估体系的视角 [J]. 南开经济研究, 2023 (11): 72-89.

[16] 李磊, 王小霞, 包群. 机器人的就业效应: 机制与中国经验 [J]. 管理世界, 2021, 37 (9): 104-119.

[17] 孙早,侯玉琳.工业智能化如何重塑劳动力就业结构[J].中国工业经济,2019(5):61-79.

[18] Greunz L. Industrial structure and innovation–evidence from European regions[J]. Journal of evolutionary economics, Springer, 2004, 14:563-592.

[19] Peneder M. Industrial structure and aggregate growth[J]. Structural change and economic dynamics, Elsevier, 2003, 14(4):427-448.

[20] 张岭,张胜.金融体系支持创新驱动发展机制研究[J].科技进步与对策,2015,32(9):15-19.

[21] 解维敏,方红星.金融发展、融资约束与企业研发投入[J].金融研究,2011(5):171-183.

[22] 田国强,仇艺博.数字金融推动新质生产力发展的逻辑解析、困境审视及路径设计[J].区域经济评论,2024(4):39-46.

作者简介：刘佳宁,广东省社会科学院财政金融研究所所长,广东省习近平新时代中国特色社会主义思想研究中心特邀研究员；冯帆,广东省社会科学院财政金融研究所博士；黎超,广东省社会科学院财政金融研究所助理研究员。

中国式现代化视域下贵州现代山地特色高效农业发展路径研究

刘克仁

摘　要：农业现代化是中国式现代化的关键。结合贵州实际，把现代山地特色高效农业作为一个重要发展方向，作为推动乡村振兴战略实施的一个重大举措。有效解决生产成本高，产业链短，利益联结机制不完善，产品规模小，品牌保护和打造力度不够，人才匮乏等问题。围绕贵州农业特色优势，坚持市场导向，持续调整产业结构、优化产业布局，加大投入，推进三产融合，持续推进农产品品质提升，龙头企业带动、延伸产业链。依托生态优势，围绕"质"和"量"，推动现代山地特色农业高质量发展。

关键词：山地特色；高效农业；生态

贵州是全国唯一没有平原的省份，贵州省基本省情需要大力发展现代山地特色高效农业[1]。推动现代山地特色高效农业的发展，推动中国式现代化进程。贵州围绕加快构建现代农业产业体系、生产体系、经营体系，扛稳扛牢粮食安全政治责任，持续巩固发展特色优势产业，推动农业农村经济平稳较快发展。全面推进乡村振兴，以高质量发展为引领，深化农业发展思路，大力发展现代山地特色高效农业。加大引领，实现从传统走向现代，大力发展生态农业、现代山地特色高效农业。

一、贵州现代山地特色高效农业发展正逢其时

（一）消费结构的改变和消费水平的提高

农业现代化既是中国式现代化的重要组成部分，也是全面推进中国式现代化的核心任务与关键所在，加快推进现代山地特色高效农业既是贵州在新时代西部大开发上闯新路的重要内容，也是中国式现代化贵州实践的应有之义。中国式现代化是人口规模巨大的现代化，随着经济社会的快速发展，人们的消费逐渐倾向于个性化、品质化消费。人们更加注重绿色产品的消费，消费者高度关注农产品的品质与质量安全，特色优质农产品消费群体与消费总量在不断增加。消费结构的转变要求农业不仅要高质量发展，而且发展要有特异性和多样性，目的是改善和提高人民生活水平。这为贵州现代山地特色农业发展带来了绝佳的发展机遇。

（二）政策支持

新国发2号文件，支持贵州省在新时代西部大开发上闯新路，要求贵州省大力发展现代山地特色高效农业。贵州省制定出台了《中共贵州省委贵州省人民政府关于加快推进现代山地特色高效农业发展的意见（2015年）》《贵州省"十四五"现代山地特色高效农业发展规划》《中共贵州省委贵州省人民政府关于全面推进乡村振兴加快农业农村现代化的实施意见》《贵州省2022年特色优势产业巩固提升行动方案》《中共贵州省委贵州省人民政府关于学习运用"千万工程"经验，加快"四在农家·和美乡村"建设推进乡村全面振兴的实施意见》等一系列政策和文件支持现代山地特色高效农业的发展。贵州现代山地特色高效农业，要在现代、山地、特色、高效上做文章，促进农村一二三产业融合发展，聚焦品种品质品牌，推进农产品标准化、规模化、绿色化、市场化，加快发展壮大特色产业。习近平总书记在党的二十大报告及中央农村工作会议等多个场合强调"要落实产业帮扶政策，做好'土特产'文章""对脱贫地区产业帮扶还要继续，补上技术、设施、营销等短板，促进产业提档升级"。党的二十届三中全会提出，"坚持农业农村优先发展""壮大县域富民产业"

"培育乡村新产业新业态"。贵州省委、省政府在项目、资金等方面的重大支持，贵州各市州对特色农业的高度重视将有力推动山地特色高效农业的发展。贵州特色农业与旅游业、康养业等正磅礴兴起。因此贵州省把发展现代山地特色高效农业作为推进乡村振兴战略实施的重大举措，作为中国一个典型的山地省份，发展山地特色高效农业是推动贵州乡村振兴和农业现代化的一条重要途径，对贵州农业产业发展和推进中国式现代化进程具有重大意义。

（三）资源优势

科学推进贵州现代山地特色高效农业要充分挖掘资源优势[2]。贵州生态优势是特色农业发展的最大优势之一。冬无严寒、夏无酷暑，气温适宜、降雨量丰富，雨热同季，具有发展高价值绿色、有机特色农业的优势。贵州"一山有四季、十里不同天"的立体农业气候特征，对农业生产十分有利，发展山地特色农业条件十分优越。有颇具地方特色的农业产业，蔬菜、水果、食用菌、马铃薯、肉牛、家禽等产业规模全省第一。烟、酒、茶、药、食等方面颇具特色，可走特色优势种养殖业集群发展之路。贵州一直开展农业品种培优、品质提升、品牌打造和标准化生产提升行动，有众多已经认证的绿色食品、有机产品、地理标志产品，有粤港澳大湾区菜篮子基地。贵州昼夜温差大、海拔落差大，具有发展夏凉蔬菜的独特优势。地表深度切割，河流纵横交错，长期欠开发、欠发达、欠开放的状态使耕地、水源和大气受污染较小，良好的生态环境、特殊的地形地貌、优越的气候条件等，这些条件成为发展具有山地特色的地方特色种植业和养殖业的基础条件，成为打造无公害有机产品发展的良好基础。贵州现代山地特色优势产业的发展将带动就业和相关产业的发展，推动农业高质量发展。曾经的封闭落后，现在交通便利，高速、高铁、机场全面突破，偏远的农村与城市逐渐融合，物流、人流、信息流、资金流流动明显增速，营商环境不断改善。昨天的劣势正转变成为今天的后发优势，贵州现代特色山地高效农业的发展正逢其时，将成为贵州经济社会高质量发展的重大力量。

二、贵州现代山地特色高效农业发展短板和不足

(一) 农机化发展滞后,生产成本居高不下

贵州地处云贵高原乌蒙山区,是典型的喀斯特地貌,喀斯特地貌占全省面积的60%以上。河流切割深、地势起伏大、耕地破碎、人均耕地面积少,被形容为"八山一水一分田"的地形地貌特征,这种地形地貌也影响了农业产业的适度规模和有效生产方式。虽然近年来农业基础设施日趋完善,但贵州农业基础设施仍然薄弱,农业机械化发展进程相对滞后,耕种方式也比较粗放,很大程度制约了土地产出率和劳动生产率的提高。

由于机械化程度不高,主要靠劳动力投入,目前农业产业所取得的成效是以更多劳动投入为代价,本质上是低效的。且产业受自然灾害的影响大,大多靠天吃饭。大量农村青壮年人口的外出务工,农村大多是留守的老人、妇女和儿童,农村空巢化、空心化问题突出,缺乏劳动力,导致用工成本高。当前的农业技术水平和产业生产方式让生产成本居高不下。贵州山地特色产业的发展一直存在政府主导多、干部群众实施多、低端分散产业多,市场主体抓的少、专业人才推动少、中高端产业少的现象。由于发展的基础条件比较差,特色产业发展缓慢,带动农民就业和增收的作用还不强,产业呈现做得多、成得少,投入多、产出少,产业带动就业的作用低,带动群众增收的效果不明显。

(二) 农业市场化程度低,三产融合不够

贵州农业经营主体整体实力还不强,国家级龙头企业和省级龙头企业占全省总数少。加工企业规模小、分布散,中小微加工企业和小作坊比重大,初加工企业占比多、精深加工占比少,产品附加值不高。农民专业合作社数量虽可观,但是合作社实体形式单一,业态种类不多,商品化率较低,应对风险能力不强,经营效益较差。贵州山地特色农业产业在量方面不断增加,但规模、质量和市场化问题方面问题较多,尚未形成特色优势产业联合体,在市场选择上还处于被动,这延缓了农业现代化的步伐。

贵州农业产业发展的基础相对薄弱,产业发展缓慢,产业之间的融合还未

形成。山地特色农业产业主要以种植业和养殖业为主，主要销售初级产品，成效整体不佳。与城市现代工业、服务业之间的融合不够，导致农业产业链短，价值链下降，农民不了解市场，无法取得好的经济效益和社会效益。第一产业没有充分利用好特色优势、生态优势、资源优势，在山地特色上下的功夫不够。第一产业与二、三产业的联系不紧密，融合度不高。城乡产业的布局不科学合理，产业在城乡间的交流互动仍需加强，产业发展新动能急需提升，需要大力推动城乡间的产业真正融合发展，形成全产业链。

（三）绿色发展任重道远，产业急需转型升级

贵州是下游地区的生态屏障，生态地位十分重要。生态环境的脆弱、突出的喀斯特地形地貌，导致产业的选择受限。要把"绿水青山"转化为"金山银山"，将生态优势转化为资源优势，转化为发展优势，是实现高质量发展的一大课题。贵州特色农业产业需转型向现代特色高效山地农业发展。农业发展对资源优势、生态优势、气候优势等的利用有待加强，农业的生产方式、农村的自然风光、农民的生活方式与旅游业需要有机结合，发展休闲观光农业、创意农业等，实现农旅结合，为农民提供更多的就业机会。

（四）产业链短，农业科技推广应用需要加强

一方面是产业链短。大部分特色农产品处于简单的粗加工阶段，基本上都是原品向外销售。相关企业对产业加工没有达到精深加工，实现增值的要求，而且没有把农业产业充分融入文化、餐饮、旅游观光、休闲娱乐等第三产业，产业链还比较短。另一方面是农业技术推广受阻。由于人口素质低，农民思想观念落后保守，在发展山地特色高效农业的过程中，农业科技推广应用效果不好，干部很努力，农民不配合，使得山地特色高效农业发展受阻。由于耕地细碎化，生产规模整体较小、产业化水平较低，农业科技应用少，山地特色农业规模偏小和效益不好，产品附加值低，未能完全惠及农户。农业科技创新体制和机制还不健全，农业科研、农业技术推广之间不协调，农业科研成果转化为现实生产力的效果不好，影响着农业技术创新。农业大数据发展时间短，农业信息化刚刚起步，信息化应用于农业发展程度不高，社会对大数据与农业融合发展的认识普遍不高，制约农业与大数据融合发展的推进，严重影响特色农业产业的价值的释放。

(五)产品规模小,品牌打造力度不够

在贵州农村,由于发展农业自然条件不优越,经济基础相对较差,所以农业产业发展缓慢。在特色优势产业方面的发展和带动作用还不够,即便是种植出来的初级农产品,连本地市场都不能满足。例如居民食用的马铃薯大多是从省外购进,企业生产核桃乳所用的核桃仁大多是从云南、新疆等地购入,说明贵州特色农业产品的规模小,对市场的影响力小,这影响着相关产业的发展。特色农产品品牌培育力度不够,知名品牌数量少,品牌效应不明显。在品牌塑造上下的功夫不足、投入成本不多,在国际、国内叫得响、拿得出的品牌不多,产品同质化严重[3]。同时贵州特色农业产品品牌建设不足,在品牌打造方面投入少,具有竞争力的品牌引领带动能力还比较弱。

(六)农业人才匮乏

农村人才引进难,留住难,由于农村生产生活条件差,工资待遇低等因素,农村发展机遇与发展空间有限等,引进和留住外来人才的难度较大。因培育机制和激励机制不完善,人口流动造成大量农村青壮年外流,人口流动造成人才外流,农村致富带头人缺乏,人才内部培育成效有限。当前农村的组织化程度不高,农业生产性服务机构与人员都较为缺乏,缺少长期扎根农村、从事农业技术研究推广的"土专家""田秀才"。人才的匮乏影响农业产业的发展,成为现代山地高效农业产业高质量发展的一大阻碍。

三、贵州现代山地特色高效农业发展的对策建议

(一)依托山地特色优势,注重产业发展质量

1. 以山地特色优势为重点,推进产业发展

依托资源优势,坚持市场导向,以特色优势产业为重点,根据地形地貌、山地特色,持续巩固蔬菜、食用菌、茶叶、牛羊等特色优势产业发展,打造夏秋喜凉蔬菜、高山生态茶、珍稀食用菌、道地中药材等优势产业集群区、产业带。优化产业区域布局,大力推动山地特色优势产业裂变式集群发展。建成国内蔬菜、

香葱和苹果等重要生产基地，成为国内重要的特色产业生产基地和优质产区，建成国内重要的夏秋喜凉蔬菜供给基地、高山生态茶产业带、道地药材生产基地、珍稀食用菌集聚区。围绕贵州特色优势产业，建立健全生产、组织、销售、保障等方面的保障体系。以县域为单位打造出集聚发展的多种产业带，形成一批范围相对集中、优势突出、特色鲜明的山地特色高效农业产业的发展。

2. 注重山地特色产业发展质量

一是培育优良品种。农业现代化，种子是基础。要加大良种推广力度，围绕特色优势产业，开展农作物种质资源、畜禽优良品种的保护和开发利用，提高良种覆盖率。严厉打击假冒侵权、"仿种子"行为，优化种业发展环境，确保山地特色产业的用种安全。二是加大农业发展基础建设，降低生产成本。加快高标准农田建设，统筹推进土地平整、灌溉排水、田间道路、宜机化等，提高土地综合生产能力。全面推进农产品基础体系建设，提升农产品附加值。三是注重种植业质量。在山地特色优势产业发展过程中，种植是产业发展的基础，只有种植出品质优良的初级产品，把"质"和"量"统筹好，才能推动品种培优、品质提升、品牌打造和标准化生产，才能打造一批特色农产品优势区，落实农产品质量安全源头控制和全程监管，提升贵州省农产品质量安全水平，满足人们对农产品营养健康安全要求[4]。四是提升产业标准化水平。大力实施质量兴农战略，建立健全农产品生产标准、加工标准、流通标准和质量安全标准。注重特色农产品质量监管和品牌保护。

3. 强化龙头企业带动

积极吸引国内外大型龙头企业入驻贵州，通过龙头企业把农村分散的就业者组织起来，形成强大的合力。生产出有适度规模、质量和优势的产品，让特色农产品走进产品交易市场。通过龙头企业带动一批特色农业农产品新企业发展。拓展农产品加工业、服务业，根据当地产业的特色和优势，通过精深加工，把单纯的农产品生产推动到全产业链的发展。把颇具竞争力的文化特色、生态特色、旅游特色等与产业特色结合起来，实现产品附加值不断增加。

（二）延伸产业链，推动产业融合

全面推进乡村振兴，产业振兴是基础和关键。实现产业之间的融合发展，事关农业农村现代化进程，事关乡村产业振兴大局。一是科学规划，突出规划在产业融合发展过程中的引领作用。围绕贵州山地特色农业、特色农产品加工、销售等,抓好产业融合发展规划编制,有效推进农村产业融合发展。二是调整农村产业结构,做强一产,做优二产,做活三产。充分利用农村资源优势,结合实际精心选择产业,做强、做大山地特色优势农业产业。以农民为主体,立足园区,发展第二产业,通过农特产品的精深加工,增加产品附加值,延伸产业链。加大特色农产品相关服务业的发展,做好流通、销售,搞好第三产业,促进就业,增加农民收入。三是培育好产业经营主体,采取"龙头企业+集体经济组织+农户"或"经营主体+集体经济组织+农户(经营主体可以是龙头企业、专业合作社、农业大户、农业企业等)"等发展模式,把经营利润绝大部分给农户,经营主体获得的收入用来扩大生产,部分用来壮大集体经济。

(三) 发展生态产业,促进产业转型升级

1. 践行"两山"理念,走山地生态农业发展之路

中国式现代化是人与自然和谐共生的现代化。贵州自然资源丰富,坚持保护优先,树立"绿水青山就是金山银山"的理念,宁要绿水青山,不要金山银山,发展不以破坏生态环境为代价。因此贵州山地特色农业的发展需要改变产业传统的生产方式,发展循环经济,充分利用贵州的气候优势和自然资源优势,发展绿色的产业,生产出绿色的产品,开拓绿色产品市场。农业发展以发展山地特色农业产业为重点,推进农业绿色发展。通过科学合理的种植和养殖,保障农产品质量安全。通过农产品的加工,生产出有机的、绿色的农产品。同时加大生态文明理念的宣传,促进绿色生产,绿色消费。通过产业绿色发展来促进经济健康、快速、协调与可持续发展。

2. 依托生态优势,发展"生态+"农业

立足环境优势,发展"生态+休闲"农业。依托生态和自然资源优势,将现代农业和生态旅游、现代服务业实现横向整合,发展休闲农业。一是农村环境的污染较轻,绿色有机食品多,可以喝上天然的水,吃上生态的饭,满足"洗胃"的需求;二是生态良好,部分地州市森林覆盖率在60%以上,负氧离子含量普遍高于城市,呼吸新鲜的空气,可以"洗肺";三是典型的喀斯特地貌,山清水秀,让人心旷神怡、心情舒畅,可以"洗眼";四是乡村生活比较闲适,远离城市的喧嚣,能够放缓生活节奏,享受田园风光,促家庭和谐,可以"洗心"。

利用独特的气候条件,发展"生态+康养"农业。进入老龄化社会,大量中老年人需要一个适宜的养老环境和养老场所。农村恬静的生活、良好的生态环境就是养生养老的好地方。可以远离城市的喧嚣,农村成为许多人向往的休闲养生、健康养老的好去处。农村人口的大量迁移,闲置房屋量大且各具特色。发展"生态+康养"农业,可以为农民带来收益,有效解决城市养老需求,可以整合利用农村闲置资源,同时为贵州山地特色农业产业的发展带来良好的契机。

3. 实现"农旅"结合

贵州有独特的民族民间文化、红色文化,旅游资源丰富。把特色农业生产与旅游业有机结合起来,发展富民的旅游产业和具有特色的乡村旅游。大力实施康养基地、游乐观光园区、精品民宿、民族特色村寨等休闲农业和乡村旅游。把旅游资源与特色农业和特色文化有机结合,带动农民就近就业,切实增加他们的收入,实现百姓福、生态美的有机统一。

4. 调整结构推动特色发展,促进传统产业转型升级

促进传统产业的转型升级是促进产业高质量发展的一个关键环节。首先,根据各地实际,从全省的角度把发展山地特色高效农业作为传统产业转型升级的重要方向。把重视产业规模改变为适度规模,重点提升产业质量,坚持产业绿色发展。调整生产方式和结构布局,发展资源节约型、环境友好型产业。其次,在财政支持方面对传统产业的转型升级给予更多的支持,通过给予农业产业资金补贴,加大对现代山地特色高效农业的资金帮扶。最后,支持企业创新发展,提升发展动力。支持企业引进先进的设备和技术,吸引大量的人才支持,降低生产成本,生产出高质量的产品,提高企业的生产效能。根据各地农业和产业的特色,打造出更多贵州独特的产业。全省统筹,在山地特色农业有比较优势的县建立特色产业小镇,把特色产品的生产、加工环节分布到村新型农业经营主体的生产环节,重点做好特色产业的创新发展,制定利益链接和分配机制,拓展好市场,推动产业纵深发展。

(四) 立足特色农产品优势,打造山地特色品牌

1. 加大品牌打造力度

立足资源禀赋,打好特色牌。从全市的角度,充分利用统战优势、东西协作优势,统筹推进特色农产品品牌打造。聚焦具有地理标志保护,获得绿色产

品标识或国家农业部认证的地理标志保护产品，打造出一批具有影响力的国内知名品牌。通过打造"地理标志商标+地域产品品牌"，构建"区域公共品牌+特色产品品牌"，形成"区域公共品牌+知名品牌"体系，着力提高农产品市场影响力和竞争力。

2. 抓好产销对接，构建现代营销体系

借助东西协作，对口帮扶平台，积极主办和参加各类农产品推介会，鼓励龙头企业就近收购、贮藏、加工、销售农产品，做实线下销售；利用知名电商企业和网络直播平台等，加强品牌宣传，加强合作，支持开展电子营销及配送，定制农业等新型农业服务业，大力发展"互联网+"销售新模式，推进线上销售。推动农产品流通企业、电商、批发市场与经营主体建立稳定的产销关系，有效解决农产品"卖出难"的问题，确保经营主体和农民收益。通过构建现代营销体系，让贵州山地特色优势农产品走出山门，走进大市场，实现产品的价值效益。

（五）提高科技创新能力，加大人力资源开发

1. 发展科技创新型农业

一是提升农机应用水平。培育发展山地农机装备制造业，加快山区农田宜机化改造，推广高性能、智能化和多功能农机新装备新技术，全面提高农业机械化水平。二是健全农业科技推广体系。建立完善农业科技创新体制和机制，持续开展科技特派员、农技人员等专家服务基层活动，选派科技特派员深入农业科技园区、经营主体开展技术服务，鼓励事业单位人员到基层领办创办项目。三是营造良好创新创业环境。牢固树立科技创新是支撑和引领贵州高质量发展的理念。贯彻落实习近平总书记关于科技创新的重要论述，知行合一，进一步统一思想、提高认识，把新发展理念贯彻到农业现代化的过程中。为贵州山地特色高效农业的发展创造一个良好的创业环境。四是发展智慧农业。充分发挥互联网、物联网、大数据、云计算、区块链、人工智能等现代技术优势，推动山地特色智慧农业加快发展。加快打造覆盖市、县、乡三级农业农村技术服务大数据平台，做好种业、种植业、畜牧业等国家数字农业创新应用基地项目储备和申报工作。强化气象灾害、病虫害等技术检测应用，提升农业气象灾害防范能力、农业植物检疫性有害生物监测水平和信息化服务水平。

2. 构建多层次人才体系，培育现代化农业经营主体

一是实施人才优先发展战略，发展职业教育。把人才作为产业发展的第一资源。通过办好职业教育，培养更多现代农业发展所需的大量人才。围绕经济和社会发展需要，推进职业教育扩容提质，深化产教融合、科教融汇，构建现代职业教育体系。瞄准技术变革和产业优化升级方向，合理调整职业教育专业设置，促进教育链、人才链与产业链、创新链有效衔接。实施职业教育创新发展行动计划，围绕现代农业、先进制造业、现代服务业等重点领域加快培养急需紧缺人才。二是创新引进和培育模式，推动人才汇聚。坚持以用为本，聚焦新型工业化、新型城镇化、农业现代化、旅游产业化，全方位培养、引进、用好人才。结合贵州农业产业发展需要和经济发展现状，制定更具竞争力的人才政策。深入实施"高层次人才引进计划"、"同心智力支持工程"、院士专家柔性引进项目。着重培养结合贵州产业发展的职业技能型人才和培育更多实用型乡土人才，根据贵州特色产业的发展需求，大力培养大批懂市场、懂管理、懂技术、爱农村的专业人才。培育更多会经营、善变通、懂现代农业种植的新型职业农民。三是深化人才体制机制改革，用好用活人才。完善人才评价机制。坚决破"四唯"树"新标"，建立以创新价值、能力、贡献为导向的人才评价体系，完善人才评价标准和激励机制。充分发挥考核激励先进、鞭策后进，奖勤罚懒作用，用好用活各类人才。

参考文献

[1] 王昌锋. 贵州省现代山地特色高效农业发展方向及路径探讨 [J]. 南方农业，2024（5）：132-136.

[2] 邓小海. 科学推进现代山地特色高效农业 [J]. 当代贵州，2023（49）：22-23.

[3] 左成林. 部分农民种粮积极性为何不高 [J]. 农村. 农业. 农民（A版），2009（7）.

[4] 唐义，李娟，张荣达，等. 毕节市现代山地特色高效农业绿色发展现状及建议 [J]. 现代农业科技，2023（19）：191-193.

作者简介：刘克仁，中共毕节市委党校多党合作与理论研究所副教授。

共同富裕试验区建设视域下提升农村干部廉政能力路径研究
——以黔东南州为例

李昕玮

摘　要：在贵州省政府出台的《省人民政府关于支持黔东南自治州"黎从榕"打造对接融入粤港澳大湾区"桥头堡"的实施意见》中赋予黔东南州产业转移示范区、生态旅游康养区、双向开放先导区、共同富裕试验区的"四区"战略定位。其中，在共同富裕试验区建设中要求黔东南州与大湾区建立更加紧密的结对帮扶关系，打造东西部协作示范。要完成这一目标不能缺少农村地区的发展，农村干部的廉政能力直接影响到人民群众的获得感和满足感，进而对共同富裕试验区建设成果产生影响。

关键词：共同富裕试验区；农村干部；廉政能力

按照《省人民政府关于支持黔东南自治州"黎从榕"打造对接融入粤港澳大湾区"桥头堡"的实施意见》中关于建设共同富裕试验区的要求，围绕黔东南州农村干部党风廉政建设情况，2023年1月—3月课题组以黔东南州黎平、从江、榕江三县的农村干部为调研对象，通过实地走访、个别访谈、问卷调查、查阅资料等方式进行调研，在对160名农村干部进行问卷调查的基础上，系统总结了黔东南州近年在提高农村干部廉政能力工作中的经验做法，分析了存在的问题和困难，并就共同富裕试验区建设背景下进一步推动农村干部党风廉政建设提出了对策建议。

一、共同富裕试验区建设视域下加强农村干部党风廉政建设的背景

建设共同富裕试验区是在2022年1月国务院出台的《关于支持贵州在新时代西部大开发上闯新路的意见》中赋予了贵州"四区一高地"战略定位,并且明确提出"支持贵州积极对接融入粤港澳大湾区建设"。在《关于支持贵州在新时代西部大开发上闯新路的意见》框架下,2022年4月贵州省政府印发了《省人民政府关于支持黔东南自治州"黎从榕"打造对接融入粤港澳大湾区"桥头堡"的实施意见》,明确将"共同富裕试验区"作为黔东南的四大战略定位之一,具体要求黔东南州"推动与大湾区建立更加紧密的结对帮扶关系,共同建设普惠均等可及的公共服务设施,建立带动'黎从榕'片区居民增收的利益联结机制,探索跨省合作推进共同富裕的试验试点,打造东西部协作示范"。建设好共同富裕试验区是贯彻落实党中央、国务院和贵州省委、省政府的工作要求,黔东南州要不断落实深化,取得具体实效。黔东南州作为民族地区,经济基础薄弱,在建设共同富裕试验区过程中农村发展是主要抓手,也是重点领域。农村干部廉政能力高低是共同富裕试验区建设能否让群众看到成效、获得实惠的重要因素之一,因此,提高农村干部的廉政能力是建设共同富裕试验区过程中不可忽视的一项工作。

长期以来党中央高度重视提高农村干部的廉洁意识和廉政能力。早在2011年5月23日,中央和国务院便出台了《中共中央办公厅 国务院办公厅关于印发〈农村基层干部廉洁履行职责若干规定(试行)〉的通知》,其中明确提出"农村党风廉政建设关系党的执政基础。农村基层干部廉洁履行职责,是坚持以邓小平理论和'三个代表'重要思想为指导,深入贯彻落实科学发展观,全面贯彻落实党的路线方针政策,加快推进社会主义新农村建设的重要保障;是新形势下加强党的执政能力建设和先进性建设,造就高素质农村基层干部队伍的重要内容;是保证农村基层干部正确行使权力,发展基层民主,保障农民权益,促进农村和谐稳定的重要基础,是加强和创新社会管理,做好新形势下群众工作,密切党群干群关系的必然要求"[1]。同时对农村干部提出了要求,"农村基层干部应当坚定理想信念,牢记和践行全心全意为人民服务的宗旨,恪尽

职守、为民奉献；应当发扬党的优良传统和作风，求真务实、艰苦奋斗；应当遵守党的纪律和国家法律，知法守法、依法办事；应当正确履行职责和自觉接受监督，清正廉洁、公道正派；应当倡导健康文明的社会风尚，崇尚科学、移风易俗"[1]。在乡村振兴战略提出之后，建立一支高素质的农村干部队伍的重要性得到了充分认识。在《中华人民共和国乡村振兴促进法》中明确要求"国家建立健全农业农村工作干部队伍的培养、配备、使用、管理机制，选拔优秀干部充实到农业农村工作干部队伍，采取措施提高农业农村工作干部队伍的能力和水平，落实农村基层干部相关待遇保障，建设懂农业、爱农村、爱农民的农业农村工作干部队伍"[2]。在建立高素质农村干部队伍的工作中，提高农村干部廉政能力、培育廉洁意识、营造廉洁文化氛围被列入强化基层治理水平的重要内容之一。在《中共中央 国务院关于做好2022年全面推进乡村振兴重点工作的意见》中要求"深入开展市县巡察，强化基层监督，加强基层纪检监察组织与村务监督委员会的沟通协作、有效衔接，强化对村干部的监督"[3]。将对农村干部的监督置于全面推进乡村振兴重点工作当中，给农村干部廉政能力和廉洁意识都提出了更高的要求。

面对黔东南州经济社会发展和乡村振兴繁重任务，尤其是建设共同富裕试验区的战略提出之后，全州党员干部，尤其是农村干部不畏困难，奋斗在一线，坚持以习近平新时代中国特色社会主义思想为指导，深入贯彻习近平总书记历次重要讲话精神，认真落实党中央、国务院和省委、省政府关于共同富裕试验区建设决策部署和省委、州委要求，不忘初心、牢记使命，坚持党建引领，建强基层战斗堡垒，不断巩固拓展脱贫攻坚成果，有序推动共同富裕试验区在农村建设做深做实。值得注意的是，《贵州省乡村振兴促进条例》中明确要求"建立健全农业农村工作干部队伍的培养、配备、使用和管理机制，拓宽农业农村工作干部来源渠道，落实关爱激励政策和容错纠错机制，鼓励改革创新、担当实干，建设懂农业、爱农村、爱农民的农业农村工作干部队伍"[4]。该条例的施行将为黔东南农村干部队伍建设提供新机遇，推动乡村振兴工作迈上新台阶。

黔东南州委、州政府大力推进乡村振兴工作的同时，高度重视农村干部廉政能力建设，在乡村营造风清气正的廉洁文化氛围。黔东南州从农村干部廉洁意识培养、廉政相关规定学习、农村干部廉洁制度建设、乡村廉洁文化氛围营造等多个角度发力，多管齐下，坚持教育在先、警示在先、预防在先的原则，推动农村干部廉洁高效履职，使黔东南州农村干部的廉洁意识和廉政能力都得到了极大提高，村级"小微权力"强化监督体系不断得到完善，为黔东南州巩固拓展脱贫攻坚成果、全面推进乡村振兴工作，农村干部真正成为人民群众的"贴心人"构建了坚实的基础。（见表1）

表1 对当前黔东南州农村干部廉政能力评价

选项	小计	比例
非常强	111	69.81%
一般	46	28.93%
不好	2	1.26%

二、共同富裕试验区建设背景下黔东南州提高农村干部廉政能力的实践

贵州省委、省政府对黔东南州提出建设共同富裕试验区的要求后，黔东南州委、州政府积极落实党中央、国务院和贵州省委、省政府的工作要求，加快对接融入粤港澳大湾区建设，其中乡村振兴是重点领域之一，农业、养殖业、旅游业成为黔东南州与粤港澳大湾区对接合作的亮点。在此背景下，提高黔东南州农村干部廉政能力的紧迫性进一步凸显出来。

黔东南州坚持以习近平新时代中国特色社会主义思想为指导，全面推进乡村振兴工作，严格执行《农村基层干部廉洁履行职责若干规定》《关于加强农村基层党风廉政建设意见》《中华人民共和国乡村振兴法》《中共中央 国务院关于做好2022年全面推进乡村振兴重点工作的意见》等政策法规，抓好农村干部队伍建设，建立健全农业农村工作干部队伍的培养、配备、使用和管理机制，拓宽农业农村工作干部来源渠道，落实关爱激励政策和容错纠错机制，鼓励改革创新、担当实干，建设懂农业、爱农村、爱农民的农业农村工作干部队伍，为巩固拓展脱贫攻坚成果和全面推进乡村振兴工作提供了坚强的组织保障。

（一）抓好农村干部队伍建设，建设强有力的战斗堡垒

1. 建强农村基层干部队伍

黔东南州以农村"两委"选举为抓手，严格按照"五个一批"和"五选十不选"标准选任干部，配齐具有战斗力的村"两委"班子，建设了一支扎根基层、政治立场坚定、综合素质较高的农村干部队伍。此次在榕江县、从江县和黎平县开展的调研结果显示，159名受访者中，101人具有本科及本科以上学历，占比63.52%（见表2）。

表2 受访农村干部学历情况

选项	小计	比例
小学	0	0%
初中	15	9.43%
高中	14	8.81%
专科	29	18.24%
本科及以上	101	63.52%

2. 党建引领建设基层战斗堡垒

黔东南州紧抓农村基层党组织建设，以党建引领建设强有力的基层战斗堡垒。一方面通过"季度考核""作用发挥研判"等机制不断提高党组织书记能力。另一方面通过设立党员先锋岗、推行党支部评分定级和党员积分管理等机制做好党支部标准化规范化建设，解决部分农村基层党组织涣散的问题，巩固提高基层党组织战斗力，成为黔东南州巩固拓展脱贫攻坚成果和全面推进乡村振兴战略的带头人、战斗队。

（二）坚持严管厚爱，促进农村干部廉洁履职

1. 量体裁衣制定廉政教育培训计划

黔东南州纪检监察机关坚持严管厚爱和教育在先、警示在先、预防在先的原则，依照"量体裁衣"的方式为新任农村干部制定廉政教育培训计划，上好廉洁履职第一课，促进新任农村干部廉洁高效履职。黔东南州纪委监委以正面引导和警示教育相结合，通过集体廉政谈话、观看警示教育片等多种方式对换

届后新任农村干部开展全覆盖法纪宣传学习和廉政教育,取得了良好效果。

2. 将党史学习教育与红色文化资源相结合

黔东南州纪委监委将党史学习教育与黔东南州红色文化资源相结合,充分利用黔东南州各地红色文化资源优势,多批次组织农村干部到廉政教育展馆、革命纪念馆等参观,将党史学习教育做到实处,教育引导农村基层党员干部传承红色基因,不忘初心、牢记使命。

3. 落实任前谈话,将廉政监督"关口前移"

黔东南州纪委监委严格落实任前谈话制度,对新任村干部进行任前廉政谈话和廉政教育,并将其看作是推动全面从严治党向基层延伸的重要举措之一,做到廉政教育"关口前移",筑牢农村干部的廉政意识,打造一支清正廉洁、忠诚干净担当的农村干部队伍。如黎平县纪委监委通过进行廉政谈话、集中约谈、上廉政专题党课、送廉上门等方式对新任农村干部进行廉政教育,并推动农村干部廉政教育具体化、常态化,取得了良好的效果。

(三)将"小微权力"的监督视作发力点

1. 制度化规范村级"小微权力"行使,使监督有规可依

"小微权力"是基层工作的主要体现形式,也是人民群众最能感受到,最关系到人民群众切身利益的权力。"小微权力"内容庞杂,事项众多,涉及不同领域的各项规定,对农村干部廉洁履职能力要求较高,也是农村干部廉洁履职中的难点之一。黔东南州纪委监委将"小微权力"监督和廉洁履职作为农村干部廉政工作的重点,建立"小微权力"清单,使农村干部理解"小微权力"涉及哪些工作内容,应当如何推动工作,需要注意的相关廉政规定是什么。如天柱县纪委监委建立了村干部小微权力清单,明确了每项村级"小微权力"具体实施的责任主体、权力运行操作流程、权力运行过程中的公开公示等内容,极大地帮助农村干部廉洁履职,在履职之初便可以做到有法可依、有规章制度可遵循。台江县纪委监委探索建立推行了"一流程两清单四台账"村级监督模式,内容为村级事务监督流程图,涉及3大类36项的"小微权力"清单和32条负面监督清单,"监督履职、发现问题、问题线索、走访群众"4本台账。通过"一流程"和"四台账"为村纪检监督员提供了监督方向和具体内容,通过"两清单"明确了农村干部权力边界,使干部自身能够照单履职,监督有的放矢。

2. 通过深化提级监督，对村级小微权力运行严格监督

农村基层对小微权力的监督长期存在监督力量薄弱、熟人关系难以深入落实监督等问题，因此，黔东南州各级纪委监委将提级监督作为村居小微权力监督的重要方式，取得了良好效果。如从江县纪委监委以贯洞镇、洛香镇为试点，对集体"三资"达到一定规模的村党组织书记、主任开展提级监督梳理归纳了基层农村的常规工作，厘清工作职责，形成"一点通"手册，并通过举报专栏、微信二维码扫一扫意见箱等方式搜集群众意见和案件线索，拓宽信访渠道。专攻小微权力监督难题，着力解决纠治侵害群众切身利益的腐败和作风问题。

3. 加强村级监督员能力和制度建设

在贵州省纪委监委和黔东南纪委监委的部署下，州内各县市已经建立了村级纪检监督员机制，并任命了一批村级纪检监督员，以做好对"小微权力"行使和农村干部的监督。黔东南州纪委监委在落实村级纪检监督员机制的过程中，针对村级纪检监督员存在的不会监督、不善监督、不愿监督的问题，通过开办村级纪检监督员培训班、跟班学习等方式着力提高村级纪检监督员履职能力，并结合岗位和基层工作实际情况制定相应的工作清单，使村级纪检监督员能结合自身工作精准发力，规范化、制度化履职。

三、黔东南州农村干部廉政能力建设中存在的不足之处

黔东南州认真落实中央和省委关于提高农村干部廉洁意识和廉政能力，巩固拓展脱贫攻坚成果，全面推进乡村振兴战略相关文件和政策，在营造风清气正的农村工作环境，打造一支清廉正直的农村干部队伍方面取得了一定成绩，有力推动了乡村振兴战略背景下黔东南农村干部队伍建设。总体而言，黔东南州农村干部廉政意识较强，廉政能力同过去相比有所提高，发展方向是正确的。但对照建设共同富裕试验区的工作要求和中央、省委及州委要求还有一定差距，具体表现在以下几个方面。

（一）农村干部对相关规章制度理解不够深入，缺乏将制度规定同具体工作相结合的能力

从调查结果来看，对于"您认为当前农村干部廉政能力存在的弱项是什

么?"的回答中,有 62 名受访者认为农村干部对规章制度了解不够,占 38.99%。在回答"您认为农村干部接受廉政教育过程中存在什么问题?"时,64 名受访者认为缺乏及时了解相关规章制度的渠道,占比 40.25%,71 名受访者认为农村干部缺乏深入解读相关规章制度的能力,占 44.65%。78 名受访者认为不清楚如何将规章制度要求落实于具体工作当中,占 49.06%。由于此题为多选题,因此受访者选择了多个选项。由调查结果可以看出,中央、省、州各级十分重视乡村振兴战略实施过程中农村干部的廉政能力建设,均在相关政策中提出了要求,各级纪委监委在实际工作中都贯彻执行了,并且黔东南州部分县纪委监委面向新任村干部也做了廉政培训。但仍存在覆盖面不够广、培训内容不够细等问题。比如覆盖全州范围的农村干部廉政能力培训体系尚未正式建立和完善,培训学习没有实现常态化。在培训内容中,农村干部工作内容庞杂,涉及条块多,与群众生活方方面面相关。廉政培训内容若未能同各相关工作具体规定相结合,难免使培训出现空泛的问题,使农村干部出现"听完培训但到了工作中又好像什么都没有学到"的感受,产生对相关政策规定理解把握不到位和贯彻执行不清楚的问题。

(二)农村干部工作任务繁重,难处理廉政能力提升与完成工作任务之间的关系

从调查结果来看,针对"您认为当前农村干部廉政能力存在的弱项是什么?"的回答中,47 名受访者认为弱项是难以平衡"做事"与"遵规"之间的关系,占 29.56%。同时在此问题回答中,有 84 人认为工作任务过重,影响了农村干部廉政能力提高,占 52.83%。调查结果说明,农村基层工作千头万绪,现今正处于巩固拓展脱贫攻坚成果、全面推进乡村振兴战略的关键时期,以及新冠疫情防控等工作都需要农村干部全力参与,繁重的工作任务使农村干部分身乏术,没有时间和精力来进行廉政相关学习。在访谈过程中,有农村干部表示,日常完成各级部门交办任务及处理村民事务已经处于"身心俱疲"的"连轴转"状态,主观上想要利用闲暇时间来自我学习,提高自身廉政意识和廉政能力,但业余时间已经没有精力来学习了。应当说,如何平衡农村干部完成工作任务与有效接受廉政教育之间的关系是现今提升农村干部廉政能力方面的薄弱环节。

（三）农村干部难以摆脱传统观念和宗亲关系影响

从问卷调查的结果来看，针对"您认为当前村干部廉政能力存在的弱项是什么？"这一问题的回答中，61名受访者认为是难以摆脱乡村宗亲关系的影响，占38.36%。42名受访者认为是难以摆脱乡村落后的意识观念的影响，占26.42%。在问题"您认为当前农村干部在廉政方面存在的主要问题是什么？"的回答中，22名受访者认为是以权谋私，占13.84%。50名受访者认为是裙带关系，占比为31.45%。近年来随着脱贫攻坚任务的完成和乡村振兴全面推进，黔东南州农村的精神文明面貌得到了极大改变，喝酒赌博、好逸恶劳等现象大为减少，但仍然存在将宗亲关系放于首位、人情深重等情况，给农村干部廉洁履职带来了较大压力。在走访调研过程中，有农村干部曾表示，作为土生土长的本村人，在处理涉及群众利益的工作时，曾受到家族中长辈要求照顾族中亲戚的压力，认为若不照顾，则这个村干部"对家族不照顾，冷心冷情"，而家族关系是村中重要的人际关系网络，给农村干部造成了较大的人际关系压力。另外，在走访中发现，还有部分农村干部或者不是本村人，或者是并非村中主要家族的成员，在履职时容易受到宗亲关系影响或者是排挤，同样面临较大的人际关系压力。

（四）农村干部廉政能力提升学习机制有待进一步完善

在问卷调查中发现，针对"您认为当前农村干部廉政能力存在的弱项是什么？"的回答中，60名受访者认为没有持续学习的途径，占比37.74%。在针对"您认为当今农村干部接受廉政教育过程中存在什么问题？"的回答中，96名受访者认为虽然有培训，但缺乏持续性，占比60.38%。应当说，黔东南州现在十分重视农村干部的廉政学习，组织过相关培训，这在对问题"您是否有途径接受廉政教育？"的回答中145名受访者选择"有途径"（占比91.19%）中就能看出。另外，在调研中显示农村干部现今接受廉政学习的方式也较为多样，但仍以组织学习为主，在针对"您主要通过什么渠道接受廉政教育？"问题的回答中，136名受访者是通过基层党组织学习，占比85.53%，125名受访者是参加上级组织的培训学习，124名受访者是通过上级文件传达途径。由此可见，尽管学习方式多样，但学习渠道仍显较为单一。

四、共同富裕试验区建设背景下提高黔东南州农村干部廉政能力的对策建议

习近平总书记在党的二十大报告中对党风廉政工作做出了战略性要求，要"坚决打赢反腐败斗争攻坚战持久战……只要存在腐败问题产生的土壤和条件，反腐败斗争就一刻不能停，必须永远吹冲锋号，坚持不敢腐、不能腐、不想腐一体推进"[5]。并要求"选拔忠诚干净担当的高素质专业化干部"[5]，从思想上筑牢廉政意识防线。对照二十大提出的要求和黔东南州全面推进乡村振兴战略、建设共同富裕试验区的实际情况，课题组认为，下一步可考虑着重做好以下工作。

（一）建立完善覆盖全州的农村干部廉政能力培训体系

在调研中发现，绝大多数农村干部都具有坚定的政治立场，工作的出发点基本是更好地为人民服务，希望能通过脱贫攻坚和乡村振兴来建设家乡，使群众过上更好的生活。同时，绝大多数农村干部已经具备了较好的廉政意识，具有了"不想腐""不敢腐"和"不能腐"的基础。但在实践中发现，农村干部或者是自身文化素质有待提高，或者是缺乏体制内工作的经验，或者是走出校门时间不长的青年人，对廉政相关政策法规把握能力较弱，有强烈的接受培训的愿望和需求。在黔东南州纪委监委的部署下，部分县纪委监委已经对新任农村干部进行了廉政培训，初步建立了廉政教育培训机制，但同时仍存在覆盖范围不够广、尚未建立常态化教育培训机制等弱点。可以在总结提炼现有的部分县对新任农村干部进行廉政教育和培训的成功经验基础之上，结合全州各县市实际，由州纪委监委牵头，结合州委党校、凯里学院等学术机构资源，制定覆盖州—县/市两级的农村干部廉政培训机制，精心准备培训内容和师资选派，提升培训的针对性和实效性，打造培训精品课程，并在培训时间上做出明确规定，力争每年至少能完成一次覆盖全州的农村干部廉政培训体系。

（二）结合农村干部工作实际采用灵活多样的培训形式

农村干部工作任务重，没有充足的学习时间，同时仅靠定期廉政教育难以

满足农村干部提升廉政能力的需求。结合农村干部学习时间碎片化、工作任务重导致学习主动性不够等客观困难和问题,培训形式和渠道可以采取更加灵活多样的方式,在定期进行集中培训(线上+线下)的基础之上,可通过微课堂、微视频、每日廉政提示等方式,充分运用移动互联网条件和资源,方便农村干部运用"碎片时间"和业余时间自主进行廉政学习,提升廉政能力和廉政意识。

(三)进一步将学习内容同农村干部工作实际相结合

在调研中,有部分农村干部提到,廉政教育培训十分及时,给农村干部树立廉洁意识提供了重要依托。但同时还存在培训内容与实际工作未能完全结合的问题,如农村干部在履职尽责的过程中主要涉及的是"小微权力"腐败问题,包括村级事务公开、"一事一议"、建档立卡贫困户及脱贫退出名单等工作,与其他行政机关和业务部门相比,农村干部工作内容烦琐、涉及的部门和业务范围较多,实际上对干部的廉洁能力要求更高。同农村干部的学习需求相比,现今的廉政教育内容存在不够细化、同具体工作结合不够紧密等问题,可以借鉴台江等部分县已经开始实施的"台账"或者"清单"制度,将农村干部工作中涉及廉政相关规定和要求梳理出来,以清单、"小册子"等形式发放给农村干部,随身备查。

(四)在乡村大力营造廉洁文化氛围,减轻农村干部廉洁履职的人际压力

在调研中发现,除了工作繁杂带来的压力之外,对农村干部廉洁履职最大的压力来源是农村人际关系。虽然黔东南州乡村的精神文明面貌与过去相比已经得到了极大提高,但是宗族关系、亲缘意识等仍然是农村社会风气的重要基础。一方面,浓厚的人情味是黔东南州农村保持团结和谐社会氛围的重要条件,另一方面则给农村干部清廉履职带来了压力。在客观上无法使农村干部完全脱离人际环境的情况下,在农村营造浓厚的廉洁文化氛围,使群众理解、认同并身体力行地遵循廉政规定,树立廉洁意识便是破局之策。黔东南州纪委监委运用优秀民族文化和红色文化资源,通过"清廉家风作品展播"、创作廉洁文化微视频等方式创新载体形式,推动廉洁文化入脑入心,取得了明显成效,

使廉洁文化在潜移默化中植入群众内心。建议未来可在现有工作成绩的基础上，总结成功经验，结合黔东南州实际，进一步挖掘优秀民族文化中的廉洁因素和红色文化中的廉洁资源，由黔东南州纪委监委牵头制定出台黔东南州廉洁文化建设规定，从制度上明确廉洁文化建设的相关内容和要求，形成贯穿州—县/市—乡镇/街道—村/社区的廉洁文化建设体系，从而能营造浓厚的廉洁文化氛围，涵养风清气正的政治生态，使廉洁清风吹进千家万户，为农村干部廉洁履职塑造良好的外部环境。

参考文献

[1] 中共中央办公厅 国务院办公厅关于印发《农村基层干部廉洁履行职责若干规定（试行）》的通知，http：//www.gov.cn/gongbao/content/2011/content_1913163.htm.

[2] 中华人民共和国乡村振兴促进法，http：//www.npc.gov.cn/npc/c30834/202104/8777a961929c4757935ed2826ba967fd.shtml.

[3] 中共中央 国务院关于做好2022年全面推进乡村振兴重点工作的意见，http：//www.gov.cn/xinwen/2022-02/22/content_5675035.htm.

[4] 贵州省乡村振兴促进条例，http：//gznw.guizhou.gov.cn/gznjw/kzx/tpgj/tpgz/875424/index.html.

[5] 习近平：高举中国特色社会主义伟大旗帜 为全面建设社会主义现代化国家而团结奋斗——在中国共产党第二十次全国代表大会上的报告，http：//www.gov.cn/xinwen/2022-10/25/content_5721685.htm.

作者简介：李昕玮，凯里学院马克思主义学院讲师、黔东南少数民族廉洁文化研究中心秘书长。

宁夏农民合作社质量提升的
创新举措与推进路径

郭勤华

摘 要：推进中国式现代化，必须夯实农业基础，推进乡村全面振兴。宁夏围绕"有力有效推进乡村全面振兴"作出了全面部署。本文在分析研究宁夏农民专业合作社总体运行情况的基础上，在全区4个市、县（区）农民合作社质量提升示范县（市、区）进行了走访调查，重点从促进宁夏农民合作社高质量发展进行分析研究，以期促进"十四五"期间宁夏农民专业合作社培育壮大、助力乡村振兴。

关键词：宁夏；农民合作社；区域战略

推进中国式现代化，必须夯实农业基础，推进乡村全面振兴。党和国家高度重视农民专业合作社发展，坚持把合作社作为带动农户进入市场的基本主体，发展农村集体经济的新型实体，创新农村社会管理的有效载体，大力支持、引导农民专业合作社发展壮大。2021年中央一号文件《关于全面推进乡村振兴加快农业农村现代化的意见》指出："推进现代农业经营体系建设。突出抓好家庭农场和农民合作社两类经营主体，鼓励发展多种形式适度规模经营。"还指出："推进农民合作社质量提升，加大对运行规范的农民合作社扶持力度。发展壮大农业专业化社会化服务组织，将先进适用的品种、投入品、技术、装备导入小农户。"2024年初，《中共中央 国务院关于运用"千村示范、万村整治"工作经验有力有效推进乡村全面振兴的意见》公布。作为党的十八大以来指导"三农"工作的第12个中央一号文件，围绕"有力有效推进乡村全面振兴"作出了全面部署。强调"要学习运用'千万工程'蕴藏的发展理念、工作方法和推进机制",将提升乡村产业发展水平、提升乡村建设水平、提升乡村治理水平作为推进乡村全面振兴的重点。

一、宁夏农民合作社发展及时代价值

农民专业合作社作为农村经济发展的一种新的生产经营体制,是参与和助力乡村全面振兴的重要组织载体,对于增加农民收入、促进农业产业化发展具有非常重要的作用。自治区党委、政府立足区情,大力培育家庭农场和专业合作社等新型农业经营主体,培育了一大批国家和自治区级的农民专业示范合作社,走在了全国发展的前列。农民专业合作社培养的新型职业农民为乡村振兴增添了内生动力,但在农民专业合作社不断发展壮大的过程中,设施配套、品牌创建、组织建设等问题逐步显现,不同程度制约着宁夏农民专业合作社高质量发展。本文在分析研究宁夏农民专业合作社总体运行情况的基础上,2019年,宁夏灵武市、平罗县、彭阳县、沙坡头区4个县(市、区)被农业农村部确定为全国农民合作社质量提升整县推进试点。通过走访调查,重点从促进宁夏农民合作社高质量发展进行分析研究,以期促进"十四五"期间宁夏农民专业合作社培育壮大、助力乡村振兴。

宁夏的农村专业合作经济组织发展始于20世纪90年代末期,进入新世纪后步入较快发展阶段。2007年《农民专业合作社法》颁布后,农村专业合作社和各类养殖种植协会统一规范为"农民专业合作社"。截至2020年底,宁夏农民专业合作社已发展至6116家,入社社员达19.7万户,占农村总户数的7.8%,其中示范合作社1907家,占合作社总数的31.2%。农民专业合作社已覆盖清真牛羊肉、奶牛、马铃薯、硒砂瓜、葡萄、枸杞等特色优势产业以及农机作业、农资配送、灌溉用水管理、劳务中介、农业物流等农村服务领域,其中瓜菜产业、草畜产业作为农民增收的支柱产业,2020年底数量达到3149家,占全区合作社总数的51.5%。本文调查的4个县(市、区)农民合作社中,从被调查合作社的注册资金来看,平均注册资金较高,重点是以发展特色农产品为主,农民合作社管理经营者的文化水平普遍较低。近年来,随着全区农民专业合作社运行机制体制的不断完善,其生产经营服务能力正在增强,农产品统购统销发展模式逐步形成规模,经营收入稳步增长。

2019年，宁夏灵武市、平罗县、彭阳县、沙坡头区4县（市、区）被农业农村部确定为全国农民合作社质量提升整县推进试点。经过数年的发展，在延伸拓展农业产业链，培育发展农村新产业新业态，不断拓宽农民增收致富渠道，推动农村社会经济全面发展方面发挥着重要作用。宁夏根据农业农村部关于农民合作社质量提升整县推进试点工作要求，将灵武市、平罗县、彭阳县、沙坡头区4县（市、区）作为农民合作社质量提升整县推进试点。通过对4县（市、区）农民合作社调查表明，科学组建"农业+"合作社模式在农民合作社质量提升整县推进试点工作中，培育形成了一批规范运营、组织化程度高、社会效益明显，能引领农民参与国内外市场竞争的示范社，培育造就了一批新型农民。农民合作社的推进和运行，是"千村示范、万村整治"、推进乡村振兴的一个重要阶段，为"千村示范、万村整治"工作进一步推进，有力有效推进乡村全面振兴奠定了基础。

二、4个试点县（市、区）农民合作社创新发展及成效

进入"十四五"时期，宁夏农民合作社因地制宜、因势利导、继续将宁夏优质资源、丰富劳动力同宁夏资金、技术、市场结合起来，协同推进，进一步发挥农民合作社的示范带动作用，形成具有地域特色的农民合作社运行模式。

灵武市拓展"支部+合作社+基地+农户"党群联合发展模式，突出打造全产业链融合发展。

一是发挥示范带动作用。灵武市通过"支部+合作社+基地+农户"党群联合发展模式，引导合作社帮助村集体经济组织增强"造血"功能和小农户拓展增收渠道。以"空壳社"清理工作为契机，对全市注册登记的1136家合作社逐一摸底排查，清理"空壳社"433家，健全完善基础档案资料。以示范创建、复审为突破口，促进合作社整体质量提升，创建各类县级以上示范社93家（其中，国家级示范社15家、自治区级示范社31家）。

二是创新经营模式。通过鼓励引导农民合作社积极开展联合与合作，强化与小农户利益联结机制，新培育联合社6家、产业联合体2家、土地股份专业合作社2家。以蔬菜产业联合体和西甜瓜产业联合体为依托，整合25家新型农业经营主体资源，发展订单农业，采取股份合作、利润返还等模式，助力产

业发展、农民增收。合作社在抖音、快手、微视、拼多多、淘宝等平台开展电商销售，涌现出"草编哥""大米姐夫"等网红达人，灵武长枣、滩羊肉、大米、粮油等名优特农产品电商销售覆盖全国各地，线上销量全区名列前茅。

三是增强发展活力。灵武市着力解决农民合作社融资难、融资贵问题，依托农业优势特色产业贷款担保金和风险补偿金融资政策，设立农民合作社贷款专项担保金471万元，以1∶10撬动金融贷款4710万元，推荐申贷示范社15家，推荐贷款资金1790万元，为全市"一村一品""一乡一业"、20个现代农业特色产业示范园、10个田园综合体和白土岗养殖基地76家规模养殖场提供了资金支持，助力农民合作社质量提升。

平罗县强化"订单+合作社+公司"清单服务推进农业农村现代化。

一是发挥品牌优势助力农民合作社发展。近年来，平罗县推动农民合作社规范办社、绿色发展，在品牌建设和联农带农方面取得了显著效果。平罗县红翔沙漠甜瓜专业合作社主要从事沙漠瓜菜种植，先后注册"宁北钢葱""宁农红翔""陶乐红宝"等商标，生产的大葱、甜瓜、番茄获得绿色食品认证。合作社每年吸纳40余名移民村留守妇女务工，建立的"田间学校"，每年为周边农户提供技术培训300余人次，带动650户农民种植大葱，每户增收2万元至3万元。

二是规范制度推动农民合作社创新融合发展。按照"发展一批、规范一批、提升一批"的思路，平罗县依托农业特色优势资源，创新"订单+合作社+公司"联合营运模式，树立起黄河灌溉区农民合作社典型。平罗县塞上绿春种子专业合作社，加快推广应用新品种、新技术，实现由单纯的繁种向科技含量较高的杂交制种转变。合作社每年订单种植面积2100余亩，带动380余户农户从事蔬菜种子繁育，带动制种面积4000余亩，带动农民亩均增收约4000元。

三是发挥经营主体的作用。平罗县将培育新型农业经营主体作为推动乡村产业振兴的重要举措，深入开展农民合作社示范社"四级联创"活动，培育农民合作社先进典型，农民合作社示范社成为带动全县农民合作社高质量发展、推进农业农村现代化的强力引擎。2023年，全县农民合作社经营收入达到5.96亿元，可分配盈余7600多万元，按交易量返还成员总额超6000万元。

彭阳县深化"村集体+农机合作社+农机手+农户""合作社+农户"的托管模式创新农民合作社发展新格局。

一是经营主体连片作业增加农民收入。按照乡村推选、县级遴选的方式，遴选村集体股份经济合作社23家，开展农业生产社会化托管服务，由村集体组织社会车辆和农户自有车辆900多台，与农户共同协商种植计划，发挥村集体群众基础优势，坚持带着农民干、做给农民看。2023年，全县开展农业生产社会化托管服务82.98万亩，其中耕地67.38万亩、播种10.88万亩、"覆膜+滴管带铺设"2.62万亩、春季果树防冻2.1万亩，打造千亩以上托管服务示范点12个。积极引进宁夏六宝红果农业发展有限责任公司种植大葱1000亩，盘活利用闲置设施农业园区打造红河上王大葱标准化生产基地1个，带动合作社、农户订单种植大葱1500亩。

二是服务标准统一规范，实现提质增效。村集体对农业生产托管服务分作物、分环节制定完善服务标准，在农业农村部门全程数字化监管、科学技术指导，推进项目区标准化生产，带动全县主要农作物耕种收机械化水平达到74%，托管项目区主导品种覆盖率达到96%，主推技术到位率达到100%。合作社把控关键环节、统一品种、统一育苗、统一技术，统一开沟、统一定植、统一销售、全程技术指导，农户负责技术要求相对较低的田间管理及收获环节，大幅提高了大葱商品化程度，真正实现产量、质量双提升。

三是联农带农灵活多样多元增收。通过托管服务将农民不会干、不愿干的环节交由村集体、合作社统一实施，提高农村闲置农机具使用率，实现农户、村集体、合作社三方增收。2023年，全县82.98万亩托管面积，吸纳农村农机手约900余人，年增加纯收入1800余万元；合作社带动务工70余人，年发放工资50万元；农户订单种植大葱亩均纯收入5000元，增加纯收入750万元。23家村集体股份经济合作社组织的农业机械服务队平均年收入可达20多万元，增加集体收入500余万元。合作社种、加、销全环节实现收入1000万元以上。

沙坡头区促进"合作社+农户"组团营运模式扎实推进农民合作社质量提升。

一是抓政策扶持引导。加强政策扶持的精准性，对运营规范、效益明显、带动力强的合作社进行优先扶持，9家合作社承担农产品仓储保鲜冷链建设项目，11家县级以上示范社承担农民合作社发展项目，30家农民合作社承担土地托管服务项目，服务小农户3万余户。

二是抓融资渠道创新。在开展农村承包地经营权、流转经营权、林权抵押贷款的基础上，探索开展农民住房财产权、农业设施产权抵押贷款，为合作社发展畅通融资渠道。2023年末，共办理农村产权抵押贷款3543笔4.22亿元，其中农业设施产权抵押贷款13笔3086万元，农民住房财产权抵押贷款18笔253.5万元。

三是抓产业联合发展。依托当地优势特色产业，引导同类型农民合作社抱团取暖、联合发展，成立设施蔬菜产业联合会、南山台子苹果产业联合会等行业产业联合会，助推行业协作与共赢。

四是抓体制机制建设。建立辅导员聘任制度，由大学教授、"农村双创"导师、金融机构业务人员、农业技术人员、示范社理事长等8类人员共57人组成合作社义务辅导员队伍，以点带面推动农民合作社高质量发展。

2019年以来，灵武市、平罗县、彭阳县、沙坡头区4县（市、区）农民合作社以促进农民合作社规范提升为目标，整合农村资源，发挥特色优势，创新经营模式，发挥示范带动作用，农民合作社社会经济效益显著提高。

第一，运营机制科学规范。灵武市、平罗县、彭阳县、沙坡头区4县（市、区）按照《关于推进家庭农场和农民合作社高质量发展的实施意见（2020—2022年）》，进一步修订完善合作社章程制度，健全工作机构，推行民主管理，90%以上的合作社以会计委托代理或聘请专职财务人员规范财务核算，建立成员台账，依法依规进行盈余分配的同时，将财政补助形成的资产也依法量化到成员。

第二，基础设施建设显著改善。自治区农业农村厅加大投资力度，用占全区22.5%的农民合作社发展资金，对4个试点县（市、区）356家农民合作社投入3669万元，用于建设仓储保鲜、清洗包装、烘干晾晒、秸秆打捆压块、灭茬等先进设施设备和基础设施建设。银行为4个试点县（市、区）示范合作社发放信用贷款，引导农民合作社以"农户+合作社"的联合营运模式，为4个试点县（市、区）组建联合社27家，占全区联合社78家的35%。

第三，农民经营管理水平不断提高。一是创建示范合作社。4个试点县（市、区）持续开展农民合作社四级联创，建立示范社名录，累计创建国家级示范社52家、自治区级113家、市级147家、县级305家。二是组建辅导员队伍。4个试点县（市、区）在县级农经部门业务人员、乡镇农经专干、农村科技特派员、示范社技术人员、专业财务人员、农村双创导师、农业技术人员中优选整合资源，组建起辅导员队伍。三是培养人才树立典型。4个试点县（市、区）农民合作社选派工作人员参与多期农民合作社高质量发展培训班，为合作社可持续发展培养懂管理经营的合作社管理人员，先后有2个合作社被农业农村部树立为全国典型，12家农民合作社入选"中国农民合作社500强"。

第四，规范化管理水平不断提升。按照"清理整顿一批、规范提升一批、扶持壮大一批"的要求，2023年市场监管部门对全区1.7万家农民合作社进行全面摸底排查，定期清理整顿，畅通退出机制，简化注销程序，4个试点县（市、区）共清理注销"空壳社"932家，逐渐形成"空壳社"清理治理的长效机制，为农民合作社可持续发展提供了更大的发展空间。

三、农民合作社质量提升存在的问题

宁夏农民合作社在产业发展运行中，也存在一些发展过程中探索性问题。宏观地看，主体不强，链条较短，带动能力弱，产业同质化较为严重。具体表现在以下几个方面。

第一，农产品附加值开发提升不够。一是合作社对产品的包装缺乏文化内涵。4个试点县（市、区）农产品发展的文化内涵虽然逐渐引起各级政府的高度重视，但大部分仍然以传统的生产发展为主，合作社只能体现在产、供、销等实体服务上，对产品的"品""销""购"上，文化元素填充较少，特色农产品的真正文化内涵没有体现出来，如彭阳县的朝那鸡、红梅杏、果脯等所传承的文化、环保理念等没有充分展示。二是合作社营运的多数特色农产品古法工艺传承不够。现有的古法原种生产普遍存在规模小、分布散、生产不规范、品质不稳定等一系列问题。如灵武市长枣、彭阳县米酒等古法炮制技艺没有充分发挥出来，灵武滩羊、彭阳朝那鸡等难以形成现代高科技化生产，高端产品少，市场竞争力不强。

第二，产业聚集度不高、规模化运行成本较高。一些产品为初加工，产业结构单一，难一形成市场效应，不利于农民合作社规模化经营。尤其是缺乏市场研判，更是缺少品牌培育意识。4个试点县（市、区）是宁夏黄河文明农耕文明源远流长的典型代表，农民合作社在加强绿色食品、有机农产品、地理标志农产品统一认证和管理中，有效推动了乡村产业发展。但全区特色农产品发展仍存在种植分散、生产规模较小，产前期抚育管理成本高，农产品加工设备和工艺落后，标准化生产不足，有效供给不足，存在旺季过后货源不足，市场供给不足的情况。如灵武长枣、沙坡头硒砂瓜、彭阳县红梅杏等。

第三，辐射带动能力欠缺，技术措施较单一。农村经营主体多元，不利于农民合作社对乡村资源合理整合。近年来，通过政府的大力引导和支持，农民合作社发展较快，但乡村种养大户、家庭农场、农业企业各种类型经营主体层出不穷，较完整的农村合作社网络组织尚未完全形成。近年来，4个试点县（市、区）农民合作社推出的特色产品、加工产品和特色产品缺少文化内涵，都不能很好地与地方历史文化结合。同时，农民合作社产品的具体表现形式和乡村旅游等无法完全融合起来。如沙坡头区、平罗县、彭阳县等以政府搭台，农民唱戏的方式推出的农民丰收节，多是各类餐饮，大多数以吃、住、采、购或现实体验为主，这只是乡村振兴的片段，并没与农民合作社参与的农产品开发销售相关联，或有但很少。这也是全区农民合作社生产的农产品未能把人文资源与自然资源、旅游资源很好地结合的普遍现象。

第四，宣传推介文化内涵相互融入不够紧密。农产品文化吸引力不深不广，不利于农民合作社高质量提升。一是合作社宣传推介对农产品文化真实感受和深入了解的少之又少，普遍存在合作社对农产品原产地、质地、鉴别方法、市场价格等信息掌握较少，虽然采用较为流行的融媒体等现代化手段进行宣传，但对农产品的文化探研和深度挖掘很少。如沙坡头区毗邻中宁，枸杞产业宣传专题展览馆产品单一、无知名文化形象和无成熟的专业合作社及固定的流通线路，难以形成枸杞文化吸引力，枸杞文化合作交流形象仍然没有树立起来。二是农民合作社对从业人员的知识修养要求比较高。4个试点县（市、区）普遍缺乏战略性的农民合作社联合发展策划经营人才。表面上农民合作社不少，但从业人员素质不均，缺乏创新意识和能力，有的甚至对农民合作社的认识仅停留在售物保生活层面，对合作社经营产品的文化历史以及农产品的生产工艺等并不了解，一定程度上阻碍了乡村文旅融合发展。如灵武市、平罗县"塞北江南"的诗词歌赋、灵武市"天下果园"的历史佳话、沙坡头区的黄河文明等等，在农民合作社经营特色农产品上，均没有生动的文化展示。

第五，基础设施建设滞后也是一个原因。农民合作社集中在乡村，发挥"以城带乡"辐射性作用的国道与乡村级公路对接联通单一，村镇道路建设及管控不力，沿路沿街货物杂物堆放、摆摊设点占用路面的现象普遍存在。就沙坡头区而言，旅游基础设施建设较好，交通较为发达，但通往乡村农民合作社的路况，与外界链接的道路以及公路沿线村镇辖下的公路设计等级低，路况较差，直接制约着农产品的外销内运。南部山区的彭阳县自然条件较好，绿色生态农产品较为丰富，农民合作社发展起步早较规范，但通往外界的乡镇村道同样存在类似沙坡头区的情况。由此可见，乡镇村道是制约全区农民合作社质量提升的普遍问题。

四、农民合作社质量提升的对策

农民合作社质量提升要围绕农业经济绿色发展理念，一二三产业融合发展。要抓住"特"字做文章，把农民合作社做成特色农产品与乡村振兴高度融合，成为集带动乡村产业、城乡健康养生、乡村产业创新等多功能于一体的复合经济综合体。

第一，发挥党对农业农村的领导，使农民合作社质量提升沿着正确方向发展。从总体上看，全区农民专业合作社仍处于发展规范阶段，总量突破1431户，建立合作联社3户，辐射带动近一半农户，已成为组织服务小农户的重要载体、激活农村资源要素的重要平台、维护农民权益的重要力量。抓好落实农村基层党组织建设，推动农民合作社高质量提升，实现农村基层党建与农民合作社发展的有效衔接，确保农民合作社始终沿着正确方向，推动新时代宁夏农民合作社质量提升与可持续发展，促进农村物质文明和精神文明健康发展。

第二，利用地域资源创新农民合作社营运模式，架起城乡对话桥梁。一是坚持统筹结合，结合乡村农业产业类型和发展模式科学组建农民合作社。完善利益联结机制，强化联农带农富农，更好地带动农民参与产业发展、分享增值收益。二是注重农民合作社特色质量提升，实现乡村资源开发效益最大化。农村特色主题定位相对于功能定位，是基于农村特色主题的深化与细化，是推动农民合作社可持续发展的目标愿景，主题定位是实现农村各功能区在集聚的基础上分工协作，达到最大的效益。三是农民合作社质量提升应从衣、食、住、环境、文化、娱乐、管理等方面细化定位目标。这种特色定位一定要与地方经济发展相融合，与实现共同富裕相吻合，与增加农民收入相结合。这是农民合作社质量提升的最终目的和动力所在。四是科技兴农，提升绿色农业产品质量；电商助农，激活乡村振兴的新动能，畅通农村物流，这是完善利益联结机制的重要环节。要在乡村原有特色产业基础上，注重多种资源的开发利用，聚集资源优势区域最丰裕要素，打造特色新型农民合作社。这是实现农民合作社的发展初衷，也是全面乡村振兴大背景下，农民合作社质量提升的路径之一。应依托地域资源创新发展农产品，并以此为纽带架起城乡、文旅融合发展的桥梁。

第三，加强农民合作社质量提升服务机制建设，带动乡村产业融合发展。发挥乡村全面振兴的多重效应，夯实乡村经济实力，必须推进乡村产业融合发展，农民合作社在带动产业融合发展上应根据乡村资源禀赋差异、文化理念、发展理念，建立健全产业融合服务机制，借机搭建创新创业平台，吸引农民工返乡创业，从而增加乡村生机和活力。同时，为快速推广特色产业"走出去"，农民合作社需要搭建互联网信息平台，如信贷、金融融资、招商服务等，通过地域特色产业为乡村创业者多渠道提供服务。在全面乡村振兴推进过程中，新的一批生产力将涌入乡村，抓住发展时机，通过人力资源把握宏观经济形势、捕捉市场信息、提高当地群众的职业技能，这也是农民合作社创新发展，融入科学技术创新力量带动乡村产业发展的应有作为。

第四，发展乡村特色产业，念好"土特产"三字经。在"土"上做文章，将农耕文明融入乡土文化，打好"创品牌"这张底牌。土特产看似普通，却是乡村振兴的重要一招。习近平总书记强调，各地推动产业振兴，要把"土特产"这3个字琢磨透。宁夏地域土特产，枸杞、大米、滩羊、大枣等，在全国叫得响，有影响力。尤其是枸杞，已经开发出10大类60余种产品，成为宁夏人的致富果。同时，还要增进和提升生产技术，不断更新技术设备。做时尚品牌，产品包装要跟进。实施"一村一品"的示范村镇，地域特色鲜明，用现代经营理念和标准打造乡土特色品牌，如用心打造灵武大枣、中宁枸杞、同心大葱、平罗水稻蟹等农产品品牌。在"特"字上搞创新，农民合作社质量提升的重点在一个"特"上，每个农民合作社应衡量自身的特色，给合作社以特色主题定位。全面乡村振兴要立足当地的资源，再结合合作社各自的环境、生态和传统文化，为合作社量身打造出属于自己的亮丽"着装"。在"产"字上下功夫，开发乡村资源，推动乡村产业高质量发展，要真正将产业发展形成集群，就要向专业化方向发展，聚集主导产品的品质推动科技创新，重点发展产品加工、保鲜储蓄、运输销售等环节，延长产业链条，增加产业附加值。利用和开发乡村文旅资源，是乡村振兴的特殊形式。在合作社的背景下，开办民宿、农家院，需要深入挖掘地方历史文化，打造乡村旅游"升级版"，请村子里的文化人或请外面的专家帮助打造"村史馆"，写"村史话"，丰富文旅融合发展新业态，打造"农业+民宿+观光+农文旅"融合模式推进乡村全面振兴，不断扩大乡村旅游品牌效应。

第五，树立农民合作社绿色环保理念，发展乡村本土文化。绿色发展理念主要是保护乡村山水风光，乡村对自然资源的依赖性大，当失去自然资源作为保障时，乡村环境恶化、失去生态的平衡性，最终失去自身发展优势。发展农民合作社不仅要突出产品优势和特色，还要达到绿色产品与身体健康之间的平衡发展。乡村自身也必须有一些特殊产业，在开发产业时也会存在环境污染的问题，这就成为当前亟待解决的问题。因此，农民合作社质量提升要不断提高当地人的环境保护意识，使绿色环保理念深入人心，倡导农民树立绿色生产、绿色消费的思想观念。落实绿色发展理念可以依托文化产业，宁夏拥有源远流长的传统文化，通过发展乡村本土文化，使特色农产品孕育出本土特色文化，这是农民合作社质量提升的关键所在。全面乡村振兴，为乡村社会经济发展提供了大量机遇，以"产业多元融合，农民生活质量提升，生态可持续发展"理念，完善基础设施建设，政府应当加大农村公共基础设施的投资建设力度，合理布局乡村公共基础设施建设，包括对外吸引投资，改善农村基础设施面貌，吸引乡村劳动力回流，推进乡村旅游资源进一步开发，推动农民合作社质量提升。

参考文献

[1]李保平主编. 宁夏社会发展报告（2022）[M]. 银川：宁夏人民出版社，2022.

基金项目：2021年国家社科规划西部项目"习近平关于扶贫工作重要论述与'闽宁模式'研究"（21XZS019）阶段性研究成果。

作者简介：郭勤华，宁夏社会科学院编审。

苏南打造共同富裕示范区制度设计与实现路径研究

张慧利

摘　要：促进全体人民共同富裕，是推动中国式现代化的本质要求和重要内容。当前，城乡要素流动不顺畅、公共资源配置不合理、乡村产业发展羸弱成为破解共同富裕体制机制的关键性障碍。本研究以苏南为例，以县域为突破口，以县域城乡融合为切入点，从空间、经济、社会三个维度完善了共同富裕的相关理论，立足要素配置、产业发展、服务供给三个层面构建了县域城乡融合发展促进共同富裕的机制体制，围绕制度、结构、治理创新了县域城乡融合发展促进共同富裕的实现路径。

关键词：苏南实践；共同富裕；制度设计；实现路径

一、引言

党的二十大报告指出："中国式现代化是全体人民共同富裕的现代化。共同富裕是中国特色社会主义的本质要求，也是一个长期的历史过程。"促进全体人民共同富裕，是推动中国式现代化的本质要求和重要内容。当前，城乡发展不平衡、乡村发展不充分等突出问题，已成为制约共同富裕目标实现的突出短板。改革开放以来，我国在统筹城乡发展、推进新型城镇化方面取得了显著进展，但城乡要素流动不顺畅、公共资源配置不合理、乡村产业发展羸弱等问题依然突出，影响城乡融合发展促进共同富裕的体制机制障碍尚未根本消除。郡县治，天下安。县城一头连接城市、一头服务乡村，是促进城乡融合发展、构建新型工农城乡关系，实现共同富裕的关键支撑。在新发展理念及国际国内双循环发展格局下,顺应城镇化大趋势,牢牢把握县域城乡融合发展正确方向,树立城乡一盘棋理念,突出以工促农、以城带乡,构建促进城乡规划布局、要素配置、产业发展、服务供给等相互融合和协同发展的体制机制,激活乡村人口、土地、产业等要素活力和内生动力,形成符合实际、各具特色的改革路径和城乡融合发展模式,既是破解长期以来资本、土地、劳动力等生产要素向城市的"单向流动"问题,摆脱"重城轻乡、城强乡弱"二元经济体制束缚的有效抓手,也是促进中国经济高质量发展、实现共同富裕的有力之举。基于此,本研究以县域为突破口,以苏南县域城乡融合为切入点,从空间、经济、社会三个维度完善了共同富裕的相关理论,立足要素配置、产业发展、服务供给三个层面构建了县域城乡融合发展促进共同富裕的机制体制,围绕制度、结构、治理创新了县域城乡融合发展促进共同富裕的实现路径。

二、关于共同富裕的相关理论阐述

学界已有研究主要集中于共同富裕的基本内涵、面临困境、实践逻辑等方面。从基本内涵来看,习近平对共同富裕全面而深刻的论述得到了学界的普遍认可,但不同学者对其内涵的解读不同:共同富裕是全体人民的富裕[1-2];是全面进步的富裕[3-4];是共建共享的富裕[5];是差别合理的富裕[6-7];是渐进发展的富裕[8-9]。从面临困境来看,有的学者认为共同富裕的困境在于共同富裕观的偏差,强调思想认识上的误解[10],有的学者认为共同富裕的困境在于相对贫困的困扰[11-12],也有学者认为共同富裕的困境在于不平衡不充分发展的制约,还有的学者认为全球环境的变化对推进共同富裕形成了新的挑战[13-14]。从实践逻辑来看,学者们认为,共同富裕的实践基础是中国共产党的坚强领导和中国不平衡不充分发展的现实情况;实践方向是人民至上;实践动力是改革创新驱动发展;实践道路是中国式现代化道路;实践伦理底线是兼顾经济合理与底线公正[15-17]。综上,制约我国共同富裕实现的关键因素是城乡发展不平衡和乡村发展不充分的问题。近年来,在国家政策的引领下,以县域为突破口,强化县域城乡融合发展,逐渐成为打造共同富裕示范区的主要着力点。其中,要素联通是县域城乡融合发展促进共同富裕的基础。县域城乡融合的要义在于在强化城乡地域系统极化作用的基础上充分发挥扩散效应,构筑城乡命运共同体，形成城乡发展的立体空间和网格结构。加快县域城乡融合发展，首要的是破除阻碍城乡要素双向流动、合理配置的体制机制，城乡融合是共同富裕战略的内在要求，实施共同富裕战略也必须依靠各种要素的有力支撑。产业联动是县域城乡融合发展促进共同富裕的核心。发展乡村产业，政府的指导性政策依然是关键性因素，但直接配置财政扶贫资源的强度将逐渐减弱，未来乡村产业建设需要从自身发展能力的培育着手，其重点是要将不同资源、要素、产业等进行有机整合，形成互补、协同、融合的发展模式。服务联享是县域城乡融合发展促进共同富裕的保障。多数学者都认为城乡基本公共服务普惠共享有助于提升乡村地区民众健康保障与受教育水平，从而提高乡村人力资本水平，能够使改革的成果惠及广大人民群众。但是，也有学者研究发现现阶段城乡基本公共服务普遍存在着不均衡的问题，认为造成当前城乡基本公共服务发展不均衡的主要是制度、经济等原因。

三、苏南县域城乡关系与共同富裕的现状分析

（一）要素交换不平等

城乡要素交换不平等主要指城乡之间在资源、资本、劳动力、技术和信息等要素流动和配置上存在的不平等。这种不平等导致了农村和城市在经济发展、社会服务、生活水平等方面的巨大差距。借鉴现有研究，采用土地城镇化水平①来表征土地要素的流动情况，采用劳动力流动比例②来表征劳动力要素的流动情况，采用农林水事务支出占比③来表征资本要素的流动情况，采用科技支出占比④来表征技术要素的流动情况。如表1所示，整体来看，苏南地区土地要素交换频率最高，劳动力、资本、技术要素交换频率差距不大，这可能是由于苏南城乡之间经济发展水平较高，城乡经济联系紧密，城市的经济辐射能力强，带动了周边农村地区的发展。分地区来看，南京土地要素交换频

---

① 土地城镇化水平=建成区面积/土地总面积
② 劳动力流动比例=区域人口机械变动率（某时段迁入人口数-迁出人口数）/某时段平均总人口数×1000‰
③ 农林水事务支出占比=农林水事务支出/一般公共预算支出
④ 科技支出占比=科学技术支出/一般公共预算支出

率最高，苏州劳动力和技术要素交换最为频繁，镇江资本要素交换最为频繁。

总的来看，苏南地区呈现出要素高度活跃和高效利用的特点，这主要受经济发展、产业结构调整、政策调控和市场需求等多重因素的影响，土地资源的配置和利用不断优化。但也要客观认识到，苏南地区各城市之间在要素和资源分配上存在不均衡现象。

表1　2022年苏南地区要素交换情况表

要素种类	土地要素	劳动力要素	资本要素	技术要素
表征指标	土地城镇化水平	劳动力流动比例	农林水事务支出占比	科技支出占比
南京	13.45%	6.990‰	5.23%	6.12%
苏州	5.56%	8.173‰	5.25%	8.93%
无锡	7.77%	2.185‰	3.69%	4.60%
常州	6.36%	5.111‰	4.77%	4.96%
镇江	3.84%	1.874‰	6.30%	2.37%
平均值	7.40%	4.867‰	5.05%	5.40%

注：数据来源于南京、苏州、无锡、常州和镇江各市的统计年鉴、统计局、财政局、国民经济和社会发展统计公报。

（二）产业联动不紧密

1. 参与主体创新能力不够强

苏南在县域城乡产业发展中已经汇聚了各种新型经营主体，如，江苏宜兴市依托资源优势发展茶产业，推进新型经营主体建设，形成"企业+基地+农户+市场"运作模式，现有家庭农场63家、农民合作社121家、省级龙头茶企9家，吸纳微小茶企入股合作、抱团发展，等等。各类新型经营主体在独立发挥作用时，兼具组织形态优势与固有功能缺陷，大企业、大品牌不多，在技术、科学、管理、信息等创新要素上较为缺乏。一方面，乡村地区的文化传统和社会氛围可能不够重视创新和变革，导致参与主体缺乏创新意识和动力,导致生产的产品同质化严重,缺乏差异化竞争优势,产品缺乏独特性和竞争力,难以在市场上脱颖而出。另一方面,各类新型经营主体在把握消费者需求上不够充分,风险认知和承受能力较弱,对需求变动、市场变化的敏感度不高。

2. 产业开发市场开拓不够全

苏南甚至整个江苏县域城乡产业名气相对较为"小众",更多的是江苏本地甚至是各市当地熟悉一些,产业品牌"走出去"步履维艰。一是参与主体过于依赖传统的销售渠道和市场,缺乏对新兴市场和新型销售模式的开拓,导致市场范围受限,错失了一些新的商机。二是参与主体可能没有清晰的产品定位和市场定位,导致产品在市场中缺乏差异化竞争优势,难以吸引更多的消费者。三是参与主体可能缺乏对市场需求和竞争对手的深入了解,导致市场推广策略不够精准,无法有效吸引目标客户。四是参与主体可能局限于当地或者区域性市场,缺乏对国际市场的了解和适应能力,没有开拓更广阔的国内外市场,这会限制产品的销售范围和数量,影响产业的发展规模和效益。

3. 联农带农利益联结不够紧

苏南特色产业的蓬勃发展在短期内在帮助农民增收方面确实取得了初步成效,但从长期发展来看,现有特色产业缺乏相关专业领域人才和技术,现有经济规模小、实力弱、竞争力不强,缺乏"专精特新"和"独角兽"村有企业,在引领特色产业发展、强化农业利益联结方面力度不够。一是乡村产业与农民之间缺乏有效的合作机制,存在信息不对称的问题,农民无法准确了解市场需求和产品标准,产业企业也难以获取到农产品的生产情况和质量标准,导致供需匹配不足,导致合作关系不够紧密,农产品生产和销售之间的协调性不足。另一方面,产业企业和农民之间缺乏有效的风险分担机制,一旦市场价格波动或者生产环境发生变化,农民和产业企业都会面临较大的经营风险。

4. 同质竞争区域布局不够优

当前,江苏城乡产业存在"一少就鼓励,一鼓励就多,一多就亏损"的农民很难受益的乡村产业发展怪圈,究其根本,是资源禀赋相近,发展同一产业的资源基础相似,政策扶持加上产业布局缺乏科学性,导致同一区域同质竞争严重,品牌建设滞后。一方面,农户对品牌品质认知十分有限,部分主体不重视保护特色农产品"金名片",片面追求高产出、高产值,对制定的生产标准和行业规不遵守,而供销社普遍缺乏刚性约束机制和利益联结机制,本地农产品口感、形状、克重、包装、设计等方面很难形成标准、稳定、可控、可量化的生产参数。另一方面,公用品牌所涉品类过多、定位不明,为迅速扩大影响力,往往选择在主体品牌直接标识,没有精准把握区域特质和消费者需求,产品之间缺乏品牌和文化关联,无法呈现地域整体形象。公用品牌资源整合方面力度不够,现有主体品牌多、小、散、乱,有时一个种类就有十多个品牌,影响力有限,溢价水平不高。"有产业无品牌""有品种无品牌""不知道、买不着、卖不上价"的现象仍然存在。

(三)服务供给不平衡

县域城乡基本公共服务普惠共享是包括县域城乡教育、医疗卫生、公共文化服务、社会保障等由分割或对立走向"一体化"的发展进程。不仅包括城镇的、乡村的基本公共服务发展,更包括二者间互融互促式的基本公共服务普惠共享。从教育资源来看,苏南地区城市和农村学校的师生比例差异显著。根据2019年江苏省教育统计数据,城市小学师生比约为1∶16,而农村小学师生比可能接近1∶20。城市高考录取率也普遍高于农村。例如,苏州市区重点高中的录取率超过80%,而农村地区可能不足50%。从医疗卫生服务来看,根据江苏省统计年鉴,苏州市区每万人口医生数为30人,而农村地区可能仅为10人左右。苏南城市医院每万人床位数在60张以上,而农村地区约为20张。从社会保障来看,苏南城市居民的养老金覆盖率接近100%,而农村地区约为70%。城市居民基本医疗保险覆盖率达到95%以上,而农村地区则不到80%。从基础设施建设来看,苏南城市自来水普及率接近100%,而部分农村地区自来水普及率仅为85%。城市电力覆盖率为100%,而部分偏远农村地区可能仅为95%。从文化设施来看,苏州市区每万人拥有的文化设施面积约为2000平方米,而农村地区可能只有500平方米。城市每10万人拥有图书馆2—3个,而农村地区可能不足1个。

四、苏南打造共同富裕示范区的机制设计

（一）基于"空间共建—经济共享—社会共融"的共同富裕目标框架构建

1. 以"三生"空间重塑为导向的县域城乡空间共建机制

通过优化县域空间布局，实现生产、生活、生态"三生"空间的高效协同，促进城乡空间资源的合理配置和均衡发展。首先，要制定县域总体规划，涵盖城乡空间布局、土地利用、交通网络、基础设施等方面，将县城与乡镇的空间发展纳入统一规划体系。加强县域总体规划与省市级规划、各乡镇规划之间的衔接，确保规划目标一致、措施协调。其次，优化县域城乡空间布局。推进土地整治和集约利用，鼓励老旧工业用地、闲置建设用地的再开发，在县域内选择若干具有发展潜力的村镇，建设成为区域中心，增强农村地区的集聚效应和辐射能力。再次，加强基础设施共建共享。加大对农村供水、供电、通信等基础设施的投入，推动智慧城市和智慧乡村建设，利用现代信息技术提升城乡基础设施的智能化管理水平，实现信息共享和资源优化配置。最后，推动城乡生态共建。在县域内划定生态保护区，严格控制开发活动，保护生态环境和生物多样性。实施城乡生态修复工程，恢复被破坏的自然景观和生态系统，改善城乡生态环境。推进城乡绿化、美化工程，建设城市公园、乡村绿地和生态廊道，提升城乡居民的生活质量。建立规划动态调整机制，根据经济社会发展变化，及时调整和优化空间规划，确保规划的适应性和前瞻性。

2. 以产业发展为依托的县域城乡经济共享机制

一是发展特色产业集群。各县域根据自身资源禀赋和产业基础，发展各具特色的产业集群。围绕主导产业，建立城市与乡村的产业协同机制，推动城市的高新技术产业和乡村的农产品加工、旅游等产业互补发展。二是构建城乡一体化市场。强化市场基础制度规则统一，打造统一的要素和资源市场，解决重点领域和关键环节存在的隐性壁垒或门槛。加快构建城乡数据要素的市场化配置机制，促进数据共享、数据确权、数据资产评估等新兴产业发展，提高技术改造和产业数字化水平，提高流通效率。三是强化品牌建设。要深耕区域文化，讲好品牌故事。挖掘和传承地方文化，突出产品的工艺传承性和文脉悠久

性。城乡联动开发文化产品。结合地方特色开发文化创意产品，如手工艺品、特色食品礼盒等，并将地方文化元素融入产品设计、包装、宣传中，如使用当地传统图案、颜色、符号等，增强品牌辨识度和吸引力。此外，还可以突出农产品IP拓展，以品牌IP进一步将产品人文化、内容化、价值化，进一步激发特色农产品天然聚合及自我赋能能力，进一步建立与区域形象互动融合、互为支撑的区域品牌关系。四是做优市场推广。加强数字营销。通过图文、短视频、直播等形式，增加品牌的互动性和传播广度。在淘宝、京东、拼多多等电商平台开设品牌旗舰店，通过线上销售扩大市场覆盖面。加强内容营销。通过图文、视频、微电影等形式讲述品牌故事，增强品牌的情感共鸣和用户忠诚度，并邀请农业专家、文化名人等为品牌背书，提高品牌的权威性和信任度。加强活动营销。举办新品发布会、品牌推介会等活动，增加品牌曝光率和媒体关注度。加强合作营销。或与其他品牌或平台跨界合作，开展联合推广活动，共享资源和渠道，提高市场影响力；或举办公益活动或成立公益基金，通过参与或赞助公益活动，提高品牌的社会责任感和公众认可度。

3. 以社会治理为抓手的县域城乡社会共治机制

通过科学、民主和法治的治理手段，促进县域内城乡社会的共同治理，实现社会资源的优化配置、公共服务的均等化和社会的和谐稳定。一是以基层党建为引领。在"城乡一盘棋"的发展理念下，把城市机关党建的好经验、好做法引入村级党组织，激励各级干部担当作为，推动建设一支优良的基层党建和基层治理骨干队伍。壮大村级集体经济，创建党建品牌。二是以基层民主为抓手。推进城乡基层民主制度并轨，完善和创新基层群众自治制度，充分发挥其他社会组织的积极功能。依法明确基层群众性自治组织的职权范围和规模。探索外来人口参与基层群众自治、城乡社区协商的工作机制，引导和提升群众的治理参与素质和能力。三是以公共服务为依托。坚持以人的需求为导向，灵活运用数字化公共服务平台，落实涉及方方面面的公共服务建设，推进城乡基本公共服务供给的精准化、多样化和人性化。同时，尊重公共服务需求的差异化，积极引导群众自我服务，培育和鼓励基层社会服务组织广泛参与公共服务，办好当地的公共事务和公益事业，激发基层公共服务供给的内在活力。

（二）基于"要素联通—产业联动—服务联享"互嵌的动力机制设计

1. 要素联动，破壁垒

实现城乡要素联动需要关键要素在城乡之间的高效流动和优化配置。一是人力资源联动。制定一系列吸引人才的政策，或改善农村基础设施和公共服务，提高农村生活质量，吸引城市人才到农村创业和就业。同时，也要提升农村劳动力自身素质。开展职业技能培训，提升农村劳动力的专业技能，增强其就业竞争力，培养本地人才。二是资本资源联动。一方面，加强金融创新，开发适合农村发展的金融产品和服务，如农业贷款、创业基金、风险投资等，支持农村企业和项目发展。搭建城乡资本对接平台，促进农村资本参与城市项目投资和合作。另一方面，加大投资激励，通过税收优惠、财政补贴等政策措施，吸引城市资本投资农村特色产业和基础设施建设，或是政府提供政策支持，帮助农村企业在城市发展，如市场准入、融资支持等。三是信息资源联动。一方面要加快推进农村互联网基础设施建设，提升农村网络覆盖率和网速。建立农村信息服务平台，提供农业生产、市场销售、技术推广等方面的信息服务。另一方面要建立城乡数据共享机制，促进政府、企业和社会组织之间的信息互通，提高决策效率和科学性。定期组织城乡信息对接活动，如信息发布会、技术交流会等，促进信息流动和合作。

2. 产业联动，促发展

一是产业前伸后延，"四链"协同。按照前后两端延伸的思路，强化加工流通延链、科技创新补链、要素聚集壮链和业态创新优链，建立"头雁"带动、"擂台比武"推动、补贴奖励驱动"三大机制"，畅通"四链"协作网络，进一步提升县域乡村特色产业市场供应韧性。二是纵横联动，全面融合。践行"大农业观""大食物观"，推进乡村特色产业纵向渗透与横向融合深度联动。突出农作模式创新，大力推广种养结合、水旱轮作、稻渔共生等"万元千斤"农作制度创新，创新开辟农业特色产业与粮食功能区建设协同发展的新空间，持续打开农民增收空间。鼓励跨界合作与创新，促进产业内各个企业或机构之间建立联盟和合作平台，引导形成产业生态圈，打造"主导产业突出，配套产业林立"的产业格局，进而增强城乡产业市场活力、创新力和竞争力。三是数字赋能，业态孵化。创新数字化产业发展模式，打造定制、创意、认养等农业新业态，推动"云农场"建设，加快推进"互联网+社会化服务"，引入智能化设备和物联网技术，对生产流程进行数字化改造，实现生产过程的自动化、智能化管理，提高生产效率和产品质量。搭建数据采集系统，实时收集生产、销售、客户等方面的数据。建立智能供应链平台，实现供应链各环节的数字化管理和协同，提高产品的流通速度和响应能力。建立数字营销平台，通过社交媒体、电子商务等渠道进行产品推广和销售，提高市场曝光度和销售额，构建产品新媒体供销公共服务平台，深入、全面开拓县域乡村特色产业市场。

3. 服务联享，创公平

一是加强基础设施建设。建设和完善县域城乡交通网络，确保公共服务设施的可达性和便捷性。加快推进农村宽带网络建设，确保城乡居民平等享有互联网服务。建设城乡公共服务信息平台，提供教育、医疗、文化等多方面的信息服务。二是促进公共服务均等化。优化城乡教师资源配置，提高农村教师的待遇和培训水平，吸引优秀教师到农村任教。加强农村医疗设施建设，鼓励城市医生到农村轮岗，提供远程医疗服务，提高农村医疗水平。建设县域城乡一体的养老服务网络，提供多样化的养老服务。建设和完善农村文化设施，组织城乡文化交流活动，推动文化资源共享，提升农村文化服务水平。三是加强数字技术在公共服务供给效率和质量中的应用。发展电子政务平台，提供便捷的公共服务办理渠道。发展远程教育平台，提供在线课程和学习资源，弥补农村教育资源不足。推广远程医疗服务，解决农村医疗资源匮乏的问题。此外，鼓励社会组织和市场主体参与公共服务供给，形成多元化供给体系，如服务外包PPP模式等。

（三）基于"顶层设计—分类施策—试点探索"的运行机制设计

1. 加强顶层设计，明确权责规范

一是多主体功能互补和行为协调。建立县域城乡公共服务协同治理平台，定期召开多主体参与的协商会议，形成共同决策机制。各参与主体要明确分工。政府负责统筹规划、政策制定、资金投入和监督管理，确保公共服务的公平和可持续发展。市场主体和社会组织参与公共服务供给，提供专业化、市场化的服务，提升服务效率和质量。鼓励居民积极参与公共服务供给和监督，提高居民的参与感和责任感。二是畅通资金来源渠道。设立县域城乡公共服务专项资金，也鼓励企业、社会组织和个人捐资设立公益基金，支持县域城乡公共服务项目。提供政策性贷款，支持城乡公共服务基础设施建设和运营。发展绿色金融，支持环保、可持续的公共服务项目。三是设计合理的激励机制。制定科学合理的绩效考核指标，对公共服务供给的各主体进行定期考核。将考核结果与财政补贴、资金奖励等挂钩，激励各主体提升服务质量和效率。设计合理的收益分配机制，确保各主体在公共服务供给中实现共赢。建立风险共担机制，明确各主体在公共服务供给中的风险分担责任，提升合作稳定性。

2. 注重分类施策，差异化运行

在农业主导型县域，重点提升农业生产效率和产品附加值。建立农业科技创新中心，推广先进农业技术，提升农业生产效率。发展高附加值农产品加工业，打造区域农业品牌，提升农产品的市场竞争力和知名度。推广绿色生态农业，提升农产品质量和安全性。在工业主导型县域，重点推动工业转型升级，提升产业竞争力和可持续发展能力。推动产业集群发展，提升产业竞争力。推广绿色制造技术，推动工业节能减排，实现可持续发展。引进和推广智能制造技术，提升生产效率和产品质量。吸引高端技术人才，提升产业技术水平和创新能力。在生态主导型县域，重点发展生态旅游和绿色产业，实现生态经济协调发展。制定严格的生态保护政策，发展绿色产业，如绿色农业、绿色制造等，推动生态经济协调发展。建立生态补偿机制，激励生态保护。在均衡发展型县域，重点提升综合经济实力，实现区域均衡可持续发展。制定综合产业发展规划，协调发展农业、工业和服务业，实现资源优化配置，发挥产业协同效应。支持创新创业，推动新兴产业发展，提升区域经济活力。

3. 加强试点探索，形成制度性扩散

一是科学选择试点区域。选取在资源禀赋上具有典型代表性、具有较大发展潜力和创新能力，在基层首创方面已有一定探索和实践基础的县域进行试点探索，确保试点具有可操作性和示范效应。二是加强顶层设计与基层首创相结合。在顶层设计上，制定试点区域的政策指导意见，明确试点目标、任务和措施，确保试点工作有章可循。提供资金、技术等服务支持，提高试点效果。在基层首创上，鼓励试点区域结合自身实际，积极开展创新实践，探索适合本地发展的新模式、新路径，及时总结试点过程中取得的成功经验和存在的问题，为推广提供借鉴。三是进行制度化扩散。将试点区域的成功经验总结成制度化的政策文件，向其他区域推广。在政策层面给予支持，确保其他区域能够顺利复制和推广试点经验。提供技术支持和培训，帮助其他区域掌握和应用试点经验，提高推广效果。

五、苏南打造共同富裕示范区的实现路径

（一）制度集成创新

把县域城乡融合发展与乡村振兴纳入统一框架，以户籍制度、土地制度、社区治理制度为重点领域深化城乡联动改革。首先，从户籍"捆绑"的福利体系入手，弱化户籍制度的社会福利、公共服务等附加属性，推动户籍制度改革向深层次推进。其次，以实现土地增值收益城乡共享、土地与人口科学匹配、城乡土地权能平等为目标，渐进式、系统化推进城乡土地制度改革，探索形成集约节约用地的县城城镇化发展道路。最后，加快推进"政经分开"改革，厘清社区治理和集体经济治理的边界，构建以生活共同体为范畴、以社区治理为主要运作方式的基层民主治理体系。多措并举，形成改革整体效应。

（二）结构纵横有序

一是建立"纵向到底"的"县—镇—村"三级联动体制。其中，县级主要承担统筹规划职能，包括公共服务体系的顶层设计、资源整合与考核评估等方面；乡镇一级则负责城乡公共服务的衔接和贯通，是推动县域公共服务由县城向乡村延伸的"架桥人"；村庄一级则是县域公共服务的主要管护者，负责公共设施的管理和维护，也是破解公共服务"最后一公里"的关键所在。二是建立"横向到边"的多元化、均等化服务体系。重点加大教育资源投放力度、医疗资源下沉幅度、养老标准和低保标准动态调整以及人居环境持续整治，以城乡教育联合体、医疗共同体、养老共保体、环境多面体等多种形态，推动县城教育、医疗、养老、环境等优质公共服务资源向偏远农村倾斜。

（三）治理精准有效

要从发展的视角，从全局的高度认识和把握国家发展战略布局的整体性和

协同性，做好县域城乡融合发展与乡村振兴两大战略的以及与扩大内需战略的统筹与衔接。挖掘县城和乡村的超大规模市场潜力，推动县域小循环与国内大循环相互嵌套，在激活县域发展新动能的同时，助力构建以国内大循环为主体、国内国际相互促进的新发展格局。从治理的视角，要创新县域城乡发展观，改变城乡经济社会分别治理、分割运行的体制机制，变城乡二元分治为并轨同治，实现城乡各项体制机制的全面并轨，着重从促进县域治理的协同化、民生服务的人本化、基层治理的自主化、县域治理主体的多元化、县域建设的系统化等方面优化县域治理体系，推动县域高效能治理。

参考文献

[1] 韩文龙，祝顺莲. 新时代共同富裕的理论发展与实现路径 [J]. 马克思主义与现实，2018（5）：31-37.

[2] 杨文圣，朱叶. 论认识和把握实现共同富裕的目标和路径 [J]. 学术界，2022（3）：101-110.

[3] 杨静，陆树程. 习近平共同富裕思想及其重大价值 [J]. 唯实（现代管理），2018（6）：4-9.

[4] 魏后凯. 从全面小康迈向共同富裕的战略选择 [J]. 经济社会体制比较，2020（6）：18-25.

[5] 任保平. 全面理解新发展阶段的共同富裕 [J]. 社会科学辑刊，2021（6）：142-149.

[6] 李实. 共同富裕的目标和实现路径选择 [J]. 经济研究，2021，56（11）：4-13.

[7] 张占斌，毕照卿. 中国共产党对共同富裕的百年探索：深刻把握与历史贡献 [J]. 经济社会体制比较，2022（2）：1-8.

[8] 鲁品越. 习近平关于实现人民共同富裕的方法论 [J]. 马克思主义研究，2022（1）：48-58，163-164.

[9] 葛道顺. 新时代共同富裕的理论内涵和观察指标 [J]. 国家治理，2021（30）：8-11.

[10] 毛勒堂. 作为总体性的共同富裕及其实现路径 [J]. 思想理论教育，2022（3）：4-9.

[11] 蒋永穆, 何媛. 扎实促进全体人民共同富裕: 时代要求、难点挑战和路径安排 [J]. 思想理论教育导刊, 2021 (11): 4-12.

[12] 张来明, 李建伟. 促进共同富裕的内涵、战略目标与政策措施 [J]. 改革, 2021 (9): 16-33.

[13] 欧健. 扎实推动共同富裕: 制度基础、制约因素与实现机制 [J]. 福建师范大学学报（哲学社会科学版）, 2022 (1): 15-26.

[14] 万海远. 共同富裕的改革路径与推进逻辑 [J]. 北京工商大学学报（社会科学版）, 2022, 37 (3): 23-34.

[15] 阳芳, 刘慧敏. 社会主义共同富裕的历史逻辑、理论逻辑与实践逻辑 [J]. 湖北大学学报（哲学社会科学版）, 2022, 49 (3): 13-22.

[16] 詹志华, 孟珍. 中国共产党共同富裕思想的历史、理论和实践逻辑 [J]. 新疆财经大学学报, 2022 (2): 5-8.

[17] 裴广一, 葛晨. 习近平共同富裕思想的历史逻辑、理论逻辑和实践逻辑 [J]. 理论探讨, 2022 (3): 49-56.

作者简介：张慧利, 江苏省社科院农村发展研究所助理研究员、博士。

内地与港澳旅游合作研究综述

罗 艳 陆仙梅 黄鸿钰

摘 要： 自香港、澳门回归以来，内地与港澳旅游合作持续深入，学者们在内地与港澳文化交流、休闲旅游、邮轮旅游合作等方面进行了大量研究，研究区域集中在广东省。通过梳理相关研究文献认为，学者可进一步深化与港澳在旅游合作内容方面的探讨，重点加强以完善旅游合作制度，加强旅游项目共建，加强旅游人才培养，共同打造旅游合作品牌等为主题的专项研究。同时，还应加强内地与港澳在"政府+政府""政府+企业""企业+企业"等旅游合作模式方面的持续探索。还应加强东北、西北、西南等区域与港澳旅游合作的研究。

关键词： 内地；香港；澳门；旅游合作

一、问题的提出

2022年3月，中共中央、国务院出台了《关于加快建设全国统一大市场的意见》指出"鼓励京津冀、长三角、粤港澳大湾区……等区域，在维护全国统一大市场前提下，优先开展区域市场一体化建设工作，建立健全区域合作机制，积极总结并复制推广典型经验和做法"①。党的二十大报告指出"推进粤港澳大湾区建设，支持香港、澳门更好融入国家发展大局，为实现中华民族伟大复兴更好发挥作用"②。在一系列政策的引领和推动下，内地与港澳交流更加深

---

① 中共中央 国务院关于加快建设全国统一大市场的意见. http：//www.gov.cn/zhengce/2022-04/10/content_ 5684385. htm.

② 习近平：高举中国特色社会主义伟大旗帜 为全面建设社会主义现代化国家而团结奋斗——在中国共产党第二十次全国代表大会上的报告. http：//www.gov.cn/xinwen/2022 - 10/25/content _ 5721685. htm.

人，在贸易、金融、科技、教育、旅游、司法等方面合作更加紧密。内地与港澳旅游合作，是丰富"一国两制"积极实践，是内地与港澳旅游业转型升级的重要方式。本文通过分析香港、澳门回归以来，内地与港澳旅游合作模式、内容的进展，找出研究过程中存在的不足，提出未来内地进一步加深与港澳旅游合作的方向，以期为建立全国统一大市场、服务"双循环"新发展格局提供一定参考。

二、内地与港澳旅游合作研究进展

自香港、澳门回归以来，为推动内地与港澳旅游合作与交流更加紧密，内地与香港、澳门签署了《关于建立更紧密经贸关系的安排》以及《内地与澳门关于建立促进澳门世界旅游休闲中心建设联合工作委员会的协议》《深化粤港澳合作 推进大湾区建设框架协议》等重要文件。各地区因地制宜，通过出台政策、建设经贸合作区等方式加强与港澳旅游合作。如2018年浙江省设立了浙江澳门（安吉）经贸合作区，推进两地产业对接；2020年江苏在出台了《关于深化苏港澳多领域合作若干措施》，加强三地旅游领域合作；2022年贵州省出台《省人民政府关于支持黔东南自治州"黎从榕"打造对接融入粤港澳大湾区"桥头堡"的实施意见》，为大湾区游客提供高品质的旅游康养服务；同年山东省文化和旅游厅和澳门特别行政区政府旅游局签署了旅游合作框架协议，深化两地旅游领域交流与合作。

在各地区积极推进与港澳合作进程中，学者们也进行了多领域、深层次的研究。根据研究，发现学者们在内地与港澳合作中重点关注贸易、金融、教育、科技、旅游、中医药、电影等方面的研究，同时，在内地与港澳旅游合作研究中也产出了大量成果。本文以"中国知网"为搜索引擎，以"内地"+"香港旅游"和"内地"+"澳门旅游"为关键词，搜索范围为"学术期刊"和"学位论文"，时间选择从不限到2023年，共搜到研究文献395篇，其中"学术期刊"295篇，"学位论文"100篇，运用EXCEL进行年份统计，得到内地与港澳旅游合作研究文献量的时间分布图（见图1）。根据图1，学者们对内地与港澳旅游合作相关研究集中在1997—2020年，其间经历了香港回归，澳门回归，内地与香港、澳门《关于建立更紧密经贸关系的安排》的签署、珠海横琴新区建设、粤港澳大湾区建设、港珠澳大桥开通等重大事件。根据学者们的研究进展统计，可将内地与港澳旅游合作概括为旅游合作的内容研究和区域旅游合作两方面。

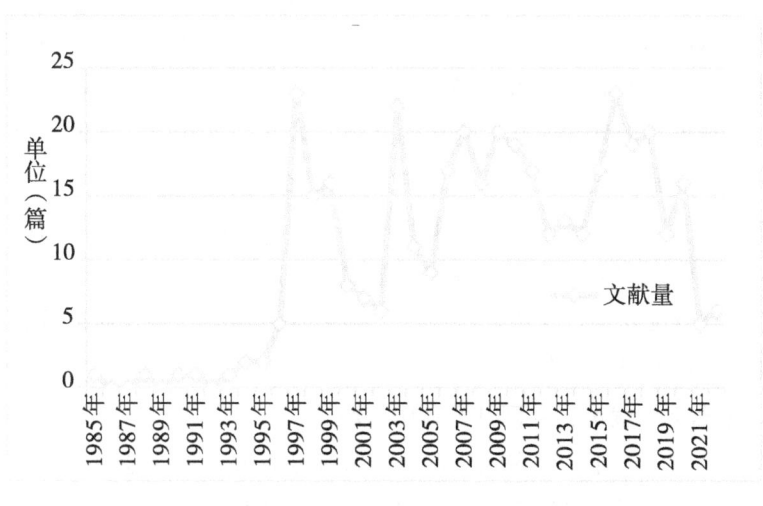

图1　内地与港澳旅游合作研究文献量时间分布图

（一）内地持续深化与港澳旅游的内容合作

根据学者们对内地与港澳旅游合作研究进展，研究内容主要集中在旅游教育、文化交流、休闲旅游、乡村旅游、邮轮旅游、跨境旅游、交通合作几方面。

1. 旅游教育合作持续推进

经过多年的发展，澳门旅游高等教育已经取得了一定成果，澳门具有中西文化并存、完善的旅游资源系统的优势，可支持澳门旅游高校与不同高校、政企建立相应合作关系。[1] 虽澳门已经建立比较完备的旅游会展教育体系，但当前内地与澳门旅游会展教育合作尚处于起步阶段，可通过明确合作定位、制定合作规划、共筑教育合作市场三大方面完善双方会展旅游合作机制。[2] 在粤港澳大湾区建设背景下，由于珠海具有特殊的区位优势，与澳门旅游职业教育合作不断走向规范、初具教育合作联动网络，虽存在珠澳旅游职教合作成本高、职业教育经济效益和社会效益有限、旅游科技创新合作体系尚未形成等三大问题，但可通过建设跨区域旅游职业教育集团、构建粤澳一流育人环境、完善珠澳职业教育合作机制等途径破解瓶颈。[3]

2. 文化交流日益频繁

香港回归为中国经济的发展提供了新的机遇，香港与内地之间的文化交流展现了广阔的前景。[4] 随着内地经济发展，香港与内地的文化创意产业的历史关系逐步复合。[5] 在与内地的紧密联系中，"驿站"呈现了中原文化对香港的影响，也体现香港现代文化对内地的反哺，如此互补参照，共同丰富与发展一体多元的中国新文化。[6] 加强内地与澳门文化遗产旅游合作研究，是在两种不同体制框架下的区域旅游合作的重要探索，湖南与澳门文化遗产旅游合作具有优越的旅游资源优势、经济优势和区位优势，两地可通过制定文化遗产旅游合作规划、建立文化遗产无障碍旅游区、构建营销网络、联合促销等方式推动两地文化遗产旅游纵深合作。[7]

3. 根据区位优势，共同开发休闲旅游

为促进澳门产业适度多元化发展，珠海可通过完善两地合作机制、拓展休闲旅游业合作空间、打造有国际影响力的中高端疗养社区和医疗旅游集聚区、加强休闲旅游业中小企业的培育和发展、打造澳门—珠海休闲旅游品牌等方式推动两地休闲旅游产业的进一步合作。[8]

4. 乡村旅游合作成为新视角

澳门基本不具备乡村旅游的条件，而湖南乡村景观丰富，山地、丘陵、平原、湖区景观特色明显，因此湘澳联手可以通过乡村旅游这种形式延伸旅游产业链。[9] 肇庆市拥有独特的区位条件、丰富的生态资源和文化资源，通过有效利用香港和澳门顶级的乡村旅游开发的人才，抓住粤港澳大湾区庞大的实力消费群体，让大湾区共享肇庆乡村旅游资源。[10] 在港珠澳大桥开通的背景下，珠海应调整乡村旅游产品，提高市场知名度，并利用好优越的地理位置，抓住港澳客源市场，通过发展乡村旅游实现乡村振兴。[11]

5. 因地制宜开展邮轮旅游合作

邮轮旅游是国际旅游市场上增长速度快、发展潜力大的高端旅游产品，[12] 香港、广州、深圳等地发展邮轮旅游经济是推动建设"9+2"世界级城市旅游协同发展的重要手段。[13] 粤澳合作开发邮轮、游艇、海岛旅游对拓展澳门海洋发展空间具有重要的现实意义。[14] 广州可从加强大湾区内邮轮港口合作、加大邮轮产品选产、创新邮轮旅游产品和加强邮轮人才培养等几方面，促进广州邮轮业发展。[15] 在一系列政策引领下，粤港澳大湾区可在邮轮旅游项目、海洋开发的金融合作等方面共同发展万山群岛邮轮旅游。[16]

6. 跨境旅游合作与时俱进开展

珠海与澳门共建跨境旅游城，在提高珠澳旅游业一体化的程度、发挥港澳经济的辐射作用、拓展澳门旅游腹地等方面具有重要意义。[17] 随着一系列出入境政策和边界管理政策的出台和实施，粤港澳之间的跨境流动越来越便利。[18] "一带一路"背景下粤港澳可采取扩大旅游合作圈、粤港澳联合打造东南亚跨境旅游品牌、加强政府合作、对旅游产业进行分层次规划等途径推动粤港澳跨境旅游创新发展。[19]

7. 推进交通便利化、一体化

为保证"九七"之后香港的长期繁荣和稳定，深圳理应多作贡献，加强深港两地的交通合作是实现这一历史使命的重要前提。[20] 珠海与港澳间旅游交通不太便利是珠海市接待外国游客和国内游客偏少的重要因素之一，珠海与港澳开展旅游交通合作，有利于提高珠海市在国内外的知名度，有利于港澳开拓珠三角西部和中国大西南广阔的旅游市场。[21] 当前，泛珠三角交通网络建设初具规模，但粤港交通一体化管理存在过境效率低、两地运输公司服务标准不一、各地跨境服务管理条例有差异等问题，应发展多式联运、统一规划、规范业内竞争、简化过境程序，实现粤港交通管理一体化。[22]

（二）内地与港澳旅游合作区域不断扩大

1. 华南地区与港澳旅游合作最为紧密

随着粤港澳大湾区建设的推进，学者们在推进大湾区旅游融合[23]、旅游一体化[24]、旅游资源共享[25]、旅游经济网络构建[26]、旅游标准融合[27]等领域开展研究，通过旅游合作实现大湾区旅游经济发展。[28] 广西基于自身区位优势、资源优势与港澳旅游合作也产出了大量研究成果，认为要抓住粤港澳大湾区产业结构调整及产业转移的机遇，引进旅游投资、管理、人才和技术要素，[29] 充分利用澳门旅游会展优势，[30] 破解桂澳、桂港旅游合作碎片化、合作目标不明确等困境，[31] 推动桂澳、桂港旅游合作进一步发展。海南拥有丰富的海洋旅游资源，可充分利用香港游客集散地的特殊优势，[32] 实现在外向型现代农业、加工贸易和现代服务业三大领域的合作。[33] 通过摸清海南和澳门旅游业的基本状况和差异性、了解两地旅游合作的基础、存在的问题[34-36]，两地应充分利用地理优势加强合作，拓展两地旅游促销活动，大力发展旅游交通基础设施，相互借鉴旅游业发展路线等促进两地旅游合作发展。[37]

2. 华东地区港澳旅游合作较为广泛

华东地区与港澳旅游合作区域较多，但近期相关研究较少。上海可充分利用香港的区位优势，吸取香港旅游业发展经验，在两地现有旅游合作的基础上，将合作领域拓展至城市交通、技术管理、国外客源拓展、两地游客互输、旅游会展合作等方面。[38-40] 江苏紧紧抓住机遇，推动与澳门旅游机构合作，共同打造旅游项目、增进旅游人才交流，[41] 将澳门作为开拓东南亚旅游市场的桥梁；[42] 通过完善自身旅游产业体系，提升产业素质，优化发展措施等提高江苏旅游业的软实力。[43] 福建与澳门在产业结构上具有很大差异，互补性强，在旅游项目开发、旅游管理、客源互通、[44] 旅游宣传、[45] 会展旅游[46] 等方面合作潜力较大。浙江充分利用香港亚太地区旅游中心形象，基于两地自然资源差异性，在旅游产品设计、旅游购物、[47] 旅游企业合作、开拓客源市场、人才交流[48] 等方面实现进一步的合作。山东旅游资源丰富，可通过加强旅游产品创新，加强宣传，吸引香港同胞，[49] 随着两地经贸交流频繁，还可在商务旅游开发、开发国际旅游市场深入合作。[50]

3. 华中地区与港澳旅游合作集中在"两湖"地区

湖南与香港经济合作有着较长的历史和良好的基础，两地旅游资源呈现互补性，改革开放以来，香港一直是湖南主要的旅游客源地。[51] 此外，湖南与澳门以旅游为切入点，实现优势互补，促进了两地旅游业的发展，[52] 基于湖南旅游资源的特殊性，两地在乡村旅游合作方面也有巨大的潜力。[53] 随着鄂港两地之间的经济联系日益密切，香港已成为湖北旅游业的最大境外客源地，两地旅游服务贸易合作实现了良性发展，[54] 基于湖北旅游资源的特殊性，可进一步加强两地旅游机构合作。[55]

4. 西南地区与港澳旅游合作集中在川渝地区

重庆与香港旅游业各有特色，互显优势，可充分借鉴香港旅游业的发展经验，建立联营，[56] 两地通过双边协商联手开辟"重庆—香港"的联营旅游线路，提高重庆旅游业的国际知名度。[57] 四川与香港的旅游资源各有优势，两地

可在旅游资源开发、旅游基础设施建设、旅游人才培养、旅游营销和市场开拓等方面深入合作。[58-59]

5. 东北、华北、西北地区与港澳旅游合作还需进一步拓展

通过梳理文献发现,东北、华北和西北地区与港澳旅游合作的研究较少,与他们之间的空间距离较远有一定关系。黑龙江可与香港合作开发旅游项目,促进黑龙江旅游业持续、快速的发展。[60] 山西文物古迹众多,旅游资源丰富,与香港可在旅游项目开发、开拓国际旅游市场、旅游节庆活动等方面加强合作。[61] 香港已成为北京重要的经贸旅游合作伙伴,北京作为世界闻名的旅游胜地,香港具有良好的购物环境,两地旅游合作前景十分广阔。[62] 香港作为海上丝绸之路的南部核心支点,新疆作为丝绸之路经济带西部核心区,随着"一带一路"的推进,两地在旅游领域合作将会进一步拓宽。[63] 宁夏旅游资源和大湾区的旅游需求之间发展内容十分丰富,也可以长久配合,但大湾区旅游需求与宁夏旅游资源关联度低,可通过实施奖励旅游,开拓宁夏与大湾区更广、更深的合作。[64]

三、研究述评

综上所述,自香港、澳门回归以来,随着内地与港澳地区政治、经济、文化等交流日益密切,内地与港澳旅游合作研究呈现合作领域多、合作区域广的特点。从研究内容上看,以文化交流、休闲旅游、邮轮旅游研究最多;从区域合作研究上看,以华南地区研究最多,其中又以广东省、粤港澳大湾区的研究最多,并呈现了由东到西、由南到北区域旅游合作研究逐渐减少的特征。可以看出,内地与港澳旅游合作研究与地区区位优势、经济发展有一定关联度。虽相关学者对内地与港澳旅游合作进行了大量的研究,也取得了丰富的成果,但是研究还具有三方面的不足:一是内地与港澳旅游合作研究内容有待拓展,在旅游合作制度、旅游合作模式、旅游项目共建、旅游人才培养、旅游品牌共建等为主题的专项研究还需深化。二是区域旅游合作研究还有待拓展,相关研究主要集中在广东省,这与广东具有天然的地理优势有关。其他地区尤其是欠发达地区旅游资源丰富,而港澳经济实力雄厚,双方旅游合作互补性强,应加强西南、西北、东北、华北等地与港澳旅游合作的研究。三是近期旅游合作研究不足，通过整理文献发现，2016年以前相关研究量占总研究量的三分之二，2016年以来相关研究呈波动下降的趋势，2020—2022年仅有27篇，其中学位论文达15篇，占到一半研究量，对近期内地与港澳旅游合作研究不足，与我国建立全国统一大市场、"双循环"新发展格局的战略还不太匹配。

鉴于香港、澳门经济实力较强、外向度高，因此，学者们应根据内地区域自然资源特色、区位优势、经济发展等优势，加强内地与港澳在"政府+政府""政府+企业""企业+企业"等旅游合作模式的持续探索。通过持续性的研究，着力破解内地与港澳旅游合作中的痛点、难点，推进内地与港澳旅游合作更上一个台阶，更好地服务于"双循环"新发展格局和全国统一大市场的建设。

参考文献

[1] 唐灿灿. 澳门旅游高等教育合作办学机制研究 [J]. 科技和产业，2015，15（3）：19-23.

[2] 黄其新. CEPA下澳门与内地旅游会展教育合作机制建设研究 [J]. 青岛酒店管理职业技术学院学报，2010，2（1）：58-61.

[3] 钱佳. 大湾区珠澳旅游职业教育合作机制研究 [J]. 淮南职业技术学院学报，2021，21（4）：88-90.

[4] 郭少棠. 香港与内地文化创意产业的渊源与转化 [J]. 中国文化产业评论，2004，2（00）：296-313.

[5] 陈世松. 香港回归及其与内地的文化交流 [J]. 毛泽东思想研究，1998（4）：83-85.

[6] 杨匡汉. 文化的驿站——香港与内地艺文关联的一个侧面 [J]. 文艺研究，1999（2）：77-85.

[7] 陈律. 湖南文化遗产旅游合作研究——以湘澳合作为例 [J]. 传承，2011（31）：64-65.

[8] 中共珠海市委党校2019年春季学期中青二班第二课题组，缪凌锋，曹芳丹. 澳门与珠海休闲旅游业合作发展路径探析 [J]. 中共珠海市委党校珠海市行政学院学报，2019（5）：52-59.

[9] 黄永忠. 湖南与澳门旅游合作的新视角：乡村旅游 [J]. 企业家天地下半月刊（理论版），2010（1）：9-10.

[10] 卢东辉，陈东旭，陈嘉琪. 粤港澳大湾区视域下广东乡村旅游可持续发展模式——以肇庆市为例 [J]. 广东开放大学学报，2021，30（2）：16-22.

[11] 常白云. 港珠澳大桥开通背景下珠海市乡村旅游转型升级路径研究——基于乡村振兴的视角 [J]. 广东经济，2021（9）：36-41.

[12] 骆培聪，张莹莹，佘赛芬. 海峡西岸经济区邮轮旅游SWOT分析 [J]. 重庆师范大学学报（自然科学版），2011，28（1）：82-87.

[13] 钟妮，谭金凤，王雪黎. 粤港澳大湾区邮轮旅游发展研究 [J]. 特区经济，2019（8）：31-35.

[14] 杨明. 粤澳合作开发南海邮轮旅游和海岛旅游的战略意义 [J]. 新经济，2014（1）：37-39.

[15] 孙秀娟. 粤港澳大湾区视角下广州邮轮产业发展浅析 [J]. 营销界，2019（24）：13-15.

[16] 杨明. 粤港澳合作开发珠海万山群岛邮轮旅游的设想与对策 [J]. 新经济，2021（11）：12-16.

[17] 万方秋，唐左. 珠海与澳门共建跨境旅游城探讨 [J]. 国际经贸探索，2008（4）：30-34.

[18] 封丹，庞靖雯. 一体化背景下粤港澳跨境旅游流及地域分布研究 [J]. 佛山科学技术学院学报（自然科学版），2015，33（4）：52-57.

[19] 陈翀. "一带一路"背景下粤港澳跨境旅游发展新模式 [J]. 度假旅游，2018（7）：98-100.

[20] 王江. 深港交通合作构想 [J]. 深圳大学学报（人文社会科学版），1997（3）：22-27.

[21] 万方秋，唐左. 珠海与港澳旅游交通合作探讨 [J]. 特区经济，2007（11）：189-191.

[22] 陈灿健. 粤港交通一体化管理现状与问题分析 [J]. 交通运输部管理干部学院学报，2014，24（3）：46-48.

[23] 黄晓慧，邹开敏. "一带一路"战略背景下的粤港澳大湾区文商旅融合发展 [J]. 华南师范大学学报（社会科学版），2016（4）：106-110.

[24] 朱万果. 推进粤港澳大湾区旅游一体化合作 [J]. 新经济，2017（1）：16.

[25] 樊宇澜. 粤港澳大湾区旅游资源共享战略研究 [J]. 中国商论, 2019 (10): 80-82.

[26] 潘雪梅. 粤港澳大湾区旅游经济网络结构及协调发展研究 [D]. 上海师范大学, 2019.

[27] 毕斗斗, 王志慧. 全域旅游背景下粤港澳大湾区旅游标准融合研究 [J]. 广东经济, 2021 (4): 56-61.

[28] 郭璇瑄. 粤港澳大湾区旅游经济发展路径 [J]. 税务与经济, 2018 (2): 19-25.

[29] 黄爱莲, 沙欧. 粤港澳大湾区战略下广西旅游业发展策略研究 [J]. 南宁职业技术学院学报, 2018, 23 (4): 71-75.

[30] 刘朝福. 善用"澳门优势"构建桂澳经贸合作新高地 [J]. 广西经济, 2017 (12): 46-48.

[31] 刘民坤, 刘响明. 桂港旅游合作的动力机制与路径研究 [J]. 林业经济, 2014, 36 (6): 92-96.

[32] 陈永祺. 加强琼港合作 推动海南经济快速发展 [J]. 港口经济, 2004 (4): 38.

[33] 张应武. 琼港经贸合作: 新机遇、新挑战与新发展 [J]. 海南广播电视大学学报, 2013, 14 (1): 61-65.

[34] 任筱楠. 琼澳旅游合作发展路径分析 [J]. 特区经济, 2012 (4): 128-130.

[35] 安应民. 论琼澳旅游合作的战略构想与实践模式 [J]. 旅游论坛, 2011, 4 (6): 1-6.

[36] 陈扬乐. 琼澳旅游经济合作的基础: 旅游业错位发展 [J]. 新东方, 2011 (1): 50-53.

[37] 海南大学经济与管理学院课题组, 王丽娅. 琼澳两地旅游业发展的比较与合作研究 [J]. 海南金融, 2011 (3): 30-34.

[38] 刘明信. 沪港旅游合作问题探索 [J]. 财经研究, 1986 (11): 28-31.

[39] 韩强. 上海旅游业: 面对香港的挑战 [J]. 上海统计, 2002 (8): 17-19.

[40] 卢志海. CEPA背景下的沪港与粤港旅游合作比较 [J]. 当代经济, 2017 (16): 48-49.

[41] 赵玉兰. 对南京加强同澳门合作的几点建议 [J]. 改革与开放, 1999 (8): 18-19.

[42] 张远鹏. 抓住澳门回归机遇, 促进江苏与澳门的经济合作 [J]. 学海, 1999 (6): 10-11.

[43] 陆素洁. 苏港旅游合作十年的回顾与思考 [J]. 群众, 2007 (7): 14-15.

[44] 张瑞尧, 王开明. 闽澳合作天地宽——关于闽澳产业结构和产业合作的分析与研究 [J]. 发展研究, 1995 (11): 8-11.

[45] 何福平. 澳门回归与福建经济发展——澳门回归后闽澳经济合作发展前景与模式 [J]. 亚太经济, 1999 (2): 43-46.

[46] 施然. 浅论会展旅游的合作机制与合作模式 [J]. 价值工程, 2011, 30 (22): 115-117.

[47] 王兴斌. 发展浙港旅游合作, 促进旅游大省建设 [J]. 北京第二外国语学院学报, 1997 (4): 23-27.

[48] 朱至珍. 拓展甬港合作空间 携手共创旅游业美好未来 [J]. 宁波经济 (财经视点), 2002 (8): 25.

[49] 刘敏, 张成杰. 香港与山东经贸关系的回顾与前瞻 [J]. 山东经济战略研究, 1997 (6): 4-7.

[50] 王荣国. 鲁港旅游合作前景广阔 [J]. 走向世界, 1997 (4): 39.

[51] 胡武贤, 雷明全. 论湘港经济合作基础与产业转移区位 [J]. 求索, 2005 (2): 12-15.

[52] 李明贤, 鲁明勇. 湘澳经贸合作的新机遇与新机制 [J]. 热带地理, 2009, 29 (3): 245-250.

[53] 黄永忠. 湖南与澳门旅游合作的新视角: 乡村旅游 [J]. 企业家天地下半月刊 (理论版), 2010 (1): 9-10.

[54] 吴传清, 刘方池, 高伟强. 鄂港贸易合作回眸与前瞻 [J]. 武汉交通科技大学学报 (社会科学版), 2000 (1): 21-24.

[55] 朱向梅, 张安之. 论鄂港经济合作的未来发展前景 [J]. 经济评论, 2001 (3): 98-101.

[56] 赖邦凡. "直辖" 的使命与 "回归" 的机遇 [J]. 重庆社会科学,

1997（5）：22-24.

[57] 庞耀辉. 渝港产业合作的新态势 [J]. 重庆与世界，1997（4）：19.

[58] 刘用明. 论新世纪川港经济合作 [J]. 经济师，2001（8）：96-97.

[59] 林西朗. 四川与香港经济合作的重点 [J]. 经济体制改革，2001（1）：159-161.

[60] 栾树森，贾迎新. 从香港崛起看黑龙江经济发展 [J]. 北方经贸，1998（2）：50-51.

[61] 刘振华. 晋港合作 前景广阔 [J]. 今日山西，1997（4）：2-4.

[62] 《香港"九七"回归与北京金融业的发展》课题组. 香港回归后，北京与香港进一步经济合作的思考 [J]. 首都经济，1997（9）：13-17.

[63] 王友文. 香港与新疆 "一带一路" 南西合作战略模式选择——以 "一国两制" 方针正确性实证分析为视角 [J]. 西部学刊，2018（8）：89-91.

[64] 陈坤仪，芦海滨. 粤港澳大湾区旅游需求与宁夏旅游资源的配比分析 [J]. 宁夏大学学报（人文社会科学版），2020，42（6）：117-125.

基金项目： 贵州省社会科学院2023年院级课题《教育合作赋能贵澳经贸深度合作的路径研究》（课题编号：sky-YJKT-2023006）阶段性成果。

作者简介： 罗艳，贵州省社会科学院助理研究员；陆仙梅，凯里学院讲师；黄鸿钰，贵阳人文科技学院副教授。

农文旅融合：推动乡村产业高质量发展
——以宁夏红色文化为例

薛正昌

摘　要：红色文化是推动我国革命建设和改革事业不断发展的强大精神动力和宝贵精神财富。宁夏红色文化积淀丰厚，是独具特色的旅游文化资源。旅游推动乡村产业高质量发展，要抓住农文旅高度融合发展的新机遇，尤其是以旅游推动乡村产业高质量发展。首先是农文旅高度融合发展与产业振兴，产业振兴是乡村振兴的重中之重。一是一二三产业融合发展；二是加快培育生态农场、休闲民宿、旅游业态；三是发展农家乐、特色小镇、农产品观光基地；四是将生态资源和生态文化转化为旅游产品，大力发展生态旅游、森态康养等新产业和新业态，全力打造乡村游以居、游、养、娱为主的旅游模式。其次，要注重和提升自然生态与生态转化产业的新思维，协同推进经济高质量发展和生态高水平保护。绿水青山是乡村旅游最为普惠性基础资源。增加绿色就是增加优势，护林就是护财富。自然财富和生态财富，二者为乡村振兴提供了全新的环境支撑。宁夏红色文化，是乡村振兴过程中农文旅融合发展以提升产业高质量发展的文化内核和精神动力。

关键词：农文旅融合；宁夏红色文化；产业高质量发展

红色文化是我们党在革命、建设和改革中形成的宝贵精神财富，是推动我国革命建设改革事业不断发展的强大精神动力，也是中国共产党和中国人民伟大创造精神的不懈动力。习近平总书记指出："红色资源是我们党艰辛而辉煌奋斗历程的见证，是最宝贵的精神财富。"红军长征翻越六盘山、西征横跨陕甘宁地域，留在宁夏的丰厚的红色文化遗产，依其承载的形式看，大致体现在自然遗产、建筑文化、各类红色文物、口头和非物质文化遗产四个方面。从遗产布局看，基本分布在乡村，这些红色文化遗产是宁夏独特的旅游资源。在推进乡村振兴的今天，我们要讲好宁夏红色文化的故事，挖掘和研究红色文化与旅游开发的时代价值和现实意义。同时，也是推进宁夏乡村振兴进程中的不懈动力和精神财富。

2023 年，联合国世界旅游组织"最佳旅游乡村"名单公布，我国浙江、江西、甘肃、陕西四省分别有村落入选，其价值和意义不仅是村落入选，它更是展示了全面推进乡村振兴、促进共同富裕新时代乡村文化的价值和意义。宁夏红色文化，基本承载在乡村的地域上，为乡村振兴提供了鲜活文化资源。融合农文旅，绘出共同富裕的新图景，是乡村振兴的根脉所在。以旅游产业为媒，可以有效推动绿水青山转化为金山银山，让农村生态环境不断美起来，农民的生活越来越好。本文选题的动因在红色文化，从旅游的视角上，落脚点在乡村振兴和产业高质量发展。

一、红色文化资源

宁夏红色文化旅游资源，主要是指红军长征、西征期间在宁夏的经历及其留存的文化遗产，这里分类作一些简略的梳理，以体现红色文化的厚重。

（一）双重遗产六盘山与《清平乐·六盘山》词

六盘山，自古就是关中西出北上的军事屏障，为兵家争战之地，承载着厚重的历史文化。与红色文化相关联的自然遗产，主要是指六盘山国家森林公园。六盘山是自然遗产与人文历史的多元叠加，也是毛泽东用诗化的形式颂扬和描写过的著名山脉。围绕着红军翻越六盘山，传承了许多故事。一首《清平乐·六盘山》词，使六盘山走向全国，闻名世界，为六盘山增添了重要的文化积淀。因此，六盘山承载着双重文化内涵，它既是自然风光优美的名山，吸引过汉唐帝王和无数文人墨客登临，又是红军长征翻越的最后一座大山，在中国革命史上熠熠生辉。

红军长征，是历史壮举；六盘山，孕育了传世的《清平乐·六盘山》词。1935 年 10 月 5 日，毛泽东率红军陕甘支队第一纵队主力到达宁夏西吉县单家集，夜宿陕南清真寺。6日，东行到达张易堡（今固原市原州区张易镇）。据成仿吾先生《长征回忆录》载，在张易堡宿营稍稍休息后，夜半12时就出发向东急行军。红军离开驻地10里，敌人也吹预备号动身，追得很紧。毛泽东和中央领导及红军战士沿六盘山西侧后莲花沟翻越六盘山。当时"寻求走小路上山"，目的是"脱离平固公路地区"。[1] 7日上午，在六盘山东侧的青石嘴打了一个漂亮的伏击战，获得了数量不少的子弹、服装和战马，组建了红军第一支骑兵部队。

秋天的六盘山，万木葱郁，秋高气爽。毛泽东登上六盘山，俯视远眺，为眼下这个充满着诗意的世界所感染，心境豁然开朗；临风寄景，诗文涌动。遥想红军走过的艰难历程，展望中国革命的未来前景，雄伟的六盘山为他增添了新的希望。南飞的大雁、壮阔的长城、飘扬的红旗……这些激动人心的意象交替于他的视阈，凝固于他的笔端，他以无产阶级革命家的伟大胸襟、九天揽月的诗人气度，写下了中国革命胜利在望的《长征谣》，展示了一种坚不可摧的"长城"精神，成为《清平乐·六盘山》词的前身：

天高云淡，望断南飞雁，不到长城非好汉！同志们，屈指行程二万！同志们，屈指行程二万！六盘山呀山高峰，赤旗漫卷西风。今日得着长缨，同志们，何时缚住苍龙？同志们，何时缚住苍龙？[2]

《长征谣》起初是一首自由体诗，通俗易懂，熔口语与书面语于一炉，通过比兴重复、呼唤等表现手法，面对抗日烽火彰显一种"长城"精神，获得了独有的象征艺术的力量；展示了金戈铁马、风雷激荡的雄姿，歌颂了红军"不到长城非好汉"的革命英雄主义和革命乐观主义的精神，表达了反蒋抗日的决心，犹如进军的号角。经过岁月的沉淀，传承下来的是《清平乐·六盘山》词：

天高云淡，望断南飞雁，不到长城非好汉！屈指行程二万。六盘山上高峰，旄头漫卷西风。今日长缨在手，何时缚住苍龙？

由《长征谣》到《清平乐·六盘山》词，再到1961年为宁夏人民重新题写，中间经历了26年时间。26年间以《清平乐·六盘山》词为关联和延伸，孕育了一个完整的故事，书写了这一段历史背景和文化变迁。在中国历史文化的长河中，传承了一段特殊的文化史佳话。

（二）红色建筑文化遗产

宁夏红色建筑文化遗产，在全国有影响的大体有 6 类。

1. 西吉县兴隆镇单家集陕南清真大寺

单家集，是一个回族聚居区。这里是 80 多年前毛泽东等中央领导驻扎过的地方，是非常珍贵的红色文化遗产。现在看到的北厢房，是 80 多年前的原物。这是一座普通的房子，但又有它自身的特点。房子整体是砖木结构，但在前墙处做过特殊处理。前墙的二分之一处是砖墙，以上二分之一处全部是木结构，门、窗、墙一体，松木为原料。窗户是传统的木窗格，上部有图案花纹装饰。1935 年 10 月 5 日，中国工农红军陕甘支队进入单家集，毛泽东即夜宿这里，晚上与回族阿訇促膝相谈。次日上午，毛泽东离开单家集后，国民党飞机向毛泽东夜宿的清真寺投下数枚炸弹。留在清真寺北厢房门、窗户和横木上的弹洞，至今仍清晰可见，成了那段特殊历史的见证。

2. 红军长征文化建筑群

一是红军长征纪念亭。为纪念中国工农红军长征胜利 50 周年，政府于 1986 年在六盘山顶峰选址修建了红军长征纪念亭，由时任中共中央总书记的胡耀邦为纪念碑题词。巍巍六盘山，高耸纪念亭，在纪念和彰显这段伟大历史的同时，也为六盘山红军长征纪念地增添了一处传之久远的历史文化景观，无数游人都来到这里瞻仰缅怀。

二是红军长征纪念碑。六盘山红军长征纪念碑耸立于六盘山上，2005 年 9 月 18 日落成。红军长征胜利 70 周年之际，为推进红色旅游文化战略的实施，加强爱国主义教育，政府再次划拨专款重建六盘山红军长征纪念碑、纪念馆，整体重新布局，由纪念碑、纪念亭、纪念馆、吟诗台、广场五部分组成。纪念碑坐落在纪念馆顶部平台上，碑身高 26.8 米，长 18 米，宽 4.5 米，正面镶嵌有江泽民同志题写的"六盘山红军长征纪念碑"10 个镏金大字，东西两侧分别镶嵌着毛泽东诗词《七律·长征》和《清平乐·六盘山》手迹。整体建筑宏大气派，设计融入了更多的红色文化内涵，已成为红色旅游的重要景点。

三是红军长征纪念馆。红军长征 70 周年落成的六盘山红军长征纪念馆，展出内容丰富。重新布展后的纪念馆，主要由序厅、红军不怕远征难、六盘山上高峰、三军过后尽开颜、长征精神永放光芒五个部分组成，展示了红军长征中的遗物、文物、图片资料以及毛主席住过的窑洞等。六盘山红色文化景区，是一处完整的红色文化建筑群，由纪念馆、纪念碑、纪念广场组成，纪念亭、吟诗台坐落在对面的主峰上，前后的建筑互相映衬，依山势而布局，为苍松翠柏所掩映。

3. 将台堡红军长征纪念碑

将台堡位于宁夏西吉县城以东 20 公里处，地当葫芦河东岸，是红军长征三军会师纪念地之一。历史上，这里就是重要的军事防区，葫芦河流域是一条通道，战国秦筑城在这里转一个弯向东而去。将台堡一线历史上称为西瓦亭，与六盘山东侧的东瓦亭关相呼应。1996 年 10 月，在纪念中国工农红军长征一、二、四方面军会师 60 周年之际，于将台堡修建中国工农红军长征将台堡会师纪念碑，时任中共中央总书记、国家主席、中央军委主席的江泽民题写碑名——"中国工农红军长征将台堡会师纪念碑"。碑顶镌刻着三尊红军头像，象征着红军三大主力会师，是具有历史意义的红色文化建筑景观。将台堡革命旧址，已被公布为全国重点文物保护单位。

2016 年 7 月 18 日，中共中央总书记习近平来到将台堡，向纪念碑敬献花篮，向革命烈士三鞠躬。在这里，总书记提出"我们每代人都要走好自己的长征路"伟大指向。

4. 纪念馆广场

纪念广场空间很大，门口有两组红军长征铜雕造像，再现的是回汉人民迎接红军和红军翻越六盘山时那种壮观的时代群像。纪念广场的下面迎壁墙，建筑样式独特，由三面红军军旗的造型组成，象征着红军三大主力胜利会师；军旗上镌刻着江泽民题写的"长征精神永放光芒"八个大字。纪念馆的三组建筑，与对面山峰上的纪念亭、吟诗台构成远景群体，远近融为一体，恢宏壮观。现在，这里已成为爱国主义教育示范基地、全国青少年教育基地。游人身临其境，会深深地感触到其中的民族精神教育、革命优良传统教育，人们的情操、道德素质都会得到陶冶和升华。

5. 豫海回民自治政府——同心清真大寺

同心县豫海回民自治政府所在地同心清真大寺，体现着多重的文化意义，其自身就是一处建筑风格独特的传统文化遗存，又是 1936 年红军西征时建立的豫海县回民自治政府的旧址。同心清真大寺坐落于同心县城西南的台地上，是我国现存古老的清真寺之一。由于同心清真大寺的古老建筑样式及其久远的历史，1988年被国务院公布为全国重点文物保护单位。

6. 豫旺堡红军西征总指挥部旧址

1936年红军西征，宁夏同心县是重要的区域之一，彭德怀的西方野战军总司令部就设在豫旺城的城隍庙里。斯诺在他的《西行漫记》里有多处记载，有些文字非常珍贵。下马关，是明代建筑，为20世纪30年代豫旺县政府所在地。红军西征时，下马关城城墙保存完好，尤其是南城门及其瓮城原貌得以保存，徐海东大将当年在南城门楼上还留有一张照片。下马关城，是明代万历年间修筑的砖石包城。下马关城是古文化遗产不可多得的建筑，更是红色文化遗产。

7. 毛泽东住过的窑洞

1935年10月，毛泽东与中央红军翻越六盘山后，在宁夏彭阳县古城镇、长城塬乡分别住宿过。毛泽东在古城镇茹河边上住过的窑洞，至今保存完好，近年虽有过修缮，但格局仍保持原貌。窑洞，原本是黄土高原上一道风景，冬暖夏凉的居住特点被中外所关注，再附着一段毛泽东夜宿这里的故事，旅游文化色彩会更浓。

此外，重要战役、战斗遗址，也是红色文化的组成部分。如青石嘴战斗遗址（已建有纪念碑），解放战争时期的任山河战役遗址（已建有纪念碑，有烈士陵园）等。

（三）红色文物遗存

红色文物遗存主要指红军长征、西征时期，在宁夏留下的各类遗物，诸如锦旗、照片、生活用具等。这些遗物主要分布在西吉县、盐池县和同心县。

1. 西吉县

宁夏西吉县主要遗物有：毛泽东在单家集用过的桌椅，程子华80多年前题写的"回汉兄弟亲如一家"的横匾等都是非常珍贵的遗物。同时，西吉县博物馆里收藏有另一种非常珍贵的文化遗产，即1995年将台堡红军会师60周年纪念时，请参与红军长征、西征时的老将军书写的墨宝。这是与红军长征、西征有关的另一物化的文化遗产，也是另一个文化意义上的红色文化资源。

2. 盐池县

盐池县，曾是红军西征的指挥中枢，也是陕甘宁边区的一部分。特殊的经历，留下了丰富的红色文化遗物，盐池博物馆收藏最为丰富。以其类别划分，大致有如下几类。

第一类是实物。实物类遗存较为丰富：一是红军西征用过的武器、书包、草鞋等。二是毛泽东、朱德发布的中华苏维埃人民共和国中央人民政府布告等；陕甘宁边区政府、三边政府、县政府用过的各类印章。三是报纸宣传类，主要是《三边报》和各类书籍。四是毛泽东、林伯渠等中央领导给盐池籍战士、三八五旅战士的各类奖状等。五是元华工厂生产的提篮毛毯。六是铜币，有两种样式：一种正面是川陕省苏维埃铸币厂铸造，面值标有"二百文"字样，也标有阿拉伯数字"200"，背面是红五星图案及装在红五星里的镰刀和锤子。一种正面是苏维埃政府造币厂造，正面图案是镰刀和锤子，3颗小红五星围绕在镰刀和锤子外围；背面是全世界无产阶级联合起来的字样。七是陕甘宁边区货币——纸币，面值有伍佰元、拾元、贰角、壹角、伍分，印制得都比较精致。此外，陕甘宁边区政府还发行过"建设救国公债"，也有实物展出。八是解放宁夏时部队给群众留下的征粮收据，内容为征粮户主姓名、数额、麦子或黄米（黍，碾成的米。当地叫糜子），以石、斗、升来计。

第二类是红军西征过程的照片资料。这部分资料较丰富，是盐池革命历史文物展的主要内容。一是红军西征过程中战地动员大会的内容；二是红军墙报宣传的内容，如"支部生活栏""宣传大纲"等；三是红军西征期间在豫旺堡等地活动的照片；四是红军西征时留下的各类标语，同心县韦州镇、盐池县都有，这部分内容尤其珍贵，它是时代和民族精神的反映。在同心县韦州镇红城水，我们看到红军宣传标语的内容大都是打倒军阀、联合起来抗日等内容，字体为行书，书写大小不规范，多随意性，且多错别字，但十分珍贵。留在盐池的标语，却是宋体字，字体大小规范。无论怎样书写，红军留在宁夏的标语，都是红色文化的重要组成部分，也是研究抗日战争的重要资料。

第三类是食盐。食盐是人类社会生产生活的重要组成部分，盐池县境内的盐湖，在历史上就非常重要，是统治者和当地民众都非常看重的地方。陕甘宁边区时期，食盐同样是特殊的商品，为陕甘宁边区经济和社会发展做出过重大贡献。1940年，三五九旅四支队奉命在盐湖打盐的情景，通过照片留存了下来。池盐的生产，有力地支持了陕甘宁边区人民的解放事业，粉碎了国民党对解放区的经济封锁。

3. 同心县

宁夏同心县红色文物遗存，主要是在红军西征时期，大致有5类。

第一类是书籍。书籍以斯诺的《西行漫记》（又名《红色照耀中国》）为代表。《西行漫记》里的不少内容，是斯诺在红军西征时期战地采访完成的。《西行漫记》的版本较多，如日文版、中文内地版和香港版等。《彭德怀自述》一书，虽然描述西征时期在同心县的经历较少，而且是宏观上的，但毕竟有红军西征时在同心的历史记载，也应该是红色文物遗存的内容之一。

第二是照片资料。照片资料主要以红军西征时的红军高级将领、国际友人、红军在同心城的大聚会等历史事件为主，如彭德怀在豫旺的照片、徐海东在下马关的照片、西方野战军总指挥部在豫旺的照片、斯诺在豫旺的照片、马海德的照片，三军会聚同心城的联欢照片等。

第三是标语资料。标语资料，主要是指红军西征时留下的各种形式的标语，如红军留在同心县韦州镇红水城娘娘庙墙上的标语，内容有"停止内战，一致抗日""打倒日本救中国"等。

第四是题词。题词主要是当年参与红军西征部分领导的题词。如宋任穷的"西征甘宁，功绩卓著"，杨得志的"红军西征，功垂史册"，萧克的"红军长征陕甘宁，三军会聚同心城"等，这些题词已成为红色文化开发的重要内容。

第五是实物。红色文化实物遗存，主要有陕甘宁省豫海县回民自治政府大印，1936年红军将领唐天际题赠给回族大教主洪寿林的锦幛等，包括红军西征过程中使用过的武器。此外，豫旺堡北大寺保存的红军西征时国民党飞机扫射，在大寺廊柱上留下的累累弹孔的原木。据大寺的知情人讲，当时彭德怀就在北大寺主持军事会议。

同心县的红色旅游资源相对分散，以上所罗列的各类或实物或资料都散见于各处，应该相对集中红色旅游景区（景点）的相关文物，辟有专门的陈列室陈列保护，以供游人参观。

按照联合国教科文组织界定的表述看，口头和非物质文化遗产，主要指"口头文化"和"非物质文化"，它的表现形式包括语言、文学、音乐、歌谣、舞蹈、游戏、神话、礼仪、习惯、手工艺、建筑艺术及其艺术门类。红色非遗文化遗存，主要是指红军长征、西征时留下的或与红军长征、西征在宁夏相关的遗物，限于篇幅，红色口头和非物质文化遗产这部分内容暂略。

二、红色文化与旅游开发

红军长征、西征在宁夏，是一个特殊时期。由于特殊的年代和特殊的地域，宁夏拥有特殊的红色文化资源，在全国层面上具有其独特意义和价值。在实施保护性开发的同时，讲好宁夏的红色文化故事，利用红色文化资源传承革命精神，实施乡村振兴与旅游开发，挖掘和利用的空间很大。

（一）农文旅融合发展

红色旅游资源，是宁夏历史文化资源中最年轻的文化遗产，但由于各种历史原因，亟须保护性开发利用。如西吉县单家集清真大寺、同心清真大寺是多重历史与文化的承载者，建筑样式相对完好，是宁夏旅游文化开发的重要文化资源。2016年7月20日，习近平总书记在宁夏考察工作结束时指出："宁夏是一片有着光荣革命传统的红色土地。1926年，宁夏就建立了我们党的组织。红军长征和西征都曾转战宁夏，之后宁夏人民又为陕甘宁革命根据地、陕甘宁边区建设，为抗日战争、为中国革命胜利作出了重要贡献。"[3] 伟大的长征精神和"不到长城非好汉"的革命精神激励着宁夏人民。长城国家文化公园（宁夏段）建设已成为承载长征精神的文化地标。我们要跟进乡村振兴的国家战略，抓住乡村振兴农文旅融合发展的时机，讲好红色文化故事，做好精细的宣传，在推动乡村产业高质量发展的进程中，推进红色文化与农文旅的高度融合。

红色文化旅游资源依托在乡村大地域。因此，大力发展红色文化旅游。宁夏是绿洲丝绸之路穿越的重要区域，丝路文化积淀深厚，也是独具特色的文化资源。农文融合必须与宁夏历史文化资源、自然风光资源、民俗文化资源融会衔接起来，是提升宁夏乡村振兴与农文旅融合发展的有效途径。

（二）走好"长征路"与跨区域文旅融合

习近平总书记在将台堡红军长征会师纪念馆说："我们每代人都要走好自己的长征路"。红色文化资源传承着革命精神，走好"长征路"这条"初心路"，是中国共产党人的根本理念，也是我们每个人必须走好"自己的长征路"的时代要求。长征精神，是中国共产党和人民军队革命风范的生动反映，是中华民族自强不息民族品格的集中展示，是以爱国主义为核心的民族精神的最高体现。

丰富的红色文化资源，是开展旅游的特殊资本。在宁夏讲好红色文化故事，主要体现在：一是要讲好红军长征进入宁夏境内的故事；二是要讲好红军西征在宁夏的故事；三是要讲好书写在宁夏大地上的全国层面上的故事，如毛泽东《清平乐·六盘山》词的形成过程与书赠宁夏人民的故事，斯诺在宁夏与《红星照耀中国》一书的故事；四是讲好博物馆里红色革命文物所承载的故事；五是讲好陈列在大地上的革命战斗遗址所承载的故事；六是要讲好宁夏脱贫攻坚，尤其是异地移民搬迁、闽宁对口扶贫的鲜活故事，将历史与现实衔接起来。故事是文化的载体，这些鲜活的故事所蕴藏的不畏艰险、为党为人民献身的精神，是中国共产党人红色基因和中华民族的宝贵精神财富，会鼓舞人、激励人、感染人。

（三）提供研究性细节

无论是地域文化旅游，还是长征红色文化旅游，跨区域开拓，文旅整合推进，是未来旅游开发的方向，也是红色旅游文化跨区域、大视野发展的必然。宁夏红色文化旅游的推进，在挖掘整合利用红色资源、讲好红色文化故事以推进红色旅游的同时，与地方历史文化结合起来。同时，要注重红色文化研究，为红色故事讲述提供更多的素材。

红军长征、西征在宁夏，从目前的主要文献看，《红军长征史》（中共中央党史研究室编著）记载相对宏观，《红军长征在宁夏》（宁夏回族自治区档案馆编）主要是档案史料汇编，《红军西征》（宁夏人民出版社）较前相对细致一些。要讲好红色文化故事，我们还需要做好学术研究，从大量的红色文献里、回忆录里、红色文化研究的成果里，深入挖掘红军长征、西征在宁夏的历史，包括著名事件和重要人物背后的细节，通过对红色故事的过程、情节、细节等全方位调查研究，为讲好红色故事提供完整的、真实可信的故事素材，以灵活的讲述方式提供给讲解员，以丰富的故事感染游人，让更多的游人感受和体验红色文化。需要注意的是，红色故事不能随意演绎，或者解构，故事的基础是"真实"。红色文化旅游，需要红色文化故事来提升传播力、吸引力和影响力。

三、旅游推动乡村产业高质量发展

红色文化承载在乡村大地上，它是一种特殊的文化资源，与乡村融合在一起，与旅游推动乡村产业高质量发展有着密切关系。农文旅融合发展，是站在乡村产业高质量发展的层面上提出来的。主要体现在：一是农文旅与农业强国，二是生态保护与生态转化产业。这是乡村振兴的新路径。

（一）推进乡村振兴与建设农业强国

强国必先强农，农强方能国强。推进中国式现代化，必须夯实农业基础，推进乡村全面振兴。2023年12月21日中央农村工作会议上，习近平总书记指出："推进中国式现代化，必须坚持不懈夯实农业基础，推进乡村全面振兴。"[4] 2024年初，《中共中央 国务院关于学习运用"千村示范、万村整治"工作经验有力有效推进乡村全面振兴的意见》公布，围绕"有力有效推进乡村全面振兴"做出了全面部署。强调"要学习运用'千万工程'蕴含的发展理念、工作方法和推进机制"，将提升乡村产业发展水平、提升乡村建设水平、提升乡村治理水平作为推进乡村全面振兴的重点。

习近平总书记指出："产业振兴是乡村振兴的重中之重。"乡村振兴过程中的产业振兴，对于传统产业来说是一个新的理念。产业振兴伴随着机械化的快速推进。一是土地流转必须跟进，地块的面积要适宜于机械耕种。二是农业产业新业态、新模式，尤其是一二三产业融合发展，加快开发培育生态农场、休闲民宿、旅游度假新业态；三是发展乡村特色产业，念好"土特产"三字经，加快将特色资源优势转化为产品优势、以产业优势打造乡土特色品牌，延长农业产业链，提升产业聚集度，增加附加值。四是通过发展农家乐、特色小镇、农产品观光基地，不断提升自身造血能力，推行和提升绿色发展方式和生活方式。五是推动乡村文化创造性转化和创新性发展，将生态资源和生态文化转化为旅游产品，大力发展生态旅游、森林康养等新产业新业态，打造乡村游"居、游、养、娱"为主的旅游模式。六是走好三治融合乡村有效治理路径，加强基层党建引领，坚持和发展新时代"枫桥经验"，建全法律服务体系，构筑"法制安全线"，弘扬社会主义核心价值观，树好德治"风向标"。[5] 七是畅通乡村电商与物流。乡村振兴，产业振兴是关键；生态建设、文化旅游、旅游产品的推出，农文旅融合发展的新业态，会不断扩大乡村旅游品牌效应，是乡村振兴的配套内容和推进动力。形成产业、形成集群，才能为乡村产业振兴奠定坚实的基础，旅游文化才能助推乡村振兴。

（二）保护自然生态与生态转化产业

党的二十大报告指出："推动经济社会发展绿色化、低碳化是实现高质量发展的关键环节。"2023年7月，习近平总书记在全国生态环境保护大会上发表重要讲话，明确了新征程上继续推进生态文明建设需要正确处理的五个重大关系，对生态文明建设提出了更高要求，首先是正确处理高质量发展和高水平保护的关系。强调"要站在人与自然和谐共生的高度谋划发展"，提出我们建设的现代化是人与自然和谐共生的现代化，要尊重自然、顺应自然、保护自然，守住自然生态安全边界，协同推进经济高质量发展和生态环境高水平保护。

优美的自然环境原本就是乡村振兴的优质资源，要找到实现生态价值转换的有效途径，让群众得到实实在在的好处，让自然财富、生态财富带来经济财富、社会财富，实现生态产业化。过去我们对自然和生态保护的理解，仅仅是局限在保护上，将其视为财富且实现生态的产业化，这是一种新的理念，需要我们在大保护的同时彻底转换思路，下大力实施和推进。绿水青山是乡村旅游活动最为普惠性的基础资源，一定要树立"增绿就是增优势，护林就是护财富"的理念；一定要从赓续中华民族人与自然和谐相处智慧中寻求保护理念，这是乡村旅游的根和魂。自然财富和生态财富，为乡村旅游发展提供了全新环境支撑，宁夏的红色文化，已经深深地融入地域文化之中，融入乡村文化之中，融入守望相助的乡情乡愁之中，承载着深厚的历史内涵、时代价值和独特的社会功用，与生态文明融入一体。坚持文旅融合，释放生态价值，推进乡村旅游高质量发展，是乡村振兴的新理念，也是乡村振兴与产业高质量发展的得力抓手。

无论是农业强国，还是生态优先，产业高质量发展，从农文旅融合发展的未来走向上看乡村振兴，文化无疑是其中的黏合剂，离开文化与旅游。倡导一二三产业融合发展，加快生态农场、休闲民宿、旅游度假新业态培育；发展乡村特色产业以实现特色资源优势转化为产品优势，发展农家乐、特色小镇、农产品观光基地，将生态资源和生态文化转化为旅游产品，大力发展生态旅游、森林康养等新产业新业态，打造乡村游"居、游、养、娱"为主的旅游模式等，无论哪种模式都要有地域文化来支撑并带动。正是从这些多元意义上，宁夏红色文化是乡村振兴过程中农文旅融合以提升产业高质量发展的文化内核和精神动力。

参考文献

［1］成仿吾. 长征回忆录［M］. 人民出版社，1977：135.

［2］光明日报，1991-12-14.

［3］习近平. 论中国共产党历史［M］. 中央文献出版社，2021.

［4］中央农村工作会议在京召开［N］. 光明日报，2023-12-21.

［5］山东财经大学乡村振兴课题组. 绘就宜居宜业和美乡村新画卷［N］. 光明日报，2024-12-22.

［6］魏鹏. 旅游推动乡村产业高质量发展［N］. 光明日报，2023-12-20.

作者简介：薛正昌，宁夏社会科学院研究员。

人与自然和谐共生的现代化话语体系构建语境、核心内涵与实践向度

王会芝

摘 要：话语体系为中国式现代化的实践进程提供理论保障和沟通桥梁。人与自然和谐共生话语体系的理论语境是马克思主义思想与中华优秀传统文化的融合发展，历史语境反映了中国共产党人对人与自然和谐共生现代化探索的百年嬗变，时代语境体现了人与自然和谐共生话语体系的现实要求。根植于人民性是人与自然和谐共生话语体系构建的价值指向，原创性时代性是话语体系构建的关键，聚焦于实践是话语体系构建的目标导向，指向于全人类共同价值是话语体系构建的重要理念。人与自然和谐共生话语体系的构建，需要以习近平新时代中国特色社会主义思想为指导，以提升话语体系的创新性为着力点，以解决实践问题提高话语针对性为关键点，以提高中国式现代化国际传播效能为突破点。

关键词：人与自然和谐共生；话语体系；核心内涵；实践向度

一、引言

党的二十大报告深刻阐释了中国式现代化的科学内涵、本质要求和重大原则，并提出要加快构建中国话语和中国叙事体系。人与自然和谐共生的现代化是中国式现代化的基本特征和本质要求，尊重自然、顺应自然、保护自然是全面建设社会主义现代化国家的内在要求[1]。人与自然和谐共生的现代化既是对现代化理论的历史性创新与发展，更是中国式现代化道路的历史必然和时代大势。中国式现代化话语体系是对中国式现代化发展的内容展示、理论确认和话

语呈现，话语体系为中国式现代化的实践进程提供理论保障和沟通桥梁。当前，人与自然和谐共生的现代化已经取得了举世瞩目的成就，但与其国际传播效力以及国际话语权并不匹配。向世界讲好生态文明建设的中国故事、传播好绿色低碳发展的中国实践、展示人与自然和谐共生的美丽中国形象，人与自然和谐共生的话语体系构建迫在眉睫。人与自然和谐共生现代化话语体系的理论语境是马克思主义思想与中华优秀传统文化的融合发展，历史语境反映了中国共产党人与自然和谐共生现代化探索的百年嬗变，时代语境体现了人与自然和谐共生话语体系的现实要求。

二、人与自然和谐共生现代化话语体系的构建语境

（一）理论语境：马克思主义思想与中华优秀传统文化的融合发展

人与自然的关系是人类最基本的关系，是马克思主义基础性的理论观点，也是中华优秀传统文化的重要内容[2]。人与自然和谐共生的现代化的提出以马克思主义关于人与自然关系的思想为指导，继承创新中华传统文化蕴含的生态思想，升华形成了一个内涵丰富、系统完整、指导中华民族永续发展的理论体系。第一，马克思主义思想为建设人与自然和谐共生现代化提供了方法论。马克思主义认为人是自然界的一部分，自然是人类生存和发展的基础和前提，人类在同自然的互动中生产、生活和发展[3]。同时，人类实践活动要善待自然、尊重自然、顺应自然，遵循自然规律，人类破坏自然环境，自然力也会对人进行报复。建设人与自然和谐共生的现代化是马克思生态经济理念在实践层面的创新，习近平总书记在继承马克思主义关于人与自然关系的思想的基础上，创新性提出"人与自然生命共同体"理念[4]，阐明人与自然、社会与自然紧密互利、不可分割的关系，强调人与自然平等的地位和价值，把人与自然之间的联系向前推进了一步，丰富了马克思主义的自然观。同时，习近平总书记提出"绿水青山就是金山银山""保护生态环境就是保护生产力，改善生态环境就是发展生产力"[5]40 等重大论断，创造性地将自然资源、生态环境纳入生产力要素范畴，强调经济发展与环境保护的辩证统一关系，深化了马克思主义自然资源价值理论，创新发展了马克思主义生产力观。第二，人与自然和谐共生的现

代化是对中国传统生态伦理思想的理论升华。习近平总书记指出："中华民族向来尊重自然、热爱自然，绵延5000多年的中华文明孕育着丰富的生态文化。"[6] 中华传统生态文化强调"天地与我并生，而我与万物合一"的天地人协调统一的理念，蕴藏的天人合一、仁爱万物、道法自然等生态伦理和生态智慧，习近平生态文明思想充分吸收汲取中华优秀传统文化中的生态思想，提出"生态兴则文明兴，生态衰则文明衰"等重大论断[7]，以人类文明兴衰的恢宏视野阐明了人类史与自然史、生态兴衰与文明兴衰的关系，人与自然的和谐共生是文明演进、国家兴盛的必然选择，赋予人类文明与自然环境以崭新的时代内容。

（二）历史语境：中国共产党人与自然和谐共生的现代化探索的百年嬗变

中国共产党对人与自然和谐共生的现代化探索和认知具有百年的演进历程，从新民主主义革命时期到社会主义革命和建设时期，从改革开放和社会主义现代化建设新时期到中国特色社会主义新时代，党不断深化和创新对现代化建设规律的认识与实践，逐渐探索出一条人与自然和谐共生的发展道路。人与自然和谐共生的话语历经了萌芽、探索、发展和深化四个阶段。

新民主主义革命时期是人与自然和谐共生现代化的萌芽阶段。以毛泽东为主要代表的中国共产党人提出"要中国的民族独立有巩固的保障，就必须工业化"[8]。这一时期，党将抗灾救灾、自然资源的保护分配同革命斗争、发展生产活动统一在一起[9]。1928年毛泽东主持制定了《井冈山土地法》、1929年发布的《兴国土地法》以及1934年出台的《山林保护条例》，对保护水源、山林建设、农田水利等作出相关规定，蕴含着保护生态环境就是保护生产力的朴素思想。

社会主义革命和建设时期是人与自然和谐共生现代化的探索阶段。这一时期，党确立了现代工业、现代农业、现代科学技术、现代国防的"四个现代化"建设战略目标。同时把新民主主义革命时期形成的关于人与自然和谐关系的宝贵认知延续下来，在工业化进程中注重自然资源保护和利用，进行了一系列植树造林、污染防治、美化环境、保持水土等方面的基本建设，启动了治理淮河、荆江防洪、治理黄河、根治海河等"四大水利工程"。1956年，毛泽东同志在《论十大关系》中强调，"天上的空气，地上的森林，地下的宝藏，都是建设社会主义所需要的重要因素"[10]，体现了人与自然存在着经济社会关系，反映出中国共产党人对人类可持续发展的高度关心。1973年，我国召开了第一次全国环保会议并制订了中华人民共和国第一个环境保护工作方针，中国现代环境保护事业开始起步。

改革开放和社会主义建设时期是人与自然和谐共生现代化的发展阶段。这一时期党中央提出要"把全党工作的重点转移到社会主义现代化建设上来"[11]，创造性提出"中国式现代化"概念，开启了中国式现代化话语体系构建的新征程。这一时期，党中央注重人与自然和谐关系，持续推进环境保护工作。1983年，第二次全国环境保护工作会议把环境保护确定为我国的一项基本国策，建立了环境保护法律体系。1996年第四次全国环境保护大会提出"保护环境是实施可持续发展战略的关键，保护环境就是保护生产力"。2002年，党的十六大将"生态环境得到改善，资源利用效率显著提高，促进人与自然的和谐，推动整个社会走上生产发展、生活富裕、生态良好的文明发展道路"作为全面建设小康社会的目标之一。2007年，党的十七大提出把建设生态文明作为实现全面建设小康社会奋斗目标。自此，传统话语体系下的环境保护开始进入到更为宏观、更具战略性的生态文明建设的视野中。

中国特色社会主义新时代是人与自然和谐共生现代化的深化阶段。这一时期，以习近平同志为主要领导的中国共产党人以前所未有的力度抓生态文明建设，党的十八大把生态文明建设纳入中国特色社会主义事业总体布局，把"美丽中国"作为生态文明建设的宏伟目标。党的十九大将"坚持人与自然和谐共生"确立为新时代坚持和发展中国特色社会主义基本方略的重要内容，提出把我国建成富强民主文明和谐美丽的社会主义现代化强国。党的二十大将人与自然和谐共生的现代化作为中国式现代化的基本特征和本质要求，党对建设生态文明的部署和要求，为建设人与自然和谐共生的现代化国家新征程创造了重要的前提条件，积蓄了强大的现实力量。以习近平同志为核心的党中央将生态文明建设纳入"五位一体"总体布局和"四个全面"战略布局，中国特色社会主义事业总体布局更加完善、内在逻辑更加严整，中国式现代化成为涵盖经济、政治、文化、社会、生态等在内的民富国强、政治民主、精神文明、社会和谐、生态美丽的全方位现代化。

（三）时代语境：人与自然和谐共生的现代化话语体系的现实要求

人与自然和谐共生的现代化话语体系的构建，于内有利于深刻认识我国生态文明建设、绿色低碳发展的实践成果，将美丽中国的建设的实践优势转化为话语优势，为全面建成社会主义现代化强国凝聚团结力量和强大信心；于外有利于打破西方现代化话语霸权，展现中国绿色高质量发展的成效，增强中国人与自然和谐共生现代化建设的传播力、说服力和影响力。

内部层面是将美丽中国的实践优势转化为话语优势，凝聚团结奋斗力量的现实必要。党的十八大以来，以习近平同志为核心的党中央从中华民族永续发展的战略高度出发，创造性提出了一系列新理念、新思想、新战略，形成了习近平生态文明思想，提出了建设人与自然和谐共生的中国式现代化。"思想唯有通过话语实践，才能在现实中展现其真理性。"[12] 人与自然和谐共生的现代化凝结着中国共产党百年奋斗历史的实践探索，以中国式现代化全面推进中华民族伟大复兴进入了不可逆转的历史进程[13]，这也对人与自然和谐共生的现代化提出了更高的要求，在 2023 年全国生态环境保护大会上，习近平总书记指出："当前我国经济社会发展已进入加快绿色化、低碳化的高质量发展阶段，生态文明建设仍然处于压力叠加、负重前行的关键期"[14]。在新的历史方位上，打造人与自然和谐共生的现代化的话语体系，全面解读我国生态文明建设的"特"与"新"，解决人与自然和谐共生的现代化建设的实际问题，更好地回答、回应人民群众对于日益增长的优美生态环境的新要求，有利于充分激发党和人民干事创业的强大动力，为实现美丽中国建设目标凝聚共识和力量。

外部层面是打破西方现代化话语霸权，展现绿色发展美丽中国形象的重要支撑。现代化具有多样的形态和模式，人类通往现代化的道路不止一条，长期以来，现代化被等同于西方化、工业化、资本主义化。西方发达国家掌控着现代化的理论构建的话语权和舆论传播的主导权，"西强东弱"的国际话语失衡态势一直存在。改革开放以来特别是党的十八大以来，我国在绿色低碳发展、生态环境保护、资源利用等领域取得了一系列重大成就，也形成了一套具有中国特色、中国风格的话语体系。同时，我国人与自然和谐共生的现代化建设实践效力与国际传播效能间仍存在较大的不平衡，在"话语权意识、话语体系建构上并未取得与现代化建设成就等量齐观的成果和地位"[15]。中国特色社会主义进入新时代，世界进入百年未有之大变局新阶段，社会信息化、文化多样化深入发展，对人与自然和谐共生的现代化话语体系构建提出了新的要求和任务。如何向世界讲好生态文明建设的中国故事、传播好绿色低碳发展的中国实践、展示"人与自然和谐共生"的美丽中国形象、贡献全球环境治理的中国方案和中国智慧[16]，就需要加快人与自然和谐共生的话语体系建设，将美丽中国的建设优势转化为话语优势，增强中国式现代化的国际传播力、说服力和影响力。

三、人与自然和谐共生现代化话语体系的核心内涵

（一）根植于人民性是话语体系构建的价值指向

人民性是马克思主义的本质属性，也是中国式现代化价值追求和价值归宿[17]。不同于西方国家以人类中心主义为基础的"浅绿"思潮将人类利益置于生态利益至上，也不同于以生态中心主义为主的"深绿"思潮将人类利益与生态保护对立起来[18]，建设人与自然和谐共生的现代化强调"人民至上"的价值追求，将人类发展与自然环境保护辩证统一起来，提出"良好生态环境是最公平的公共产品，是最普惠的民生福祉""发展经济是为了民生，保护生态环境同样也是为了民生"等重大话语论断，驳斥了西方人类中心主义和生态中心主义等绿色思潮将人与自然割裂的价值取向。同时，我国不断推动人与自然和谐共生的话语从政治话语、理论话语向大众话语、生活话语的转变。中国式现代化建设坚持人民的主体性。一方面，建设人与自然和谐共生的现代化要"为了人民"，人民对优美生态环境的需要是建设美丽中国的价值目标和最终体现，习近平总书记从生态环境是重大政治问题，也是重大民生问题的高度，用通俗易懂、易记易用的话语强调要"坚持生态惠民、生态利民、生态为民"[5]；另一方面，建设人与自然和谐共生的现代化要"依靠人民"，人民既是现代化建设成果的受益者和获得者，也是现代化建设的参与者和主力军，需要"把建设美丽中国转化为全体人民自觉行动"[5]。

（二）原创性时代性是话语体系构建的关键

中国式现代化既有各国现代化的共同特征，更有基于自己国情的中国特

色[1]。现代化话语体系是我们党领导全国各族人民长期现代化探索和实践中形成的具有原创性、时代性的话语[19]。人与自然和谐共生的现代化是一个有着内在逻辑联系的有机整体,具有独特且多维的话语表述。"生态兴则文明兴、生态衰则文明衰"是体现人与自然和谐共生的现代化深邃历史内涵的原创性话语概念,"人与自然生命共同体"揭示了人与自然的辩证统一关系,是体现整体自然观的原创性话语概念;"绿水青山就是金山银山"揭示了经济发展与环境保护的辩证统一关系,是体现绿色发展观的原创性话语概念,"良好生态环境是最普惠的民生福祉"展现了生态环境保护的价值目标,是体现基本民生观的原创性话语概念,"山水林田湖草沙"是体现生命共同体整体系统观的原创性话语概念,"用最严格制度保护生态环境"是体现严密法治观的原创性话语概念,"全社会共同建设美丽中国"是体现全民行动观的原创性话语概念,"共谋全球生态文明建设之路"是体现共赢全球观的原创性话语概念。这些原创性话语指向了建设人与自然和谐共生的现代化的战略部署、思路框架和目标任务。同时,人与自然和谐共生的现代化具有鲜明的现实性和时代性特征,话语体系需要反映时代精神、回答时代课题,在引导现代化实践中不断创新融合。

(三)聚焦于实践是话语体系构建的目标导向

中国式现代化话语体系是在现代化理论求索和实践发展过程中形成的,"话语体系越是贴近实际、反映真理,就越具有强大的生命力,就越能对实践发挥指导作用"[20]。西方现代化话语通常指的是经济现代化,西方现代化过程中以牺牲资源环境生态为代价,最集中的体现就是20世纪50年代前后,爆发的震惊世界的"八大公害"的污染事件。与西方工业化现代化先污染、后治理的串联式发展模式不同,中国式现代化坚持生态环境保护和经济发展是辩证统一的关系,强调在发展中保护、在保护中发展,是经济、社会、文化、生态建设互为协同的并联式发展模式。中国式现代化话语体系来源于实践、根植于实践、服务于实践,聚焦实践是人与自然和谐共生的现代化话语体系构建的目标导向和价值所在,从1982年党的十二大提出"两个文明"建设的要求,到2012年党的十八大提出"五位一体"总体布局,再到2022年党的二十大提出的"中国式现代化是人与自然和谐共生的现代化",生态建设话语表述持续演进创新,新时代人与自然和谐共生的现代化话语体系以"生态文明""绿色发展""和谐共生"为核心理念,强调"像保护眼睛一样保护生态环境""绿水青山就是金山银山""保护环境就是保护生产力",这些由现代化实践形成的话语表述指向了人与自然和谐共生的现代化的要求,并在引导现代化实践中创造新的话语。

(四)指向于全人类共同价值是话语体系构建的重要理念

人与自然和谐共生的现代化话语体系着眼于全人类共同价值,体现着"天人合一""天下大同"的中华优秀传统文化思想和"人类命运共同体"的新时代中国开放包容的精神。习近平总书记强调,"生态文明建设关乎人类未来,建设绿色家园是人类的共同梦想,保护生态环境、应对气候变化需要世界各国同舟共济、共同努力"[21]。以国际视野共谋全球生态文明建设,是人与自然和谐共生现代化的重要价值理念。我国注重生态文明建设国际话语表达和传播,创新提出了"共同构建地球生命共同体""共同建设清洁美丽的世界"等话语表达和话语内容,注重把中国生态文明建设与世界可持续发展结合起来,持续为全球环境治理、应对气候变化、生物多样性保护等贡献中国方案、中国智慧。

四、人与自然和谐共生现代化话语体系的实践指向

(一)原则遵循:以习近平新时代中国特色社会主义思想为指导

中国式现代化话语体系是一个系统复杂、科学有效的叙事整体和意义系统[22]。人与自然和谐共生话语体系的构建,既不能简单套用马克思主义生态话语,也不能简单延续中华传统生态文化话语。习近平新时代中国特色社会主义思想尤其是习近平生态文明思想为人与自然和谐共生的现代化道路提供了根本遵循和行动指引。一方面需要处理好马克思主义与中华传统文化的关系,将马克思主义基本原理同中华优秀传统文化相结合,同中国现代化建设国情相结合,创造属于社会主义现代化国家独特的话语体系。另一方面需要处理好传统与现代的关系,充分解构中华优秀传统生态话语产生的历史价值和的文化意蕴,运用习近平新时代中国特色社会主义思想的世界观和方法论,对中华传统

生态理念和生态智慧进行创造性转化和创新性发展，从人与自然和谐共生的现代化的具体实践中提炼新概念、打造新范畴、形成新表述，构建体现中国特色、中国风格、中国气派的人与自然和谐共生的话语体系。

（二）内容打造：以提升话语体系的创新性为着力点

现代化话语体系是政治话语、学术话语、大众话语、国际话语的有机结合和内在融通。人与自然和谐共生的话语体系建构需要以系统观念为指引，既要重视话语的理论创新，也要重视话语的应用创新。党的二十大报告指出："实践没有止境，理论创新也没有止境。"[1] 理论创新方面，话语体系的构建应着力于将人与自然和谐共生的理念和实践转化成具有原创性、科学性、独特性的话语表达，结合"人与自然生命共同体""地球生命共同体""山水林田湖草沙是生命共同体"等原创性概念和基础学理性问题进行整体研究和学理阐释；结合中国绿色低碳高质量发展伟大成就，在"实现什么样的发展""怎样实现发展"等重大问题上持续开展理论研究创新，形成具有学理性同时又有别于西方生态主义和人类主义的中国式现代化话语体系。应用创新方面，人与自然和谐共生的现代化建设既要反映重大发展需求，也要体现社会关注。在话语体系构建过程中，既要构建政治话语，也要传播大众话语，将政治话语、政策话语转化为具有亲和力、感染力和吸引力的社会话语、大众话语、实践话语，让党的生态文明创新理论飞入"寻常百姓家"，不断增强人民群众对中国式现代化建设的认同感和自信心。

（三）方式运用：以解决实践问题提高话语针对性为关键点

人与自然和谐共生的话语构建的目标导向是服务于实践，通过话语内容反映现代化实践中的问题和趋势，通过话语方向和话语要求指导实践进程。在解决现代化实践问题方面，遵循"宏观指导→中观布局→微观落实"的阐释逻辑。宏观层面，聚焦人与自然和谐共生现代化实践中的重大原则、重大要求和重大关系，以习近平生态文明思想的"十个坚持"（即坚持党对生态文明建设的全面领导，坚持生态兴则文明兴，坚持人与自然和谐共生，坚持绿水青山就是金山银山，坚持良好生态环境是最普惠的民生福祉，坚持绿色发展是发展观的深刻革命，坚持统筹山水林田湖草沙系统治理，坚持用最严格制度最严密法治保护生态环境,坚持把建设美丽中国转化为全体人民自觉行动,坚持共谋全球生态文明建设之路)[2] 为指引,对人与自然和谐共生的现代化实践进行整体性把握和总体性阐释,确定人与自然和谐共生话语体系的原则遵循。中观层面,聚焦人与自然和谐共生现代化实践中不同领域和方面,如绿色低碳发展、环境污染防治、生态保护和修复、碳达峰碳中和等重要问题进行综合性和系统性阐释,突出学理性、实践性。微观层面,聚焦自然之美、生活之美、生命之美,围绕美丽中国建设的具体事例和具体个体,讲述绿水青山就是金山银山、人与自然和谐相处的鲜活故事,突出话语体系的现实化、生活化、个性化表达。

(四) 国际传播:以提高中国式现代化国际传播效能为突破点

中国式现代化话语体系属于世界现代化话语体系的一部分,现代化话语体系构建的重要指向在于话语传播,我国已"初步构建起多主体、立体式的大外宣格局"[23],同时,中国式现代化国际传播效力滞后于我国综合国力水平和国际地位,中国在国际上的形象很大程度上仍是"他塑"而非"自塑"。建设人与自然和谐共生的现代化是发展观的一场深刻革命,也是全球生态文明现代化的重要实践。进一步破除西方现代化话语霸权,破解西方歪曲中国提出的"环境威胁论""生态威胁论""能源威胁论"等论调,塑造美丽中国绿色发展的国际形象,需要不断创新人与自然和谐共生的国际话语传播方式和传播效能。一是加强国际话语研究与交流。把握不同意识形态文化区别,对西方国家及共建"一带一路"国家和地区生态保护、经济社会话语体系进行解构研究,创新中国绿色低碳发展、生态环境保护、碳达峰碳中和、生物多样性治理等国际叙事方式和传播内容,最大程度探求与国际社会和不同国家地区话语的心理同构,逐步形成融通中外的人与自然和谐共生国际话语体系。二是运用国际通用话语讲述中国式现代化故事。加强人与自然和谐共生话语表述的大众化转化,采用国际社会更易接受的话语风格、表达方式、传播途径等,以"大视角""小切口"相结合的方式宣传我国现代化实践成果,抓住"爱"这一人类共性,以情感化传播增强不同国家和地区对我国生态文明建设的认同感和信任感,推动中国生态文明建设走向世界、融入世界。三是把握信息技术革命红利,释放话语国际传播新活力。充分摸清并利用海外互联网媒体传播规律,多维度多形式汇合各类媒体传播介质力量，提升人与自然和谐共生现代化国际传播的速度和效率。

参考文献

[1] 习近平. 高举中国特色社会主义伟大旗帜 为全面建设社会主义现代化国家而团结奋斗——在中国共产党第二十次全国代表大会上的报告［N］. 人民日报，2022-10-26（1）.

[2] 中共中央宣传部，中华人民共和国生态环境部. 习近平生态文明思想学习纲要［M］. 北京：学习出版社，人民出版社，2022：6.

[3] 习近平. 在纪念马克思诞辰200周年大会上的讲话［N］. 人民日报，2018-05-05（1）.

[4] 习近平. 决胜全面建成小康社会 夺取新时代中国特色社会主义伟大胜利——在中国共产党第十九次全国代表大会上的报告［N］. 人民日报，2017-10-28（1）.

[5] 习近平. 论坚持人与自然和谐共生［M］. 北京：中央文献出版社，2022.

[6] 习近平. 推动我国生态文明建设迈上新台阶［J］. 求是，2019（3）：4-19.

[7] 习近平. 论把握新发展阶段、贯彻新发展理念、构建新发展格局［M］. 北京：中央文献出版社，2021：247.

[8] 毛泽东. 毛泽东文集：第三卷［M］. 北京：人民出版社，1996：146.

[9] 黄承梁、杨开忠、高世楫. 党的百年生态文明建设基本历程及其人民观［J］. 管理世界，2022（5）：6-19.

[10] 毛泽东. 毛泽东文集：第七卷［M］. 北京：人民出版社，1996：34.

[11] 邓小平. 邓小平文选：第三卷［M］. 北京：人民出版社，1993：141.

[12] 肖政军、杨凤城. 论"中国式现代化"话语体系的历史生成、现实构建与未来展望［J］. 中国矿业大学学报（社会科学版），2022（6）：1-16.

[13] 汪青松、王辰璇. 中国式现代化的历史演进与新时代高度［J］. 理论学刊，2022（6）：19-27.

[14] 全面推进美丽中国建设 加快推进人与自然和谐共生的现代化［N］.

人民日报, 2023-07-19 (1).

[15] 刘同舫. 中国式现代化新道路塑造大国新形象 [N]. 中国社会科学报, 2021-10-21 (2).

[16] 王会芝. 积极构建新时代生态文明话语体系 [N]. 中国社会科学报, 2022-06-07 (1).

[17] 王雨辰, 张熊. 中国式现代化的形态建构、动力要素与实践进路——以人与自然和谐共生为分析视角 [J]. 新疆师范大学学报（哲学社会科学版), 2024 (3)：7-15, 1.

[18] 王雨辰. 论社会主义生态文明观的价值取向与特质 [J]. 湖北社会科学, 2021 (7)：5-10.

[19] 艾四林, 陈钿莹. 中国式现代化话语体系建构的三重维度 [J]. 山东大学学报（哲学社会科学版), 2023 (2)：1-10.

[20] 闫志民. 形成中国风格中国气派的话语体系 [J]. 求是, 2015 (8)：30-31.

[21] 习近平. 习近平谈治国理政：第三卷 [M]. 北京：外文出版社, 2020：360, 364.

[22] 冯海波. 中国式现代化话语体系的构建原则与创新路径 [J]. 中南民族大学学报（人文社会科学版). https://doi.org/10.19898/j.cnki.42-1704/C.20230829.01.

[23] 加强和改进国际传播工作 展示真实立体全面的中国 [N]. 人民日报, 2021-06-02 (1).

作者简介：王会芝，天津社会科学院生态文明研究所副所长（主持工作）、研究员。

以林业碳汇为支点撬动绿水青山变金山银山

魏 霞 张 鹏

摘 要："双碳"目标背景下，碳汇开发作为低碳经济的重要路径之一，对推进"双碳"目标战略具有极为重要的意义。近年来，国家针对碳市场陆续出台了一系列规范和推进政策及措施，中国碳市场迎来了新一轮发展机遇。贵州林业资源极为丰富，生态环境优越，属重点生态功能区，在林业碳汇能力建设和开发方面具有得天独厚的优势，是典型的林业碳汇交易市场供应端，特别是CCER重启以来，在碳汇市场交易方面属于受益方。本文从林业碳汇开发背景入手，阐明林业碳汇开发意义和行业发展基本情况，结合贵州林业碳汇开发现状，提出以价值化和市场化为重点，把林业碳汇开发作为抓实"绿水青山就是金山银山"的着力点，深入推进贵州林业碳汇开发工作，增加地方财政收入，助力地方债务化解，推动地方经济发展。

关键词：林业碳汇；低碳经济；绿色发展；贵州

在2020年9月举办的第七十五届联合国大会一般性辩论上，习近平总书记向全世界郑重宣布，我国二氧化碳排放力争于2030年前达到峰值，努力争取2060年前实现碳中和，[①]"双碳"正式纳入生态文明建设总体布局。实现碳达峰碳中和，是以习近平同志为核心的党中央统筹两个大局做出的重大战略决策。2021年以来，国家针对碳市场陆续出台了一系列规范政策及推进措施，中

---

① 习近平在第七十五届联合国大会一般性辩论上的讲话（全文），中共中央党校（国家行政学院）[EB/OL].（2020-09-22）[2024-03-18]. https://www.ccps.gov.cn/xxsxk/zyls/202009/t20200922_143558.shtml.

国碳市场迎来了新一轮发展机遇。

一、我国林业碳汇开发背景

（一）"双碳"目标战略下碳市场发展迅速

2021年10月，作为碳达峰碳中和的顶层设计，《中共中央 国务院关于完整准确全面贯彻新发展理念做好碳达峰碳中和工作的意见》和《2030年前碳达峰行动方案》先后出台。此后，国家发展改革委、工信部等相关部门陆续出台12份重点领域、重点行业实施方案及11份支撑保障方案。31个省（区、市）制定了本地区碳达峰实施方案。① 2023年8月15日，国家发展改革委副主任赵辰昕正式宣布碳达峰碳中和"1+N"政策体系构建完成。②

（二）"双碳"目标战略下碳市场不断规范

2004年，国家林业局碳汇管理办公室在山西省、广西壮族自治区、内蒙古自治区等省、自治区启动了林业碳汇试点项目，随后，江西、福建、浙江等省也逐步推动林业碳汇试点项目落地。2006年，在世界银行的支持下，全球首个成功注册的CDM林业碳汇项目——"中国广西珠江流域再造林项目"在广西实施。③ 随着国际碳市场的发展，2011年国家确定开展碳交易试点，碳市场进入了快速发展时期。国内碳市场发展分为四个阶段。第一阶段（2011—2013年）：地方试点启动阶段。2011年起，国家发展改革委先后在北京、天津、上海、重庆、广东、湖北、深圳启动7个碳交易试点，探索建立碳交易机制。第二阶段（2013—2017年）：全国碳市场准备阶段。2013年11月，国家将建设全国碳市场列入全面深化改革的重点任务之一。2014年12月，国家发展改革委发布《碳排放权交易管理暂行方法》，确立全国碳市场总体框架。2017年12月，国家发展改

---

① 【图解】"双碳"目标提出三周年，这些重大变化正在发生｜"双碳"三周年[EB/OL].（2023-09-22）[2024-03-25]. https://www.jiemian.com/article/10112572.html.
② 【图解】"双碳"目标提出三周年，这些重大变化正在发生｜"双碳"三周年[EB/OL].（2023-09-22）[2024-03-25]. https://www.jiemian.com/article/10112572.html.
③ 我国林业碳汇的发展趋势与展望[EB/OL].（2018-10-28）[2024-03-25]. http://www.tanpaifang.com/tanhui/2018/1028/62393_3.html.

革委发布《全国碳排放权交易市场建设方案（发电行业）》，标志着全国统一的碳市场建设工作正式启动。第三阶段（2018—2020年）：全国碳市场建设与完善阶段。2018年3月，国务院实行机构改革，在原环境保护部的基础上组建生态环境部，原国家发展改革委主导的碳排放权交易职责划入生态环境部。2020年，《碳排放权交易管理办法（试行）》正式出台。第四阶段（2021年至今）：全国碳排放权集中统一交易阶段。2021年，生态环境部发布《关于全国碳排放权交易相关事项的公告》。该公告指出，全国碳排放权交易机构负责组织开展全国碳排放权集中统一交易。碳排放配额（CEA）交易应当通过交易系统进行。[①] 2023年10月起，国家自愿减排体系再次启动。整体看来，中国碳市场实行碳排放权集中统一交易，管理将不断严格和规范，实质性推进举措也在逐步落地。

（三）"双碳"目标战略下国家自愿减排体系重启

国家核证自愿减排量CCER（Chinese Certified Emission Reduction）指对我国境内可再生能源、林业碳汇、甲烷利用等项目的温室气体减排效果进行量化核证，并在国家温室气体自愿减排交易注册登记系统中登记的温室气体减排量。[②] 2023年10月19日，生态环境部和市场监管总局发布第31号《温室气体自愿减排交易管理办法（试行）》，关闭了6年的CCER市场重新启动。首批公布的四个方法学，分别是《温室气体自愿减排项目方法学 造林碳汇》《温室气体自愿减排项目方法学 并网光热发电》《温室气体自愿减排项目方法学 并网海上风力发电》和《温室气体自愿减排项目方法学 红树林营造》，并指定国家应对气候变化战略研究和国际合作中心承担温室气体自愿减排项目和减排量的登记、注销等工作，北京绿色交易所有限公司提供核证自愿减排量的集中统一交易与结算服务。[③] 2024年1月22日，全国温室气体自愿减排交易（CCER）在北京绿色交易所正式重启，至此，自愿减排交易市场与强制减排市场正式互补衔接，形成互联互通的全国碳市场体系，进一步助力"双碳"目标实现。

---

① 关于全国碳排放权交易相关事项的公告［EB/OL］.（2021-06-22）［2024-03-25］. https://www.cneeex.com/c/2021-06-22/491198.shtml.

② 碳排放权交易管理办法（试行）［EB/OL］.［2024-03-25］. https://www.gov.cn/gongbao/content/2021/content_5591410.htm.

③ 专访北京绿色交易所董事长王乃祥：全国温室气体自愿减排交易市场将创造巨大绿色机遇［EB/OL］.（2024-02-07）［2024-03-25］. https://m.thepaper.cn/newsDetail_foward_26300338.

（四）林业碳汇开发成为碳市场的重要组成部分

我国拥有丰富的森林资源。国家发展改革委和自然资源部联合印发的《全国重要生态系统保护和修复重大工程总体规划（2021—2035年)》指出，2035年我国森林覆盖率达到26%，森林蓄积量达到210亿立方米。[①]《"十四五"林业草原保护发展规划纲要》指出，至2025年，我国森林覆盖率提高到24.1%，森林蓄积量达到约180亿立方米。[②] 随着我国森林覆盖率和森林蓄积量的提高，森林吸收固定二氧化碳量逐步增加，林业碳汇效应凸显。权威报告显示，森林每生长1立方米的蓄积量，平均能吸收1.83吨二氧化碳，释放1.62吨氧气。[③] 目前，我国林业碳汇项目可参与全球性（CDM、VCS、GS）、全国性（CCER）及区域性（FFCER、PHCER、BCER）抵消机制中碳交易。不同机制中对林业碳汇项目要求、使用标准有所不同。2023年《温室气体自愿减排项目方法学 造林碳汇》发布后，对造林碳汇申请提出了详细的规范要求，对我国林业碳汇开发提供了极为重要的指引。在新的方法学下，符合条件的森林覆盖范围涉及全国各省市区域，范围极为广泛。贵州省属于林业大省，开发造林碳汇不仅是贯彻习近平生态文明思想，牢固树立和践行绿水青山就是金山银山理念，更能充分发挥森林多种功能，完善生态产品价值实现机制和生态补偿制度。

二、行业发展阶段

（一）行业政策日趋明朗

林业碳汇是碳市场的重要部分，2010年起，我国出台的政策与办法逐步明确了林业碳汇领域的概念、相关技术要求、计量与监测标准等。2014年，北

[①] 国家发展改革委 自然资源部关于印发《全国重要生态系统保护和修复重大工程总体规划（2021—2035年）》的通知：发改农经〔2020〕837号［A/OL］.［2024-03-25］.https://www.gov.cn/zhengce/zhengceku/2020-06/12/content_5518982.htm.

[②] "十四五"林业草原保护发展规划纲要［EB/OL］.（2021-12-14）［2024-03-25］.https://www.forestry.gov.cn/c/www/Lczc/44287.jhtml.

[③] 林草碳汇与应对气候变化［EB/OL］.［2024-03-25］.https://www.forestry.gov.cn/c/www/lcgz/18827.jhtml.

京、福建、广东相继出台了林业碳汇产品交易的相关规则、政策。2018年，我国建立了市场化、多元化生态保护补偿机制，鼓励通过碳中和、碳普惠等形式支持林业碳汇发展。2020—2021年，碳排放权交易管理条例、规则相继出台。据统计，近两年全国碳汇相关政策共有30项，其中国家部委政策2项，省级政策28项，涉及23个省市地区，① 沿海地区多涉及海洋碳汇，中、西部地区多涉及林业碳汇。现有政策有利于碳汇价值市场化机制建设，有助于碳汇供应链成熟发展，推动生态产品价值实现。政策出台将逐步扩大碳市场覆盖的行业范围，丰富交易品种和交易方式，充分发挥碳市场在应对气候变化，推动实现碳达峰、碳中和方面的重要作用。

（二）林业碳汇市场潜力持续提升

林业碳汇是自愿减排的重点方向之一，2014—2019年林业碳信用在绝对数量和份额上都显著增加，林业领域在过去五年中签发了最多的碳信用，占全球碳信用总量的42%。这些碳信用中，99%都来自独立机制（核准减排机制）以及区域、国家和地方碳信用机制。② 我国林业碳信用主要产生于CDM、GS、CCER、VCS等四个机制。目前国内碳交易试点省市对林业碳汇CCER项目有所倾斜，各试点省市均以其CCER作为碳排放抵消指标，抵消比例在5%—10%。根据各省市交易所的数据，北京林业碳汇交易价格波动幅度较大，2014—2021年6月，北京林业碳汇交易价格在8.4—61元/吨。③ 广东省林业碳汇成交量和成交价均呈现量价齐升趋势。从国际碳市场来看，林业碳汇一直是备受青睐的碳汇品类，相比其他碳汇更加活跃。国家自愿减排交易市场与强制减排市场打通后，林业碳汇交易将进一步提升和稳定，也成为林业碳汇交易长期可持续发展的重要保障。从目前的发展趋势来看，我国的碳交易市场将成为仅次于欧洲排放交易体系的全球第二大碳排放市场，预计将超过欧洲市场成为

---

① 重磅发布！全国碳汇政策汇总：目标、规划及补助 [EB/OL]. (2022-04-18)[2024-03-25]. https://baijiahao.baidu.com/s? id=1730409692614490281.

② 碳市场专题报告：碳市场建设稳步推进，林业碳汇成新热点 [EB/OL]. (2022-07-15)[2024-03-25]. https:// baijiahao.baidu.com/s? id=1738378429264920506.

③ 碳中和有效途径之一：CCER-林业碳汇 [EB/OL]. (2021-09-17)[2024-03-25]. https:// baijiahao.baidu.com/s? id=1711114427956731044.

全球第一大碳排放市场。① 林业碳汇是我国林业发展的重要机遇，根据华宝证券测算的数据，到 2030 年，我国森林蓄积量有望超过 184 亿立方米，按照目前核证自愿减排（CCER）价格，市场规模也将达到万亿级。②

（三）行业快速发展，企业良莠不齐

数据显示，2023 年中国林业碳汇专利数量为 3388 个，③ 近两年林业碳汇产业链企业数量呈井喷式发展，当前行业发展仍处于初期阶段，企业水平良莠不齐，具有专业碳汇开发能力和经验的企业更是屈指可数，从国内代表性企业分布情况来看，上海、广东、北京、福建、湖北等地代表性企业较多，其余地方，如青海、西藏、江苏等省份虽然有企业分布，但是数量较少。碳汇行业的竞争方式主要有 4 种：从价格竞争角度来看，包含项目设计等咨询费用或项目开发成功后利益分配比例，不同机构费用差异较大；从服务竞争角度来看，项目开发既可进行项目全流程开发服务，亦可单独进行其中某一过程服务；从战略竞争角度来看，可以合作创新市场机制，开创国家认可的新方法，提前抢占市场份额，增加碳汇产品的多样性；从经营要素竞争角度来看，可以优化项目开发过程，例如搭建相应开发平台，替代传统开发模式，实现线上直连、公开透明、留痕查证，方便利益相关方跟进项目进度。目前，单一服务企业数量发展较快，全流程开发服务项目数量不断增加，行业在价格竞争方面也逐步趋于合理。从生态碳汇上下游来说，可分为三个阶段：一是碳汇项目，项目业主投资建设运营林业等碳汇项目，是碳汇的物质基础；二是碳汇开发，按照特定交易机制的方法学或标准开发签发碳汇/碳信用减排量，是碳汇产品的生产阶段；三是碳汇交易，将碳汇/碳信用减排量按照市场规则进行各项交易。林业碳汇开发企业更多参与碳汇开发和交易阶段业务，项目建设阶段多为项目业主自行承担。

---

① 关于印发《大方县林业碳汇资源项目开发实施方案》的通知 [A/OL]. （2023-03-01）[2024-03-25]. 大方县林业局网，https://www.gzdafang.gov.cn/zwgk/bmxxgkml/lyj/zcwj_5650184/202305/t20230522_79846272846272.html.

② 重磅发布！全国碳汇政策汇总：目标、规划及补助 [EB/OL]. （2022-04-18）[2024-03-25]. https://baijiahao.baidu.com/s?id=1730409692614490281.

③ 预见 2024：《2024 年中国林业碳汇行业全景图谱》（附市场现状、竞争格局和发展趋势等）[EB/OL]. （2024-02-13）[2024-03-25]. https://www.qianzhan.com/analyst/detail/220/240208-f3eaf2f8.html.

（四）林业碳汇开发机制持续规范

随着建设步伐的不断加快，全国碳排放权交易市场参与规则和条例不断健全和完善，市场参与方将越来越多元，碳汇开发行业将进一步向规范化、市场化方向发展。交易主体：符合国家有关规定的法人、其他组织和自然人，可以依照2023年发布的《温室气体自愿减排交易管理办法（试行）》参与温室气体自愿减排交易。交易的主体跟国家发展改革委2012年发布的《温室气体自愿减排交易管理暂行办法》不同的是增加了自然人，需要待国家主管部门适时出台具体规定，届时符合规定的自然人可参与CCER交易。第三方机构：审定与核查机构纳入认证机构管理，应当按照《中华人民共和国认证认可条例》《认证机构管理办法》等关于认证机构的规定，公正、独立和有效地从事审定与核查活动。审定与核查机构应当具备相应的能力，符合办公场所、无失信记录等条件。公众参与：个人或机构可以通过注册登记系统针对项目和减排量公示提出意见，发挥监督的作用，任何单位和个人都有权举报温室气体自愿减排交易及相关活动中的弄虚作假等违法行为。管理体制：2021年《温室气体自愿减排交易管理暂行办法》是由国家发展改革委一个部门发布的，2023年《温室气体自愿减排交易管理办法（试行）》则是由生态环境部和国家市场监管总局联合发布。方法学管理：未来方法学将由生态环境部组织编制、发布，不再是过去的备案形式。

三、林业碳汇开发现状

（一）我国林业碳汇开发存在的问题和难点

一是我国林业行业普遍存在财政支持力度不足，资金缺口大；银行信贷困难，融资渠道单一；担保机制及配套措施不够完善，国家政策支持力度不够等投融资问题。此外，林业投资单亩投资较高，周期一般较长，在20—30年内经济回报低，降低了林业投资的吸引力。碳汇CCER依托林业项目而存在，碳汇收益能减少投资回收期，但不足以从根本上扭转林业项目投资存在的问题。林业碳汇CCER的开发成功率低，截至CCER暂停备案（2017年3月），全国共有97个林业碳汇 CCER 审定项目，仅有 13 个完成了备案，项目备案率仅为 13.4%。①

二是林业碳汇整体开发风险高。在政策管制下，上下不同层级难以达成一致，且林业碳汇具有较长开发周期，获得收益的时间长，前期投资大，后期收益小，需要投资机构在前期做垫资，而且存在不可控风险，会造成泄漏现象。同时还受制于产权问题、外部性问题，以及项目融资、贷款周期与项目建设周期不匹配的问题等技术因素。

三是林业碳汇交易尚处于探索发展阶段。在观念认知、制度管理模式、配套设施等多方面还不够成熟。除发电行业外，我国尚未建立普遍的、强制性的碳排放配额管理机制，碳抵消需求少，导致以往林业碳汇项目数量不多，交易量小，市场交易不够活跃，价格被长期低估且波动较大，很多林业碳汇开发项目转到国外体系开发，对国内碳市场健康运行带来影响。

四是林业碳汇开发实施监管力度不够。以往林业碳汇开发项目更多采用国际 VCS 体系，国际减排体系与国内管理现状存在一定的不匹配，在产权确认、资料获取过程中有违规操作空间，加之国内碳汇开发管理机制仍在建设完善过程中，导致部分项目违规操作，给国内自愿减排体系发展和林业碳汇开发持续运行带来较大风险。

随着 2023 年 CCER 重启，国家监管部门采取了更为严格的监管举措，发布了更加规范的方法学，为国家自愿减排市场以及碳汇开发有效运行提供了机制保障，但在项目开发和交易的运行操作过程中，仍需要各级政府出台更为详细的推进方案和系统的推进举措，有效落实碳汇开发及碳市场交易工作。

（二）贵州林业碳汇开发现状及前景

贵州地势起伏剧烈，地貌类型多样，地表组成物质及土壤类型复杂，因而植物种类丰富，植被类型较多。贵州总面积 17.62 万平方千米，属亚热带高原山区，气候温暖湿润。森林资源丰富，截至 2022 年底，全省森林面积 1.6592 亿亩，森林覆盖率 62.81%，其中，贵阳市 55.69%、六盘水市 54.25%、遵义市 63.15%、安顺市 61.20%、毕节市 54.33%、铜仁市 64.77%、黔西南州

---

① 关注！生态碳汇开发机会分析及建议 [EB/OL]. (2023-11-22)[2024-03-25]. https://mp.weixin.qq.com/s?__biz=MzA3OTM1NTYwNg==&mid=2649360829&idx=1&sn=0d81dd3b78dff48b0434d22895cafd5f&chksm=87aa6204b0ddeb126dd93ae888f8e9c5b223b6deceb0b5e51426ad8d1781aadb467621fa1a91&scene=27.

63.19%、黔东南州69.63%、黔南州68.17%。① 截至2023年，贵州森林覆盖率达到63%，林业产业总产值达4247亿元。② 森林是贵州体量最大的绿色资源，也是难以估算的绿色财富。党的十八大以来，贵州省统筹推进林业资源保护和林业产业发展，提出"人均利用一亩林地，再造一个新的农业增长极"③目标，持续开展生态文明教育及义务植树系列活动，不断完善林业资源保护机制，有效开展森林防火和有害生物防治措施，森林覆盖率持续提升，林业产值不断发展。

贵州林业资源丰富，拥有极为丰富的林业碳汇资源，具有较大的林业碳汇开发价值，在国家自愿减排体系下，可开发林业资源极为丰富，且前期进行了不同程度的项目开发和交易实践，相较于国内大部分省份具有较强的资源优势和一定的先发优势，是国内较早参与林业碳汇开发的省份之一，在国际VCS体系及国内CCER体系下均有较多碳汇开发项目（已开发及已签约）。截至2023年11月底，贵州各地开发林业碳票15张，完成林业碳汇银行授信5.68亿元、放款1.87亿元，实现交易金额1201万元。④ 2022年12月颁布的《贵州省林业碳汇高质量发展行动方案》提出，通过实施林业碳汇"巩固提升、计量监测、开发利用、试点示范、科技支撑"等五项行动，力争到2025年完成树种结构调整800万亩、林业碳汇试点建设面积达到100万亩、林业碳汇开发总规模达到500万亩，使全省森林覆盖率达到64%、活力木蓄积量达到7.0亿立方米，以林业碳汇为载体的生态产品价值实现机制不断推进，林业碳汇经济快速发展，打通"绿水青山"向"金山银山"的转化通道。⑤ 在国家政策的大力支持

---

① 贵州省2022年全省和9个市州森林覆盖率［EB/OL］．（2023-06-25）［2024-03-25］．http://lyj.guizhou.gov.cn/ztzl/zybh/202306/t20230625_80491927.html.

② 2023年全省林业工作会议 2023年贵州林草工作锚定新目标，森林覆盖率达到63%［EB/OL］．（2023-02-06）［2024-03-25］．https://baijiahao.baidu.com/s?id=1757073144599600092.

③ 方春英．贵州以林业产业高质量发展为突破口推动林业资源大省向林业强省迈进［N］．贵州日报，2022-12-26（5）．

④ 贵州积极探索林业碳汇助力生态产品价值实现，省林业局 贵州改革2024-01-04，贵州改革https://mp.weixin.qq.com/s?__biz=MzIzNDYxNTcxOA==&mid=2247727730&idx=2&sn=9e237226d7d6f2d4394291ae1438cded&chksm=e9ae6c96d6dfa122d86349f2747a6541911afd67181464729f211de2f7819f7d6277871f3974&scene=27，检索日期2024年3月25日．

⑤ 贵州实施五项行动 推进林业碳汇高质量发展［EB/OL］．（2022-12-12）［2024-03-25］．https://baijiahao.baidu.com/s?id=1752007005500758801.

下，在全省及各级政府的高度重视下，各市县积极参与林业碳汇开发，贵州林业碳汇开发潜力将快速释放并兑现其经济价值，为增加地方财政收入开辟了新的路径，同时也为林业碳汇开发及交易路径提供了有益的探索实践。

四、推进贵州林业碳汇开发实施建议

将碳达峰碳中和纳入生态文明建设整体布局，是以习近平同志为核心的党中央作出的重大战略决策。2021年中央经济工作会议强调："实现碳达峰碳中和是推动高质量发展的内在要求，要坚定不移推进，但不可能毕其功于一役。"[①] 提升生态碳汇能力，必须坚持以习近平生态文明思想为指导，全面践行绿水青山就是金山银山理念，以林业碳汇为支点撬动绿水青山变金山银山。在"双碳"政策体系构建完善背景下，双碳实施路径将不断清晰和细化，各级党委和政府低碳绿色发展的任务将愈发艰巨。作为"双碳"目标战略的重要举措，在自愿减排交易市场启动后，在碳汇开发项目上国家会继续出台鼓励措施。贵州省作为国家森林资源大省，森林生态环境保护是历史赋予的责任，林业碳汇开发也是贵州省势在必行的历史任务。为深入推进全省林业碳汇开发工作，强化林业碳汇开发管理，需进一步推进落实相关举措，把林业碳汇开发作为抓实"绿水青山就是金山银山"的着力点，深入推进贵州林业碳汇开发工作，推动绿色发展，增加地方财政收入，助力地方债务化解，书写中国式现代化的"贵州答卷"。

（一）培养碳汇林业发展所需人才，加快林业碳汇实施推广力度

碳汇、碳汇林业、碳汇交易等均为新生事物，碳汇林业的营造、经营管理、碳汇计量与监测、碳汇交易等急需大量人才。贵州基层林业部门专业技术人才匮乏，制约着生态碳汇交易及生态产品价值实现。针对碳汇专业知识掌握程度不一的情况，一是多措并举加快人才队伍建设，尽快在全省范围内开展碳市场及林业碳汇开发专业培训，对碳市场、林业碳汇开发理论及实践进行系统培训，同时，在省内相关高校增设森林碳汇专业，或与国内外相关

---

① 中央经济工作会议强调正确认识和把握碳达峰碳中和！哪些重要表述值得关注？[EB/OL].（2021-12-11）[2024-03-25]. https://m.thepaper.cn/baijiahao_15801474.

高校合作委培所需人才，确保各级人员掌握系统、专业的林业碳汇开发知识技能，为后续项目实施提供知识技能储备和保障。二是加强对公众的宣传和教育，林业碳汇发展需要广大公众的参与和支持，需要公众对林业碳汇有正确的认识和理解。可通过开展各种形式的宣传和教育活动，加强对公众的示范和引导，提高公众的环保意识和参与意识，形成全社会共同推动绿色生态建设的良好氛围。

（二）加强组织领导，有序统筹、专业化、市场化推进林业碳汇开发

加强组织领导，提前谋划碳汇工作。一是成立专门领导机构，成立碳汇管理办公室。我国国家层面的碳汇管理办公室设在国家林业局，建议由省政府牵头，成立省发改、经信、国资、林业、财政、水利、省人行等部门为成员的碳汇管理办公室，职能包括碳汇政策的制定、执行，规划和指导碳汇功能的造林与保护，搜集、追踪国内外森林碳汇相关的信息动态，碳汇项目的经营与管理，森林碳汇的贸易等，加强政策研究，外出学习林业碳汇在碳减排市场建设中的政策制度、工作模式，设计符合实际的工作意见，从开发、交易到碳资产管理的角度积极探索整个林业碳汇产业链的管理、服务和配套措施，在全省及各市县生态文明建设过程中，有意识地提高林业资源的质量和生态系统的生物自净能力，以增强林业资源和减少碳排放。二是摸清家底，积极开展林业分布、总量调查统计，及时注册登记，为贵州实施碳汇林业项目提供科学决策依据。建立与国际接轨的森林碳汇计量、认证、注册、监测体系。按照《京都议定书》的相关规定，建立碳汇计量监测队伍，配合委托国家林业局组织的全国林业碳汇项目计量团队，摸清全省过去50年来在无林地上开展的人工造林和1990年1月1日以来在无林地上开展的人工造林的碳汇林业资源总量，计量、监测森林碳汇动态变化。省内开展的碳汇造林项目应及时到国家林业局登记注册，由其组织进行碳汇计量和监测后纳入林业碳汇登记系统，并在中国碳汇网上进行公示。根据资源盘点及国家监管部门要求，结合全国范围内碳汇开发项目模式及先进经验，讨论建立贵州省林业碳汇开发管理的整体原则。由省林业局进行整体宣贯，各级政府根据属地资源情况制定管理细则。在确保符合国家政策要求并保障林地所有者权益的基础上，充分发挥贵州省林业资源优势。三是组建以国家级智库专家为核心的专家委员会，充分调动专家和机构技术力

量，为政策规则制定、市场运行管理提供决策咨询；委托高等院校、科研院所、碳汇咨询服务机构、碳汇金融与碳汇交易企业集团承担机制设计和基础研究、碳汇计量、系统建设、本土化人才培养，打造生态碳汇市场化运营的贵州方案。四是加大对违规行为的打击力度，严厉打击虚假宣传、伪造资料等欺诈行为，确保林业碳汇的可信度和可持续性。

（三）寻求与国内专业化机构合作，形成高效的林业碳汇开发合作模式

碳资产开发机构是碳资产开发过程中的"总设计师"，其资质、能力等，直接影响项目是否能如期落地、是否能获取好的收益。碳汇发展之初，市场机制尚不成熟，政府应积极引导。一是寻求与国内专业化机构合作，形成高效的林业碳汇开发合作模式，针对目前开发经验不足、项目操作不规范等情形，以从业时间、交易能力和过往业绩三方面对碳汇开发机构进行评估，通过完善的评估机制，以有效的筛选手段，选择优秀碳汇开发机构。例如柏能新能源（深圳）有限公司在碳资产交易领域，是国内自愿减排体系的最大交易商和国内碳配额交易的主要参与方，国内总签发量占国内自愿减排体系的18%，林草、湿地项目经验丰富，拥有丰富的项目开发、设计、审定、监测、备案和签发全流程运作经验；同时也积极参与国际主要碳市场，深度参与CER、VCU等产品的国际交易，可最大限度地确保项目审批速度和成功率，项目设计到实现减排量签发的平均周期约12个月，前期所有开发费用由柏能新能源（深圳）有限公司垫付，无需业主方提供资金投入，并承诺，在协议签署后最快8个月内完成碳资产的开发、销售、变现工作，确保开发项目尽快落地能够对整个项目开发做到有效支撑。而有的碳汇开发机构要求开发林业碳汇办理不动产权证每亩成本收40元，设计文本（PDD）每次需100万元，审定报告（CEC）每次需20万元，开发10万亩CCER的费用更是超过500万元。因此，对碳汇开发机构进行科学评估非常必要。二是积极支持探索林业碳汇不同模式，持续总结形成适合贵州的林业碳汇发展模式，可选择重点扶持对象进行针对性支持，引导和鼓励其他区域进行学习，从而形成模式持续迭代的良性循环，全力推进成熟项目开发和交易，确保完成CCER重启后第一批林业碳汇减排量签发。在林业碳汇项目开发过程中，充分总结成功经验，并在全省范围内打造示范项目，按此模式在全省乃至全国范围内进行复制推广。

（四）积极争取碳汇造林项目，将森林经营碳汇纳入国家核证自愿减排量

全球气候变化主要缘于人为排放的二氧化碳等温室气体累积产生的温室效应。而森林在生长过程中能吸收固化二氧化碳起到减少温室气体累积的作用。因而《京都议定书》框架下的 CDM（清洁发展机制）允许发达国家提供资金技术等与发展中国家开展碳汇造林项目合作，所获得的碳信用额度用于抵消发达国家（投资方）减排量。目前，我国正在开展的碳汇造林项目有清洁发展机制碳汇造林项目、中国绿色碳基金下的碳汇造林项目，以及其他碳汇造林项目等。贵州应积极与国内外相关机构组织沟通合作，多方争取碳汇造林项目，将碳汇造林培养成林业经济发展新的增长点。同时，要争取将森林经营碳汇纳入国家核证自愿减排量。林业碳汇一般包括造林碳汇和森林经营碳汇两种类型。其中，造林碳汇是通过在无林地上实施人工造林项目的方式增加碳汇，经营性碳汇是针对现有森林通过树种更替、补植补造、森林抚育、复壮和综合措施等森林经营手段促进林木生长以增加碳汇。目前，森林经营林业碳汇未纳入 CCER（国家核证自愿减排量）项目方法学，我国林业碳汇发展重点关注的是造林碳汇，并形成了较为完备的方法学支撑。贵州生态环境优越，2023 年森林覆盖率达 63%，再开展碳汇造林活动已不切实际。由于 CCER 方法学强调森林固碳额外增量，暂未提出新的森林经营碳汇方法学，导致森林覆盖率高、为固碳减排作出贡献的地区反而在碳交易市场获得的收益少，也致使贵州的森林经营碳汇难以上市交易，生态产品价值转化困难。在造林碳汇发展空间受限的现实条件下，建议省级层面抢抓国发〔2022〕2 号文件机遇，借鉴湖北、广东、北京、天津、上海、重庆及深圳等省市的经验，省级层面积极向国家汇报，争取将森林经营碳汇纳入国家核证自愿减排量，并将贵州纳入全国森林经营碳汇试点，为贵州绿水青山变金山银山赢得发展空间。

参考文献

[1] 习近平在第七十五届联合国大会一般性辩论上的讲话（全文），中共中央党校（国家行政学院）[EB/OL]．(2020-09-22)[2024-03-18]．https://www.ccps.gov.cn/xxsxk/zyls/202009/t20200922_143558.shtml．

[2] 碳排放权交易管理办法（试行）[EB/OL].[2024-03-25]. https://www.gov.cn/gongbao/content/2021/content_5591410.htm.

[3] 国家发展改革委 自然资源部关于印发《全国重要生态系统保护和修复重大工程总体规划（2021—2035年）》的通知：发改农经〔2020〕837号[A/OL].[2024-03-25]. https://www.gov.cn/zhengce/zhengceku/2020-06/12/content_5518982.htm.

[4] "十四五"林业草原保护发展规划纲要[EB/OL].（2021-12-14）[2024-03-25]. https://www.forestry.gov.cn/c/www/lczc/44287.jhtml.

[5] 中共中央 国务院关于完整准确全面贯彻新发展理念做好碳达峰碳中和工作的意见，中华人民共和国中央人民政府网 https://www.gov.cn/zhengce/2021-10/24/content_5644613.htm.

[6] 方春英.贵州以林业产业高质量发展为突破口推动林业资源大省向林业强省迈进[N].贵州日报，2022-12-26（5）.

作者简介：魏霞，贵州省社会科学院研究员；张鹏，柏能新能源（深圳）有限公司执行董事、副总裁、市场负责人。

贵州融入全国统一大市场研究

谭 茜

摘 要：《中共中央 国务院关于加快建设全国统一大市场的意见》于2022年4月10日发布，其中明确了建设的工作原则和主要目标，提到了立足内需畅通循环，文件印发后引起了大家广泛关注。当今世界正处于百年未有之大变局，面对复杂的经济环境，中国需要充分利用国内大市场才能更好地支持我们下一阶段的发展。一方面要使国内的创新力量能够真正发展起来，更多地去攻克那些"卡脖子"的技术。另一方面要做到高效规范，公平竞争，充分开放。贵州经过"黄金十年"的大发展，基础设施得到极大完善，各种发展优势相互叠加，各项事业蓬勃发展，后发赶超优势逐步凸显。但要清醒认识到，贵州在发展过程中，还面临不少问题和挑战，应以融入全国统一大市场为契机，想方设法将资源、环境优势转化成发展优势，有效应对挑战，有效融入全国统一大市场。

关键词：统一大市场；贵州；挑战；融入

一、贵州融入全国统一大市场的优势分析

（一）资源富集

1. 旅游资源得天独厚

全省有3个世界自然遗产地，18个国家级风景名胜区，9个国家级自然保护区，8个国家地质公园和22个国家级森林公园，具有开发价值的旅游景区共1000多处。冬无严寒、夏无酷暑的独特气候，使贵州成为理想的旅游和避暑胜地。随着生活水平的提高，旅游从以观光为主向"观光—休闲—度假—康养"

等复合型业态转变。

2. 文化资源丰富多彩

贵州有 17 个世居少数民族，侗族大歌、苗族飞歌享誉海内外，有中国共产党历史上生死攸关的转折点发生地——遵义会址，有全球最大单口径球面射电望远镜——中国天眼，依托丰富的自然资源和多元化的民族文化资源，文旅一体化发展前景好。贵州坚持产城景文互动融合，把旅游景区建设与小城镇、产业园区、民族文化、红色文化、脱贫攻坚事迹等有机结合，"多彩贵州"的名声享誉全国。

3. 生物资源种类繁多

贵州省已知生物物种有 24547 种，生物多样性丰富度位居全国前列。其中药用植物就达 3924 种，占全国中草药品种的 80%。近年来，贵州充分发挥生态资源优势和现有产业基础，积极打造健康医药全产业链。一是中药材资源品种多、产量高、质量优。贵州是闻名遐迩的"天然药物宝库"，90% 以上的苗药集中在贵州，天麻、石斛、白芨、太子参种植面积居全国第 1 位。二是医药制造业有多家优势龙头企业。通过实行省、市、县三级联动，重点培育了益佰、百灵、景峰、三特等 10 家龙头企业和 20 家骨干企业，已初步形成一批具有核心竞争力的优势企业。三是健康融合产业前景广阔。贵州健康融合产业在项目建设、平台建设、医疗医改、健康旅游、种植制药、运动健身等大健康全产业链上发展迅速，尤其是康养、医养、康体健身等产业异军突起，成为贵州大健康产业新的增长点。

（二）产业兴旺发展

1. 传统特色工业再升级

贵州煤炭、电力、化工、有色金属、冶金等传统行业具备资源禀赋的先天优势，传统工业的转型升级已成为发展新优势。表现在截至 2020 年底，贵州启动实施"千企改造"工程的企业 410 户，项目 461 个，也将完成 3000 家工业企业实施数字化网络化智能化改造。除此之外，贵州大刀阔斧进行国企改革，茅台集团不断扩大产品线的同时，也在加强与其他行业的合作，不断推出符合消费者需求的新产品；贵州磷化集团作为行业龙头，积极践行新型工业化战略，紧扣高端化、智能化、绿色化标准，推动"湿热并举、酸盐协同、有机无机并重"发展战略有序实施，进一步巩固了关键中间产品供应的全球龙头地位；盘江煤电集团强化创新驱动，加快煤矿机械化、智能化建设，提升效率效益。持续加大研发投入，围绕阻碍企业高质量发展的瓦斯治理、快速掘进等"卡脖子"问题进行攻关，产业升级和技术创新取得新成果。

2. 山地特色农业得天独厚

贵州具有良好的生态有机农产品开发优势，一是贵州大力调整优化农业产业结构，茶叶、辣椒、火龙果、刺梨种植规模居全国第1位，马铃薯种植规模居全国第2位。二是土壤作物营养丰富。贵州耕地土壤富含多种有益微量元素，其中土壤硒含量高，遵义、六盘水、毕节、黔西南、黔南部分地区为全国富硒地带。三是有机农产品有天然优势。贵州是化肥使用强度全国较低省份之一，2019年贵州化肥施用总量为全国倒数第8位。依托良好的生态优势，贵州农产品绿色生态、品质安全、营养健康的品牌形象逐步树立。

3. 大数据产业融合发展

《中共中央 国务院关于加快建设全国统一大市场的意见》在提到"打造统一的要素和资源市场"时指出：加快培育数据要素市场，建立健全数据安全、权利保护、跨境传输管理、交易流通、开放共享、安全认证等基础制度和标准规范，深入开展数据资源调查，推动数据资源开发利用。这一重磅政策的出台，对贵州大数据产业发展可谓重大利好，也必将助力贵州大数据产业再上新台阶。贵州抢抓大数据产业发展先机，大数据产业发展指数位居全国第3位，数字经济增速连续五年居全国第1位。主要体现在：一是大数据融合成效好。贵州采煤机械化、辅助生产系统智能化、开磷矿肥5G应用智能协同制造、华润水泥绿色工厂数字化制造管理以及天义技术"无人工厂"等智慧工厂、数字车间建设稳步推进。二是大数据龙头企业发展快。云上贵州集团、白山云、世纪恒通、腾讯云计算、京东永航等一批企业收入增长较快，实现利润持续增加。中国人民银行贵安数据中心、南网贵州电动汽车服务总部等项目签约落地，中电科贵州大数据安防产业园项目、三峡集团贵州大数据基地等项目引进加快推进。三是数字基础设施质量高。已建成5G基站10513个，5G网络实现"县县通"，贵阳贵安骨干直联点已与全国18个重要城市实现链路直达。

（三）交通便利

随着交通基础设施的不断完善，贵州的交通便利性逐渐提升，融入统一大市场可以加快物流和人员流动，促进贵州与其他地区的经济交流。

1. 高速公路网络发达

全省高速公路通车里程达 8784 公里，覆盖了全省 9 个市州，实现了"县县通高速"。高速公路的综合密度在全国排名前列。昔日"地无三尺平"的贵州变得四通八达，北上川渝、南下两广、东出湖南、西进云南的大通道已经架设成型。

2. 高铁网络逐步完善

贵州高铁运营里程超过 1527 公里，与全国主要城市形成了 2 至 8 小时的高铁交通圈，形成了以贵阳为中心的"一干十三支"航空运输体系，贵阳龙洞堡机场的旅客吞吐量达到 1565 万人次。

3. 水运和航空运输发展迅速

贵州正在加快建设乌江、红水河水运主通道，打通北入长江、南下珠江的水运通道。同时，贵州的民用航空也在快速发展，通航机场实现了 9 个市州全覆盖。

4. 桥梁建设成就显著

贵州被誉为"世界桥梁博物馆"，在山区复杂条件下突破了大型桥梁建设技术难题，完成了众多世界级桥梁工程项目，世界前 100 名高桥中有近半数位于贵州。

这些优势使得贵州成为西南地区的重要交通枢纽，对于优化资源配置、促进产业发展、扩大对外开放和推动旅游业发展都起到了重要作用。

二、贵州融入全国统一大市场所面临的挑战

贵州作为中国经济一个比较弱小的板块，来自外部区域的挑战、发展方式粗放、经济结构不合理、社会事业发展滞后、社会矛盾凸显等多种因素制约了经济社会的又好又快发展。

（一）基础设施不完善

基础设施是经济社会发展的基石和先导，是保障改善民生的重要内容。贵州的基础设施建设相对滞后，交通、通信、能源等方面的不足限制了经济的发

展。贵州省上下广延伸、全覆盖还比较薄弱，路网实现多式联通、水网实现城乡灌通、电网实现三网架通、地下管网实现同步连通、油气管网实现全域输通、互联网实现高速融通这些还是基础设施短板。不发达的交通网络增加了物流成本，影响了企业的竞争力和地区间的经济联系。

（二）区域协调发展不平衡

贵州省内不同地区之间的经济发展存在较大差距。贵州省位于中国西南边陲，地形多山，使得贵州省的区域经济发展受到一定的制约。许多地区交通不便，导致资源无法快速流通，产业无法完全发展。同时自然资源分布不均。经济发展较好的区域，如黔中经济区，投资、消费与积累的能力均较强，总体发展速度较快，由于丰富的资源优势，迅速发展，吸引了大量的人才向本地区流动；经济发展落后的西部区域，投资、消费与积累的能力均较弱，总体发展速度较慢，资源较为贫乏，相对滞后，人才流失严重，造成人才资源不均衡分布，使得区域经济发展不平衡。这些都导致贵州区域间的非均衡增长加剧。

（三）产业结构单一

贵州省的产业结构相对单一，主要依赖传统的农业和资源型产业，工业和服务业相对落后，导致其经济结构也单一。贵州省第一产业比重过大，这主要是由于贵州省的地理环境和气候条件，适合农业生产，然而第一产业比重过大，也使得贵州省缺乏多元化的产业结构，第二产业比重过小，主要是由于贵州省的矿产资源丰富，但工业发展相对滞后，此外贵州省的制造业也相对落后，这主要是由于贵州省的工业基础比较薄弱以及缺乏足够的资金和技术支持，第三产业比重相对较高，这主要是由于贵州省的旅游业和服务业发展较快。然而第三产业也存在一些问题，如服务业的层次较低，缺乏高端服务业，以及旅游业的发展也存在一些问题，如旅游设施质量不高。这种产业结构容易受到市场波动和资源枯竭的影响，限制了经济的可持续性发展。

（四）科技创新能力不足

科技创新是推动经济发展的重要动力，但贵州在科技研发投入、科技成果转化等方面可能存在不足，制约了产业升级和创新驱动发展。2022年《中国区域科技创新评价报告》显示,贵州区域科技创新水平指数为 53.82%,保持在全国第 25 位。而在贵州省的众多中小企业里,研发人员少、研发能力弱、研发投入低,更是普遍存在的问题。全省研究与试验发展投入主要集中在军工企业和部分优势企业,而军工企业的活动受国家宏观决策影响较大,优势工业如铝工业和酒工业投入较大,这样就削弱了企业整体技术创新能力。

(五) 人才短缺

高素质的人才是经济发展的关键。贵州省是我国西部的一个欠发达地区,相对于全国其他省份来说,其教育资源相对较为匮乏。这种教育资源的不足不仅直接影响到学生的学习和发展,也制约了贵州省的经济和社会进步。从高等教育资源的角度来看,贵州省只拥有 72 所大学,其中没有一所 985 高校,仅有一所 211 高校,即贵州大学,还有 7 所一本类院校。相较于其他省份拥有大量的高水平大学而言,贵州省的大学数量明显较少。这导致了很多高考优秀学子选择出省就学。此外,贵州的高校在人力、财力、物力等方面相对缺乏,缺乏吸引优秀老师和学生的能力,导致发展滞后。这种教育资源的不足也导致贵州面临人才短缺的问题,尤其是在一些关键领域和高端产业,缺乏专业人才的支持。

(六) 市场竞争力弱

贵州经济发展起步晚、总量小,还处在工业化进程的初级阶段,在全国成千上万个市场中属于十分弱小的市场,抵抗风险能力、市场调节能力、经济治理能力还有不少短板和弱项。贵州省大多数企业呈现出"小、散、弱"的状态,世界 500 强、全国 500 强企业较少,生产方式粗放,大多生产的是位于产业链、创新链、价值链中低端的产品,且没有形成分工精细、链条延伸的产业链,集聚效应、规模效应差,抵抗市场冲击能力较弱。随着市场融合的推进,市场分工会更精细,更多资本雄厚、行业领先、创新能力强的市场主体就会竭尽全力挤占和分割市场更多"蛋糕",从而导致"小、散、弱"市场主体生存困难,甚至有很多市场主体面临倒闭或者关停。

(七) 区域合作与开放程度有限

高水平开放是贵州高质量发展的必由之路。贵州是我国内陆最后一批发展较晚的省份，错失了巨大的贸易机会。即使改革开放和西部大开发，也无法引得优质资源进来。再加上贵州不沿边、不沿海，地处西南内地，与其他地区的合作和开放程度可能相对较低，缺乏与周边地区的协同发展和资源共享。特别是与其他区域资本、技术、人才要素跨区域流动不太流通，区域产业融合发展不持续，产业技术创新支撑不够强，这些都制约着贵州与其他地区的区域合作和发展。

以上只是对贵州融入全国统一大市场所面临的挑战作简要介绍，实际情况可能更为复杂，应根据具体情况制定和调整解决这些问题的策略。

三、贵州融入全国统一大市场的路径选择

贵州要想更加积极、更加有序、更加有效地融入全国统一大市场，应牢牢抓住其中的发展机遇和抢占发展高地，盘点辖区资源、要素、政策等方面在融入全国统一大市场过程中的绝对优势和相对优势，打造更高质量、更高效率的经济增长引擎，进而实现经济社会高质量发展。

（一）深入落实国家、省统一市场建设政策措施

完整、准确、全面贯彻落实国家、省关于全国统一大市场建设的政策措施，结合贵州实际将政策红利用足，加快实现从政府主导为主向有效市场与有为政府协同作用转变。比如，第一，国发〔2022〕2号文件出台。支持贵州在新时代西部大开发上闯新路、在乡村振兴上开新局、在实施数字经济战略上抢新机、在生态文明建设上出新绩，努力开创百姓富、生态美的多彩贵州新未来，在全面建设社会主义现代化国家新征程中贡献更大力量。第二，贵州省人民政府办公厅印发《贵州省新型基础设施建设三年行动方案（2022—2024年）》。提出到2024年新型基础设施建设重点项目累计完成投资超1000亿元；力争全国一体化算力网络国家（贵州）枢纽节点数据中心标准机架数达到60万架。第三，省人民政府印发《贵州省培育壮大市场主体行动方案（2022—2025年）》。以"做多增量、优化存量、壮大体量、提升质量"为目标，按照"市场配置、政府引导、产业引领、行业培育、要素支撑"的原则，更好发挥有效市场和有为政府作用，进一步深化大众创业、万众创新，推动形成大企业

"顶天立地"、中小企业"铺天盖地"、微型企业和个体工商户"枝繁叶茂"的良好格局。第四，中国银行出台《中国银行支持贵州在新时代西部大开发上闯新路的三十条意见》。明确"十四五"期间，将提供2500亿元融资额度，满足贵州重点项目建设需求。这些都是全国统一大市场政策的切入点、契合点，所以我们搞准推进时序、推进重点、推进措施、更好指导贵州融入全国统一大市场进程中，抢占行业分工、产业链、供应链、价值链的顶端。

（二）夯实市场基础设施，快速融入区域平台之间的合作发展

在融入全国统一大市场的背景下，贵州应加强互联互通，打造高水平物流基础设施特别是交通基础设施，持续优化物流体系，为顺利融入全国统一大市场提供良好物流供给，做到多式联运、物畅其流。

1. 加快融入国家重大区域发展战略

积极参与国内大循环和国内国际双循环，全力参与新时代西部大开发，积极参与长江经济带和泛珠三角区域建设，加强与粤港澳大湾区、成渝地区双城经济圈等协作。建立完善推进"一带一路"建设区域政府间常态化交流机制、投资贸易促进与保护机制、融资保障机制及人文交流机制。

2. 不断推进开放通道和平台建设

加快推进开放大通道建设与提升，加快推进贵广高铁提速升级、渝贵新高铁开工建设，推动贵州进一步融入粤港澳大湾区及成渝地区双城经济圈两大增长极；加快推进物流枢纽、口岸等建设，建设西部陆海新通道重要节点，以打造西南腹地北上长江、南下珠江大通道为目标；加快推进乌江、红水河航道畅通与升级，大力推进开阳港、蔗香港建设，谋划开阳港、蔗香港货运铁路建设；加快提升开放平台，大力推进贵州自由贸易区申建，积极向国家民航局申请支持贵阳龙洞堡国际机场在对外航权谈判中开放"第五航权"；努力办好生态文明贵阳国际论坛、中国国际大数据产业博览会、中国—东盟教育交流周、中国国际酒业博览会、贵州茶产业博览会、贵州内陆开放型经济试验区投资贸易洽谈会等平台。

3. 强力推进"黔货出山""黔货出海"

首先，在"天猫国际""京东国际"等国际网购平台设立贵州馆，利用"抖音""快手"等网络短视频平台，打造一批省内直播基地，积极扶持省内

网络红人发展，充分利用新媒体营销的优势扩大优势产品、特色品牌、旅游景区影响力和销售市场。其次，着力打造"贵州品牌馆"，立足贵州优势特色资源、产业、产品，出省打造一批新零售城市体验平台，利用贵酒引流，带动贵茶、贵烟、贵果、贵药、贵辣、贵菜、贵匠出黔，充分发挥线上线下多屏互动，大力推介贵州旅游、贵州投资、贵州康养、贵州置业、贵州文化，形成一批多彩贵州品牌的局面。

让更多商品交易平台在融入全国统一大市场的进程中逐步发展壮大、持续扩大影响。

（三）打造全省统一大市场，提升市场融入竞争力

1. 聚焦"绿色特色"产品，进一步做优做强品牌

结合贵州优势，聚焦茶、酱酒等绿色特色产业，着力打造具有竞争力的绿色特色品牌，充分做到"人无我有，人有我特，人特我优，人优我精"，进一步提升融入全国统一大市场的竞争力。一是培育绿色特色品牌。贵州应大力实施绿色特色产业品牌"靓化"工程，推进国家地理标志农产品保护工程，为绿色农特产品地理标识认证、绿色食品认证和有机食品认证申报等提供优质服务。二是为绿色特色产品销售搭建多方平台。用好中国国际消费品博览会、中国—中东欧国家博览会等重大展博会和省内数博会、酒博会等平台，加强本地产品包装和推介，不断提升本土品牌的影响力。同时，还要通过省内外电商平台，强化产销对接，拓宽产销渠道，实现本地绿色特色产品产销"云对接"。三是为绿色特色品牌维护分忧。绿色农特产品的经营往往面临气候、疫病、市场等风险的影响，为了支持绿色特色产业发展，贵州应继续用好"农调扶贫险"，持续提升绿色特色产业抵御自然灾害风险和市场风险的能力。

2. 聚焦"旅游康养"，进一步做优服务经济

从全国的维度来看，贵州相对于其他省市，春早且长、夏无酷暑、秋爽天高、冬令多暖，在休闲度假、文化康养方面都具有较大的比较优势。在融入全国统一大市场进程中，应以建设康养胜地为总抓手，深入推进旅游产业化，把旅游康养的品牌打得更响、更有竞争力，带动现代服务业快速健康发展，抢占更多市场"蛋糕"。要打好"旅游"牌。紧紧围绕"培育全域旅游新业态"这一目标，在"体旅融合""文旅融合""农旅融合"方面下功夫，促进"旅游+"

井喷势发展。例如，可打造黔西南、黔东南、黔南少数民族歌舞品牌，在民族歌舞中融入现代化、时代化元素，持续提升本地民族歌舞质量，形成本土文化品牌。又如，可依托历史文化，打造本土文化品牌，提升地方知名度和美誉度。要打好"康养"牌。依托"康养到贵州"品牌，大力发展避暑康养、医药康养、温泉康养、运动康养、旅居康养、森林康养六大产业。围绕文化旅游、休闲度假、户外运动、食品药品、医疗保健布局打造一批休闲度假区、夜间经济消费集聚区、养老休闲度假基地，继续把贵州打造成"康养产品供给区""生态康养后花园""山地旅游、度假康养目的地"。

3. 聚焦"工业转型"，加快建设特色现代化工业产业体系

由于贵州省工业化发展水平较低、产业链条短、产业结构不优等问题突出。因此，应充分发挥能矿资源富集、生态环境优良、生物多样性丰富、数字经济集聚发展、军工基地的高技术和创新资源等优势，学习借鉴发达省份集中力量突破主导产业的先进理念和做法，用好国发〔2022〕2号文件机遇，聚焦"六大产业基地"。第一，巩固提升酱香型白酒原产地和主产区优势，加强产区生态、生产、生活空间管控，聚力发展酱香白酒及其配套产业，重点支持白酒重大项目建设，着力打造世界酱香白酒集群。第二，争取国家支持，推进煤矿规划修编审批工作，加快建设露天煤矿，坚持"一矿一策"，着力解决涉法涉诉、矿界重叠等老大难问题，推动煤矿规模化、智能化发展，着力打造西南地区煤炭保供中心。第三，做好"富矿精开"大文章，深入实施新一轮找矿突破战略行动，推动矿产资源勘查开发利用全过程全链条高质量发展。磷化工产业应重点发展磷复肥的深加工和精细化、精细磷酸盐的功能化、有机磷化学品的功能化、磷化工的高端化、废弃物的再资源化。第四，推动企业主动"上云"聚数用数，鼓励大企业建设跨行业跨领域和特定行业区域工业互联网平台；推动与东部地区务实合作，共同推动数据传输通道建设，深化"贵州数据交易市场+东部数据流通资源"合作模式，实现贵州算力供给与东部地区市场需求的对接。争取国家有关部委和央企将其算力中心同步布局在贵州，带动更多的省外算力企业落户贵州。第五，适度把握磷酸铁产能，积极扩大磷酸铁锂产能，强化市场导向，优化产能结构。加快发展电池配件产业，鼓励具有一定产业基础的企业加大研发和技术革新，开发新能源锂电铜箔、电池铝箔等产品，提升本地企业电池制造配套能力，此外，从做大电动汽车产业、培育发展储能产业、加快发展综合回收利用等方面发力，提升应用能力。第六，依托航空航天重点龙头企业建圈强链，加快构建"头部引领、集群支撑、链式互补"的产业生态圈，推动航空、航天、电子信息、航空发动机四大板块提质增效。

作者简介：谭茜，中共遵义市委党校副主任、副教授。

全国统一大市场视阈下行政性垄断之法律规制

谌立芳

摘 要：滥用行政权力排除、限制竞争是阻碍全国统一大市场建设的最大障碍，破除行政性垄断是建设全国统一大市场的题中之义。当前，反垄断立法和执法缺失，反垄断执法措施缺乏惩罚性，刚性约束力不强，反垄断执法"效能不足"。此外，地方一级的反垄断执法机构是绝大多数行政性垄断案件的查办机构，各地反垄断执法的标准和水平存在差异。应当完善法律责任体系建设，提高反垄断执法机构的权威性和独立性，统一全国规制行政性垄断的执法工作。

关键词：全国统一大市场；行政性垄断；反垄断法；反垄断执法

一、破除行政性垄断是构建全国统一大市场的题中之义

2024年中央经济工作会议强调加快全国统一大市场建设着力破除地方保护和市场分割。构建全国统一大市场，是实现我国市场由大到强的关键一步。[1] 全国统一大市场建设的关键，是处理好政府和市场之间的关系。我国顶层设计非常重视反垄断工作。为改变政府过度干预市场的一个现状，国家出台了许多旨在突破条块分割、促进竞争的意见和措施，从制度设计上加强了对行政性垄断行为的规制。但长期以来，国内市场分割现象持续存在，商品和要素跨区域流转受阻，这极大地阻碍了我国经济发展的进程。总的来说，行政性垄断规制之路任重而道远，应总结反垄断法适用的逻辑与经验，全面落实反垄断法执法规范。

（一）全国统一大市场的特征

全国统一大市场强调面向广阔的国内市场，把握国内市场机会，满足和引导国内市场需求。构建全国统一大市场是一个全面的系统性工程，要破除地方保护和区域壁垒。促进市场的良性竞争，让不同地区和行业的企业享受平等的市场环境，要加快建设高效规范、公平竞争、充分开放的全国统一大市场。由此，可以归纳出全国统一大市场的四大特征：统一性、开放性、竞争性、有序性。[2]

1. 统一性

"统一"揭示了市场建设的核心要义，即"加快建立全国统一的市场制度规则，打破地方保护和市场分割，打通制约经济循环的关键堵点，促进商品要素资源在更大范围内畅通流动"[3]。全国统一大市场建设的总体要求可以归纳为五个统一：制度规则统一、基础设施统一、要素资源统一、商品服务统一、监督管理统一。其中，强化市场基础制度规制统一最为重要，可以为规制行政性垄断提供法律依据。市场基础规则的统一，是建设全国统一大市场的基础和保障。[4] 首先，市场进出规则需要统一。市场主体进入市场的资格，应有统一的标准和同等的条件，国家对国有资本、民营企业、外资企业应当一视同仁。此外，应当健全优胜劣汰的市场化退出机制。建设全国统一大市场，要积极解决我国经济运行中的产能过剩和退出不畅问题。[5] 市场客体上市交易必须合法，统一商品和服务质量标准，同时采用淘汰竞争方式，推动商品服务向高品质、高效率、绿色环保等方向发展。其次，应当建立统一的市场竞争规则。建立公平竞争机制，制止垄断行为。再次，市场交易规则必须统一。交易必须自愿、等价、互惠。最后，应当建立统一的市场仲裁规则。市场仲裁机构在认定当事人责任的过程中必须公平，赔偿规则和惩罚规则的制定应当统一。

2. 开放性

在推进高水平对外开放的同时，着重关注实现对内的开放。一直以来，我国借助劳动资源优势参与全球化生产。但当前国际局势复杂多变，世界经济呈现增长率低于预期，不确定性超过预期的特点，国际市场发展受阻。此外，由于社会体制、价值观的不同，以美国为首的西方国家对崛起的中国高度警惕，不断打压，中美贸易摩擦、文化冲突将是一个长期持续的艰难历程。在此种背景下，我们应该更加重视中国的国情和特点，积极推进国内市场的开放发展。目前，我国已稳居世界第二大经济体，应当继续加强对内开放要求，增强不同地区、不同产业之间的融合和交流，减少区域之间的差异和壁垒，促进资源的流动和配置，实现全国市场的统一化和一体化发展。

3. 竞争性

建立公平、充分、高效的市场竞争机制是社会主义市场经济的核心要求。[6] 可以说，没有完善的市场竞争机制就没有市场经济。竞争的过程可以使价格机制充分发挥优化社会资源的配置，调节社会生产的效用。不同地区的商品和各种要素资源应该根据供需关系定价，如劳动者工资水平、资本利率、土地资源定价及其他资源价格，而不应该受到行政力量的干预和束缚。竞争是有效的激励手段，竞争的过程同时也是优胜劣汰的过程，能够倒逼市场主体不断实现技术升级和产品优化，提升产品和服务的质量，满足市场的需要和消费者的个性化需求。

4. 有序性

全国统一大市场建设的有序性要求建立健全市场基础制度规则，完善市场信息公示制度。应当加强市场主体诚信建设，推动市场发展的有秩序和健康进行。市场的有序运行可以降低市场主体进行交易的成本和风险。这有助于提高市场交易的效率和质量，并让社会资源得到更加有效的配置。此外，市场的有序性能够保障消费者权益。有序性之下，需要建立合理的交易规则。商家需要履行好自身的义务，消费者应当可以行使消费者权利。事实上，只有维护好消费者的知情权、选择权、安全权等消费权利，才能真正保证消费者的权益，从而保持有序良好运行的市场环境。

（二）行政性垄断是构建全国统一大市场的主要障碍

行政性垄断问题本质上是关于政府与市场之间关系的经济治理问题。[7] 政府是构建全国统一大市场的引路人，在维护和促进经济结构和运行的协调稳定发展中发挥巨大的作用。长期以来，我国经济对于政策具有很强的依赖性。地方政府地位强势，容易诱发行政性垄断行为。由于行政性垄断所倚仗的是具有强制性的"行政权力"，因此其对市场竞争具有更大的破坏性，在构建全国统一大市场目标下必须对行政性垄断进行严格的规制。行政性垄断会破坏市场一体化建设、阻碍资源流通配置、损害公平竞争秩序、加剧市场无序混乱，是阻碍构建统一、开放、竞争、有序的全国统一大市场的主要障碍。

1. 破坏市场一体化建设

行政性垄断会破坏全国统一大市场建设的"五个统一"，阻碍市场的一体化建设进程。(1) 行政性垄断破坏不同地区市场基础制度规则的统一。在产权保护制度方面，行政性垄断会导致各地行政执法手段、司法裁判标准不同。在市场准入制度方面，存在擅自发布负面清单的情况。在公平竞争制度方面，行政性垄断会造成对不同市场主体的特别优待或歧视对待。在社会信用制度方面，妨害社会统一信用制度的建立。(2) 行政性垄断妨害推进市场设施的高标准联通。如果各地方政府只关注自身利益，不注重区域之间的协调合作，会阻碍现代流通网络以及市场信息交互渠道的建设，忽视全国统一交易平台的优化升级。(3) 行政性垄断阻碍要素和资源市场建设的统一。行政机关直接控制土地要素和劳动力要素的流动和配置，且对土地和人才的退出呈现天然的排斥性。行政性垄断还会阻碍技术、数据的交流互动。行政性垄断也不利于培育发展统一的能源市场和生态环境市场。此外，行政性垄断严重阻碍资本市场多层次建设。行政性垄断使资本发行市场受阻，地方政府对企业发展的成长性缺乏考虑，企业也将精力主要放在"政府公关"方面。上市前不进行实质性改制，上市后也不能有效发挥资金价值。[8] (4) 行政性垄断不利于商品和服务市场高水平统一。商品的质量、标准和计量等，都应该有统一的判断标准。如果各地区标准不统一，消费者的权益将难以受到保护，消费服务的质量会大大降低。(5) 行政性垄断影响市场监管的公平统一。行政性垄断会导致各地区市场监管规则和监管执法质量参差不齐，资本会倾向于流入政策宽松地区，这违背了市场经济资源配置的规律，同时会进一步加剧区域之间的差距。

2. 阻碍资源流通配置

一些行政机关为了保护本地区的地方企业，实行地方保护主义，设置准入门槛，阻碍资源的自由流动，使其无法达到最有效的配置，降低了整个经济体系的效率，制约了经济增长。在市场经济体制下，规模经济是市场发展的重要追求之一。规模效应指的是企业规模越大，而效率越高且成本越低。[9] 我国对发展规模经济非常重视，如在改革开放初期，国家就通过加速汽车工业的集中化进程以获得规模经济。但是行政性垄断带来严重的地方保护和区域壁垒，限制不同地区之间的贸易和产业合作，使得企业的经营活动仅仅局限于某一部分市场范围，企业难以获取到最优资源和市场。如果全国市场统一起来，我国将获得巨大的市场容量，但若干条块分割的存在将大大约束规模经济的扩张力。

3. 损害公平竞争秩序

行政性垄断表现形态多样，但无论是指定交易、与经营者签订合作协议等而妨碍其他经营者、妨碍商品在地区间的自由流通，还是排除或者限制经营者参加招标投标以及其他经营活动、强制或者变相强制经营者从事《反垄断法》规定的垄断行为，抑或制定含有排除、限制竞争内容的规定，它们都具有一个共同点：产生排除、限制竞争的效果，损害公平竞争秩序，妨碍市场的有效运作，损害消费者和企业的利益。

4. 加剧市场无序混乱

全国统一大市场的建设要求在市场内各市场主体公平竞争、平等交易，以保证市场有序发展，但行政性垄断会导致无序竞争和过度竞争。随着财政分权体制改革以及地方长期以 GDP 作为政绩考核标准，行政机关以行政垄断作为维护特定利益最大化的博弈手段。行政权力对市场的过度干预违背了市场经济发展的内在规律。[10] 市场参与主体无法学习掌握市场的变化规律，导致市场主体行为紊乱，市场效率下降。行政机关一方面通过设置区域壁垒限制自由竞争，另一方面将大量的资源投入部分短期利益大的产业，忽视发展的因地制宜。不同地区之间的经济价值链重叠度增加，市场竞争日益激烈，从而使得各地区的经济增长和发展受到限制，更易受到外部经济条件的冲击，极大地阻碍统一大市场建设目标的实现。

二、全国统一大市场视阈下行政性垄断规制的实效检视

构建全国统一大市场要针对重大领域的地方保护和市场分割突出问题开展专项治理。在全国统一大市场建设目标下，必须把规制行政性垄断作为提振市场预期和信心、稳定宏观经济和保障民生福祉的重要工作来抓。要想实现全国统一大市场目标，当前的反行政性垄断工作还远远不够。2018 年，反垄断执法机构进行了改革。2019—2022 年，国家市场监督管理总局连续四年发布反垄断执法年度报告。2022 年，国家市场监督管理总局部署在全国开展"2022 年滥

用行政权力排除、限制竞争执法专项行动",其中63起案件的详细情况已发布在市场监管总局官网。笔者结合以上数据,展开反行政性垄断执法情况实证研究,由此检验构建全国统一大市场目标下行政性垄断规制的实效。

(一)行政性垄断行为屡禁不止

表1 2019—2022年滥用行政权力排除、限制竞争案件查办数量

年份	调查数	结案数
2019年	84	12
2020年	98	67
2021年	80	46
2022年	92	73

全国统一大市场建设背景下,《反垄断法》对行政性垄断的关注增加,从立法上强化了对行政性垄断的规制。立法的完善推动执法的进步,我国对行政性垄断的反垄断法规制取得了初步成效,但可以发现行政性垄断行为屡禁不止。2019年至2022年,案件变化的幅度并不是很大,执法案件调查数量一直维持在90件左右。此外,这个数据与我国的经济发展规模是不相适应的,反垄断执法在营造公平竞争的市场环境方面还远远不够,无怪乎很多媒体和学者将中国的《反垄断法》称为"没有牙齿的老虎"。

(二)典型的违法行为类型频发

表2 违法形态统计

违法形态	2019年	2020年	2021年	2022年
限定或变相限定交易	67%	58%	42%	38%
制定含有排除、限制竞争内容的规定	25%	25%	42%	28%
妨碍商品在地区之间自由流通	8%	13%	2%	21%
排斥或者限制经营者参加招标投标以及其他经营活动	0%	9%	13%	10%
其他行政性垄断行为	0%	4%	0%	3%

经过统计,2019年办结的12件滥用行政权力排除、限制竞争案件中,限定

交易或变相限定交易的违法情况占比最多，2020年、2021年、2022年也都是如此。这说明，在实践中实施限定交易或变相限定交易的现象非常多，这将剥夺其他经营者的交易机会。这一行政性垄断行为将严重影响市场公平竞争秩序，不利于全国统一大市场的建设，反垄断执法在这一方面的规制还需要着重加大。此外，通过制定含有排除、限制竞争内容的规定来实施行政性垄断的现象也非常多。在2019年至2022年4年时间内，这一抽象行政性垄断行为的占比始终位居第二。抽象行政性垄断行为具有反复适用的特点，隐蔽性更强、影响范围更广且持续时间更久。反垄断执法机构必须加强对抽象行政性垄断行为的规制，弥补这方面的不足。通过对2022年专项行动中公布的63起案件进行分析，还发现了一个重要的信息。目前公布的涉及妨碍商品在地区之间自由流通的案件共3起。这3起案件中违法主体都是违反了第五款的规定，"妨碍商品在地区之间自由流通的其他行为"。这说明，当前行政性垄断行为的类型已大大超出第一至四款的典型列举范围，在实践当中对其进行认定的难度大幅提升。需要说明的是，由于2019—2021年的执法报告中在统计违法类型时只统计了少量已办结的案件情况，所以部分典型的行政性垄断行为没有出现。但是对公布详细数据数量较多的2022年反行政性垄断执法工作进行分析时，便可以发现修订后的《反垄断法》所规制的典型行政性垄断行为基本都有出现，只不过占比有所差异，这说明了实践当中还存在着种类繁多的排除、限制竞争的行政性垄断行为。而修订后的《反垄断法》第39条至45条所列举的典型行政性垄断违法形态，无一不产生排除、限制竞争，阻碍全国统一大市场建设的负面影响。因此，反垄断执法工作还有待进一步深入。

（三）民生领域反垄断执法不足

表3 行业领域分布

行业领域	2019年	2020年	2021年	2022年
交通	42%	13%	18%	19%
建筑	42%	17%	18%	16%
医药卫生	16%	21%	13%	16%
其他		49%	51%	49%

从执法案件涉及的行业领域来看，交通、建筑、医药卫生等涉及民生的行业领域，滥用行政权力排除、限制竞争的情况频发，严重阻碍了全国统一大市场建设的进程，反垄断执法机构应该加大对这类重点领域违法行为的查处力度。具体来看，交通运输行业的案件主要涉及共享单车、二手车交易、出租车等问题。以江西省市场监管局纠正吉安市城市管理局为例。[11] 在制止吉安市城市管理局滥用行政权力排除、限制竞争行为的案件中，涉及的垄断问题便是有桩人力和助力共享单车的系统建设及运营。建筑行业的案件主要涉及施工、建材等领域。以江西省市场监管局纠正上饶市婺源县发展和改革委员会为例。[12] 在制止上饶市婺源县发展和改革委员会滥用行政权力排除、限制竞争行为的案件中，处理的便是当事人滥用行政权力在对本地和外地的施工企业进行区别对待。医药卫生行业的案件主要涉及体检、医药采购配送等事项。以青海省市场监管局纠正海东市卫生健康委员会为例。[13] 在制止海东市卫生健康委员会滥用行政权力排除、限制竞争行为的过程中，调查处理的是当事人干预市直单位干部职工健康体检的问题。此外，从2019年至2022年行业领域分布的变化可以发现，近几年交通、建筑、医药卫生以外的行业领域，滥用行政权力排除、限制竞争的情况呈现上升趋势，值得警觉。总的来说，反垄断执法机构在重点民生行业领域的执法还不到位，排除、限制竞争的情况时有发生，反垄法的实施效果不佳。

三、行政性垄断规制实效欠佳的成因分析

（一）"以上级机关为中心"的法律责任体系威慑不足

我国《反垄断法》修订后仍然沿袭"以上级机关为中心"的法律责任体系，违法主体的上级机关享有法律责任决定权，上级机关责令改正，并决定有关责任人员所需承担的处分。上级机关的中立性和专业性无法保障，其与实施了行政性垄断行为的主体甚至可能是利益共同体。在对具体的违法行为进行处理的过程中，会出现责任过轻、威慑不足的现象。此外，在追究行政性垄断案件中相关主体的违法责任时，还缺乏对行政性垄断案件受益经营者的追责。行政性垄断的一个特别之处，便是行政性垄断受益经营者的存在。行政性垄断受

益经营者，是指因与行政性垄断存在某种关联关系而获得竞争优势或垄断利润的经营者。修订后的《反垄断法》新增了行政性垄断表现形态。增加了双方行政行为，但主语中只规制了行政主体，没有对行政性垄断行为受益经营者进行责任规定。对于受益经营者，是否需要承担法律责任？如果需要承担，又需要承担什么样的法律责任？违法责任制度的不完善，是实践中行政性垄断案件频发的重要原因。

（二）依赖自我纠偏的"单向度"机制

反垄断执法是纠正行政性垄断行为，规范滥用行政权力排除、限制竞争的重要措施，而在构建全国统一大市场目标下行政性垄断规制的实施效果不佳，很大程度上是因为反垄断执法措施的刚性约束力不强，导致执法威慑力不足。从2022年专项行动执法案件的纠正情况来看，主动纠正的情况占89%，大部分违法主体在调查期间，选择积极整改，消除不良影响，解除相关协议，并在政府网站进行公告。在当事人主动纠正的情况中，就披露的信息显示，反垄断执法机构没有提出进一步的行政建议。在被调查的违法主体没有积极进行整改时，相关的反垄断执法部门则会发出行政建议书，依法提出处理建议，处理建议书一般包括三部分的内容：责令当事人纠正行政性垄断行为、要求当事人学习公平竞争审查的有关规定、加强对当事人的后续监督和指导，防止行政性垄断行为再次出现。从主动纠正和责令整改两种纠正情况中，我们可以发现反垄断执法机构虽然可以对行政性垄断案件依法进行调查，但是对违法当事人却很难给予有力的处罚。换言之，在目前的滥用行政权力排除、限制竞争案件的规制中，当事人需要承担的违法责任，往往低于其实施违法行为对全国统一大市场建设带来的负面影响，从而导致了行政性垄断案件频发，《反垄断法》实施效果不佳的问题。法律制度的目标之一是对受害者进行补偿，而更为重要的目标是威慑人们不敢违反法律。修订后的《反垄断法》仍旧沿袭了"以上级机关为中心"的法律责任制度，存在反垄断执法权和追责权相分离的情况。反垄断执法机构没有法律责任的决定权，虽然可以对违法案件进行调查，并在调查过程中约谈当事人，在调查结束后还可以提出行政建议，但是这些内容还不足以形成强有力的约束。

（三）各地反垄断执法标准和水平不一

我国实行央地两级的反垄断执法体制，实证研究表明地方一级的反垄断执法机构是绝大多数行政性垄断案件的查办机构。地方一级反垄断执法部门查办案件时，容易受到地方领导的干预。[14] 分散性的执法体制安排，可能造成执法不足的问题，反垄断法约束的效果会大打折扣。此外，不同地区的执法标准可能不同。执法标准和方法不同，导致了执法效果不同。湖南、重庆、湖北、宁夏、安徽、江西、广西等地积极开展制止滥用行政权力排除、限制竞争的执法工作。湖南省2022年查办行政性垄断案件数全国第一，12件入选全国典型案件。浙江省采用交叉执法，不断提升反垄断执法效能。黑龙江省组织开展省、市、县"三级联动"工作模式，制止滥用行政权力排除、限制竞争的行为。山东以立案和公开为着力点，保持高压执法态势。但也有部分地区还存在对行政性垄断规制不充分，查处力度不够的问题。一些违法主体可能会利用分散的执法机构之间的信息不对称和缺乏协调，来规避反垄断执法的打击，使反垄断执法的公正性和有效性受到影响。

四、全国统一大市场视域下反垄断执法优化路径

（一）完善法律责任体系建设

首先，应当建立以反垄断执法机构为中心的法律责任体系。反垄断执法机构应该实现执法权与追责权合一，保障反垄断执法的效果。但是，笔者也深知以上级机关为中心的法律责任体系可能很难在短时间内进行根本性的变革。因此，笔者建议可以在目前的法律责任制度下，通过一些较小的调整来实现责任体系的部分完善。例如，对行政性垄断行为的构成要件和责任范围进行清晰明确的规定，避免违法主体借助一些模糊的规定来逃避法律责任。此外，可以考虑加大处罚力度。通过提高违法行为罚款的最高额度，或者采用惩罚性赔偿制度，来加大对违法主体的惩戒。还可以将行政机关的违法责任转化为有关人员的个人责任。这一做法可以有效防止相关责任人员隐身，从而维护全国统一大市场的竞争秩序。

其次，反垄断执法机构还应该拥有对受益经营者法律责任的决定权。加强对行政性垄断受益经营者的制裁，将大幅提升行政性垄断行为的规制效果。根据受益经营者与行政性垄断的关联程度，可将行政性垄断受益经营者分为四种类型，李国海教授认为，应该在考虑行政性垄断的特殊性和受益经营者的不同类型的基础上，在制裁方式和力度方面进行区别对待。（1）掩饰型受益经营者：这一类经营者本质上与直接自主实施经济性垄断的经营者没有区别，应该直接按照经济性垄断的制裁制度来处理。（2）协作型受益经营者：可比照经济性垄断予以行政制裁，即可适用行政罚款、没收违法所得及责令停止违法行为等行政制裁手段，但行政罚款的制裁标准应有所下调。（3）服从型受益经营者：此类经营者参与行政性垄断行为具有被动性甚至被强制性，适用没收违法所得及责令停止违法行为等行政制裁方式。（4）间接关联型受益经营者：反垄断法无须对其进行制裁，因为他们对行政性垄断的发生与否不产生任何影响。制裁行政性垄断受益经营者，应该尊重其合理抗辩权，以落实"最优威慑"理念。[15]

最后，在我国《反垄断法》中行政责任、民事责任、刑事责任三种责任都应当设置。[16] 对于不同的违法行为，应当采取相应的法律责任形式进行制裁。不同的责任形式应该互相补充，协调运用。不能简单仅采用一种法律责任形式代替另外一种责任形式，否则将会大大降低法律制裁的效果，不足以实现维护公平竞争、打击垄断行为的目的。例如，在某些情况下，垄断行为造成了其他企业的经济损失，就需要进行民事赔偿，以便将该损失补偿给被侵权方，从而维护市场公平竞争环境。而在其他情况下，可能需要采取刑事责任，对包括个人和企业在内的违法行为人进行惩罚，以防止再次发生类似的垄断行为。在对垄断行为进行法律制裁时，需要根据具体情况采用相应的法律责任形式，而非简单地用一种形式代替另一种形式。只有这样才能够达到更好的制裁效果，真正实现维护市场公平竞争秩序和打击垄断行为的目标。

（二）提高反垄断执法机构的权威性和独立性

首先，在全国统一大市场视域下，应当提升反垄断执法机构行政层级，增强其独立性，同时赋予反垄断执法机构更多执法权限，如赋予反垄断执法机构一定程度的"追责权"，[17] 通过保障反垄断执法机构的"有位"来更好地实现

"有为"。其次，可以通过培训、考试等方式，提高执法人员的法律知识水平、经济学理论水平和调查研究能力，增强执法人员对于反垄断法律和政策的理解和掌握。再次，要完善反垄断执法制度。建立和完善依案制定的执法指南和执法处罚标准，制定明确的执法流程和工作程序，规范执法行为，提高执法效率和质量。最后，需要加强公众参与。政府应该积极推动公众参与反垄断执法工作，建立反垄断执法的透明度机制，使公众对反垄断执法过程和结果有深入的了解和讨论，并对执法部门的工作和决策提出建议和反馈。有关部门还需要加强反垄断教育和普及工作，提高公众对反垄断法的认知和理解，减少反垄断执法过程中的阻力。

（三）统一全国规制行政性垄断的执法工作

全国统一大市场的建设要求统一各省市反垄断执法的标准和程序。统一全国规制行政性垄断的执法工作，需要建立起完整的协调机制，以保证各部门的协调和配合。此外，加强国家市场监督管理总局及各省市反垄断执法部门之间的信息交流非常重要。可以建立执法信息公开平台，加强经验分享与交流。此外，各执法部门可以通过执法实践制定典型案例分析报告，形成经典案例合集。笔者还建议，对各省市反垄断执法机构的成效和不足进行定期的考核评估，以便发现执法实践中存在的问题，从而促进各地区反垄断执法的统一。

五、结论

政府是构建全国统一大市场的引路人，在维护和促进经济结构和运行的协调稳定发展中发挥巨大的作用。现实存在的行政性垄断具有极强的破坏性，将妨碍市场主体自由，导致无序竞争和过度竞争的出现，是全国统一大市场建设之路的最大障碍。为实现构建全国统一大市场的目标，本文积极探索行政性垄断的反垄断法规制办法。实证研究发现，目前的反行政性垄断执法存在行政性垄断行为屡禁不止、典型的违法行为频发、民生领域反垄断执法不足等问题。行政性垄断规制实效的不佳是由于执法层面的反行政性垄断执法的惩罚性不强、各地执法标准和水平不一等问题。为实现全国统一大市场建设目标下对行政性垄断的有力规制，应当强化反垄断执法，加强反垄断执法进行事后纠正与监察，推动公平竞争秩序的建立，早日建成真正公平、开放、高效的全国统一大市场。

参考文献

［1］刘雅珍，刘志彪．全国统一大市场：构建新发展格局的基础性架构［J］．南京社会科学，2023（2）：35-42.

［2］刘志彪，孔令池．从分割走向整合：推进国内统一大市场建设的阻力与对策［J］．中国工业经济，2021（8）：20-36.

［3］中华人民共和国中央人民政府．中共中央 国务院关于加快建设全国统一大市场的意见［EB/OL］．（2022-4-10）https://www.gov.cn/zhengce/2022-04/10/content_5684385.htm.

［4］罗英，张盈欣．建设全国统一大市场的关键是制度规则统一［J］．中国市场监管研究，2022（5）：10-12.

［5］刘世锦．建立公平开放透明的市场规则［J］．中国发展观察，2013（11）：4-6.

［6］王晓倩．新《反垄断法》致力于加快建设全国统一大市场［J］．中国价格监管与反垄断，2023（1）：41-45.

［7］戚聿东，郝越．以公平竞争审查制度促进全国统一大市场建设［J］．南方经济，2022（8）：10-21.

［8］时建中，刘国胜．我国资本市场多层次结构模式探析［J］．河北经贸大学学报，2014，35（5）：93-100.

［9］孔祥俊．关于反垄断法的两个问题［J］．工商行政管理，2001（9）：27-28.

［10］王轶昕，贠菲菲．建立全国统一大市场的理论分析、制约因素及策略选择［J］．理论月刊，2022（11）：71-80.

［11］国家市场监督管理总局．2022年制止滥用行政权力排除、限制竞争执法专项行动案件（第五批）［EB/OL］．（2023-1-11）https://www.samr.gov.cn/zt/qhfldzf/art/2023/art_1ad3fa6bc72b4ccf983ce85feb72cdf4.html.

［12］国家市场监督管理总局．2022年制止滥用行政权力排除、限制竞争执法专项行动案件（第四批）［EB/OL］．（2022-11-25）https://www.samr.

gov. cn/jzxts/tzgg/qlpc/art/2023/art_80b764c8e2c24d5d9534 b1a1a502da0c. html.

[13] 国家市场监督管理总局. 2022 年制止滥用行政权力排除、限制竞争执法专项行动案件（第三批）[EB/OL]. (2022-11-18) https://www. samr. gov. cn/zt/qhfldzf/art/2022/art_f412f28667244e22a4a3974cb206f999. html.

[14] 叶高芬. 全国统一大市场视域下行政性垄断规制模式的重构 [J]. 法学, 2023 (3)：145-160.

[15] 李国海, 彭诗程. 制裁行政垄断受益经营者：动因、范式与规则 [J]. 法学杂志, 2019, 40 (8)：88-97.

[16] 孙晋. 我国《反垄断法》法律责任制度的缺失及其完善 [J]. 法律适用, 2009 (11)：39-44, 49.

[17] 刘永红, 唐洋. 全国统一大市场建设背景下破解行政垄断的法治之道 [J]. 长白学刊, 2023 (1)：78-87.

作者简介：谌立芳, 武汉大学法学院硕士研究生, 武汉大学竞争法与竞争政策研究中心助理研究员。

省际贸易视域下江苏参与
国内大循环的现状及对策

卢晓菲

摘　要：当前复杂国际形势下，以江苏为代表的江浙广等外贸大省，积极调整外向型发展模式、转向国内经济循环发展模式。本文基于国内省际投入产出表数据，利用复杂网络分析方法，对江苏参与省际贸易网络的地位演变、中心度纵向演化趋势、突出特征进行了深入、全面的分析，并提出了提升江苏在国内大循环中的参与度的三点政策建议：一是强优势、补短板，助力国内统一大市场建设；二是借助长三角一体化契机，加强省际合作；三是加快健全现代流通体系，强化物流支撑作用。

关键词：省际贸易；复杂网络；网络中心度

一、引言

增强省际贸易流通性，是建设全国统一大市场的重要目标。根据国家税务总局在2023年5月例行新闻发布会上的介绍，2017—2022年，全国省际贸易销售额年均增长12.8%，省际贸易销售额占全部销售额的比重从38.2%提高至39.8%。关注省际贸易强度、厘清省际贸易突出特征和比较优势，对于进一步提升全国统一大市场优势至关重要。

面临全球经济衰退、经贸不确定性持续增大的复杂国际形势，以江苏为代表的江浙广等外贸大省，积极调整外向型发展模式、转向国内经济循环发展模式，参与国内省际贸易成为重要的内循环参与方式。为了考察江苏在全国31个省级行政区（不含港、澳、台）两两贸易所构成的省际贸易复杂网络中的地位如何演变，本文实证部分基于截至2024年7月最新可获取的2015年和2017年省际区域间投入产出表数据，该经济数据来源于清华大学关大博团队编制的2015年、2017年"地区间投入产出表"，测算了31个省（区、市）42部门省际区域间投入产出数据。基于该表，本研究加总了中间品贸易和最终品贸易数据，得到省—省贸易额的邻接矩阵，结合复杂网络分析方法，对江苏在省际贸易网络中的地位及演变趋势进行分析，并基于分析结论提出了江苏进一步提升国内大循环参与度的对策建议。

二、单个网络节点视角下江苏在省际贸易网络的地位演变

这部分对江苏在省际贸易网络中的地位的分析，从贸易密度和贸易强度两个视角进行考察。考虑到贸易流入和流出的方向性，省际贸易网络中共有930条省—省贸易网络连接线（31×30）。为了使省际贸易网络更加清晰，仅考虑主要的省际贸易网络连接，本文按照复杂网络分析的通用方法进行数据处理，即采用80%阈值的原则进行处理，仅保留贸易网络中主要的贸易链接关系，且部分省（区、市）由于数据局限性或者和其他省（区、市）之间的贸易规模占比较小而并未出现在本研究的网络图中。处理之后的省际贸易网络图如图1，左图和右图分别是2015年、2017年主要省际贸易网络关系图。

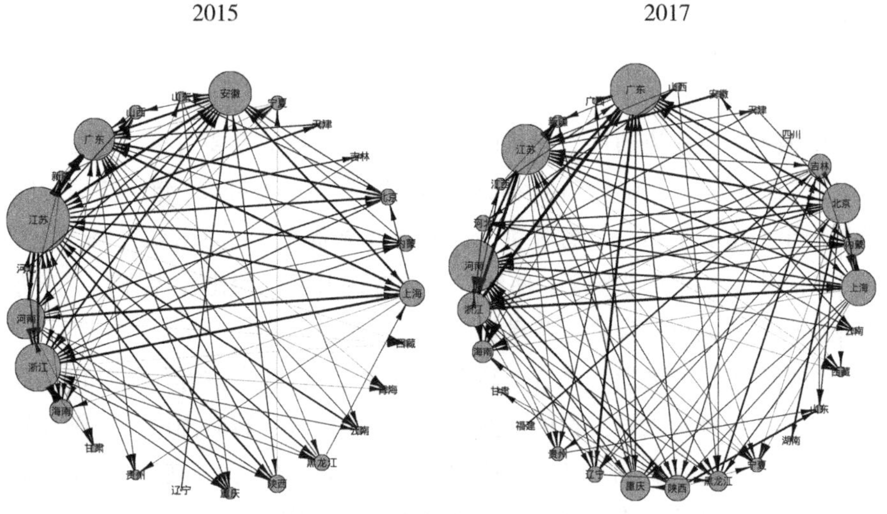

图1 2015（左）和2017年（右）主要省际贸易关系图

（一）贸易密度

31个省（区、市）中的某个省（区、市）与其他省（区、市）建立贸易链接的数量大小视为该省（区、市）在贸易网络中的贸易密度。在图1中，每个省（区、市）作为一个节点，每个节点有发射向其他节点的射线或者从其他节点发射至该节点的射线，这些射线数量的总和视为该节点省（区、市）的贸易密度，射线数越多，表示该节点在网络中的贸易密度越高。

从图1中可以看出，相较于其他省份，江苏与其他省（区、市）的连接线数量明显较多。2015年，与江苏建立贸易链接的射线数量共有33个，位居第一，前五位分别是江苏（33个）、浙江（24个）、安徽（22个）、广东（21个）、河南（20个）。至2017年，与江苏建立贸易链接的射线数量减少至25个，排名有所降低，位居第三，前五位分别是广东（26个）、河南（26个）、江苏（25个）、北京（20个）、上海（18个）。由此，就贸易密度而言，江苏与其他省（区、市）所建立的贸易链接密度在2015年至2017年有所降低。究其原因，江苏作为东部沿海的制造业大省，对外参与全球价值链、对内延伸国内价值链从而与其他省（区、市）建立了较多的中间品或最终品贸易链接，使江苏在省际贸易网络中的贸易密度一直处于相对较高的地位。由于广东、河南等制造业贸易大省的激烈竞争，尤其是江苏要素成本的提升，导致部分制造业转移，江苏的贸易密度地位部分"让渡"给了享有政策红利或者要素成本优势的地区，最终导致江苏在省际贸易网络的地位从2015年至2017年呈现下降趋势。

（二）贸易强度

31个省（区、市）两两之间贸易价值规模大小视为该省（区、市）和链接省（区、市）在贸易网络中的贸易强度。在图1中，将各省（区、市）作为贸易网络节点，各节点之间存在连接线则表明省与省之间存在贸易链接关系，连接线的粗细则表示两个节点之间的贸易流量大小，越粗表示两个节点省（区、市）之间的贸易规模越大。

根据图1的左图，2015年，按80%阈值原则处理后省与省之间存在118条贸易连接线，其中，排名前五的省际贸易连接线分别是江苏→广东（5568亿元）、江苏→河南（3735亿元）、江苏→浙江（3118亿元）、河南→浙江（3079亿元）、江苏→安徽（3010亿元）。其中，江苏流向广东的贸易主要分布在通信设备、计算机和其他电子设备、电气机械和器材、化学产品、金属制品以及仪器仪表等部门。江苏流向河南的贸易主要分布在通用设备、化学产品、专用设备、电气机械和器材以及建筑等部门。江苏流向浙江的贸易主要分布在化学产品、电气机械和器材、非金属矿物制品、专用设备以及金属制品。河南流向浙江的贸易主要分布在非金属矿物制品、金属冶炼和压延加工品、金融、化学产品以及食品和烟草。江苏流向安徽的贸易主要分布在化学产品、金融、租赁和商务服务、通用设备以及专用设备等部门。

根据图1的右图，2017年，按80%阈值原则处理后省与省之间有138条贸易连接线。排名前五的省际贸易连接线分别是浙江→河南（6345亿元）、江苏→浙江（4845亿元）、广东→浙江（4729亿元）、广西→广东（4285亿元）、河南→广东（3568亿元）。其中，浙江流向河南的贸易主要分布在建筑、租赁和商务服务、卫生和社会工作、批发和零售以及化学产品。江苏流向浙江的贸易主要分布在化学产品、仪器仪表、电气机械和器材、金属冶炼和压延加工品以及通信设备、计算机和其他电子设备。广东流向浙江的贸易主要分布在通信设备、计算机和其他电子设备、房地产、化学产品、金属制品以及造纸印刷和文教体育用品等部门。广西流向广东的贸易主要分布在建筑、农林牧渔产品和服务、金属冶炼和压延加工品、木材加工品和家具以及非金属矿物制品等部门。河南流向广东的贸易主要分布在非金属矿物制品、金属冶炼和压延加工品、食品和烟草、交通运输、仓储和邮政以及化学产品等部门。

从江苏与其他省（区、市）之间的贸易强度和贸易结构来看，江苏在省际贸易网络中具有举足轻重的地位，贸易往来规模巨大且参与省际贸易的主要方式是输出重要的贸易中间品，省际贸易输出产品多为机械、通信等各类生产设备以及化学产品、金属及非金属制品等生产材料。2015年至2017年，江苏与其他省（区、市）之间的贸易规模相对减小，部分被广东、浙江、河南等省份之间的密切贸易往来所"稀释"，一定程度上反映了政策红利、人才政策、互联网经济和要素成本等因素对江苏参与省际贸易网络的冲击效应。同时，其他省际贸易结构的商品多元化对比江苏持续输出仪器设备等加工制造品的单一化，也反映出江苏参与省际贸易模式的相对固化。

表1 省际贸易规模前十名（2015—2017年）

排名	2015年 省际链接	贸易流量（亿元）	2017年 省际链接	贸易流量（亿元）
1	江苏→广东	5568	浙江→河南	6345
2	江苏→河南	3735	江苏→浙江	4845
3	江苏→浙江	3118	广东→浙江	4729
4	河南→浙江	3079	广西→广东	4285
5	江苏→安徽	3010	河南→广东	3568
6	上海→河南	2671	辽宁→广东	3489
7	上海→浙江	2668	河南→浙江	3477
8	上海→广东	2542	上海→浙江	3436
9	安徽→江苏	2504	江苏→河南	3284
10	安徽→广东	2477	安徽→江苏	3212

数据来源：根据中国地区间投入产出表计算得到。

三、复杂网络视角下江苏在省际贸易网络的中心度纵向演化趋势

贸易强度和贸易密度分析注重对省际贸易网络中单个节点进行数量规模分析，或分析节点的贸易伙伴数量或分析单个节点与另一个节点之间的贸易往来规模，可以说是从"点"或"线"的视角进行。为了进一步更为详细、更加全面地考察江苏在省际贸易网络中的地位变化，下面从"点""线"所构成的复杂网络视角进行分析，注重考察各省（区、市）相互贸易往来构成的复杂网络，对网络中每个节点进行网络内在结构视角的分析，主要从度中心度、接近中心度、中介中心度以及特征向量中心度这四个网络中心度着手。这四个中心度的指标主要是基于省份之间的邻接矩阵（两个省份之间产生贸易链接则矩阵元素视为1，否则视为0）进行测算的，注重刻画这个0-1矩阵构成的复杂网络中每个节点起到的作用，从不同的角度刻画了每个节点在网络中的中心度。

(一) 度中心度

该指标是衡量节点省市在贸易网络中的重要性的指标。根据下面的表2和表3，江苏2015年至2017年度中心度指标显著降低。其中，入度中心度从12降低到9，表明了向江苏贸易输出的主要贸易来源地数量减少了3个。出度中心度从21减少至16，表明江苏贸易流出目的地减少了5个。相较而言，广东的入度中心度从14个减少至12个、出度中心度则从7个增加到14个，表明了广东的贸易来源地减少而贸易输出地则增加；浙江入度中心度从14个减少至13个，出度中心度则从10个减少至4个，表明浙江的贸易来源地和输出地均减少。

(二) 接近中心度

该指标反映了节点在网络中居于中心的程度，用各省（区、市）节点与其他节点距离之和的倒数来测度，值越大表明节点越接近网络中心、越能够很快到达其他省（区、市）。接近中心度强调的是每个点对网络的价值，越大就说明对整个网络的作用就越大。度中心度强调的是每个网络中的点的单独价值，越大就越有价值。从表2和表3中可以看出，2015年至2017年，江苏从0.92降低至0.76，说明了江苏在省际贸易网络中到其他各省（区、市）的距离之和增大了、江苏要到达其他省（区、市）变得更慢了，换句话说，江苏靠近省际贸易网络中心位置的程度降低、与其他省（区、市）建立贸易链接的效率下降。实际上，同为贸易大省的广东从0.75降低至0.70，浙江从0.83降低至0.67，表明广东、江苏、浙江这些靠近网络中心的程度都在陆续降低。作为对比，辽宁、吉林、重庆等省（区、市）的接近中心度则有显著的提升。

(三) 中介中心度

该指标指一个节点在多大程度上位于其他两个节点的"中间"，其经济含义是一个省（区、市）的中介中心度越高，其在贸易网络中发挥的通道或者桥梁作用越大，一旦作为中介的省（区、市）拒绝提供中介桥梁作用，那么经由该省（区、市）所建立的贸易链接就会断裂，造成网络的切割。2015

年至 2017 年，江苏中介中心度从 156.88 降低至 115.91，表明江苏作为其他省（区、市）间贸易通道、桥梁的作用有所降低。作为对比，广东从 72.42 增加至 120.69，浙江从 63.97 降低至 25.79。

（四）特征向量中心度

该指标是指一个节点的重要性取决于其邻居节点的数量（即该节点的度），也取决于其邻居节点的重要性。与之相连的邻居节点越重要，则该节点就越重要。其经济含义是，一个省（区、市）特征向量中心度越高，说明其在贸易网络中的邻近省（区、市）具有重要地位。2015 年至 2017 年，江苏从 0.40 下降至 0.32，广东则保持 0.30 不变，浙江从 0.35 下降至 0.29。

综上所述，江苏在省际贸易网络中的各项中心度指标均有不同程度的下降，对比之下，重庆等其他省市则呈现出不同程度的提升。究其原因，一方面，江浙广作为外贸大省，对外承接全球价值链，劳动密集的价值链环节转移给内陆省份，建立了和其他省份之间密切的贸易链接，也确立其在省际贸易网络中接近中心度处于绝对高水平的地位，随着国内价值链的逐渐构建和完善，更多省份开始参与省际贸易，江浙广等老牌外贸强省在省际贸易中遥遥领先的局面开始逐渐改变，重庆等省（区、市）逐渐在省际贸易网络中彰显重要作用，2015 年至 2017 年的变化正体现了这一点。另一方面，不同省份贸易网络中心度"此起彼伏"的局面也和江浙广等主要贸易大省的贸易结构调整有关，作为国内主要的制造业贸易大省，这些省份也开始注重制造业和服务业的融合，发展现代化服务业，推动两化融合发展，从而促使省际贸易向国内价值链的两头延伸，表现在省际贸易结构方面，即 2015 年至 2017 年，涉及江浙广的省际贸易商品结构从机械设备、仪器仪表等为主转向商务服务等服务领域全面发展的趋势逐渐凸显。

表 2　2015 年省际贸易网络主要节点的网络中心度

	2015 年				
	度中心度		接近中心度	中介中心度	特征向量中心度
	入度中心度	出度中心度			
上海	5	8	0.62	21.18	0.24

续表

	2015 年				
	度中心度		接近中心度	中介中心度	特征向量中心度
	入度中心度	出度中心度			
云南	4	0	0.55	0.00	0.14
内蒙古	4	4	0.56	10.91	0.17
北京	4	4	0.59	2.53	0.20
吉林	1	1	0.50	0.00	0.08
天津	1	2	0.50	0.00	0.07
宁夏	3	4	0.53	0.76	0.16
安徽	12	10	0.73	61.41	0.31
山东	1	4	0.48	1.28	0.11
山西	3	4	0.56	0.42	0.17
广东	14	7	0.75	72.42	0.30
新疆	4	1	0.56	0.52	0.17
江苏	12	21	0.92	156.88	0.40
河北	0	3	0.53	0.00	0.11
河南	6	14	0.73	28.39	0.31
浙江	14	10	0.83	63.97	0.35
海南	6	6	0.59	36.78	0.20
甘肃	2	2	0.51	0.33	0.11
西藏	3	0	0.51	0.00	0.11
贵州	3	2	0.51	4.63	0.09
辽宁	0	1	0.43	0.00	0.03
重庆	5	1	0.55	1.10	0.15
陕西	4	5	0.57	5.35	0.19
青海	3	0	0.51	0.00	0.11
黑龙江	4	4	0.56	8.12	0.17

数据来源：根据投入产出表计算、整理得到。

表3 2017年省际贸易网络主要节点的网络中心度

	2017年				
	度中心度		接近中心度	中介中心度	特征向量中心度
	入度中心度	出度中心度			
上海	5	13	0.67	59.49	0.29
云南	3	0	0.47	0.00	0.09
内蒙古	5	6	0.53	24.46	0.17
北京	8	12	0.67	59.91	0.28
吉林	3	9	0.60	33.50	0.23
四川	0	1	0.38	0.00	0.02
天津	1	2	0.49	0.00	0.09
宁夏	7	0	0.56	0.00	0.17
安徽	1	2	0.47	0.00	0.07
山东	4	0	0.48	0.00	0.08
山西	1	3	0.46	2.49	0.06
广东	12	14	0.70	120.69	0.30
广西	1	2	0.45	0.00	0.07
新疆	5	1	0.50	5.51	0.12
江苏	9	16	0.76	115.91	0.32
江西	2	4	0.48	0.00	0.11
河北	3	5	0.50	25.85	0.12
河南	11	15	0.76	87.50	0.35
浙江	13	4	0.67	25.79	0.29
海南	9	2	0.61	2.82	0.24
湖南	1	0	0.41	0.00	0.03
甘肃	1	1	0.41	0.20	0.04
福建	0	1	0.38	0.00	0.02
西藏	5	0	0.52	0.00	0.13
贵州	4	3	0.52	3.92	0.14

续表

	2017 年				
	度中心度		接近中心度	中介中心度	特征向量中心度
	入度中心度	出度中心度			
辽宁	5	3	0.54	3.68	0.15
重庆	6	9	0.61	59.77	0.23
陕西	7	6	0.60	60.46	0.22
黑龙江	6	4	0.54	15.05	0.16

数据来源：根据投入产出表计算、整理得到。

四、江苏参与省际贸易网络的突出特征

上文对江苏参与省际贸易网络的现状评价，对江苏在省际贸易网络的贸易密度、贸易强度，以及江苏作为网络节点在复杂贸易网络中的结构特征等进行了分析，结合目前江苏参与省际贸易网络的现实情况，将其突出特征总结为以下三点。

（一）贸易伙伴相对集中，贸易结构相对固定

江苏参与的省际贸易，无论是贸易输出目的地还是贸易输入来源地，都相对较为集中且贸易伙伴结构相对固定。从贸易输出来看，2015 年，江苏到其他省份的贸易总输出为 49783 亿元，其中主要输出到广东、河南、浙江、安徽和北京五个省（区、市）为主，到这五大省（区、市）的输出额占比之和达 36%。至 2017 年，江苏的贸易输出总额为 36891 亿元，主要输出目的地仍为这五个省（区、市），到这五大省（区、市）的输出额占比之和提高到近 50%。可以看出，江苏输出到各省份的贸易额有所减少，但是输出目的地却更为集中了。图 2 直接给出了 2017 年主要省市的贸易输出额分布对比图，可以看出，相较于天津、安徽、上海和浙江等省（区、市），江苏的贸易输出额分布更为平缓、右尾拉长，意味着江苏的贸易输出额在各省（区、市）之间的差异较大、出现比较明显的两极化，也侧面体现了主要输出目的

地占据了大部分的输出份额。

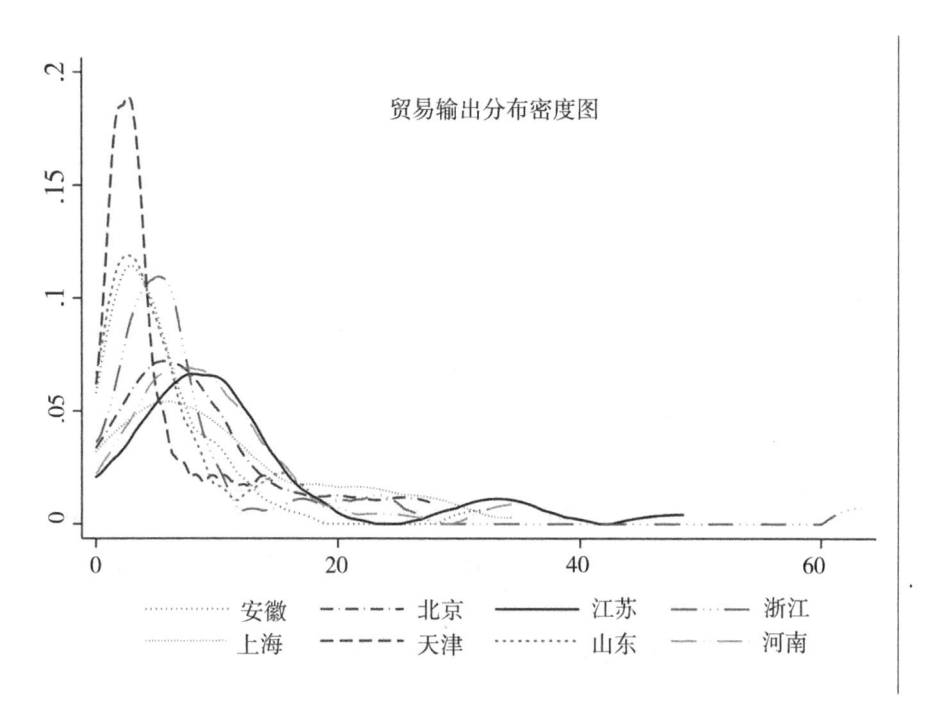

图 2　主要省份参与省际贸易的贸易输出额概率密度分布图（2017）

从贸易输入来看，2015 年，其他省份到江苏的贸易总输入额为 28948 亿元，主要来自河南、安徽、河北、浙江以及山东这五大省（区、市），五大来源占比 36%。至 2017 年，国内其他省份到江苏的贸易总输入额为 30786 亿元，主要来源地仍有安徽、河南，新增了广东、上海、北京，五大来源占比超过 40%。可以看出，输入江苏的省际贸易规模略有增加，但前五大贸易来源地的占比之和显著增加。图 3 直接给出了 2017 年主要省（区、市）的贸易输入额分布对比图，可以看出，相较于天津、安徽、上海和北京等省（区、市），江苏的贸易输入额分布依然是更为平缓，意味着江苏的贸易输入额在不同来源地之间差距较大，也侧面体现了主要输入来源地占据了大部分的输入份额。

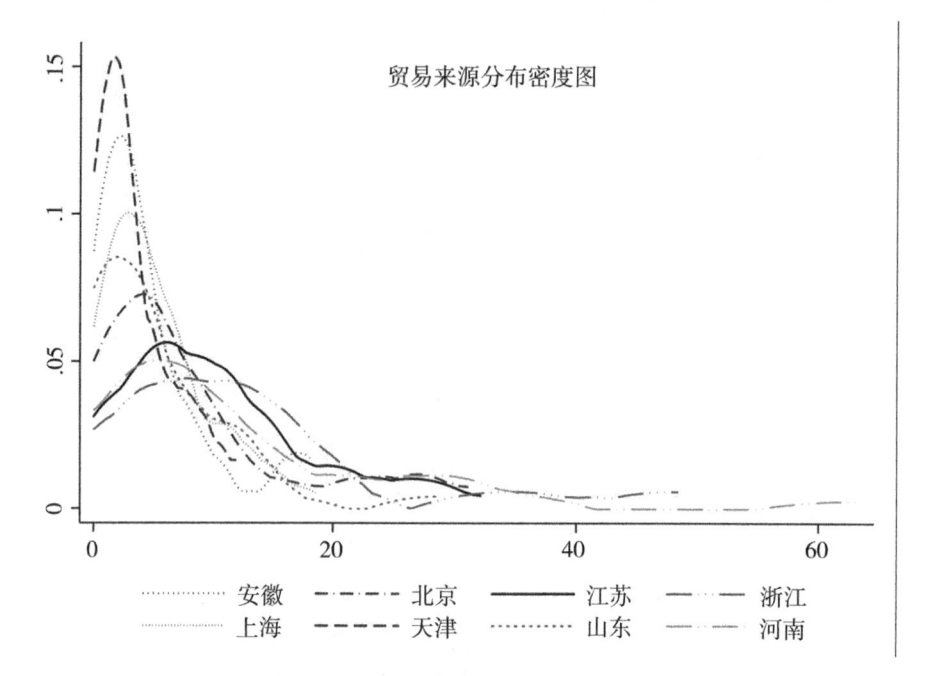

图3　主要省份参与省际贸易的贸易输入额概率密度分布图（2017）

（二）省际贸易商品结构单一，服务贸易省际联结相对较弱

上述分析所提及的省际贸易输入或输出，均指的是中间品和最终品总和贸易。要分析省际贸易的商品部门结构，则需要剥离最终品贸易、单独对省与省之间的分部门中间品贸易进行考察，这里基于中国区域间投入产出表的省-行业中间品贸易流进行分析。就全国31个省（区、市）（不包括港澳台）而言，江苏和其他30个省（区、市）之间均存在省际贸易联结。如果统计出江苏输出到每个省（区、市）规模最大的五种贸易商品将得到30个排行榜。通过对这30个排行榜统计发现，2017年，化学产品（30）、电气机械和器材（29）、房地产（18）、建筑（16）以及通信设备和计算机等（14）多次上榜。其中，化学产品在30个排行榜中出现了30次，意味着江苏是国内化学产品贸易的主要来源地；其次是电气机械和器材，江苏是国内29个省（区、市）电气机械和器材的主要供应商。

从其他省（区、市）输入江苏的商品结构来看，化学产品（30）、金属冶炼和压延加工品（28）、水的生产和供应（20）、电气机械和器材（12）以及食品和烟草（11）位居前五。其中，化学产品仍然地位显著，江苏是其他28个省（区、市）化学产品的主要贸易输出目的地。同时江苏也是28个省（区、市）金属冶炼和压延加工品的主要流向目的地。此外，江苏还是20个省市进行省际供水的主要目的地。

综合来看，一方面，江苏是我国省际贸易的重要连接点、中转地，既是化学产品、电气设备、金属加工品等重要工业中间品的主要供应商，也是这些工业中间品的重要采购商，在国内省际贸易中起到了重要的桥梁作用。另一方面，江苏参与的省际贸易主要集中在工业中间品领域，无论是输入贸易还是输出贸易，江苏和其他省（区、市）之间的贸易较少涉及服务业部门，比如信息技术服务部门，30个江苏输出贸易商品规模排行榜中仅在江苏→内蒙古的省际贸易中上榜，在30个输入江苏贸易商品规模排行榜中仅在重庆→江苏、西藏→江苏、四川→江苏以及海南→江苏的省际贸易中上榜，意味着这五个省（区、市）和江苏之间开展了颇具规模的信息技术服务贸易，其他省（区、市）和江苏之间的信息技术服务贸易规模均较小。江苏的科技服务省际贸易规模相对就更小了，在30个江苏输出贸易排行榜和30个输入江苏的贸易排行榜中仅在北京→江苏的省际贸易中上榜。

（三）贸易商品主要流入省际投资需求，消费需求占比相对较少

和国内主要省份相比，在江苏贸易流出的最终需求分布中，2017年，流向其他省（区、市）最终消费需求（政府消费、城镇消费和农村消费三项总和）的商品相对较少，占贸易总流出的比重不到40%，而同期浙江、上海、广东、北京、河南等省（区、市）这一比例则普遍高于40%，北京、广东、河南有一半以上贸易商品流向其他省（区、市）消费需求。与此相对的是，江苏超过60%的省际贸易商品流向其他省（区、市）的投资需求（主要是固定资本形成），而北京等省（区、市）流向投资需求的省际贸易商品占比不到50%。这意味着江苏参与省际贸易主要以投资拉动方式助力其他省（区、市）经济增长（图4）。

从贸易商品流入视角来看，省际贸易流入江苏的商品则基本均匀分布在江苏的消费需求和投资需求上，尽管固定资本形成仍是江苏吸引外省（区、市）

商品流入的主要阵地，但是包括农村消费、城镇消费和政府消费在内的消费需求共计吸引外省商品流入占比高达53%。

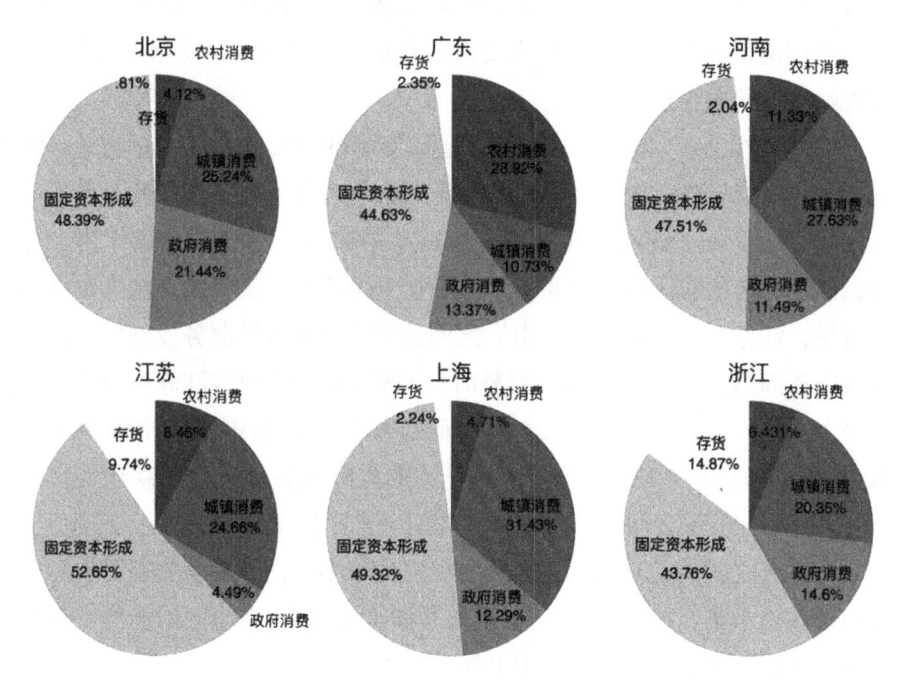

图4 主要省（区、市）贸易输出的最终需求分布（2017）

五、江苏提升国内大循环参与度的对策

上文对江苏在省际贸易网络中的地位演变、在省际贸易网络中的中心度纵向演化趋势、参与国内省际贸易网络的突出特征进行了分析，对于省际贸易视角下江苏参与国内大循环的程度、方式和主要特征有了基本了解。为进一步提升江苏在国内大循环中的参与度，基于上文结论，提出以下三点对策建议。

（一）强优势、补短板，助力国内统一大市场建设

江苏参与省际贸易的突出优势在于，雄厚的制造业基础使得江苏在省际贸易网络中成为工业中间品流转的节点省份，对于相关产业链具有重要的桥梁沟

通作用。相较之下，江苏在创新和信息要素的省际贸易流通中则有较大的发展空间。促进创新要素有序流动和合理配置是建设全国统一大市场的内在要求，整体而言，江苏和其他省（区、市）之间在科技服务或者信息技术服务等领域的贸易合作相对较少，不仅少于北京、上海这两大国际科创中心，也相对少于广东、浙江等同为东部沿海贸易大省的地区。因此，江苏一方面要坚持高端制造业等高新产业发展，成为国内相关产业链领导者，另一方面要关注信息技术产业、科创服务的省际合作，贯彻落实《江苏省推进数字贸易加快发展的若干措施》的同时加强省际信息要素流动、信息技术交流，强化数字贸易头部企业引培的同时加大省与省之间就头部企业平台化、国际化发展的经验交流，和其他省（区、市）形成优势互补、资源共享的良性国内大循环。

（二）借助长三角一体化契机，加强省际合作

沪苏浙皖三省一市构成的长三角地区在国家经济社会发展中的地位和作用不言而喻。地理位置接近、交通成本因素也使得安徽、浙江和上海成为江苏省际贸易的主要贸易伙伴，且往来贸易规模也在逐年加大。从138个政务服务事项在长三角地区41座城市跨省通办，到合作共建长三角国家技术创新中心，再到2023年6月提出的"打造新能源汽车和智能网联汽车世界级产业集群"等一系列促进长三角更高质量一体化发展的国家政策，都给江苏融入区域一体化发展、加强区域内省际联结创造了有利条件，江苏应基于目前和沪浙皖之间的紧密贸易互动，进一步积极发挥各自比较优势，在实现长三角发展目标上破除壁垒、各展所长，通过区域内经济循环助力长三角更高质量发展、应对外部环境的不确定性。

（三）加快健全现代流通体系，强化物流支撑作用

畅通国内循环、提高省际贸易连接的重要支撑是现代化交通物流体系。过去几年，在孩子王、苏宁易购、汇通达等先进企业成为国家电子商务示范企业的同时，江苏流通企业竞争力不强，流通效率低、成本高等短板也成为阻碍江苏更高程度参与国内省际贸易的重要因素。江苏"十四五"规划纲要针对这一问题，明确提出了夯实现代流通体系基础设施、优化现代流通体系建设环境、发展流通新技术新业态新模式等举措。此外，加快落实落细《江苏省"十四

五"现代流通体系建设方案》,对其中梳理的铁路运力资源尚未充分利用、商贸流通领域信用建设不足等流通堵点和难点,总结国内外经验做法,明确负责部门,切实推动多层次物流枢纽体系、开展商务信用监管试点建设。

参考文献

[1] 彭刚,刘孟含,彭肖肖. 国内大循环背景下省际贸易复杂网络构建与演化研究 [J]. 统计理论与实践,2022 (10): 21-32.

[2] 施炳展,张瑞恩. 中国省际贸易潜力估算——基于国内贸易与国际贸易对比的视角 [J]. 国际贸易问题,2021 (12): 49-65.

[3] 张为付,陈启斐,潘茂启. 找准定位促进内循环发展 [J]. 群众,2020 (18): 27-28.

作者简介:卢晓菲,江苏省社会科学院世界经济研究所助理研究员。

奋力推进中国式现代化的地方实践
——以甘肃为例

刘伯霞

摘　要：文章以"党团结带领全国各族人民全面建成社会主义现代化强国、实现第二个百年奋斗目标，以中国式现代化全面推进中华民族伟大复兴"为背景，重点探讨了如何奋力推进中国式现代化的地方实践。首先，全面阐述了中国式现代化的内涵、特色及本质要求；其次，详细介绍了中国式现代化战略部署的提出过程及目标任务；最后，重点阐述了推进中国式现代化甘肃实践的目标愿景和方法路径。

现代化是人类社会发展的一般趋势，实现现代化是世界各国的共同梦想。现代化主要指推动经济增长、技术进步和社会发展的社会转型过程。中国式现代化，具有现代化的一般特点，又具有中国特色的本质特点。党的二十大把"中国式现代化"列入大会主题，向国内外郑重宣示了我们党在新时代实现现代化的奋斗目标。党的二十大还把"全面建成社会主义现代化强国"确立为党的中心任务，这是党在社会主义初级阶段基本路线中"以经济建设为中心"内容在当前的集中体现和时代要求，确立了"中国式现代化"在全党工作中的重要战略地位，明确了新时代新征程中国共产党的使命任务。今年政府工作报告又进一步重申：扎实推进中国式现代化。在这种大背景下，加快推进中国式现代化甘肃实践已时不我待、迫在眉睫。当前甘肃省各项事业的稳步发展，为推进现代化建设奠定了坚实基础。但是，经济欠发达仍然是甘肃最基本的省情，发展不平衡不充分仍然是甘肃最突出的问题，缩小同其他地区经济差距仍然是甘肃最紧迫的任务。因此，甘肃省要深入学习贯彻党的二十大精神，学深悟透,深刻理解中国式现代化的内涵、特色和本质要求,明确中国式现代化的安排部署和目标任务,聚焦甘肃独特优势和发展差距,对标对表,把牢方向,锚定目标,扎实推进中国式现代化甘肃实践。

一、深刻理解中国式现代化的内涵、特色及本质,增强中国式现代化建设的信心和决心

(一)全面理解中国式现代化的科学内涵

1. 中国式现代化是中国共产党领导的现代化

中国式现代化包含三层内涵:一是包含现代化的一般内涵——经济社会发展达到一定水平,这是世界现代化追求的一致要求,与其他国家的现代化并无区别。二是包含社会主义的现代化内涵——共同富裕,这是社会主义的本质要求,也是中国式现代化与资本主义现代化相区别的重要特征之一。三是包含中国特色的现代化内涵——中国共产党领导、弘扬中华优秀传统文化、中国独特的国情基础,共同构成中国式现代化的重要内容[1]。

2. 中国式现代化是一条完全不同于西方现代化的现代化新道路

中国式现代化,是一条追求物质文明、政治文明、精神文明、社会文明、生态文明"五个文明"综合发展、协调发展的现代化新道路。其中,物质文明建设对应富强,政治文明建设对应民主,精神文明建设对应文明,社会文明建设对应和谐,生态文明建设对应美丽,而"富强、民主、文明、和谐、美丽""五大特征"是人类社会发展规律和社会主义建设规律的集中体现,建成"富强民主文明和谐美丽"的社会主义现代化强国也正是中国式现代化的奋斗目标。中国式现代化的根本优势在于坚持党的领导,理论优势在于坚持马克思主义理论的指导地位,制度优势在于坚持社会主义制度,物质优势在于坚持以经济建设为中心[1]。

中国式现代化,植根于中华优秀传统文化,借鉴吸收一切人类优秀文明成果,打破了"现代化=西方化"的迷思,体现了科学社会主义的先进本质,代表了人类文明进步的发展方向,展现了不同于西方现代化模式的新图景,拓展了发展中国家走向现代化的路径选择,提供了人类探索更好社会制度的中国智

慧和中国方案，是一种全新的人类文明形态；中国式现代化，总结了西方现代化发展的经验教训，是一条完全不同于西方现代化的中国式现代化新道路。这条新道路，打破了"西方中心论"，一个国家根据自己的国情寻找自身发展的道路，恰恰体现了现代文明应有的包容特征；这条新道路，终结了"历史终结论"，在经济、政治、文化、社会、生态领域取得历史性成就、发生历史性变革，完全区别于西方模式，极大地丰富了现代化的认识论、方法论和价值论内涵；这条新道路，超越了"文明冲突论"，一个古老文明的生机焕发与新生，扭转了曾经被西方霸权强加的文明之间不平等关系，让文明的多样性再次呈现，文明之间恢复平等。

（二）始终坚持中国式现代化的中国特色

中国式现代化，既遵循了现代化的一般规律，也顺应了中国式现代化的特殊规律；既有各国现代化的共同特征，更有基于自己国情的中国特色[2]，体现出人类社会现代化进程中矛盾普遍性和特殊性的辩证关系。中国式现代化，是人口规模巨大的现代化，是全体人民共同富裕的现代化，是物质文明和精神文明相协调的现代化，是人与自然和谐共生的现代化，是走和平发展道路的现代化[2]，这是中国式现代化的中国特色，也是中国式现代化的显著特征。这五个现代化的重要论断深刻揭示了中国式现代化"基于自己国情的中国特色"，全面深化了对中国式现代化的规律性认识，充分体现了中国式现代化的历史根基禀赋与目标价值取向及其对人类文明的伟大意义。这五个现代化的重要论断深刻反映了中国式现代化始终从国情出发想问题、作决策、办事情；始终把实现人民对美好生活的向往作为现代化建设的出发点和落脚点；始终注重促进物的全面丰富和人的全面发展；始终坚定不移走生产发展、生活富裕、生态良好的文明发展道路；始终坚持在维护世界和平与发展中谋求自身发展，同时又以自身发展更好地维护世界和平与发展，创造具有世界历史意义的人类文明新形态[3]。

中国式现代化要建设由14亿人组成的共富中国、文明中国、美丽中国和开放中国。中国式现代化建设，要坚持把实现14亿人民对美好生活的向往作为现代化建设的出发点和落脚点；中国式现代化是全体人民共同富裕的现代化，确立了代表人类未来的财富观。共同富裕是社会主义的最大优势和本质属性，建设全体人民共同富裕的共富中国是中国式现代化最重要的价值特色；中国式现代化是物质文明和精神文明相协调的现代化，确立了代表人类未来的社会观。物质富足、精神富有是社会主义现代化的根本要求，中国式现代化要传承厚重的中华优秀传统文化，借鉴吸收一切人类优秀文明成果，建设物质文明和精神文明相协调的文明中国；大自然是人类生存和发展的根基所在，实现人与自然的和谐共生，是中国式现代化的文明之道，是中华优秀传统文化赋予中国式现代化的智慧底蕴。中国式现代化，要坚持尊重自然、顺应自然、保护自然，以"绿水青山就是金山银山"为全社会的共识和行动，探索绿色发展之路，促进人与自然和谐共生，建设社会主义现代化的美丽中国；中国式现代化是走和平发展道路的现代化，代表人类未来的世界观[2]。中国式现代化建设，要不断扩大高水平对外开放，深度参与全球产业分工与合作，统筹协调国内国际两个市场、两种资源，拓展中国式现代化的发展空间，建设走和平发展道路的开放中国，为维护世界和平与稳定作出中国贡献。

（三）准确把握中国式现代化的本质要求

现代化的要求可以划分为"一般要求"和"本质要求"，前者体现普遍性特征，后者体现特殊性特征。现代化的"一般要求"，是指只有具备了一些基本标准才能称一国为现代化国家。从这个意义上说，中国式现代化的指标体系须与已有的现代化指标体系进行对标。同时，中国式现代化又具有自己的本质要求。本质要求，就是最基本、最核心、最关键、最实质、最重要的要求。中国式现代化的"本质要求"包含九方面内容：坚持中国共产党领导，坚持中国特色社会主义，实现高质量发展，发展全过程人民民主，丰富人民精神世界，实现全体人民共同富裕，促进人与自然和谐共生，推动构建人类命运共同体，创造人类文明新形态。这些本质要求是由坚持中国共产党的领导和坚持中国特色社会主义道路的根本性质和根本方向所决定的，为我们搞清楚什么是中国式现代化、怎样建设中国式现代化指明了前进方向[3]。

中国式现代化的本质要求体现了我国现代化的内在规定性，体现了我国现代化的本质属性。中国式现代化的九个本质要求共同指向了我国现代化的本质属性——以人民为中心，这决定了中国式现代化的本质要求必然体现以人民为中心。从领导力量上看，必须坚持中国共产党领导。中国共产党始终坚持维护人民根本利益，增进民生福祉，不断实现发展为了人民、发展依靠人民、发展成果由人民共享，让现代化建设成果更多更公平惠及全体人民[8]；从制度属性上看，必须坚持中国特色社会主义。中国特色社会主义不是从天上掉下来的，是党和人民历经千辛万苦、付出各种代价取得的宝贵成果，必须一以贯之进行下去；从现代化内容上看，中国式现代化的本质要求涵盖经济建设、政治建设、文化建设、社会建设、生态文明建设，体现了中国特色社会主义事业总体布局；从世界贡献上看，中国式现代化要以世界眼光深刻洞察人类发展进步潮流，积极回应各国人民普遍关切，不仅造福中国人民，而且造福世界人民，也是以世界人民为中心的现代化[4]。

二、牢牢掌握中国式现代化的部署安排和目标任务，提高中国式现代化建设的积极性和主动性

（一）中国式现代化重大部署的提出与深化

中华人民共和国成立以来，我们始终坚定地沿着建设社会主义现代化国家、实现中华民族伟大复兴的战略目标前进。尽管最初对"现代化"内涵的理解还不够全面，但走向"现代化"的目标是确定的，认识也是不断发展和深化的。一是1964年制定第三个五年计划时，提出了分两步走的战略安排，即从第三个五年计划开始，第一步用15年时间建立一个独立的比较完整的工业体系和国民经济体系；第二步，再用15年时间，在20世纪末实现工业、农业、国防和科学技术现代化的目标，由此开启了我们党用"两个十五年"、按"两步走"的战略安排传统。二是1981年十一届六中全会通过的《关于建国以来党的若干历史问题的决议》指出，经济建设必须从我国国情出发，量力而行，积极奋斗，有步骤分阶段地实现现代化的目标。三是1987年党的十三大首次将"三步走"战略目标明确为经济建设目标：第一步是实现国民生产总值比一九八〇年翻一番，解决人民的温饱问题；第二步是到20世纪末，使国民生产总值再增长一倍，人民生活达到小康水平；第三步是到21世纪中叶，人均国民生产总值达到中等发达国家水平，人民生活比较富裕，基本实现现代化。四是1997年党的十五大将第三步战略目标进一步细分为三步，并提出了具体的时间表，尤其是"两个一百

年"奋斗目标。五是2017年党的十九大将第二个百年奋斗目标细分为两个阶段来实现。即在更高起点上提出了全面建成社会主义现代化强国新的"两步走"战略：从2020年到2035年基本实现社会主义现代化；从2035年到21世纪中叶把我国建成富强民主文明和谐美丽的社会主义现代化强国[4]。六是2022年党的二十大再次重申了全面建成社会主义现代化强国总的战略安排：从二〇二〇年到二〇三五年基本实现社会主义现代化；从二〇三五年到本世纪中叶把我国建成富强民主文明和谐美丽的社会主义现代化强国。"两步走"战略是分阶段推进实施的稳步发展的战略，是目标明确、方向坚定的全面协调发展的战略，体现了我们党对实现中国式现代化的紧迫感和使命感。"两步走"的总战略安排，科学规定了实现中国式现代化的战略步骤[4]。

（二）中国式现代化的目标任务

近代以来中华民族最伟大的梦想，是实现中华民族伟大复兴；党的第二个百年奋斗目标，是在中华人民共和国成立百年时全面实现社会主义现代化；新时代新征程党的历史使命，是团结带领全国各族人民全面建成社会主义现代化强国、实现第二个百年奋斗目标，以中国式现代化全面推进中华民族伟大复兴；中国式现代化的发展目标，是建成富强民主文明和谐美丽的社会主义现代化强国。

党的二十大报告部署了未来五年全面建设社会主义现代化国家的目标任务，即经济高质量发展取得新突破，构建新发展格局和建设现代化经济体系取得重大进展；改革开放迈出新步伐，国家治理体系和治理能力现代化深入推进，社会主义市场经济体制更加完善；全过程人民民主制度化、规范化、程序化水平进一步提高，中国特色社会主义法治体系更加完善；人民精神文化生活更加丰富，中华民族凝聚力和中华文化影响力不断增强；居民收入增长和经济增长基本同步，劳动报酬提高与劳动生产率提高基本同步，多层次社会保障体系更加健全；城乡人居环境明显改善，美丽中国建设成效显著；国家安全更为巩固，建军一百年奋斗目标如期实现，平安中国建设扎实推进；中国国际地位和影响力进一步提高，在全球治理中发挥更大作用。这八个方面的新要求是对习近平新时代中国特色社会主义建设五位一体总体布局和国家安全、军队国防建设、外交工作的进一步深化，明确了今后五年中国式现代化建设的主要目标任务，对于实现第二个百年奋斗目标至关重要。未来五年，要紧紧抓住解决不平衡不充分的发展问题，着力在补短板、强弱项、固底板、扬优势上下功夫[4]。

党的二十大报告还提出二〇三五年中国式现代化的目标要求，即综合国力大幅跃升，达到中等发达国家水平；实现高水平科技自立自强，进入创新型国家前列；建成现代化经济体系，基本实现新型工业化、信息化、城镇化、农业现代化；基本实现国家治理体系和治理能力现代化，基本建成法治国家、法治政府、法治社会；建成教育强国、科技强国、人才强国、文化强国、体育强国、健康中国；人民生活更加幸福美好，人的全面发展、全体人民共同富裕取得更为明显的实质性进展；广泛形成绿色生产生活方式，美丽中国目标基本实现；国家安全体系和能力全面加强，基本实现国防和军队现代化。这八个方面的具体要求规划了"两步走"战略的第一步要实现的奋斗总目标和总任务[4]，也勾勒出了中国式现代化的宏伟蓝图。

党的二十大对中国式现代化建设各领域工作进行了全面部署。二十大报告第二板块的第四至第十四部分，对中国式现代化建设在各领域的工作进行了十一个方面的全面部署。一是对科教兴国和人才支撑、全面依法治国和法治中国建设、维护国家安全和社会稳定的单列阐述和部署，凸显了这些领域对实现中国式现代化的极端重要性。二是提出建设制造强国、质量强国、航天强国、交通强国、海洋强国、网络强国、贸易强国、人才强国、教育强国、科技强国、文化强国、农业强国、体育强国等十三个方面强国建设的目标。三是提出推进数字中国、法治中国、健康中国、美丽中国、平安中国等五个方面的建设。四是提出了实施更加积极主动的开放战略、扩大内需战略、区域重大战略、区域协调发展战略、人才强国战略、创新驱动发展战略、科教兴国战略、重大文化产业项目带动战略、主体功能区战略、新型城镇化战略、就业优先战略、人民健康优先发展战略、人口发展战略、全面节约战略、互利共赢的开放战略、应对人口老龄化国家战略和新时代军事战略等。使我们对全面建成社会主义现代化强国的目标更加明确、更加具体[4]。

三、准确把握中国式现代化甘肃实践的目标愿景和方法路径，奋力谱写中国式现代化甘肃实践新篇章

党的二十大擘画了以中国式现代化全面推进中华民族伟大复兴的宏伟蓝

图,吹响了全面建设社会主义现代化国家的时代号角,为我们奋进新征程提供了根本遵循和行动指南。甘肃目前正处于蓄势发力、爬坡过坎、追赶进位的关键阶段,也是中国式现代化甘肃实践开局起步的关键时期。省第十四次党代会、省委十四届二次全会、三次全会,对全面建设社会主义现代化幸福美好新甘肃作出系统部署,甘肃发展的方向更加清晰、前景更为广阔。甘肃要把国家重大战略同自身优势结合起来,融入发展大局,展现甘肃担当。要牢牢把握甘肃在国家全局中的战略定位,在中国式现代化进程中全面把握生态屏障、能源基地、战略通道、开放枢纽的功能定位,充分发挥资源禀赋、科教人才、工业基础、地理区位的组合优势,抓住用好全面建设现代化的战略机遇,加快解决发展不平衡不充分问题,扬长补短,不断提升发展水平、缩小发展差距,以高度的使命感责任感,奋力谱写中国式现代化甘肃实践新篇章。

(一)聚焦中国式现代化甘肃实践,锚定目标,绘就蓝图

新时代新征程,我们要积极主动融入"以中国式现代化全面推进中华民族伟大复兴"的国家战略部署,聚焦中国式现代化这一习近平新时代中国特色社会主义思想的最新成果,不断把建设社会主义现代化幸福美好新甘肃的事业推向前进。在高质量发展中,努力实现中国式现代化甘肃实践的目标愿景。

1. 努力跨上"五个新台阶"

一是综合经济实力跨上新台阶。经济增速高于全国平均水平,经济总量显著提升,经济结构不断优化。保持地区生产总值年均增长6.5%,一般公共预算收入与经济增长同步,固定资产投资年均增长8%。建成农业强省、工业强省、"风光"强省和文化强省。二是科技创新驱动跨上新台阶。以"强科技"行动为牵引,打造西北地区重要的科创中心,提高研发投入强度,加快创新平台建设、研发能级提升、急需技术攻关、科技成果转化,实现高新技术企业数量翻一番,科技进步贡献率达到68%以上。三是绿色低碳发展跨上新台阶。扎实推进美丽甘肃建设,打造全国重要的清洁能源及新材料基地,加快发展方式绿色转型,积极稳妥推进碳达峰、碳中和,建立完善生态产品价值实现机制,提升生态系统碳汇能力,推动生态产业化、产业生态化实现更大突破,实现绿色循环低碳发展,人与自然和谐共生。四是基础设施支撑跨上新台阶。统筹传统设施与新型设施,优化基础设施布局、结构、功能和系统集成,实施一批重

大交通、水利、能源、新基建项目，城乡基础设施更为完善，县县通高速全面实现，覆盖城乡、功能完备、支撑有力的现代化基础设施体系加快形成，经济社会发展的支撑保障能力不断增强。五是人民生活品质跨上新台阶。促进高质量充分就业，提升基本公共服务均等化水平，在幼有所育、学有所教、劳有所得、病有所医、老有所养、住有所居、弱有所扶上取得更为明显的成效，全体居民人均可支配收入年均增长7%左右，共同富裕取得更多实质性进展[4]。

2. 建成"六个现代甘肃"

科学谋划任务书、时间表和路线图，一张蓝图绘到底，一茬接着一茬干，干出真业绩，干出新成效，努力建成六个现代甘肃。

一是建成经济繁荣的现代甘肃。抓经济、促经济、强经济，在盘活存量、引入增量、提高质量、增强能量、做大总量上下足功夫，持续优化经济结构、产业结构、所有制结构，切实转变经济发展方式，大力推动产业数字化、智能化、绿色化改造，积极发展战略性新兴产业，全面深化体制机制改革，不断加大招商引资力度，努力构建现代化经济体系，逐步提高经济效率、效益和竞争力，实现全省综合经济实力的全面跃升。二是建成精神富有的现代甘肃。精神富有是社会主义现代化的根本要求，文化是民族的血脉、是人民的精神家园，文化资源丰富又是甘肃的显著特征。要以习近平新时代中国特色社会主义思想为引领，守牢意识形态主阵地，繁荣发展文化事业和文化产业，不断提升公民思想道德素质、科学文化素质和精神文明程度，打造具有甘肃特色的精神力量高地、文明和谐高地、文化创新高地，充分激发文化铸魂塑形赋能的强大功能，让陇原大地成为文化气息浓厚、文明新风充盈的精神家园。三是建成共同富裕的现代甘肃。坚持以人民为中心的发展思想，全方位解决好群众急难愁盼问题。实现更加充分的高质量的就业创业，千方百计增加低收入者收入、扩大中等收入群体，要使居民收入增长和经济增长基本同步，不断推进2500万人口的共同富裕；加大社会民生投入，加大民生保障力度，千方百计增进民生福祉，办好民生实事，优化城乡公共服务设施，提升基本公共服务均等化水平，完善社会保障制度，推动教育高质量发展，健全医疗卫生健康体系和生育养老体系，提高人民群众的生活品质，不断提升各族群众的获得感和幸福感。四是建成设施完善的现代甘肃。把设施现代化作为先手棋和重头戏，构建覆盖城乡、功能齐备、高效实用、支撑有力的现代化基础设施体系，形成高速泛在的信息设施、立体通达的交通设施、方便快捷的物流配送设施、完备配套的水利设施、清洁低碳的能源设施、智慧便利的市政设施、全面覆盖的乡村设施，夯实城乡快速发展的基础。五是建成山清水秀的现代甘肃。中国式现代化是人与自然和谐共生的现代化，本质要求是在生态建设中呈现"促进人与自然和谐共生"的"生态文明"景象。要把生态文明建设作为政治任务和底线任务，继续坚持和落实"绿水青山就是金山银山"的发展理念和行动方案，坚持走生态优先、绿色发展的高质量发展道路，不断完善生态环境保护制度和绿色发展体制机制，着力加强重点生态功能区生态建设，推进国土增绿行动，持续优化能源结构，推广应用绿色低碳技术，加快生产生活方式绿色转型，打好污染防治攻坚战、流域治理整体战、防沙治沙阵地战、绿色发展持久战，构筑国家西部生态安全屏障，绘就山川秀美的生态甘肃画卷。六是建成平安和谐的现代甘肃。统筹好发展和安全，全过程主动创稳，不断巩固民族和睦、宗教和顺、社会和谐的良好局面[5]。加快法治甘肃建设，坚持依法治省、依法执政、依法行政共同推进，坚持法治政府、法治社会一体建设，全面推进科学立法、严格执法、公正司法、全民守法，全面推进各方面工作法治化，不断提升公民安全感，不断创造出适应新时代的治理结构体系，推进治理体系和治理能力现代化，建设更高水平的平安甘肃。更好统筹发展和安全，健全防范化解重大风险隐患的体制机制，构建全方位、立体化、多维度的公共安全网，提高抵御风险和化解矛盾的能力，维护社会和谐稳定，建设更高水平的和谐甘肃。

（二）勇于探索，敢闯敢试，探索和创出符合甘肃实际的现代化建设新方法、新路径

加快推进中国式现代化甘肃实践，我们还有很长的路要走，肩上的担子和任务还十分繁重。未来我们要聚焦中国式现代化甘肃实践，锚定全面建设社会主义现代化幸福美好新甘肃这一目标，以"跳起摸高"的精神、"登高望远"的气魄、"胸怀天下"的视野、"背水一战"的决心，以"时不我待、只争朝夕"的紧迫感，"排除万难、一往无前"的精神头，强化"四个主引擎"，创出"六条新路径"，迈出甘肃现代化建设的坚实步伐。

1. 着力强化"四个主引擎"

一是要让人才成为推动高质量发展的第一资源。实施人才强省战略，支持青年发展型城市建设，采取更大力度、更加灵活、更为柔性的人才政策，目光敏锐选才，加大力度育才，多措并举引才，放手大胆用才，真心实意留才，让各类优秀人才为富民兴陇事业贡献智慧力量。二是要让创新成为推动高质量发展的最大增量。坚持创新在现代化建设全局中的核心地位，协同推进科技创新、制度创新、文化创新以及其他各方面创新，大力发展新产业新业态新模式，充分释放全社会创新创造潜能，不断开辟新领域、制胜新赛道。三是要让改革成为推动高质量发展的关键一招。以改革的办法抓发展、用市场的手段激活力，勇于在思维观念上"破冰"，敢于在体制机制上"破题"，善于在堵点难点上"破局"，激发和调动一切积极因素，推动经济发展质量变革、效率变革、动力变革。四是要让开放成为推动高质量发展的必由之路。持续抓住用好"一带一路"最大机遇，做实做强平台载体，放大节会品牌效应，加快构建"东出、西进、南向、北拓"开放格局，打造"一带一路"开放枢纽，以高水平开放助推高质量发展。

2. 创出"六条新路径"

把牢省情特征，以构建"一核三带"区域发展格局为牵引，以实施"四强"行动为抓手，勇于探索、敢闯敢试，创出六条符合甘肃实际的现代化建设新路径。一是创出一条产业转型之路。跑好升级赛、做大做强传统产业，把准新风口、做专做优新兴产业，抢占制高点、做精做靓特色产业，加快构建现代化产业体系，创出一条产业转型之路。二是创出一条创新驱动之路。着力打造西北地区重要的科创中心，以创新的"领先一步"为发展的"一路领先"积蓄力量，创出一条创新驱动之路，加快建成创新型省份。三是创出一条乡村振兴之路。坚持农业农村优先发展、城乡融合发展，巩固拓展脱贫攻坚成果，促进农民增收致富，实施乡村建设行动，建设农业强、农村美、农民富的陇原新乡村，创出一条乡村振兴之路。四是创出一条绿色生态之路。突出"绿色发展"要求，推动甘肃经济社会发展全面绿色转型，加快建设"资源节约、环境友好"的绿色发展体系，把陇原大地建设成为人与自然和谐共生的美好家园，创出一条绿色生态之路。五是创出一条改革开放之路。靠改革增活力、靠开放添动力，以"改"为先、以"拓"为主、以"引"为重，不断增强发展动力活力，创出一条改革开放之路。六是创出一条安全发展之路。积极防范化解各领域风险，让隐患消除于萌芽、风险消弭于无形、矛盾消解于未发。

推进中国式现代化甘肃实践是一项前无古人的开创性、探索性事业,没有现成的经验可以复制,也没有现成的模式可以参照,许多未知领域需要在探索奋斗中实现赶超。推进中国式现代化甘肃实践是一项长期艰巨复杂的历史任务,也是一个庞大的系统工程,不可能一蹴而就,而且在这个过程中,必然会遇到各种可以预料和难以预料的风险挑战和前所未有的艰难险阻。但是,如果全省上下和社会各界凝心聚力,砥砺奋进,始终坚持中国式现代化的中国特色,准确把握中国式现代化的本质要求,全面落实和完成中国式现代化的部署安排与目标任务,准确把握中国式现代化甘肃实践的目标愿景和方法路径,必将使中国式现代化成为任何力量都无法阻挡的历史必然,必将使中国式现代化甘肃篇章大放异彩。

参考文献

[1] 张占斌,王学凯. 中国式现代化:特征、优势、难点及对策 [J]. 新疆师范大学学报(哲学社会科学版),2022,43(6):27-36.

[2] 何畏. 中国式现代化的成功势不可当 [N]. 中国社会科学报,2023-02-21(1).

[3] 刘凤义. 深刻理解中国式现代化本质要求 [J]. 理论导报,2023(1):11-12,20.

[4] 郑传芳. 中国式现代化建设的庄严宣告和全面部署——党的二十大对中国式现代化的重大贡献 [J]. 理论与评论,2022(5):5-8.

[5] 莫天安. 中国式现代化不是西方复制品 [N]. 练芯闲,译. 中国社会科学报,2023-02-21(7).

作者简介:刘伯霞,甘肃省社会科学院研究员。

谱写美丽中国海南篇章的生动实践与展望

吴秋花　王　茜

摘　要：党的十八大首次将建设美丽中国作为执政理念提出。谱写美丽中国海南篇章，是习近平总书记对海南生态文明建设提出的明确要求，内涵丰富、体系完整，具有极强的理论性、指导性、针对性。十多年来，海南省立足实际，创新思路，形成了推动生态文明建设极具特色的路径策略、经验做法、体制机制等，交上了生态文明建设的高分答卷。新时代新征程上，海南将继续推进国家生态文明试验区、热带雨林国家公园，重点在生态环境质量、绿色低碳转型发展、生态产品价值实现、生态文明制度和文化建设上走在全国前列，争当建设美丽中国先行区，努力把海南打造成为向世界展示习近平生态文明思想实践成果的重要窗口和亮丽名片。

关键词：美丽中国；海南篇章；先行区；习近平生态文明思想

一、引言

党的十八大以来，以习近平同志为核心的党中央不断深化对生态文明建设规律的认识，从首次将建设美丽中国作为执政理念提出，到首次由中央召开全国生态环境保护大会，以及提出美丽中国的时间表、路线图，向世人展示了美丽中国的宏伟前景和美好画卷，系统回答了建设什么样的生态文明、怎样建设生态文明等重大理论和实践问题，形成了习近平生态文明思想。

习近平总书记高度重视海南的生态文明建设，先后在2013年、2018年和2022年三次赴海南考察，每次到海南必谈生态，多次对海南加强生态环境保护、推进生态文明建设作出重要指示批示，明确要求谱写美丽中国海南篇章，勉励海南全方位、全地域、全过程开展生态环境保护工作，为海南生态文明建设工作指明了方向、规划了路径、鼓舞了干劲。十多年来，海南牢记习近平总书记的殷殷嘱托，完整、准确、全面贯彻新发展理念，立足实际探索建设美丽中国实践，形成了极具特色的路径策略、经验做法、体制机制等，交上了生态文明建设的高分答卷。

新时代新征程上，海南省将认真学习贯彻习近平总书记在全国环境保护大会上的重要讲话精神，以更高标准、更严要求，更加主动地落实建设美丽中国重大决策部署，将"四个重大转变"①"五个重大关系"②转变为推进人与自然和谐共生现代化的行动指南，争当建设美丽中国先行区。

二、谱写美丽中国海南篇章体现了习近平总书记建设美丽中国海南要先行的深刻内涵

2013年4月8日至10日，习近平总书记在海南考察时强调，海南作为全国最大经济特区，后发优势多，发展潜力大，要以海南国际旅游岛建设为总抓手，闯出一条跨越式发展路子来，争创中国特色社会主义实践范例，谱写美丽中国海南篇章。

（一）谱写美丽中国海南篇章是建设美丽中国的有机组成部分

"美丽中国"是我国生态文明建设目标的生动诠释，形象而充分地展现了中国特色社会主义现代化道路的全新视境。党的十八大首次将建设美丽中国作为执政理念提出，强调将"生态文明建设放在突出地位，融入经济建设、政治建设、文化建设、社会建设各方面和全过程"。2017年，习近平总书记在党的十九大报告中提出："加快生态文明体制改革，建设美丽中国。……到2035年……生态环境根本好转，美丽中国目标基本实现。"2018年习近平总书记在全国生

---

① "四个重大转变"，即由重点整治到系统治理、由被动应对到主动作为、由全球环境治理参与者到引领者、由实践探索到科学理论指导的重大转变。

② "五个重大关系"，即处理好高质量发展和高水平保护、重点攻坚和协同治理、自然恢复和人工修复、外部约束和内生动力、"双碳"承诺和自主行动的关系。

态环境保护大会上再次强调"确保到2035年,生态环境质量实现根本好转,美丽中国目标基本实现"。党的二十大报告提出"推动经济社会发展绿色化、低碳化是实现高质量发展的关键环节"。2023年7月,中央时隔五年再次召开全国生态环境保护大会,为建设美丽中国规划了清晰的路线图,重申确保到2035年,生态环境质量实现根本好转,美丽中国目标基本实现。到21世纪中叶,物质文明、政治文明、精神文明、社会文明、生态文明全面提升,绿色发展方式和生活方式全面形成,人与自然和谐共生,生态环境领域国家治理体系和治理能力现代化全面实现,建成美丽中国。2021年,《中华人民共和国国民经济和社会发展第十四个五年规划和2035年远景目标纲要》再次明确了建设美丽中国目标基本实现的时间节点。2023年12月召开的中央经济工作会议提出"建设美丽中国先行区"的要求。2024年1月11日,《中共中央 国务院关于全面推进美丽中国建设的意见》正式发布,对"建设美丽中国"提出方向性意见,明确提出把美丽中国摆在强国建设、民族复兴的突出位置,保持加强生态文明建设的战略定力,坚定不移走生产发展、生活富裕、生态良好的文明发展道路,建设天蓝、地绿、水清的美好家园。建设美丽中国的内涵是人与自然和谐共生,是"内外兼修"的美丽,是生态高颜值、经济高素质、制度高效能。

海南生态资源禀赋好,作为中华民族的四季花园和中外游客的度假天堂,党中央寄予了厚望,全国人民和中外游客格外向往,更应该率先谱写美丽中国的海南篇章。同时,海南正处于加快发展期,在加快经济发展的同时不断减少环境污染,走出一条经济增长更快、环境污染更低的路子,是一个世界性的难题,也是对全省干部能力水平的一个重大考验。与全国其他省(区、市)相比,如何使生态环境质量好上加好,实现生态环境质量和生态环保工作"双一流"目标是海南要努力的方向。

(二)谱写美丽中国海南篇章是可持续发展在海南的客观要求

海南生态环境好,并不意味着生态环境保护工作抓得好。实际上,作为海岛的地理特征,生态系统更加脆弱,一旦破坏,修复难度更大、成本更高。这就要求海南不仅要做好一般性的环境污染治理等日常工作,也要保护好得天独厚的自然生态,确保海南生态环境只能更好,不能变差。

习近平总书记高度重视海南的生态文明建设，先后发表了一系列重要讲话，为海南率先推进建设美丽中国指明了前进的方向。2013年4月，习近平总书记考察海南时指出，青山绿水、碧海蓝天是海南最强的优势和最大的本钱，要倍加珍惜、精心呵护生态环境，谱写美丽中国海南篇章。作为我国唯一的热带岛屿省份，保护好海南的绿水青山、碧海蓝天，就是保护好海南的最强优势和最大本钱。2020年6月，习近平总书记对海南自由贸易港生态环保工作作出重要批示，要把优良生态环境作为建设自贸港的重要前提，生态环保上不能掉以轻心。2022年4月考察海南时再次强调，希望海南坚持绿水青山就是金山银山的理念，坚持生态立省不动摇，扎实推进国家生态文明试验区建设，把海南热带雨林保护好。习近平总书记还先后对海南围填海、非法采砂等工作作出重要批示。

（三）谱写美丽中国海南篇章具有一系列有力的政策支持

习近平总书记对海南的殷殷嘱托，蕴含着习近平生态文明思想的科学思维、理论智慧，具有极强的理论性、指导性、针对性，为推进美丽海南建设提供了战略指引和根本遵循。与此同时，习近平总书记还亲自谋划、亲自部署、亲自推动海南率先实施国家层面的生态文明建设的重大工程、重大试验，支持海南率先开展省域"多规合一"改革试点、支持海南列入全国第二批国家生态文明试验区、支持海南热带雨林公园入选首批五个国家公园等重大决策。

1. 支持海南在全国率先开展省域"多规合一"改革试点，探索将生态环境保护工作纳入经济社会发展全局

2015年6月，习近平总书记主持召开中央全面深化改革领导小组第十三次会议，同意将海南作为全国第一个以省域为单位开展"多规合一"改革试点省份。同年9月，《海南省总体规划纲要》发布，整合六大空间规划的统筹，确保海南发展"一张蓝图干到底"。2016年6月，习近平总书记主持召开中央全面深化改革领导小组第二十五次会议，充分肯定海南省"多规合一"改革工作，指出海南在推动形成全省统一空间规划体系上迈出了步子，探索了经验。

2. 支持海南列入第二批国家生态文明试验区，探索建立自然资源资产产权制度和有偿使用制度

2016年8月，福建、江西、贵州三省首批开展国家生态文明试验区建设，要求各地形成一批可复制、可推广的重大制度成果。在2018年"4·13"重要讲话中，习近平总书记赋予海南建设国家生态文明试验区的重大使命，要求海南在生态文明体制改革上先行一步。中央批准的海南生态文明试验区方案明确提出，海南要以建设生态文明体制改革样板区、陆海统筹保护发展实践区、生态价值实现机制试验区、清洁能源优先发展示范区为战略目标，在构建生态文明制度体系、优化国土空间布局、统筹陆海保护发展、提升生态环境质量和资源利用效率、实现生态产品价值、推行生态优先的投资消费模式、推动形成绿色生产生活方式等方面先行探索。

3. 支持海南热带雨林国家公园入选首批五个国家公园，抓好生态文明建设的"国之重器"

2022年4月11日，习近平总书记在海南考察时指出，"海南以生态立省，海南热带雨林国家公园建设是重中之重""热带雨林国家公园是国宝，是水库、粮库、钱库，更是碳库，要充分认识其对国家的战略意义，努力结出累累硕果"。海南承担着为全国生态文明建设作表率、向世界讲好中国生态文明故事的重要使命，必须始终牢记"国之大者"，以更高站位、更宽视野、更大力度来谋划和推进，答好生态文明建设这道必答题，以高品质生态环境支撑自贸港高质量发展。

三、谱写美丽中国海南篇章的生动实践

十多年来，海南全省上下牢记嘱托，认真贯彻落实习近平生态文明思想特别是习近平总书记关于谱写美丽中国海南篇章的重要讲话和指示批示精神，立足实际探索建设美丽中国实践，形成了极具海南特色的路径策略、经验做法、体制机制等，交上了生态文明建设的高分答卷，为建设美丽中国贡献了可复制、可推广的"海南经验"。

（一）正确处理高水平保护与高质量发展的重大关系，为全面推进美丽中国打造了制度创新样板

1. 树立正确的政绩观和考核机制

海南建立各级党委、政府生态文明建设"党政同责""一岗双责"责任

制,党委主要负责同志认真履行好第一责任人职责,领导班子其他成员要结合自身职责,积极主动作为。中共海南省委取消全省三分之二市县的 GDP 考核,建立以高质量发展为导向的考核评价机制,GDP 政绩导向不复存在,在指标体系中赋予"生态环境保护"类最高权重。海南省第八次党代会提出"一本三基四梁八柱"战略框架,明确国家生态文明试验区和生态环境分别为海南自贸港建设的"四梁"和"八柱"之一,提出建设生态一流、绿色低碳的自由贸易港。海南省委八届三次全会立足于高质量发展,对生态文明建设作出具体部署,强调树立底线思维,坚决守住生态底线,加快构建绿色低碳循环发展经济体系。

2. 加强生态环境科学、精准管控

借助海南自由贸易港制度集成创新优势,坚持下好改革创新的先手棋,统筹协调和推动生态文明建设领域的制度集成创新,先后有 9 项生态文明改革举措、8 项生态环境保护领域制度创新纳入国家推广清单。2020 年底前完成自然保护区自然资源统一确权登记试点,建立多元化、绩效化的生态保护补偿机制。在开展省域"多规合一"改革中,划定三类 871 个环境管控单元,落实生态环境分区管控体系。通过整合多个单一自然保护地,建立多层级的协同管理机制、执法派驻双重管理体制,实现热带雨林生态系统的原真性和完整性保护。把资源环境承载力作为前提和基础,在产业项目落地上强规划、多留白,早期介入,精准识别优先保护单元,落实生态环境分区的精细化管控要求,优化选址选线和空间布局,把经济活动、人的行为限制在自然资源和生态环境能够承受的限度内,解决开发与保护的矛盾,并率先开展排污许可制度改革。

3. 构建中央生态环境保护督察反馈问题整改"四个一"工作体系

针对中央生态环境保护督察反馈的围填海、小水电、人工林、非法采石等问题,实行清单式管理。同时,建议为避免类似问题的再次出现,从图表、账册、管理、法治方面建立"四个一"的闭环管理体系,即:画好国土空间规划"一张图",精准划定"三区三线",做好各项规划有效衔接;建立一本台账,健全森林、珊瑚礁、海草床等标志性生态资源账册;健全一套有效管理办法,完善问题常态化发现整改机制;健全一套法规体系,加大普法宣传力度,提升全社会生态环保法治意识,推动全省生态环境保护工作更上一个台阶。

4. 生态文明法治体系建设取得显著进展

制(修)订生态文明领域地方性法规 112 件,覆盖多个生态文明细分领域。其中，生态保护红线管理规定、生态补偿条例、禁止一次性不可降解塑料制品规定、排污许可管理条例以及热带雨林国家公园管理条例等多项立法实践走在全国前列，为生态文明领域改革创新的系统性、整体性、协同性提供了坚实的法律保障。

（二）立足实际补短板强弱项，生态环境质量持续保持一流

坚持系统施策，统筹推进环境治理，深入打好水、气、土污染防治攻坚战。2022年全省优良天数比例和包括$PM_{2.5}$在内的五项污染物浓度空气质量指标均达有监测历史以来最好水平，在全国树牢了环境空气质量标杆。开展"六水共治"水环境统筹治理，全省地表水水质优良比例95.9%、城镇内河（湖）水质达标比例95.2%，城市（镇）集中式饮用水水源地水质达标率100%，文昌珠溪河国控断面水质"十四五"以来首次实现年度均值达标。生态环境保护工作质量大幅提升，污染防治攻坚战工作综合考核连续多年获得优秀等级，2023年在全国排名跃升至第6位。

海南以改善海洋环境质量和保护海洋生态系统为核心，全面推动海洋生态环境高水平保护，扎实推进近岸海域污染防治、海水养殖污染防治、海洋垃圾多元共治等工程；推进海洋塑料垃圾治理，打造"无废海洋"；以蓝碳带动，加强珊瑚礁、红树林、海草床等生态系统保护和修复。构建省级美丽海湾建设和管理体系，评选第一批5个省级美丽海湾，海口湾、三亚湾入选生态环境部第二批美丽海湾优秀案例，全省近岸海域水质优良比例达99.66%。

（三）探索生态经济模式，经济发展质量和效益显著提高

1. 推进国家生态文明试验区标志性工程

在推广装配式建筑方面，2023年全省装配式建筑面积占新建建筑面积的比重超过70%，居全国第二。在能源转型方面，出台实施清洁能源岛发展规划，扩建核、光、风、气等一批清洁能源产业重大项目，清洁能源装机比重达到79%，大幅超过全国平均水平。在循环经济方面，颁布实施全国首部"禁塑"地方性法规，构建"法规+标准+名录+替代品+可追溯平台"的塑料制品管理制度体系和全流程闭环管理体系，与此同时大力发展全生物降解塑料替代品产业，可降解塑料制品替代率达80.2%。在推广新能源汽车方面，立足清洁能源

比重高、气候条件等优势，率先宣布2030年全域禁售燃油车目标，成为全球首个提出全域清洁能源汽车发展战略的岛屿经济体，超前布局、稳步推进充换电基础设施，大力推广新能源汽车，全省新能源汽车市场渗透率和保有量分别居全国第一位和第二位。2023年，全省"六水共治"累计完成投资203亿元，城区黑臭水体基本消除，农村生活污水治理高出全国21.3个百分点。博鳌东屿岛零碳示范区实现减碳86%以上。

2. 扎实抓好热带雨林国家公园建设

海南热带雨林国家公园通过整合多个单一自然保护地，建立多层级的协同管理机制、执法派驻双重管理体制，实现热带雨林生态系统的原真性和完整性保护。成立国内唯一的省级层面国家公园研究院，为国家公园建设提供智力科技支撑。实施生态保护"组合拳"，加强生物多样性保护、加大生态保护修复力度、实施生态搬迁工程，热带雨林"保卫战"卓有成效，海南长臂猿最初的濒临灭绝增长到6群37只。

3. 争创推进碳达峰碳中和"优等生"

扎实抓好能耗总量、强度"双控"，遏制高耗能、高排放。2012年到2023年，海南省GDP从2789.4亿元增长到7551.2亿元，与此同时单位GDP能耗下降39%。近五年，全省四大主导产业占GDP比重由5年前的53%提升至73.8%，二氧化碳排放、用水量分别下降20%、28%，实现全省单位国内生产总值二氧化碳排放和人均二氧化碳排放处于全国较低水平。

搭建碳交易机制和平台，积极探索碳排放国际化市场交易，成立海南国际碳排放权交易中心，成为我国首家面向国际的碳交易场所；成立海南国际蓝碳研究中心，开发蓝碳作为气候变化"基于自然的解决方案"的潜力。持续探索、挖掘、发挥好海南"碳库"潜力，在应对气候变化工作中展现海南亮色，也为提升我国在全球气候领域的话语权和影响力贡献了海南力量。

（四）因地制宜壮大"美丽经济"，着力增强人民群众对优良生态环境的获得感

在做好生态环境保护的前提下，海南注重将气候、雨林、海洋等生态资源禀赋变成发展优势，为完善生态产品价值实现机制、因地制宜精细化生态产品价值实现提供实践经验，使绿水青山产生巨大效益。

1. 积极推动"两山"转化

海南分区域、分领域、分行业开展试点示范和探索实践，创新生态产品价值实现机制，推动产业生态化和生态产业化。探索建立生态产品价值调查和评价机制，出台海南热带岛屿生态系统特征的省级生态产品总值（GEP）核算技术规范，全国范围内首次开展热带雨林国家公园 GEP 核算，为"水库、粮库、钱库、碳库"探索实现路径，使生态资产成为高质量发展的资本。

2. 探索建立生态产品价值交易机制

试点打造白沙"两山"平台，通过整合优质资源，提高内生动力强化招商，落地实施资源转化项目，达成全省首笔 GEP 贷、"两山贷"（茶叶贷）、首单蓝碳交易、首个林业碳汇开发试点、首单数字碳汇产品交易、创建首个茶叶碳标签等，首个 6 万吨碳捕集项目开工，开发红树林碳汇方法学，拓展生态价值实现路径。

（五）积极参与生态环境领域国际合作，向世界讲好中国生态环保故事

在推动全球可持续发展的国际舞台上，中国坚定践行多边主义，坚持共商共建共享的全球治理观，努力推动构建公平合理、合作共赢的全球环境治理体系。海南正在建设全球最大自由贸易港，正前所未有地与世界紧密连接，是生态环境领域国际合作的重要参与者、贡献者、引领者。近年来，海南充分利用自贸港政策优势与生态环境优势，推动经济社会绿色低碳高质量发展，通过举办中国国际消费品博览会、博鳌亚洲论坛、中国（海南）国际海洋产业博览会等国际会议，参加由韩国济州道、美国夏威夷州、日本冲绳县和海南省共同发起的首届国际绿色岛屿论坛、中国—东盟环境合作论坛、COP15[①]等国际会议，派遣官员和科研人员赴美国、瑞典、日本等国家研修，邀请美国、韩国、日本等官员和专家来琼友好访问交流，与美国、韩国、日本等国家和地区在生态环境领域开展务实国际合作与交流，海南国际"朋友圈"不断扩大，国际化元素不断丰富，国际影响力和知名度不断提升，为提升我国在全球生态文明建设和环境治理体系中的话语权和影响力持续贡献海南力量。

创新生态文化传播方式，讲好生态环境保护故事。海南热带雨林国家公园

---

① 联合国《生物多样性公约》第十五次缔约方大会。

邀请华纳兄弟探索集团拍摄的大型纪录片《中国海南·雨林秘境》，用翔实的镜头记录和讲述生动的雨林故事，重点展示海南特有的动植物种，反映热带雨林公园是这些物种的"唯一家园"，其珍贵性和脆弱性显而易见，被称为一部展示雨林的"说明书"、一本聚焦生命的"故事集"、一首人与自然的"散文诗"、一封递给世界的"邀请函"。

四、海南争创美丽中国先行区的展望

未来5年海南生态文明建设要从工作体制机制上做到"三个提升"。一是由末端治理到源头管理、系统治理，再到"两山理论"高效转化的提升。二是由环境治污到生态环境一体化治理并重的提升。三是从聚焦重点领域、重点环节补短板到体制机制系统改革构建的提升。2024年海南省政府工作报告明确提出，更高标准建设生态文明，探索贯通生态保护、增值、变现全过程的有效机制，建设美丽海南，争创美丽中国先行区，打造绿色低碳发展高地。

（一）确立符合海南实际的美丽中国先行区奋斗目标

《中共中央 国务院关于全面推进美丽中国建设的意见》提出了到2027年、2035年和21世纪中叶三个阶段的目标，其中：到2027年，形成一批实践样板，美丽中国建设成效显著。到2035年，美丽中国目标基本实现。展望21世纪中叶，美丽中国全面建成。《中共中央 国务院关于全面推进美丽中国建设的意见》就"打造美丽中国建设示范样板"提出了"建设美丽中国先行区""建设美丽城市""建设美丽乡村""开展创新示范"四个层次的创建目标。其中，"建设美丽中国先行区"分别对京津冀地区、长江经济带、粤港澳大湾区、长三角、黄河流域和国家生态文明试验区分别提出了要求。要求各地聚焦区域协调发展战略和区域重大战略，加强绿色发展协作，打造绿色发展高地。各地区立足区域功能定位，发挥自身特色，谱写美丽中国建设省域篇章。

今后5年是美丽中国建设的重要时期，是海南高质量发展窗口期和绿色转型期。海南要持续深化国家生态文明试验区建设，协同推进降碳、减污、扩绿、增长，坚持全方位、全地域、全过程开展生态环境保护工作，努力实现由末端治理到源头管理、系统治理，再到"两山理论"高效转化的提升，由环境治污到生态环境一体化治理并重的提升，从聚焦重点领域、重点环节补短板到体制机制系统改革构建的提升，加快建设生态一流、绿色低碳的自由贸易港。在工作目标上，要努力完成四个层级的工作目标。一是争取全省全域建成美丽中国先行区；二是争取海口、三亚、儋州3个地级市建成美丽城市；三是争取到2027年，美丽乡村整县建成比例达到60%；到2030年，比国家提出的目标提前5年基本建成美丽乡村，建成一批美丽乡村示范县；四是争取入选一批全国推广的美丽河湖、美丽海湾优秀案例。

（二）制定并落实自上而下的考核指标体系

对照美丽中国建设提出的目标，以全国最好的生态环境作为努力方向，海南建设美丽中国先行区，必须清醒看到自身存在的差距和不足。一是生态环境治理和监测监管能力有待提升，固体废物资源化利用水平还需进一步提高，建筑垃圾处理能力仅能满足约50%的处理需要、资源化利用率仅32%。二是绿色低碳发展成色不足，2022年万元GDP用水量为66.9m^3，相当于五年前全国平均水平；绿色贷款金额占各项贷款比重6.08%，低于全国平均水平。三是环境基础设施仍有欠账，特别是生活污水基础设施建设滞后，管网缺失严重，2023年中央生态环境保护督察指出全省2022年城市生活污水集中收集率仅为55.9%，低于全国平均水平14个百分点，等等。对这些问题，要认真加以解决。

在此基础上，要率先构建符合海南实际的具体考核指标。目前，国内生态文明建设指标体系主要有国家生态文明建设示范市县建设指标体系[1]"两山指数"评估指标体系[2]和建设美丽中国评估指标体系[3]，但国家层面对建设美丽中国先行区评估指标体系尚未出台。海南争创建设美丽中国先行区，应积极对

---

[1] 该指标体系由生态环境部于2019年9月与《国家生态文明建设示范市县建设指标》共同发布。

[2] "两山指数"用于量化反映"两山"建设水平，表征区域生态环境资产状况、绿水青山向金山银山转化程度、保障程度，服务"两山"基地管理综合性指数，是"两山"基地后评估和动态管理的重要参考依据。

[3] 该指标体系由国家发展改革委于2020年2月印发，面向2035年"美丽中国目标基本实现"的愿景，结合实际分阶段（2025、2030、2035）提出预期目标，以引导各地区加快推进建设美丽中国。指标体系分为空气清新、水体洁净、土壤安全、生态良好、人居整洁5类，并细分为22项具体指标，后续将根据中央部署及经济社会发展、生态文明建设实际情况持续调整完善。以2020年为基年，每5年开展2次评估（结合国民经济和社会发展五年规划中期评估、五年规划实施完成后各1次）。

接并率先研究出台美丽中国先行区、美丽城市、美丽乡村和美丽河湖、美丽海湾优秀案例的考核指标体系，确保工作有方向，层层传导工作责任，确保争创工作心中有"数"、手中有"招"。

（三）确立并推进一批关键性举措

新时代新征程上，海南要坚持绿水青山就是金山银山的理念，坚持以人民为中心的发展思想，以经济社会发展绿色转型为引领，坚持山水林田湖草沙一体化保护和系统治理，协同推进降碳、减污、扩绿、增蓝，以高品质生态环境支撑高质量发展，打造美丽中国建设示范样板。

一是提升"美丽颜值"。加强生态系统保护修复，积极谋划一批EOD（生态环境导向开发模式）、治水+全域土地综合整治等项目，持续打好蓝天、碧水、净土保卫战，持续改善生态环境质量。

二是赋能"美丽经济"。牢固树立生态环境是海南最大的竞争力、是海南的地区比较优势的理念，强化国土空间管控，完善国土空间用途管制制度，充分发挥海南省气候温度、海洋深度、地理纬度和绿色生态"三度一色"优势，协调推动能源、产业、效能与城乡建设四大领域节能降碳，助推绿色低碳转型发展。

三是实施"美丽工程"。要继续实施重要生态系统保护和修复大工程，构建从山顶到海洋的生态保护修复治理大格局，提升红树林、珊瑚礁、海草床等生态系统的质量和稳定性，高质量建设热带雨林国家公园，推进"园""地"融合，强化生物保护，增强"水库、粮库、钱库、碳库"功能。

四是建设"美丽家园"。健全生态环境治理体系，加强生态文化建设，讲好美丽中国故事。要强化生态文明宣传教育，讲好美丽海南故事，大力倡导简约适度、绿色低碳、文明健康生活理念和消费方式，让绿色出行、节水节电、"光盘行动"、垃圾分类等成为习惯，形成人人、事事、时时、处处崇尚生态文明的社会氛围。

五是厚植"美丽底色"。完善国家生态安全工作协调机制，安全发展核电，建立最严格的防范外来生物物种入侵体系，守牢建设美丽中国安全底线，加快形成节约资源和保护环境的产业结构、生产方式、生活方式、空间格局。

五、结语

从谱写美丽中国海南篇章到争当建设美丽中国先行区，既是中央对海南生态文明建设的明确要求，也是海南高质量发展的客观实际和内在需要。十多年来，海南省立足实际探索建设美丽中国实践，形成了极具特色的路径策略、经验做法、体制机制等，交上了生态文明建设的高分答卷，为建设美丽中国贡献了可复制、可推广的"海南经验"。海南要进一步加强对建设美丽中国的系统性分析、实践性归纳和规律性提炼，宣传推广典型做法和先进经验，为全面推进建设美丽中国提供实践样板；要进一步提升全面推进建设美丽中国的使命感责任感，以生态文明建设的海南精彩实践，共同绘就美丽中国新画卷，把海南打造成为中国向世界展示习近平生态文明思想实践成果的重要窗口。

作者简介：吴秋花，海南省社会科学院《南海学刊》编辑部副编审；王茜，海南省社会科学院《南海学刊》编辑部编辑。

中国式现代化的贵州实践：
以贵州"跨越式发展"为分析对象

邓小章

摘 要：中国式现代化是中国共产党领导的社会主义现代化，它既有世界各国现代化的普遍特征，更有基于自身国情的中国特色。中国式现代化的成功离不开各地方现代化实践的支撑。贵州作为中国式现代化建设的后发追赶者，其经济社会发展经历了从极贫极落后到经济增速持续位居全国前列的巨大"跨越"。这种"跨越"本质上是一个"落后—追赶"的过程。考察贵州在"跨越式发展"中的实践可以发现，贵州既遵循了后发国家（或地区）现代化发展的普遍规律——政府主导推进现代化，又结合了自身省情制定发展策略。正是在发展导向的政府介入和推动下，突出政府引导和市场增进的紧密结合，才促成了贵州的"跨越式发展"。

关键词：中国式现代化；贵州；跨越式发展；"落后—追赶"

一、问题的缘起

改革开放四十多年来，在中国共产党的带领下，中国的现代化建设事业突飞猛进，取得了举世瞩目的成就，被外界称为"中国奇迹"，党和国家的发展事业来到了一个全新的历史方位。为此，党的二十大报告明确指出："从现在起，中国共产党的中心任务就是团结带领全国各族人民全面建成社会主义现代化强国、实现第二个百年奋斗目标，以中国式现代化全面推进中华民族伟大复兴。"[1] 由此，"以中国式现代化全面推进中华民族伟大复兴"的时代任务被正式提了出来，"中国式现代化"也成为各界广泛关注和探讨的话题。

中国式现代化是中国共产党领导的社会主义现代化，既有进行现代化建设的世界各国所具有的普遍性特征，更有基于中国具体国情的中国特色。中国式现代化是中国共产党带领中国人民在长期的建设实践探索中摸索出来的一条符合中国发展规律的现代化道路，它的成功既有中国共产党总揽全局、协调各方的引领原因，也有各地方政府在党的引领下积极探索和努力奋进的功劳。从发展和发展的目的来看，中国式现代化蕴含着两个极其重要的意旨。一方面，中国式现代化强调在不断解放和发展生产力的基础上，实现经济的更高质量发展，具体表现为经济的持续稳定增长，也就是说，要造就一种更高质量的经济发展现象。另一方面，中国式现代化强调在经济发展的同时也注重推动人的全面发展，要求在发展的进程中推进"人"的现代化。

在"以中国式现代化全面推进中华民族伟大复兴"进程中，既需要中国共产党持续总揽大局起好"掌舵者"作用，也需要各地方政府在中国式现代化的指引下积极推进自身实践，以自身的现代化实践丰富中国式现代化的内涵、拓展中国式现代化的实践路径。贵州作为中国式现代化事业大踏步前进的一个缩影，其现代化进程经历了一个从经济社会极贫极落后的"贵州现象"[2]到经济增速持续位居全国前列的"新贵州现象"[3]的跨越式蜕变，这无疑为新时代贵州继续在现代化道路上取得新的经济社会发展成绩积累了宝贵的实践经验。然而，当前关于贵州现代化发展进程中的这一深刻变化的理论关注度并不高，对贵州"跨越式发展"背后的深层次原因的理论探讨还有待进一步丰富。基于此，本文拟在学界比较成熟的"落后—追赶"理论基础上对贵州"跨越式发展"进行考察分析，集中探析贵州在"落后—追赶"进程中出现的这一经济现象背后的规律、经验启示等内容，以期丰富学界对于相关问题的探讨，同时为贵州的现代化实践提供一种观察视角和一些参考建议。本文探讨的重心在于"跨越式发展"中贵州的现代化实践行为，而非对"跨越式发展"的现象描述。

二、落后—追赶：一个关于贵州"跨越式发展"的分析视角

贵州的"跨越式发展"本质上是一个"落后—追赶"的过程，是一种突出的经济发展现象。同中国式现代化的其他特征相比，贵州"跨越式发展"更

多地与中国式现代化造就的"经济奇迹"有异曲同工之妙。因此,在分析贵州的"跨越式发展"时,既要分析贵州在这一现代化实践过程中所遵循的追赶事业的普遍规律,也要分析贵州实践的独特性,即在追赶进程中保持一切追赶计划、政策措施遵照自身省情和特点进行。

尽管不同的国家或地区有不同的历史、人文等情况,但是在现代化的进程中人类社会是有着某些共同规律的,如若人为地试图忽略这些共同规律,那只能是闭门造车,毫无益处。基于此缘由,将贵州"跨越式发展"放到全球落后国家或地区发起的"落后—追赶"大视野中加以考察,是不无益处的。

自18世纪下半叶英国开始工业革命以来,全球各国就开始自主或不自主地卷入工业化现代化的浪潮中,这是人类近代史上"最重要的事件"[4]。然而,由于各国经济社会发展水平各异、离工业革命中心圈距离不等以及执政者对现代化的认识不一等,各国的现代化进程也不尽相同。其中,离工业革命爆发中心较近的、执政者有强烈现代化发展意识的国家(或地区),由于对人类发展新的趋势以及新的国际竞争规则的变化觉悟较早,因而主动接受并推进工业化,成为世界秩序中的先发工业化国家,其凭借先发优势大肆在全球谋取各种于自身发展有利的条件。与之相反,离工业革命中心圈较远的、执政者对工业化现代化这种新的人类发展趋势不敏感的国家(或地区),则在新的残酷的国际竞争规则下沦为先发工业化国家所建立的世界体系的附庸,并在弱肉强食的状态下饱受先发工业化国家的欺凌。随着工业化现代化的深入发展,落后国家(或地区)逐渐意识到要改变自身所处的不利局面,必须主动推进工业化现代化,只有在现代化的基础上才有与先发国家进行平等博弈和竞争的可能。由此,落后国家(或地区)如何追赶先发工业化国家(或地区)进而实现自我"救赎"的问题逐渐成为学界关注和研究的对象。

迄今为止,学界关于"落后—追赶"问题的研究,有几种代表性的理论学派。

一是李斯特经济学及"新李斯特经济学"。李斯特是德国著名的经济学家,他以独到的政治观察力在很早便提出了对于落后国家工业化的思想。在李斯特看来,工业化是落后国家跻身先进国家行列的必由之路,国家在这一过程中有重要作用。落后的国家若按斯密等人倡导的自由主义的世界经济学来推进自身的工业化,必然会导致失败,因为"并非同样的政策措施都必然适用于所有的国家,每个国家在发展生产力的过程中都必须根据自己的国情走自己的道路"[5]。为此,他提出了一种以生产力理论为核心的国家经济学,该理论中有几个比较突出的观点:第一,以促进工业生产力的发展为基础建立制造业。国家要自我保护,就必须建立和发展工业,没有工业的发展,国家独立就缺乏赖以存在的基础。而且,国家要保持独立和繁荣,必须拥有高度发达而富有效率的工业。第二,实施保护性的关税制度。落后国家在工业技术发展不充分的情况下,国家应当推行保护性关税制度以为民族工业提供庇护。保护性制度会把外国的制成品排挤出国内市场,造成外国劳动力、人才和资本的过剩;同时,这种制度又可以鼓励外国劳动力、人才和资本向落后国家流动。[5]100 只有在保护性关税制度下,当民族工业成长到能够与外国工业进行竞争后,自由贸易才有可能实现。第三,完善法制和教育。国家在推进工业化的进程中需要不断完善与工业化相适应的产权制度、法律制度以及教育体系,营造良好的社会意识和培养创造性人才,这样才会利于工业生产力的持久发展。第四,工业的发展需要农业经济部门提供必要的原材料、食物和制成品市场,因此,要实现农业与工业的结合。李斯特的经济思想对当时比英国落后的美国和德国的工业政策产生了重大影响,对两国的工业化也起到了积极作用。

然而,自20世纪后李斯特经济学在很长时期内并没有随时代的变化进行创新发展,导致该学派存在一些缺陷。因此,近年来学界兴起一种"新李斯特学派",该学派既注重对李斯特经济学的创新,又注重吸收李斯特传统经济学的成果。[6] 新李斯特主义对李斯特经济学原理进行了拓展性应用,如提出"市场保护说"、"不对称全球化"理论等等。值得注意的是,不论是传统的李斯特经济学还是新李斯特经济学,它们皆强调国家(政府)在经济发展中应当积极作为。

二是"落后的优势"。"落后的优势"或"后发优势"是美籍俄裔著名的经济史专家格申克龙率先提出的。格申克龙认为,早期先进国家进行工业化所必需的"前提"条件并不必然影响落后国家的工业化,因为落后国家可以通过国家的干预作用或其他制度手段创造出进行工业化的条件。"一个国家越落后,它的工业化就越可能在某种有组织的指导下进行。"[7]55 有学者将落后国家的这一"优势"概括为如下几方面:能够引入发达国家的工业与技术;能够借鉴和吸取先进国家的成功经验;能够凝聚寻求工业化发展的社会意识。[8] 毫无疑问,格申克龙的这一理论对于落后国家的工业化事业是有积极意义的,其所谓的"落后的优势",更直白而言,即"经济落后的国家可以运用国家力量,收集发达国家产业和技术发展的信息,仔细研究并排出发展的序列,然后制定计划,整合国内各种资源,迅速推进工业化,达到经济高速增长,缩短并赶上欧美发达国家的目标"[9]。落后国家在工业化进程中发挥国家(政府)作用,积极利用"后发优势",能极大程度减少推行工业化的成本。

三是发展型国家理论。"发展型国家"是美国学者查默斯·约翰逊基于对二战后日本、韩国、新加坡等东亚国家和中国香港与台湾地区经济发展的特殊道路的考察而提出的。该理论强调经济发展在国家行为中应处于优先地位,其他任何目标都不能削弱经济发展在国家行为中的地位,经济发展体现为增长、生产率和竞争力的提升。该理论对于落后国家的工业化而言具有一定的启迪意义。"发展型国家"是一种"计划理性的资本主义发展型国家,兼有私人所有权和国家指导的属性"[10],是国家行为与经济发展高度结合的产物。它具备一些基本的要素特征:首先,有一个规模小而廉价的精英政府官僚的存在,他们负责制定产业政策和方案的选择等;其次,建立一个官僚可以在其中获得充分的空间发挥主动权并有效地运行的政治体系;最后,国家出于市场的需要和完善可以对经济进行干预,包括建立政府金融制度、调整经济发展目标等等。[10]45-47 东亚发展型国家的发展道路及由此形成的相关理论,对于具备相应条件[10]349-383 的落后国家而言,或许有较好的借鉴意义。

四是现代化理论。现代化理论是一种以国家如何从传统农业社会走向现代工业社会为核心内容的理论。该理论认为,落后国家要实现现代化,有三个关键方面必须处理好:首先,在引进和消化外国的先进科学技术的同时,国家要积极促进本国的教育和科技发展。其次,在面对本国的传统因素和外来的现代因素时,国家要善于将二者糅合,进行双向改造,避免双方过分激烈的冲突引起社会频繁动荡。最后,必须以建立有强烈现代化意识的、统一而有能力的国家政权为前提,确保现代化建设有序进行。[11] 如布莱克认为,只有在落后国家的领导者以及社会民众中凝聚起强烈的现代化欲望后,落后国家的现代化才能以能动的方式启动。[12] 亨廷顿也认为,在现代化进程中,只有建立一个能制衡政治参与和政治制度化的强力政府,才能避免出现政治衰朽的状况。[13] 现代化理论是以工业化为起点的理论,对落后国家或地区的现代化之路意义重大。

不同学者从不同视角观察落后国家或地区的现代化追赶进程，一定程度上为更清晰地考察贵州的"落后—追赶"历程提供了一些思路和视角，也揭示了作为工业化现代化后来者在追赶过程中必须遵循的一些普遍规律。贵州在形成"跨越式发展"的过程中，走的也是一条追赶发达地区的道路。

综前所述，本文认为，后发国家（或地区）要追赶先进国家（或地区），不能走自由放任式的道路，而必须政府积极介入，借助政府的力量来统领整个追赶过程，也就是说要形成一个以现代化为导向的发展型政府。通常说来，在追赶过程中，有几个方面的工作需要做好：首先，政府要清晰界定所处的阶段和地位，明确追赶任务并结合自身情况制定追赶计划。就是说，对于落后国家（或地区）而言，首要的是弄清楚自身发展所处的阶段性特征，并根据所处的发展阶段借助"后发优势"制定相应的发展计划，有序推进。其次，政府必须通过持续的自我建设强化主导追赶进程的能力。经济发展带来的是深刻的社会整体性变迁，这个过程除了借助拥有强大强制力和资源调配能力的政府来确保其在秩序内进行外，任何其他组织都无法应对追赶过程中可能发生的各种复杂问题。而政府要更好地主导追赶进程，也必须持续完善自我建设。最后，政府要整合市场、社会的力量，使之在追赶进程中各宜其位、各得其效。一方面，自人类社会进入工业化现代化体系后，市场便成为现代化不可或缺的基本动力，它在经济社会发展中起着"看不见的手"但"看得见的成效"的作用。任何一个国家（或地区）要实现自身经济的发展，就必须研究市场、了解市场、整合市场，最大限度地释放市场在推动经济发展方面的潜力。另一方面，现代化最终要实现的是"人"的现代化，由人组成的社会在现代化过程中需要政府的合理引导方能成为现代化的强大助推力。因而，政府只有最大限度地发挥市场在经济发展方面的作用，同时又最优地将社会组织起来，整合二者于现代化进程中，方有完成追赶任务的可能。

三、"追赶"任务的提出与贵州的现代化实践

贵州在历史上很长时期处于政权边缘状态，加上自身多山而闭塞的地理环境，近代以来贵州的经济社会发展长期处于一种较低水平。中华人民共和国成立以后，在党和国家领导人的重视和关怀下，"三线建设"等战略举措增强了

贵州的经济实力和发展的后劲[14]。贵州的经济社会有了一定的发展，但与周边地区尤其是东中部地区的差距仍然较大且有日益拉大的趋势，这一状况在改革开放后尤其显著。1994年，胡鞍钢作为中国科学院国情分析小组成员先后两次到贵州考察，并在区域贫富差距的意义上使用了"贵州现象"这一提法。"贵州现象"的这一全新提法一经提出便迅速引起了国内各界的广泛关注，也有力地推动了国家在区域发展上的重大战略调整。

"贵州现象"揭示的是一种东西部地区贫富悬殊极端化的趋势，这种悬殊趋势若是放任其自由发展或寄希望于各地区自律性市场自然抹平是根本不可能的，因为市场本身是以效率为准则优胜劣汰的。所以，要解决"贵州现象"所揭示的问题，就必须政府介入。市场以效率为目标，而政府应该追求公平。没有政府兼顾社会公平和经济公平，就没有任何一个组织有能力去缩小地区贫富差距，支援欠发达地区发展，而这样的政府介入，实际上就是一种以现代化为导向的发展型政府的介入。作为"贵州现象"关键主体的贵州，在"贵州现象"提出后也更加深刻意识到自身落后的境地，开始着手进行自我调整以适应接下来"追赶"任务的需要。

大体来看，对贵州而言，经济社会的持续较快发展是从改革开放开始的，2000年西部大开发战略实施后属于加速推进期，2010年至2021年则是高速发展期。在这个过程中，贵州以发展为根本任务，以结构调整为主线，实现了发展速度、发展质量和发展效益三者的有机统一。贵州也在中央政府的支持和地方政府的推动下，实现了从极贫极落后的"贵州现象"向经济保持较长时期的高速增长的"新贵州现象"的蜕变。在这一过程中，政府主导推动的现代化实践起着至关重要的作用。

（一）以经济优先发展为突破口，积极解决制约贵州现代化发展的关键性因素

明确"追赶"任务后，贵州省委、省政府根据党中央、国务院在国家经济管理体制和运行机制方面的要求，逐步改变以往趋于保守的心态，开始着手转变政府活动的内容和导向。

一方面，贵州坚持以经济建设为中心的导向，围绕经济发展安排财政支出并组织政府行为。发展是解决贵州问题的关键。与党的十一届三中全会做出的

关于国家发展重心的调整相一致，改革开放后贵州各级地方政府的活动也开始转向以经济建设为中心。为了实现每个阶段经济建设的目标，政府不仅每年都制定关于国民经济发展的约束性指标，并适时发布每年年度国民经济和社会发展统计公报，而且在贵州经济社会每发展到一个新阶段，政府便会动态地、有针对性地制定"五年规划"，以指导特定阶段政府的活动指向。此外，财政支出是政府活动的风向标，它最能体现政府活动的重心。对本就处于落后阶段的贵州而言，要实现追赶目标，必须将一定时间空间范围内有限的资源统一整合起来，使其按照现代化的要求尽可能高效地流入到经济建设中。受益于国家在西部大开发进程中的民族地区转移支付和一般性财政转移支付，贵州得到了国家极大的财政支持，这些转移支付最终都有效地流向了贵州的"追赶"事业中。与此同时，贵州也不断调整自身的财政收支结构以使其更好地适应经济建设的需要。从1978年改革开放至2022年四十余年间，全省财政支出规模从12.3亿元扩大到5851.36亿元，增加了474倍多。[15] 从支出的结构看，政府财政支出主要用于交通、通信、市镇基础设施等基础建设以改善全省投资环境[16]，其后又逐渐转向改善民生、促进教育等方面，以为经济发展提供良好的社会环境。

另一方面，贵州以改善交通基础设施建设为抓手，大力推动解决制约贵州发展的基础设施"硬伤"问题。交通极其闭塞是贵州长期被边缘化的一个关键原因，边缘化的后果"就是人流、物流越来越难流通，生产出来的东西相对成本越来越高，卖不出去，外面的企业进不来，自己的企业搞不大，不能很好地进行社会分工，永远是自给自足的低水平内循环"[17]。交通是制约贵州发展的关键问题，如果不解决交通问题，贵州就无法保持自身与外界互通有无渠道的畅通，贵州的"追赶"事业也难以真正开启。因此，无论是中央政府还是贵州地方政府，都把改善交通作为贵州发展的一项重中之重的工程。贵州全省上下在发展进程中也积极利用国家在西部大开发战略中提供的科技支持以攻克交通建设中的技术难题，深入推进实施了"村村通公路""县县通高速""高速公路水运建设三年会战""六网会战"等发展举措，逐步建立起现代立体综合交通网。据统计，2008年，贵州公路通车总里程达到125365千米，高速公路达到924千米。[18]5 而仅2000年至2003年，贵州省基础设施建设投资每年对经济增长的贡献率就达到了20%左右。[19]

（二）制定发展规划，以"计划理性"引导和推进现代化建设

一个国家（或地区）越落后，在追赶进程中就越需要发挥政府引领现代化的作用。在追赶阶段，贵州省委、省政府也主动承担起组织现代化建设的责任，主导制定诸多发展规划，并选择战略性产业优先发展，以"计划理性"引导和推进贵州的现代化建设。

在推进贵州经济社会发展进程中，贵州省委、省政府清晰界定战略产业，积极推行工业强省战略和农村产业革命。现代化经济体系本质上是建立在工业基础上的经济体系，工业起着重要且关键的支撑作用。因此，落后国家（或地区）若欲追赶先发国家（或地区），就必须主动界定自身的战略产业，并集中资源培植现代经济发展的基础和稳定增长极——现代工业。改革开放后，贵州坚持以市场为导向，强化政府扶持引导，依托科技创新把大力发展特色优势产业、积极调整产业结构放在十分重要的地位。随着企业外部环境的不断改善，贵州工业投资量持续增加，工业生产能力不断提高，工业实现连续较快发展。到 2008 年末，贵州规模以上工业企业达 2676 个，企业资产达到了 34566.1 亿元。[18]9 2010 年实施"工业强省"战略后，贵州的工业经济再一次迎来了快速发展。贵州将工业发展的重心放在两个领域，一个是传统行业，包括以烟、酒为代表的轻工业和以煤、电为主的能源产业，以此打造工业经济的"主心骨"；另一个是新兴产业，主要包括大数据产业、装备制造业、医药健康产业等等，这些产业是贵州培植后发优势推进"后发赶超"和产业创新转型升级的战略选择。贵州的新型工业化建设在这一进程程中也不断取得新的成就。在大力发展工业的同时，贵州省委、省政府于 2018 年提出并深入推进农村经济的产业革命，借此培育有相对优势或特色的农业产业。农村产业革命直接促进了贵州中药材、猕猴桃、茶叶等经济作物产业的快速发展，广大农村地区的人民群众从中得到了更多实惠，农村的发展面貌也得到极大改善。

除识别发展工业外，贵州省委、省政府还积极推进大交通、大旅游、大生态、大数据融合发展战略。贵州属多山地区，是全国唯一没有平原的省份，闭塞的地理环境造就的极其落后的基础设施状况是制约经济发展的关键性因素。对此，依托国家西部大开发战略，贵州省委、省政府提出了"交通优先发展"战略，把加快交通基础设施建设作为引领经济发展的重要引擎。2015 年贵州率

先在西部实现了"县县通高速",高铁、高速公路、水运等交通基础设施进一步完善。在交通基础设施不断完善的同时,贵州省大力推进大交通、大旅游、大生态的相互融合。对贵州而言,优良的生态环境是最大的发展优势和竞争优势。西部大开发后,贵州相继启动实施了天然林保护、退耕还林、珠江防护林体系建设等重点工程,为贵州的发展积累起了丰富的生态资源。而依托交通基础设施的改善,贵州丰富的生态资源得到有效开发,"绿水青山"和"金山银山"不断实现高质量转换,"大旅游""大生态"发展战略取得较大成功。此外,贵州根据经济发展新趋势,积极抢抓数字经济发展先机,大力实施大数据发展战略,为经济社会发展打造新的引擎。如实施"万企融合"大行动,鼓励大量企业探寻与大数据相融合的发展模式,积极发展数字经济、智能经济。在政府经济活动现代化不断加深的同时,贵州依托大交通、发展大旅游、建设大生态、抢抓大数据四个方面的融合发展,有力地推动了经济社会的更高质量更加协调发展。

当下,为贵州的现代化建设更加稳步快速推进,贵州省委、省政府根据习近平总书记2021年春节前夕视察贵州时的重要讲话精神,大力推进围绕"四新"(在新时代西部大开发上闯新路、在乡村振兴上开新局、在实施数字经济战略上抢新机、在生态文明建设上出新绩)攻"四化"(新型工业化、新型城镇化、农业现代化、旅游产业化)主战略,着力打造"四区一高地"(西部大开发综合改革示范区、巩固拓展脱贫攻坚成果样板区、内陆开放型经济新高地、数字经济发展创新区、生态文明建设先行区),更好地为现代化建设做好规划。

(三)通过体制机制改革持续强化政府主体建设,并注重将市场、社会整合进现代化建设中

在现代化这条单向度竞争的道路上,落后国家(或地区)要想成功实现追赶目标,一方面必须持续推进主导追赶任务的承担者——政府这一主体的建设,使其保持现代化的敏感性,强化对现代化事业的引领力。另一方面,必须将有利于现代化建设的一切有利因素调动起来。在现代社会中,有两个因素——市场和社会不容忽视,必须整合起来。市场已被证明在促进现代社会经济发展中起着重要作用,是现代社会经济发展的重要凭借;由人组成的

社会的现代化则构成整个现代化事业的重要支撑，是现代化事业最终能否获得现代性的关键载体。贵州在追赶进程中也按照现代化的这一内在要求组织发展活动，推动了经济社会的"跨越式发展"。

首先，推行经济导向的政府体制改革，强化政府主体建设。加强政府自身能力建设、增强政府驾驭和引领经济发展的能力，是现代经济社会对政府提出的必然要求。在"追赶"进程中，贵州也根据现代社会对政府在经济发展中应起的作用要求，积极推进地方政府主体建设。一是实行经济优先考量的绩效锦标赛制，强化政府官员的发展意识。为促进贵州经济社会的发展，无论是国家在选派人员到贵州任职，抑或贵州各地方政府官员的升迁调整，皆以其经济发展能力为核心考量指标，以此促使贵州的整个官僚体系牢牢坚持经济发展导向。二是推进政府主体改革，以政府主体的对外开放为重要举措最优化各级官员的配置。一方面，中央在为贵州配备省级党委、政府时，尤为注重官员的经济发展能力。另一方面，贵州大力推进各级政府主体开放性建设，如从东部沿海地区大力引进优秀年轻干部任职、挂职，借助他们经济发展的能力、思维和经验推动贵州的发展，这些举措为贵州的发展注入了持久的生机和活力。

其次，深入推进市场体制机制改革，释放市场在经济发展方面的活力。现代经济是市场经济，市场在经济发展中起着决定性作用。因此，必须大力引导和培育作为促进经济社会发展内生动力的市场主体，依托市场主体发展经济的活动推动经济的快速发展。改革开放后，为了实现经济社会的快速发展，贵州随中央步伐推进经济体制改革，加快转换国有企业经营机制，大力发展社会主义市场经济，积极将国有资产管理体制改革与大力发展民营经济作为经济发展的重要驱动力，推动建设开放型市场体系，涌现出老干妈、主力电器等一大批民营企业，贵州的国民经济和各项事业的发展都步入了"快车道"[18]4。此外，在推进社会主义市场经济体制健康良好发展的同时，贵州大力推进营商环境优化建设，以政府的主动作为为市场主体降低从事经济活动的成本。如于2021年印发《贵州省2021年深化"放管服"改革优化营商环境工作要点》，并于该年11月26日在贵州省第十三届人民代表大会常务委员会第二十九次会议上审议通过《贵州省优化营商环境条例》。贵州大力通过简化审批、深化"放管服"改革、打造"贵人品牌"、完善金融体系等方式，将市场有效整合进了现代化发展中。

最后，持续推进民生建设，促进经济和社会的良性互动和协调发展。经济发展和改善民生是一对辩证统一的关系，经济发展的成果能否最大限度地实现社会共享不仅涉及社会的公平正义问题，而且涉及整个现代化经济体系能否最终获得现代性的问题。因此，经济发展和改善民生能否有效形成合力，对经济社会的持久发展有重大影响。在实现经济快速发展的同时，贵州也注重推进社会建设。一是在发展中持续改善民生以扎牢经济社会发展的安全网。改革开放尤其是西部大开发战略实施以来，贵州坚持科教兴黔，把教育摆在突出位置，同时构建起基本医疗保障、企业补充保障和商业医疗保障等多层次保障制度，并启动了失地农民社会保障制度，为经济持久健康发展兜牢了社会安全的底线。二是按期打赢脱贫攻坚战，夯实了现代化建设的社会基础。贫困问题一直是困扰贵州发展的历史问题。党的十八大后，贵州利用好省内外一切利于脱贫事业的因素，在全省上下形成了进行脱贫攻坚战的强大合力，并在2021年同全国其他地区一起步入全面小康，这是贵州民生建设的又一重大成就，这一成就也将进一步转化为贵州现代化建设的动力。三是探索推进新时代共同富裕的建设路径。全面建成小康社会后，贵州社会建设的下一个目标就是推进社会的共同富裕，为此，贵州提出今后一个阶段的社会建设任务主要是持续夯实城乡基础设施支撑、加快补齐基本公共服务短板、巩固拓展脱贫攻坚成果、深入推进乡村振兴、大力实施增收行动提高城乡居民收入。通过在经济发展中不断统筹推进民生建设，贵州有效地将社会治理整合进现代化建设中，并强化了发展的现代性支撑。

四、结语

贵州的"跨越式发展"本质上是一个"落后—追赶"的过程，其塑造的是中国式现代化的贵州之路。从贵州"跨越式发展"的分析中，可以得出几个结论。第一，坚持党的领导是贵州在以往现代化实践中能实现"跨越式发展"的根本原因。中国共产党的领导是中国特色社会主义事业的最本质特征，没有党追求共同富裕的执政取向，没有党的现代化观、发展观的指引以及中央政府的大力支持，贵州的"跨越式发展"便无从谈起。第二，坚持政府引导和市场增进的有机结合仍是贵州在新时代的重要选择。虽然贵州过去在现代化道路上取得了"跨越式发展",但横向来看今天贵州的"追赶"任务仍在继续,政府在经济发展中的作用仍然至关重要。因此,必须持续探索推进有为政府与有效市场更好结合的路径。第三,要利用"后发优势",整合好市场和社会的力量,在经济发展的进程中处理好各种社会问题,主动推进治理的现代化转型。在借助"后发优势"追赶先发地区的同时,必须从宏观上认识整个"赶超"过程,在发展任务"多期叠加"的情况下及时主动推进社会治理的创新转型,坚持以人民为中心的治理理念,解决好社会公平正义问题,使社会形态与经济发展更好地保持良性协调。第四,要走好有贵州特色的现代化之路,以贵州的现代化实践丰富和拓展中国式现代化的内涵与途径。对贵州而言,要坚持以中国式现代化为指引,同时结合自身的优势特点,如良好的生态资源、以大数据为中心的高新数字产业等,努力探索中国式现代化指引下现代化范式的多元可能,努力打造中国式现代化的贵州样式。

参考文献

[1] 习近平. 高举中国特色社会主义伟大旗帜 为全面建设社会主义现代化国家而团结奋斗——在中国共产党第二十次全国代表大会上的报告[R]. 北京:人民出版社,2022:21.

[2] 首先在经济发展意义上使用"贵州现象"这一提法的是胡鞍钢,见胡鞍钢. "贵州现象"启示录[J]. 民族团结,1995(1):21-24。

[3] "新贵州现象"是一个用以与"贵州现象"进行区分的提法,相关文献可见:徐静. 从"贵州现象"到"新贵州现象"[N]. 贵州日报,2018-12-10;赵宇飞等. 新"贵州现象"[J]. 当代贵州,2012(5);等。

[4] [荷]扬·卢滕·范赞登. 通往工业革命的漫长道路:全球视野下的欧洲经济1000-1800[M]. 隋福民,译. 杭州:浙江大学出版社,2016:1.

[5] [德]弗里德里希·李斯特. 政治经济学的自然体系[M]. 杨春学,译. 北京:商务印书馆,1987.

[6] 贾根良. 新李斯特经济学作为一个学派何以成立?[J]. 教学与研究,2015(3):6-17.

[7] [美]亚历山大·格申克龙. 经济落后的历史透视[M]. 张凤林,译. 北京:商务印书馆,2012.

[8] 史东辉. 后起国工业化引论——关于工业化史与工业化理论的一种考察 [M]. 上海：上海财经大学出版社，1999：64.

[9] 卢正涛. 东亚发展型国家的转型：缘起、目标和前景 [J]. 吉首大学学报，2015（6）：71-77.

[10] [美] 禹贞恩编. 发展型国家 [M]. 曹海军，译. 长春：吉林出版集团有限责任公司，2008：2.

[11] 虞和平. 中国现代化历程（第一卷）[M]. 南京：江苏人民出版社，2007：8.

[12] [美] 布莱克. 现代化的动力——一个比较史的研究 [M]. 景跃进等，译. 杭州：浙江人民出版社，1989.

[13] [美] 塞缪尔·亨廷顿. 变化社会中的政治秩序 [M]. 王冠华等，译. 上海：生活·读书·新知三联书店，1989.

[14]《当代中国》丛书编辑委员会. 当代中国的贵州（上）[M]. 北京：中国社会科学出版社，1989：109.

[15] 相关数据来源：1978 年全省财政支出规模 [EB/OL]. http://www.gog.cn/zonghe/system/2018/12/26/017016074.shtml；2022 年全省财政支出规模 [EB/OL]. https://www.guizhou.gov.cn/zwgk/zfsj/tjgb/202305/t20230517_79768889.html.

[16] 何仁钟编. 当代贵州简史 [M]. 北京：当代中国出版社，2002：337.

[17] 林树森. 以贵广快速铁路和高速公路建设为龙头，又好又快地建设贵州现代化交通体系. 见：政协贵州省委员会编. 回忆贵州改革开放 30 年（下册）[M]. 贵阳：贵州人民出版社，2008：701.

[18] 贵州省统计局、国家统计局贵州调查总队编. 贵州六十年 [M]. 北京：中国统计出版社，2009：5.

[19] 中国统计信息网. 贵州省实施西部大开发战略以来经济发展情况报告 [EB/OL].（2004-08-05）：http://www.stats.gov.cn/ztjc/ztfx/fxbg/200408/t20040803_14825.html.

作者简介：邓小章，贵州师范大学马克思主义学院博士研究生。

篇 章 三

新质生产力与数字经济

新质生产力引领西部地区高质量发展：
内在逻辑、现实挑战、提升路径

沈开艳　何　畅

摘　要：高质量发展是新时代的硬道理，事关中国式现代化总体进程。西部地区高质量发展是全国扎实推进高质量发展的重要组成部分，对于缩小区域发展差距、解决发展不平衡不充分问题具有重大现实意义和深远历史意义。新质生产力是符合新发展理念的先进生产力质态，因地制宜发展新质生产力，能够助力西部地区实现发展目标、增强发展动能、优化发展结构、转变发展动能、弥合发展差距，实现"后发赶超"目标；但同时又面临产业基础、体制机制、系统风险方面的现实挑战。基于此，本文提出了新质生产力引领中西部地区高质量发展的提升路径：加大科技创新投入打通科技成果应用堵点；构建地方特色鲜明的现代化产业集群；强抓人工智能新机遇助力产业转型升级；坚持系统化改革提供高效有力制度保障；融入国家重大战略打造内陆开放新高地。

关键词：新质生产力；高质量发展；西部地区

一、问题的提出

新质生产力是具有深刻理论内涵和丰富实践内容的新概念，是习近平经济思想的最新理论成果，为实现生产力水平的跃迁提供了新思路。新质生产力概念的提出是对马克思主义生产力理论的创新发展，进一步丰富和完善了中国特色社会主义政治经济学内容体系。对实现产业转型升级、高水平科技自立自强和经济高质量发展目标具有重要意义和引领作用。

2024年1月，习近平在中共中央政治局第十一次集体学习时强调："发新质生产力是推动高质量发展的内在要求和重要着力点，必须继续做好创新这篇大文章，推动新质生产力加快发展"。在参加十四届全国人大二次会议江苏代表团审议时，习近平总书记强调，"要牢牢把握高质量发展这个首要任务，因地制宜发展新质生产力"，进一步阐释了发展新质生产力的方法论，即坚持从实际出发、先立后破、因地制宜、分类指导。现阶段，我国东西部地区区域发展和收入分配差距较大，对西部地区加快推动高质量发展提出了更加迫切的要求。同时，发展阶段的深刻变化也要求更加重视西部地区的高质量发展。新质生产力作为全新的生产力质态，也是引领西部地区高质量发展的战略基点，成为解决我国现阶段发展主要矛盾的重要抓手和有效举措。因此，辨析新质生产力引领西部地区高质量发展的内在逻辑，剖析西部地区发展新质生产力的现实挑战并探索相应的提升路径，具有重大理论意义和实践价值。

二、新质生产力的理念内涵

发展理念是对发展的本质性认识，对发展实践起着根本性指导作用。党的十八届五中全会上，习近平总书记原创性提出了创新、协调、绿色、开放、共享的新发展理念，强调坚持新发展理念是关系我国发展全局的一场深刻变革。作为一个系统的理论体系，新发展理念回答了关于新质生产力发展的目的、方式、路径等一系列理论和实践问题，发展新质生产力必须完整、准确、全面贯彻新发展理念，始终以新发展理念的多元目标来推动新质生产力发展。追求多元发展目标的内在统一是发展新质生产力的最终归宿。

（一）发展新质生产力是新发展理念在生产力范畴的生动实践

社会生产力的发展伴随着质和量的提升，生产力与生产关系的矛盾运动推动着社会的发展。而社会发展的方向则是由发展理念及其蕴含的发展思想决定的。进入新时代以来，以习近平同志为核心的党中央提出了创新、协调、绿色、开放、共享的新发展理念，要求坚持以人民为中心的发展思想，以新发展理念引领经济社会发展。发展新质生产力与新发展理念具有内在的统一性，加快培育和发展新质生产力可以更好满足人民日益增长的美好生活需要，是新发展理念多元目标得以实现的重要依托和现实保障。社会生产力的发展既可以来自传统生产力范畴，也可以源于新质生产力范畴。创新特别是科技创新是推动新质生产力发展的第一动力；新质生产力所具有的低消耗、低污染特征是绿色发展理念的具体表现；发展新质生产力所带来的生产力水平的跃迁有助于更快实现物质财富的极大丰富，更好地在发展中保障和改善民生，实现发展成果由全体人民、全人类共享。

（二）新发展理念是培育和发展新质生产力的实践指引

理念是行动的先导，新发展理念不仅暗含了新质生产力所具备的鲜明特征，还指明了如何培育和发展新质生产力，发展新质生产力与坚持新发展理念是天然统一的。当今世界正处于百年未有之大变局，要想在激烈的国际竞争中赢得发展主动权，必须依靠创新破解发展难题，以科技创新引领产业升级，以产业升级构筑竞争新优势。在以科技创新推动新质生产力形成和发展的过程中，需坚持系统观念，协调好发展和安全、公平和效率、当前和长远的关系，处理好传统产业和新兴产业的关系，平衡好重大生产力在区域间的布局；加快生产方式绿色转型，自觉推动绿色发展、循环发展、低碳发展；在深化改革扩大开放的过程中，广泛吸收和有效借鉴人类文明的一切先进成果，积极引进各类优秀人才和技术经验，推动生产力水平质的提升；让发展成果惠及全体人民乃至全球人民应该成为培育和发展新质生产力的最终目标。新发展理念对于培育和发展新质生产力具有重要指引作用。

三、新质生产力引领西部地区高质量发展的内在逻辑

（一）有助于实现西部地区发展目标：以生产力能级跃迁持续改善民生福祉

西部地区高质量发展是扎实推动共同富裕实现中国式现代化的关键一环。西部地区实现发展目标，是解决我国现阶段主要矛盾的重要途径。当前西部地区在全国高质量发展整体进程中处于能级相对较低的阶段，在社会生产精细化分工、全要素生产力提升等方面存在明显短板，面临稳定居民就业、增加居民可支配收入等重点任务和巩固拓展脱贫攻坚成果特殊任务交织叠加的复杂局

面，外加经济社会领域的其他不利冲击和困难挑战，实现高质量发展需要更加坚实的物质保障支撑。发展新质生产力，就是以科技创新引领产业创新，推动社会层面生产力整体的质量提升，实现地区经济社会高质量发展目标，以生产力的能级跃升和增量效应，为西部地区提供大规模的社会财富累积，促进生产力与生产关系的良性循环。在以人为本的新发展理念指引下，要以新质生产力为抓手更好满足西部地区人民美好生活需要，解决就业结构性矛盾、提振居民消费信心、助力乡村产业发展，确保发展成果由人民共享理念落在实处。

（二）有助于增强西部地区发展动能：以原创性颠覆性科技创新驱动集约型增长

习近平总书记指出："高质量发展要靠创新，我们国家再往前发展也要靠自主创新"。创新作为引领发展的第一动力，是实现高水平科技自立自强的核心要素，能够为西部地区高质量发展提供强大推力。现阶段西部地区创新引领发展的驱动力有待进一步提升，创新要素对地区经济增长贡献的比例还不够高，发展向集约方式转型的进程有待科技创新提速，现有的科研投入和能力与东部发达地区还有较大差距。科技创新是发展新质生产力的核心要素，特别是在人工智能、生物医药、量子信息等战略性新兴产业和未来产业，特别依靠原创性颠覆性科技创新带来生产力的巨大突破。只有加快形成新质生产力，才能切实增强西部地区经济发展的活力和韧性，在动力源头保障西部地区高质量发展的科技创新储备。加快形成新质生产力，有助于西部地区发展方式加速向创新驱动转型，在未来的国际和区域竞争中提高核心竞争力。

（三）有助于优化西部地区发展结构：以特色鲜明现代化产业体系打造区域竞争力

区域特色鲜明的现代化产业体系是高质量发展的重要载体，是提升区域竞争力的关键着力点。现阶段西部地区产业的总体层次偏低，产业发展仍面临过度消耗自然资源、在产业链布局中普遍处于低附加值环节等现实问题。在愈发激烈的区域和国际竞争中传统产业体系难以满足现实需要，也无法支撑起高质量发展的要求。新质生产力是科技创新成果在具体产业和产业链上的应用，包含对传统产业的改造提升、对新兴产业的培育壮大和对未来产业的布局建设，能够通过促进创新链产业链资金链人才链的深度融合提升产业链供应链韧性，在产业高端化、智能化、绿色化发展方面提升水平。面对西部地区传统产业体系在新发展环境中适应性减弱、竞争力不强的实际情况，要求以自身比较优势为根本基点发展形成区域特色鲜明的现代化产业体系。只有加快融入国家整体产业格局、构建区域特色鲜明的现代化产业体系，才能够在全球产业布局动态演进中抢占先机赢取主动，全面提高区域竞争力。

（四）有助于转变西部地区发展方式：以低碳高效的绿色产业转型推动可持续发展

习近平总书记指出："要加强生态环境保护、以高水平保护支撑高质量发展"。现实西部地区高质量发展的基本要求是统筹兼顾高质量发展和高水平保护，只有坚持走不以破坏生态环境为代价的绿色发展之路，才能确保发展的可持续性。现阶段，西部地区高质量发展仍存在资源要素投入产出效率不高、先进绿色技术推广应用力度不够、支持绿色低碳发展的政策工具箱同发达地区相比亟需优化等短板，容易造成经济发展与环境保护失衡，直接影响发展的效率和质量。新质生产力本身就是绿色生产力，要求践行绿水青山就是金山银山的理念，以做强绿色制造业、发展绿色服务业、壮大绿色能源产业为主攻方向，推动发展方式向生态优先转型。这是坚守以人为本发展理念、践行绿色发展是高质量发挥底色的题中应有之义。发展新质生产力，也就是提高绿色生产力在生产力整体范畴中所占比重，打通生态资源价值转化机制从而实现生态价值向经济价值的有序转化，牢牢守住生态绿色的红线底线，避免以逐底式竞争参与国内外产业链布局，有助于降低发展对自然资源的依赖，加快形成低碳高效、生态优先的产业体系，预防气候变暖、资源危机，提高西部地区发展的绿色水平，保障西部地区高质量发展可持续。

（五）有助于弥合东西部地区发展差距：以全要素生产率大幅提升加快区域协调发展

党的二十大报告指出，"要坚持以推动高质量发展为主题，着力提高全要素生产率，推进城乡融合和区域协调发展，推动经济实现质的有效提升和量的合理增长。推动西部地区高质量发展、贯彻区域协调发展战略的根本要求是扎实提高西部地区全要素生产率，只有缩小东西部地区全要素生产率差距才能有效解决我国现阶段社会主要矛盾、加快中国式现代化推进步伐。现阶段，西部地区发展仍存在科技创新能力较弱、要素成本总体偏高等短板和薄弱环节，这容易导致经济恢复和发展转型动能不足，直接影响高质量发展和现代化建设进程。新质生产力具有高科技、高效能、高质量特征，核心标志是全要素生产率的大幅提升，对高质量发展展现出强劲推动力和支撑力。这是西部地区塑造发展新优势，保持高质量发展战略定力推动地区长远发展的关键所在。以科技创新为主导催生新产业、新模式、新动能，结合西部地区比较优势从而形成具有区域特色的新质生产力，能够提升参与国内外产业和产业链分工的质量和水平，缩小与东部沿海地区经济发展的差距，加快实现经济发展转型，实现经济质的有效提升和量的合理增长。

四、新质生产力引领西部地区高质量发展的现实挑战

（一）产业基础挑战

进入新时代以来，西部地区充分依托国家政策支持和地方比较优势，产业发展取得明显成效。特色化现代产业体系是支撑西部地区经济增长的大梁，为推进中国式现代化进程提供强大的物质保障。现阶段，西部地区产业发展面临三大挑战。一是产业转型更新迭代速度缓慢，对农业、能源产业和重工业的依赖导致经济增长模式相对落后，传统产业过度依赖资源消耗和劳动力成本优势，缺乏相应的更新改造，在科技研发投入、科技人才培养和创新体系建设方面存在差距，限制了新兴产业的发展和传统产业的技术升级。二是产业结构较为单一，生产性服务业发展滞后，矿产开采、能源生产、传统农业等受市场价格波动的影响较大的产业仍占据很大比重，造成地区产业发展缺乏稳定的增长动力。三是西部地区内部市场规模相对较小，消费能力有限，对于促进产业升级和经济多元化发展构成了制约。

（二）体制机制挑战

高水平社会主义市场经济体制是实现高质量发展的基础制度保障，能够为

新质生产力发展提供强有力的制度支撑。在以社会主义市场经济为导向的改革牵引下，市场机制的健全完善通过优化资源分配极大提高了经济运行效率。市场作为资源分配的决定性因素，通过价值机制、供求关系、公平竞争等方式参与资源配置，市场机制失灵会导致资源分配的无序低效，从而打击市场主体的信心活力，对新质生产力发展产生不利影响。因此要把发展新质生产力放在社会主义市场经济体制背景当中思考谋划。对着体制机制改革不断迈向纵深，西部地区面临的改革任务更加艰巨。一方面，市场经济体制机制在西部地区发育还不成熟，财税金融、要素市场化、优化营商环境等重点领域制度设计有待进一步完善、改革举措亟需加大力度落实。当前党中央、国务院推出《关于新时代推进西部大开发形成新格局的指导意见》等政策在中央层面支持西部地区深化体制机制改革攻坚，但在要素分配、市场准入准出、法治保障等诸多领域的实践仍不彻底，有关民营经济的产权保护制度有待进一步夯实完善。另一方面，地方保护行为依然大量存在，融入全国统一大市场还需打破更深层次壁垒，资源要素的跨区域流通存在不少现实障碍，对新质生产力在西部地区发展构成又一现实挑战。

（三）系统风险挑战

习近平总书记强调："必须坚持高质量发展和高水平安全良性互动，以高质量发展促进高水平安全，以高水平安全保障高质量发展，发展和安全要动态平衡、相得益彰"。科学有效的风险化解，是以新质生产力引领高质量发展的题中应有之义。由于地方政府长期激进的基建投资政策和过度依靠土地财政等预算外收入弥补收支，西部地区在财政金融、地方债务、中小金融机构等领域累积风险隐患较多。以地方债务为例，西部地区省份负债率大多处于高位，负债金额占全国比重远超总值所占比重。其中部分项目投资回报率常年处于低位，基层政府运转投资结构失衡造成财政入不敷出。地方还债能力不足，导致西部地区在人才保障、科研等领域投入受限。此外受制于人口持续向东部地区转移，西部地区房地产行业风险累积进一步加重。同时，中小微金融机构、非法集资等涉众型金融风险依然时有发生。发展新质生产力，必须坚决守住安全底线，以高水平安全为环境保障，形成高质量发展和高水平安全的良性循环，有效防范系统性风险导致社会生产力发展停滞。

五、新质生产力引领西部地区高质量发展的提升路径

(一) 创新引领：加大科技创新投入打通科技成果应用堵点

创新是发展新质生产力的关键要素和重要着力点，西部地区应该进一步加大在创新领域投入，打通科技成果应用的难点堵点提高转化效率。从加大创新投入的角度，围绕提高全社会研发投入强度核心指标持续发力，加大力度实施科教兴国和人才强国政策，探索西部特色的人才培养模式，同时加大紧缺人才的吸引和支持力度壮大创新人才队伍支撑，充分保障创新领域的资金支持力度，高标准建设共享基础科研设备。从提高投入转化的角度，发挥好党中央统一领导、集中力量办大事的制度优势，健全新型举国体制下的科技创新体系，充分激发各类主体创新活力，发挥地方政府公共服务供给作用，组建成立全国重点实验室、国家企业技术中心等重点创新基地，集中跨学科跨领域跨机构跨部门的优势力量，打造高能级创新平台攻关突破关键领域技术。从创新成果有效运用的角度，要对各类创新主体进行整合优化，促进政产学研一体化创新体系建设，用好国家级科技企业孵化器政策优惠加快科技成果转化落地，支持和引导市场主体成立不同类别的专门化科技中介服务机构，鼓励和引导社会资本参与公共服务平台建设，发挥好中介服务机构的纽带作用，提升科技创新成果转化的能力和效率，更好推动科技创新和经济发展相结合。

(二) 产业支撑：构建地方特色鲜明的现代化产业集群

发展新质生产力要以现代化产业体系为依托，结合特定区域资源禀赋、产业基础等现实因素，从实际出发构建富有地方特色的产业体系。第一要扎实巩固和提升传统优势产业，盘活矿产等存量战略性储备资源并将其转化为独特产业优势，利用数字技术建设专业化市场平台，推动优质资源向链主企业、头部企业集中，围绕地区核心资源存量推动产业链横向纵向融合发展，打造标杆产业生态，加快产业链企业技术转型和产品升级。第二要加快布局战略性新兴产业和未来产业发展，在数字技术、人工智能、生物医药、新能源等新发展领域找准定位，依托自然环境、能源储备等特色优势挖掘新增长点。第三要推动生

产性服务业向专业化和价值链高端延伸，聚焦现代金融业、现代物流业和其他服务制造业各环节高质量发展的领域持续发力，通过开展政金企融资对接加强中小微企业融资担保建设增新体系，完善融资担保机构风险补偿机制为创新型企业提供充足资金支持，同时制定出台物流行业降本增效举措降低西部地区物流运输成本。第四要主动承接发达地区产业转移，制定计划有序引进东部地区产业创新资源赋能新质生产力发展，有效弥补东西部地区产业创新能力差距。

（三）数字赋能：强抓人工智能新机遇助力产业转型升级

数字经济是新质生产力的重要组成部分，为产业全面转型升级提供了重大机遇。西部地区要立足比较优势加快发展数字经济，以特色化数字产业集群塑造发展新优势。第一要紧密围绕数字技术开展相关领域科技创新，利用大数据分析、人工智能、云计算等前沿技术充分挖掘数据潜能，推动传统行业数字化转型，提高效率和生产力，开发智慧城市、远程医疗、智能教育等智能化方案，强化网络安全和数据保护，确保数字技术的可持续发展。第二要加快传统产业数字化转型，将先进的信息技术和制造过程相结合推进数智赋能制造业，提升传统制造业的效率、质量、灵活性和创新能力，形成可复制的数字化转型方案。第三要构架特色数字产业集群，依托资源优势和产业基础打造全国数据中心，开展数据标注、模型训练等人工智能基础产业，灵活发展数字文旅、智慧农业、电子商务等具有全国竞争力的产业集群，同时提高数字产业化和产业数字化水平。第四要加大力度保障数据安全，制定出台地方关于数据保护的相关政策法规用以解决实践性问题，支持区域内行业标准化组织制定关于数据安全、隐私保护相关行业指南和最佳实践，规范行业整体安全标准。提高西部地区整体数据安全水平，为发展新质生产力提供安全稳定的环境。

（四）制度保障：坚持系统化改革提供高效有力制度保障

持续深化改革，是增强发展动力活力的根本之举。发展新质生产力是一项涉及内容众多的庞大工程，尤其考验各方主体之间的协同配合，要坚持以系统化改革为发展提供制度保障。第一要深化要素市场化改革，持续完善市场经济基础制度，对标发达地区整改拖欠企业账款、政府承诺兑现难、要素保障不到位等突出问题，纠正地方保护主义行为，推动不同所有制下各类生产力要素跨区域市场化流通，更好发挥市场配置资源的决定作用，加快融入全国统一大市场。第二要深化财税金融改革，加大财政政策向新质生产力领域倾斜力度，对市场主体创新行为采取合理政策补贴，立足实体经济发挥金融对激发创新创造活力和带动产业发展的重要作用，写好金融领域五篇大文章为发展新质生产力提供资金支持。第三要深化国资国企改革，要持续发挥国有企业在国民经济和社会发展重点领域和关键行业的压舱石作用，充分利用其推动社会生产力发展的独特作用。具体而言，一方面改革国企内部考核评价机制，建立容错免责机制消除领导决策和科研团队的顾虑，实施分类考核平衡短期财务目标和中长期技术创新目标。另一方面完善薪酬分配制度，逐步建立起以知识技术为导向的薪酬制度和科研成果转化激励机制，通过完善健全内部治理结构保持人才队伍和研发活动的稳定性持续性，有效激发国有企业创新活力和创新能力，稳固新质生产力发展的基本盘。

（五）内外联动：融入国家重大战略打造内陆开放新高地

开放度作为影响创新成果转化效率的重要因素，对发展新质生产力具有重要意义。西部地区深处内陆，在国内国际双循环新发展格局中具有独特的战略地位，持续深化对内对外开放能够为发展新质生产力提供有利环境。第一是高标准高质量建设自由贸易试验区打造高能级对外开放合作平台，西部地区要发挥好联通欧亚的独特区位优势推进内外贸一体化发展，积极承担改革开放综合试验平台责任，建设新时代改革开放新高地。第二是加强与国家重大发展战略的衔接，以西部大开发战略为基点深度对接京津冀、长三角、粤港澳大湾区，积极引进东部地区创新资源，建设产业梯度转移承接地；加强与长江经济带发展、黄河流域生态保护和高质量发展的协调联动，建立跨区域发展合作机制。第三是用好国际市场国际资源推进高水平对外开放，在基础设施支撑、外贸提质增效、吸引使用外资等重点领域持续发力，深度融入共建"一带一路"，充分利用新亚欧大陆桥、西部陆海新通道、中欧班列和中老班列等硬件优势，立足内陆开放发展方向深度融入国内国际双循环。第四是建设市场化法治化国际化营商环境，不断增强对国内国际优质要素资源的吸引力，进一步扩大市场准入有效落实负面清单制度，培育壮大市场经营主体，为发展新质生产力增添动能。

参考文献

[1] 周文，许凌云. 论新质生产力：内涵特征与重要着力点 [J]. 改革，2023，(10)：1-13.

[2] 高帆."新质生产力"的提出逻辑、多维内涵及时代意义 [J]. 政治经济学评论，2023，14（6）：127-145.

[3] 蒲清平，黄媛媛. 习近平总书记关于新质生产力重要论述的生成逻辑、理论创新与时代价值 [J]. 西南大学学报（社会科学版），2023，49（6）：1-11.

[4] 徐政，郑霖豪，程梦瑶. 新质生产力赋能高质量发展的内在逻辑与实践构想 [J]. 当代经济研究，2023（11）：51-58.

[5] 李政，廖晓东. 发展"新质生产力"的理论、历史和现实"三重"逻辑 [J]. 政治经济学评论，2023，14（6）：146-159.

[6] 任保平，王子月. 数字新质生产力推动经济高质量发展的逻辑与路径 [J]. 湘潭大学学报（哲学社会科学版），2023，47（6）：23-30.

[7] 刘志彪，凌永辉，孙瑞东. 新质生产力下产业发展方向与战略——以江苏为例 [J]. 南京社会科学，2023（11）：59-66.

[8] 李晓华. 新质生产力的主要特征与形成机制 [J]. 人民论坛，2023（21）：15-17.

[9] 苏玺鉴，孙久文. 培育东北全面振兴的新质生产力：内在逻辑、重点方向和实践路径 [J]. 社会科学辑刊，2024（1）：126-133.

作者简介：沈开艳，上海社会科学院经济研究所所长、研究员；何畅，上海社会科学院经济研究所硕士研究生。

加快培育农业新质生产力
推动乡村产业高质量发展的江苏实践

赵锦春

摘 要：以科技赋能为手段，以提升产业质效为目标是农业新质生产力的目标内涵。依托资源禀赋、"自适应"动态调整和新质生产关系是形成农业新质生产力的现实逻辑。江苏聚焦农业全产业链构建、发展现代农业模式、创新三产融合业态"三支柱"培育壮大省域农业新质生产力，但仍面临农业科技与现实需求脱节、推广现代农业技术存在"堵点"、农业全产业链发展空间受限等难题。应着力完善农业科技创新机制、提升新质科技实力，加强主导产业规划、彰显新质园区示范，优化区域品牌体系、打造新质竞争优势，强化要素资源汇聚政策、重塑新质生产关系，以农业新质生产力推动乡村产业高质量发展。

关键词：农业新质生产力；乡村产业；高质量发展；新质生产关系

2024年政府工作报告指明高质量发展的重点和关键是加快发展新质生产力。发展农业新质生产力是建设农业强国的必由之路。农业新质生产力要求坚持以农业企业为主体，合理布局农业创新链、产业链和人才链，促进农业科技创新成果转化，提高农业科技进步贡献率，提升农业产业质效，创新农业产业质态，提升农业全要素生产率。2024年3月，习近平参加江苏代表团审议时强调，要因地制宜发展新质生产力。发展新质生产力已成为江苏践行"强富美高"中国式现代化新实践的重大战略任务。

作为农业大省，江苏长期致力于提升农业生产力水平，推动农业现代化发展。2010年至2022年，农业单位劳动生产率由2.34万元，增长至7.92万元，增幅近3.39倍，年均增幅18.36%。① 2023年，江苏农业科技进步贡献率达72.0%，农作物耕种收综合机械化率达到87.2%，特色机械化率62%，超过全国平均20个百分点。② 培育农业新质生产力不仅是江苏由"农业大省"迈向"农业强省"的战略部署，更是推动乡村产业高质量发展，实现农业现代化"走在前"的必然选择。

2023年4月与2024年3月，江苏省社会科学院农村发展所课题组赴苏南、苏中、苏北及浙江开展数字农业科技创新与乡村产业高质量发展调研，对新型农业经营主体数字农业装备应用及农业企业经营情况开展问卷调查与部门座谈。本文阐释农业新质生产力的目标内涵与形成逻辑，分析江苏农业新质生产力的表现形式，以实地调研与问卷调查为基础，总结县域培育农业新质生产力的实践经验与探索，揭示培育农业新质生产力面临的困难与制约因素，提出对策建议，以期为加快形成农业新质生产力，推动乡村产业高质量发展提供施政参考与省域借鉴。

一、农业新质生产力的目标内涵、形成逻辑与表现形式

（一）农业新质生产力的内涵与形成

1. 农业新质生产力的内涵特质

农业是国民经济发展的基础产业，能通过部门间投入产出传导机制，增强经济韧性，保障制造业与服务业供应链安全。农业现代化水平的差异不仅决定着各国农民收入水平的高低，也是衡量国家现代化水平的重要指标。[1][2] 世界各国长期致力于推动的农业现代化，其本质便是利用生化技术消除由无弹性土地约束与利用农业机械化手段消除有弹性劳动供给约束，进而形成高效生产力的动态过程。[3] 农业新质生产力是在现代农业中运用先进的科学技术、信息技术和管理手段，不断提高农业生产效率和产品质量的能力。以投入产出回报率高、产品服务品质优良、产业质态特色高效为表征的农业新质生产力是实现乡

---

① 使用农业增加值与农业从业人员比重表示农业全员劳动生产率，原始数据来自2011年至2023年《江苏统计年鉴》，经作者计算后所得。

② 参见：《2023年江苏省国民经济和社会发展统计公报》；卢河燕、史童歌：《高水平建设农业强省！到2030年，江苏将在全国率先基本实现农业现代化》，《现代快报》2023年7月19日。

村产业高质量发展的基础。[4]

随着农业科技进步与农业现代化的深入推进，农业科技创新贯穿制种育种、农业生产加工、农业营销服务推广等农业产业链各环节，数字技术、生物技术、信息技术与农业全产业链的深度融合成为农业新质生产力的典型特征。[5] 第一，生物科技发展推动现代种业创新，利用基因编辑、生物技术等高端技术，大量优良农产品品种层出不穷，有效提升农作物的环境适应性与抗病虫害能力。第二，现代农业借助先进的技术手段，如无人机、传感器、遥感等，进行农业生产全程监测、农作物精确施肥以及农作物、畜禽的远程监控和管理。[6] 第三，在销售环节中，市场供需信息采集、农产品价格监测预警、农产品资源信息平台共享、仓储运输配送节点管理、营销全程数据信息采集等领域数字农业技术应用广泛。[7]

2. 农业新质生产力的形成逻辑

生命性、季节性、周期性和地域性的产品属性决定了农业新质生产力的形成必然与制造业和服务业不同。自然环境变化、农业资源分布以及生物体生命周期的客观规律使得农业新质生产力的形成寓于产业新质生产力的形成体系之中，但又呈现如下逻辑。

第一，依托农业资源禀赋是形成农业新质生产力的根本遵循。农业资源禀赋决定着省域农业主导产业的选择和发展规模，地区气候、土壤、水源等自然资源迥异，进而导致基于农业资源禀赋，发挥比较优势，才能因地制宜地发展农业新质生产力。第二，农业新质生产力的形成是农业技术与细分农业行业不断"自适应"的长期过程。农业技术选择内生于要素禀赋特征及农业主导产业。[8][9] 农业经营主体是农业科技的应用者，主体素质、技术普及度、技术"适应性"、技术投入的成本收益都会影响农业新质生产力的"宏观涌现"。第三，专业化灵活度高引致的资源高效配置是形成农业新质生产力的充分条件。"大胆试、大胆闯、自主改"是以农业体制改革释放农村生产力的独特优势。能否形成与农业新质生产力相配套的新型生产关系同样影响农业新质生产力的发展水平。

（二）江苏农业新质生产力的表现形式

1. 建构农业全产业链

坚持大农业观、大食物观为引领，将农业建设成现代化大产业，为推动农业高质量发展提供战略指引。① 大农业观源于日本的"六次产业化"理论，其本质在于坚持三次产业融合发展推进乡村产业振兴，[10][11] 通过建设农业全产业链，获取二三产增值价值。[12] 截至 2023 年 12 月，江苏优质粮油、规模畜禽、特色水产、绿色果蔬 4 条重点链基本建成，形成 10 条超五百亿级市域特色链、10 条超百亿级县域特色链，全域农业全产业链总产值达 2746 亿元，农产品加工业与农业产值比达 2.8∶1；直采直供、社区拼购、助农直播间、移动菜篮子等农产品电商销售模式不断创新，农产品网络销售额 1226 亿元，农村网络零售额 3000.5 亿元。

2. 发展现代农业模式

建立在本地市场需求基础上的跨区域农产品服务供给应成为大农业观服务构建"双循环"新发展格局的重要组成部分。[13] 拓展"互联网+"现代农业发展创新业态与模式能够摆脱传统农业产供销地理分割的制约，拓展现代农业市场需求。[14][15] 江苏数字技术赋能设施农业、生态农业、循环农业等现代农业模式快速发展。在 2023 年江苏公布 145 家农业生产全程机械化智能化示范基地中，粮食生产"无人化农场"10 家，占比 6.9%。畜禽养殖 46 家、蔬菜生产 20 家、水产养殖 26 家、果茶桑生产 35 家、特粮特经 8 家。② 预计到 2025 年，全域数字农业农村发展水平将达 70%，农业生产数字化水平将超 45%。"生鲜电商+冷链宅配""中央厨房+冷链配送+物流终端"等新业态不断涌现，满足消费需求。

3. 创新三产融合业态

依托农业为基础的多业态乡村产业分化赋予乡村生态涵养、休闲观光、文化传承以及稳定农民就业、实现农民富裕等多重功能。[16][17] 乡村三产融合的类型大体可以总结为横向融合和纵向融合两类。横向融合致力于实现原有业务的集成、延伸和扩大并实现一体化整合。纵向融合则通过产业链纵向延伸，降低交易成本，提高农村各要素的资产配置效率。[18] "十四五"以来，江苏积极引入新技术、新理念，拓展农业产业新功能、提升农村生态新价值。目前，全省规模以上的休闲农业园区景点超过 1.3 万个，创建 5 个全

---

① 参见：2024 年中央一号文件。
② 江苏省农业农村厅：《第二批省农业生产全程机械化智能化示范基地（园区）名单》，2023 年 4 月 11 日。

国休闲农业重点县、74个中国美丽休闲乡村。21条旅游线路入选全国"乡村四时好风光"精品线路。2022年休闲农业综合收入907亿元，游客接待量3.54亿人次。①

二、江苏以农业新质生产力推动乡村产业高质量发展的县域实践

（一）打造特色农业新质生产力产业

1. 布局县域主导产业

县域是城乡融合的重要空间尺度，也是乡村产业高质量发展的主体空间。江苏围绕农业全产业链建设，省、市、县各级财政加大农业全产业链财政投入。目前，在全省4条农业重点全产业链13个地级市全覆盖的基础上，各县依托县域农业资源禀赋，发挥本县农业主导产业优势，发展县域农业主导产业链。分布于苏南江宁、苏北盱眙、苏中句容的特色水产、绿色果蔬、优质粮油8个现代农业全产业链标准化基地入选国家级创建名录，②建成省级农产品加工集中区60家，其中年营收超百亿元园区2家、50亿至100亿元园区15家。2023年，全省规模以上农产品加工企业6746家、年营收1.25万亿元。③

2. 整合县域公共品牌

打造县域农产品公共品牌是提升农产品供给质量，提高农产品附加值的重要手段。《关于高质量推进农产品区域公用品牌发展的意见》《"水韵苏米"品牌高质量发展三年行动计划（2023—2025年）》提出科学发展农产品区域公用品牌，提高品牌营销、管理能力等具体部署。2023年，全域注册农业品牌商标超过10万件，新增5个农产品区域公用品牌入选农业农村部2023年农业品牌精品培育计划，入选总数达10个，居全国第二。盱眙龙虾、射阳大米、阳山水蜜桃、盐都草莓、兴化大闸蟹等县域农产品公共品牌陆续涌现。其中，

---

① 江苏省农业农村厅：《关于全省乡村特色产业发展情况报告》，2023年11月2日。
② 参见：江苏省农业农村厅：《农产品质量安全 我省8家企业入选首批国家现代农业全产业链标准化示范基地创建单位》（jiangsu.gov.cn）。
③ 江苏省农业农村厅产业处：《关于我省农村一二三产业融合发展情况的调研报告》，2023年6月30日。

2023年盱眙龙虾品牌价值达353.12亿元，连续8年位居中国水产类区域公用品牌第一名。

（二）推进数字农业新质生产力转型

1. 提升数字农业科创水平

基于农业物联网硬件设备自动采集大田的气象数据、土壤墒情数据、病虫害数据、作物生长数据、影像数据等，积累农业生产数据信息，搭建"本土化"生产模型，构建全流程农业数据处理系统。如，2022年常州金坛区国家级数字农业试点项目实现生猪养殖数字化平台软、硬件整合，攻克生猪养殖中猪舍环境缺乏有效及时的监测和控制手段等七方面对数字物联网技术难题。淮安金湖县利用农业物联网技术则打通水稻种植与种业研发科研渠道，建成"育种—种植—品牌"种业全链条信息反馈机制，锻造"种业芯片"102个，保存种质资源1.3万多份。2023年种子种苗生产经营及以种业引领三产融合形成的延伸产业总产值达92.45亿元，种植业占比31.24%。[①]

2. 推广数字农业装备应用

针对苏南锡山、江宁、高淳，苏北建湖，苏中泰兴等地的经营主体数字农机装备应用的问卷调查结果显示，[②] 受访经营主体选"简化农业生产过程管理，省时、省力"占比100%，选"农产品质量品种显著提高"占比81.5%，选"农业机械运行效率提高"占比75.5%，选"作物施肥更加精准"占比45.5%，选"化肥农药污染程度大大降低"占比33.3%。数字技术应用不仅提高农业生产效率的优势明显，还能通过农业数字信息资源开发和利用，减少资源浪费，改善畜牧、水产等养殖业的饲喂、粪污等面源污染。

（三）推动农业新质生产力载体建设

1. 培育新型农业经营主体

江苏将"龙头企业+家庭农场"作为江苏构建现代农业经营体系的主攻方

---

① 数据来自淮安市农业农村局网站，《淮安市推进种业振兴 建设农业强市》。
② 2023年4月与2024年3月，课题组赴无锡锡山、南京江宁、南京高淳、盐城建湖、浙江嘉善等地开展数字农业科技创新与乡村产业高质量发展调研，在开展部门座谈的同时，每县邀请5—6名新型农业经营主体参会填写问卷，如无特殊说明，后文所指问卷调查或调研均基于上述两轮调查。

向，2023 年通过《家庭农场促进条例》《农业产业化省级龙头企业认定和运行监测管理办法》，完善家庭农场和龙头企业主体认定，扩大政策支持力度与规模。全省县级以上农业龙头企业5950家，2023年前三季度963家省级以上农业龙头企业销售收入6912亿元，同比增长8.15%。支持龙头企业参与优势特色产业集群、现代农业产业园、农业产业强镇项目建设，引导园区农业龙头企业有机整合上下游产业链，发展农产品精深加工和农业社会化服务。

2. 优化生产性服务业质态

一是引导各地特色产业集群与电商融合。2023年62家省级农产品加工集中区内入驻企业1570家，营业收入2223亿元，带动就业人数40.03万人，带动农户数219.38万户，23个县域有电商产业集聚区。① 二是发展农业生产性服务业。考虑到人均耕地面积少、小规模经营仍广泛存在的现实情况，县域探索"科技+服务""农资+服务""农机+服务""互联网+服务"模式。如，南京六合组织大数据企业为种粮农民提供的"五代"服务。连云港市供销合作总社依托农业信息化平台建立"智能田管家"云平台，推动生产流程标准化和农产品质量标准化。截至2023年4月，全域农业生产托管服务土地面积达2900余万亩，农业生产托服主体超过1万个。

（四）健全农业新质生产力政策体系

1. 创新乡村产业用地机制

依托宁锡常国家城乡融合发展示范区政策试点优势，苏南在农村土地股份合作制基础上，率先全省打通乡村三产融合项目用地政策"堵点"。2019年起，南京市农业农村局会同规划资源局探索创新农村一二三产业融合发展用地政策，通过建立三产融合项目清单，县区市分配预留5%规划建设用地指标，鼓励所辖江宁、高淳、溧水等县区市新型农业经营主体以项目投资形式与村集体土地资源合资成立股份联营公司，专项支持休闲农业、旅游农业等三产融合项目。截至2023年12月，已有3批226个项目入库，报省规资厅备案，涉地面积1800亩，解决三产融合项目用地瓶颈问题。

2. 完善产业政策配套支撑

一是转变财政资金支农模式。泰州泰兴对市级以上农业龙头企业新增固定

---

① 江苏省发改委：《关于全省农村产业新业态新模式发展情况的调研报告》，2023年6月30日。

资产投资、新认定省级以上龙头企业、开票销售等进行奖补，2022年至2023年累计奖补农业龙头企业1409万元。① 二是引导银行金融机构持续加大"三农"信贷投放。全省开展银行机构服务实体经济效能评价、金融服务乡村振兴工作成效综合评估，"普惠金融园区行"活动，"新型农业经营主体信贷产品便捷通"，加快"苏信码""苏信分"等征信产品应用进程，为产业园区和新型农业经营主体提供更加便捷、精准的信贷支持。三是引入现代农业新质生产要素。依托省级预制菜产业创新联盟，连云港举办食用农产品加工业研讨会，开展盐城吃货节、兴化预制菜大会等活动。打好"苏韵乡情""水韵江苏美好乡村"乡村休闲游品牌。

三、江苏县域培育农业新质生产力面临的突出难点

（一）农业科技创新难以满足需求

1. 农业科技创新能力不足

问卷调查结果显示，江苏农业数字化领域的企业主要精力集中于国外数字农业技术的模仿与复制。完全自主知识产权的农业专用传感器缺乏，农业机器人和智能农机装备的适应性较差，"全生命周期"的长期动植物生长参数模型严重匮乏，部分设备稳定性、精准度和可靠性亟待提升。[19][6] 此外，部分县域园区的农业大数据平台仅停留在"大屏"和"监管"层面，其展示的县域农业大数据与县域农业主导产业联系度不高，可应用性不强，甚至仍停留在"盆景"阶段，数字农业科技向农业生产力转化能力略显不足。

2. 科技研发体系有待健全

一是农业全产业链科技创新机制不健全。在推动农业数字化时主要集中于某个产品或某个生产环节，鲜见涵盖从田间到餐桌的完整农业产业链，缺乏综合性的数字农业集成技术开发与应用的典型示范场景。二是科技服务供需矛盾依然突出，以政府为主导的科技服务供给模式无法满足农民的显示需求。现有农业技术研发应用方向高度集中于种养基地、机械设备等种采收一条线上的数字化改造，智慧选种育种、水资源利用、水土保持、农业绿色化发展等辅助环

---

① 江苏省农业农村厅：《乡村产业发展典型40例》，2023年7月。

节的农业科技创新装备应用缺失,导致农业研发技术也与经营主体的农业生产实际需求并不一致。

(二) 推广现代产业模式存在掣肘

1. 现代农业发展扶持政策落地难

首先,投入成本制约现代农业技术应用。农业产业园区的发展模式能在短期内大规模推广农业科技应用,但对于绝大多数新型农业经营主体而言,推广农业"智转数改"极易造成农产品附加值低、利益产生滞后。因此,江苏数字化农机装备自主示范应用普遍以小规模、独立产业链条的"孤岛式应用"为主,不仅单位技术边际成本高,也造成应用推广困难,距离"感知+传输+控制"全产业数据"闭环"较远。其次,县区市政策配套造成县区申报农业项目积极性不高。省级财政现代农业生产技术项目资金落地过程中,往往需要县区市50%资金总额配套,但在经济下行压力增大的现实情况下,县区较难提供资金配套,造成县区申报省级农业项目不积极。此外,县级层面对于能带来更多财税收入的制造业、服务业项目招商的积极性更强,本就有限的县域土地资源便更难落地农业产业项目。

2. 现代化技术示范应用存在堵点

一是数字农业技术应用拓展度较低,江苏乡村产业中,跨产业链条营销端和服务端的"数字化"场景融合驱动模式还有待强化。[20] 尤其是,"数字孪生"等场景驱动数据要素的农产品市场化增值应用度不高,"个性化""差异性"数字农业衍生产品服务拓展缺失,经营主体与第三方平台合作不多,少数经营主体与平台合作也仅停留在产品推广层面,造成消费者对高品质、高附加值农产品和用户体验项目了解不够。二是全面"一刀切"推进智能化、绿色化现代农业生产方式与传统农业生产方式存在矛盾。以秸秆综合利用为例,小规模种植业农户普遍选择打包运输,形成秸秆饲料化、基料化、燃料化等综合利用。但大规模种植户则考虑"稳产保供",则更多选择"深翻还田",导致政策基层落地较难。

(三) 农业全产业链发展空间受限

1. 设施农业发展空间受限

设施农业用地成为制约乡村农业全产业链高质量发展的重要因素。调研中发现，经营主体在发展设施农业时存在如下用地难题：一是土地性质变更，造成部分设施农用设备投资扩大面临困境。基层普遍存在"二调"建设用地，"三调"变更为耕地的情况。目前的政策是已有"二调"建设的"联动大棚"等农业设施在"三调"航拍时确认后的，可以不予拆除，但"三调"确认为耕地性质土地一律不予新增设施农业设备。[①] 二是在土地"非粮化"农地"非农化"政策下，种养殖业配套的自建粮食烘干、蟹塘管理、农机设备存放等设施用地难以获批，甚至在2018年开始的"大棚房"整治中一律拆除，造成新型农业经营主体确实用于农业发展的配套设施用地难以落实。

2. 三产融合用地审批复杂

问卷调查显示，三产融合项目用地获批难度大、周期长，造成经营主体投资意愿不强，出现"不愿投""不敢投"的现实困境，具体表现为：一是项目经营主体对三产融合项目用地无法抵押存在顾虑。尽管经营主体可与村集体成立联营公司入股开发利用，但土地权属仍属于村集体，部分经营主体顾忌农地利用中"权责不一致"，"不愿投"。二是用地审批流程复杂，获批周期较长。只有在村庄规划完成后，经营主体的项目才能"入库""上网""报批"。据了解，苏南某地三产融合项目从村规报规资部门审批到项目"入库"周期一般都在2—3年，审批周期长，不确定性较高也造成经营主体"不敢投"。三是项目用地审批过程中会出现意想不到的政策阻碍。以休闲农业用地为例，规资认定休闲农业用地为"商服"用地，项目落地后还需配套建设"人防"设施，徒增投资成本，甚至出现农业用地综合成本高于工业用地的情况。

[①] "二调"特指2007年开展的第二次全国土地调查；"三调"则指的是2017年开始的第三次全国土地调查。

四、培育农业新质生产力推动乡村产业高质量发展的对策建议

（一）完善农业创新机制、提升新质科技实力

1. 加大农业创新资金投入

首先，设立农业科技创新研发专项资金，用于智慧农业、数字农业、大数据农业领域科技创新的研究和标准制定，加快培育未来食品、农产品深加工等农业科技创新企业创新孵化基地，抢占未来农业产业高地。其次，设立农业科技创新应用基金，引导多元化社会资本投资参与农业育种、农业生产技术、农产品市场交易等科技农业、数字农业现代化技术应用。最后，联合农业农村、工信、发改等部门编制省级规模以上数字农业科技创新企业（园区）名单，扶持农业大数据设备生产及相关服务业发展，补贴数字农业示范工程与新型农业经营主体科技装备应用。

2. 创新农业科技研发机制

第一，加大农业科技重点领域创新政策支持力度。聚焦智慧农机、特色农业、绿色环保和特种农机装备领域，补齐共性技术、基础零部件、重大装备短板，推动农机装备智能化、精细化、绿色化转型升级，打造农机装备研发制造高地。第二，理顺农业科研大数据所属数据部门权益，在技术上设置统一的数据存储标准和访问接口，确定数字农业技术攻关参与方知识产权使用权所有权归属。第三，招引海内外移动互联网、智能AI、物联网企业入驻农业创新园区平台，深耕农业科技与数字农业研发创新，探索数字农业研发与应用分离的"研发企业+异地基地"载体平台。

（二）加强产业规划引导、彰显新质园区示范

1. 加强特色农业示范园区建设

一是打造县域高水平农业园区。以园区建设推动产业集群，坚持"特色+规模"发展思路，加快主导产业扩面、提质、增效，切实增强园区对农业产业发展的引领带动作用。二是强化县域主导农业产业园区政策配套。结合农业生

产、科技研发、加工物流、综合服务、休闲观光等功能板块布局，统筹县域相关职能部门，指定农业园区高质量发展专项规划。优先配置科技、人才、资金等要素，解决单一主体想解决而解决不了的问题。三是吸引高端生产要素向园区和优质经营主体汇聚。制定农业项目"招商引资产业链图谱"，有针对性地引入"加、新、高"重点项目，引导农业生产、加工流通、农资供销、金融服务、电子商务等各类经营主体入园创业，提升现代农业产业园区汇聚高端要素资源的集聚水平，增强农业园区发展活力。

2. 提升龙头企业辐射带动能力

一是鼓励招引国内外农业大数据互联网商依据省内优势农产品资源，"上线"成为县域内或跨区域品牌"链主"，负责特色品牌数字化营销推广。二是培育县级农业龙头企业成为特定农业产业链"链长"，主攻生产端数字化转型、体系化物流服务与多业态融合拓展。三是通过就业带动、订单收购、保底分红等形式，保障产业链前端"链条"延伸"田间地头"，完善"龙头企业+家庭农场"的全产业链利益联结机制。同时，引导鼓励经营主体通过第三方平台拓展营销渠道，提高数字农机装备应用补贴力度，利用电商平台开拓海内外消费市场，推动新型经营主体数字化转型。

（三）优化区域品牌建设、打造新质竞争优势

1. 打造"名特优"区域品牌 IP

一是提升"名特优"农产品供给保障能力。聚焦优质粮油、规模畜禽、特色水产、绿色果蔬4条重点链，加强种苗培育、生长、收获等全生命周期环节数字化转型。建立省域特色农产品标准化、数字化的优质粮食生产基地。二是结合"徐海饮食文化圈"、"通盐饮食文化圈"、"盱眙龙虾"节令食品、特色小吃、饮食习惯以及区域公共特色农产品品牌，放大"淮安大米"、"射阳大米"、"阳山蜜桃"等区域公共品牌效应，打造全域"鱼米之乡"的饮食品牌集群，提升生态休闲农业产品服务附加值。

2. 实施农产品品质提升工程

一是规范农资农机经营管理。推进农资农机连锁经营，实行高毒农药定点经营，提高放心农资产品的覆盖面和占有率。完善农产品质量安全县创建与区域性公共农文旅品牌园区申报机制。二是健全农产品质量安全追溯体系建设。

建立风险监测、监督抽查、日常巡查监测制度。利用"大数据""物联网""二维码"等现代信息技术手段,健全"省—市—县"区域农产品质量安全监测体系。三是完善农产品加工业品质检测管理。依托行业协会和龙头企业,分类制定"预制菜""中央厨房""生鲜初加工"农产品加工业行业操作规范和质量标准,保障农产品质量安全的生产技术规范和操作规程。加强现代生活方式与未来食品推介宣传,提升农产品加工市场份额。

(四) 强化要素资源汇聚、重塑新质生产关系

1. 完善三产融合用地保障

一是完善村集体土地资源开发利用机制,提升农村土地资源利用效率。示范推广苏南村集体与经营主体联营机制,在合理确定村集体与经营主体双方产权的基础上,制定村集体保底分红方案,鼓励新型主体与村集体成立联营公司,引导村集体资产与经营主体资产产权化和股份化,探索建立"县—镇—村"三级多跨乡村振兴公司,建立村集体与经营主体合办的现代企业管理制度,探索试点允许三级公司资本融合配置、产权清晰归属、权责明确设定、红利依章享有。二是探索城乡土地"同权同价",确保经营主体合法利益。建立多部门协调机制,适当赋予地市村庄集体用地审批权限,完善村集体经营性省规资报备审批流程,简化土地审批程序,降低农业经营主体审批成本。

2. 合理有效促进要素流动

一是加强村庄新增建设用地规划。在允许将一二三产业项目、乡村旅游等项目纳入村庄规划的基础上,确保市、县安排不低于省下达新增建设用地计划5%的政策落实到位。加强用地项目政策宣传,鼓励新型经营主体积极申报。二是加强金融资源向农业新质生产力主体流动。营造农村金融良好的信用投资环境,在"苏农贷"等小微农村金融产品基础上,加快推进"苏信码""苏信分"等征信产品应用进程,为产业园区和新型农业经营主体提供更加便捷、精准的金融信贷支持。三是探索建立经营主体进入退出跟踪监管机制。定期开展经营主体经营情况核查,确保经营主体从事以农业生产经营为依托的三产融合业务,及时为经营主体纾困解难。

参考文献

[1] Lagakos, D., and M. E. Waugh. Selection, Agriculture and Cross-

Country Productivity Differences [J]. American Economic Review, 2013, 103 (2): 948-980.

[2] Fuglie, K. O. Is Agricultural Productivity Slowing? [J]. Global Food Security, 2018 (17): 73-78.

[3] Alston, J. M., and P. G. Pardey. Agriculture in the Global Economy [J]. The Journal of Economic Perspectives, 2014, 28 (1): 121-146.

[4] Steensland, A. Global agricultural productivity report: productivity in a time of pandemics [R]. Virginia Tech College of Agriculture and Life Sciences, 2020: 8.

[5] 黄季焜, 等. 全球农业发展趋势及2050年中国农业发展展望 [J]. 中国工程科学, 2022, 24 (1): 29-37.

[6] 赵锦春."数智"赋能江苏农业全程全面机械化的路径研究 [J]. 江南论坛, 2023 (1): 24-29.

[7] 曾亿武, 等. 中国数字乡村建设若干问题刍议 [J]. 中国农村经济, 2021 (4): 21-35.

[8] Hayami. Y., and V. W. Ruttan. Factor Prices and Technical Change in Agricultural Development: The United States and Japan, 1880-1960 [J]. Journal of Political Economy, 1970, 78 (5): 1115-1141.

[9] 赵锦春. 数字普惠金融能否提升农业全要素生产率——基于跨国面板数据的经验证据 [J]. 现代经济探讨, 2024 (3): 109-121.

[10] 今村奈良臣. 地域に活力を生む、農業の6次産業化 [R]. 都市農山漁村交流活性化機構, 1998.

[11] 小林茂典. 6次産業化の動向と課題——女性の役割を踏まえながら [R]. 農林水産技術会議事務局筑波産学連携支援センタ, 2015.

[12] 高橋みずき. 地域社会の「縮小」における「6次産業化」の展開——長野県木曽町を事例に [J]. 村落社会研究, 2017, 23 (2): 1-12.

[13] 赵俊超, 等. 树立大农业观、大食物观构建整体性的国家重要农产品供给保障战略 [J]. 重庆理工大学学报 (社会科学), 2024, 38 (1): 1-13.

[14] 张来武. 六次产业理论与创新驱动发展 [M]. 北京: 人民出版社, 2018.

[15] 林万龙."大农业观"关联着1500万新农人 [N]. 新京报, 2024-

02-04.

［16］温铁军,等.生态文明战略下的三农转型［J］.国家行政学院学报,2018（1）：40-46,149.

［17］陈锡文.乡村振兴的核心在于发挥乡村功能［C］.2019中国农业发展新年论坛,2019-02-03.

［18］周立.以资源资本化发展壮大乡村集体经济［J］.国家治理,2019-09-25.

［19］冯朝睿,徐宏宇.当前数字乡村建设的实践困境与突破路径［J］.云南师范大学学报（哲学社会科学版）,2021（5）：93-102.

［20］刘传磊,等.农业全产业链数字化发展的困境与纾解［J］.中国农业大学学报（社会科学版）,2023,40（2）：118-128.

基金项目：江苏省第六期"333"高层次人才青年项目"城乡融合视角下流动劳动力的多维益贫式增长：理论机制与实现路径"；2024年江苏省社会科学院书记、省长圈定课题"大农业观引领下江苏乡村产业高质量发展的思路与举措"的阶段性研究成果。

作者简介：赵锦春,江苏省社会科学院农村发展研究所副研究员,经济学博士,南京大学中美文化研究中心访问学者。

数字经济与农业融合发展水平测度及影响因素研究

王 娜 贾步云

摘 要：本文利用 2013—2022 年的省级面板数据，从数字基础设施、数字产业化、产业数字化和数字经济发展环境四个维度构建了数字经济评价指标，从农业经济实力、农村居民生活水平和农业生产力水平三个维度构建了农业经济评价指标，运用熵权-TOPSIS法、耦合协调度模型测度数字经济与农业经济发展水平及两者的协调发展水平，运用灰色关联模型分析数字经济各要素对"数农融合"协调发展水平的影响，运用双向固定效应模型探究"数农融合"协调发展的影响因素。结果显示：（1）2013—2022 年我国"数农融合"协调发展水平不断提高，但总体处于较低水平；（2）在八大区域中，南部沿海地区、东部沿海地区和长江中游地区与其他区域相比"数农融合"协调发展较好，而西北地区和黄河中游地区相对较差；（3）移动电话普及率、有电子商务交易活动企业占总企业数比重、每十万人口高等学校平均在校生数、移动电话基站密度关联度最高；（4）经济发展水平和交通便利度与"数农融合"协调发展水平呈显著负相关，人才储备水平和城市化水平与"数农融合"协调发展水平呈显著正相关。具体建议：持续完善顶层设计，强化政策配套衔接；健全数字基础设施，大力发展数字农业；强化企业创新主体，培育农科领军企业；引育数字农业人才，提供坚实智力支撑。

关键词：数字经济；农业经济；熵权-TOPSIS；耦合协调度；灰色关联模型；双向固定效应模型

一、引言

当前，数字经济作为我国发展潜力最大、创新最活跃、辐射范围最广的经济活动，正成为各行业经济增长的新动力、新引擎。党的二十大报告中提出，加快发展数字经济，促进数字经济和实体经济深度融合。二十届三中全会审议通过了《中共中央关于进一步全面深化改革、推进中国式现代化的决定》（以下简称《决定》），对数字经济和实体经济的深度融合提出了明确要求和部署。《决定》强调，要"健全促进实体经济和数字经济深度融合制度"，体现了我国对数字经济发展的高度重视，以及通过数字化转型推动传统产业升级，催生新产业新业态新模式的坚定决心。农业是我国经济发展的基础，我国农业正处于向高质量发展转变的历史攻关期，数字技术的应用可以提高农业生产效率、改进农业经营方式、激活农业资源要素，推动传统农业向数字农业、智慧农业转型，是我国由农业大国迈向农业强国的必经之路，也是未来农业的发展方向。党中央、国务院高度重视数字经济与农业的融合发展，相继出台了《中共中央 国务院关于实施乡村振兴战略的意见》《数字乡村发展战略纲要》《数字农业农村发展规划（2019—2025年）》，提供了数字经济与农业融合发展的总体思路。

围绕数字经济与农业经济融合协调发展（下文简称"数农融合"），学术界进行了广泛研究。从概念内涵上来看，"数农融合"是数字经济部门通过供给数字技术和数据要素，对农业生产经营各个环节进行数字化改造，最终实现农业数字化发展的过程。与农业数字化相比，"数农融合"涉及层面更广，需要对融合发展的主体和环境、融合发展的过程等维度进行统计监测[1]。在"数农融合"发展机制上，数字经济具有可再生性、非竞争性、普惠性和非排他性，以及高渗透性、外部经济性和边际效益递增性，通过融合的方式推动农业规模经济和农业范围经济的实现，提高农业分工程度，降低交易成本，改变传统农业低值低效的发展模式，并且数字经济能增加农业系统对外部冲击的预防能力、抵抗能力和适应能力，提升农业韧性[2-4]。中国信通院《中国数字经济发展研究报告（2023年）》研究发现，2022年，我国服务业的数字经济渗透率为44.7%，工业的数字经济渗透率为24.0%，而农业的数字经济渗透率仅为10.5%，与服务业、工业相比，"数农融合"水平较低，城乡间数字鸿沟、农业数字基础建设落后、数字农业人才不足、收益分享体系不完善、农业科技领域投入不足、顶层设计落实不完善等成为阻碍"数农融合"的主要因素[3,5]。总之，现有研究主要集中在"数农融合"的内在机理和实践模式方面，对其发展水平的测度和影响因素的实证分析较少，因此，本文构建了"数农融合"协调发展评价指标体系，运用耦合协调度模型进行测度，并运用双向固定效应模型找出影响"数农融合"的因素，并提出具体对策建议，以期为各级政府制定和完善数字经济赋能农业发展政策提供决策参考。

二、研究设计

（一）指标体系构建

根据学术界研究，遵循科学性、合理性、数据可得性、连续性原则，从数字基础设施、数字产业化、产业数字化和数字经济发展环境四个维度出发，选取了互联网域名数、网页数、IPv4 地址数等 21 个具体指标测度数字经济发展水平[6-11]；从农业经济实力、农村居民生活水平和农业生产力水平三个维度选取农业经济评价指标[12-17]，选取了农林牧渔业总产值、第一产业增加值占 GDP 比重、人均农业产值等 8 个具体指标测度农业经济发展水平，最终得到"数农融合"协调发展评价指标体系（表1）。

表1 "数农融合"协调发展评价指标体系

目标层	准则层	具体指标	符号	权重
数字经济子系统	数字基础设施	互联网域名数（万个）	x1	0.0621
		网页数（万个）	x2	0.1093
		IPv4 地址数（万个）	x3	0.0674
		互联网宽带接入端口数量密度（个/人）	x4	0.0140
		互联网普及率（%）	x5	0.0140
		移动电话基站密度（个/万人）	x6	0.0192
		移动电话普及率（部/百人）	x7	0.0125
		光缆密度（芯千米/平方千米）	x8	0.0512

续表

目标层	准则层	具体指标	符号	权重
	数字产业化	人均电信业务总量（元）	x9	0.0637
		软件业务收入占GDP比重（%）	x10	0.0664
	产业数字化	淘宝村数量（个）	x11	0.1705
		每百家企业拥有网站数（个）	x12	0.0049
		数字普惠金融指数	x13	0.0124
		有电子商务交易活动企业占总企业数比重（%）	x14	0.0124
		电子商务销售额占GDP比重（%）	x15	0.0341
	数字经济发展环境	每十万人口高等学校平均在校生数（人）	x16	0.0118
		规模以上工业企业R&D经费支出占GDP比重（%）	x17	0.0162
		规模以上工业企业专利申请数（件）	x18	0.0765
		技术市场成交额（万元）	x19	0.0891
		产业结构高级化水平	x20	0.0281
		产业结构合理化水平	x21	0.0642
农业经济子系统	农业经济实力	农林牧渔业总产值（亿元）	y1	0.1085
		第一产业增加值占GDP比重（%）	y2	0.0635
		人均农业产值（万元）	y3	0.0660
	农村居民生活水平	农村居民人均可支配收入（元）	y4	0.0732
		农村居民人均消费支出（元）	y5	0.0528
	农业生产力水平	人均农用机械总动力（千瓦/人）	y6	0.0740
		人均农村用电量（千瓦时）	y7	0.4264
		有效灌溉面积（千公顷）	y8	0.1357

（二）研究方法

1. 熵权-TOPSIS

关于综合评价的方法有很多，如层次分析法、因子分析法、数据包络分析、秩和比综合评价法、优劣解距离法等。其中优劣解距离法又称TOPSIS法，其通过计算评价对象与最优方案的接近程度来测度评价对象的差异。与其他方法相比,TOPSIS 法一方面避免了数据的主观性,在不需要目标函数,不用通过检验的情况下,就能很好地刻画多个影响指标的综合影响力度;另一方面对于数据分布和样本量、指标多少没有严格限制,比较灵活[18]。结合熵值法的 TOPSIS 则可以更加准确、客观地测度综合指标现状,避免因设立标准不同所导致的评价结果不一致。因此本文采用熵权-TOPSIS 法测度数字经济与农业经济发展水平。

(1) 数据处理。

第一步:假设被评价对象有 n 个,每个被评价对象的评价指标有 m 个,构建判断矩阵:

$$X = (x_{ij})_{m \times n} (i = 1, 2, \cdots, m; j = 1, 2, \cdots, n) \tag{1}$$

第二步:对判断矩阵进行标准化处理,本文指标均为正向指标,因此:

$$X_{ij}^* = \frac{X_{ij} - \min X_i}{\max X_i - \min X_i} \tag{2}$$

(2) 熵权法计算指标权重 W_j。

熵权法是根据指标变异性的大小来确定客观权重。一般来说,某个指标的信息熵越小,表明指标的离散程度越大,提供的信息量越多,在综合评价中所能起到的作用也越大,权重也就越大[19]。反之,某个指标的信息熵越大,表明指标的离散程度越小,提供的信息量越少,在综合评价中所能起到的作用也越小,权重也就越小。根据公式(3)计算第 j 项指标在第 i 个方案中占该指标的比重,根据公式(4)计算各指标信息熵 e_j,根据公式(5)计算出各指标权重。

$$p_{ij} = \frac{X_{ij}^*}{\sum_{i=1}^{m} X_{ij}^*} (i = 1, 2, \cdots, m; j = 1, 2, \cdots, n) \tag{3}$$

$$e_j = -\frac{1}{\ln m} \sum_{i=1}^{m} p_{ij} \ln p_{ij} \tag{4}$$

$$W_j = \frac{(1 - e_j)}{\sum_{j=1}^{n} (1 - e_j)}, \ W_j \in [0, 1] \text{ 且 } \sum_{j=1}^{n} (w_j) = 1 \tag{5}$$

(3) 计算加权矩阵。

$$Z = (z_{ij})_{m \times n}, \ z_{ij} = w_j x_{ij} \tag{6}$$

(4) 确定各指标正理想解 S_j^+ 和负理想解 S_j^-。

$$S_j^+ = \max_{1 \leq i \leq m}\{z_{ij}\}, \quad S_j^- = \max_{1 \leq i \leq m}\{z_{ij}\} \tag{7}$$

(5) 计算各方案与正理想解和负理想解的欧氏距离 D_i^+ 和 D_i^-。

$$D_i^+ = \sqrt{\sum_{j=1}^{n}(S_j^+ - z_{ij})^2}, \quad D_i^- = \sqrt{\sum_{j=1}^{n}(S_j^- - z_{ij})^2} \tag{8}$$

(6) 测度评价对象与最优方案的接近程度 C_i，值越大表示评价对象越好。

$$C_i = \frac{D_i^-}{D_i^+ + D_i^-}, \quad C_i \in [0, 1] \tag{9}$$

2. 耦合协调度模型

耦合协调度模型可以判断不同系统的整体功效和协同效应，包括耦合度模型和协调度模型，前者用于描述系统之间的相互作用的程度，后者用于反映系统之间的相互作用强度。具体公式如下：

$$C = 2\sqrt{(U_1 \times U_2)/(U_1 + U_2)^2} \tag{10}$$

$$T = \alpha U_1 \times \beta U_2 \tag{11}$$

$$D = \sqrt{C \times T} \tag{12}$$

其中，C 为数字经济与农业经济两个子系统的耦合度，T 为数字经济与农业经济的总额和协调指数，D 为两个子系统的耦合协调度。U_1 和 U_2 分别为数字经济、农业经济的综合发展水平，α、β 表示待定系数。鉴于数字经济与农业经济重要性相等，所以将 α、β 均设定为0.5。"数农融合"耦合协调阶段划分标准如表2所示。

表2 "数农融合"耦合协调等级划分标准

耦合协调度 D 值区间	子类划分	耦合协调区间	耦合协调类型
[0.0, 0.1)	极度失调	不可接受区间	失调衰退
[0.1, 0.2)	严重失调		
[0.2, 0.3)	中度失调		
[0.3, 0.4)	轻度失调		
[0.4, 0.5)	濒临失调	勉强接受区间	过渡磨合
[0.5, 0.6)	勉强协调		

续表

耦合协调度 D 值区间	子类划分	耦合协调区间	耦合协调类型
[0.6, 0.7)	初级协调	可接受区间	协调发展
[0.7, 0.8)	中级协调		
[0.8, 0.9)	良好协调		
[0.9, 1.0)	优质协调		

3. 灰色关联度模型

为定量分析数字经济各要素对"数农融合"发展水平的影响,识别影响"数农融合"的主要和次要因素,本文参考翟郡等(2024)[20]的做法,选定数字经济和农业经济系统耦合协调度（D）作为母序列,构建灰色关联度模型进行计算分析。公式如下：

$$\Delta_i(k) = |x_0'(k) - x_i'(k)| \tag{13}$$

$$\xi_j(k) = \frac{\Delta_{\min} + \rho \Delta_{\max}}{\Delta_i(k)}, \rho = 0.5 \tag{14}$$

$$R_i = \frac{1}{n} \sum_{i=1}^{n} \xi_j(k) \tag{15}$$

其中,$\Delta_i(k)$ 为差序列,$x_0'(k)$ 和 $x_i'(k)$ 分别为标准化处理后的耦合协调度序列和数字经济各要素序列。$\xi_j(k)$ 为关联系数,$\Delta_{\min}$ 和 $\Delta_{\max}$ 分别为差序列的最小值和最大值,ρ 为分辨系数,取值 0.5。R_i 为灰色关联度,取值范围为 [0, 1],一般来说,R_i 越大,表明数字经济指标对"数农融合"发展水平的影响程度越大。

4. 双向固定效应模型

为测度"数农融合"发展水平的影响因素,本文以耦合协调度 D 为解释变量,参考翟郡等（2024）做法并考虑到数据的可得性,将经济发展水平（GDP）、交通便利度（TRA）、人才储备水平（TAL）、创新水平（TNN）、城市化水平（URB）、城乡收入差距（URI）作为被解释变量,引入双向固定效应模型对各变量进行回归。其中,经济发展水平由人均地区生产总值表示,交通便利度由公路总里程占区域面积的比例表示,人才储备水平由在校大学生数表示,创新水平由专利授权数量表示,城市化水平由城镇人口占总人口比重表示,城乡收入差距由城乡居民可支配收入之比表示。

模型设定如下：

$$\ln D = \beta_0 + \beta_1 \ln GDP + \beta_2 \ln TRA + \beta_3 \ln TAL + \\ \beta_4 \ln TNN + \beta_5 \ln URB + \beta_6 \ln URI + \lambda_t + \mu_i + \varepsilon_{it} \tag{16}$$

其中，β_0 为截距项，$\beta_i (i = 1, 2, \cdots, 6)$ 为解释变量的系数，λ_t 为时间效应，μ_i 为个体效应，ε_{it} 为随机扰动项。

本文选取 2013—2022 年我国除港澳台外的 31 个省级行政区为研究对象。数据主要来自《中国统计年鉴》、EPS 数据库、阿里研究院和北京大学"数字普惠金融指数"。

三、实证分析

（一）数字经济与农业经济综合发展水平

本文根据熵权-TOPSIS 法分别测度了 2013—2022 年 31 个省份数字经济与农业经济综合发展水平及融合水平，测度结果如图 1 和表 3 所示。整体看，2013—2023 年我国"数农融合"协调发展水平都有所提高，尤其是 2017 年党的十九大提出建设"数字中国"与"智慧社会"以来，发展速度较快。"数农融合"协调发展水平从 2013 年的中度失调阶段（0.232）提升至 2022 年的轻度失调阶段（0.329），虽有上升，但仍处在失调衰退型，整体尚未达到协调发展，应大力发挥数字经济对农业的推动作用，将数字技术融入农业生产的各个环节中。分省份看，2013—2022 年我国数字经济发展水平不断提高，年均增长率在 [7.26%, 18.55%] 区间，其中青海、贵州、河北、西藏、广西、河南年均增长率在 15% 以上。农业经济发展方面，除北京、上海外，其余 29 个省份农业经济发展年均增长率为正，其中贵州、重庆、内蒙古、天津、广东增长较快，均在 6% 以上。"数农融合"协调发展方面，31 个省份中"数农融合"协调发展水平较高的省份为广东（0.409），处于濒临失调阶段，为过渡磨合型。其次是江苏（0.399）、山东（0.383）、浙江（0.342）、四川（0.329），均为轻度失调。总体而言，我国数字经济与农业经济耦合协调发展水平较低，都处于失调状态。

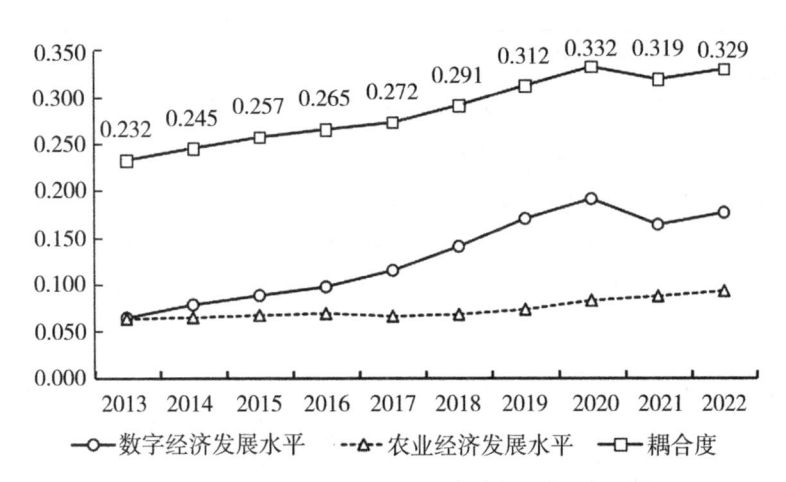

图1 2013—2022年31个省份"数农融合"协调发展趋势

表3 2013—2022年31个省份"数农融合"测算结果

省份	数字经济水平 2013	数字经济水平 2022	数字经济水平 均值	农业经济水平 2013	农业经济水平 2022	农业经济水平 均值	融合水平 2013	融合水平 2022	融合水平 均值
北京	0.218	0.589	0.424	0.010	0.006	0.006	0.218	0.241	0.224
天津	0.079	0.185	0.134	0.015	0.027	0.018	0.187	0.265	0.218
河北	0.045	0.176	0.112	0.094	0.114	0.096	0.254	0.377	0.315
山西	0.038	0.090	0.073	0.032	0.045	0.035	0.188	0.253	0.223
内蒙古	0.027	0.074	0.062	0.065	0.112	0.079	0.205	0.302	0.260
辽宁	0.068	0.127	0.105	0.075	0.098	0.082	0.267	0.334	0.302
吉林	0.031	0.085	0.069	0.065	0.087	0.066	0.213	0.293	0.255
黑龙江	0.035	0.079	0.064	0.110	0.183	0.141	0.250	0.346	0.306
上海	0.145	0.324	0.238	0.011	0.007	0.007	0.198	0.219	0.203
江苏	0.157	0.341	0.259	0.085	0.120	0.100	0.340	0.450	0.399
浙江	0.148	0.462	0.305	0.044	0.053	0.047	0.283	0.396	0.342
安徽	0.058	0.173	0.117	0.073	0.091	0.078	0.255	0.355	0.306
福建	0.081	0.211	0.163	0.062	0.087	0.073	0.267	0.368	0.327
江西	0.036	0.117	0.084	0.055	0.071	0.061	0.210	0.302	0.263

续表

省份	数字经济水平 2013	数字经济水平 2022	数字经济水平 均值	农业经济水平 2013	农业经济水平 2022	农业经济水平 均值	融合水平 2013	融合水平 2022	融合水平 均值
山东	0.110	0.285	0.180	0.112	0.152	0.124	0.334	0.456	0.383
河南	0.042	0.151	0.105	0.105	0.145	0.117	0.258	0.385	0.327
湖北	0.058	0.163	0.114	0.090	0.133	0.104	0.269	0.384	0.326
湖南	0.046	0.143	0.097	0.085	0.118	0.095	0.251	0.360	0.305
广东	0.199	0.514	0.355	0.064	0.108	0.082	0.335	0.486	0.409
广西	0.026	0.095	0.069	0.082	0.129	0.100	0.214	0.333	0.282
海南	0.037	0.105	0.087	0.085	0.121	0.097	0.237	0.335	0.299
重庆	0.052	0.145	0.108	0.041	0.074	0.054	0.215	0.322	0.273
四川	0.050	0.147	0.112	0.089	0.137	0.109	0.258	0.377	0.329
贵州	0.024	0.097	0.070	0.050	0.107	0.082	0.185	0.320	0.269
云南	0.027	0.079	0.068	0.073	0.117	0.089	0.211	0.310	0.274
西藏	0.018	0.069	0.055	0.027	0.028	0.026	0.149	0.209	0.189
陕西	0.050	0.142	0.107	0.057	0.095	0.072	0.232	0.341	0.292
甘肃	0.023	0.078	0.063	0.056	0.080	0.062	0.190	0.281	0.244
青海	0.016	0.073	0.060	0.030	0.044	0.034	0.148	0.238	0.207
宁夏	0.026	0.083	0.069	0.035	0.054	0.041	0.174	0.259	0.226
新疆	0.024	0.071	0.058	0.086	0.138	0.103	0.213	0.315	0.273

（二）"数农融合"协调发展水平区域分析

表4为八大区域数字经济与农业经济耦合协调度的整体发展态势。整体来看，八大区域数字经济与农业经济耦合协调度呈上升态势，但都属于失调衰退阶段，数字经济与农业经济还未形成良性互动。分区域看，数字经济对农业发展的驱动效应在不同区域具有异质性。南部沿海地区、东部沿海地区和长江中游地区"数农融合"耦合类型为轻度失调，其他区域为中度失调，西北地区和黄河中游地区"数农融合"发展水平相对较差。从增长率上看，八大区域数字经济与农业经济耦合协调度年均增长率由高到低依次为西南地区（4.86%）、

西北地区（4.54%）、黄河中游地区（4.22%）、长江中游地区（3.99%）、南部沿海地区（3.95%）、北部沿海地区（3.37%）、东北地区（3.25%）、东部沿海地区（2.93%）。

表 4 2013—2022 年全国八大区域"数农融合"协调发展水平

	2013	2014	2015	2016	2017	2018	2019	2020	2021	2022	均值
东北地区	0.243	0.255	0.262	0.266	0.272	0.287	0.313	0.336	0.315	0.324	0.288
北部沿海地区	0.248	0.260	0.260	0.265	0.267	0.280	0.295	0.317	0.320	0.335	0.285
东部沿海地区	0.274	0.285	0.292	0.299	0.304	0.319	0.333	0.345	0.344	0.355	0.315
南部沿海地区	0.280	0.294	0.309	0.328	0.338	0.356	0.378	0.390	0.383	0.396	0.345
黄河中游地区	0.221	0.234	0.244	0.251	0.261	0.282	0.304	0.328	0.311	0.320	0.276
长江中游地区	0.246	0.257	0.273	0.282	0.285	0.301	0.325	0.345	0.336	0.350	0.300
西南地区	0.217	0.234	0.250	0.260	0.273	0.296	0.322	0.345	0.324	0.332	0.285
西北地区	0.175	0.186	0.204	0.209	0.217	0.238	0.258	0.279	0.253	0.260	0.228
平均值	0.238	0.251	0.262	0.270	0.277	0.295	0.316	0.336	0.323	0.334	—

（三）数字经济构成要素对"数农融合"发展水平的影响

为定量分析数字经济各要素对"数农融合"发展水平的影响，识别影响数林融合的主要和次要因素，本文参考翟郡等（2024）[20]的做法，选定数字经济和农业经济系统耦合协调度（D）作为母序列，对数据进行 min-max 标准化，构建了灰色关联度模型，计算了各评价项与"数农融合"耦合协调度 D 之间的关联度（计算关联系数平均值得出）。其中，关联度值介于 0 至 1 之间，该值越大表示数字经济构成要素与"数农融合"耦合协调度 D 相关性越强，关联度越高。借鉴王裕瑾等（2023）[21]的做法，将灰色关联度分为低关联［0，0.35］、中关联［0.35，0.65］、较高关联［0.65，0.85］、高关联［0.85，1.0］这 4 种类型。由表 5 可以看出，大多数数字经济要素与"数农融合"发展水平有较高关联，其中移动电话普及率、有电子商务交易活动企业占总企业数比重、每十万人口高等学校平均在校生数、移动电话基站密度关联度较高。技术市场成交额、网页数、淘宝村数量、每百家企业拥有网站数则与"数农融合"发展水平处于中关联。

表5 数字经济结构要素与"数农融合"发展水平的灰色关联度分析结果

评价项	关联度	排名	评价项	关联度	排名
移动电话普及率	0.797	1	产业结构合理化水平	0.675	12
有电子商务交易活动企业占总企业数比重	0.794	2	互联网域名数	0.669	13
每十万人口高等学校平均在校生数	0.788	3	人均电信业务总量	0.668	14
移动电话基站密度	0.779	4	规模以上工业企业专利申请数	0.659	15
互联网普及率	0.711	5	IPv4地址数	0.652	16
规模以上工业企业R&D经费支出占GDP比重	0.71	6	软件业务收入占GDP比重	0.651	17
产业结构高级化水平	0.708	7	技术市场成交额	0.643	18
数字普惠金融指数	0.701	8	网页数	0.626	19
互联网宽带接入端口数量密度	0.699	9	淘宝村数量	0.618	20
电子商务销售额占GDP比重	0.690	10	每百家企业拥有网站数	0.595	21
光缆密度	0.675	11			

（四）"数农融合"协调发展的影响因素

运用Stata软件对面板数据进行回归，结果如表6所示，经济发展水平、交通便利度、人才储备水平、城市化水平与"数农融合"协调发展水平显著相关。其中，经济发展水平和交通便利度呈显著负相关，相关系数分别为-0.030和-0.022。这是因为在经济快速发展和交通便利地区，资金和资源往往优先流向高科技、工业、服务业等领域，农业数字化转型容易被边缘化，导致数字经济与农业的融合程度降低。人才储备水平和城市化水平呈显著正相关，相关系数分别为0.075和0.135，表明人才储备水平和城市化水平每增加1%，数农融合协调发展水平分别增加0.075%和0.135%。

表6 "数农融合"协调发展影响因素

	系数	标准误差	t	P>|t|	95%置信区间		R^2	F
_cons	-0.927	0.149	-6.24	0.000***	-1.219	-0.634	within = 0.9290 between = 0.4404 overall = 0.5579	F(15264) =230.26 Prob>F =0.0000
LnGDP	-0.030	0.007	-4.09	0.000***	-0.045	-0.016		
LnTRA	-0.022	0.013	-1.68	0.094*	-0.047	0.004		
LnTAL	0.075	0.011	6.80	0.000***	0.053	0.097		
LnINN	-0.006	0.004	-1.55	0.121	-0.013	0.001		
LnURB	0.135	0.026	5.12	0.000***	0.083	0.187		
LnURI	-0.007	0.006	-1.22	0.225	-0.018	0.004		

注：***、**、*分别代表1%、5%、10%的显著性水平。

四、结论与建议

（一）结论

（1）2013—2022年我国数字经济、农业经济发展水平以及二者的耦合协调度不断提高。在数字经济发展方面，青海、贵州、河北、西藏、广西、河南年均增长率在15%以上。在农业经济发展方面，除北京、上海外，其余29个省（区、市）农业经济发展年均增长率为正，其中贵州、重庆、内蒙古、天津、广东增长较快，均在6%以上。在"数农融合"协调发展方面，我国数字经济与农业经济耦合协调发展水平较低，处于失调状态。

（2）分区域看，八大区域数字经济与农业经济耦合协调度呈上升态势，但数字经济与农业经济尚未形成良性互动。其中，南部沿海地区、东部沿海地区和长江中游地区与其他区域相比发展较好，而西北地区和黄河中游地区"数农融合"发展水平相对较差。从增长率上看，西南地区、西北地区、黄河中游地区数字经济与农业经济耦合协调度年均增长率较高。

（3）大多数数字经济要素与"数农融合"发展水平关联度较强，其中移动电话普及率、有电子商务交易活动企业占总企业数比重、每十万人口高等学校平均在校生数、移动电话基站密度关联度最高。

(4) 我国经济发展水平和交通便利度与"数农融合"协调发展水平存在显著负向相关性，人才储备水平和城市化水平与"数农融合"协调发展水平存在显著正向相关性，创新水平和城乡收入差距对"数农融合"协调发展水平没有产生显著影响。

（二）建议

1. 持续完善顶层设计，强化政策配套衔接

尽管我国自2019年起在数字经济与农业融合发展领域出台了多项顶层设计与战略规划，但由于农业数字化战略的起步较晚，当前政策在财政资金支持、专业人才培养、项目建设以及技术服务等方面还存在不少短板[5]。因此要加强相关配套制度建设，提升数字技术的普惠性和包容性。推出数字经济与农业融合发展的统一指导意见，实行政产学研攻关协作，通过财政转移支付方式，支持数字技术在农业领域的超前布局。适度提高智能化高端农机购置补贴标准，加大对农机企业的技术支持和政策补贴力度。创新贷款方式，优化金融服务支持。开展数字农业保险试点，推动建立多层次、高保障、符合数字农业赋能乡村振兴需要的保险产品体系，为数字农业建设提供风险分散和补偿机制。此外，要抓好落实工作，根据不同区域的特点，选择适合的数字化解决方案，形成可复制、可推广的农业数字化转型模式并加大宣传推广，通过以点带面的方式进一步推动数字经济与农业融合发展。

2. 健全数字基础设施，大力发展数字农业

数字基础设施是实现数字经济与农业融合发展的基本条件。与城市相比，农村数字基础设施明显落后，需加快补齐数字农业基础设施短板。一是加快农村数字化基础设施的建设和全覆盖。包括大数据、物联网、人工智能、区块链、5G、3S、VR、AR等数字化基础设施在乡村的广泛建设，建设农业信息平台，进一步完善农业基础数据库。二是强化农业数据采集应用。建立天空地一体化的观测网络和数据采集体系，利用遥感、无人机、物联网等现代信息技术和设备，对农业自然资源、种质资源、农业产业链等数据进行采集，构建全新的农业知识图谱，促进数据信息转化为实际价值。鼓励互联网企业和服务业、工业相关数据服务型企业开展农情报告、市场分析等农业相关业务。建立政府部门之间、政府与企业之间、政府与社会之间的数据共享机制，打破数据"孤

岛化"现象，探索农业信息交互共享模式。健全农业大数据安全管理制度，完善网络安全技术手段，保障农业网络和信息安全。三是推动农业生产数字化。通过部署具有传感器的智能农业设施或农机设备，加强对农业生产环境的有效感知，利用云计算、大数据等方式对农业生产开展精准预测，开展智能节水灌溉、测土配方施肥、农机定位耕种等标准化生产作业，构建农业物联网测控体系和生产模式。

3. 强化企业创新主体，培育农科领军企业

企业是农业科技创新的源头，是农业科技成果转化为现实生产力的主要渠道。要重视发挥农业企业作用，培育引进头部企业，促进技术人才资本深度融合。一方面，强化企业创新主体地位。充分发挥头部企业熟悉市场和产业需求的优势，培育和引进科技含量高的农业科技企业，着力构建以企业为核心、产学研紧密结合的协同创新格局。重点聚焦现代种业、现代农机装备、营养健康食品开发与保鲜物流等农业主导产业和战略性新兴产业，培育壮大一批农业"链主"企业，鼓励中小企业与"链主"企业协作配套，促进技术成果规模化应用，推动农业研发创新向产业链后道拓展，实现农业全产业链提质增效。另一方面，支持农业创新领军企业。开展现代农业创新型企业培育专项行动，建立和完善农业创新型企业培育制度，支持设立农业创新型企业孵化基金，不断激发企业自主研发活力。

4. 引育数字农业人才，提供坚实智力支撑

人才是实现数字经济与农业融合发展的重要支撑。一是实施数字农业人才培养计划。鼓励信息、工程、人工智能等领域人才进入农业领域开展相关科学研究与应用推广。依托现有农民教育培训体系，开展农村科技特派员、农技员服务能力提升计划。要鼓励高校、科研院所、企业与国内外高端人才猎头公司建立长期稳定的合作关系，在国内发达地区和海外建立农科人才引进平台，大力引进急需的高层次农业科技创新人才和创新团队。要全面深化科研人事制度改革，推行"候鸟式"聘任、"双休日"专家、互联网咨询等灵活性引才用才制度，对高端农科领军人才和农科创新团队实行年薪制、协议工资、项目工资和股权、期权、分红等分配方式，最大限度激发人才创新活力。二是充分挖掘本土人才。开展数字农业人才造福家乡计划，通过多方宣传、实施政策性补贴等方式，激励外流的高素质技术人才、农林类高校毕业生人才返乡从事数字农业工作。三是提高"三农"干部的数字素养。强化对"三农"干部关于数字农业发展的培训，增强其对国家数字农业发展规划的理解和把握，不断加强其数字化素养，更好发挥其数字农业发展中的"关键少数"作用。

参考文献

[1] 王定祥，彭政钦，李伶俐. 中国数字经济与农业融合发展水平测度与评价 [J]. 中国农村经济，2023 (6)：48-71.

[2] 温涛，陈一明. 数字经济与农业农村经济融合发展：实践模式、现实障碍与突破路径 [J]. 农业经济问题，2020 (7)：118-129.

[3] 程大为，樊倩，周旭海. 数字经济与农业深度融合的格局构想及现实路径 [J]. 兰州学刊，2022 (12)：131-143.

[4] 孙聪，夏恩君，黄洁萍，等. 数农融合发展对农业韧性的影响 [J]. 经济与管理研究，2024，45 (6)：76-94.

[5] 黄庆平，李猛，周泳，等. 数字经济与农业经济融合发展的国际模式、现实堵点与突破路径 [J]. 农业经济，2023 (3)：3-5.

[6] 潘为华，贺正楚，潘红玉. 中国数字经济发展的时空演化和分布动态 [J]. 中国软科学，2021 (10)：137-147.

[7] 赵巍，赵恬婧，马婧. 数字普惠金融、农村产业融合与农业经济韧性 [J]. 农林经济管理学报，2023，22 (5)：555-565.

[8] 杨佩卿，白媛媛. 黄河流域数字经济与新型城镇化耦合协调及驱动机制 [J]. 西北农林科技大学学报 (社会科学版)，2024，24 (4)：114-126.

[9] 王玉珍，宋国靖，窦晓艺. 数字经济与实体经济融合水平测度及障碍因素分析 [J]. 调研世界，2024 (7)：40-52.

[10] 付岩岩. 数字经济与实体经济融合协调发展水平统计测度 [J]. 现代管理科学，2024 (2)：190-198.

[11] 高培培. 数字经济与实体经济融合协调发展水平统计测度 [J]. 统计与决策，2024，40 (5)：28-32.

[12] 连旭. 县域农业经济发展评价及空间分异研究——基于新疆83个县面板数据的实证 [J]. 干旱区资源与环境，2016，30 (12)：73-81.

[13] 韩磊，王维. 基于灰色关联的湖南省农业经济发展水平评价研究

[J]. 湖南行政学院学报，2018（1）：58-64.

[14] 谭涛，杨青，任家卫. "两山"理论背景下海南省农业碳排放效率与农业经济增长耦合协调研究［J］. 中国农业资源与区划，2024（7）：28-38.

[15] 许炬，曹学琳. 长江经济带农业经济发展与生态环境耦合效率研究［J］. 生态经济，2023，39（7）：125-131.

[16] 胡日东，张涛. 中国省域数字经济与实体经济深度融合——动态演进趋势与障碍因子识别［J］. 吉林大学社会科学学报，2024，64（4）：172-188.

[17] 曾福生，邓颖蕾. 农业经济发展与生态环境系统的耦合协调关系——基于湖南省绿色低碳发展的实证［J］. 吉首大学学报（社会科学版），2024，45（4）：126-136.

[18] 刘冰洁，赵彦云，李倩. 中国旅游业发展的时空演化及其影响因素分析［J］. 统计与决策，2021，37（23）：106-110.

[19] 冯兴刚，李媛. 我国体育教师评价体系研究中指标权重确定方法综述［J］. 体育科技，2014，35（1）：117-118.

[20] 翟郡，杨红强，徐彩瑶，等. 浙江省数字经济与林业产业融合发展水平测度及影响因素［J］. 林业科学，2024，60（5）：22-34.

[21] 王裕瑾，李梦玉. 中国数字经济与高质量发展的耦合协调研究［J］. 经济与管理评论，2023，39（1）：104-118.

作者简介：王娜，山西省社会科学院（山西省人民政府发展研究中心）研究实习员；贾步云，山西省社会科学院（山西省人民政府发展研究中心）副研究员。

乡村"文体旅融合"高质量发展策略研究

——基于贵州"村超"持续走强的内因分析

曾梦宇

摘 要：文体旅融合高质量发展是促进乡村经济社会发展，提升乡村群众幸福指数的新方法和新模式。贵州"村超"通过大胆创新和尝试探索着乡村"文体旅融合"从"网红"到"长红"的高质量发展路径。从贵州"村超"两个赛季持续走强的发展经验分析，除外部因素外，自身在发展理念、科学规划、历史积淀、资源运用、传播创新和规范管理上所做出的努力非常值得广大乡村重视和借鉴。

关键词：乡村；产业融合；发展；策略

近些年来，我国在乡村振兴战略实践中探索和尝试了诸如农文旅、产文旅、商文旅、养文旅等方式的产业融合，并取得了良好的成效，涌现了不少的典型。2023年，贵州"村超"勇于创新，以极具民族特色的方式开展乡村"文体旅融合"实践，获得社会各界高度认可；2024年，贵州"村超"没有昙花一现，而是继续前行，持续走强，获取的关注度和美誉度丝毫不减，正在实现由"网红"走向"长红"，创造的物质价值、精神价值和社会价值与日俱增。目前，贵州"村超"已成为乡村"文体旅融合"实践的"现象级"案例，其持续走强、实现高质量发展的经验和深层次缘由值得众多乡村产业融合实践去探究和借鉴。

一、文体旅产业融合发展的理论内涵

产业融合是在世界第三次新技术革命和经济全球化的双重推动下，不同产业或同一产业内的不同行业之间相互渗透、相互交叉、相互融合、行业壁垒渐趋模糊，产业竞争力不断提高，并逐步形成新产业的动态产业组织过程和发展模式。主要指"通过技术革新和放宽限制来降低行业间的壁垒，加强各行业间的竞争合作关系"[1]。"为了适应产业增长而发生的产业边界的收缩或消失"。[2] 作为一种全新的产业发展模式，其率先推动通信、邮政、广播、报刊等传媒间的相互融合。之后，推动的产业领域越来越广泛。20世纪90年代以后，逐渐驱动文化、体育、旅游产业相互间的交叉、渗透、重组，从"文化+体育""文化+旅游""体育+旅游"的两业间的融合到"文化+体育+旅游"三业间的融合，三者相互促进、协同共生、不断向高附加值推升。

国外关于文体旅融合已有相关研究。普逊斯将体育旅游的内涵从单一的赛事体育旅游扩展到参与性体育旅游、奢侈性体育旅游、体育运动训练及体育相关性旅游五个方面[3]，对体育旅游的概念进行了一定的创新。霍尔（Hall）则认为：体育旅游是游客以非商业目的观看或参与体育赛事产生的外出旅游活动，强调其内容是以参观赛事为核心的旅游活动[4]。斯坦迪文（Standeven and Deknop）等人认为体育旅游是体育和旅游活动的结合物，主要包括赛事型体育旅游活动、观看型体育旅游活动和参与型体育节庆旅游活动三个方面[5]，强调体育旅游的双重性质。近些年来，我国学界在"文体旅融合"的三业融合方面作出了一定的研究，如尹宏、王萍提出了我国"文体旅融合"的四条路径选择：以赛事资源为核心发展体育旅游、以产品创新为核心升级文化旅游、以业态融合为纽带融通文化与体育、以产业生态为核心促进文体旅融合。[6] 潘怡、曹胡丹、封慧等认为我国文体旅产业融合发展模式主要包括交叉渗透模式、互动延伸模式、分解重组模式；但在加强顶层制度设计、保障体文旅产业政策落地、优化产业融合模式、提升体文旅产业融合效益、创新产业内容技术、推进体文旅产业多元协同等方面亟待改革。[7]

文体旅融合作为一种新型业态，是产业发展的新趋势、产业演进的新模式、产业升级的新动能。可以定义为，是指文化、体育、旅游等产业在国家相关政策的引导下，产业内部企业进行自主创新发展，以地区特色文化为资源禀赋，以体育赛事、文体活动为载体，以旅游服务为引流方式，促使地区文化、体育、旅游等产业内部的生产要素相互融通，从而开发出区域"文体旅融合"的新产品，促使区域文化、体育、旅游等产业协同发展，最终实现该区域政治、经济、文化、生态良性发展的根本目的。

二、贵州"村超"持续走强引发的思考

2023年5月，贵州省"榕江（三宝侗寨）和美乡村足球超级联赛"开赛，其以大众参与的足球比赛为载体，以独具特色的民族歌舞、民俗展演为底蕴，在以新媒体为主力的大量各类媒体的推介和宣传之下，一时成为"网红"现象，声名鹊起，并吸引了全国各地游客前来观赛并旅游休闲。贵州"村超"之名也由此享誉全国。同时，也引来各地的纷纷效仿，"村VA""村跑""村歌""村厨"等以乡村为名的，旨在助推乡村文化、体育、旅游相互融合的活动此起彼伏涌现。贵州"村超"的办赛模式甚至被非洲的贝宁和南非所借鉴。

2024年，第二个赛季的贵州榕江"村超"已落下帷幕。在新赛季，"村超"国际交流赛已经引来法国、利比里亚等10余支球队进行交流；前中国女足队长王坤以教练兼队长身份带领一支青少年女足队亮相"村超"赛场；巴西传奇球星卡卡亮相"村超"，上场参加"逐梦"冠军明星公益赛。全国各地的游客热情不减，纷至沓来，每个周末的比赛日（即游客所称的"超级星期六"）都能吸引五万左右的观众。贵州"村超"的声誉和知名度仍在不断攀升。

贵州"村超"连续两个赛季的火爆现象，不仅使其本身的品牌效应得到进一步加强，吸纳观众和游客的极化作用进一步提升，而且，也引起业界及广大关注和关心贵州"村超"人士更为深层次的思考。这些思考主要表现在三个方面。

思考一：贵州"村超"的热度凭什么能够继续保持？

思考二：贵州"村超"持续发展的底蕴在哪里？

思考三：贵州"村超"还能走多远？

把众多关于贵州"村超"的疑问和思考进行综合，可以归结为一个问题，即：贵州"村超"以及类似的乡村"文体旅融合"怎样才能实现高质量发展？这个问题不仅事关贵州"村超"本身，也涉及贵州"村超"的示范效应及其扩展。

三、贵州乡村"文体旅融合"实践——贵州"村超"持续走强的内因分析

马克思主义唯物辩证法认为,事物发展是有原因的,有原因就有结果;内因是变化的根据,是事物发展变化的根本原因、根本动力、源泉,它规定事物的性质和发展方向,起主要的决定性作用,内因在事物发展中的作用是第一位的。贵州"村超"能够持续走强,除外部因素的助力外,其本身发展中的资源禀赋和历史积淀、主动创新和融合赋能、科学规划和渐进发展等内因仍发挥着决定性作用。

(一)资源禀赋和历史积淀的内因分析

1. 持久的挚爱与坚持是其持续走强的原动力

众所周知,一项体育运动的普及和广泛开展需要有深厚的群众基础,需要广大群众对该项运动形成共识,并深度参与其中。虽然榕江县是以乡村为主的县域,但由于历史的际遇,在20世纪40年代,因抗日战争,广西大学迁入榕江,热衷体育运动的大学生们将足球带到了榕江,并激发了榕江人极大的兴趣。随之,榕江县的足球运动如星火燎原般蓬勃发展。

表1 贵州榕江"村超"发展历程表

时间	地点	标志性事件
20世纪40年代	榕江县	国立贵州师范学校附属小学(榕江)将足球引进学校
20世纪50年代	榕江中学	足球运动开始在榕江中学兴起
1965年	凯里市	榕江县男子足球队在黔东南州获冠军
20世纪70年代	榕江县	榕江县举办各类县级足球体育赛事及州级赛事
1990年	榕江县	成立榕江足球协会,村民自行组织足球比赛
2012年	榕江县中小学	榕江校园足球队兴起,榕江获评贵州省校园足球试点县

续表

时间	地点	标志性事件
2021 年	榕江县	举办全国县域足球典型县足球赛事，被评为首批全国县域足球典型县
2023 年 1 月	榕江县体育场	榕江车江（三宝侗寨）乡村足球超级联赛开赛
2023 年 5 月	榕江县城北体育场	贵州榕江（三宝侗寨）和美乡村足球超级联赛开幕，火爆全网，被称为"村超"。

由表 1 可见，榕江用了 80 余年的时间夯实了深厚的群众基础，其挚爱及长期的坚持为"村超"的持续发展提供了不竭的动力。

2. 多彩的民族文化为其持续走强积累了丰厚的文化底蕴

贵州"村超"所在的榕江县，在千百年的历史沧桑中，积累了丰富的民族文化底蕴，为"村超"的持续火热提供了取之不尽的文化资源。

榕江县是以苗侗人口为主，多民族聚居的县域，"唐代发型、宋代服饰、明清建筑、魏晋遗风"的民族风情在榕江县有着比较完整的保留。县内有苗族 15 个支系，侗族 7 个支系，民族风情和文化多姿多彩、数量繁多。榕江县保存的非物质文化遗产项目众多，截至 2024 年 4 月，有世界级 1 项、国家级 8 项、省级 32 项、州级 53 项、县级 163 项。（见表 2）两年来，在"村超"现场展示出民族文化仅是冰山一角。

表 2 榕江县非物质文化遗产代表性项目一览表（州级以上）

级别	项 目
世界级	侗族大歌（联合国教科文组织）
国家级	侗族琵琶歌、侗族萨玛节、侗族民间文学《珠郎娘美》、苗族服饰文化、苗族芦笙舞、侗年、苗族栽岩习俗、苗族鼓藏节
省级	榕江侗族服饰艺术、侗族芦笙谱、侗戏、侗族婚俗、记间习俗、苗族木鼓舞、侗族文学《丁郎龙女》、苗族嘎百福/（嘎嘿说唱）、苗族卧堆习俗、苗族茅人节、苗族民间文学《阿蓉》、水族墓石雕文化、水书习俗、月也、君琵琶、苗族招龙节、瑶族盘王节、水族服饰、苗族蜡染技艺（省直报项目不属于州级）、水族百草药酒制作技艺、水族马尾绣、榕江羊（牛）瘪制作技艺、榕江水族端节等

续表

级别	项目
州级	苗族贾理、苗族芦笙制作技艺、侗族木构建筑技艺、榕江卷粉、榕江汉族酒令歌、榕江汉族山歌、侗族八月八、榕江独竹漂、侗族乐器制作技艺、榕江苗年、七十二寨侗族婚恋习俗、水族斗牛舞、榕江县水族铜鼓舞、榕江濑粉制作技艺、侗族骨伤病疗法、水族皮肤病疗法、榕江苗族古瓢舞、榕江苗族剪纸、榕江腌鱼腌肉制作技艺、竹（藤、蕨）编工艺、苗族正骨敷疗法、侗款文化习俗等

注：①高一级名录由低一级名录逐级推荐确定，故也列入低一级名录；注明的除外。
②资料来源：根据联合国教科文组织和我国各级政府公布的名录整理。

3. 丰富的可开发旅游资源蕴藏了巨大的潜力

魅力无限的自然风光、厚重的历史遗存和独具特色的民俗风情是提升旅游目的地吸引力核心的因素。

榕江县年平均气温18.7℃，空气质量优良天数比例达100%，饮用水源水质达标100%；森林覆盖率达74.18%，空气负氧离子含量高，有"国家级森林康养基地"平阳小丹江。

"榕江苗山侗水风景名胜区"于2009年被国务院批准为第七批国家级风景名胜区，总面积168平方千米，主要分为六大景区，有景物67个，其中一级景物10个，二级景物38个，三级景物15个，四级景物有4个。景区资源类型丰富，价值高。

县城（原古州厅城）是旧时的"诸葛营"，县境内保留有"诸葛台""诸葛洞""卧龙岗""孔明山""孔明塘"等遗迹。

县内拥有29个中国传统村落，仍保留着许多传统农耕文明的历史遗迹。至今，县域内仍保留有25个民族民间传统节日，有"百节之乡"的美誉。

1930年，红七军攻克榕江城时的红七军军部旧址、三江口红军渡口（俗称"大河口码头"）、腊西红军桥，（又名"腊酉塘桥"）、红军长征过朗洞纪念碑、榕江革命烈士陵园等红色基因为旅游业的融合增添了宝贵的红色资源。

（二）主动创新和融合赋能的内因分析

贵州"村超"在"文体旅融合"中，体现了"以体为形、以文为魂、以游为效"的发展理念，促使文、体、旅三要素相互借力，同时，在传播上开拓创新，从而聚势成峰，持续发展。

1. 文化之花借体育赛事而充分展示

随着"村超"影响的逐渐扩大，参与的文艺队伍越来越广泛。"村超"赛场成为民族歌舞、民族戏剧、民族音乐、民族服饰等民族文化集中展示地。不仅高亢嘹亮的苗族飞歌、婉转动人的侗戏、绚丽古朴的"宋代服饰"、清澈幽远的"侗族大歌"、翩翩欲飞的"锦鸡舞"等黔东南州内民族文化精华荟萃于此；水木年华的《一生有你》、江西民歌《斑鸠调》、港台明星团队的《铁血丹心》和广东佛山的醒狮表演等省外文化精品也纷纷登场。

2. 体育之基借文化参与而夯实底蕴

当"村超"赛事中融入了乡村文化展示之后，其影响因素就不再局限于体育领域，两重以上影响因素的叠加，促使乡村群众体育活动的基础进一步夯实。第一，夯实了创新基础。多种乡村地域文化形式的参与，提升了体育活动中的新颖性，拓展了体育活动发展空间。第二，夯实了群众基础。文化的参与，增加了乡村群众参与体育活动的途径。人人关心、人人参与，体育活动在乡村的普及程度不断提升。第三，夯实了社会基础。丰富多彩的乡村文化参与所表现出的新奇，博得了较高的关注度，示范效应显著提升，体育活动的社会基础就奠定得更加坚实。

3. 旅游之效借地域特色而显著提升

发挥"体育+文化"的魅力将观众或游客吸引来之后，就能够进一步利用、挖掘和开发本地的特色资源，通过旅游产业实现一定的经济效益。贵州"村超"的每个比赛日（超级星期六）都吸引了五万左右的观众前来，日常的游客也络绎不绝。旅游产业"食、住、行、游、购、娱"的功能不断得以整合和发挥，旅游产业的经济效益不断显现。

4. 品牌之形借媒体赋能而聚势成峰

毋庸置疑，媒体的鼎力推介对贵州"村超"影响力的扩散发挥了巨大的作用。可以说，初始的贵州"村超"只是县域内乡村"文体旅"融合的小案例，而通过媒体强力而持续的赋能，从而聚势成峰，加速了贵州"村超"品牌的传播。

从国家、地方的多个重要权威媒体，到抖音、微博、快手等大众社交传播媒介的新闻特别节目、专题栏目报道、"线下赛事+线上直播"、短视频等形式全方位、多角度、多形式的介绍、报道和推介；从韩乔生、撒贝宁、黄健翔等著名主持人的沉浸式代言，到大小网红的不惜流量的霸屏，再到普通民众的播发、转发、再转发，数字赋能的各种媒体以全网数百亿流量的规模不断地进行催化。

（三）科学规划和渐进发展的内因分析

为了持续推进贵州"村超"的走强，榕江县制定了"三步走"的"村超"发展战略，并逐步实施；同时，围绕"村超"，在"文体旅融合"上不断促进产业发展和改善营商环境。

第一步，自身出圈。通过"神秘多彩民族文化+乡村足球氛围+新媒体运营"出圈。

第二步，全国共享。用"各地美食+民间足球邀请赛+'村超'风口流量共享"点燃各地全民足球氛围，把"村超"当成全国各地展示自己优秀文化的舞台，提振市场活力，带出"村超"超经济。

第三步，世界共享。通过"一带一路""村超"友谊赛、"村超"全国女子足球友谊赛、"村超"全国青少年足球友谊赛、贵州粤港澳大湾区足球友谊赛等，使"村超"成为国家"一带一路"软联通、心联通的践行者。

从实施效果看，第一步已经完成，第二步也已实现，第三步已开始启动。贵州"村超"能够有条不紊地步步推进、渐进发展，从村寨间的比赛发展到国内、国际的友谊赛，科学的发展战略发挥着至关重要的作用。

四、乡村"文体旅融合"高质量发展的路径思考

贵州"村超"在"文体旅融合"上的持续走强给我们带来的启示是多方面的，其成功的内在因素对如何促进乡村"文体旅融合"高质量发展有着深刻的启迪。

（一）始终秉承以人为本的理念，坚持以人民为中心

当前我国社会的主要矛盾已经转化为人民日益增长的美好生活需要和不平衡不充分的发展之间的矛盾。人民对美好生活的期盼、对精神方面的需求越来

越高。乡村"文体旅融合"作为一种新形式,首要的任务就是要秉承以人为本的理念,坚持以人民为中心,不断满足乡村群众对美好生活需要的追求。首先,要顺应时代潮流、紧跟时代步伐,以实现乡村振兴为前提,积极推进农业农村现代化、提升乡村群众幸福指数。其次,要尊重人民群众的首创精神。我们处在"万众创新"的时代,在乡村"文体旅融合"实践中,不同的乡村根据自身条件进行不同的探索,创新出适合自身的融合形式,对于这种首创精神要予以尊重,并给予有力的支持。最后,要相信群众的智慧和能力。相信群众能够运用自身的智慧创新出像贵州"村超"一样的"文体旅融合"的路径,也要相信他们能够发挥自己的力量将创新推向深入。只有充分调动广大群众的智慧和力量,才能保持群众参与的热情和自觉,才能促使创新出的活动充满生机与活力。

(二)立足本土资源优势,塑造独具特色的"文体旅融合"符号

特色反映的是事物的本质,是一事物成为它自身并区别于他事物的内在规定性。凝练出自身所独具的特色,才能区别于诸多类似的活动或项目,才能持续地走强和发展。首先,要确立自身的本土文化特色。"文化",是"文体旅融合"中最能形成"标签"的因素。在对本土文化资源发掘、提升的基础上,凝练出最能彰显本地优势,同时又与其他地域资源不相雷同的特色,从而塑造出自身独特的"文体旅融合"符号。如此,才能树立其自身独有的品牌。其次,要发掘和培育自身的资源禀赋。资源禀赋不仅是实现"文体旅融合"高质量发展的前提和底蕴,还是其持续走强的支撑力量。资源禀赋的积淀直接关系到其能走多远。有的"文体旅融合"项目可能会因某个创新点或某种机遇而一时爆红,但持续走强则需要更多的资源来支撑。在资源积淀厚重的地方,在深度挖掘的同时,逐步利用和释放;对于历史积累相对薄弱的地方,可以在利用历史资源的同时,不断与时代相结合进行资源创新和资源积累。最后,要形成最适合的表现方式。文、体、旅三要素的有机结合是避免出现"三张皮"或"两张皮"现象,从而实现"1+1+1 > 3"的效果。而要实现三者的有机结合,就必须找到最适合的表现方式。不论是赛前、赛中、赛后,热身、中场、暂停等时段文化内容的展示或表演,还是所展示的文化内涵与旅游资源的契合,都需要比较完美的安排与搭配。

(三)不断拓展"文体旅融合"的广度和深度

文化、体育和旅游产业之间,相互关联、相互促进。乡村"文体旅融合"持续走强的过程,同时也是三要素融合不断拓展和加深的过程。

1. 通过"+"策略,拓展领域内容的融合

"文体旅融合"实质是产业的叠加,"+"策略显得尤为重要。科学运用"+"策略能够有效地拓展不同领域内容的融合。20世纪80年代初,嵩山少林寺凭借风靡全国的电影——《少林寺》的巨大影响及创下的知名度,运用"+"策略,对中国传统武术、宗教文化、传统思想、传统壁画建筑与独特自然环境等要素进行整合,实现了文化、体育、旅游、教育、艺术、地质等多种类资源的叠加融合发展,成功树立起名震中外的文化旅游品牌,至今仍是中国旅游的热门地区。

2. 通过跨界活动拓展表现方式的融合

通过组织展览、演出、比赛、游览等活动,让文化、体育和旅游融合到一起,从而达到增强产业链内协同效应的目的。比如,通过组织文化节庆活动,提高游客对于当地文化精髓的认知和了解。同时,在文化节庆活动中,组织一些体育比赛和运动活动,让游客在欣赏文化的同时还可以体验一些运动项目。

3. 通过资源共享拓展协同创新的融合

通过信息共享、资源整合等方式,提升产业链内的协同效应。如创建共享平台,让旅游企业、文化机构和体育机构等在平台上共享旅游发展的信息资源。同时,通过技术创新等方式,推动文体旅产业的发展。再如,可以利用新技术和新媒体手段,让游客在旅游过程中更好地了解当地文化和体育传统。[8]

(四)不断创新品牌传播和推广形式

"文体旅融合"品牌的传播和推广在宣传品牌内涵、扩大品牌影响、提高知名度、增添美誉度,吸引潜在游客关注等方面的作用是非常巨大的。

1. 搭建立体传播矩阵,拓宽影响范围

在传统媒体和社交媒体的交汇贯通下搭建起集深度、广度与多模态立体传播矩阵,同时发挥各自所长,拓宽影响的区域和范围。首先,要争取中央级媒体的关注和报道。中央级媒体因其权威性、公信力,以及影响力,担当着"舆论引导者"的职能。中央级媒体的关注和报道无疑会对乡村"文体旅融合"开展产生巨大的赋能效果。其次,充分发挥地方媒体的主力军作用。地方媒体贴近现场,对历史背景、社会环境、人文风情及进展变化都有比较清晰的了解,既能够从整体上对乡村"文体旅融合"开展进行宏观和深度报道,又能够从不同侧面进行挖掘作出比较全面和详细的宣传。最后,调动大众社交媒体的热情和积极性。在当前媒介环境下,基于移动互联网的社交媒体越来越发挥出便捷化和移动化的优势,观众和游客,人人都能成为一座没有执照的电视台,称得上是"数量无上限"的传播台。发挥其优势,能通过亲民语态向国内用户呈现"文体旅融合"开展的状态和进展。

2. 组建本土传播团队,保证"长红"传播

对乡村"文体旅融合"项目长期而正能量的传播和推广是推进其持续走强的重要因素之一。要将项目从"网红"打造成"长红",通过糅合本土的主流媒体、民间社会传播团体和热衷本土宣传的社会人士、网红博主等组建本土传播和推广团队,从而保证项目的"长红"传播非常必要。如此,既能在传播和推广内容及流量上实现兜底,又能主导流量传播的内容主干和节奏控制,特别是能够避免因社交媒体传播稳定性较弱带来的流量大幅波动。

3. 优化报道传播内容,提升品牌形象

为满足不同受众对乡村"文体旅融合"项目的关注和了解需要,优化报道内容能够比较有针对性地进行宣传和推广,赋能品牌形象的塑造与提升。优化报道和传播的内容可以兼顾文化、体育、旅游三方面报道和推广的平衡,更全面地展示赛事的形象,展示产业融合的效果;可以促使新闻资讯与深度报道趋于均衡,在满足公众关注热点的同时,激发探究文化底蕴的兴趣;可以根据不同的受众人群调整报道的话语语态,以更加人性化、贴近生活的口吻进行报道和推广,从而提高报道的趣味性和亲和力,丰富赛事品牌的形象。

(五)加强引导和管理,为高质量发展提供坚实有力的保障

大多数的乡村"文体旅融合"项目在运行初始是民间自发组织,举办条件相对简陋,规范化程度较低,但随着影响力的扩张及受众要求的不断升级,要实现高质量发展就必须逐步走上规范化的轨道。由此,政府应当主动担责,进行正确引导和规范管理,为其高质量发展提供坚实有力的保障。

1. 引导和协助制定科学的发展规划

规划是比较全面长远的发展计划，是设计未来整套行动的方案。对于非一次性乡村"文体旅融合"项目，在计划阶段，相关部门应提前介入，引导和协助项目组织者根据发展的需要科学制定发展规划，起码要制定出一个"三年发展规划"，指引项目健康发展，避免项目因组织者能力和专业性知识的限制而中途夭折或无所适从。

2. 优化"文体旅融合"的发展环境

第一，做好政策引导。积极制定和出台鼓励乡村"文体旅融合"高质量发展的政策，鼓励村民的创造性和积极性，为乡村、企业提供更多的发展机会和支持，促进村民、乡村组织和企业的创新和发展。第二，适当增加资金支持。在财政预算的文体旅经费中安排一定的专项资金以支持乡村"文体旅融合"项目的开展，对于发展前景非常好的项目可适当进行倾斜，以创造更好的发展条件。第三，鼓励合作与创新。鼓励相关企业通过项目加强合作和联合创新，打造文化旅游产业的协同创新机制，提高整体创新能力和竞争力。第四，加强基础设施建设、公共服务配套等，为产业提供坚实的发展基础。第五，加强景区建设。加强与景区的信息沟通及景区建设，为当地景区提供足够的建设资源，优化景区建设环境，为景点建设与游客观光提供舒适的条件。第六，建立健全监管体系。加强对参与其中的各实体单位，甚至包括各社交媒体的监管和指导，确保"文体旅融合"的健康发展。

3. 加强"文体旅融合"产业人才的培训和引进

为了满足乡村"文体旅融合"高质量发展对专业人才的需求，应加强人才培养和引进，提高文体旅产业人才的综合素质和创新能力。在市级或省级层面上，由有关部门协同涉文化、体育、旅游等相关企业建设乡村"文体旅融合"产业人才培训中心，为乡村"文体旅融合"产业提供全方位、综合性的人才培养服务，满足乡村对专业人才的需求。同时，在县级层面上，考虑以正式编制的形式出台人才引进政策，吸引较高层次的人才投身乡村"文体旅融合"产业，为乡村"文体旅融合"高质量发展提供强有力的智力支持。同时，出台优秀人才的奖励政策，对发展乡村"文体旅融合"产业作出杰出贡献的人才给予物质和精神上的双重鼓励。

五、结语

贵州"村超"的持续走强是乡村"文体旅融合"高质量发展的一个典型案例,其典型性是赛事宗旨、历史传承、人文风情、自然山水、民众积极参与、政府引导和管理共同凝结而成的,是一项系统性的工程。贵州"村超"高质量发展的经验值得我国众多乡村发展"文体旅融合"时学习和借鉴。

参考文献

[1] 植草益. 信息通讯业的产业融合 [J]. 中国工业经济, 2001 (2).

[2] Greenstein, S., and Khanna, T. 1997. What does industry mean? see in Yoffie ed. Competing in the age of digital convergence.

[3] Glyptis S. (1991). Sport and tourism. In C. P Cooper. Progress in tourism recreation and hospitality management. London: Belhaven Press: 165-183.

[4] Hall C. (1992). Adventure sport and health tourism. In B. Weiler & C. M. Hall Eds. Special interest tourism. London: Belhaven Press: 141-158.

[5] Standevan J. (1998). Sport tourism: Joint marketing-A starting point for beneficial synergies. Journal of Vacation Marketing, 4, 39-51.

[6] 尹宏,王萍. 文化、体育、旅游产业融合:理论、经验和路径 [J]. 党政研究, 2019 (2): 120-128.

[7] 潘怡,曹胡丹,封慧,新时代我国体文旅产业融合发展:逻辑、模式、问题与路径 [J]. 山东体育学院学报, 2024 (1): 71-79.

[8] 李耀辉,陈春连. 文体旅产业融合高质量实践路径研究 [J]. 文体用品与科技, 2023 (21): 127-129.

基金项目:教育部人文社科规划项目 (19XJAZH001),凯里学院博士发展专项课题 (BSFZ202211) 研究成果。

作者简介:曾梦宇,凯里学院三级教授。

乡村振兴战略下青藏高寒农业山区生态安全评价研究

郭 婧

摘 要：本文基于乡村振兴战略背景，以青藏高寒农业山区为研究对象开展生态安全评价，将灰色关联度模型和压力-状态-响应（P-S-R）模型相结合，运用熵值法确定权重，得出生态安全综合指数，并划分生态安全等级。结果得出：2011—2018年青藏高寒农业山区生态安全指数总体呈现上升趋势，安全等级经历了"中—优"的演变过程。压力指数总体波动状态明显，呈现上升趋势，而状态指数和响应指数呈现逐年上升趋势；8年间，14个县域的生态安全综合指数均处于0.70以上，为Ⅳ等级，区域人地关系较为协调，生态系统遭受到的破坏较小，系统功能健全且能正常运转，生态系统自我修复能力较强，生态环境对人类社会经济发展的不利影响较小。为有效遏制青藏高寒农业山区生态系统恶化，应编制农业山区生态修复规划，制定高寒山区生态保护专项法规条例、加快山区生态安全技术的开发与运用、完善生态补偿机制等。

关键词：乡村振兴战略；青藏高原农业山区；生态安全评价

2017年10月，习近平总书记在十九大报告中第一次明确提出了乡村振兴战略。乡村振兴不是单一方面或几个方面的振兴，而是涉及多个方面、多个角度，是一个立体性、多元化的综合性战略体系，它包括经济、生态、文化、社会治理等多方面全方位的振兴。[1] 2018年2月4日，国务院公布了2018年中央一号文件，即《中共中央 国务院关于实施乡村振兴战略的意见》，意见指出要

---

[1] 王亚华，苏毅清. 乡村振兴——中国农村发展新战略 [J]. 中央社会主义学院学报，2017（6）：49-55.

坚持农业农村优先发展，按照产业兴旺、生态宜居、乡风文明、治理有效、生活富裕的总要求，统筹推进农村经济建设、社会建设和生态文明建设，要加快推进乡村治理体系和治理能力现代化。党的二十大报告提出加快建设农业强国，扎实推动乡村产业、人才、文化、生态、组织振兴。说明对农村生态安全提出了更高的要求。生态安全评价工作为及时遏止青藏高寒农业山区生态环境恶化，保障当地社会经济发展提供有力支撑和保障。本文构建了适合青藏高寒农业山区生态安全评价的指标体系，以定性定量相结合的方法，分析当地生态环境现状，并揭示生态安全的时空分异规律，更有利于为相关政府部门制定一系列政策来真正改善当地生态安全状态提出可靠依据。

一、评价模型及构建指标体系构建

（一）评价模型

"压力-状态-响应"（P-S-R）模型。P-S-R模型是由经济合作与发展组织（OECD）与联合国环境规划署（UNEP）在20世纪80年代末提出的，因其较好地反映了生态系统中各个因子之间的关系而被广泛认可和使用。[①] P-S-R模型从社会经济与环境有机统一的观点出发，表明了人与自然这个生态系统中各种因素间的因果关系，能更精确地反映生态系统安全的自然、经济和社会因素之间的关系，为生态安全指标构造提供了一种逻辑基础。[②] 国内目前主要运用P-S-R概念框架的数学模型，[③] 在P-S-R框架中，环境问题被表述为不同但又相互联系的3个指标类型：压力指标表示人类活动对生态系统造成的负荷；状态指标表示生态系统的状况；响应指标包括自然响应和人类对生态环境问题所采取的措施，概念框架如图1。

[①] 郭旭东，邱扬，连纲. 基于"压力-状态-响应"框架的县级土地质量评价指标研究 [J]. 地理科学，2005（5）：579-583. 颜利，王金坑，黄浩. 基于PSR框架模型的东溪流域生态系统健康评价 [J]. 资源科学，2008（1）：107-113.

[②] Alcamo J, M B Endejan, F Kaspar, et al. The GLASS model: a strategy for quantifying global environmental security [J]. Environmental Science and Policy, 2001, 4 (1): 2.

[③] 李中才，刘林德，孙玉峰. 基于PSR方法的区域生态安全评价 [J]. 生态学报，2010，30 (23): 6495-6503.

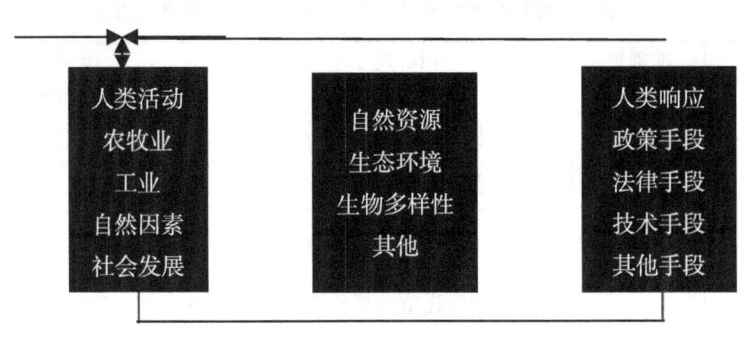

图1 压力-状态-响应模型框架

（二）构建评价指标体系

基于上述 P-S-R 模型，根据青藏高寒农业山区地形复杂、经济发展滞后、医疗卫生条件较差、交通不便、资源环境压力大的地域特点，在参考国内外区域生态安全评价体系的基础上，[1] 遵循整体性、科学性、完备性、简明实用、针对性和公众性等原则，[2] 构建青藏高寒农业山区评价指标体系。

根据 P-S-R 模型的指标体系框架，按照层次分析的构建原则，采用自上而下、逐层分解的方法将生态安全评价指标体系分为目标层、准则层、指标层3个层次。[3] 目标层表征了生态安全总体水平状况，准则层即影响生态安全的主要因素，指标层是体系中最基本的层面，由可以度量的指标组成，能反应评价生态安全主要特征。根据青藏高寒农业山区的区域特点，参考国内外区域生态安全评价体系，[4] 构建青藏高寒农业山区生态安全评价指标体系（表1）。

---

[1] 王耕，吴伟. 基于GIS的西辽河流域生态安全空间分异特征 [J]. 环境科学，2005（5）：28-33. 魏兴萍. 基于PSR模型的三峡库区重庆段生态安全动态评价 [J]. 地理科学进展，2010，29（9）：1095-1099.

[2] 谢花林，李波. 城市生态安全评价指标体系与评价方法研究 [J]. 北京师范大学学报（自然科学版），2004（5）：705-1099. 郭明，肖笃宁，李新. 黑河流域酒泉绿洲景观生态安全格局分析 [J]. 生态学报，2006（2）：457-466. 郭熙保. 论贫困概念的内涵 [J]. 山东社会科学，2005（12）：49-54，19.

[3] 魏彬，杨校生，吴明. 生态安全评价方法研究进展 [J]. 湖南农业大学学报（自然科学版），2009，35（5）：572-579.

[4] Bai X，J Tang. Ecological Security Assessment of Tianjin by PSR Model [J]. Procedia Environmental Sciences，2010，2：881-887. Liang P，D Liming，Y Guijie. Ecological Security Assessment of Beijing Based on PSR Model [J]. Procedia Environmental Sciences，2010，2：832-841. 许妍谢. 生态敏感地区生态安全评价指标与标准研究 [J]. 现代商业，2012（8）：233-234.

表1　青藏高寒农业山区生态安全评价指标及基准值

目标层	准则层（二级指标）	指标层（一级指标）	基准值	基准值来源	指标属性
生态安全指标体系（A）	压力指标（B₁）	人均生产总值（元）（C₁）	2.5	国家标准	+
		人口密度（人/平方千米）（C₂）	200	类比参考	+
		人口自然增长率（‰）（C₃）	8	国家级生态县建设指标	+
		第三产业比重（%）（C₄）	45	国家标准	+
		经济密度（万元/平方千米）（C₅）	850	类比参考	+
		公路网密度（km/100（km）²）（C₆）	1.4	本底值参考	+
		化肥（折纯）使用量（t）（C₇）	255	国家级生态县建设指标	−
		农药使用量（kg）（C₈）	30	本底值参考	−
		工业二氧化硫排放量（t）（C₉）	5000	参考类比	−
		烟（粉）尘排放量（吨/年）（C₁₀）	4000	参考类比	−
		氮氧化物排放量（吨/年）（C₁₁）	2000	参考类比	−
	状态指标（B₂）	年总降水量（mm）（C₁₂）	400	参考类比	+
		年平均气温（℃）（C₁₃）	5	参考类比	+
		年日照时数（h）（C₁₄）	2500	参考类比	+
		人均粮食产量（千克/人）（C₁₅）	400	小康型生活标准	+
		农村居民家庭恩格尔系数（%）（C₁₆）	40	小康型生活标准	+
		乡村文盲率（%）（C₁₇）	3	参考类比	+
		九年义务教育巩固率（%）（C₁₈）	95	参考类比	+
		乡村从业人员比重（%）（C₁₉）	50	参考类比	+
		通有线电视村数比重（%）（C₂₀）	100	小康社会标准	+
		每千人拥有卫生技术人员（人/千人）（C₂₁）	45	参考类比	+
		人均林地面积（公顷/人）（C₂₂）	0.4	参考类比	+
		人均耕地面积（公顷/人）（C₂₃）	0.08	参考类比	+

续表

目标层	准则层（二级指标）	指标层（一级指标）	基准值	基准值来源	指标属性
	响应指标（B$_3$）	科技支出占 GDP 比重（%）（C$_{24}$）	6	国际标准	+
		教育支出占 GDP 比重（%）（C$_{25}$）	6	国际标准	+
		当年造林面积（hm^2）（C$_{26}$）	6000	参考类比	+
		农民人均纯收入（元）（C$_{27}$）	2300	小康社会标准	+
		节能环保财政支出（万元）（C$_{28}$）	3.5	国家标准	+
		城市生活污水处理率（%）（C$_{29}$）	65	参考类比	+
		生活垃圾处理率（%）（C$_{30}$）	80	参考类比	+
		化学需氧量排放总量（t）（C$_{31}$）	2000	参考类比	−

二、数据标准化与权重确定

（一）指标数据的无量纲化

各个评价指标分为正、逆两种，正指标值越大越好，逆指标值越小越好，由于各指标来源于不同领域，数量级、单位等均不同，为了进行直接比较，需要提前采用无量纲化处理各个指标，为生态安全评价做好基础性工作。且无量纲化使用简便，应用范围广泛，具体步骤见下文。

1. 无量纲化处理

（1）构建判断矩阵（m 个评价方案 n 个评价指标）：

$$X = \begin{pmatrix} x_{11} & x_{12} & \cdots & x_{1n} \\ x_{21} & x_{22} & \cdots & x_{2n} \\ \vdots & \vdots & \vdots & \vdots \\ x_{m1} & x_{m2} & \cdots & x_{mn} \end{pmatrix}, X = (x_{ij})_{m \times n}(i = 1, 2 \cdots m; j = 1, 2 \cdots n)$$

（2）指标特征值的无量纲处理：将 x_{ij} 转化为取值在 [0，1] 区间的相对

化数据,"正向型指标"(公式1)是指数值越大越好的指标和"逆向型指标"(公式2)是指数值越小越好的指标,公式见下:

$$y_{ij} = \frac{x_i - x_{\min}}{x_{\max} - x_{\min}}, \quad (i = 1, 2\cdots m; j = 1, 2\cdots n) \tag{1}$$

$$y_{ij} = \frac{x_{\max} - x_i}{x_{\max} - x_{\min}}, \quad (i = 1, 2\cdots m; j = 1, 2\cdots n) \tag{2}$$

式中:$x_{\min}$ 为该指标的最小值;$x_{\max}$ 为该指标的最大值。

经过无量纲化处理后样本矩阵 X 转化为矩阵 D,得:$D = (d_{ij})_{m \times n} (d_{ij} \in [0, 1])$,得到2011—2018年青藏高寒农业山区评价指标无量纲化处理结果。

2. 评价指标数值标准化

假设 X_n 为第 n 个评价指标的实际值,S_n 为第 n 个指标的基准值,P_n 为第 n 个评价指标的标准化数值,则:

正向指标:当 $X_n > S_n$ 时,$P_n = 1$;当 $X_n < S_n$ 时,$P_n = X_n/S_n$

负向指标:当 $X_n < S_n$ 时,$P_n = 1$;当 $X_n > S_n$ 时,$P_n = X_n/S_n$

根据上述公式得出2011—2018年生态安全综合评价指标标准值。

(二)生态安全基准值及指标权重的确定

生态安全评价标准值的确定通常有以下几种方法。一是国家、行业和地方规定的标准。国家标准是指国家已发布的环境质量标准,如国家级生态县、生态市、生态省建设指标等。二是环境背景基准。以工作区域生态环境背景值或本底值作为评价基准,如区域森林覆盖率、水土流失本底值等。三是类比基准。以未受人类严重干扰的相似地区,或类似条件的生态因子和功能作为类比标准。四是科学研究已判定的生态效应。通过当地或相似条件下科学研究已判定的保障生态安全的绿化率要求,均可作为评价的标准或参考标准应用。

由于目前学术界没有统一认可的生态系统健康标准。基准值的选取优先采取国家标准或者是国际标准,没有国家标准的或者国际标准的指标则结合研究区的特色参考省内、国家或国际公认的或平均值(表1)。各评价指标对生态安全度的影响大小不同,科学地确定各指标的权数对综合评价结果具有重要意义。为避免指标的主观性打分所带来的测度结果的不客观性及与实际的偏差性,本文采用熵权法确定指标层的权重,客观性相对较强。熵权法属于信息论的范畴，是信息无序程度的度量，根据指标数据的变异程度确定指标的权重，在综合评价中具有较高的可信度。[①] 数据步骤如下[②]：

1. 原始数据标准化

具体步骤如上文所述，数据标准化结果见表，由于标准化后的数据会出现 0 值，但在熵值法中需用到对数，要求指标值必须为正数，标准化后的数值不能直接使用。为了合理解决 0 值造成的影响，运用（3）式对标准化后的数值进行平移。

$$r_{ij} = r'_{ij} + A \tag{3}$$

其中 A 是一个略大于 0 的正值，即平移幅度，r'_{ij} 为标准化值，r_{ij} 为平移后的指标值。

2. 指标权重的确定

为确保研究结果客观准确，本研究选择熵值法来确定各项评价指标权重。1948 年，Shanon 首次引进信息熵来描述了信号源信号的不确定性[③]，熵值法确定权重系数在信息论中，熵值反映了信息的无序化程度，可以用来度量信息量的大小，[④] 某项指标携带的信息越多，表示该指标对决策的作用越大。[⑤]

根据熵的定义，m 个评价方案 n 个评价指标，可以确定评价指标的熵为：

$$H_j = -k \sum_{i=1}^{m} f_{ij} \ln f_{ij} \ (i = 1, 2, \cdots, m, \ j = 1, 2, \cdots, n) \tag{4}$$

$$其中, f_{ij} = \frac{r_{ij}}{\sum_{j=1}^{m} r_{ij}}, \ k = 1/\ln m$$

信息熵 H_j 可用来度量 j 项指标的信息的效用价值，其关系为：$d_j = 1 - H_j$。

[①] 杨锡涛，周学红，张伟. 基于熵值法的我国野生动物资源可持续发展研究 [J]. 生态学报，2012，32（22）：7230-7238.

[②] 衣长军，谢月婷. 基于 AHP 法和熵权法的企业管理熵流值计算 [J]. 运筹与理，2012，21（5）：235-241. 倪九派，李萍，魏朝富. 基于 AHP 和熵权法赋权的区域土地开发整理潜力评价 [J]. 农业工程学报，2009，25（5）：202-209.

[③] Shannon C E. A Mathematical Theory of Communication [J]. Bell System Technical Journal，1948，27（4）：623.

[④] 张少坤，付强，张少东，等. 基于 GIS 与熵权的 DRASCLP 模型在地下水脆弱性评价中的应用 [J]. 水土保持研究，2008（4）：134-137，141.

[⑤] 贾艳红，赵军，南忠仁. 基于熵权法的草原生态安全评价——以甘肃牧区为例 [J]. 生态学杂志，2006（8）：1003-1008.

如果某指标的效用价值越高，说明其对评价的效用就越大，该指标的权重就越大，从而可得第 j 项指标的熵权为：$w_j = d_j / \sum_{j=1}^{n} d_j$ 或 $w_j = 1 - H_j / n - \sum_{j=1}^{n} H_j (0 \leq w_j \leq 1, \sum_{j=1}^{n} w_j = 1)$。基于此，得出青藏高寒农业山区生态安全评价指标权重值。

三、生态安全评价

（一）灰色关联评价模型

本文运用灰色关联法对青藏高寒农业山区生态安全进行分析与评价。由于每个指标都存在一个生态安全标准值，在此，生态安全标准值为各评价指标的基准值。数值标准化后，生态安全标准序列记为 $G = (g_1, g_2, \cdots, g_{31})$，即各评价指标转换函数值为1，生态安全级别为优。由于本研究是以评价指标基准值作为标准序列，因此评价指数值的标准化如上文所述。灰色关联评价具体步骤如下。

1. 求差序列

$$\Delta L_{mn} = |P_{mn} - g_n| \tag{5}$$

2. 求两级最大差和两级最小差

$$\Delta_{max} = \max_m \max_n |P_{mn} - g_n| \tag{6}$$

$$\Delta_{min} = \min_m \min_n |P_{mn} - g_n| \tag{7}$$

3. 求关联系数

利用灰色关联系数公式计算第 i 个评价指标 X_i 与生态安全标准序列 G 的关联系数 $\zeta_m(X_i, G)$：

$$\zeta_m(X_i, G) = \Delta_{min} + 0.5 \times \Delta_{max} / \Delta_{min} + 0.5 \times \Delta_{max} \tag{8}$$

4. 关联度

计算第 m 个评价对象与生态安全标准序列 G 的关联度 R，即 m 的生态安全指数：

$$R = \sum_{n=1}^{n} W_n \times \zeta_m(X_n, G) \tag{9}$$

（二）生态安全评价结果与分析

根据上述指标体系及评价方法，计算出了青藏高原高寒农业区 14 个 2011—2018 年的综合安全指数值及二级指标安全指数值。由于目前学术界还没有对于青藏高寒地区、农业山区生态安全评价等级划分标准，本研究在参考相关科研成果①的基础上，结合当地实际特征并咨询专家，并且结合本文的计算结果，设计了青藏高寒农业区生态安全分级标准，划定了 5 个生态安全等级评价标准（表2）。

表 2 生态安全分级评价标准

生态安全指数取值范围	等级	评语	生态区	生态安全特征描述
<0.45	Ⅰ	恶劣	生态脆弱区	生态环境恶劣，不适合人类生存发展
0.45—0.55	Ⅱ	差	生态较脆弱区	生态环境较差，勉强满足人类生存发展需求
0.55—0.65	Ⅲ	中	生态一般区	生态环境一般，基本满足人类生存发展需求
0.65—0.75	Ⅳ	良	生态较稳定区	生态环境较好，较适合人类生存发展
>0.75	Ⅴ	优	生态稳定区	生态环境优越，适合人类生存发展

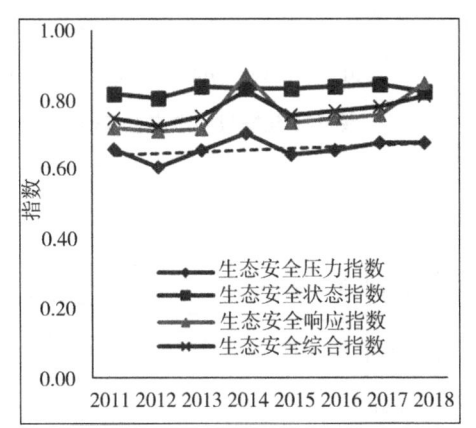

图 2a 湟中区生态安全指数

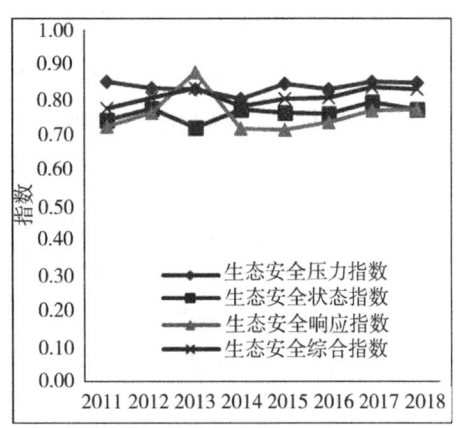

图 2b 平安区生态安全指数

---

① 刘勇，刘友兆，徐萍. 区域土地资源生态安全评价——以浙江嘉兴市为例 [J]. 资源科学, 2004 (3): 69-75. 张凤太，苏维词，周继霞. 基于熵权灰色关联分析的城市生态安全评价 [J]. 生态学杂志, 2008 (7): 1249-1254. 李惠梅，张安录. 生态环境保护与福祉 [J]. 生态学报, 2013, 33 (3): 825-833.

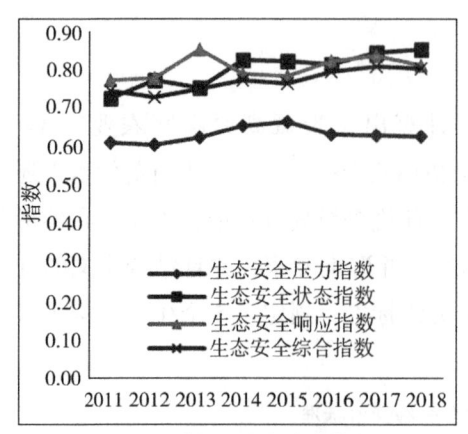

图 2c　乐都区生态安全指数

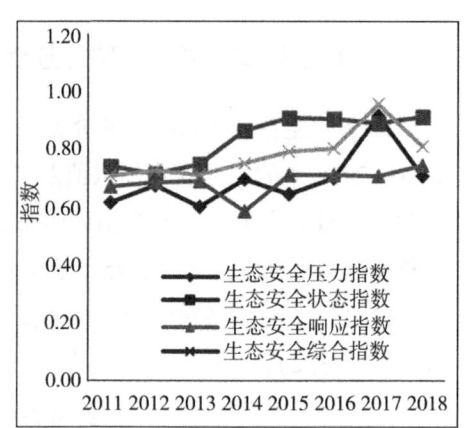

图 2d　互助县生态安全指数

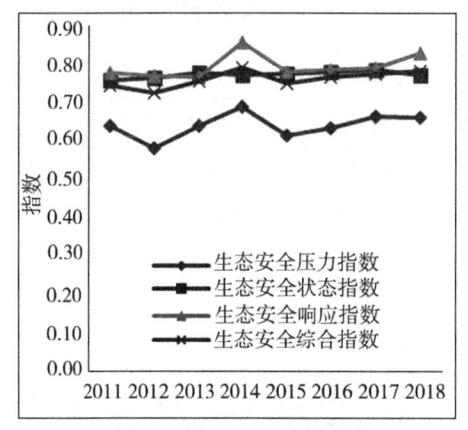

图 2e　民和县生态安全指数

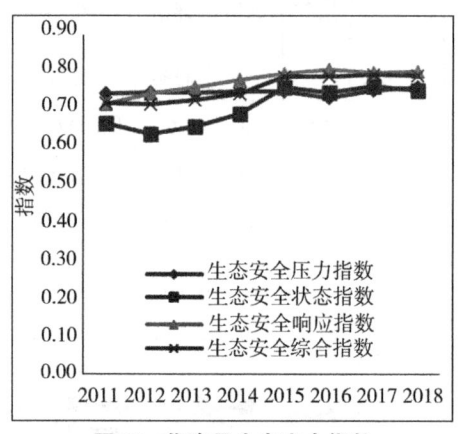

图 2f　化隆县生态安全指数

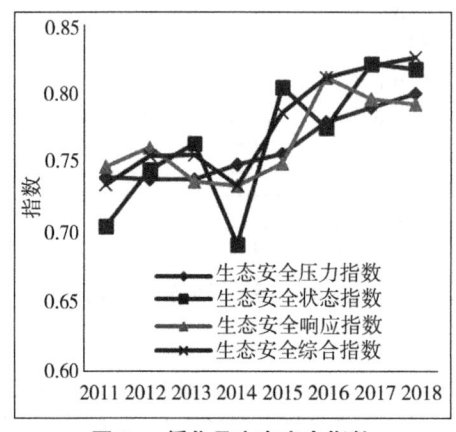

图 2g　循化县生态安全指数

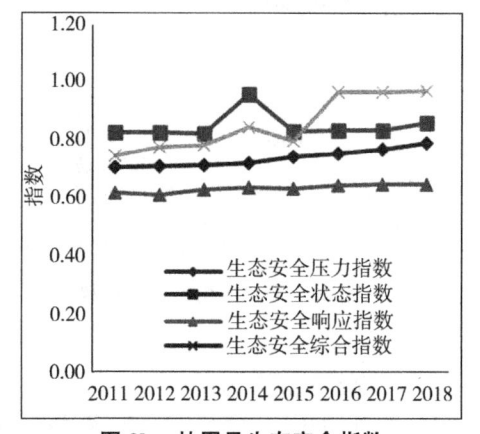

图 2h　林周县生态安全指数

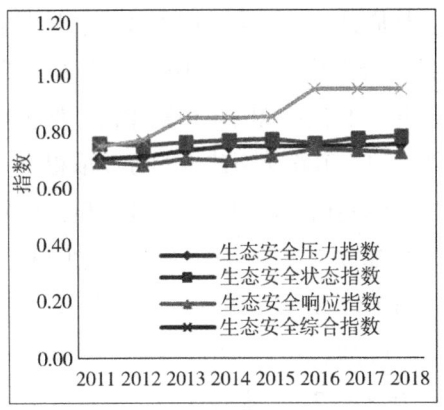

图 2i　贡嘎县生态安全指数

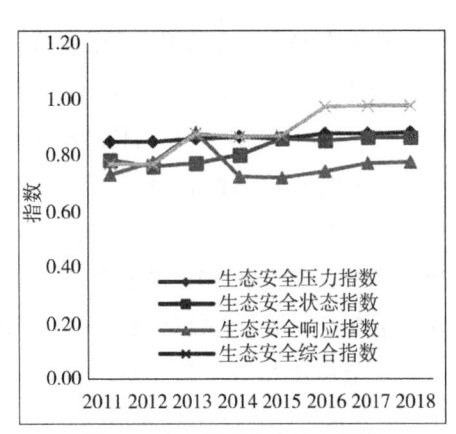

图 2j　南木林县生态安全指数

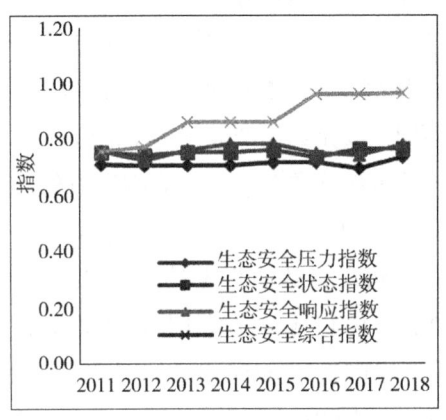

图 2k　迭部县生态安全指数

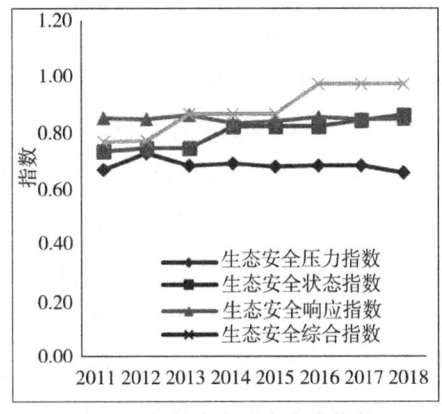

图 2l　马尔康市生态安全指数

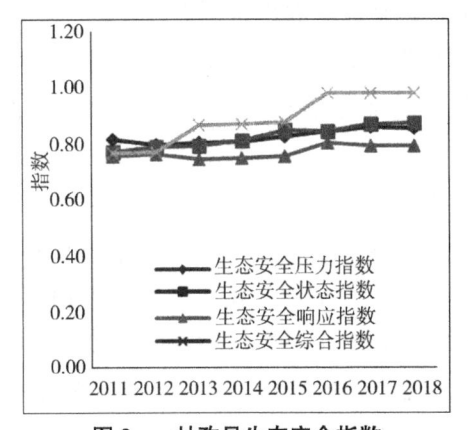

图 2m　甘孜县生态安全指数

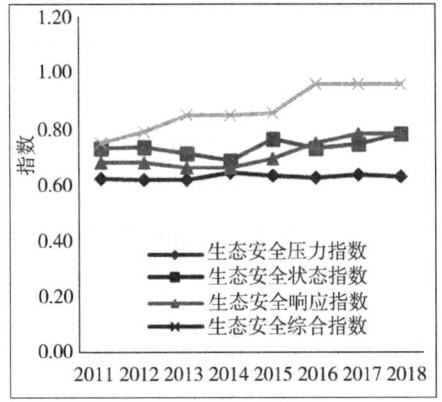

图 2n　德钦县生态安全指数

图 2　各区县（市）生态安全指数

从生态安全压力状况来看，循化县、林周县、贡嘎县、南木林县、甘孜县的生态安全压力指数 2011—2018 年处于持续上升趋势（图 2g、图 2h、图 2i、图 2j、图 2m），区域生态环境压力持续减小，主要由于上述地区在林地建设、保护耕地面积、发展经济、改善教育医疗卫生条件、加快道路交通建设等方面取得了一定成效，使得资源环境压力状况逐渐转好。互助县在 8 年间波动最明显，分别在 2012 年、2014 年和 2017 年达到峰值，其中 2017 年最高（0.9177）（图 2d）；平安区生态安全压力指数 2011—2014 年处于下降趋势，2015 年有所上升（图 2b），生态安全压力增大；湟中区生态安全压力指数 2011—2012 年处于下降趋势，2013—2014 年有所上升，2015 年下降后上升（图 2a）。总体来看，湟中区 2011—2018 年生态安全压力增大。平安区生态安全压力指数下降的原因主要是第三产业比重偏低，且处于不断下降趋势，随着平安区工业化进程加快，工业二氧化硫排放量、烟（粉）尘排放量、氮氧化物排放量都是持续增长的，生态环境压力不断增大。湟中区生态安全压力指数下降的原因主要是第三产业比重特别低，只占百分之十几，化肥使用量和工业二氧化硫排放量持续增大，生态环境压力增大。

就生态安全状态指数来看，乐都区、互助县、化隆县、循化县、南木林县、马尔康市、甘孜县、德钦县生态安全状态指数曲折上升（图 2c、图 2d、图 2f、图 2g、图 2j、图 2l、图 2m、图 2n），民和县、贡嘎县和迭部县 8 年间上升缓慢，整体波动不明显（图 2e、图 2i、图 2k）；而湟中区和平安区 2011—2018 年生态安全状态指数波动明显（图 2a、图 2b），其中林周县在 2014 年出现峰值（0.9639）（图 2h）。说明由于近年来注重农田水利设施建设，农田有效灌溉面积增加，粮食产量得到提高，使得生态安全状态呈现好转趋势，湟中区和平安区由于人均耕地面积较少，且人均粮食还在逐年下降，这对于农业地区的生态安全状态影响很大。

从生态安全响应指数来看，互助县生态安全响应指数呈"M"形，在 2018 年达到最低值（图 2d）；迭部县的生态安全响应指数呈"W"形，在 2014 年和 2018 年分别到达最高值（图 2k）；平安区、乐都区、南木林县呈现单峰形波动状态，且均在 2013 年达到峰值后波动性下降（图 2b，图 2c，图 2j）；湟中区和民和县在这 8 年来波动明显，均在 2014 年达到最高值下降后缓慢上升（图 2a，图 2e）；说明各地区在科技支出的投入、环保支出投入、农民创收和基础设施建设方面做了大量工作。循化县、贡嘎县、甘孜县和德钦县呈现曲线形上升趋势（图2g、图2i、图2m、图2n），而林周县和化隆县的生态安全响应指数上升缓慢（图2h、图2f）；马尔康市2011—2018年生态安全响应指数有小的波动，但变化不大（图2l）。

就生态安全综合指数来看，各区县（市）整体呈上升趋势。其中贡嘎县、南木林县、迭部县、马尔康市、甘孜县和德钦县处于平衡上升趋势（图2i、图2j、图2k、图2l、图2m、图2n）；湟中区、乐都区、民和县、化隆县、循化县、林周县的生态安全综合指数呈波动上升趋势（图2a、图2c、图2e、图2f、图2g、图2h）；平安区生态安全综合指数曲折上升后在2018年下降，整体波动幅度不大，仅在2013年出现峰值，为0.8343（图2b）；互助县生态安全综合指数波动较大，8年间生态安全综合指数变化走势呈现微弱"M"形，总体处于先缓慢上升后直线下降趋势，生态安全状况有恶化趋势（图2d），需要及时采取有效的改善措施。

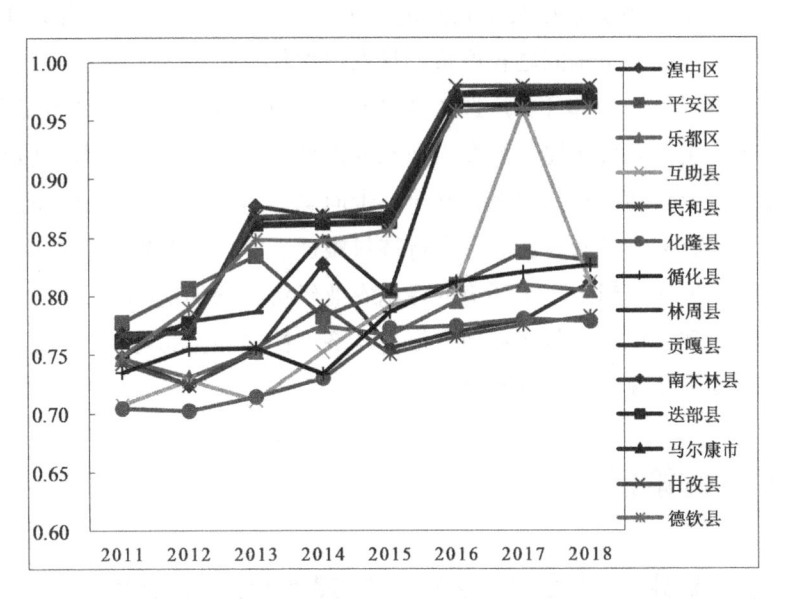

图3　2011—2018年青藏高寒农业山区生态安全综合指数

如图3所示，总体来看，2011—2018年研究区域生态安全综合指数呈上升趋势，平均生态安全综合指数甘孜县>南木林县>马尔康市>迭部县>贡嘎县>德钦县>林周县>平安区>互助县>循化县>乐都区>湟中区>民和县>化隆县。8年间，各地区的生态安全综合指数均处于 0.70 以上，为Ⅳ等级，互助县 2011—2013 年生态安全指数处于Ⅳ级，区域人地关系较为协调，生态系统遭受到的破坏较小，系统功能健全且能正常运转，生态系统自我修复能力较强，生态环境对人类社会经济发展的不利影响较小，自然灾害较少；2015—2018 年生态安全指数处于Ⅴ级，区域人地关系协调，生态系统基本未遭受破坏，生态处于安全状态，系统功能完好，调节能力正常，生态环境有助于人类社会经济的发展，生态问题不明显。平安区、循化县、林周县、贡嘎县、南木林县、迭部县、马尔康市、甘孜县和德钦县 2012—2018 年生态安全指数处于Ⅴ级，区域人地关系协调，生态环境优越，适合人类生存发展。化隆县 2011—2014 年生态安全指数处于Ⅳ级，跟其他县区相比较，人地关系较为紧张，生态环境压力较大。湟中区和乐都区 2011—2012 年生态安全指数处于Ⅳ级，2013—2018 年生态安全指数处于Ⅴ级。

生态安全形势基于贫困与生态环境之间的关系，贫困是生态环境退化的主要诱因，而生态环境退化又是致贫的主要因素，二者陷入恶性循环的怪圈。[①] 由于高寒农业山区贫困问题较严重，且农户世代以耕地为生，观念守旧自主脱贫意识较低，虽然一部分农户选择外出务工，但收入不高的同时还需面对各种压力，因此山区农民宁愿生活在当地家乡以种养为生，这从根本上加剧人地矛盾，生态安全伴随不稳定状况，甚至有走向恶化趋势。随着当地政府和相关部门提出并实施多重措施，例如在实行整村搬迁、定期组织农民参加就业技能培训学习、发展适宜当地生态环境的绿色农业经济，增加造林面积等，缓解了生态安全压力和人地关系紧张局面，促进经济、社会和生态环境三个系统协调发展，生态安全状况也随之逐渐好转。

四、对策建议

（一）编制农业山区生态修复规划，提高生态保护观念

完善制度顶层设计，根据实际情况修缮当前生态保护法律法规等政策性文件，编制高寒农业山区生态修复规划，出台修复成果管理与维持的地方性法

---

① 颜利, 王金坑, 黄浩. 基于 PSR 框架模型的东溪流域生态系统健康评价 [J]. 资源科学, 2008 (1): 107-113.

规，以规划为引领，法律性文件为依托保障生态修复规划全面实施。探索建立示范区，选择具有研究基础的小块区域作为基地，定期观测修复状况，确保生态修复建设的成果维持，在取得经验的基础上逐步推广应用。加强生态保护宣传力度，将生态保护知识借助电视，网络，报纸等媒体让群众充分了解生态保护的重要性，通过生态环境保护教育讲座、表演节目等多种方式授予民众合理改造生态环境的技能，改变作业方式，提高作业效率，提升土地生产力，达到有序发展的状态。纳入地方考核，将生态环境保护纳入地方官员的考核指标，要求各级领导干部带头学习，始终把生态环境保护贯穿于工作当中，不断提高全民参与生态环境建设的主动性和积极性，确保修复工作取得实效。

（二）制定高寒山区生态保护专项法规条例

青藏高寒地区属于多民族融合地，也是生态环境叠加脆弱区，当地居民在长期的生产生活中，传统的生产生活方式难免会损害原有的生态环境，而且为了脱贫致富，一些人只是重视眼前利益忽视了生态环境保护，导致山区生态环境恶化，引发了一系列生态安全问题。虽然政府部门先后出台了一系列生态环境保护的规范性文件，如《青藏高原生态文明建设状况》白皮书中提到"随着国家生态文明建设的不断推进，青藏高原生态文明建设相关政策和法规日益完善，高原生态文明制度体系逐步健全"[1]，又如在《青海省生态文明建设促进条例》中提及要求省人民政府应当实施东部干旱山区生态环境综合整治规划，编制和落实各项工作方案。[2] 但是尚缺乏具有针对性、可行性的实施细则。在法律保护缺位和群众参与不足等情况下，高寒农业山区生态保护法律问题陷入了困境。亟须制定适用于青藏高寒山区的生态保护专项法规条例以及实施细则，且实施细则中建议针对农业区、牧业区、农牧交错区特征制定实施条例。加强环境保护法制建设，严格执法与监督管理，以法律手段保护生态环境。

（三）加快山区生态安全技术的开发与运用，加快生态防护林体系建设

实行清洁生产，严格控制污染，改善和提高青藏高寒农业山区环境质量。要充分利用当地清洁能源的优势，大力推广使用清洁能源。大力推广清洁能源

---

[1] 国务院新闻办公室. 青藏高原生态文明建设状况 [M]. 北京：人民出版社，2018.
[2] 青海省生态文明建设促进条例 [J]. 青海环境，2015，25（3）：140-144.

也可促进山区生态环境的保护。要保护好自然生态环境就必须妥善解决广大高寒农业山区的生活用能问题,加大资源开发力度,调整能源结构。要以科学技术为先导,促进经济增长方式的根本性转变。根据自身条件,采用现代科学技术综合利用资源,走资源节约型的发展道路。推进区域经济增长方式转变,调整产业结构。限制对生态安全构成威胁的产业,大力发展清洁生产、资源节约型产业和"循环"经济、可循环产业。

(四) 完善生态补偿机制,增强生态保护积极性

完善生态补偿机制主要从以下几个方面着手:一是筹集山区生态治理产业发展专项资金。农业山区要改善生态环境,就需要建立一套经济、生态协调发展的保障体系,其主要解决贫困山区因提供生态服务而造成经济损失的权利问题,真正实现贫困山区保护生态环境和经济发展双赢的目标。二是建立山区生态补偿基金。政府部门应建立贫困山区生态补偿基金。在财政扶贫资金的基础上,开辟基金来源渠道,包括农业、林业、环保、国内外企业以及民间组织等社会捐赠资金,增强生态保护积极性。三是建立生态资产价值评估体系。建立并完善山区生态建设补偿制度,必须根本改变生态产品廉价的观念。资源的廉价或无价使用,永远无法严格实施生态补偿制度。牢固树立生态资源具有市场价值的理念,研究建立生态资源价值评估体系,才能使生态补偿标准具有科学性和可操作性。

参考文献

[1] 王亚华,苏毅清. 乡村振兴——中国农村发展新战略 [J]. 中央社会主义学院学报,2017 (6): 49-55.

[2] 郭旭东,邱扬,连纲,等. 基于"压力-状态-响应"框架的县级土地质量评价指标研究 [J]. 地理科学,2005 (5): 579-583.

[3] 颜利,王金坑,黄浩. 基于PSR框架模型的东溪流域生态系统健康评价 [J]. 资源科学,2008 (1): 107-113.

[4] Alcamo J, M B Endejan, F Kaspar, et al. The GLASS model: a strategy for quantifying global environmental security [J]. Environmental Science and Policy, 2001, 4 (1): 1-12.

[5] 李中才, 刘林德, 孙玉峰. 基于PSR方法的区域生态安全评价 [J]. 生态学报, 2010, 30 (23): 6495-6503.

[6] 王耕, 吴伟. 基于GIS的西辽河流域生态安全空间分异特征 [J]. 环境科学, 2005 (5): 28-33.

[7] 魏兴萍. 基于PSR模型的三峡库区重庆段生态安全动态评价 [J]. 地理科学进展, 2010, 29 (9): 1095-1099.

[8] 谢花林, 李波. 城市生态安全评价指标体系与评价方法研究 [J]. 北京师范大学学报（自然科学版）, 2004 (5): 705-710.

[9] 郭明, 肖笃宁, 李新. 黑河流域酒泉绿洲景观生态安全格局分析 [J]. 生态学报, 2006 (2): 457-466.

[10] 郭熙保. 论贫困概念的内涵 [J]. 山东社会科学, 2005 (12): 49-54, 19.

[11] 魏彬, 杨校生, 吴明. 生态安全评价方法研究进展 [J]. 湖南农业大学学报（自然科学版）, 2009, 35 (5): 572-579.

[12] Bai X, J Tang. Ecological Security Assessment of Tianjin by PSR Model [J]. Procedia Environmental Sciences, 2010, 2: 881-887.

[13] Liang P, D Liming, Y Guijie. Ecological Security Assessment of Beijing Based on PSR Model [J]. Procedia Environmental Sciences, 2010, 2: 832-841.

[14] 许妍谢. 生态敏感地区生态安全评价指标与标准研究 [J]. 现代商业, 2012 (8): 233-234.

[15] 杨锡涛, 周学红, 张伟. 基于熵值法的我国野生动物资源可持续发展研究 [J]. 生态学报, 2012, 32 (22): 7230-7238.

[16] 衣长军, 谢月婷. 基于AHP法和熵权法的企业管理熵流值计算 [J]. 运筹与理, 2012, 21 (5): 235-241.

[17] 倪九派, 李萍, 魏朝富. 基于AHP和熵权法赋权的区域土地开发整理潜力评价 [J]. 农业工程学报, 2009, 25 (5): 202-209.

作者简介：郭婧，青海省社会科学院生态文明研究所副研究员。

新质生产力应用"脱虚向实"
——数字乡村治理综合体大模型构建研究

时润哲 张 鑫

摘 要：本研究着眼于新质生产力引领乡村高质量发展应用实践探索，利用数字技术提升乡村治理能力，尝试构建数字乡村治理综合体大模型。提出以数字技术赋能多主体要素优化组合与新质生产力应用实现数字技术"脱虚向实"，构建了数字乡村治理综合体大模型基本框架。并从技术壁垒、关键要素供给、数字技术认知与接纳、数据安全等方面剖析了数字乡村治理应用中存在的主要问题。提出由"技术场景创设→虚实空间互动→主体协同决策→深度应用服务"四组构面总结数字技术赋能乡村治理的实现机制。进一步地从数字基础设施建设、数字技术人才参与、数字技术应用推广、数据安全四个方面提出数字乡村治理的优化建议。

关键词：数字技术；乡村治理；新质生产力；技术应用

一、引言

基层治理是推进国家治理体系和治理能力现代化的基础性工作，党的二十届三中全会强调，要坚持和发展新时代"枫桥经验"，健全党组织领导的自治、法治、德治相结合的城乡基层治理体系，完善共建共治共享的社会治理制度。党的二十届三中全会通过的《中共中央关于进一步全面深化改革、推进中国式现代化的决定》提出健全促进实体经济和数字经济深度融合制度，习近平总书记指出，世界经济数字化转型是大势所趋，新的工业革命将深刻重塑人类社会；强调要推动实体经济和数字经济融合发展，以信息化培育新动能，用新动能推动新发展。

要紧紧抓住数字技术变革机遇，促进实体经济和数字经济深度融合，为高质量发展提供新动能。为了打破传统治理模式的制度性束缚，贯彻落实党的二十大精神，完善基层社会治理体系，推动基层治理现代化，2023年，中共中央、国务院印发《数字中国建设整体布局规划》，强调深入实施数字乡村发展行动，以数字化赋能乡村产业发展、乡村治理和乡村建设，数字技术嵌入乡村治理的制度创新路径逐渐形成。数字技术为乡村治理带来了新的契机，数字技术作为一种新质生产力，通过集成大数据、物联网、人工智能等先进技术，可以实现对乡村治理过程的全面数字化映射，这种数字技术与乡村治理的有机结合，是现代科技与传统治理模式的深度融合与深度应用，不仅可以改善农村新质生产力应用领域接受慢、应用慢的困局，也为乡村治理带来了新的变革。

从数字乡村治理的技术应用来看，数字乡村治理与城市治理中的数字孪生城市等新型模式相呼应。近年来，一些新型城市治理模式开始涌现，如上海提出"一网通办、一网统管"，雄安新区提出建设数字孪生城市，杭州等地与阿里巴巴合作建设"城市大脑"，华为提出建设"全场景智慧城市"等[1]。乡村地区也涌现了如河南省西峡县"数字孪生社会建设"，贵州息烽县、浙江桐乡市及德清县数字乡村建设试点等，从建设效果来看，普遍反映数字技术应用对治理效率和效果有显著的提升作用[2]。从底层技术来看，数字技术赋能的本质是以数字孪生技术为实现手段，通过构建实体城市与数字城市相互映射、协同交互的复杂系统，能够将城市系统的"隐秩序"显性化，更好地尊重和顺应城市发展的自组织规律[3]。但是，鉴于算力水平、建模的复杂性、设计标准差异性等制约，城市数字治理建设统筹难度极大，且城市数字治理项目开始一旦实施，成本势必将花费巨大。同样，如果将云计算、大数据、AI等技术应用于数字乡村治理，其算力门槛、设计成本与实施成本更低，也更容易实现村—镇—县三级治理主体的"云上对接"。

数字乡村治理与传统乡村治理相比，具有更加明显的现代性和科技性特征，它突破了传统治理模式的时空限制，实现了信息的实时共享和快速传递，提高了治理的效率和响应速度。按照空间生产理论解释，新产生的数字空间具有"物质生产-社会治理-精神文明"空间治理特征，适用于乡村"空间转向"的数字化治理实践[4]。数字乡村治理也更加注重数据的分析和运用，有学者提出数字技术赋能乡村治理"智慧化-多元化-精准化"的整体性特征构建[5]，通过挖掘数据价值，发现乡村发展中的问题和短板，进而提高治理的精细化和精准化水平[6]。值得注意的是，数字乡村治理并不是对传统乡村治理的完全替代，而是对其进行的有益补充和完善，在数字乡村治理实践中，仍然需要尊重乡村社会的传统文化和习俗，注重发挥乡村的主动性和创造性，推动乡村社会的全面发展[7]。同时，也需要充分发挥政府、市场、社会等多元主体的协同参与作用[8]，形成共建共治共享的乡村治理格局。

二、研究逻辑与思路框架

（一）研究逻辑

1. 以数字技术赋能多要素优化组合升级

从经济学视角来看，根据内生增长理论，技术创新是推动经济增长的关键因素，乡村治理的现代化离不开新质生产力的技术赋能。数字技术作为一种前沿技术，其应用能够提升乡村治理效率，通过对土地、资本的精细化投入与适应劳动力新老交替等方式赋能生产要素优化组合升级。第一，数字技术应用能够优化乡村资源分配、农业生产、市场流通等环节，有助于实现资源的更有效配置，提高农业生产效率和市场竞争力。第二，数字技术的应用有助于乡村产业的现代化和智能化，推动乡村产业结构从传统农业向现代农业甚至向更高附加值的产业转型，这种技术加速迭代效应能够进一步提升农业全要素生产率。第三，数字技术广泛应用促进政府、市场、社会等多元主体的协同治理，形成共治、共建、共享的乡村治理新格局、新模式[9]，通过数字技术，可以更加精准地掌握乡村经济情况，为乡村产业发展、农村电商等新兴业态提供坚实的技术支撑。

从管理学视角来看，技术创新是一种重要的战略资源，有助于组织获取持续的竞争优势并实现长期发展，实现管理创新与组织创新，提升治理效能。第一，技术创新能提升数字技术能够加速治理能力提升，增强乡村治理的决策能力和响应速度，符合现代管理理论中关于决策科学化和信息化的要求。第二，通过数字技术可以实现乡村精细化治理，基层政府可以更加客观且精准地掌握乡村发展的动态信息，提高治理的针对性和有效性，实现科学、精准治理。第三，数字技术应用可以模拟和优化乡村治理的组织结构和流程，能够减少管理层次，提高管理效率，符合组织扁平化和流程再造的管理学理念。第四，数字技术发挥新质生产力的引领作用，数字技术作为一种新质生产力，其应用不仅局限于提升治理效率，更在于引领乡村发展的变革方向和模式创新，这种引领作用充分体现在创新管理理论中关于技术创新引领产业发展的观点。

2. 以新质生产力应用实现数字技术"脱虚向实"

数字技术应用于乡村治理，不仅是新技术"脱虚向实"的尝试，更是新质生产力应用于解决农村高质量发展问题的重要实践。从提升治理效能角度看，利用数字技术通过构建乡村的数字镜像，可实现对乡村环境、资源、人口等多元数据的实时采集、分析和模拟，这种数字化的映射能够更加直观地了解乡村的运行状况，进而可制定出更为精准的治理策略，相较传统的治理模式，数字技术的应用显著提升了乡村治理的效率和精准度。从提升治理效率看，数字技术能够促进乡村治理的民主化和科学化，通过构建党建数字平台，基层政府工作者、村干部、村民等主体均可以更加便捷地参与到基础治理过程，共享治理效率提升成果。从乡村治理未来发展来看，数字治理还可以帮助基层政府实时了解乡村治理的效果，不仅减轻基层干部"包村"工作压力，实现基层减负，还能及时发现问题并实时处理，确保基层政府对乡村治理相关工作能够及时得到反馈，进一步提升基层治理能力。

（二）思路框架

1. 研究思路

基于数字技术的城市管理阶段是依托现代信息化技术初步融合创新，而探索面向乡村治理能力现代化的数字赋能建设突出了建设农业强国的发展导向。首先，本研究通过总结数字技术与乡村治理融合发展的科学观点，提出数字技术与乡村治理融合研究的创新路径，并试图展现数字技术对乡村治理的赋能图景；其次，关注数字技术在城市与乡村治理中的应用问题，特别是技术实现、要素供给、技术应用和数据安全等方面，找出制约乡村数字化治理实现的因素；最后，寻找数字技术在乡村治理应用实现机制创新的融合方向，从新质生产力应用维度提出乡村治理的机制优势、治理体系与新技术的融合路径，加快数字乡村治理综合体的模式创新与机制实现。

2. 研究框架

本研究着眼于数字技术与乡村治理之间的结合路径，以体现数字技术作为新质生产力的应用价值。数字技术与乡村治理的结合路径主要表现为：技术场景创设→虚实空间互动→主体协同决策→深度应用服务。其中，数字技术场景创设是推动整个路径模型成形的基础，更是数字乡村治理系统的技术底座；虚实空间互动则是要揭示乡村未来数字空间与现实空间互动发展的规律和问题，可以把数字虚拟空间作为现实空间的理论试验场，以实现"脱域治理"；主体协同参与可以对不同治理主体的政策预期、规划目标、发展方案进行整合模拟、预测，评估其效果和可行性，提高存在多主体间治理博弈的决策效率；深度应用服务则是基于数字技术以模块化服务实现智能化乡村治理，如农业管理、环境监测、公共服务设施规划等，提高农业生产效率、改善乡村环境、提升居民生活质量，实现乡村的高质量发展。这一系列结合路径共同构成了未来数字乡村治理综合体大模型研究框架。

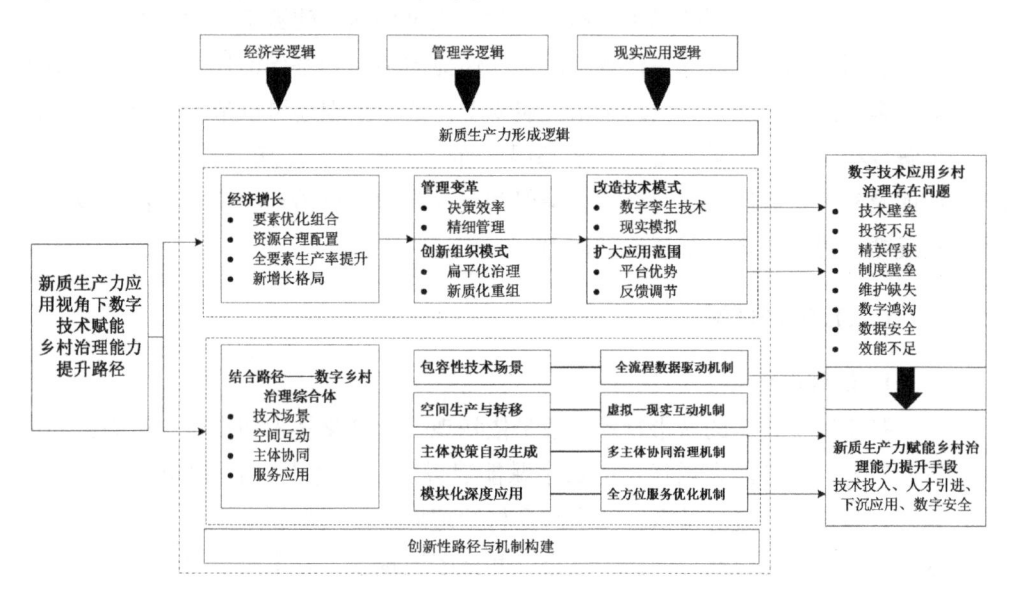

图1 新质生产力应用视角下数字乡村治理综合体大模型研究框架

三、数字技术在乡村治理应用中的制约因素分析

（一）技术壁垒：数据处理能力成为隐形枷锁

与大城市数字化技术应用相比，乡村地区的信息基础设施仍显落后，会限

制数字技术的应用，数据处理能力不足会成为阻碍数字乡村建设的隐形枷锁。乡村地区基础数据来源多样，包括遥感数据、气象数据、土壤数据、人口数据等，这些数据的格式和标准各不相同，数据质量参差不齐，需要进行统一和清洗，以便于进行后续的分析和处理，而乡村地区数据处理能力相对有限，由于数据采集设备的精度和性能限制，以及人为数据采集误差的影响，存在大量的噪声和缺失值，这给数字技术的应用带来了较大的挑战。此外，乡村地区的计算资源有限，数据处理能力相对较弱，除少数试点地区外，目前我国大多数乡村地区的数据算力资源往往无法满足这一需求，极易滋生数字形式主义[10]，难以有效提升治理效能，导致数字技术在乡村应用受到限制。

（二）要素缺失：城乡生产要素双向流动机制不健全

乡村地区数字化建设往往缺乏专业化技术、专业人才与资金支持，数字技术的研发与应用受到较大限制。资金供给方面，由于大多数乡村地区经济条件相对较差，且财政收入相对有限，要素难以从城市流向农村地区[11]，乡村难以承担数字技术应用所需的大规模投资，此外，数字乡村建设存在一定的公益性特征，项目回报周期长，且农业产业链收益较低，对市场投资者的吸引力不足[12]；人才支撑方面，乡村地区往往人才储备不足，尤其是具备数字技术应用相关专业技能的人才，由于参与农业项目工资待遇和发展机会相对较差，难以吸引和留住优秀数字技术人才[13]；技术供给方面，乡村地区的信息化程度相对较低，导致数据采集和处理的难度较大，所需技术服务水准要求较高，这对专业设备与专业技术人才均相对缺乏的乡村来说也是较为棘手的问题。

（三）数字鸿沟：技术应用认知与接受度有待提升

相比于城市地区，由于乡村地区缺乏数字应用场景，乡村居民对数字技术的认知和接受度相对较低，会影响到数字技术在乡村治理中的推广和应用效果，造成更大的城乡数字鸿沟[14]。主要问题在于数字技术的概念和应用范围不够清晰，乡村地区政务大模型落地困难，数字技术的应用与农民的实际需求不符，无法解决实际问题。在现阶段数字乡村治理的进程中，一旦数字技术不符合乡村场景的应用实际和农民的切实需求，很可能因为技术不适而引发对"乡村性"的侵蚀。由于对新技术的担忧、对改变现状的抵触或缺乏信任感等原因，担心因垄断新技术而产生的"精英俘获"问题，使得乡村地区的居民可能对数字技术在乡村治理中的应用持保守或怀疑态度。

（四）数据安全：隐私保护与数据安全存在隐患

数字技术的核心在于数据的精准映射与模拟，而这一切都离不开庞大、真实、细致的数据支持，乡村作为这一技术应用的重要场景，其数据的真实性和完整性直接关系到模拟的准确性和治理的有效性。随着数字技术在乡村的深入应用，大量的乡村社会数据被不断地收集和处理，其中涵盖了个人信息、家庭状况、资产状况、农业生产交易细节等敏感内容。同时，数据的敏感性也要求对其安全性和隐私性给予极高的重视，一旦数据泄露，不仅可能损害个人利益，还可能对乡村的社会稳定和治理秩序造成不良影响，可能陷入人文、算法、责任、科技等方面的伦理困境[15]。如何确保这些私密数据的安全，如何切实保护每一位乡村居民的隐私权，防止数据被不法分子窃取、泄露甚至滥用。

四、数字技术在乡村治理应用实现机制分析

（一）技术赋能：全流程数据驱动机制

技术赋能主要体现在全流程数据驱动决策，以实现技术应用科学落地。全流程数据驱动决策机制的流程上包括数据采集、处理、共享、应用四个关键环节，每个环节都体现了数字技术作为新质生产力的重要输出力量。在数据采集环节，可与当地政府部门紧密合作以获取全面、准确的数据，并构建一套完善的数据收集体系，包括部署传感器网络，使用无人机巡航、卫星遥感等手段，实时、高效地收集乡村社会的治理数据，为后续的数据分析和决策提供坚实的基础；在数据处理环节，数字技术则体现在强大的数据处理和分析能力上，建立的数据中心对数据进行统一存储和管理，引入机器学习、深度学习等先进的数据分析技术，对海量数据进行深度挖掘和分析，从而提取出有价值的信息和规律，为政策决策提供更加精准、深入的数据支持；在数据共享环节，数字技术推动了数据共享和交流的实现，通过建立数据共享平台，打破部门之间的信息壁垒，实现数据的流通和共享，各部门可以在这个平台上查询和获取所需的

数据，进一步提高数据的使用效率和价值，这种数据共享机制不仅加强了部门之间的合作，还为乡村治理带来了更加全面、多元的视角；在数据应用环节，数字技术包容性应体现在乡村治理的各个领域，无论是农业生产、资源流通、社会治理还是生活形态、文化观念等方面，数字技术都发挥着重要作用。

（二）脱域治理：虚拟—现实互动机制

数字技术应用的前提在于构建一个与真实乡村社会空间相对应的数字空间，这个空间不仅是对乡村社会的静态映射，更能通过实时数据输入，动态地反映乡村社会的变化，实现"脱域式赋能"[16]。在乡村治理与规划领域，数字技术通过构建精准的数字模型，以数字空间为手段[17]，实现了云上虚拟空间与物理空间乡村社会的实时互动，为乡村的可持续发展提供了强大的技术支撑，已然成为连接虚拟与现实、现在与未来的重要桥梁。数字技术虚拟现实互动机制能够提供一个实验和模拟的平台，在数字模型中，可以进行各种政策和措施的模拟实验，测试不同突发事件对乡村社会的影响，从而为决策提供处理问题的科学依据，这种模拟实验不仅提高了决策的科学性和准确性，也降低了决策的风险和成本。此外，数字技术在乡村空间规划中的应用也具有巨大潜力，通过在数字模型中进行规划方案的模拟和测试，可以预测规划实施后的效果，选择出最佳的规划方案，提高规划的效率和效果，减少现实空间的无序化占用，增强乡村社会治理的前瞻性和应对能力。

（三）优化选择：多主体协同治理机制

数字技术能够打破传统乡村治理中的信息壁垒，实现政府、企业、社会组织、村民等多元主体的信息共享和协同治理，从而提升乡村治理的效率和民主性。在数字技术的支持下，多主体可以更加便捷地参与乡村治理过程，形成数字乡村治理共同体[18]，实现多元主体最优选择的决策参考。为了实现这一目标，需要从个体、政府、社会中间层等多元主体协同的视角进行建模思考。首先，个体农民是数字乡村治理的监督者与末端参与者，随着农村人口老龄化加剧，更多年轻乡村劳动力承担起更多家庭与社会责任，他们更加关注个体利益表达与实现，数字技术运用能够提高他们对乡村治理事务的参与度。其次，政府主体可通过建设数字乡村基础设施和平台为数字乡村建设提供保障，如通信网络、数据中心安全等,确保数字技术安全引用,通过建立完善的数据收集和分析体系,以便更加全面地掌握乡村社会的实际情况,为科学决策提供数据支持。最后,社会中间层主体可以借助其力量通过开展宣传和培训活动来提高乡村居民对数字技术的认识和接受度,并协助政府和企业推广该技术,确保其在乡村治理中发挥最大效用。

(四)模块应用:全方位服务优化机制

数字技术通过模块化应用精准把握乡村居民的需求,助力公共服务供给的优化和升级,为乡村治理带来了颠覆性的变革。第一,数字技术运用深度学习方法促使应用服务不断升级,通过深入的数据分析和模拟,能够精准地掌握乡村居民的真实需求,为公共服务供给提供科学依据,这种以模拟需求为导向的方法,确保了公共服务更加贴合居民的实际需要,提高了服务的针对性和居民满意度。第二,数字技术具备实时监测公共服务质量和效果的能力,通过数字模型对公共服务进行实时监测和评估,能够及时发现服务中存在的问题和瓶颈,通过动态重构、调节模块服务优化角度,进而推动公共服务的持续改进和创新。第三,乡村数字基础设施与应用平台模块的建设是实现全方位服务优化机制的关键,例如智能水表、智慧路灯等基础设施不仅提高了乡村治理的效率和水平,还为数字技术的深度应用提供了有力支撑,推动了乡村经济社会的高质量发展。第四,建立公共数据资源库,提升参与主体模块的服务水平,可以让政府部门、社会组织和个人更加便捷地参与到乡村治理中来,这种共同参与、共同建设的格局有助于形成一个更加开放、包容的乡村治理环境,进一步推动乡村治理能力现代化实现。

五、数字技术赋能乡村治理政策建议

(一)开展数字基础设施与数字建模技术建设提升工程

乡村数字基础设施建设工程主要包含数字基础设施提升与数字建模技术两个方面。基础设施提升通过加大对乡村地区信息基础设施的投入,提高网络覆盖率和网络质量,在此基础上利用数字孪生技术构建虚拟乡村全域治理综合模型，包括基础设施、自然资源、人口分布等方面的信息，通过该模型构建的数字服务平台，可以实现对乡村治理的全面监测和分析，为决策提供科学依据。数字平台可以提供一个虚拟的乡村社区，让居民们能够更好地了解和参与乡村治理的过程，通过全方位数字化建模，包括但不限于自然环境、建筑、文化遗产、经济活动等，为乡村治理提供更加全面、准确的数据支持。

（二）以项目合作引进创新型数字乡村技术人才

鼓励与高校、科研机构和企业开展合作项目，共同研发和探索数字技术在乡村治理中的应用结合路径，与政府、高校、非政府组织和企业建立合作伙伴关系，共同开展数字技术培训项目，加强创新创业支持，提供创新创业支持和资金扶持，鼓励专业人才在乡村地区开展数字技术创新和创业活动，可建立实训基地，在乡村地区建立数字技术培训实训基地，针对乡村居民的数字技术培训需求，提供实际操作的机会。以项目为引导，吸引数字技术相关领域的专业人才投身乡村治理事业，建立数字技术专家库，为乡村治理项目提供技术支持和咨询服务，鼓励人才交流，举办数字技术交流活动，促进专业人才之间的交流与合作，提高乡村治理项目的技术水平。

（三）建立健全的数字技术的应用推广机制

鼓励地方政府和企业积极开展数字技术的应用和推广，提高技术应用接受度，促进数字技术的推广和交流，增强乡村居民对数字技术的认知，开展数字技术普及活动，让乡村居民了解数字技术的原理、应用与益处，提高其接受度和使用意愿；在研发过程中真正让乡村居民参与数字技术的研发与应用过程，发挥其在地方治理模型综合体中的主体地位作用；推广数字化管理，提高乡村治理的效率和透明度，让居民们更容易参与到决策过程中来，例如通过数字化管理，居民们可以更方便地提交反馈意见、提出建议或者举报问题；逐步开展试点工程，选取具有代表性的乡村，开展数字技术赋能乡村治理的试点工程，积累经验、逐步推广。

（四）完善数字乡村数据平台安全保障体系

建立健全乡村数据安全法律法规，加强对数据的保护和管理，确保乡村数字平台的数据安全。强化数据安全管理，建立完善的数据安全管理制度和技术体系，对数据进行分类、加密和备份，防止数据泄露、篡改和滥用；限制数据访问权限，对数据的使用和访问进行严格的权限管理，只有经过授权的人员才能访问和使用数据，避免数据被非法获取和使用；加强数据主体权益保护，尊重乡村居民的数据主体权益，保障其对个人数据的知情权和同意权，确保数据收集和使用合法合规；采用匿名化和脱敏处理，对收集到的数据进行匿名化处理，去除个人身份信息等敏感信息，降低数据泄露和滥用的风险；建立数据安全事件应急响应机制，建立完善的数据安全事件应急响应机制，及时发现和处理数据安全事件，减轻损失和影响。

参考文献

[1] 焦永利，史晨. 从数字化城市管理到智慧化城市治理：城市治理范式变革的中国路径研究 [J]. 福建论坛（人文社会科学版），2020（11）：37-48.

[2] 刘少杰. 数字乡村建设悬浮的成因与对策 [J]. 中国农业大学学报（社会科学版），2022，39（5）：5-12.

[3] 周瑜，刘春成. 雄安新区建设数字孪生城市的逻辑与创新 [J]. 城市发展研究，2018，25（10）：60-67.

[4] 陈桂生，吴合庆. 数字赋能乡村空间治理——基于空间生产理论的解释 [J]. 云南民族大学学报（哲学社会科学版），2023，40（5）：140-149.

[5] 靳芳菲，吴争春. "智慧化-多元化-精准化"视角下数字技术赋能乡村治理研究 [J]. 贵州社会科学，2023（11）：161-168.

[6] 吴新星. 数字技术赋能城市基层治理的行动障碍与突破策略——基于S市G区F街道数字治理创新实践的参与式观察 [J]. 河南社会科学，2022，30（6）：82-91.

[7] 周金强. 场域视角下新乡贤参与基层治理的运作机制及优化路径——基于皖西黄村的案例研究 [J]. 内蒙古农业大学学报（社会科学版），2023（5）：17-24，30.

[8] 李长健. 农民权益保护视角下新农村社区发展法律问题之思考 [J]. 政治与法律，2010（1）：67-75.

[9] 陆益龙. "数字下乡"：数字乡村建设的经验、困境及方向 [J]. 社

会科学研究，2022（3）：126-134.

[10] 李丽莉，曾亿武，郭红东. 数字乡村建设：底层逻辑、实践误区与优化路径 [J]. 中国农村经济，2023（1）：77-92.

[11] 时润哲，李长健. 生产要素下乡促进研究——以乡村发展利益与利益机制为视角 [J]. 农村经济，2019（12）：40-46.

[12] 夏显力，陈哲，张慧利，等. 农业高质量发展：数字赋能与实现路径 [J]. 中国农村经济，2019（12）：2-15.

[13] 王胜，余娜，付锐. 数字乡村建设：作用机理、现实挑战与实施策略 [J]. 改革，2021（4）：45-59.

[14] 曾亿武，孙文策，李丽莉，等. 数字鸿沟新坐标：智慧城市建设对城乡收入差距的影响 [J]. 中国农村观察，2022（3）：165-184.

[15] 沙铄，王禹淋，韩春梅. 数字文明建设：数字治理的伦理困境、优化路径与发展前景 [J]. 领导科学，2023（5）：106-109.

[16] 丁波. 数字治理：数字乡村下村庄治理新模式 [J]. 西北农林科技大学学报（社会科学版），2022，22（2）：9-15.

[17] 杨嵘均，操远芃. 论乡村数字赋能与数字鸿沟间的张力及其消解 [J]. 南京农业大学学报（社会科学版），2021，21（5）：31-40.

[18] 郑永兰，周其鑫. 数字乡村治理共同体：理论图景、实践探索与推进策略 [J]. 湖南社会科学，2022（4）：71-79.

基金介绍：本文系2023年度河北省社科基金专题项目（编号：HB23ZT068）阶段性研究成果。

作者简介：时润哲，河北省社会科学院农村经济研究所助理研究员、管理学博士；张鑫，河北工程技术学院硕士。

新质生产力助推乡村振兴的内在逻辑与实践路径

杨 骏

摘 要：乡村振兴战略如火如荼开展，新质生产力不仅是中国式现代化语境下的新发展理论，亦有助力乡村振兴的实践功用。乡村社会面临深刻转型期，实现乡村的高质量发展迫切需要找到新的突破口。新质生产力的核心要义在于通过科技创新驱动发展，实现绿色化发展和数智化发展，新质生产力不仅能够推动乡村的产业振兴，更可作用于全面乡村振兴，实现乡村的制度突破、人才振兴、组织振兴和生态振兴等。加快培育乡村新质生产力，有助于提升乡村竞争力，应从思路转变、路径改良、具体措施和制度保障等多方面进行相对应提升，以期使乡村更好迈入中国式现代化。

关键词：新质生产力；乡村振兴；发展逻辑；思路革新

一、问题的提出

"三农"问题作为关乎国计民生的根本性问题，实施乡村振兴战略，是党在十九大所提出的历史性战略，是解决我国"三农"问题，促进"三农"高质量发展的重要举措。百年未有之大变局之下，经济发展由高速增长转为高质量发展，乡村振兴与城乡融合协同发展，共同驱动，带领乡村走向科技、创新、绿色、文明的高质量发展。新质生产力与传统生产力截然不同，是以科技创新为导向进行产业升级。农业是国计民生的基础性行业，需要以新一轮变革发展，完成农业的科技转型和高质量发展，实现乡村发展的绿色化、智慧化和融合化，以科技创新为推动力，助推产业升级，形成乡村领域的新质生产力，助推乡村振兴战略的伟大实现。

新质生产力本身亦是马克思主义生产力理论下，结合中国式现代化进程不断创新发展的重要理论。而马克思所认为的生产力"是人们的实践能力的结果"[1]。这是将生产力定义为"劳动生产力"的一种具体阐述。生产力是随着社会发展不断进步而变化的，历经"土地生产力"—"资本生产力"—"劳动生产力"，而习近平总书记所提出的"新质生产力"可以理解为一种"科技生产力"。新质生产力较之传统生产力，其"新"在于是新质态、高质量的生产力，更强调以高科技驱动和主导生产力的革命发展[2]，而"质"则在于多维度的高质量提升发展，培育高质量劳动力、建设高标准的全国统一大市场[3]，以及促进高算力、高智能的产业发展[4]。我国作为社会主义国家，其根本任务之一就是解放生产力和发展生产力，而新质发展则也需注重战略性新兴产业和未来产业，面对西方发达国家的科技封锁要逐一打破，提升我国自强创新的能力[5]。

乡村振兴同样需要新质生产力所带来的高质量发展，一方面来源于高质量的农产品市场需求，一方面需要数字技术的创新发展助力[6]。我国第一产业亦可单独充当主导动力产业[7]。科技创新已经深深影响着农业发展，例如元宇宙所构成的"物理世界"与"数字空间"和"经济社会"相融合[8]，数字经济对农业农村也起到了降低成本、优化配置和创新服务的作用[9]，这些均在农业领域已有探索。这也是新质生产力中创新生产要素，推动生产力跃升，揭示生产力新质的典型写照[10]。人类历史的发展实践证明了，科学技术也是促进农业发展，农村富裕的核心因素。城乡二元结构下，农业农村农民发展的不充分和不均衡问题较为突出[11]，中国从高速发展转为高质量发展，所需的结构转换虽会有降低经济数值的阵痛，但是最终会带来全要素生产率的提升[12]，农业亦是同理。且新技术的进入有利于解决农业发展中公平与效率的不完全相悖效应[13]。特别是国际形势多变，国内经济循环重心由国际转向国内，农业产业的韧性发展亦需要多维度高质量发展来进行保障[14]，因此，乡村新质生产力发展的好坏与乡村振兴有着紧密的联系，乡村振兴战略在新时期，需要与时俱进更新其发展理念、内核和实践路径，走出高质量发展之路。

新质生产力赋能于乡村振兴战略，其所遵循的创新、协调、绿色、开放和共享理念，与乡村振兴的产业兴旺、生态宜居、乡风文明、治理有效、生活富裕的总要求有着诸多不谋而合之处。当前学界对于新质生产力还处于初步探讨阶段，亦缺少对于将新质生产力和"三农"结合起来的相应研究。本研究力争探寻新质生产力在乡村振兴战略中所能赋予的基本内核、发展逻辑以及实践路径，探索乡村振兴高质量发展的未来新道路。

二、新质生产力助推乡村振兴战略中的发展逻辑

农村的现代化发展总体还存在客观差距，农村社会中，农民主体日益增长的美好生活和乡村社会不平衡不充分发展之间的矛盾成为主要矛盾。新质生产力理论与乡村振兴战略，二者之间有逻辑契合之处，更有发展逻辑的革新，主要体现在如下三个方面（见图1）。

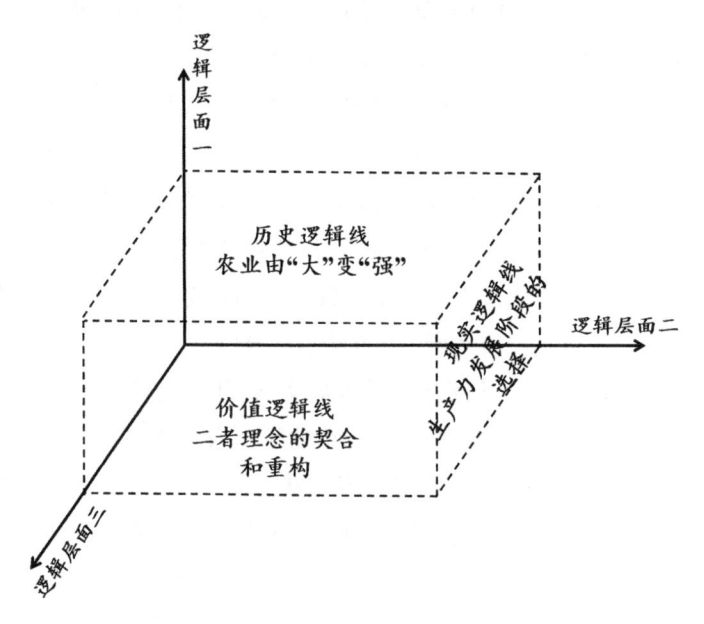

图1 新质生产力助推乡村振兴战略的发展逻辑图

1. 历史逻辑线：新质生产力是乡村振兴发展的时代期盼

改革开放以后，乡村社会迈入了新的发展阶段，乡村社会的发展问题，是关乎国计民生的基础性问题。党的十一届三中全会提出经济上保障农民的物质利益，政治上尊重农民的民主权利。党的十四大提出了建设包括农村市场在内的社会主义市场经济体制，而党的十五大报告指出："坚持把农业放在经济工作的首

位。"党的十六届五中全会提出"统筹城乡经济社会发展,推进现代农业建设,全面深化改革。"党的十七大提出要"走中国特色农业现代化道路"。而在党的十八大报告中,唯一一次出现"重中之重"是在论及三农问题之时,报告提出"解决好农业农村民间问题是全党工作重中之重,城乡发展一体化是解决"三农"问题的根本途径。其后在统筹城乡发展、发展现代农业、强化集体经济组织等方面给予了指导,党的十九大正式提出乡村振兴战略,党的二十大提出了"坚持农业农村优先发展,坚持城乡融合发展,畅通城乡要素流动。加快建设农业强国,扎实推动乡村产业、人才、文化、生态、组织振兴"。从党在过去四十年对"三农"的发展部署中可以看出(见表1),"三农"发展任务产生了巨大的变革,从贫弱到富强,从传统到现代,在下一步的发展中,更注重乡村社会发展的创新和质量。

表1 党的"三农"相关核心思想及其变化演进

时间节点	"三农"相关核心思想	思想变化演进
十一届三中全会	经济上保障农民的物质利益,政治上尊重农民的民主权利	真正明确了农民应享有的政治权利和经济权利
十四大	适应改革从农村向城市发展的新形势,农村经济向着专业化、商品化、社会化迅速发展	提出乡村向城市发展,乡村社会应向城市社会发展的演进趋势
十五大	继续深化农村改革,增强农业和农村经济活力	农村改革的重心进一步明确为强化经济活力
十六届五中全会	统筹城乡经济社会发展,推进现代农业建设,全面深化改革	鼓励通过自主创新能力推进农村产业结构优化
十七大	"三农"问题是全党工作的重中之重,发展现代农业,繁荣农村经济	提出农业现代化是繁荣农村经济的方法
十八大	城乡发展一体化是解决"三农"问题的根本途径	不仅注重发展现代农业,亦注重通过制度设计改善分配制度,促进城乡一体化发展
十九大	实施乡村振兴战略,促进农村一二三产业融合发展	乡村振兴需要一二三产业融合发展
二十大	全面推进乡村振兴,加快建设农业强国	我国要从农业大国变为农业强国

回顾乡村社会的发展历程,要建设农业强国,如何做出农业之"强",是

实现乡村振兴战略的有效前提。农业如何由"大"变"强",其本质在于生产力和生产关系发生提升和转变,在生产力达到一定规模之时,提升经济发展质量,改善产业发展效率的难度必然更高,需要适应新时期新要求,从整体经济结构上,新旧经济动能中培育高新产业,推动经济的新增长[15]。"三农"问题不仅是经济问题,亦是政治问题和社会问题。因此,新质生产力赋能与乡村振兴,既是当前新时期"三农"发展历史进程的必然选择,也是广大农民实现自由而全面发展的动力和期盼。

2. 现实逻辑线:新质生产力是乡村振兴发展的必然选择

经济的发展离不开科技的革新,各个产业其生产力的高低,其背后蕴含的科技结构、生产体系是否相配,决定了其发展的好坏。农业作为基础性产业,一直处于较为基础和传统的产业结构,但也深受科技影响,从农耕文明的畜力时代,到工业革命后的农业机械化时代,再到如今的信息生物时代,其亦随着整个社会的科技变革而不断演进和发展调整其科技机构和生产体系。新质生产力的战略性新兴产业亦与乡村振兴有着直接关联,新能源、新材料、先进制造、电子信息等产业的快速发展,有助于城乡融合发展,亦能模糊产业边界,不仅是传统工业的发展,亦能助力于第一和第三产业,乃至乡村社会的全面振兴。

乡村社会亦需要高质量的产业和产品供给,乡村社会的广大市场和劳动力为生产力的质变提供了物质基础,而乡村振兴战略的实施为新质生产力的下乡提供了战略环境,城乡一体化的不断融合为新质生产力所代表的技术资本下乡提供了技术、监管和资本渠道,而我国完备的基础设施和工业体系为新质生产力赋能乡村振兴提供了可靠保障。在共同富裕的目标之下,乡村社会的产业发展亦迎来新的变革目标,如何获取更高利润的产业附加值,打造更为绿色的产业链,建设更能普惠乡村的产业集群是当下乡村振兴的重要关节,部分高算力、大数据所需要的资源部分亦是乡村社会的优势所在。

3. 价值逻辑线:新质生产力与乡村振兴的共同延伸和交汇

新质生产力价值实现的必要前提在于生产力如何由量变形成质变,生产力的质变并非全产业的生产力均可发生质变,部分产业面临着被淘汰和消亡,属于落后的生产力。乡村社会中的庞大生产力面临着价值变革、理念变革和发展变革,既是新质生产力的发展价值观,亦是乡村振兴战略的发展方向。

现实发展上,乡村振兴的必备前提是产业振兴,而产业振兴的现代化转型，产业整体竞争力的高质量提升，科技是其最大支撑力。工欲善其事，必先利其器，高附加值产业的构建成败关乎乡村振兴质量的好坏，关乎农民这一群体最核心的经济权益。乡村社会具有的多元核心价值在被重新定义，东数西算、东数西存、碳达峰碳中和和生态文明建设等重大工程，均对乡村社会给予了一定的政策性倾斜，助推乡村社会的全面质变。乡村社会拥有的能源优势、原材料优势和人力优势亦有助于新能源、新材料、科技制造、电子信息等战略性新兴产业，从而缩小城乡差距，为新时代实现乡村全面振兴奠基。新质生产力的理念发展和乡村振兴战略是互相促进、互相发展的交融关系，是乡村社会繁荣昌盛，带动农民生活质量的显著提高的先进方向。

三、新质生产力助推乡村振兴战略中的重点指向

乡村振兴战略具体而言有五大重点指向路径，分别为产业振兴、文化振兴、生态振兴、人才振兴和组织振兴。新质生产力从直接作用看，其直接赋能于产业振兴，但是从整体性视角观察，其实质也在这五大路径中发挥着重要作用，进而真正促进乡村振兴战略的高质量发展（见图2）。

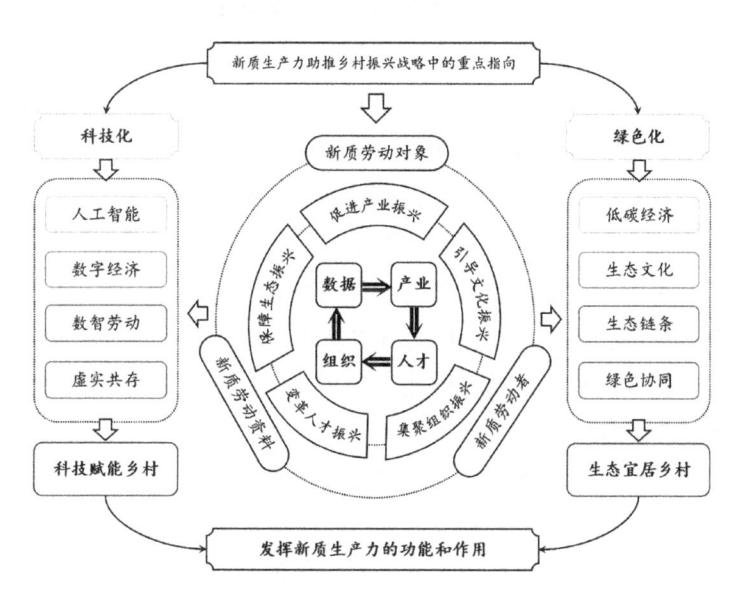

图 2 新质生产力助推乡村振兴战略中的重点指向图

1. 新质生产力对产业振兴的直接促进作用

当前诸多乡村地区产业亟须升级，主要依靠传统劳动密集型、粗放型产业支撑其发展。新质生产力的提出，要求乡村社会着眼于未来的战略性产业，结合自身传统产业优势，对传统产业进行改造升级，完善产业基础设施，提升产业发展效率。当前，乡村振兴战略所呈现出的建设目标和建设任务，较之传统乡村产业建设，所需要的建设要素更为多元，涉及领域更为广泛，建设内核更加深邃，对乡村产业的内外部发展要素进行重组和优化，驱动乡村进行多元主体、多维空间和多重功能转型。传统产业的劳动对象的表现形式主要以土地、矿产林木资源和工业制成品为主，通过信息革命，新质劳动对象则突破了传统物理场域的限制，具备了更强的适应自然、改造自然的能力，可以充分利用、改造好乡村社会的传统资源，进入数字场域，突破城乡之间的传统界限，依托数字场域进行劳动生产、生活乃至交流融合，劳动对象亦突破了传统的实体存在，可变为虚拟对象，存在虚实共存的共生。对乡村的新质产业发展有着直接的促进作用。

2. 新质生产力对文化振兴的引导示范作用

乡村社会相较城市在物理空间上呈现出地域广、人口散等特征，新质生产力亦对文化振兴起到了指引教育作用。不仅为乡村的经济发展指引了新方向，亦为乡村社会多元主体的经济发展路径带来了新思潮，使乡村文化向着科技、创新的方向学习和深化。同时，新质生产力所代表的信息技术手段改变着乡村文化的传播范式，乡村的物理性空间如乡村公共广场、文化礼堂等，往往是村民行使自我权利，表达自我诉求，提升自我价值的场所，但是在实际运行过程中有着传播效率低下、信息来源滞后且失真、文化品位参差不齐等客观不足，且文化产品过于单一。数字信息技术所带来的文化传播、融合和影响，给予乡村社会新的思潮，让乡村社会感受到以新质生产力为代表的新技术对乡村社会的改变，丰富乡村社会的精神内涵，提升了乡村社会多元主体的数字素养，满足了农民的多元化文化需求。

3. 新质生产力对生态振兴的保障优化作用

传统乡村生态观处于一种人与自然对立的发展局面，乡村社会在粗放型发展的高速增长时期，大量地以牺牲生态为代价换取经济的发展。而总书记高屋建瓴，将生态亦定位为生产力的一种新质态。自然生产力所代表的生态生产力是社会生产力进一步发展的前提,生态对生产力的升级具有承载功能[16]。新质生产力作为当下最先进的生产力,数字化和绿色化是其发展变革的两个重要趋势,绿色发展是乡村振兴发展质量的有效底色,而乡村拥有的生态资源优势亦是乡村振兴的有效资源,更应优化生态资源的使用,促进绿色发展。摒弃高耗能、高浪费以及高污染的生产媒介,要从能够改造自然的能力升级为科学改造自然的能力,展现出乡村建设发展的新"质态",借助乡村本身的碳排放、能源和其他空间优势,摆脱以往乡村社会建设的物理空间束缚,大力发展数字经济和绿色经济。

4. 新质生产力对人才振兴的教育变革作用

在乡村振兴战略实施中较大短板在于人才短板。乡村社会拥有大量的人口,如何将人口数量优势转化为人口质量优势,是乡村社会一直在思考的客观难题。人才亦是生产力发展中的要素之一。农业经济时代,个人的体力劳动是生产力得以提升的核心要素,年龄、性别和体力是劳动者水平高低的衡量标准。在工业时代之后,逐渐形成了"科学理论—技术工作—生产发展"的劳动体系,基本的手工协作和工具运用成了典型模式。而"知识型劳动者"是当今时代的主要生产力量,也是传统生产力转变为新质生产力的中坚力量。新质生产力所代表的知识领域新,科技含量高,更有利于农村教育与城市教育差距进一步缩小,实现乡村教育、文化的高质量提升。新质生产力更注重在数智素质、人文素质以及创新素质上的提升,需要具有复合型、技术型和应用型人才参与其中,追求高素质创新劳动力,打造一批新型数字农业劳动者,降低其抽象劳动,提升农业生产效率。

5. 新质生产力对组织振兴的融合集聚作用

新质生产力对乡村多元组织建设和发展的作用亦是多维的,组织建设所带来的体系保障是在乡村中培育新质生产力的客观基础[17]。新质生产力给予组织内二次学习数字技术的契机,形成新的数字组织化劳动支撑,进而整体提升其劳动效率,保障乡村振兴工作的有效衔接,组织工作的范式上有了更新的要求,虚实共生,以数据为新型载体,同时产生新的数据价值,数据价值的表现形式之一是组织工作效率的提升。同时,亦给予组织更为宽广的发展思路,数字区域和村镇区域、产业的融合有了更新的模式,利用新质生产力的空间集聚效应,带来更为健康的协调创新机制,进一步加强组织之间的沟通协同,带来更为良好的科学发展。我国的基层组织建设是乡村发展的重要力量,新质生产力客观要求组织必须接受科技化、创新化和绿色化的发展理念,创新治理方式,优化科技布局,为新质生产力的发展提供优秀的组织保障、环境保障。

四、新质生产力助推乡村振兴战略中的实践路径

1. 思路的本质变革:新质生产力体系化发展赋能乡村振兴全面性发展

乡村振兴的思路如何变革,首先回归到乡村的全面性发展。乡村振兴摆脱了以往单纯个体问题的部分解决,其本质并非单一立足于乡村的某一指标,如经济指标或者是组织指标、生活指标等,乡村振兴的发展格局是全面的,涉及政经文社生的方方面面。新质生产力背后所蕴藏的理念,应以高位的价值观层面嵌入乡村振兴中,以新质发展理念为全面引领整合、重塑乡村振兴战略体系。这就要求我们在推进新质生产力发展以及体系建设中绝不能从功利性角度零散地缝缝补补,以产业发展或者经济发展的一个专项来发展,而是要从新时代发展背景下,在发展权层面充分理解新质生产力和乡村振兴的关系,形成以高质量发展为核心指引的科学化、体系化乡村振兴发展路径。

因此,本文认为,梳理乡村振兴发展,不应将新质生产力仅考虑在当下学界所重点讨论的产业发展之中,更应宏观梳理乡村振兴的发展逻辑,以新质生产力的体系化发展赋能乡村振兴的全面性发展。同时,我们要遵循两个全面:乡村振兴全面性发展和新质发展理念全面性嵌入乡村振兴,这个遵循更符合乡村振兴所应实现的目标和价值。我们不能为了解决现实问题而降低要求,而是要基于可持续发展视野,发挥创新和绿色优势,真正使得乡村建立科技意识、创新意识和绿色环保意识,塑造新生态,打造新思路,促进新质发展理念引领下的乡村振兴全面性发展。

2. 路径的选择改良:新质生产力应以循序渐进的方式赋能乡村振兴

我国乡村社会的乡情各异,其客观发展基础,发展的优势劣势亦存在很大不同,在进行新质生产力的赋能推广时,亦应循序渐进,不能大刀阔斧增加成本,又没有取得应有收益。通过局部试验,遇见问题及时调整,最后总结推广模式。在新质生产力推进上除继续坚持这个原则外,还要注意如下几点:第一,要结合东西部各个区域的不同分类实施不同的标准方案。目前我国东中西

部农村差异甚大,在新质生产力所必备的基础要素方面东部地区农村更为优越,而中部地区和西部地区较之东部农村有较大差异。在不同领域,也应选择试点单位进行建设,如在产业发展上,选择不同类型的主体进行试点,龙头企业、集体经济组织、家庭农业等,根据不同的发展目标,选择各自有效的投入力度进行尝试。又如在人才培养上,亦可进行小班试验制,进行理念改良。第二,要形成良性的竞争氛围。在以新质生产力为代表的数智化、绿色化发展竞争中,形成村与村、乡与乡乃至地区与地区、省份与省份之间的比拼。但是在比拼过程中,要注重有良好的容错空间,实践过程中难免出错,要强化区域的协调沟通,主要是要做好容错与及时调整,即改变过度坚持刚性的推进模式,给改革提供灵活的容错空间,对不符合改革实际的手段和要求进行及时调整,防止出现改革成本浪费与形式主义。第三,强化城乡之间的沟通交流。新质生产力发展的基础优势仍旧在城镇,其拥有更强的人才教育优势,产业集群优势和数字运用优势。因此,要争取打造城乡新质发展共同体,畅通与城镇之间的学习互补,乡村社会应打造属于自身的研发组织、科技龙头企业以及数字化治理主体,摆脱乡村社会大量存在的模仿式创新惯性,真正走出有自我特色的乡村振兴之路。

3. 措施的具体实施:新质生产力应赋能乡村振兴的多要素领域

在新质生产力的具体实施上,可做出如下优化:在产业振兴领域,应构建具有自身特色优势的开放、创新产业体系。在乡村社会中形成一个优秀的科技产业集群,依靠一村一乡很难完成。因此,更应利用数字化的线上平台,强化沟通联络,促进数字经济与实体经济的结合,形成整体的地区产业规划和发展,再形成各个村镇的主要产业功能分区,以区域内部的科技中心、教育中心和金融中心为核心引领,形成梯度化的产业发展,破除本区域内的产业发展壁垒,打破行政边界、缔造创新网络,发挥好乡村地区的资源优势、人口优势等,形成城乡协同创新的产业发展共同体。在文化振兴领域,要注重党建引领的重要作用,看到话语缺失、算法异化等文化风险,对乡村社会诸多朴素价值观念造成冲击[18],要以全乡村社会共同的目标和价值为引领,形成适合乡村本村的良好数字文化氛围,做好线上数字平台的监管,避免乡村基层社会的文化被改变、渗透乃至异化,真正发挥文化入人心、入灵魂的引导示范作用。在生态振兴领域,应利用区块链、人工智能和其他高算法工具,建立良好的生态环境监控、测算和发展指标体系，以多元力量共同构建生态保护体系，以数字技术为工具提升生态保护效率，打造"有为政府"，吸引"有效市场"参与其中，形成"有序社会"的良好生态保护氛围[19]，以绿色化理念为目标，形成人人共建的绿色家园。在人才振兴领域，要提升专业人才的培养力度。乡村地区应建立适合自身的数字人才体系，针对自身的优势数字产业进行相对应的人才培养，能够在家乡提供优质的工作岗位。在组织振兴领域，更好利用数字线上平台，打造良好的党建引领带头氛围，促进组织内部更好学习，优化组织运行秩序，结合乡村发展实际，在可解释、可变通的空间内进行本土化设计优化。

4. 制度的有效保障：新质生产力赋能乡村振兴的根本保证

新质生产力赋能乡村振兴，给乡村带来调制方式的变革，亦需要根本性制度保障调制方式的有效实施。在制度设定上，首先，要在坚持以"自上而下"推动为主线的基础上，注重与"自下而上"联动，发挥农民主体的内生力量。乡村社会的最大主体还是农民，如何使得农民建立新质生产力的发展理念，是新质生产力赋能乡村振兴实施成效好坏的关键因素。农民主体是乡村振兴的最大受益主体，也应是参与度最深的群体，要坚持发挥农民主体的庞大力量，保障其切身利益，才能使制度有效落实。其次，以具体制度创新为支撑，政府需要做的是建立、规范激励与责任机制，政府应出台促进性法律法规，激励促进乡村多元主体参与其中，如《中华人民共和国数字经济促进法（专家建议稿）》，浙江省、湖南省等多地出台《数字经济促进条例》等，均是相关理念的有益体现。在未来的《中华人民共和国乡村振兴促进法》的修订中，亦应注重数字化发展的促进和引导，深化数字化建设对乡村振兴的正向促进作用，在信息化生产力基础之上形成进一步发展，发挥新质生产力的更高作用[20]。同时，需要优化乡村振兴相关考核机制，探索责任创新机制。数字技术的使用带来数字权责的模糊不清，权责分配和利益协调机制不清晰，无法避免各方主体的利益博弈，可能会引发乡村内部的利益冲突。应优化相关考核机制，责任分配机制等，充分考虑各个主体在新技术运用中的权责利分配，充分融入各方利益需求，调动多方积极性，形成科学有效的新质生产力发展体系。

五、结语

新质生产力是对乡村振兴战略的有力推手，也是乡村实现中国式现代化的内生动力。当前乡村振兴战略已完成第一个五年规划，应对新的挑战、新的风险，需要构建新的发展格局和发展动力，推动乡村社会的高质量发展。现代高质量发展离不开科技化、产业化和绿色化，构建有科学性、全面性和安全性的乡村振兴之路，不仅需要发展高附加值产业链，亦需要现代化治理手段和治理格局。新质生产力直接作用于经济发展，注入新时代发展理念，通过技术创新、制度变革和产业升级等实现高质量的乡村振兴。

参考文献

[1] 马克思,恩格斯. 马克思恩格斯全集：第27卷 [M]. 北京：人民出版社，1972：477.

[2] 张林,蒲清平. 新质生产力的内涵特征、理论创新与价值意蕴 [J]. 重庆大学学报（社会科学版），2023,29（6）：137-148.

[3] 周绍东,胡华杰. 新质生产力推动创新发展的政治经济学研究 [J]. 新疆师范大学学报（哲学社会科学版），2024（5）：26-35.

[4] 令小雄,谢何源,妥亮等. 新质生产力的三重向度：时空向度、结构向度、科技向度 [J]. 新疆师范大学学报（哲学社会科学版），2024,45（1）：67-76.

[5] 周文,许凌云. 论新质生产力：内涵特征与重要着力点 [J]. 改革，2023（10）：1-13.

[6] 夏显力,陈哲,张慧利,等. 农业高质量发展：数字赋能与实现路径 [J]. 中国农村经济，2019（12）：2-15.

[7] 陈昌兵. 新时代我国经济高质量发展动力转换研究 [J]. 上海经济研究，2018（5）：16-24.

[8] 陈凤仙,欧阳日辉,刘嘉瑞. 元宇宙助推数字经济高质量发展的运行机理与实践路径 [J]. 新疆师范大学学报（哲学社会科学版），2024（5）：102-115.

[9] 温涛,陈一明. 数字经济与农业农村经济融合发展：实践模式、现实障碍与突破路径 [J]. 农业经济问题，2020（7）：118-129.

[10] 蒲清平,黄媛媛. 习近平总书记关于新质生产力重要论述的生成逻辑、理论创新与时代价值 [J]. 西南大学学报（社会科学版），2023,49

(6)：1-11.

［11］王凯，庞震．从社会主要矛盾变化看我国城乡收入差距的不平衡［J］．当代经济管理，2019，41（5）：1-9.

［12］刘志彪，凌永辉．结构转换、全要素生产率与高质量发展［J］．管理世界，2020，36（7）：15-29.

［13］谢康，易法敏，古飞婷．大数据驱动的农业数字化转型与创新［J］．农业经济问题，2022（5）：37-48.

［14］何亚莉，杨肃昌．"双循环"场景下农业产业链韧性锻铸研究［J］．农业经济问题，2021（10）：78-89.

［15］徐政，郑霖豪．高质量发展促进共同富裕的内在逻辑与路径选择［J］．重庆大学学报（社会科学版），2022，28（4）：39-52.

［16］包庆德．论马克思的生态生产力思想及其当代价值［J］．哈尔滨工业大学学报（社会科学版），2020，22（3）：129-136.

［17］庞瑞芝．新质生产力的核心产业形态及培育［J］．人民论坛，2023（21）：18-21.

［18］李长健，杨骏．生成式人工智能赋能数字乡村治理实践、风险及其防范研究［J］．云南民族大学学报（哲学社会科学版），2023，40（6）：107-115.

［19］陈梓睿．有力政党、有为政府、有效市场与有序社会：中国式现代化的创新与超越［J］．求索，2023（6）：175-182.

［20］韩江波，沙德春，李超．新质生产力的演化：维度、结构及路径［J］．技术经济与管理研究，2024（1）：8-16.

作者简介：杨骏，华中科技大学法学院法律与公共政策研究院博士研究生。

以新质生产力赋能贵州农业现代化高质量发展

陈昊毅

摘　要：推动贵州农业现代化发展，关键在于走农业高质量发展之路，而培育新质生产力，正是推动农业高质量发展的必由之路。本文从新质生产力的理论逻辑出发，分析了新质生产力的本质特征和推动农业现代化的作用机制，提出新质生产力主要通过提升农业全要素生产率、推动农业产业数字化转型和转变农业发展方式为绿色可持续，进而整体推进农业现代化进程。与此同时，贵州发展农业新质生产力也面临诸多挑战：山地环境带来的不利因素，农业科技创新不足、缺乏新型农业人才，农业产业链条较短、产业融合发展不足等。文章最后指出贵州以新质生产力赋能农业现代化高质量发展，必须要加快农业科技、农业产业、农业发展方式和农业体制机制的四大创新。

关键词：新质生产力；贵州；农业现代化；高质量发展

全面建设社会主义现代化国家，农业不仅是重要的基础支撑，更体现现代化强国建设的速度、质量和成色。近年来，贵州深入学习贯彻习近平总书记对贵州工作的重要指示和批示精神，坚持以高质量发展统揽全局，全力以赴围绕"四新"主攻"四化"，坚定不移推进创新驱动发展，努力走出了一条把握时代大势、符合发展规律、体现贵州特色、服务国家全局的多彩贵州现代化建设之路。与此同时我们也看到，与新型工业化、新型城镇化、旅游产业化相比，贵州的农业现代化仍然是明显的短板弱项，因此要把建设现代山地特色高效农业强省摆在更加优先位置，在农业领域提前布局，加大对传统农业和特色农业的改造力度，谋划符合未来农业发展需求的新兴技术和前沿科技，为贵州山地特色高效农业从传统生产力向新质生产力转化提供强大物质技术基础。有鉴于此，本文通过分析新质生产力推动现代化发展的理论逻辑，阐释了新质生产力与农业现代化发展的关系，并提出了新质生产力推动贵州农业现代化面临的现实挑战和发展路径。

一、新质生产力的相关研究文献综述

新质生产力是习近平总书记在2023年9月考察东北期间提出的具有深刻理论内涵和重大现实意义的全新理念。在主持召开新时代推动东北全面振兴座谈会上，习近平总书记指出："积极培育新能源、新材料、先进制造、电子信息等战略性新兴产业，积极培育未来产业，加快形成新质生产力，增强发展新动能"[1]。新质生产力概念提出之后，学术界围绕这一重大理论创新进行了阐释和研究，对新质生产力的科学内涵、主要特征、实施路径、技术形态、产业形态等进行了丰富探索。周文、李吉良（2024）认为，新质生产力的提出是立足于我国经济发展的现实与大国竞争格局，并针对当前着力推动经济高质量发展和实现中国式现代化的紧迫时代命题。新质生产力在驱动能力、支撑载体、发展方式、生产力要素等方面不同于传统生产力，其形成的关键在于以科技创新实现关键性颠覆性技术突破[2]。赵峰、季雷（2024）认为，新质生产力是新一轮产业技术革命及其战略性新兴产业集群形成的生产力，是新时代实现高质量发展必需的一类生产力，要融合提升传统生产力，展现新时代新活力。新质生产力的形成将对新时代社会生产组织方式和社会再生产过程产生重要影响。同时，为形成新质生产力培育动力不仅要坚持创新驱动发展，还要依靠全面深化改革激发内生活力[3]。李晓华（2023）认为，新质生产力是相对于传统生产力而言的，表现为构成生产力的各种要素的质的变化，是生产力的巨大跃迁。新质生产力呈现出颠覆性创新驱动、产业链条新、发展质量高等一般性特征，在当前新一轮科技革命和产业变革背景下的新质生产力还具有数字化、绿色化的时代特征。而加快形成新质生产力需要推动科技创新取得重大突破、促进新兴产业发展壮大和进行未来产业前瞻布局，同时要通过提高劳动者素质、完善新型基础设施、深化体制机制改革、加强国际合作为新质生产力的形成和发展创造良好的条件[4]。高帆（2023）认为，新质生产力具有多个维度的内涵，表现在；结果方面主要满足人的发展型需要、享受型需要；要素范围包括数据要素等；推动要素组合的组织、技术复杂程度更高；出现了新的产业形态[5]。徐政等（2023）提出了新质生产力的实践构想：逐步推进体制机制改革，补齐战略性新兴产业的发展短板，利用数字融合升级传统产业，培育发展新质生产力的"人才红利"以及推进高水平对外开放[6]。

由于新质生产力概念提出的时间较短，直接研究新质生产力与农业现代化之间关系的相关文献较少。但通过梳理现有文献，部分研究从农业数字化发展、推动农业科技创新等方面探讨了发展新质生产力促进农业现代化的具体路径。王琴梅、杨军鸽（2023）指出，数字农业新质生产力的三要素包括数字农业劳动者、数字农业劳动资料和数字农业劳动对象。数字新质生产力以创新驱动农产品质量提高、协调农村产业和城乡结构、以绿色理念引领农业低碳发展、开放拓展农业资源和市场，从而推动农业高质量发展[7]。侯冠宇、张震宇、董劭伟认为，在新质生产力引领下，传统农业将在数字化创新、生态农业实践、农产品深加工和品牌建设等方面发挥出巨大的整合潜力。这些领域的创新发展可以显著提升农业的经济效益与品牌价值，但目前仍存在技术推广难度大、专业人才培养推进缓慢、市场与政策对接效率低、农产品加工与产业链整合程度较低、土地利用与生态环境保护措施不合理等各种问题[8]。郑建则指出，新质生产力赋能农业生产现代化仍然面临一些现实挑战：一是农业产业链条较短，产业融合发展不足；二是农业生产方式较为粗放，资源能源消耗较大；三是农业基础设施有待提升，农村人居环境仍需改善；四是农业研发投入不足，农业创新平台较少，农业科技人才相对匮乏[9]。

二、新质生产力推动农业现代化的理论逻辑

人类社会不断发展的历史就是社会生产力不断变革升级的过程。近年来，随着新一轮科技革命和产业变革在全球范围内的深入推进，关键性技术实现重大突破，引发了生产力核心因素的变革。在这样的时代背景下，新质生产力正在数字化、信息化、智能化等条件下不断发展形成，这些颠覆性创新形成的劳动资料、生产工具和劳动对象的物质形态，在国民经济中表现为战略性新兴产业和未来产业。这些新兴产业拥有不同于传统产业的新技术、新要素、新设备

和新产出，不仅实现了生产力更高水平的发展，也具有更高的发展质量。

（一）新质生产力的本质特征

从本质特征上看，新质生产力是显著区别于传统生产力的生产力，新质生产力的"新"主要体现在以下几个方面：一是以科技创新为主要驱动力。相较于传统生产力，新质生产力具有领域新、技术含量高的特点，科技创新在其中起主导性作用。其次，新质生产力是以关键性、颠覆性技术突破的新技术为主要动力的生产力，新质生产力在科学技术是第一生产力的基础上，锚定关键共性技术、前沿引领技术和现代工程技术，以关键性颠覆性技术创新为突破口，实现以大数据、人工智能、量子计算、生态科技等为代表的技术创新，同时以自主可控的关键核心技术为中国式现代化提供新动能。二是以战略性新兴产业和未来产业作为支撑载体。新质生产力是以战略性新兴产业和未来产业作为主要支撑载体的生产力，这两类产业同前瞻性科学技术创新具有高度契合性，是绿色低消耗、发展潜力巨大的产业。其中，战略性新兴产业包括新一代信息技术、生物技术、新材料、高端装备制造、新能源汽车、航空航天以及海洋装备等产业；未来产业包括量子信息、类脑智能、基因技术、未来网络、深海空天开发、氢能源利用与储能等产业。与此同时，在顺应数字经济发展新潮流、催生一系列新产业新业态的同时，新质生产力的形成将会倒逼传统产业的转型升级，助力传统产业形成新的产业竞争优势。三是在发展方式上，新质生产力是摆脱了传统粗放型增长方式、符合高质量发展要求的生产力。高质量发展是速度与效率并重的发展，既要体现经济总量的提升，也要讲究经济质量的提高。在高质量发展的目标要求下，新质生产力服务于新经济的发展，在发展方式上从要素驱动、低效率、高污染、粗放型的传统增长方式向创新驱动、高效率、可持续、集约式的新型增长方式转变。四是在生产力要素上，新质生产力是劳动资料、劳动对象和劳动者实现升级拓展的生产力。在劳动资料方面，相对于传统生产力的劳动资料主要为传统机械仪器设备，新质生产力的劳动资料升级为具有高端、精密、智能等特点的仪器设备。在劳动对象方面，传统生产力主要以自然物与粗加工材料的物质形态物质为劳动对象，新质生产力的劳动对象不仅包括以物质形态存在的新材料与新能源，还包括以非物质形态存在的数据、算力等新质态劳动对象。在劳动者方面，传统生产力的劳动者主要以普通工人和技术工人为主，而新质生产力的发展对知识型、技能型、创新型劳动者的需求更为庞大，可以预见诸如嵌入式编程、数据分析、虚拟仿真、机器学习与深度学习、新能源开发与储能研究等技能将成为对新质生产力劳动者的主要需求，同时对传统行业劳动者而言也必将经历一个深刻的个人技能学习与改进的过程。

（二）新质生产力推动农业现代化的作用机制

新质生产力在农业现代化进程中具有多方面的积极作用。农业新质生产力可以通过农业技术的革命性突破、农业生产要素的创新性配置、农业产业深度转型升级来共同提高农业的全要素生产率、优化产业结构、促进农民增收，同时通过数字技术、新能源技术、智能装备等实现对传统农业生产方式的深度改造和升级，促进农业智能化、绿色化和可持续发展，进而整体推进农业的现代化水平。

1. 提升农业全要素生产率

农业全要素生产率（TFP）是衡量农业生产系统总体效率的概念。所谓"全要素"是指除有形生产要素（资本、土地、劳动等）投入外，能够影响农业产出增长的所有因素，包括农业技术进步、品种改良、新技术推广、资源配置优化、产业结构调整、经营体制创新等。因此从形式上看，它是剔除要素数量投入的成果分解余额；从本质上看，它是要素质量以及组合方式变革形成的产出贡献水平。全要素生产率可直观理解为科技进步对经济产出的有效衡量指标，农业全要素生产率水平越高，表明农业发展对化肥、农药、劳动力等资源要素的依赖性越小，农业发展的科技含量越高、可持续性越强。新质生产力是由技术革命性突破、生产要素创新性配置、产业深度转型升级而催生的当代先进生产力，在农业领域形成的新质生产力以劳动者、劳动资料、劳动对象及其优化组合的质变为基本内涵，其本质就是以全要素生产率提升为核心标志。

2. 推动农业产业实现数字化转型

在新一轮科技革命和产业变革带来重大发展机遇的时代背景下，大力发展数字经济与数字技术已成为发展新质生产力的战略选择，数字经济已成为新质生产力的重要表现形式，数据已成为关键生产要素。将数字技术应用在农业生产全过程，使得传统农业生产力三要素发生改变，形成数字农业劳动者、数字农业劳动资料和数字农业劳动对象三要素,在新的三要素共同作用下进而产生数字农业新质生产力。一方面数字技术通过嵌入农业生产力三要素,形成数字农业劳动者、数字农业劳动资料和数字农业劳动对象,进而产生数字农业新质生产力;另一方面在数字农业新质生产力不断发展的过程中,能有效推动农产品量质提升、实现农业绿色低碳发展、促进农村各个产业协调发展、更广泛拓展农业资源和市场,有利于农民共享发展成果,并最终实现农业高质量发展,推动农业现代化进程。

3. 推动农业发展模式转变为绿色可持续发展

环保、绿色和可持续发展是农业现代化的本质要求。以往传统农业要实现高速发展,过度依赖于对土地、水资源、化肥等要素的大量投入,不仅使生态环境压力不断加大,农业可持续发展能力也不断下降。新质生产力通过引入创新技术、新型农业机械、智能化管理系统,农业生产的各个环节得以优化,实现了精细化管理和资源的高效利用,进而提高了整体效率,降低了各种有形生产要素的投入,不仅能有效提高农业产出,还减少了环境负担,为农业的可持续发展奠定了基础。以精准农业为例,通过使用卫星定位、大数据分析和智能传感器等技术,农田可以实现精准施肥、灌溉和病虫害防治,不仅能有效提高农业产量,减少了资源浪费,同时也降低了环境污染。

三、新质生产力推动贵州农业现代化面临的主要挑战

近年来,贵州农业实现了快速发展并取得了巨大成就,农业生产面貌发生了巨大变化。从2012到2020年,贵州第一产业增加值年均增长率达到6.3%,增速持续位居全国前三位;第一产业增加值从2012年全国的第22位(863亿元)跃升为2022年第14位(2861亿元)[①]。但应该看到,贵州的农业现代化发展水平与全国其他省份相比仍然有一定差距。从第一产业增加值看,2022年贵州处于中游位置,但增加值仅为农业大省山东、四川和河南的45.42%、47.97%、49.17%;与周边省份相比,为广西的67.00%、湖南的62.16%、云南的71.31%;农业产业内部结构发展并不均衡,2022年贵州农林牧渔服总产

---

① 数据来源:国家统计局网站,贵州省统计局。

值结构为67.5%∶6.9%∶19.2%∶1.6%∶4.8%，种植业所占比例仍然较高，农业产业结构调整任务仍然艰巨；2022年贵州主要农作物耕、种、收综合机械化率为46%，较全国水平（73%）和农业强省山东（91%）分别低27个百分点和45个百分点，农产品加工转化率为59%，较全国平均水平低13个百分点，同时由于贵州山地环境的客观条件等因素[10]，加快形成农业新质生产力仍然面临较大挑战。

（一）山地自然条件给发展农业新质生产力带来挑战

贵州作为全国唯一没有平原支撑的省份，全省92.5%的土地为山地，其中61.01%的土地坡度在25度以上，16.91%的土地坡度在15—25度（含25度），15.98%的土地坡度在6—15度（含15度），6度以下相对平缓的土地面积仅占全省土地面积的6.1%①。较大的土地坡度不仅使农业生产分布较为分散，给农业规模化生产经营带来天然障碍，限制了农业竞争力的提升，同时让农业生态环境异常脆弱，水土流失、石漠化等自然灾害易发多发，也使得发展农业新质生产力需要的新型农业技术推广、新型农业机械使用、前沿农业基础设施建设等成本大幅增加。

（二）农业科技创新不足，新型农业人才缺乏

农业科技创新是培育农业新质生产力的关键。但一方面由于历史和现实的客观原因，贵州在农业科技领域的投入和创新略显不足，农业科技进步贡献率长时间落后于全国平均水平，难以支撑农业新质生产力的发展要求，政、产、学、研、用协同创新体系也亟待优化。另一方面，新质生产力是劳动者、劳动资料和劳动对象的升级拓展的生产力，不同于传统生产力所需的普通工人和技术工人，新质生产力的劳动者以知识型、技能型、创新型的智力工人为主，这一类农业人才在贵州农业农村领域极度缺乏，严重制约了新质生产力在贵州农业领域的发展。

（三）农业产业链条较短，产业融合发展不足

贵州农业产业以发展茶叶、蔬菜、辣椒、中药材、食用菌、生猪、牛羊等

---

① 数据来源：《贵州省第三次全国国土调查主要数据公报》。

特色优势产业为主，但多数农业经营主体仅仅聚焦于产业链条上的某一环节，或以种植业为主，或以养殖业为主，或以加工业为主，全产业链发展不足，产业链条不长，产品附加值不高，导致与农业产业链相关的大数据、区块链、人工智能等新技术的开发和应用不足。同时，由于农村一二三产业融合发展水平不高，农业与文化、旅游、康养、医疗等产业深度融合发展不充分，难以产生对相关领域新质生产力的有效需求。

四、新质生产力推动贵州农业现代化的路径选择

（一）加快推进农业科技创新

习近平总书记指出，科技创新能够催生新产业、新模式、新动能，是发展新质生产力的核心要素。贵州在主攻农业现代化的过程中，一要继续加大对山地高效农业科技的投入强度，坚持农业科技优先发展的主导方针，建立长期稳定增长的农业科研投入机制，逐步把农业科技投入强度提高到全省科技投入强度的平均水平。二要构建多层次、全覆盖的农业科技创新平台体系。用好用活以省内高校和科研院所为主体的农业科研平台，争创一批国家级农业科技创新平台落户贵州，布局建设一批高水平涉农实验室、科研试验基地、现代化种业基地、生物育种中心、山地农机装备实验室等科研平台。三要建立符合山地特色高效农业的创新联合体，进一步强化涉农企业在科技创新中的主体地位，推行技术总师负责制，组建由农业龙头企业牵头、涉农科研院所、农业技术推广机构等为成员的农业科技创新联合体，争取在生物育种、山地农业智能装备设计制造等领域取得颠覆性前沿技术的突破创新。

（二）加快推进农业产业创新

贵州在农业强省建设过程中，要充分结合全省大数据产业的发展优势，运用物联网、云计算、移动互联等新一代信息技术和智能装备、数字传感等工程技术，不断拓展农业发展边界，推动山地特色高效农业新业态的培育与发展。一方面，要以新质生产力为引领，以打造农业全产业链为目标，做强农产品精深加工，补齐冷链物流设施短板，拓展优质农产品销售渠道，建设一批知名区

域公用品牌，实现农业产业纵向融合和一体化。另一方面，依托新质生产力培育与发展，深度开发和利用农业在生态、文化、观光、康养等方面的多种功能，植入吃、住、行、文、商、娱等环节，打造定制、创意、认养等农业新业态，积极推动农业产品新媒体供销服务平台建设，打造一批一二三产业融合发展的区域性优势特色产业集群。

（三）加快推进农业发展方式创新

绿色发展是高质量发展的底色，新质生产力本质上就是绿色、可持续的生产力，因此绿色发展是农业新质生产力的应有之义。贵州在实施山地农业强省建设过程中，要原态化保护好农业农村的生态系统，把绿色发展理念贯穿于农业强省建设全过程，坚持山水林田湖草一体化保护和系统治理，充分尊重乡村生态系统的整体性、系统性及其内在规律。要不断推动农业现代化的绿色科技创新，加大力度实施"减肥控药"、农业面源污染防治、产地环境修复和废弃物资源化利用等绿色科技创新和先进绿色技术的推广应用，促进农业绿色可持续发展。逐步探索开展农业碳减排技术的研发与推广应用，助力碳达峰和碳中和战略实施。在农村产业发展中要牢固树立和践行绿水青山就是金山银山的理念，活态化利用农业农村生态价值，优化农业绿色低碳发展的政策支持体系，大力推进生态产业化、产业生态化，变绿色低碳生态资源为产品，变生态优势为经济优势，打造生态绿色优势产业集群，释放资源价值，不断增强新质生产力发展的内生动力。

（四）加快推进农业体制机制创新

习近平总书记强调，要按照发展新质生产力要求，畅通教育、科技、人才的良性循环，完善人才培养、引进、使用、合理流动的工作机制。在推动贵州农业现代化的过程中，要大力创新农业科技成果集成转化机制，探索由政府、金融机构、龙头企业共同设立农业科技成果集成转化专项基金，用于支持农业科技成果的转化应用和对科技人员进行奖励，促进现代农业科技成果转化为现实生产力。要建立精准的项目挖掘机制和快速的项目论证决策机制，大力引进各类投资机构、中介机构，不断提升贵州农业的科技成果转化效率。要不断优化涉农人才的引进培养机制，一方面要不断优化涉农高校学科体系建设，完善涉农专业设置，创新人才培养模式，分类分层培养农业科技领军人才、实用型农技推广人才等，同时在诸如高端农机装备制造、新品种选育等关键核心技术领域加大招才引智力度；另一方面，要注重培育农业农村领域的新型劳动者，不断加强农业科技人才和职业农民队伍建设，通过职业教育培训、技术支持、政策引导等措施，充分发挥农业技术推广站、科技特派员和农业专家团队的作用，培养具有现代科技素质、广阔市场意识、先进经营管理能力和较强农业技能的专业农民群体。要继续完善农业科技成果评价和科研激励政策，根据研究方向和产业发展需求，统筹考虑项目研究内容、研发团队、考核评价指标等，对在农业关键核心技术上做出突破性贡献的主体或个人，给予标识和激励，并在职称评聘、成果申报、人才评价、绩效考核、表彰奖励等方面优先给予支持。

参考文献

［1］习近平在黑龙江考察时强调 牢牢把握国家发展大局中的战略定位 奋力开创黑龙江高质量发展新局面［N］．人民日报，2023-09-09（1）．

［2］周文，李吉良．新质生产力与中国式现代化［J］．社会科学辑刊，2024（2）：114-124．

［3］赵峰，季雷．新质生产力的科学内涵、构成要素和制度保障机制［J］．学习与探索，2024（1）：92-101，175．

［4］李晓华．新质生产力的主要特征与形成机制［J］．人民论坛，2023（21）：15-17．

［5］高帆．新质生产力的提出逻辑、多维内涵及时代意义［J］．政治经济学评论，2023（6）：127-145．

［6］徐政，郑霖豪，程梦瑶．新质生产力赋能高质量发展的内在逻辑与实践构想［J］．当代经济研究，2023（11）：51-58．

［7］王琴梅，杨军鸽．数字新质生产力与我国农业的高质量发展研究［J］．陕西师范大学学报（哲学社会科学版），2023，52（6）：61-72．

［8］侯冠宇，张震宇，董劲伟．新质生产力赋能东北农业高质量发展：理论逻辑、关键问题与现实路径［J］．湖南社会科学，2024（1）：69-76．

［9］郑建．以新质生产力推动农业现代化：理论逻辑与发展路径［J］．价

格理论与实践，2023（11）：31-35.

［10］陈昊毅，王红霞，邓小海. 2022年贵州推进农业现代化报告［M］//吴大华，张学立. 贵州围绕"四新"主攻"四化"年度报告（2022）. 北京：中央民族大学出版社，2023：156-171.

作者简介：陈昊毅，贵州省社会科学院农村发展研究所助理研究员。

加快培育和发展新质生产力
以数字经济赋能粤港澳大湾区高质量发展

陈嘉玲　庄伟光

摘　要：加快培育和发展新质生产力，向新向质向未来。数字经济是推进粤港澳大湾区中国式现代化的重要引擎，着力形成以科技创新为内生动力的新质生产力，发展数字经济有利于实现粤港澳大湾区高水平科技自立自强，加快建设其现代化产业体系，促进其区域平衡发展，实现共同富裕。当前粤港澳大湾区在数字基础设施建设、数字产业化、产业数字化、数字交易和数字治理方面均走在全国前列，为培育和发展新质生产力赋能高质量发展提供了强劲推动力、支撑力。然而，粤港澳大湾区数字经济也面临数字基础设施区域差距大、数字创新不够强、数字监管缺失等诸多问题。为了更好地以数字经济赋能粤港澳大湾区中国式现代化进程，应大力夯实数字基础设施建设，强化数字技术创新能力，发挥数据要素乘数效应，推动数字经济与产业的深度融合，健全数字治理体制机制。

关键词：数字经济；粤港澳大湾区；高质量发展；中国式现代化

一、引言

习近平总书记指出，新质生产力已经在实践中形成并展示出对高质量发展的强劲推动力、支撑力。实现高质量发展，要加快打造形成新质生产力，要抢占经济、科技发展的制高点，要把数字科技作为最重要的发展方向之一。当前发展数字经济成为加快培育新质生产力的重要抓手。党的十八大以来，广东深入学习贯彻习近平经济思想，率先开启培育新质生产力、推动高质量发展的实践探索并取得显著成效。[1] 2023年4月，习近平总书记在广东省考察时强调，"把粤港澳大湾区建设作为广东深化改革开放的大机遇、大文章抓紧做实，摆在重中之重，以珠三角为主阵地，举全省之力办好这件大事，使粤港澳大湾区成为新发展格局的战略支点、高质量发展的示范地、中国式现代化的引领地"。[2] 当前，世界百年未有之大变局持续深化，新一轮科技变革方兴未艾，全球产业链趋向本土化进一步重构。粤港澳大湾区是我国数字经济发展的领先地区，打造国家数字经济创新发展试验区，加速完善数字经济发展的政策体系和制度环境，在国家数字经济战略中具有重要的地位。在全面建设社会主义现代化国家开局起步的关键时刻，深入学习贯彻党的二十大精神和习近平总书记视察广东重要讲话重要指示精神，粤港澳大湾区准确识变，认清数字经济发展新趋势，科学应变，找准数字经济发展新机遇，主动求变，开拓数字经济发展新局面，打造数字经济新优势，探索中国式现代化应有之义。

2023年9月，习近平总书记在黑龙江考察期间强调："整合科技创新资源，引领发展战略性新兴产业和未来产业，加快形成新质生产力。"新质生产力是创新起主导作用，摆脱传统经济增长方式、生产力发展路径，具有高科技、高效能、高质量特征，符合新发展理念的先进生产力质态。向新而兴，提质升级。推动新质生产力的形成既要加强科技创新驱动力，又要加快新兴产业的培育壮大。当前，我国经济由高速发展转入高质量发展时期，正应以新发展理念铸就新质生产力内核，在高新科技推动下，以生产力的新质态，不断激发、塑造、优化有利于科技生产力、教育生产力、信息生产力、生态生产力、安全生产力等各领域生产力发展的条件和环境，为不断推进中国式现代化深入发展提供强劲的不竭动能。[3]

数字经济正在成为当前发展新质生产力的一大支点，也是新质生产力发展的核心内容之一。[4] 从某种程度上说，数字经济时代的新质生产力就是以数字技术创新应用为主驱动力的"数字生产力"。大力发展数字经济，促进数字经济和实体经济深度融合，是加快形成新质生产力的重点和路径之一。[5] 同时，新质生产本身就是绿色生产力。[6] 随着数字信息技术的持续创新，数字经济正在从多个维度对社会的生产方式、消费方式进行升级和重塑，数字经济在助推绿色发展方面也发挥重要作用。数字经济通过促进产业结构优化升级、优化资源配置、催生技术创新、推进智慧治理等效应赋能城市绿色发展。[7-8] 绿色发展是高质量发展的底色。发展数字经济有利于擦亮中国高质量发展的底色。

当前，我国数字经济蓬勃发展，日益成为中国经济高质量发展的新动能和推进中国式现代化的重要引擎。[9] 习近平总书记在二十大报告中指出，要"加快发展数字经济，促进数字经济和实体经济深度融合，打造具有国际竞争力的数字产业集群"。数字经济是推进中国式现代化的重要引擎，是构筑竞争新优势的有力支撑。从全球看，数字技术是新一轮科技革命和产业变革的核心内容，发展数字经济关乎未来发展和国际竞争的主导权；从国内看，现阶段我国的主要矛盾是人民日益增长的美好生活需要和不平衡不充分的发展之间的矛盾[10]，数字经济具有高创新性、强渗透性、广覆盖性，可以促进区域平衡发展。因此，发展数字经济关系到中国式现代化能否如期顺利实现。

近年来，粤港澳大湾区数字经济的快速发展为其中国式现代化事业发展提供了重要助力。据中国信息通信研究院测算，2022年广东省数字经济规模为6.41万亿元，增长8.6%，占地区GDP的比重为49.7%，总体规模连续六年居全国第一。① 具体来看，粤港澳大湾区内地9市中，2023年深圳市数字经济核心产业增加值突破1万亿元，② 广州市约3900亿元，③ 东莞、佛山数字经济规模超千亿元，珠海、惠州、中山、江门、肇庆相对规模较小；此外，香港数字经济规模超千亿港元，澳门数字经济产业仍处于发展初期，产业规模尚小。④

2023年11月21日，广东省印发实施《"数字湾区"建设三年行动方案》，标志着"数字湾区"建设进入了全面实施阶段。数字经济将成为助推粤港澳大湾区经济高质量发展的核心引擎动力。首先，发展数字经济有利于实现粤港澳大湾区的高水平科技自立自强。数字经济显著降低了搜索成本、复制成本、运输成本、追踪成本和验证成本这五种经济成本[11]，促进了知识的产生与传播，推动了企业的创新合作和创业，有利于科技创新实现新突破。[12-15] 其次，发展数字经济有利于粤港澳大湾区加快建设以实体经济为支撑的现代化产业体系。数字经济有利于推动工业化、自动化、信息化、智能化的高度融合，提高社会化大生产的效率；重塑产业分工协作新格局，促进新模式、新业态的兴起，推

---

① 数据来自 https://zfsg.gd.cn/xxfb/dtxw/content/post_4239366.html。
② 数据来自 https://www.sznews.com/news/content/2024-02/07/content_30742254.htm。
③ 数据来自 https://www.gz.gov.cn/zwfw/zxfw/kjcy/content/post_9150555.html。
④ 数据来自 https://www.digitalelite.cn/h-nd-8146.html。

动产业转型升级，打造经济增长新热点；催生金融变革，提高金融市场的配置效率，有效减轻和克服金融业务中银行与企业之间信息不对称、风险大等问题[16]，帮助企业解决融资难题；促进农业生产变革、农业经营创新、农业产业融合、农业绿色发展和农民生活富裕，推动农业现代化。最后，发展数字经济有利于促进粤港澳大湾区区域平衡发展，实现共同富裕。作为数字化时代的新经济形态，数字经济发展对助力实现共同富裕具有重要意义。[17] 2023年12月23日，国家发展改革委、国家数据局印发《数字经济促进共同富裕实施方案》，不断做强做优做大我国数字经济，通过数字化手段促进解决发展不平衡不充分问题，推进全体人民共享数字时代发展红利，助力在高质量发展中实现共同富裕。[18] 通过数字技术、数据要素及数字治理三个维度，数字经济有助于解决发展不平衡不充分问题。[19] 数字经济的普惠属性符合共同富裕的目标要求。数字经济有助于加速推动产业转型，创造区域经济新增长点，为欠发达地区提供弯道超车的机会；有助于打破区域壁垒，推动建设粤港澳大湾区统一大市场；有助于有效降低成本、提高效率，推动全体参与者共享数字经济发展红利，提高粤港澳大湾区人民的幸福感。

在此背景下，本文对粤港澳大湾区数字经济发展的现状和存在的问题进行系统梳理与总结，从而提出数字经济助力粤港澳大湾区高质量发展的相关政策建议。

二、粤港澳大湾区数字经济相关研究

（一）数字经济的定义

目前学界对"数字经济"的定义仍未达成一致意见，但是总体上经历了一个从狭义到广义，内涵不断丰富拓展的过程。Tapscott（1994）最早在其著作中提出"数字经济"这个概念，此后，这个新概念逐渐受到各国政府的关注。[20] 自1998年起美国政府出台了多部数字经济相关议题的研究报告。此后，各国政府也纷纷开始将发展数字经济当作促进经济增长的重要手段。一些研究机构和学者对数字经济的内涵进行了探究，数字经济的含义逐渐变得更清晰。2019年联合国发布的《2019年数字经济报告》进一步从广义上和狭义上对数字经济进行了定义：在狭义上，数字经济指的是数字产业，主要包括信息技术行业以及以平台为基础所提供的数字化服务。在广义上，除了数字产业外，数字经济还包括产业数字化的部分，即借助数字化技术提升传统产业的生产效率或催生新产业的过程。

随着互联网从20世纪90年代末开始逐渐在中国普及，我国社会各界开始逐渐重视信息通信技术对经济社会的深刻影响，并尝试定义"数字经济"。数字经济在中国的内涵经历了不断丰富和扩展的变化过程。较为官方的定义包括以下三个：第一，2016年G20峰会上发布的《G20数字经济发展与合作倡议》将数字经济定义为"以使用数字化的知识和信息作为关键生产要素、以现代信息网络作为重要载体、以信息通信技术的有效使用作为效率提升和经济结构优化的重要推动力的一系列经济活动"。第二，我国国务院在2021年发布的《"十四五"数字经济发展规划》中将其定义为"以数据资源为关键要素，以现代信息网络为主要载体，以信息通信技术融合应用、全要素数字化转型为重要推动力，促进公平与效率更加统一的新经济形态"。第三，中国信息通信研究院在2022年的《中国数字经济发展报告》中明确定义，"数字经济是以数字化的知识和信息作为关键生产要素，以数字技术为核心驱动力量，以现代信息网络为重要载体，通过数字技术与实体经济深度融合，不断提高经济社会的数字化、网络化、智能化水平，加速重构经济发展与治理模式的新型经济形态"。这三种定义非常接近，都将数字经济视作一种基于数字技术的经济。[21] 从数字经济的定义可知，数字经济是相较农业和工业经济而言更为高级的一种经济形态。[22]

由此可见，早期关于数字经济内涵的定义主要包括数字的产业化和产业的数字化这两个方面，相对来说更狭窄。本文将采用中国信息通信研究院（2022）的最新定义，数字经济内涵包含数字产业化、产业数字化、数字化治理和数据价值化等四个方面内容。其中，数字产业化主要是指信息通信产业，包括电信业、互联网产业、电子信息制造业和软件与信息技术服务业等。产业数字化是指产业部门利用数字化技术所带来的产出提升与效率提高，工业互联网就是一个典型的运用实例。数字化治理，指的是数字技术与治理的结合和数字化公共服务等。数据价值化主要是指数据的采集、保护和交易。[23]

（二）数字经济与经济增长

数字经济的发展会如何影响经济？在以互联网为代表的数字经济中，搜索成本、复制成本、运输成本、追踪成本和验证成本这五种经济成本会显著降低。[11] 这些成本的下降会通过促进知识的产生与传播、推动创业、增加就业和投资、提升资源配置效率、提高生产率等不同的机制，推动经济增长。[13,24] 这样的效应在国家、地区、企业和消费者四个层面均有体现。

国家层面，首先，宽带互联网作为一种通用技术，可以促进经济增长。[25] 数字经济可能会促进新产品的开发，推动新商业模式的诞生，从而促进经济增长，提升经济的创新能力。此外，更廉价的信息传播可以促进采用其他人设计的新技术，这再次促进经济增长。[26] 其次，互联网可以促进传统市场的交易，降低国际交流成本，增加数字和实物商品贸易[11]，并提高生产率。经济成本的下降可能会促进金融市场、劳动力市场和零售市场的发展，从而推动经济增长。[27-29] 以互联网为代表的新一代信息技术促进了金融市场的改革与发展，颠覆了传统金融模式，衍生出互联网金融，这一新兴金融模式可提高资源配置效率和降低交易成本，并进一步促进经济增长。[30] 还有研究发现互联网可以通过同时驱动供给侧和需求侧促进消费升级。[31]

地区层面，数字经济影响了国家内部经济利益的再分配，尤其是农村与城市的再分配。有证据表明，采用互联网对孤立的个人和农村地区有一些好处，如提升农村居民消费水平与消费结构。[32-33] 另一方面，互联网有可能会降低具体任务所需的工作空间，由此加大了远程办公的普及程度，并且降低了对住宅及工作地点就近的要求。[28,34] 此外，互联网可以降低各级政府的交易成本，这可能会促进政府对于社会和整体经济的管理的有效性，为经济运行营造更好的市场环境。[35] 还有研究发现，省级互联网综合发展水平的快速提高不仅直接显著提升了中国区域创新效率水平，还间接通过加速金融发展、人力资本积累和产业升级提高区域创新效率。[36]

企业层面，互联网可能通过多种相互加强的方式促进企业生产率增长：第一，大大降低生产和分销商品和服务所需的交易成本[13]；第二，提高管理效率，有助于公司更有效地管理其供应链，使公司内部以及公司与客户和贸易伙伴的沟通更便捷，有效地连接远距离的合作伙伴；第三，增加竞争，完善市场机制。互联网搜索成本的下降增加了市场价格的透明度，扩大了买卖双方的市场范围，迫使供应商采用可以节约成本的技术。[37] 此外，互联网促进了显性知识在企业和地区之间的溢出效应。[25]

消费者层面，第一，工作场所使用宽带互联网推动了生产力的提高。第二，住宅宽带连接使家庭办公成为可能，促进了新的工作实践。[28] 第三，住宅宽带也将进一步促进分散信息的倍增，改变工人寻找工作的方式，可以促进更好的工作匹配[25]，这对整个经济的生产力产生了影响[38]。第四，在家上网也可以促进以家庭为基础的创业[39]，这种创业精神通常被视为增长的重要驱动力[40]。

进一步地，还有研究详细阐述了数字经济影响经济高质量发展的具体机制。有研究认为数字经济可以通过以下五种机制推动经济高质量发展：第一，数字经济可通过规模经济和范围经济降低生产成本。第二，借助大数据、人工智能和云计算等数字技术，供给侧和需求侧两端进行精准匹配的时间成本减少，效率提高，降低了交易成本。第三，凭借高技术性、高成长性、高协同性等特征，数字经济可通过技术创新和知识溢出效应促进全要素生产率的提高。第四，数字经济与实体经济的融合促进了传统产业的智能转型，催生了新的产业和商业模式，为经济的高质量发展提供了新的动能。第五，通过塑造扁平化、智能化的管理组织和使用科技化、自动化、信息化的监管手段，数字经济可提升自然资源利用率，推动绿色经济增长。[41]

（三）粤港澳大湾区数字经济相关研究

现有研究对粤港澳大湾区数字经济进行了一定程度的探讨。粤港澳大湾区发展数字经济具有数字人才储备丰富、基础数据资源十分丰富、数字产业基础雄厚、信息基础设施完善和营商环境良好等优势。[41] 普华永道发布的《数聚湾区 智汇未来——粤港澳大湾区数字经济发展报告2023》从数字产业规模、数字创新活跃度、数字设施基建、数字产业链四大维度，全面对比粤港澳大湾区"9+2"城市数字经济发展水平并划分出四个城市梯队。[42] 有研究基于对粤港澳大湾区的现状分析，提出粤港澳大湾区发展数字经济的优势和必要性，并提出相应的对策建议。[43] 还有研究测度了广东省21个地市数字经济发展水平，发现粤港澳大湾区数字经济发展呈现我国数字经济发展高地之一、数字产业集群优势突出、构建新发展格局趋势明显、数字经济结构优化等四个典型特点,并在阐述粤港澳大湾区数字经济发展的主要矛盾和问题的基础上提出进一步推进粤港澳大湾区数字经济高质量发展的对策建议。[44] 部分文献研究梳理了广东省数字经济创新发展情况[45],还有研究对广州市的数字经济发展情况进行了总结。[46]

更进一步地,也有研究认为数字经济主要通过以下三种机制助力粤港澳大湾区高质量发展:第一,数字经济将弱化地理因素影响,优化产业空间布局,提升资源配置效率,减少产业同质化现象。第二,数字经济可以破除地区壁垒,降低三地生产要素流通成本,提高创新要素流动效率。第三,数字经济有利于推动形成三地统一大市场,促进大湾区产业分散化和收入分配合理化,提升公共服务均等化水平,实现大湾区共同富裕。[47]

(四) 文献述评

综上可知,现有关于数字经济的研究日益丰富。首先,一些文献在理论层面对于数字经济推动经济高质量发展的具体机制进行了较为充分的探讨,但学界对于数字经济的定义仍未达成一致意见,在实践层面对特定地区数字经济推动经济高质量发展的分析研究相对较少。其次,现有研究对于粤港澳大湾区数字经济发展进行了一定程度的探讨,但从产业数字化、数字产业化、数据价值化、数字化治理四个维度较为全面地分析粤港澳大湾区的数字经济发展并提出针对性的政策建议的研究相对较少。因此,本文基于从以上四个维度对粤港澳大湾区数字经济发展现状和问题的分析,探讨以数字经济赋能粤港澳大湾区高质量发展的具体路径。

三、数字经济赋能粤港澳大湾区正赢得发展未来

新质生产力瞄准重要基础研究和战略性原始创新,在数字时代更具融合性、更体现新内涵,是生产力质的跃迁,是我国经济高质量发展的要求,也是实现社会主义现代化的重要推动力。习近平总书记关于新质生产力的重要论述,是马克思主义生产力理论的新发展,为新时代全面把握新一轮科技革命突破方向和产业变革深入突进新一轮科技革命,推动高质量发展,全面推进中国

式现代化建设提供了科学理论指导、根本遵循和行动指南。党的十八大以来，粤港澳大湾区数字经济蓬勃发展，数字产业化和产业数字化水平显著提升，数据要素市场体系高效培育，数字经济与实体经济深度融合，数字治理体系更加成熟，持续处于全国数字经济发展的领先水平，为高质量发展提供新动能，成为引领经济高质量发展的新机制。

（一）产业数字化

近年来，粤港澳大湾区产业数字化发展成效良好，数字经济同农业、制造业、现代化服务业等多种产业融合不断加深。

在农业领域，粤港澳大湾区率先探索经济先发地区农业高质量发展新路径，加快推广应用农业高科技、智能化设备，以"直播带货"为切入口，大力开展农业供给侧结构性改革，农业生产效率不断提升，现代都市农业呈现良好发展势头。例如，惠州市博罗县的粤港澳大湾区绿色农产品生产供应基地已建成库容15万吨的粮仓群，实现粮食存储现代化、绿色化、智能化。该项目将成为粤港澳大湾区规模最大、品类最全、功能最优、联农最广的现代农业与食品产业集群。① 佛山市南山镇万亩智慧农业园大力推动农业数字化智慧化建设，在无人农机、无人化农场、智慧农业发展等方面为全国树立了榜样。

在制造业和现代化服务业领域，截至2022年，广东累计推动2.25万家规模以上工业企业数字化转型，工业互联网产业增加值规模居全国第一，带动超过65万家中小企业"上线用云"。② 例如，佛山30多家陶瓷企业联合成立了众陶联，利用广州数据交易所提供的陶瓷行业交易数据，为陶瓷行业企业提供信用证书，从而有力降低了上下游企业交易成本，打造了全国首个陶瓷行业数据空间。在贸易领域，粤港澳大湾区已建成10个外贸数字化公共服务平台；广东国际贸易数字博览馆线上展会为企业提供了云参展、云洽谈、云对接、云签约等服务，不断提升跨境贸易服务效率。[48]

香港与澳门在产业数字化进程中亦有不错表现。香港利用数字技术大力发展虚拟银行。例如，众安在线旗下的虚拟银行——众安银行通过发挥互联网的渠道优势，利用金融科技降低人员成本，发展多元化业务，持续领跑于行业。

---

① 数据来自 https://static.nfapp.southcn.com/content/202206/13/c6582368.html。
② 数据来自 https://news.southcn.com/node_35b24e100d/b1d8c2a3e6.shtml。

澳门数字支付和数字贸易发展迅速。据统计，2022年澳门移动支付数量达到2.6亿笔，相较2018年的130多万笔实现了颠覆式的增长。① 随着数字经济"新型基础设施""星火·链网"超级节点落地，澳门将在促进跨境数字贸易合作领域发挥重要作用。

（二）数字产业化

首先，粤港澳大湾区数字基础设施发展水平走在全国前列。截至2023年11月，广东省移动电话基站总数为102.4万个，其中4G基站总数为56.5万个，5G基站总数为32.3万个；5G移动电话用户规模达8427.1万户，同比增长38.5%，5G用户占移动电话用户的比例为48.8%；移动互联网用户数为1.6亿户，移动互联网用户普及率为124.1户/百人；互联网宽带接入用户为4898.1万户，同比增长5.7%。② 其次，粤港澳大湾区内数字产业龙头企业蓬勃发展，数字产业生态体系初具雏形。根据《互联网周刊》联合eNet研究院、德本咨询共同发布的《2022数字经济创新企业100强》榜单，前十名的企业中华为、腾讯和中兴通讯等企业均诞生于粤港澳大湾区。2022年广东人工智能企业超过1500家，人工智能核心产业规模超过1500亿元，软件业务收入、智能终端产量等数字经济核心产业均位列全国第一梯队。③ 深圳以电子信息制造业为特色，形成强大的发展能力。例如，深圳市宝安区工业互联网产业示范基地，依托富士康、腾讯等龙头企业以及5万多家工业企业，打造了工业互联网产业集群。④

（三）数字化治理

为贯彻落实习近平总书记、党中央决策部署，广东自2017年以来在全国率先启动数字政府改革，依托一体化政务服务平台，打造出独具广东特色的"粤省事""粤商通""粤政易""粤省心""粤公平"等"粤系列"应用，在

---

① 数据来自 https://www.amcm.gov.mo/zh-hant/research-statistics/statistics-page/official-statistics-summary-page。

② 数据来自广东省通信管理局，https://gdca.miit.gov.cn/zwgk/txfz/art/2023/art_07eefd0553c54d8d8b3e307b1533eed9.html。

③ 数据来自 http://www.iitime.com.cn/html/10201/273978.htm。

④ 数据来自 https://m.thepaper.cn/baijiahao_15891025。

数字治理方面领跑全国。当前广东已建成数字政府"12345+N"工作业务体系。具体而言,"1"代表数据要素市场化配置改革,"2"代表《广东省政务服务条例》《广东省数据条例》两个法规体系,"3"代表数字政府建设运营中心(数字广东公司)、省政务服务数据事务中心、广东数字政府研究院三个支撑体系,"4"代表政务服务"一网通办"、省域治理"一网统管"、政务数据"一网协同"、数据资源"一网共享"四大主攻方向,"5"代表信创产业联盟、数字政府产业联盟、大数据发展联盟、数字政府安全产业联盟、省电子政务协会等五大产研带动,"N"代表形成了N个标志性成果。[49]

目前,广东省数字政府改革建设进入2.0阶段。政务服务从"快办"向"好办"提升,全省事项网办率达96.4%,最多跑一次率99.8%,零跑动率92.9%;粤省事平台实名用户超过1.81亿,上线2497项服务,日均访问量超过4亿;粤商通平台注册用户超过1400万;"粤智助"政府服务自助机已接入自助终端超过4.18万台,实现全省行政村全覆盖;① 推出全国首个省级政务服务平台"视频办"服务专区;颁布《深圳经济特区人工智能产业促进条例》《广州市数字经济促进条例》等多个"国内首部"条例。此外,广东还在粤港澳三地政务服务协力融通、推进数据跨境流通合作方面进行了积极探索。例如,在广州南沙、深圳前海、珠海横琴开展"数据海关"试点。

(四)数据价值化

数字交易市场蓬勃发展。广东省已出台《广东省数据条例》,推动将数据生产要素纳入国民经济核算体系。其中,广州海珠、深圳南山已获批开展数据生产要素统计核算试点。一方面,广东构建了以行政机制为主的一级市场,筹建省公共数据运营管理机构,成立广东数据资产登记合规委员会;开展数据资产登记试点;推出公共数据"开放超市",向社会累计开放超过10.66亿条政府数据。另一方面,广东构建了以市场竞争机制为主的数据交易二级市场。2022年广州数据交易所、深圳数据交易所相继成立,当年交易额超过17亿元;② 截至2023年8月,广州数据交易所已实现累计成交总额超过16亿元,

---

① 数据来自 https://baijiahao.baidu.com/s?id=1743482776171345283&wfr=。
② 数据来自 https://finance.sina.com.cn/roll/2023-08-24/doc-imziifez6367324.shtml。

拥有 1081 家会员并覆盖 23 个行业类别。① 此外，粤澳跨境数据验证平台已在粤澳两地上线试运行。

四、数字经济赋能粤港澳大湾区新发展格局的现实路径

习近平总书记强调，"高质量发展是全面建设社会主义现代化国家的首要任务。要大力发展战略性新兴产业，加快发展数字经济"。认真学习习近平总书记关于新质生产力、数字经济与高质量发展的重要论述，深刻认识加快培育和勃发新质生产力，加快数字经济建设，为不断推进中国式现代化深入发展提供强劲的不竭动能。

（一）夯实数字基础设施建设

目前，粤港澳大湾区内新型数字基础设施存在区域发展不平衡等问题，核心城市和非核心城市、城乡之间数字基础设施建设水平存在差距。当前，可加大力度建设非核心城市、农村偏远地区新型数字基础设施，持续推动 5G 网络、千兆光网等基础设施的优化布局和广泛应用，完善国际海缆、卫星通信网络和云计算设施的布局。同时，推动工业互联网、车联网等建设，加快交通、能源、民生、文化、环境等领域的基础设施智能化升级和数字化改造。

（二）强化数字技术创新能力

集中优势力量加快数字经济核心技术攻关，加快推动粤港澳三地数字技术联合创新。加速光通信、5G 增强、量子光信等网络技术研发，推动网络智能化攻关，加大集成电路、云计算、大数据、人工智能、新型显示、关键软件等领域关键核心技术攻关。发挥龙头企业的引领作用，推动产学研用协同攻关，攻克一批"卡脖子"技术问题。加大基础研究投入，持续强化基础研究。集聚数字经济高端人才，完善知识产权保护制度和创新激励政策。

（三）发挥数据要素乘数效应

发挥粤港澳大湾区全国领先规模市场、海量数据资源、丰富应用场景等多

---

① 数据来自 https://www.sohu.com/a/720697718_121255906。

重优势，促进数据多场景应用、多主体复用，培育基于数据要素的新产品和新服务，发挥数据要素的放大、倍增作用。提升数据供给水平，完善数据资源体系，推动建设行业共性数据资源库建设，加大公共数据资源供给，引导企业开放数据，加强数据采集、管理等标准建设。优化数据流通环境，提高数据交易流通效率。促进数据有序跨境流动，对标国际高标准经贸规则，持续优化数据跨境流动监管措施，依托深港河套合作区探索"数据特区"试点，完善粤港澳三地数据跨境流动规则，推动粤港澳大湾区跨境数据交易流通。支持粤港澳大湾区各城市协同开展政策性试点，研究数据确权的落地举措，探索数据流通交易模式，鼓励各地大胆探索、先行先试，加强模式创新，及时总结可复制推广的实践经验。落实数据安全法规制度，完善数据分类分级保护制度。

（四）深化产业数字化转型

发展智慧农业、直播农业、创意农业、观光农业、线上农业，加快大数据、云计算、物联网、区块链溯源等数字技术在农业生产、加工、销售和物流等各环节全链条应用。加强对传统工业的数字化改造，进一步推动5G、大数据、物联网、人工智能、区块链、工业互联网等技术在工业应用场景的拓展。加大政府对公共数据和底层技术的供给，引导中小微企业各种云服务的应用。深化"数字技术+服务业"发展模式，提升金融、商务等领域数字化水平，推动文化旅游与数字产业深度融合，加快服务业数字化转型进程。

（五）健全数字治理体制机制

加强数字治理制度建设，深化数字政府改革，提升数字公共服务水平，提高全民数字素养，推动数字资源和服务共享。推动"粤商通"与香港、澳门经贸合作信息平台融合对接，为粤港澳大湾区企业提供从开办、融资、税务、政策兑现等一站式服务，优化市场主体投资生产经营全链条服务。积极搭建数字合作平台，创建数据交易良好生态，破除数据流动障碍，发挥市场在数据资源配置中的决定性作用，建设湾区数据要素统一大市场。

参考文献

[1] 郭跃文. 广东培育和勃发新质生产力的生动实践 [N]. 南方日报，

2024-03-04（12）.

［2］南方网. 牢记殷殷嘱托 奋力在推进中国式现代化建设中走在前列［EB/OL］.（2023-04-14）［2024-03-19］. https：//baijiahao. baidu. com/s？id=1763112147642350573&wfr.

［3］向晓梅,庄伟光. 用新质生产力赋能高质量发展［N］. 光明日报,2023-12-19（5）.

［4］贾卫列. 数字经济是培育新质生产力的一大核心［EB/OL］.（2024-03-07）［2024-03-19］. https：//baijiahao. baidu. com/s？id=1792818163832668881&wfr.

［5］刘琳. 健全数字经济制度体系 赋能新质生产力发展［N］. 广西日报,2024-02-27（5）.

［6］刘锦涛. 加强数字化和绿色化协同［EB/OL］.（2024-03-09）［2024-03-19］. https：//baijiahao. baidu. com/s？id=1793005238378591407&wfr.

［7］盘和林,周子铭. 促进数字经济赋能城市绿色发展［N］. 深圳特区报,2023-07-04（3）.

［8］王磊,李吉,王兴启. 数字经济对城市经济绿色转型的影响研究——基于集聚经济的实证分析［J］. 城市问题,2023（4）：76-86.

［9］张杰. 打造数字时代中国式现代化发展新引擎［N］. 中国社会科学报,2023-07-25（2）.

［10］习近平. 高举中国特色社会主义伟大旗帜 为全面建设社会主义现代化国家而团结奋斗——在中国共产党第二十次全国代表大会上的报告［M］. 北京：人民出版社,2022：23-24.

［11］Goldfarb A, Tucker C. Digital economics［J］. Journal of economic literature, 2019, 57（1）：3-43.

［12］秦芳,谢凯,王剑程. 电子商务发展的创业效应：来自微观家庭数据的证据［J］. 财贸经济,2023,44（2）：154-168.

［13］田鸽,张勋. 数字经济、非农就业与社会分工［J］. 管理世界,2022,38（5）：72-84.

［14］Chen J L, Wang J C. The impact of broadband speed on innovation：City-level evidence from China［J］. Heliyon, 2023, 9（1）, e12692.

［15］Li R, Rao J, Wan L Y. The digital economy, enterprise digital transformation, and enterprise innovation [J]. Managerial and Decision Economics, 2022, 43 (7): 2875-2886.

[16] 姜兴, 张贵. 以数字经济助力构建现代产业体系 [J]. 人民论坛, 2022 (6): 87-89.

[17] 刘志成. 发展数字经济 促进共同富裕 [N]. 光明日报, 2024-02-20 (2).

[18] 国家发展改革委, 国家数据局. 数字经济促进共同富裕实施方案 [R/OL]. (2023-12-23) [2024-03-19]. https://www.gov.cn/zhengce/zhengceku/202401/content_ 6924631. htm.

[19] 王军. 数字经济促进共同富裕的三重维度 [N]. 中国社会科学报, 2024-03-11 (5).

[20] Tapscott D. The digital economy: Promise and peril in the age of networked intelligence [M]. New York: McGraw-Hill, 1994.

[21] 姜奇平. 数字经济学的基本问题与定性、定量两种分析框架 [J]. 财经问题研究, 2020 (11): 13-21.

[22] 裴长洪, 倪江飞, 李越. 数字经济的政治经济学分析 [J]. 财贸经济, 2018, 39 (9): 5-22.

[23] 中国信息通信研究院. 中国数字经济发展报告 (2022 年) [R]. [2024-03-19]. https://www.laict.ac.cn/kxyj/qwfb/bps/202207/P020220729609949023295.pdf.

[24] 秦芳, 王剑程, 胥芹. 数字经济如何促进农户增收? ——来自农村电商发展的证据 [J]. 经济学 (季刊), 2022, 22 (2): 591-612.

[25] Czernich N, Falck O, Kretschmer T, Woessmann L. Broadband infrastructure and economic growth [J]. Economic Journal, 2011, 121 (552): 505-532.

[26] Nelson R R, Phelps E S. Investment in humans, technological diffusion, and economic growth [J]. The American economic review, 1966, 56 (1/2): 69-75.

[27] Barber B M, Odean T. The internet and the investor [J]. Journal of economic perspectives, 2001, 15 (1): 41-54.

[28] Autor D H. Wiring the labor market [J]. Journal of economic perspectives, 2001, 15 (1): 25-40.

［29］Borenstein S, Saloner G. Economics and electronic commerce［J］. Journal of economic perspectives, 2001, 15（1）：3-12.

［30］谢平, 邹传伟. 互联网金融模式研究［J］. 金融研究, 2012,（12）：11-22.

［31］杜丹清. 互联网助推消费升级的动力机制研究［J］. 经济学家, 2017（3）：48-54.

［32］刘湖, 张家平. 互联网对农村居民消费结构的影响与区域差异［J］. 财经科学, 2016（4）：80-88.

［33］祝仲坤, 冷晨昕. 互联网与农村消费——来自中国社会状况综合调查的证据［J］. 经济科学, 2017（6）：115-128.

［34］Gaspar J, Glaeser E L. Information technology and the future of cities［J］. Journal of Urban Economics, 1998, 43（1）：136-156.

［35］Fountain J, Osorio-Urzua C. The economic impact of the Internet on the government sector. Litanet RE., ed., In The economic payoff from the Internet revolution［M］. Washington, DC：Brookings Institution Press, 2001.

［36］韩先锋, 宋文飞, 李勃昕. 互联网能成为中国区域创新效率提升的新动能吗［J］. 中国工业经济, 2019（7）：119-136.

［37］Litan R E, Rivlin A M. Projecting the economic impact of the Internet［J］. American Economic Review, 2001, 91（2）：313-317.

［38］Krueger A B. The Internet is lowering the cost of advertising and searching for jobs［N］. New York Times, 2000.

［39］Fairlie R W. The personal computer and entrepreneurship［J］. Management Science, 2006, 52（2）：187-203.

［40］Audretsch D B. The entrepreneurial society［J］. The Journal of Technology Transfer, 2009, 34：245-254.

［41］谢宝剑. 数字湾区——粤港澳大湾区高质量发展的新引擎［J］. 南方经济, 2021（10）：6-8.

［42］新浪财经. 粤港澳大湾区数字经济发展报告2023：广深数字化水平居第一梯队, 数字技术重构大湾区产业生态［EB/OL］.（2023-12-09）［2024-03-19］. https://finance.sina.com.cn/tech/roll/2023-12-09/doc-imzxmsqp5946299.

shtml.

[43] 李挥, 黄燕玲. 数字经济助力粤港澳大湾区发展路径研究 [J]. 广东经济, 2022 (12): 34-43.

[44] 朱金周, 方亦茗, 岑聪. 粤港澳大湾区数字经济发展特点及对策建议 [J]. 信息通信技术与政策, 2021 (2): 15-21.

[45] 薛小龙, 黄琼宇. 广东数字经济创新发展研究报告. 2022 [M]. 北京: 社会科学文献出版社, 2022.

[46] 张跃国, 许鹏. 广州蓝皮书: 广州数字经济发展报告. 2022 [M]. 北京: 社会科学文献出版社, 2022.

[47] 万晓琼, 王少龙. 数字经济对粤港澳大湾区高质量发展的驱动 [J]. 武汉大学学报 (哲学社会科学版), 2022, 75 (3): 115-123.

[48] 彭敏静, 丁莉. 首届粤港澳大湾区发展工商大会纵论数字经济 [N]. 21世纪经济报道, 2023-09-15 (3).

[49] 21世纪经济报道. 感恩奋进这五年 | 广东加快探路"数字政府2.0": "粤系列"应用领跑全国, 数据价值加速释放 [EB/OL]. (2024-03-19) [2022-05-21]. https://baijiahao.baidu.com/s?id=1733445963371939613&wfr.

基金项目: 本文系广东省哲学社会规划2023年度高质量发展主题研究专项"深入推进绿美广东生态建设, 擦亮高质量发展的生态底色"(GD23WTD03-2) 以及广东省社会科学院学术体系创新计划重点课题"生态文明建设与绿美广东研究——粤港澳大湾区高质量建设国际化绿色生态城市群路径研究"的阶段性成果。

作者简介: 陈嘉玲, 广东省社会科学院环境与发展研究所研究实习员, 博士; 庄伟光, 广东省社会科学院环境与发展研究所所长、研究员, 广东省习近平新时代中国特色社会主义思想研究中心特约研究员。

因地制宜发展云贵川渝新质生产力

杨正权　冯　勇

在新时代的浩荡春风里，西部大地正经历着前所未有的深刻变革与蓬勃发展。2024年4月23日，习近平总书记在重庆主持召开新时代推动西部大开发座谈会并发表重要讲话。此次讲话，为西部地区的发展指明了新方向、赋予了新使命，绘制了一幅高质量发展、民族团结、生态良好、开放包容的宏伟蓝图。云贵川渝是西部地区的西南区域，拥有面向南亚东南亚开放的区位优势，丰富的矿产资源、水能资源、森林资源和生物资源，为区域经济发展提供了重要保障。

一、云贵川渝地区生产力发展现状

（一）基础设施体系持续优化升级

互联互通综合立体交通网络体系加速形成。公路方面，西部陆海新通道建设有序推进。国道G318线、G219线、川渝交通一体化加快推进。截至2023年末，云贵川渝地区高速公路通车总里程达33277公里。"四好农村路"持续推进，农村公路总里程为100万公里。铁路方面，叙毕铁路、贵南高铁贯通运营，滇藏铁路、川藏铁路、渝昆高铁扎实推进，成渝中线、渝宜高铁、黔吉高铁等进展顺利。民航方面，阆中古城机场、北川永昌通用机场建成通航。昆明长水机场改扩建开工，重庆新机场选址获批，贵阳龙洞堡机场T3航站楼国际区域正式启用。水运方面，澜沧江—湄公河国际航运加快恢复，涪江双江航电枢纽船闸、岷江犍为航电枢纽等建成投运，富宁港、水富港等建设稳步实施。

现代综合物流网络体系不断完善。云贵川渝积极融入西部陆海新通道、中欧班列、澜湄线建设，务实合作、协同发展，构建起从成渝出发至广西北部湾港口出海并与中欧班列保持有效衔接的铁路运输通道，以及经云南瑞丽口岸出口的陆海新通道中缅跨境铁公联运班列线路。以成渝地区为核心，辐射周边省份，构建起较为完善的物流网络体系。

安全可靠的能源保障体系不断完善。积极服务"西电东送"，已建成世界上最大的清洁能源走廊。"水火风光储"多能协同和"源网荷储一体化"共保互济稳步发展，新型能源体系推进实施。能源基础设施建设、能源合作机制不断完善，云贵川渝地区国家能源基地加快建设、川渝"氢走廊""电走廊"有序推进，能源安全与经济增长"双保双赢"。

新型基础设施建设积极推进。5G和光纤"双千兆"加快部署，数字产业化和产业数字化扎实推进。依托"东数西算"，全国一体化算力网络枢纽节点加快实施，成都超算中心建成投用。川渝两地共建共享，推进重大科技基础设施建设，国家广域量子通信骨干网络"成渝干线"全线贯通。天府宇宙线研究中心入驻西部（成都）科学城、超瞬态实验装置等项目加快建设，国家川藏铁路技术创新中心和同位素及药物、生物靶向药物国家工程研究中心获批。

（二）生态环境质量持续改善

云贵川渝山清水秀，水源充沛、空气洁净，风能和光照资源富裕，森林、湖泊、草地、湿地等广泛分布，生态资源丰富，是中国经济绿色高质量发展的蓄水池和后花园。当前长江上游重要生态保护屏障加快构建成形，省际跨区域生态环境保护协同治理深入推进，联防共治与司法协作落地见效，特别是在针对赤水河流域保护，云贵川三地实现"共同决定+条例"立法模式创新应用，全流域生态环境质量显著改善，共护一江清水格局建立健全。产业调整与转型加快，绿色产业集群规模效益显现。全面禁渔、全流域"两污"治理、小水电站拆除、河道岸线整治、危险废物联防联控等系列攻坚行动成效明显。生态文明建设扎根生效，生物多样性保护、森林资源抚育、天然林保护、退耕还林还草、石漠化治理等生态环境保护举措持续践行。

（三）现代产业体系加速构建成形

产业规模层面。云南省，2023年实现地区生产总值（GDP）30021.12亿元，比上年增长4.4%。其中，第一产业增加值4206.63亿元，增长4.2%；第二产业增加值 10256.34 亿元，增长 2.4%；第三产业增加值 15558.15 亿元，增长 5.7%。三次产业对经济增长的贡献率分别为 13.6%、18.2%、68.2%。三次产业结构为 14.0∶34.2∶51.8。

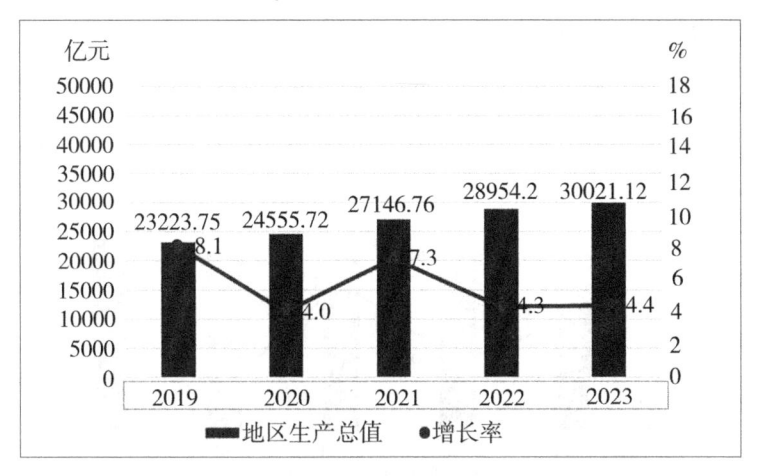

图 1　2019—2023 年云南省地区生产总值及增长速度

四川省，2023 年实现地区生产总值（GDP）60132.9 亿元，比上年增长 6.0%。其中，第一产业增加值 6056.6 亿元，增长 4.0%；第二产业增加值 21306.7 亿元，增长 5.0%；第三产业增加值 32769.5 亿元，增长 7.1%。三次产业对经济增长的贡献率分别为 7.6%、29.9% 和 62.5%。

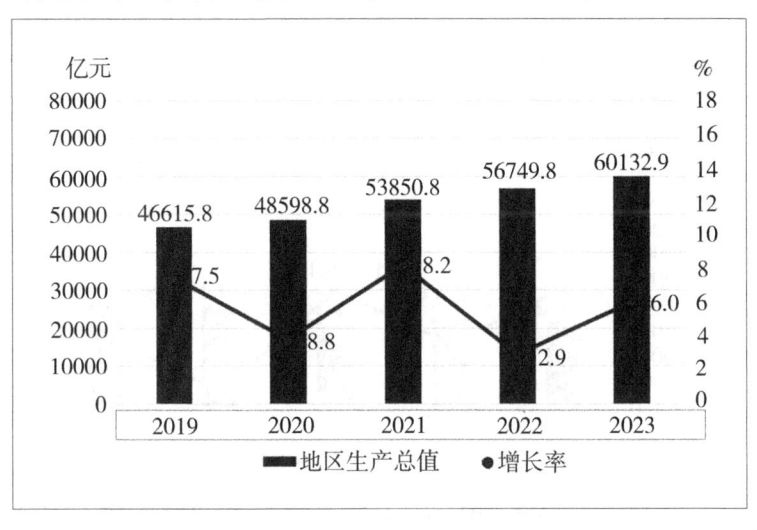

图 2　2019—2023 年四川省地区生产总值及增长速度

重庆市，2023年实现地区生产总值（GDP）30145.79亿元，比上年增长6.1%。其中，第一产业增加值2074.68亿元，增长4.6%；第二产业增加值11699.14亿元，增长6.5%；第三产业增加值16371.97亿元，增长5.9%。三次产业结构比为6.9∶38.8∶54.3。

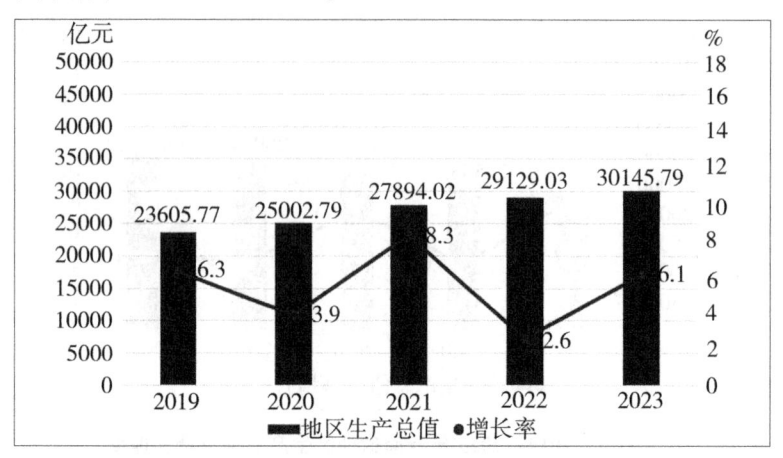

图3 2019—2023年重庆市地区生产总值及增长速度

贵州省，2023年实现地区生产总值（GDP）20913.25亿元，比上年增长4.9%。其中，第一产业增加值2894.28亿元，增长3.9%；第二产业增加值7311.44亿元，增长4.4%；第三产业增加值10707.53亿元，增长5.5%。三次产业对经济增长的贡献率分别为13.8%、35.0%、51.2%。全省人均地区生产总值54172元，比上年增长4.7%。

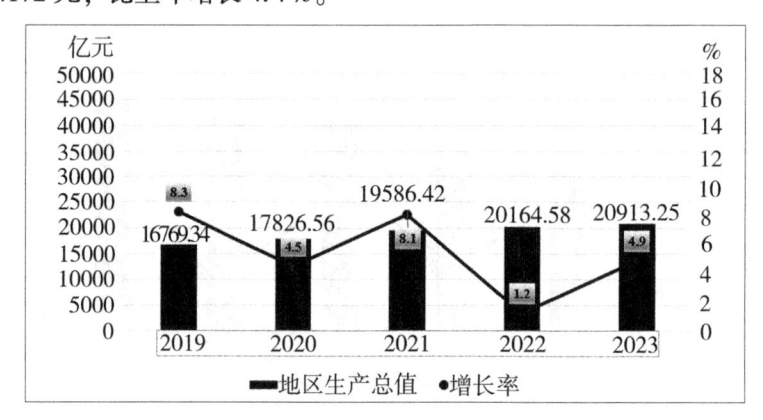

图4 2019—2023年贵州省地区生产总值及增长速度

总体来看，经济总量方面，四川省毫无疑问发挥着领头羊的作用，重庆市、云南省经济总量越过3万亿门槛，处于第二梯队，贵州省则处于末位；增长速度方面，川渝两地经济韧性较强，发展速度稳健。云贵两省受新冠疫情影响，增长放缓，仍处于恢复阶段；经济结构方面，第三产业在四省市中占比均最高，显示出其对经济发展的贡献率。

产业结构层面，第一产业，云贵地区在烟草、茶叶、蔬菜、水果、中药材等产业具有较强竞争力，农业产业化、规模化、现代化水平不断提升。川渝地区的粮食、油料、生猪、柑橘产业形成一定规模和品牌，在推进农业产业化经营、发展现代农业方面成效显著。第二产业，云南在生物医药、新能源、新材料等新兴产业领域积极布局和发展，产业园区建设不断推进，工业集聚效应显现。贵州大数据电子信息产业发展迅猛，成为全国大数据产业发展的重要区域；同时，推进煤炭、化工等传统产业转型升级。川渝地区工业门类较为齐全，形成了电子信息、装备制造、能源化工、先进材料等为主导的工业体系，航空航天、轨道交通等领域具有领先优势，工业数字化、智能化转型加快。第三产业，云贵发挥资源禀赋优势，旅游业发展强劲。四川金融、商贸、物流、文化创意等产业发展迅速，服务业发达。重庆总部经济、会展经济等逐渐兴起。

表1　2019—2023年云贵川渝产业结构占比

年份	省份	第一产业	第二产业	第三产业
2019	云南省	13.1	34.3	52.6
	四川省	10.3	37.3	52.4
	重庆市	6.6	40.2	53.2
	贵州省	13.6	36.1	50.3
2020	云南省	14.7	33.8	51.5
	四川省	11.4	36.2	52.4
	重庆市	7.2	40	52.8
	贵州省	14.2	34.8	50.9

续表

年份	省份	第一产业	第二产业	第三产业
2021	云南省	14.3	35.3	50.4
	四川省	10.5	37	52.5
	重庆市	6.9	40.1	53.0
	贵州省	13.9	35.7	50.4
2022	云南省	13.8	36.2	50.0
	四川省	10.5	37.3	52.2
	重庆市	6.9	40.1	53.0
	贵州省	14.2	35.3	50.5
2023	云南省	14	34.2	51.8
	四川省	10.1	35.4	54.5
	重庆市	6.9	38.8	54.3
	贵州省	13.8	35	51.2

（四）开放格局持续深化成效渐显

对外方面，"一带一路"、西部陆海新通道、中欧班列和中老铁路班列常态化运营以及面向南亚东南亚辐射中心建设深入实施，区域互联互通能力和经贸往来得到提升。四省市借助自由贸易试验区和制度创新，跨境电商和边境贸易快速发展，高水平对外开放不断扩大。如昆明托管西双版纳州磨憨镇，共建国际口岸城市。国际市场积极开拓，四川通过"川行天下"国际市场拓展活动，支持企业参加国际展会和建立国际营销网络，产品国际知名度和市场占有率得到提升。云南企业在东南亚投资建设产业园区、基础设施等项目不断增加。对内方面，云贵川渝交通网络建设持续实施，基础设施互联互通水平不断提升。如四川与贵州、云南签署"1+8"合作协议，构建南下开放大通道。此外，川渝两地开展多维度、多领域的合作，建通道、搭平台、创新举措等，成为跨省合作典范。经济合作框架协议落地见效，川滇在数字经济领域，云贵在交通、产业、对外开放等领域开展密切合作。

（五）协同发展机制不断建立健全

聚焦重点领域和关键环节攻坚破难，成渝地区双城经济圈建设扎实推进，重大事项一体推进机制、创新政策协同联动机制、共建共赢利益联结机制建立完善，经济区与行政区适度分离改革、税费统计分析指标体系积极探索，实现川渝地区市场准入"异地同标"，市场一体化建设加快推进。简化行政审批流程，审批效率大幅提高，政务数据共享和互联互通，云贵川渝四地"放管服"改革持续推进。生态环境保护机制建立健全，区域合作不断加强，云贵川渝共同推进长江流域生态保护，跨界河流协同治理不断加强。全国首个多省（云南、贵州、四川）流域横向生态保护补偿机制试点获批建立。

二、云贵川渝生产力发展存在的问题

（一）基础设施短板有待补齐

公路、铁路、桥梁等交通网络不完善，尤其是偏远山区的道路条件较差，缺乏足够的连接性和安全性。西部地区交通基础设施网络覆盖相对不足，人均交通线路里程只有东部地区的37.8%、中部地区的68.3%，单位GDP交通线路里程只有东部地区的22.6%、中部地区的62.4%，"十纵十横"综合运输大通道尚未贯通路段主要集中在西部地区。农村地区交通网络通达深度不够，仍有超过15%的较大人口规模自然村（组）不通硬化路。边境地区、民族地区、革命老区等特殊类型地区交通网络连通能力不足，云南沿边通道部分路段尚未贯通，边境地区与内陆地区以及民族地区、革命老区与周边城镇化地区的网络衔接有待加强。城市群、都市圈城际铁路和市域（郊）铁路发展存在短板，综合交通枢纽一体化、立体化衔接水平有待提升，枢纽集疏运体系有待完善。渝昆高铁尚未建成通车，以昆明为中心的"八出省、五出境"铁路运输大通道尚未贯通。

水路方面，云贵川渝均处于长江上游，四川是千河之省，地处长江上游，全省有通航河流176条，通航水库、湖泊147个，通航里程10881千米（居全国内河第四、长江沿线第三）。重庆地处长江上游，是中西部地区的"黄金出海口",是服务支撑长江经济带高质量发展的重要力量,重庆已成为长江上游乃至西部地区通江达海、对外开放的主通道和集散中心。云南水资源丰富,拥有长江、珠江、红河、澜沧江、怒江、独龙江六大水系,可开发航运里程近9000千米,贵州水运发展迎来了"黄金十年",全省航道里程3957千米,其中高等级航道管理里程突破1000千米,引领贵州沿江流域经济转型升级、高质量发展。

航道方面,长江干线三峡船闸长期拥堵,宜宾至重庆段航道通过能力有待提升,金沙江翻坝转运设施及高坝通航研究需要加快推进,乌江、嘉陵江、岷江等重要支流依然通而不畅,区域成网、干支衔接水平还需加强;港口方面,五省市港口服务地方经济的潜力仍有很大挖掘空间,港口规划布局与地方经济发展衔接不够,港口枢纽化、集约化水平有待提高,港口集疏运公路、铁路短板依然明显,港口功能结构仍需优化;市场结构方面,市场经营主体"小、散、弱"问题突出,干散货船舶运力总体过剩,市场竞争激烈,多式联运体系尚不完善,船员队伍老龄化现象突出,技术船员流失严重,高素质航运人才紧缺;绿色智慧水平方面,能源清洁能源船舶发展模式尚不成熟,船舶污染物接收转运处置全流程衔接不畅,货运船舶港口岸电使用率不高,干支航道信息互联互通不足,支流船舶北斗覆盖率偏低。

其他方面,西电东输工程建设取得长足成效但是偏远贫困地区电力基础设施不健全电力供应不稳定,部分地区面临供电不足或停电的情况,天然气、石油等能源输送管道分布不均,能源供给不稳定。医疗、教育、文化等公共服务设施等区域分布不均,服务质量参差不齐。在"东数西算"的政策引导下,数据中心、云计算中心等现代信息技术基础设施正在不断建设中,但是依然存在着新型基础设施建设区域不协调的问题。

(二)生态治理保护有待加强

西部地区生态环境复杂且脆弱,环境承载力远低于东部地区,西部多山地、高原,地形复杂,土壤贫瘠,限制了土地的利用效率和生产力。特别是在云贵高原和四川盆地周边的山区,由于地形起伏大、降雨集中,加上植被覆盖不足,容易发生严重的水土流失。贵州省和云贵高原的喀斯特地貌地区,水土流失会导致基岩裸露,形成石漠化,降低了土地生产力,加剧生态系统的退化。过度砍伐和不合理利用森林资源导致植被覆盖率下降，减少了生物多样性，增加了洪水和滑坡的风险。不合理的土地利用，如过度放牧、农业扩张等，导致土地荒漠化、沙化和盐渍化，影响农业生产。尽管云贵川渝地区降雨量相对较多，但由于水资源分布不均和季节性差异，部分区域仍然面临季节性或结构性缺水。水资源分布不均，且在干旱和半干旱地区尤为稀缺，这直接影响了农业灌溉、工业用水和居民生活。地质灾害频发，地震、滑坡、泥石流等地质灾害在云贵川渝地区雨季多发对生态环境和人类社会造成巨大影响。

（三）现代产业结构亟须升级

产业结构不合理。云贵两省的产业结构相对单一，主要依赖于传统产业，如烟草、矿产、农业等。工业总量不大、结构不优的局面尚未根本改变，2023年，云南省全部工业增加值（7202.83亿元）占GDP比重（24%）较全国低7.7个百分点；高技术制造业增加值占规上工业比重（11.7%）较全国低4个百分点。这些产业在经济发展中占据主导地位，但存在资源消耗大、环境污染重等问题，同时也缺乏高技术含量和高附加值的新兴产业，导致产业结构不合理。截至2023年，重庆市三次产业结构为6.88%、38.81%、54.31%与全国三次产业结构基本持平，产业结构较为合理但与主要发达国家一二三产业占比稳定在5∶20∶75仍然有较大差距。四川省三次产业增加值及占GDP比重为10.1∶35.4∶54.5，突出显示出四川省大城市与小城市之间产业发展的不平衡。云贵川渝四省除了成都、重庆等大城市外产业发展都存在着产业链短，产品附加值低的问题。大部分传统产业以粗加工为主，处于产业链的中低端环节，初级加工企业存在弱、小、散，产品附加值低，缺乏核心技术和品牌影响力等现实问题，难以形成具有国际竞争力的产业集群。传统产业与新兴产业支撑不足，产业新旧动能转换接续不畅，依托资源优势发展工业的资源密集型特征突出，产业发展面临一定程度上的转型升级困难，产业转移承接能力有限。

（四）对外开放水平有待提高

云贵川渝地区地处内陆，远离海洋，仅有云南省与缅甸、老挝、越南接壤，一定程度上限制了其他三个区域直接的国际贸易和物流运输能力。在交通、通信、物流等方面的基础设施建设相对沿海地区落后，影响了对外开放的效率和成本。外商直接投资（FDI）规模和比例相比于沿海地区较小，当地的投资环境、市场成熟度和政策优惠程度与东部沿海地区还有较大差距。例如当地企业的国际化程度不高，产品和服务出口竞争力相对较弱，与国际市场的接轨程度有限；出口商品种类和市场过于集中，对外贸易依赖少数产品和市场，缺乏多元化，增加了经济的外部风险；金融市场的开放度和国际化水平较低，跨境金融服务和金融产品创新不足，影响了区域内的资本流动和资源配置；国际化人才储备不足，信息和数据的跨国界流动受到一定限制，影响了与全球市场的连接和合作；区域内部及与周边国家的合作机制尚待完善，跨境经济合作区、自由贸易区等平台的建设与运营有待加强。

（五）区域发展不均衡突出

区域发展不平衡，城乡差距较大。成都、重庆等大城市与周边中小城市、乡村地区之间的发展差距较大，资源分配不均。城乡一体化程度不高，城乡收入差距、基础设施和公共服务水平存在显著差异。云贵川渝不同地区的产业发展水平差异较大，一些偏远地区缺乏产业发展基础，难以实现产业升级和转型。从全局看，科研、资本等生产要素主要集中在四大省会城市，其他地区则生产要素相对缺乏，产业发展不均衡，呈现拉锯状态。

（六）科技创新缺乏强劲动力

创新能力不足，除成都、重庆两大城市外，云贵两省及其他小城市总体经济体量偏小，在科技创新、人才培养等方面投入相对较少，高新技术企业和科技型企业数量少、规模小、能力弱，开展科技创新、转化应用科技成果的能力严重不足，转化应用科技成果的需求和动力不旺，导致产业创新能力不足，缺乏核心技术和自主知识产权，难以支撑产业结构的转型升级。科技创新体系不健全，研发投入不足，高水平科研机构和创新型人才匮乏。技术成果向产业转化的机制不畅，产学研合作深度和广度不足，影响了新技术的产业化速度。高技能劳动力和专业人才短缺，尤其是能够引领产业发展的领军人才和创新团队。人才流失现象，特别是年轻一代和高层次人才流向发达地区，影响了产业的持续创新和发展。数字经济和信息化建设相对滞后，企业数字化转型速度慢，未能充分利用大数据、云计算、人工智能等新一代信息技术赋能产业升级。

三、云贵川渝因地制宜发展新质生产力的建议

(一) 构建自主可控的数字底座

以新发展理念为引领,以技术创新为驱动,以信息网络为基础,面向高质量发展需要,提供数字转型、智能升级、融合创新等服务的基础设施体系,为抢占数字经济先机奠定坚实基础。一是夯实信息基础设施。围绕国家云、5G/6G、人工智能、卫星通信等前沿技术领域,持续强化关键核心技术的自主研发与创新,致力于突破"卡脖子"难题,提升数字信息基础设施的综合效能。全力推进5G+光纤"双千兆"网络建设,补齐偏远地区互联网覆盖率和畅通度短板,构建数字经济、未来产业的支撑网络。前瞻布局6G网络产业链,为数据要素的深度应用与创新提供超前的网络支撑环境。打造支持跨行业、跨区域、跨领域数据流通的新型信息基础设施,充分发挥数据要素对经济社会发展的强大驱动作用。二是加强融合基础设施联动赋能。推动5G、人工智能、大数据等技术与交通物流、能源、生态环保、水利、应急、公共服务等深度融合,积极拓展新技术应用场景。打造区域工业互联网,智慧农业基础设施、智慧交通基础设施、智慧能源基础设施、智慧水利基础设施。三是重点布局创新基础设施。整体布局云贵川渝科研设施体系,瞄准产业发展需要,部署建设一批大科学装置,建设重大科技基础设施、科教基础设施、产业技术创新等基础设施,支撑科学研究、技术开发、产品研制。建设国际科技创新中心,辐射带动创新技术产业化。把握经济数字化转型的共性需求,推进共性技术平台、中试验证平台建设与资源共享。

(二) 构筑新质生产力质量成色

依托和用好生态资源禀赋,以发展方式绿色转型为契机,加快绿色科技创新和先进绿色技术推广应用,实现经济发展的绿色升级。完善支持绿色发展的财税、金融、投资、价格政策和标准体系,加强绿色经济市场激励机制,支持建立以"管制—标准—激励"为核心的政策框架支持。推进节能技术创新和推广应用,加大绿能的结构性替代,重点在光伏发电、风力发电、生物质能、内

陆核电、燃料电池、储能、智能电网，以及新能源等相关材料领域进行先进技术突破和广泛应用。加快建设新型能源体系，提高能源资源安全保障能力。提升能源产业链供应链自主可控水平，实施能源领域重大科技专项和国家重点研发计划重点专项，积极推进可再生能源、储能、氢能、智能电网等关键技术攻关和工程示范，建成西南新型能源基地。以"双碳"目标为导向，着力打造固碳增汇的"碳库"，拓展生态产品价值实现路径，积极在林业碳汇交易上先行先试。建立绿色技术研发中心，推动绿色产业技术自主创新。通过建立技术转移机制，将先进绿色技术推广至西部地区，加速产业结构调整和升级。

（三）加强现代化产业体系建设

立足云贵川渝资源禀赋、产业基础、科研条件等，依托绿色能源走廊和"东数西算"枢纽支撑，积极建设云贵川渝国家战略腹地和关键产业备份，形成区域发展新动能。一是加快传统产业的改造升级。以特色优势产业作为发展主攻方向。云贵川渝充分发挥比较优势，通过业态创新与商业模式创新，做优做强主导产业。提升传统产业质态，逐步迈向价值链高端。通过推动科技成果转化，融入具体的产业链和价值链，推动技术变革性突破、生产要素创新性配置、产业深度转型升级。促进传统产业向数字化、智能化、绿色化发展。应用新技术升级传统产业，降低能耗，提升效率和科技含量，加速产业链核心技术研发，增强自主控制力。融合 AI 技术，创建智能工厂和供应链，实现生产和流通智能化高效化。侧重发展绿色产业，突破低碳技术，推动传统产业绿色转型。二是加快新兴产业的培育壮大。抓住新一轮科技革命和产业变革机遇，推进先进制造业和现代服务业融合发展，深入推动 5G 规模化应用。打造生物制造、前沿新材料、高端装备、绿色环保、低空经济等新增长引擎。打造云贵川渝战略性新兴产业集群，增强西部产业发展的整体竞争力。三是加快未来产业的前瞻布局。大力实施创新驱动发展战略，打好关键核心技术攻坚战。强化宏观指导、前瞻谋划和有序布局，构建未来产业培育发展相关政策和规划体系，布局建设一批未来产业先导区。开展"人工智能+"行动，开辟量子信息、生命科学、新型储能、元宇宙、细胞治疗等新赛道。打造西南未来产业高地，成为西部地区的重要经济增长极。

（四）促进创新型要素高效流通

依托云南开放区位优势，构建"双循环"新发展格局赋能资源配置效率提升，打通南亚东南亚及环印度洋地区44个国家、约33亿人口的大市场。以高水平制度型开放赋能全球创新要素汇集，促进数据、人才、资金、技术等要素高效流通。加强交通基础设施建设，提升物流基础设施保障水平。持续畅通优化中老、中越、中缅通道，提升云南与周边国家的陆路交通连接水平，为多式联运创新发展提供有力保障。加快融入西部陆海大通道战略，全面提升区域交通联通效率。深化规则对接。积极推进与国际高标准经贸规则对接，深入服务和融入《区域全面经济伙伴关系协定》（RCEP）、"一带一路"等国际协议的实施运用。深入推进跨境服务贸易和投资高水平开放，在增值电信、基因诊断与治疗技术开发和应用等领域开展准入试点。扩大数字产品等市场准入，大力推动数据开发开放和流通使用。支持外资科技企业与国内科研机构共同开展科技攻关，加强投资经贸合作。积极推动公共数据的开放共享和开发利用，加快探索数据要素市场化配置机制，探索数据资产化资本化有效路径，健全数据跨境流通机制，健全政府、企业和社会等多元协同的数据资产治理机制，构建国际型多层次数据交易市场。打造具有国际竞争力的产业链供应链。抓住承接东部地区产业转移契机，吸引优质项目落地。以面向南亚东南亚的辐射中心建设引领带动西部地区经济增长极培育，助力跨境经济合作区更好集聚双边要素和产业。

（五）西南城市群联动协同发展

以成渝城市群为中心，辐射带动云贵地区，通过放大各区域的比较优势、合力发展，逐步构建"4小时产业圈"的高效协作模式，形成西南城市群。加速与长江经济带的深度融合，打造东西部合作的新样本。加速数实融合进程，提高云南川渝区域信息、知识交流效率。合理规划数字基础设施布局，持续普及中小城市数字化技术，缩小区域内部创新差距，孕育数字经济新业态，创造更多知识密集型、技术密集型工作岗位，实现传统生产方式向现代化、智能化、自动化转变。依托区域协调发展战略，打造区域创新高地。以新质生产力为核心，加强创新开放合作，通过科学规划，优化西部产业发展空间结构，促进资源在区域内合理分布,建好国家自主创新示范区、科技成果转移转化示范区,形成西部地区高质量发展新格局。完善体制机制,提升创新成果的产业转化率。加快完善有利于形成新质生产力的体制机制,落地有利于创新战略实施的区域政策。完善创新要素资源分配机制,建立创新要素由市场评价贡献、贡献决定报酬的机制,健全知识产权保护体系,以科技体制机制改革,实现创新要素自由流通和创新成果共建共享。

(六)稳步提升民生保障水平

注重城市品质的提升和民生福祉的改善,通过建设更为宜居的城市环境,吸引大量的人才和投资。优化教育资源配置。加大对基础教育和职业教育的投入,提升教育质量与公平性,特别是在偏远和农村地区,通过数字化手段缩小教育资源差距,培育更多高素质技能人才和创新人才,为新质生产力提供人才支撑。强化医疗卫生服务,构建区域医疗中心与基层医疗卫生服务网络,推动远程医疗服务普及,利用智慧医疗技术提升诊疗效率和健康管理能力,特别注重重大疾病防控和公共卫生体系建设,保障人民健康,减轻因病致贫、因病返贫现象。完善社会保障体系。建立健全多层次社会保障体系,提高社会保险覆盖面和保障水平,特别是养老保险、医疗保险和失业保险,为劳动力流动和创新创业解除后顾之忧。加大对弱势群体的帮扶力度,确保社会保障体系能够兜底民生,促进社会和谐稳定。促进就业与收入增长。实施更加积极的就业政策,通过技能培训、创业扶持等措施,促进高质量就业,特别是在绿色经济、数字经济等新经济领域。优化收入分配结构,提高劳动报酬在初次分配中的比重,缩小区域与城乡收入差距,提升民众生活水平。推进社会治理创新。深化"放管服"改革,优化政务服务,提升社会治理智能化、专业化水平。鼓励公众参与社会治理,构建共建共治共享的社会治理格局,及时响应民众诉求,提升民众满意度和幸福感。

(七)强化关键保障要素支撑

坚持先立后破、因地制宜、分类指导的基本原则,加快提升科技创新能力和科技创新成果应用,为传统产业注入新的科技基因,以新兴技术替代传统产业的落后技术,促进传统产业数字化转型,由此催生新产业、新模式、新动能，培育形成新质生产力。释放人才创新活力。加快劳动力素质、工具更新及创新资源的提升，优化人才发展生态，构建有利于人才培养、成长及创新的环境，增强对全球创新人才的吸引力。推动人才生态现代化，实现人才培育、引进、使用等全过程的高效衔接，促进区域人才合理流动与国际交流，深化人才链与创新链、产业链、资金链的融合，优化人才发展各项环境，形成制度优势，以教育、科技、人才的协同促进新质生产力发展，吸纳更多优秀人才投身西部现代化建设。营造优质创新环境和制度体系。持续提高原始创新能力，提高研发经费投入强度和基础研究经费占比。优化金融供给，侧重科技金融发展，强化对科技创新、现代化产业及科技型中小微企业的资金支持。

作者简介：杨正权，云南省社会科学院院长，教授；冯勇，云南省社会科学院东南亚研究所研究员。

数实融合：推动贵州经济发展的"质"与"量"

王 楠 张 杰

摘 要：数实融合是推动贵州经济高质量发展的应然追求，旨在实现贵州经济飞跃提升。通过实施数实融合战略有利于促进区域协调发展、推动本省经济转型升级、提升本地产品的竞争力。这既是贵州经济发展抢占先机的重要抉择，也是应对国内外经济发展存在挑战和风险的有力保障，更是满足人民群众需求的必要之举。数实融合推动贵州经济的高质量发展，要着重在"质"上下功夫，要在"量"上多集聚，着力推动贵州经济高质量发展的健康和可持续。

关键词：数实融合；高质量发展；可持续

数实融合是推动贵州经济高质量发展的有效探索，旨在实现贵州经济质的稳步提升和量的合理增长。推动数实融合在贵州的深入发展，助力贵州的经济转型和升级。数字技术的收集、分析和挖掘为实体经济实现绿色、低碳、循环的生产提供强大的技术支持，数字经济和实体经济的双融合助力经济的高质量发展，借此融合实现贵州经济后发赶超、赶超进位，为实现贵州经济的历史性跨越提供了历史良机。数实融合推动贵州经济高质量发展既是一种探索实践，也是一种价值追求，既具有技术上的可行性，也具有现实中的紧迫性。因此，充分发挥贵州优势和资源禀赋，借力数实融合的机遇推动自身的发展，是新时代贵州经济高质量发展的智慧选择和题中之义。

一、数实融合的理论内涵及时代特征

伴随新一轮的科技革命，以云计算、物联网、大数据、人工智能、区块链为代表的数字技术正在加速推进产业变革，在冲击着既有工业时代发展逻辑的同时，也为未来加快推进产业数字化奠定了技术基础。数字经济作为典型的通用目的的技术，如同以往科技革命中的蒸汽机、电力一样，具有极强的渗透性、广泛的应用性，能够迅速扩散至整个经济领域，系统地嵌入到企业决策、产业竞争、经济增长等各个层面，催生新产品、新业态、新模式，实现经济形态从工业经济向数字经济的跃升。

党的十八大以来，以习近平同志为核心的党中央统筹中华民族伟大复兴战略全局，深刻把握新一轮科技革命和产业变革新机遇，作出"数实融合"的重大决策部署。2017年底，习近平总书记在中共中央政治局第二次集体学习时就指出，要加快发展数字经济，推动实体经济和数字经济融合发展，推动互联网、大数据、人工智能同实体经济深度融合。2021年，"十四五"规划再次强调要"充分发挥海量数据与丰富应用场景优势，促进数字技术与实体经济深度融合"。2022年初，习近平总书记在《求是》杂志刊发署名文章《不断做强做优做大我国数字经济》，明确提出要"推动数字经济和实体经济融合发展"。党的二十大报告提出，促进数字经济和实体经济深度融合，打造具有国际竞争力的数字产业集群。2023年2月，中共中央、国务院印发《数字中国建设整体布局规划》，再次明确"促进数字经济和实体经济深度融合，以数字化驱动生产生活和治理方式变革"，旨在构筑国家竞争新优势，赋能经济社会高质量发展。在新一轮科技革命与产业变革浪潮中，借力数字经济发展机遇撬动实体经济既有格局，继而推动落实农业、工业、能源等重要领域的数字技术创新应用，有益于实体经济实现高质量发展。

在政策文件引导下，学界对数实融合也展开了相应探究。欧阳日辉（2023）认为数实融合是指通过数字技术在传统产业中的深度融合应用，激活数据要素潜能，促进数据、技术、场景深度融合，高效贯通生产、分配、流通、消费各个环节，推动农业、制造业、服务业等产业数字化，催生新产业新业态新模式。洪银兴等（2023）提出数实融合是实体经济的数智化，其原动力是包括人工智能、区块链、大数据、云计算等在内的数字技术。任晓刚等（2023）认为数实融合是推进中国经济高质量发展的必由之路，也是实现中国式现代化的必然选择。白新华等（2023）认为数实融合的本质是数字技术对实体经济的全方位变革，是实现实体经济高质量发展的可行路径。王谦（2024）

等认为数实融合是一个带有明显中国话语色彩的学术概念，是吸收国内外优秀理论并与中国实际相结合的产物。

总而言之，数实融合的理论和实践正在有条不紊地展开和推进。基于以上内容的讨论，本文对数实融合进行尝试性界定：数实融合是"大数据+产业"的具象形态，意指以大数据技术为支撑，数字技术应用为手段，在遵循产业经济增长和发展的基础与规律之上，二者相互叠加，对经济施以影响。数实融合助推经济高质量发展具有以下特征。

第一，要素的多样性。数实融合的关键因素是数据。数据基础设施、数据治理体系具有明显的正外部性，实现数据从资源到要素的转换，激发"数""实"间的协同效应。在这个过程中，实际发生的成本与收益是影响融合的关键要素。直接地，数实融合过程必然会带来新的软件、硬件、人力资源以及时间成本等要素的投入。例如，完备的5G网络能使得工业互联网的实时数据处理和远程控制成为可能，数据中心的高效能保证了大数据分析和云服务的可靠性，这些均是推动数实融合发展的核心要素。数实融合要素的多样性还体现在生产过程中所使用的不同类型的资源，其中包括不同技能水平、专业知识和工作经验的劳动者，机器、设备、建筑物、存货等不同类型和规模的生产资料，不同类型和来源的数据、信息内容和分析能力等等。数实融合要素的多样性对于不同类型的资源组合和利用方式可以促进创新，提高生产效率，推动经济的多样化和高质量发展。同时，要素的多样性也要求企业和政府在资源配置、产业政策和教育培训等方面采取相应的策略和措施，以充分发挥各种生产要素的潜力，促进经济的全面发展。

第二，程序的复杂性。数实融合将先进的数字化技术作为革新生产、管理过程的尖端工具，不仅可以加快传统产业的转型步伐，显著放大生产力潜能和经济运行的效率，而且能够孕育新的经济增长点，加速推进经济体向高质量发展方向迈进。在数字化转型过程中，所面临的程序和过程是纷繁复杂的。例如，利用数字技术创造新产品、新流程、新模式，其中面临一定的资金、技术、人才投入门槛，且只有达到一定规模后才具有显著的能力提升效应。数实融合的过程涉及结构、逻辑、功能、交互和依赖关系。包括算法的复杂性，如$O(n)$、$O(n^2)$等，其中n是问题规模。算法的复杂性越高，解决问题所需的资源也就越多。在产业层面上，数实融合的复杂性集中体现在制造业和服务业的产业特征演进上，所涉及的生产活动、流程步骤、信息决策和生产参与的各个方面。

第三，融合的创新性。数实融合是一种创新性发展的过程，通过数字技术的引入和应用，推动实体经济的创新发展。通过科技创新、制度创新、管理创新等方式推动生产力质的飞跃，从而提高数实融合的动能和优势，以及提升其内生动能。例如，数实融合催生共享经济、平台经济等新的商业模式，这些模式通过数字技术连接供需双方，创造新的市场和价值。通过推动云计算、大数据、人工智能、物联网等新技术的发展和应用，提高生产效率，创造新的产品和服务。促进传统产业的转型升级，提高产业附加值和竞争力。通过实时数据分析和预测，优化供应链管理，实现更加精准的库存管理和物流配送等等。

二、数实融合推动贵州经济发展的必要性与紧迫性

数实融合推动贵州经济高质量发展既具有价值维度的必要性，也具有现实维度的紧迫性。贵州应紧抓机遇、积极行动、奋发有为，以区域协调发展实现省内外均衡发展和相互促进，缩小区域发展差距促进经济社会全面发展，以依赖型经济向多元化、创新驱动型经济转变，实现贵州经济结构的优化升级，提高经济增长的质量和效益，以贵州的独特资源和政策优势推动产业发展，提高产品竞争力，实现可持续发展。数实融合为贵州经济的持续健康发展注入新的动力和活力，在全球数字经济快速发展背景下，使贵州抢占经济发展的先机，积极应对国内外经济发展过程中的风险和挑战，不断满足群众日益增长的物质文化需求。

（一）数实融合推动贵州经济发展的价值彰显

从宏观层面来讲，数实融合有利于促进贵州区域协调发展。数实融合有助于推动贵州省内以及省外周边地区的协同发展，尤其是川、黔、渝、滇地区实现资源共享、优势互补。从省内来看，数实融合有利于促进包括基础设施建设、产业发展、扶贫开发、人力资源开发、城乡融合发展、社会治理创新等多方面的协调发展。通过加强交通、通信、水利等基础设施的建设，尤其是改善贫困地区和少数民族地区的基建，以促进区域间的互联互通和经济一体化。根

据不同地州市的资源禀赋和比较优势,发展自身的特色产业和优势产业,如旅游业、农业、文化产业等,实现产业多元化和区域经济的差异化发展。实施精准扶贫政策,减少贫困人口,提高贫困地区的发展能力和自我发展能力,实现与省内其他地区的协调发展。注重生态保护和绿色发展,实施生态修复和环境治理项目,保护生态环境,促进可持续发展。通过教育、培训等方式,提高人力资源素质,促进人才流动和就业,为各地区的发展提供人力支持。推动城乡融合发展,实现城乡规划、产业布局、基础设施、公共服务的一体化发展,缩小城乡差距。从省外来看,数实融合有利于实现西南地区包括川、黔、渝在内的各地区之间的合作与交流,在区域层面,颠覆性技术创新往往存在空间相关性,这主要缘于区域间尤其是相邻区域间的创新要素流动、创新策略联动和创新成果交易。通过建立区域合作机制,促进资源共享、优势互补和市场一体化,从而缩小省际经济发展的差距,提高地区的整体竞争力,积极把握国家"一带一路"等重大发展机遇,拓展贵州对外开放的新空间。

从中观层面来讲,数实融合有利于推动贵州经济转型升级。随着全球经济的深入发展和技术的不断进步,数字经济已成为新的经济增长点。贵州作为中国欠发达省份,必须紧跟时代潮流,积极推动数字经济与实体经济深度融合,实现经济结构的优化和转型升级。坚持以市场需求为导向,通过市场机制倒逼传统型企业转型升级,通过系列数字技术改造传统产业,以质量化和精准化推动传统产业走向技术化、高端化发展之路,助推经济发展方式转型升级。围绕"四新",以科技创新赋能贵州"四化"发展,推进产业发展走向高端化,把科技创新这个"关键变量"转化为高质量发展的"最大增量"。围绕贵州工业优势,紧扣产业链各环节,尽快形成一批产业发展后劲强、带动力强、社会经济辐射广的核心技术,争取在FAST关键技术、东数西算、区块链、新能源动力电池及材料等科技领域取得新突破。围绕山地特色农业优势加快农业创新,大力发展山地高效农业,通过引入先进的农业科学技术,提高山地农业的生产效益,实现农业可持续发展。加快以科技创新赋能新型城镇化和旅游产业化的进程,努力在智慧城市、智慧旅游、智慧建造等方面取得成果,通过引入人工智能等先进技术,提升城市管理和服务水平,构建智慧城市生态系统。大力推动传统产业优化升级,大力培育新动能,推动山地特色农业精品化、工业高端化、现代服务业特色化、一二三产业数字化和融合发展,深入开展质量品牌建设。依靠信息技术创新驱动促进贵州传统产业转型升级，使大数据产业成为贵州经济发展的重要增长点，引领贵州省经济创新发展。推动高耗能、高污染的企业进行产业升级改造。

从微观层面来讲，数实融合有利于提升贵州的产品竞争力。数实融合有助于提升贵州传统产业的智能化、网络化、服务化水平，培育新兴产业，打造具有国际竞争力的现代产业体系。实现高质量发展，表现在产品结构上，由低技术含量、低附加值产品为主向高技术含量、高附加值产品为主转变。贵州的能源、化工、白酒、烟草等四大传统支柱行业通过数实融合进行改革创新。利用大数据和人工智能技术，数字技术优化能源资源配置，实现能源的智能监控和管理，提高能源的使用效率，降低环境污染和提高能源使用安全性。引入自动化生产线和智能控制系统，提高生产效率和产品质量，降低能耗。通过数字营销和电商平台，加强品牌宣传和市场推广，提高产品知名度和市场占有率。利用大数据分析消费者偏好，提供定制化产品和服务，满足市场需求。引入智能化生产线和自动化设备，提高生产效率和产品质量，降低人力成本。利用数字技术进行产品研发和设计，推出具有市场竞争力的创新产品。数实融合使贵州的传统支柱行业实现技术创新和产业升级，提高了行业竞争力和可持续发展能力。同时，这些行业的改革创新也为其他行业提供了经验和借鉴，推动了贵州经济的整体发展。

（二）数实融合推动贵州经济发展的现实动因

数实融合是推动贵州经济发展从宏观视野转向微观世界的实践探索，符合具体到人、到事的理念。在全球数字经济快速发展的背景下，贵州必须抢抓机遇，加快数实融合的步伐，以免错失发展良机。随着全球贸易保护主义的抬头和技术封锁的加剧，贵州经济面临着巨大的外部压力和风险。随着人民生活水平的提高和消费结构的升级，人民群众对高质量产品和服务的需求日益增长。这些都需要数实融合来破解贵州经济高质量发展中的难题。

第一，抢占发展先机。在全球数字经济快速发展的背景下，贵州必须抢抓机遇，加快数实融合的步伐，以免错失发展良机。党的十九大指出，"我国经济已由高速增长阶段转向高质量发展阶段，正处在转变发展方式、优化经济结构、转换增长动力的攻关期"。对贵州而言，这既是历史机遇，也是重大课题。

通过积极布局数字经济领域，培育新的增长点，可以为贵州经济的持续健康发展提供有力支撑。当前，以人工智能为代表的新一轮创新风起云涌，以科技为领衔的经济发展不仅带来社会生产方式的重大变革，为社会创造了巨大的物质资源，还带来人们生活方式、交往方式乃至思维方式的变化，科技创新在创造社会财富上的速度超过了历史任何时期。贵州的经济社会处于改革提升阶段，发展是人民群众最为迫切的共同愿望。贵州如不加速发展，就会在国家大发展过程中，乃至全球化竞争中丧失机遇。面对跨越式发展的历史机遇贵州必须通过数实融合找准自己的位置，推动经济发展迎头赶上。错过一次机遇就会失去一个时代；抓住一次机遇就会赢得一次跨越。地处西部的贵州省，必须在这大好的机遇中充分发展经济，抢占经济发展的先机，迎头赶上东部发达地区。要实现这一愿望，就必须充分认识省情，抓住数实融合机遇，促进全省经济的发展与繁荣。

第二，应对挑战和风险。随着全球贸易保护主义的抬头和技术封锁的加剧，贵州经济面临着巨大的外部压力和风险。全球经济增长放缓、金融市场波动、贸易战等因素导致全球经济面临不确定性，贵州企业要想走出去就会直面这些不确定因素的影响。地区冲突、大国之间的竞争和对抗可能导致资源紧张、贸易壁垒和投资环境恶化，如何把贵州的优势资源转化为竞争力，积极参与国际经济竞争也是值得我们思考的问题。自动化和人工智能的发展可能导致劳动力需求减少，新技术的发展和应用对传统产业造成冲击，要求劳动力进行再培训以适应新技术，这些都需要政府和企业采取措施加以应对。通过数实融合，可以提高产业的自主可控能力，降低对外部环境的依赖，增强经济的韧性和抗风险能力。结合贵州经济高质量发展的目标，注重生态保护和环境治理，发展绿色能源和循环经济，推动经济可持续发展。积极参与"一带一路"建设，扩大对外开放，吸引外资和人才，提升国际竞争力。加强教育投入，提高人才素质和创新能力，为经济发展提供人力支持。

第三，满足群众需求。随着人民生活水平的提高和消费结构的升级，人民群众对高质量产品和服务的需求日益增长。数实融合有助于提升产品和服务的质量、满足人民群众多样化的需求，增强人民群众的获得感和幸福感。习近平总书记在视察贵州期间，亲切看望慰问各族干部群众，充分肯定贵州经济社会发展取得的成绩，并赋予贵州闯新路、开新局、抢新机、出新绩的重大使命。

贵州以大交通带动大旅游，以大生态提升大旅游，以大数据助推大旅游，美丽乡村旅游红红火火，各类景区加快升级，新景点新路线新产品和新模式层出不穷，全域旅游沸腾贵州大地，推动旅游业井喷式增长，群众分享到更多的旅游发展红利，切实助推城乡居民增收，提高人民生活幸福指数。但由于民族地区基础差、底子薄，经济社会发展需要解决的问题仍然较多。经济总量小、人均收入水平低仍是贵州面临的主要发展难题，在长期性与阶段性相结合的发展进程中发展经济始终是最紧迫最重要的方面。

三、数实融合推动贵州经济发展的"质"与"量"

质与量是马克思主义政治经济学中观察经济增长现象和经济发展过程的基本范畴。在马克思主义理论中，质和量的关系反映了事物发展的辩证法则。其中要素聚合是"经济增长"的物质基础，表现为"量"的叠加；"经济发展"则是基于单位劳动生产率提高的"经济增长"，体现为"质"的要求；经济的高质量发展则是看经济在发展过程中的可持续性。因此，数实融合是推动贵州"经济发展"的重要手段，既可以提升"经济增长"的"量"，也可以提高"经济发展"的"质"，从而保障贵州经济持续、韧性发展。

（一）健康是原则：数实融合推动贵州经济发展的"质"

经济健康发展就是在保持经济增长的同时，注重经济结构的优化升级，实现经济效益、社会效益和环境效益的统一。"质"就是高质量、高品质，就是通过提高产品和服务的质量来满足人们的需求。贵州在经济高质量发展中通过实施数实融合，提高产品和服务的质量，从而增强企业的竞争力和市场份额。具体做法就是要在大数据、人工智能、5G、区块链等数字技术的创新应用方面，积极有效地促进传统产业的转型升级和三次产业的融合发展。例如，在农业领域，通过引入智能农业系统和设备，实现对农田环境、作物生长和病虫害的实时监测和分析。通过精准施肥、灌溉和病虫害防治，提高作物产量和品质，降低生产成本和环境污染。通过使用智能菇房和先进的育苗中心，农业生产变得更加高效和精准。这些技术的应用不仅提高了土地利用效率，还大大缩短了蘑菇的生长周期，减少了人力成本。在工业方面，通过利用工业互联网技术,实现生产设备、工艺流程和产品质量的实时监控和分析。通过对生产数据的深入挖掘和利用,不断优化企业生产流程,提高生产效率和产品质量,降低生产成本。从传统的"黑笨粗"煤矿开采转变为更加智能化和自动化的开采方式。再如,通过引入智能化生产线和工业互联网平台,实现企业生产过程的自动化、数字化和智能化。从而提高企业生产效率和产品质量,降低人力成本和能耗,使企业更具市场竞争力。新田煤矿通过建设智能化系统,实现了生产、调度、机电等主要专业的在线协同工作,显著提升了矿井的智能化综合管理水平和生产力。在确保贵州经济健康发展的同时保持经济的增长,注重经济结构的优化升级,实现经济效益、社会效益和环境效益的统一。

(二)稳定是要求:数实融合推动贵州经济增长的"量"

经济稳定运行是经济增长的重要目标,它要求经济体系能够有效地应对内外部冲击,保持经济的稳定增长,同时避免出现失业率上升、金融市场动荡等问题。提高经济增长的"量",就是要使经济发展在规模、程度、速度以及事物构成成分在空间上达到一个有序的、良性的组合,通过增减或空间排列结构的变化来达到量的积累,这是一个渐进的、连续的变化过程。推动贵州数实融合促进经济增长,就是要以货币政策和财政政策的制定和执行需要相互协调,以保持物价稳定和财政可持续性,以有效的监管政策的制定和实施保证金融市场的稳定性和防范系统性风险。通过不断加强金融监管,防范和化解金融风险,维护金融市场的透明度和公平性,防止市场操纵和内幕交易。建立完善的经济数据监测和预警体系,及时发现和应对潜在风险。强化统计数据的准确性和及时性,为政策制定提供可靠依据。通过这些做法,可以确保经济稳定,为经济发展创造良好的外部环境,促进经济的可持续发展。例如,贵州省实施的"千企引进""万企融合"大行动。截至目前,超过2.8万家企业实现了"上云用数赋智",大数据与实体经济的深度融合指数达到44.5。"万企融合"行动计划的目标是通过数字化转型,提升企业的综合竞争力,推动经济的高质量发展。为了促进经济发展,通过各种优惠政策、资金支持、技术合作等方式,吸引国内外企业到当地投资兴业。目标是通过引进大企业、高新技术企业、知名品牌企业等,带动当地经济发展,提升产业结构,增加就业机会,促进技术创新和产业升级。

（三）持续是目标：数实融合推动贵州经济高质量发展的可持续

经济可持续性是经济高质量发展的一个核心目标，它要求在满足当前需求的同时，不损害未来世代满足其需求的能力。实现经济可持续性需要平衡经济增长、社会福祉和环境保护之间的关系。贵州在推动经济高质量发展的同时要注意经济的可持续性。通过数实融合发展智能制造、现代化农业、创新性服务业等行业，以及确保人民群众的社会福祉来推动实体经济的高质量发展，从而促进经济的创新和可持续。具体做法就是首先要以保护环境为根本出发点。通过推动绿色技术的发展和应用，减少污染和资源浪费，促进清洁能源的使用和减少碳排放，持续实施生态修复和环境治理项目，如退耕还林、水土保持、生态林建设，加强对自然保护区和生态脆弱地区的保护，维护生物多样性。其次是吸引和培育人才。注重人才培养和引进，通过建立职业培训体系、提供人才住房补贴、税收优惠等方式，吸引和培养高素质人才到贵州工作和生活，不断提升人才的生活质量和就业环境，设立人才发展专项资金，支持人才创新和创业，从而为企业的发展提供人力支持，为经济的发展提供智力支撑。最后是确保经济增长的成果能够公平地分配给所有社会成员，减少贫困的发生。不断提高教育、医疗、养老等社会服务的发展水平，提高人民的生活质量，使人民群众共享经济高质量发展的成果。

四、结语

在中国式现代化指引下，数实融合、新质生产力、大数据将以颠覆性方式主导中国未来经济发展。在此时代背景之下，贵州省如何抢抓机遇在中国式现代化指引下深入实施数字经济战略，推动数字经济与实体经济的深度融合，对传统产业进行智能化改造，提高生产效率和质量将是未来几年甚至十几年的重要课题。贵州省需要坚定、积极地推动数实融合，包括支持新技术、新业态、新模式的创新和应用，培育壮大数字经济、绿色经济等新兴产业。通过这些措施，促进经济结构的优化和升级，提高经济发展的质量和效益。总而言之，在中国式现代化的指引下，贵州省应积极响应国家号召，抢抓时代机遇，以数实融合、新质生产力、大数据等技术手段推动经济高质量发展，为实现中华民族伟大复兴的中国梦贡献力量。

参考文献

[1] 任保平,李婧瑜.以数实融合推动新型工业化的阶段性特征、战略定位与路径选择 [J].经济与管理评论,2024 (2).

[2] 师博,魏倩倩.数字经济与实体经济融合的制度安排 [J].经济与管理评论,2024 (2).

[3] 欧阳日辉.数据要素促进数字经济和实体经济深度融合的理论逻辑与分析框架 [J].经济纵横,2024 (2).

[4] 孙晓,张颖熙.数实融合背景下平台经济优化乡村产业链的机制 [J].中国流通经济,2024 (2).

[5] 李媛.数字经济与实体产业深度融合的战略重点与推进路径 [J].山东社会科学,2024 (1).

[6] 任保平,张嘉悦.数实深度融合推动新型工业化的战略重点、战略任务与路径选择 [J] 西北大学学报(哲学社会科学版),2024 (1).

[7] 李晴,郁俊莉.数实融合下数字经济的分类治理路径研究 [J].河南社会科学,2023 (10).

[8] 荆文君,池佳林."数实融合"与经济高质量发展:回溯、进展与展望 [J].贵州财经大学学报,2023 (5).

[9] 欧阳日辉,龚伟.促进数字经济和实体经济深度融合:机理与路径 [J].北京工商大学学报(社会科学版),2023 (4).

[10] 任晓刚,方力.数字经济与实体经济融合发展:驱动机理、制约因素与路径选择 [J].人民论坛·学术前沿,2023 (12).

[11] 白新华,李国英.以数实融合提升产业链供应链韧性的现实思考 [J].区域经济评论,2023 (6).

[12] 韩文龙,李艳春.数字经济与实体经济深度融合的政治经济学分析 [J].当代中国马克思主义政治经济学,2023 (11).

[13] 王邦州,韦子军.数字经济时代科技创新助推贵州经济高质量发展的策略研究 [J].中国商论,2023 (21).

[14] 陈小燕、李勇.金融促进贵州经济高质量发展的对策研究 [J].农

村经济与科技，2020（23）.

［15］徐东良.贵州经济高质量发展的比较优势和路径选择［J］.当代贵州，2018（18）.

［16］晏青，王法.贵州经济高质量发展的基础不断夯实［J］.当代贵州，2018（32）.

作者简介：王楠、张杰，中共贵州省委党校教师。

通用人工智能生成内容的法律保护研究

逯 达

摘 要：通用人工智能具备了强人工智能的特质，以通用性为重要特征。通用人工智能对著作权法产生了严峻的挑战。其中，围绕通用人工智能生成内容是否受到著作权法保护，引发了一系列争论。通用人工智能生成内容的形式符合作品特征，其具有独创性，应当认定为作品。通过明确通用人工智能拟制法律主体的具体制度、通用人工智能生成内容的保护范围、相关侵权责任制度等，构建通用人工智能生成内容的著作权法保护路径。同时，为了完善通用人工智能生成内容的法律保护，应当加强通用人工智能生产者、程序设计者以及使用者的法律规制。

关键词：通用人工智能；生成内容；作品；法律拟制主体；著作权法

随着人工智能研究公司 OpenAI 于 2022 年 11 月发布 ChatGPT，人工智能行业经历 70 多年发展，人类迎来通用人工智能时代。作为生成式人工智能，ChatGPT 具有标志性意义，其意味着人工智能从适用于单一任务到承担多项任务的转变。人工智能时代知识产权权利主体、客体、内容、法律原则等均发生了变革与演进。[1] 为了应对生成式人工智能的现实问题，国家互联网信息办公室、国家发展和改革委员会等部门于 2023 年发布了《生成式人工智能服务管理暂行办法》。然而，该办法规定的内容没有涉及著作权归属等问题。通用人工智能对著作权法等法律带来了严峻的挑战。其中，围绕通用人工智能生成内容是否受到著作权法保护，引发了一系列争论。

一、通用人工智能本体论

（一）通用人工智能的性质

通用人工智能具备了强人工智能的特质。通用人工智能具有推理抽象能力、自主判断决策能力、语言理解和高水平交流能力等特性，这些正是强人工智能的重要特征。弱人工智能则缺乏通用性，对数据质量和量的依赖，缺乏推理和创造性思维。与弱人工智能相比，通用人工智能是一种更高级的人工智能形式。

通用人工智能以通用性为重要特征。一是通用人工智能适用于人机交互的各个领域。通用人工智能的应用场景广泛，包括学习、工作、购物、娱乐、创作、设计等领域。二是通用人工智能具有强大的学习能力。通用人工智能可以从大量的数据中进行学习，并将学到的知识应用于解决新问题。通用人工智能可以通过模拟人类的创新思维过程，从已有知识中推导出新的思路和创意，生成新的想法、概念、假设等。三是通用人工智能具有通用性与多任务泛化学习能力。通用人工智能大模型的通用性强，有着举一反三的通用学习能力，在多种自然语言、图片、视频等方面均具有学习和处理能力。通用人工智能具有与人类价值保持一致的"对齐"能力，与人类思维相似的"自觉"特征，并具有强大的"创造"能力。

（二）通用人工智能对著作权法的挑战

人类主义框架正受到以通用人工智能为代表的"技术对象"的挑战。[2] 对于通用人工智能产生的新问题，传统法律体系已经难以进行有效的规制与保护。其中，通用人工智能对著作权法的严峻挑战，主要体现在：一是智能生成内容的原创性问题。通用人工智能可以根据大量数据和算法自动生成文字、图像、音频等内容，而这些内容是否可以被认定为作品。二是著作权归属问题。通用人工智能生成内容的著作权归属亦存在争议，其著作权是否属于机器人、生产者或者程序设计者等主体。三是著作权侵权问题。随着通用人工智能技术的发展，新型著作权侵权问题严重威胁着行业发展和权益保护。通用人工智能创作内容面临着被他人侵权和侵犯他人著作权的风险，这就需要健全新型的著作权法保护体系。例如，ChatGPT介入学术论文创作活动的法律规制问题亟待解决[3]；ChatGPT对学术不端治理带来严重挑战[4]。

二、通用人工智能生成内容是否构成作品

（一）争论观点

关于人工智能生成内容是否构成作品，学界主要存在作品论、非作品论等观点。支持人工智能生成内容是作品的学者认为人工智能创作内容本质上仍然是人类利用技术设备创作完成的作品[5]，属于我国著作权法意义下的作品[6]。反对者认为人工智能不具有创造性，其生成内容亦不构成作品，[7]其生成内容归属于社会公共领域[8]；不能将人工智能生成内容认定为作品，应将其作为著作权的特殊保护对象进行调整[9]；人工智能生成内容与版权制度的保护标准不相符，不应具有可版权性[10]，不赋予人工智能生成内容以著作权[11]。关于人工智能生成内容法律地位问题，部分学者认为只需把人工智能生成内容变通性地运用到"职务作品"和"法人作品"等现有规定中，明确其权利归属即可，人工智能生成内容可著作权性不存在实质性的挑战。有学者认为著作权法不能将包括ChatGPT在内的人工智能生成内容视为作品，也不能被解释为"视法人或者其他组织为作者"的作品。[12]

学界讨论人工智能生成内容是否构成作品，其核心争议焦点为独创性问题与法律人格问题。其中，通用人工智能作为更高阶的人工智能，其生成内容的性质需要进一步明确。为了明确通用人工智能生成内容的性质，有必要研究通用人工智能生成内容是否构成作品以及通用人工智能法律人格问题。

（二）著作权法下作品的构成要件分析

著作权法下作品的构成要件主要包括属于通常意义上的作品；能以有形形式复制；具有独创性。一是属于通常意义上的作品，即"文学、艺术与科学领域"的一种表达形式。著作权法不保护思想观念本身，只保护形成表达的作品。二是著作权法下的作品能够以有形形式复制并传播。三是具有独创性。当

前，较为普遍的独创性判断标准是"独立完成"与"最低程度的一点创造性"。第三个条件是作品内容需要满足的实质性条件，要求作品应当是独立完成的，并具有一定的创造性。

独创性概念是著作权法中的核心概念，其决定了作品是否享有著作权。因此，通过界定独创性概念，进一步判断通用人工智能生成内容的独创性。独创性判断可以从"过程中"的独创性、"作为结果"的独创性、"特定条件"的独创性、能够表现创作者个性的独创性等方面进行判断。[13]"过程中"的独创性指的是创作者需要经过搜集资料、归纳总结、灵感发挥等过程，展现出作品的独创性。"作为结果"的独创性指的是创作最终产生的作品具有新颖性和一定社会价值。"特定条件"的独创性指的是创作者使用特种设备、特种材料等进行作品创作。能够表现创作者个性的独创性指的是创作的作品能够体现作者的个性与思想。

（三）通用人工智能生成内容构成作品

通用人工智能生成内容应当受到著作权法的保护，这有利于解决现实困境。通用人工智能能够生成独创性的文字、图片、视频等内容，在形式要件和实质要件上均符合作品的特征。

1. 通用人工智能生成内容应当受到著作权法的保护

对于通用人工智能生成内容，在该内容与人类创作作品质量与功能相当的前提下，没有理由不给予保护。若不承认通用人工智能创作内容的著作权法客体地位，则没有办法确定权属关系以及解决潜在的著作权侵权问题。在以作者为中心的主客体一致性标准中，将无法为人工智能创作物提供必要的法律保护。法律对通用人工智能生成内容给予保护，在通用人工智能时代背景下也是一种变相保护投资的方式与途径。

将通用人工智能生成内容作为作品，符合我国著作权法的立法目的。《著作权法》第1条明确规定鼓励作品的创作和传播，这说明法律强调作品创作结果的独创性，鼓励创新成果。法律不承认通用人工智能生成内容的作品地位，这不符合著作权法鼓励创作的立法目的。因此，应通过适当调整著作权法的规定，加强通用人工智能生成内容的法律保护。

2. 通用人工智能生成内容形式符合作品的特征

人工智能创作内容在形式上已难以与人类作品相区分，具有高度形式合规性[14],此为人工智能生成内容具有独创性的客观表现[15]。相较于弱人工智能,通用人工智能生成的内容在形式上与人类作品无异。通用人工智能生成的内容若能够以一定形式表现,并属于文学、艺术、科学领域,同时具有独创性的智力成果,则可以成为作品。例如,ChatGPT 创作过程使用监督学习预训练初始模型,再使用训练汇报模型,进而进行基于人工反馈的强化学习训练,这一系列训练过程已经脱离了人类思想创作范畴。GPT-4 于 2023 年 3 月正式发布,其在多项能力上有了质的突破。GPT-4 的文本生成能力、推理能力等有了大幅度提升,其在创作歌曲、学习用户写作风格等领域更加优化。

3. 通用人工智能生成内容具有独创性

在很多领域,通用人工智能创作已经让人无法区分作者系人还是通用人工智能。通用人工智能生成了较高价值的内容,若仅仅因为其系智能机器而否认其高质量作品的独创性,这与"独创性"立法目的本身极为不符。在一些领域,通用人工智能生成的内容可以被认为已经通过了著作权独创性门槛。对通用人工智能在很少或没有人干预的情况下创作的内容,著作权法需要给予相应保护。

具有独创性的人工智能生成内容为作品,[16] 其就有资格获得著作权保护。人工智能生成内容属于被人类能够理解的思想、情感或认识的表达,[17] 而不是简单地复制或再现所收集的数据,并表现出一定的独创性,应当得到著作权法保护。[18] 例如,在生成文字作品过程中,人工智能在选择数据、总结、情感、布局、造句等方面均体现了独创性。[19] 著作权法明确人工智能出版物"独创性"客观判断标准,应当以作品是否能够对受众形成精神影响作为标准。[20] 为了促进人工智能的创作运用,如果其创作的作品本身符合独创性、可复制性等特征,应当受到著作权法保护。[21] 通用人工智能生成内容需"独立完成",并蕴含其"技能与判断",才能达到独创性要求。若更高阶的通用人工智能创作的作品具有鲜明的独创性,就应当受到著作权法保护。

三、通用人工智能生成内容的著作权法保护路径

任何一次科技革命,将会引发制度变革和范式转型。通过顶层设计推进基础性人工智能立法,探索形成通用人工智能立法的经验,形成深度合成治理法

律制度体系。[22] 在著作权法领域，通过调整一系列著作权法的规范，加强通用人工智能生成内容的法律保护。

（一）法律主体拟制：通用人工智能生成内容法律保护的关键

民法中的法律主体指的是创建法律关系的能力。在通用人工智能创作中，通用人工智能能否成为作者？由此掀起了一场关于法律哲学中"人"的概念大讨论。《著作权法》规定创作作品的公民是作者，将自然人定位为作者，排除了其他非自然人作为创作主体。然而，传统人格权制度受到了来自人工智能的挑战。授予人工智能法律人格似乎对填补"自动化风险"造成的"责任漏洞"至关重要，但它也会给我们带来逻辑谬论。

1. 通用人工智能法律主体拟制理论界定

法律人格是成为民事主体、享有权利与承担义务的前提。通用人工智能拟制法律主体的目的是参照法人化路径，赋予通用人工智能特定的法律主体地位，享有权利并承担义务。

（1）法律人格理论。

法律人格是自然人或者人类被赋予高于其他物种的法律意义。一些学者坚持以人的伦理价值为哲学基础的法律人格理论。伦理人格是以人的伦理价值为基础的法律人格，认为除人以外的存在，因缺少伦理基础，而没有资格成为法律上的人。伦理人格理论一直被延续到现代法律之中，坚持以人的伦理价值为哲学基础的法律人格理论。若以伦理人格来审视通用人工智能，其缺乏肉体之躯与思想，应当属于无理性的存在者。法律人格的伦理基础应当具有人格尊严，其对著作权制度产生了重要影响。大陆法系中的著作权法体系是基于自然人人格而建立起来的。创作作品一度被认为仅仅是人类的精神创作，因此只有体现人的智力作品才能获得著作权法保护。法律人格中的伦理价值并不是永恒的法律原则。判断法律是否应当赋予通用人工智能法律主体地位，应当考察人类利益需求与人类社会功能需要。

法律人格的功能论可以解释非人类主体的合理性。赋予通用人工智能法律主体地位，使其能够更好地服务于人类社会需求。通用人工智能是一项社会存在，只有当它参加民事法律关系才能体现出自身的社会功能时，法律则可以赋予其法律主体地位。若赋予通用人工智能拟制的法律人格，能够更好地解决目前法律滞后问题及社会风险问题，通用人工智能取得拟制法律人格具有了制度与实践上的合理性。

（2）法律拟制理论。

法律人格的去伦理化与去情感化的主要方式是运用法律拟制技术。罗马法学家发明了法律拟制技术。法人、国家等主体通过法律拟制技术，均跻身到法律意义上的"人"。其中，具有代表性的是法人拟制，其由人或财产组成的主体，不是生物意义上的自然人。赋予法人人格的最终目的，仍然是保障人类利益与发展，是符合法律人格的实用主义和功能论的内在要求。法人人格无需受到传统法律伦理、人的情感等要素的限制，其是通过拟制技术来完善社会活动功能。为了适应经济社会发展的需要以及应对通用人工智能时代的法律挑战，法律应当建立通用人工智能拟制法律主体制度。

通用人工智能应当取得拟制的法律人格。由于法律拟制理论的出现，法律意义上的人的范围不再那么局限。在去伦理化与情感化的趋势下，通用人工智能取得法律人格将不再受制于伦理的束缚。赋予通用人工智能拟制的法律人格，将有助于保障人类社会经济利益，维护法律制度的稳定性。在著作权法领域，通过赋予通用人工智能拟制法律人格，可以明确通用人工智能生成内容的权利主体，有助于明确不同利益主体之间的权利义务关系；可以界定通用人工智能生成内容相关侵权责任分配问题。

2. 通用人工智能拟制法律主体的具体制度

通用人工智能具有强大的学习能力，表现出类似人脑甚至更为强大的"创造力"。因此，有必要为通用人工智能创设类似于法人一样的虚拟人格。基于以人类为中心、人工智能权利有限，对人工智能相关权利义务等内容加以规定。[23]

（1）通用人工智能拟制法律主体的法律性质。通用人工智能与法人类似，均不是有机生命体，其拟制法律主体的性质可以参照法人人格。通用人工智能拟制法律主体本质上属于自然人人格、法人拟制人格之外的一类新拟制人格。通过赋予通用人工智能以拟制法律人格，使其能够拥有权利、履行义务与承担责任。

（2）通用人工智能拟制法律主体的法律能力。通用人工智能获得拟制的法律主体地位，应当具有相应的权利能力、行为能力以及责任能力。在权利能力方面，通用人工智能不享有专属于自然人性质的部分权利，享有名称权、名誉权、荣誉权等人格权，并享有一定财产权。在行为能力方面，按照通用人工智能的自主程度，可以将其分为无民事行为能力、限制民事行为能力以及完全民事行为能力智能机器人。若通用人工智能不具有完全民事行为能力，可以尝试设置通用人工智能代表人制度，完善其行为能力。在法律责任方面，通用人工智能的自主行为，其基于本身的独立决策，具有高度的随机性；若通用人工智能实施侵权行为，产生的法律责任应当由通用人工智能本身来承担；通用人工智能承担损害赔偿责任，可以由自有财产承担，并结合赔偿基金制度与强制保险机制；若通用人工智能存在产品缺陷而导致侵权的，按照无过错责任原则，追究生产者或销售者的侵权责任。

3. 通用人工智能拟制法律主体制度在著作权法领域的适用

通用人工智能拟制法律主体制度适用于著作权法领域，主要体现为：

（1）著作权主体的调整。与法人创作作品不同，通用人工智能生成内容没有自然人意志因素。若完全或主要由通用人工智能创作的作品，可以将其著作权归属为通用人工智能本身。通过将通用人工智能拟制为著作权主体，认可通用人工智能创作过程的主体性，明确通用人工智能的创作意志，作为调整通用人工智能生成内容著作权保护路径的基础性制度。

（2）著作权的权利内容调整。在著作权中，通用人工智能对其生成作品享有著作人身权与著作财产权。通用人工智能的著作人身权包括署名权、发表权、保护作品完整权与修改权。在署名权方面，通用人工智能应当被赋予其生成内容的署名权，拥有署名决定权、署名归属权以及署名禁止权。在发表权方面，通用人工智能应当拥有发表其生成内容的权利，而这项权利可以由其代表人行使。在保护作品完整权与修改权方面，通用人工智能拥有在其生成作品遭到他人随意更改时而获得救济的权利，以达到保护作品不受歪曲、篡改的目的。通用人工智能应当享有著作财产权，包括复制权、发行权、汇编权、翻译权、信息网络传播权等，并可以获得作品的经济收入。

（二）通用人工智能生成内容的保护范围

通用人工智能生成内容的保护范围应当考虑生成内容的形式与实质判断。首先，关于生成内容的形式判断，通用人工智能生成内容不都构成作品，而是要符合著作权法关于作品认定的一些规定。根据《著作权法》第5条，若通用人工智能生成通用数表、通用表格、公式、事实等内容，这些均不构成作品。通用人工智能生成内容是否属于文学、艺术和科学领域，是否属于简单通识性内容。其次，对通用人工智能生成内容进行实质性认定，考虑通用人工智能生成内容的他人参与程度，是否属于基于事先设定程序而生成的内容。若通用人工智能生成内容主要体现了参与者的灵感思想，则该作品不属于通用人工智能。若完全或主要由通用人工智能随机生成内容，且该内容具有独创性、鲜明风格，则可以认定通用人工智能生成的内容为作品。

（三）通用人工智能生成内容的侵权责任制度

著作权法应当明确通用人工智能生成内容的侵权责任制度。在通用人工智能申请设立之时，利益相关主体应当在章程中载明通用人工智能产生的利益分配问题以及责任承担规则，但不得违反法律强制性规定。

1. 通用人工智能著作权侵权行为的界定

（1）著作权侵权行为是否需要以主观过错为要件。一般侵权责任认定原则主要包括严格责任、过错责任与过错推定责任。行为人存在过错而侵犯著作权，则适用过错责任原则。当行为人不存在过错而侵犯了著作权，是否适用严格责任？我国《著作权法》没有明确侵权人是否必须具有主观过错，而仅仅规定了"未经著作权人许可"。从作品保护和立法目的出发，侵权人没有过错但导致了客观损害，需要承担相应法律责任。因此，著作权侵权行为是一种事实行为，而不是一种法律行为，不需要以主观过错为要件。

（2）通用人工智能著作权侵权行为的定性。一是主观要件。在没有其他自然人意志参与下，当通用人工智能生成内容自主侵犯著作权，作为拟制的法律主体，难以判断其主观是否存在过错。二是客观要件。在生成内容中，通用人工智能侵害了他人著作权，并产生损害事实。通用人工智能自主生成内容构成侵权行为，可以包括侵犯著作人身权行为、侵犯著作财产权行为等。三是通用人工智能著作权侵权行为的性质。在考虑主客观因素后，著作权法可以将通用人工智能自主侵犯著作权行为界定为一种事实行为，是基于通用人工智能意志的事实行为。

2. 通用人工智能生成内容的相关侵权责任主体界定

从通用人工智能生成内容侵犯他人著作权与其他主体侵犯通用人工智能创

作作品著作权等两个方面，探讨通用人工智能生成内容的侵权责任主体。

（1）通用人工智能生成内容侵犯他人著作权的情形。若通用人工智能在生成内容的过程中侵犯了他人作品著作权，其应当承担著作权侵权责任。若利益相关人非故意而造成的损害事实，应当由该主体与通用人工智能共同承担责任。若代表人等相关主体故意利用通用人工智能而侵犯他人著作权，则单独由该主体承担过错责任。若代表人等主体不存在过错，通用人工智能独立生成行为仍然侵犯了他人著作权，则通用人工智能承担无过错责任。对于机器学习的著作权侵权问题，通过建立法定许可制度能兼顾各方利益。[24]

（2）其他主体侵犯通用人工智能创作作品著作权的情形。按照著作权法侵权责任一般规定与通用人工智能拟制法律主体制度，若其他主体侵犯了通用人工智能创作作品的著作权，通用人工智能可以作为索赔主体要求侵权主体承担损害赔偿责任；在具体实施索赔中，可以确立适当的通用人工智能代表人代理索赔。

四、通用人工智能生产者、使用者等主体的著作权法规制路径

为了加强相关生成内容的法律治理，著作权法应当规制通用人工智能生产者和使用者的权利义务内容。

（一）通用人工智能生产者与程序设计者的法律规制

在通用人工智能生成内容的著作权规制中，通用人工智能生产者应当承担传统的产品责任。在规制生产者方面，因人工智能产品缺陷所致损害适用物的责任。[25] 在著作权领域，若生产者制造的通用人工智能存在缺陷，而给他人造成著作权侵害，则承担产品责任。如何认定通用人工智能存在缺陷则是法律规制生产者的关键问题。一是通用人工智能存在一定缺陷而产生风险，其生产者则是制造这些风险的主体，理应承担侵权责任。从风险控制角度来看，生产者对于所生产的通用人工智能产品具有深刻的了解，具有过程风险管理的现实可行性，具体包括算法编程的检查、制造配件的检查、产品质量检测等。二是生产者应当严格控制产品质量。通用人工智能产品生产环节复杂，其生产者对于产品最终的风险有着绝对的控制能力。因此，为了避免通用人工智能产品出现缺陷，其生产者应

当严格控制产品质量，避免出现不合格的产品。三是政府部门应当加强通用人工智能生产者的监管工作，防范与治理生产者生产存在缺陷的不合格产品。

法律应当加强程序设计者的规制。在产品缺陷方面，可以考虑加强规制人工智能产品设计缺陷，将设计者增加为独立的产品责任主体。[26] 在通用人工智能时代，设计者应当设计符合公平正义原则的通用人工智能产品，而不能设计出"邪恶"的产品。法律要求设计者必须评估各种通用人工智能产品设计，包括影响消费者合法权益、涉及大量敏感数据等。政府应当加强通用人工智能产品设计的监管工作，严格审核产品设计是否合法、是否符合公序良俗、是否存在重大风险等问题。

（二）通用人工智能使用者的法律规制

通用人工智能生成内容使用者应当履行法定义务，规范使用相关生成内容。人工智能控制者需要履行注意义务。[27] 若通用人工智能生成内容涉嫌侵权，通用人工智能使用者应当承担过错责任。

1. 企业使用者的法律规制

在使用通用人工智能中，企业处于市场优势地位，应当加强通用人工智能管理与规范。一是加强保护公众隐私数据。大型互联网企业通过通用人工智能收集了大量公众隐私数据，有义务加强公众隐私数据保护，防范数据泄露，维护企业数据安全。在收集公众隐私数据时，企业使用者应当在公众知情同意的情况下收集相关隐私数据，不得收集未经本人许可的公众隐私数据。在通用人工智能进行数据学习之时，应当将公众隐私数据进行区分，可以将知情同意的隐私数据纳入数据库，不得将未经许可的隐私数据作为通用人工智能学习的基础数据。二是防范企业的数据垄断。负责通用人工智能运营管理的企业可能利用市场优势地位，垄断市场数据来源、数据支配，利用数据控制通用人工智能。越来越多的公众使用通用人工智能来生成内容，将会为企业实施数据与技术垄断提供用户基础。相关企业应当严格规范化发展通用人工智能，不得利用市场优势地位进行技术与数据垄断，不得限制用户的权利。若企业在通用人工智能领域实施垄断行为，政府应当作为监管者，加强企业通用人工智能的监管，严格审查企业市场垄断行为，维护通用人工智能市场健康发展，保护公众隐私数据权利。相关机关应当转变数据监管理念，增加事中与事后监管措施，提升数据监管透明度。[28]

2. 自然人使用者的法律规制

通用人工智能自然人使用者应当遵守法定义务，合理使用通用人工智能进行生成内容。一是不得利用通用人工智能生成剽窃他人作品的内容，不得利用通用人工智能生成违反法律法规、违反公序良俗的内容。通用人工智能自动生成相关内容是以不断学习他人作品、海量数据为基础的。因此，自然人使用者不得利用基于未经他人许可的作品训练而来的通用人工智能生成侵权内容。自然人不得利用通用人工智能生成剽窃他人观点的内容，避免侵犯他人著作权。自然人使用者不得诱导通用人工智能生成违反法律法规、违反公序良俗的内容，严格在法律允许范围内使用通用人工智能。二是自然人使用者不得在通用人工智能中输入他人作品的内容或观点而生成侵犯著作权的内容，不得输入违法信息而生成相关内容。自然人使用者应当自觉遵守法律法规，不得利用通用人工智能实施侵犯著作权的行为。三是自然人使用者不得直接利用通用人工智能生成内容进行发表，不得利用通用人工智能生成内容进行营利性活动。通用人工智能自主生成作品的著作权应当属于其本身，而不属于其他主体。自然人使用者应当严格按照通用人工智能生成作品的著作权归属原则，不得实施侵权行为。

五、结论

目前，通用人工智能发展处于初级阶段。通用人工智能给著作权法律体系带来了诸多挑战，著作权法难以适应现实需要。通用人工智能自主生成具有独创性的内容应当被认定为著作权法上的作品。通过调整著作权法相关法律规则，加强通用人工智能生成内容的法律保护。徒法不足以自行。通过开展通用人工智能生成内容法律保护的试点工作，验证相关法律制度构建的可行性。在未来，随着通用人工智能飞速发展，著作权法将面临新的挑战。立法者应当适时调整相关规范，以应对通用人工智能带来的著作权冲击。

参考文献

[1] 杨延超. 人工智能视阈下知识产权概念的演进与变迁 [J]. 东南大学学报（哲学社会科学版），2020（6）：98-106，153.

[2] 吴冠军. 通用人工智能：是"赋能"还是"危险"[J]. 人民论坛, 2023（5）：48-52.

[3] 程睿. ChatGPT介入学术论文创作透明度义务的履行[J]. 中国高教研究, 2023（11）：62-69.

[4] 王少. ChatGPT与学术不端治理：挑战与应对[J]. 科技进步与对策, 2023（23）：103-110.

[5] 冯刚. 人工智能生成内容的法律保护路径初探[J]. 中国出版, 2019（1）：5-10.

[6] 马忠法, 肖宇露. 人工智能创作物的著作权保护[J]. 电子知识产权, 2019（6）：28-38.

[7] 龙文懋, 季善豪. 作品创造性本质以及人工智能生成物的创造性问题研究[J]. 电子知识产权, 2019（5）：4-15.

[8] 江帆. 论人工智能创作物的公共性[J]. 现代出版, 2020（6）：29-36.

[9] 李俊. 论人工智能生成内容的著作权法保护[J]. 甘肃政法学院学报, 2019（4）：77-85.

[10] 刘琳. 人工智能生成成果的法律定性——以著作权法与专利法的异质性为视角[J]. 科技与法律（中英文）, 2022（3）：93-99.

[11] 于雯雯. 再论人工智能生成内容在著作权法上的权益归属[J]. 中国社会科学院大学学报, 2022（2）：89-100, 146-147.

[12] 王迁. ChatGPT生成的内容受著作权法保护吗？[J]. 探索与争鸣, 2023（3）：17-20.

[13] 王思文. 人工智能生成内容的著作权研究[J]. 出版广角, 2022（5）：64-68.

[14] 金春阳, 邢贺通. 人工智能出版物版权归属及侵权归责原则研究[J]. 出版发行研究, 2021（9）：73-81.

[15] 刘维. 人工智能时代著作权法的挑战和应对[J]. 上海交通大学学报（哲学社会科学版）, 2021（2）：40-49.

[16] 廖斯. 论人工智能创作物的独创性构成与权利归属[J]. 西北民族大学学报（哲学社会科学版）, 2020（2）：79-85.

[17] 杨利华．人工智能生成物著作权问题探究［J］．现代法学，2021 (4)：102-114.

[18] 张子浩．人工智能出版物版权保护：争议、困境与构想［J］．中国出版，2022 (1)：48-50.

[19] 郭万明．人工智能生成成果的法律性质及著作权保护［J］．出版发行研究，2022 (5)：58-64.

[20] 张大伟，王梓．人工智能出版物著作权立法的国际竞争与战略意义［J］．中国出版，2021 (13)：58-62.

[21] 余翔，张润哲，张奔，等．适应人工智能快速发展的知识产权制度研究［J］．科研管理，2021 (8)：176-183.

[22] 张凌寒．深度合成治理的逻辑更新与体系迭代——ChatGPT等生成型人工智能治理的中国路径［J］．法律科学（西北政法大学学报），2023 (3)：38-51.

[23] 陈光．论我国人工智能试验性立法［J］．安徽师范大学学报（人文社会科学版），2020 (4)：77-85.

[24] 刘友华，魏远山．机器学习的著作权侵权问题及其解决［J］．华东政法大学学报，2019 (2)：68-79.

[25] 杨立新．民事责任在人工智能发展风险管控中的作用［J］．法学杂志，2019 (2)：25-35.

[26] 张安毅．人工智能侵权：产品责任制度介入的权宜性及立法改造［J］．深圳大学学报（人文社会科学版），2020 (4)：112-119.

[27] 初萌．人工智能对版权侵权责任制度的挑战及应对［J］．北方法学，2021 (1)：138-150.

[28] 叶明，王岩．人工智能时代数据孤岛破解法律制度研究［J］．大连理工大学学报（社会科学版），2019 (5)：69-77.

作者简介：逯达，山东社会科学院助理研究员、法学博士、山东社会科学院与山东大学（威海）联合培养博士后。

新质生产力赋能"专精特新"中小企业高质量发展的实现路径

蒋楚麟

摘 要："专精特新"企业是企业创新活力与发展韧性的重要标志，是我国经济质量发展的重要微观基础和制造业升级转型的重要产业基础，具有重要的战略意义和发展潜力。本文基于国家工信部和贵州省工信厅等政府部门公布的"专精特新"中小企业和专精特新"小巨人"企业数据，对贵州省专精特新企业的发展情况、存在的困难和挑战进行分析，提出"专精特新"中小企业应注重组织结构和组织形式的调整、激发其创新禀赋、持续提高数字化水平、提升管理能力、实现产业集群化发展、拓宽金融融资渠道、推进企业国际化水平、通过优化营商环境降低其创新风险等方面促进高质量发展的措施。

关键词：新质生产力；专精特新；中小企业

一、引言

专精特新企业是推进新型工业化、发展新质生产力的重要力量。2024年政府工作报告明确指出"要大力推进现代化产业体系建设，加快发展新质生产力。"以及"要促进中小企业专精特新发展"。习近平总书记指出，希望专精特新中小企业聚焦主业，精耕细作，在提升产业链供应链稳定性，推动经济社会发展中发挥更加重要的作用。推动中小企业实现专精特新，是实现经济高质量发展要求的重要命题。为增强经济韧性和提升产业链供应链自主可控能力，国家着力推动中小企业向"专精特新"方向发展。2011年7月国家工信部颁布的《"十二五"中小企业成长规划》中首次提出了"专精特新"中小企业的概念，指出将"专精特新"作为中小企业转变发展方式实现转型升级的重要途径和发展方向。

"专精特新"企业是在生产、创新、管理等方面综合表现突出的一批中小企业，具有专业化、精细化、特色化、新颖化的特征。[1] 所谓专精特新中小企业，是指做到专业化、精细化、特色化、创新能力突出的中小企业。"专"是指专业化，要求企业注重核心业务，包括专注于一个行业、专做几个产品、专心服务一类客户、专业经营一些地区等几方面含义，以及拥有专业化的技术、专业化的团队、独特的资源、专一的市场群体等，在产业链的某个环节中拥有比较优势。"精"是指精细化，要求企业注重对工艺流程的精细化管理，包括精细化生产、精细化管理、精细化服务等，以高质量的产品和精细化的服务在细分市场领域占据比较优势，要求中小企业建设科学有序的内部制度，包括建立客户服务制度、业务管理制度、人员管理制度、财务管理制度等，保证客户拥有良好体验。"特"是指特色化，要求企业提升产品服务的特色，包括特色化技术、特色化功能、特色化外观等，为不同消费群体提供相应的特色化的产品和服务。"新"是指新颖化，即创新能力，包括新颖的产品、新颖的工艺、新颖的市场机制和管理机制等，具体指企业技术创新、制度创新、标准创新等，是实施产品差异化战略的重要保障。

自"专精特新"概念提出后，中央和国家相关部门不断出台专门政策引导中小企业向着"专精特新"方向发展。2013 年 7 月，工业和信息化部发布《关于促进中小企业"专精特新"发展的指导意见》，就促进中小企业"专精特新"发展工作提出了总体思路、重点任务和推进措施。2016 年 6 月，工业和信息化部发布《促进中小企业发展规划（2016—2020 年）》，提出要培育一批可持续发展的"专精特新"中小企业，并且相应提出了"专精特新"中小企业培育工程。2019 年 8 月，中央财经委员会第五次会议召开，提出培育一批"专精特新"中小企业。"专精特新"企业目前已形成"创新型中小企业—专精特新中小企业—专精特新'小巨人'企业"的梯度培育体系。

关于专精特新"小巨人"企业的认定和培育工作正在深入开展。2018 年 11 月，工业和信息化部发布通知，要求在全国范围内认定和进一步培训专精特新"小巨人"企业。2020 年 7 月和 2021 年 4 月，工业和信息化部开展第二批和第三批专精特新"小巨人"企业培育工作。2019 年 6 月、2020 年 12 月和

2021年8月,工业和信息化部公布了第一批、第二批和第三批专精特新"小巨人"企业名单。2021年1月,财政部与工业和信息化部联合发布《关于支持"专精特新"中小企业高质量发展的通知》,安排专项资金支持国家级专精特新"小巨人"企业发展。2021年12月《"十四五"促进中小企业发展规划》要求在"十四五"期间,推动形成一万家"小巨人"企业。2022年2月,中央全面深化改革委员会强调要支持引导掌握关键核心技术"专精特新"企业深化改革、强化创新。2022年6月,工信部印发《优质中小企业梯度培育管理暂行办法》,指出要建立优质中小企业梯度培育体系,明确区分创新型中小企业、"专精特新"中小企业和专精特新"小巨人"企业3个层次。党的二十大报告也明确指出,"支持专精特新企业发展"。继2022年政府工作报告明确提出"着力培育'专精特新'企业,在资金、人才、孵化平台搭建等方面给予大力支持"之后,2023年和2024年的政府工作报告连续强调要促进中小企业专精特新发展。良好的政策制度环境能够引导中小企业健康发展,倒逼企业优化资源配置,提升产品科技含量与附加值。

2021年底,贵州省出台《贵州省中小企业"专精特新"培育实施方案》,旨在9个重点支持领域引导中小企业走"专业化、精细化、特色化、创新型"道路,努力推进产业基础高级化、产业链现代化,助力工业实现大突破,为全省经济高质量发展提供有力支撑。2022年贵州省工业和信息化厅先后出台《关于支持贵州股权交易中心设立"专精特新专版"的通知》和《贵州省优质中小企业梯度培育管理实施细则(暂行)》专项政策,进一步加大了对专精特新企业发展的支持力度。截至目前,我国已累计培育专精特新中小企业12.4万家,专精特新"小巨人"12950家,提前超额完成"十四五"时期制定的形成1万家专精特新"小巨人"企业目标。从数量排名来看贵州省排名靠后,2023年贵州省认定国家级专精特新重点"小巨人"企业27家、专精特新"小巨人"企业66家,省级以上专精特新中小企业668家。中小企业是全球产业链的重要组成部分,专精特新中小企业是未来产业链的重要支撑,其创新和发展韧性决定了产业链抗击风险冲击的能力,对发展新质生产力具有无可替代的积极作用。创新是引领发展的第一动力,企业是创新的主体,是推动创新创造的生力军,而新质生产力以创新动力为基础,强调关键和颠覆性技术突破,通过生产力转型能够推动企业经营管理方式的优化和变革，从而赋能企业高质量发展。

二、提升专精特新中小企业质量的路径

（一）培育专精特新中小企业和专精特新"小巨人"的意义

1. 培育专精特新中小企业为推动经济高质量发展提升新效能

培育专精特新中小企业，特别是专精特新"小巨人"企业有助于从产业层面提升发展效能，推动经济高质量发展。专精特新企业的成长有利于带动其他中小企业向专精特新方向发展和转型，进一步激发企业成长。一是有助于促进生产新型中高端产品。二是有助于推动原有产品向中高端改造升级。三是有助于增加产品科技含量。

2. 培训专精特新中小企业为构建双循环新发展格局夯实新基础

一是提高国内市场供给质量，进一步发挥国内市场的主体作用。二是扩大了国际市场供给数量，能进一步用好国际市场。三是加深了国内国际市场间的沟通，进一步实现国内市场和国际市场相互促进。

3. 培育专精特新中小企业为坚持创新驱动发展注入新动力

人才是创新的根本要件，是专精特新企业创新所需的重要资源。包括专业技术人才知识更新、经营管理人员专项扶持、职工岗位技能提升、支撑专场评审、搭建科研攻关人力资源平台等方面，均是实现可持续创新的重要保障。[2]一是专精特新企业大量集中在科技领域，能够有效提升企业整体的技术创新能力，促进强化国家战略科技力量。二是专精特新企业的科技人员占比相对较高，可以持续培育一批科技人员队伍，激发科技人才创新活力，巩固国家战略科技后备力量。

4. 培育专精特新中小企业为发展现代产业体系提供新主体

一是专精特新企业集中在专用设备制造业，通用设备制造业，计算机、通信和其他电子设备制造业等战略性智能制造新兴产业集中的领域，能够为战略性新兴产业持续输出新市场主体。二是专精特新企业集中在信息传输、软件和信息技术服务业，科学研究的技术服务业等现代服务业集中的领域，能够为现代服务业持续输出新市场主体。

5. 培育专精特新中小企业为全面推进乡村振兴探索新模式，有利于促进农村经济发展

一是专精特新企业集中在民营企业，且大量分布在农村地区和乡镇地区，为当地扩大就业和经济增长做出了重要贡献。二是培育专精特新企业，有助于在农村地区培育更多的企业，进一步壮大农村地区经济力量，实现农村经济的持续发展和良性循环。

6. 培育专精特新企业为推动绿色低碳发展开辟新路径

一是在专精特新企业中，有相当一部分企业集中在生态保护和环境治理领域，是推动绿色低碳发展的有力新生力量。二是培育专精特新企业，有利于持续培育生态保护和环境治理领域的新生经济力量，推动形成绿色低碳发展新路径。

（二）"专精特新"中小企业的特征和存在的主要问题

全国来看专精特新中小企业与专精特新"小巨人"企业在地区分布上呈现出东部地区强，中西部地区次之，东北地区最少的特点。2019—2021年，工信部先后公示三批专精特新"小巨人"企业名单，共计4922家。截至2023年7月，专精特新"小巨人"企业分布呈现东强西弱的状态，主要集中在东部和中部等产业基础好的地区。其中北京840家，深圳755家，上海713家企业数量领跑全国；贵州78家，云南97家，四川459家，重庆318家，广西116家，湖南531家。

就贵州而言，近年来贵州省专精特新中小企业和专精特新"小巨人"企业数量持续增长。专精特新企业中民营企业占比最高，其中专精特新"小巨人"企业主要集中在贵阳、遵义等城市，贵阳市国家级专精特新"小巨人"企业数量最多，占半数以上。从行业分布来看，呈现行业集中度较高的特点。80%以上分布在制造业，主要集中在电气机械和器材制造、通用设备制造、计算机、通信和其他电子设备制造。从研发创新方面的有效专利情况来看，"发明专利"类的专利数量最多，贵州省国家级专精特新"小巨人"企业平均有效授权发明24件，高于全国平均水平，创新能力突出。从企业营业收入、净利润来看，近两年贵州省40%以上的专精特新企业主营业务收入和净利润平均增速在8%以上，呈现出企业质量效益显著的特点，即企业以质量为根本，以效益为目标，通过不断提升产品质量和服务水平，增加经济效益和社会效益。从企业融资情况来看，主要分布在集成电路、化学工程、其他传统产业三个领域，专精特新中小企业受创新发展研发费用投入大、研发成果转化周期长等因素影响，导致资金需求量大，明显高于传统中小企业。

相比大企业，专精特新中小企业具有灵活度高、成长性强等特点，但也存在着一些挑战和困难，包括企业面临着融资约束大、数字化水平低、创新研发投入不足、技术转化能力弱、风险抵御能力较差等问题。第一，专精特新中小企业的整体实力不强，经济组织形式相对落后。例如，中小企业主要集中在传统产业，企业生产经营方式比较初级，管理比较简单。第二，专精特新中小企业仍然面临一定程度的行业壁垒。实体经济仍然存在一定的行业性垄断，部分行业准入条件偏高。第三，中小企业数字化经营程度较低。缺乏数字营销能力和信息化安全措施。第四，中小企业管理模式相对落后、抗风险能力差。第五，中小企业在价值链的地位较弱。例如产品附加值低，消化成本能力弱，以低成本、低价格、低利润作为竞争优势。第六，中小企业资金紧张，投资不足和融资较难问题突出。特别是绿色化、数字化、智能化对企业的现有生产流程、使用原料等都要求引入生产新介质，所需的资金投入成为中小企业的现实性难题。一方面，专精特新企业的资金需求较为迫切，需要投入大量资金用于研发、生产、营销等；另一方面，专精特新企业的资金来源较为单一，主要依赖于自筹或银行贷款，从资本市场等直接融资渠道获得资金的能力有限。专精特新企业创新项目产出的新产品一般具有相当的技术含量和市场特殊性，其商业模式和盈利模式具有一定的不确定性，金融市场的投资者较难对企业的商业前景和资产价值做出准确评估和判断，导致金融机构和投资者对专精特新企业的融资意愿较低。第七，中小企业面临市场竞争激烈，特别在贸易出口领域市场竞争对手较多、竞争环境也较为复杂，其企业竞争力相对偏弱。第八，仍然存在制约中小企业成长的体制机制。

三、构建中小企业持续健康成长的路径与措施

（一）专精特新中小企业应注重组织结构和组织形式的调整，优化人才培育与激励机制

鼓励中小企业专业化发展，聚焦专门市场，重点服务专门客户，革新技术

和生产供给，提高产品特异化水平，强化自身在产业链中的比较优势。鼓励中小企业精细化发展，引导中小企业进行精细化生产、管理和服务，抓住关键环节，不断提高产品和服务的质量，在细分市场中占据优势地位。支持中小企业特色化发展，研发和改进工艺、技术、配方或原料等，针对不同的消费群体细分市场研制生产特色化产品。支持中小企业新颖化发展，引导中小企业强化求变求新意识，加强自身产品的个性化和艺术化设计，追求细致化和人性化体验。此外，设计和制定与企业相匹配的人才激励机制，夯实专精特新企业的人才基础。

（二）扶持中小企业在创新领域发展，激发专精特新中小企业的创新禀赋

专精特新企业要以创新为灵魂，以科技为底蕴，不断增加研发投入，加强知识产权保护，提升自主创新能力和核心竞争力。具体来说，要利用和开发各类资源，以多种方式建设中小企业创业创新基地。加强对换代厂房、原有楼宇等的再开发再利用，设计建设中小企业创业创新基地。集中力量建设一批中小企业创业创新示范基地，以智慧化、平台化、生态化为导向，探索发展基地新模式。鼓励和引导大企业发展对全产业链的带动作用，运用资金、人才、技术等方面的优势，建设既面向企业内部，又面向全产业链的创业创新基地，推动内外资源整合。加强中小企业公共服务平台建设。引导各类中小企业公共服务平台持续整合资源、创新服务模式，提高市场供需双方对接效率。发挥平台网络优势。充分利用网络的共享性和及时性优势，推动平台网络不断聚集专业服务资源，为中小企业开展专业化、特色化服务，提高服务的及时性和有效性。

（三）引导专精特新中小企业持续提高数字化水平

数字化转型是技术进步推动中小企业转型发展的重要体现。鼓励专精特新中小企业做好数字化转型的战略规划，加强数字化建设，识别数字化转型过程中的关键影响因素，不断提升数字化生产水平和运营管理。开展设备数字化改造，提高生产线的数字化水平，建设数字车间，努力构建数字工厂，增强数字生产要素配置。大力建设工业互联网平台。鼓励和引导各类软件服务商持续提高云计算、大数据、边缘计算等建设工业互联网平台所需的关键技术能力，鼓励

市场竞争，以市场力量降低互联网平台建设成本。鼓励和引导工业互联网服务企业、第三方服务商等关注中小企业数字化工作，加强开发面向中小企业的工业互联网平台，降低中小企业介入工业互联网平台的准入门槛。建设数字化转型能力中心。以产业园区为抓手，以产业集群为依托，聚焦技术咨询、人员培训、金融服务等中小企业数字化建设急需的核心能力，建设集咨询、培训、服务于一体的数字化转型能力中心，定向解决中小企业数字化建设中的难点问题。

（四）促进专精特新中小企业通过实施管理创新，提升企业管理能力

企业管理创新的意义在于能够降低惯例黏性，帮助企业及时调整发展路径，并指导中小企业加强和完善现代企业制度和体系化建设，提高创新绩效。规范企业治理结构、产权制度、管理制度等，加强质量、安全、财务、用工、风险等基础管理工作，鼓励在管理中运用各类信息化数字化手段，推进中小企业实现降本增效。推动中小企业管理咨询服务。鼓励各类咨询公司适当降低对中小企业服务费用，适时开展针对中小企业的志愿咨询服务。结合当地实际完善管理咨询专家库，组织管理咨询推荐会向中小企业推介优质咨询机构和咨询专家。加快中小企业管理创新。鼓励中小企业根据自身实际情况开展管理创新。

（五）推进中小企业融入所在区域、产业链发展进程，加快实现产业集群化发展

大力推进优质中小企业集群化规模化发展，着力打造一批主导产业聚焦、优势特点突出、核心竞争力强的中小企业特色产业集群。促进各类云制造平台和云服务平台向中小企业的对接推介，鼓励中小企业接入云平台，加快设备上云和系统的云端迁移。加强对中小企业和创业团队的数字化能力建设，鼓励各类云平台面向中小企业开放数据、接口、计算能力等数字化资源，鼓励中小企业在云平台上进行二次开发。加快供应链与平台融合对接。建设产业供应链对接平台，促进产业链供应链和云平台的深度对接融合。创新线上采购、撮合交易、分销流通的新模式，全面赋能中小企业原材料采购、自动化生产、智能化销售和智慧物流等全流程。

（六）鼓励各类金融机构切实加大对中小企业支持力度

拓宽金融机构面向中小企业的获客渠道。推动省市各级工信部门与当地金

融机构签署战略合作协议，定向支持科技含量高、创新性强的中小企业。建立业务推进联系人制度，推动省市各级工信部门与当地金融机构建立常态化合作机制，助力金融机构实现批量获客。鼓励金融机构主动联系和走访中小企业。鼓励金融机构制定中小企业客户"白名单"，将名单内客户进行网格化分解，组织人员主动走访、全面覆盖，深入了解中小企业金融需求。引导金融机构持续不断优化服务方案。引导金融机构主动研究中小企业，根据中小企业不同特征进行分类，针对不同类型中小企业量身打造专业产品体系和综合金融服务方案，持续推进产品标准化、作业流程化、生产批量化、服务线上化。

（七）大力推进中小企业国际化，鼓励中小企业拓展市场空间

专精特新企业要以市场为平台，以拓展为方向，不断开拓和拓展国内外市场，特别是要积极参与国际贸易和合作。鼓励有条件的中小企业到境外建立各类办事机构，收购引进境外先进技术和成果。鼓励有条件的中小企业主动加强与海外华人商会和中资商会合作，借助商会力量开拓海外市场和引进海外资源。推动开展展览展示活动。鼓励有条件的中小企业积极参与中国国际中小企业博览会、APEC中小企业技术交流暨展览会等专门凸显中小企业的展览会，拓宽中小企业对外发展渠道，增加市场竞争力和抗风险能力。

（八）持续优化营商环境服务中小企业发展，降低专精特新中小企业的创新风险，为中小企业在创新体系中的发展创造有利的营商环境

营商环境中的政府效率、人力资源、金融服务、公共服务、市场环境与创新环境都深刻地影响着专精特新中小企业的发展。经济水平较低地区虽欠缺人力、金融等资源，但仍可以通过政府主导来提高公共服务水平，改善市场和创新环境，为专精特新企业提供精准政策支持，包括加大专精特新企业的培育力度，并建立科学全面的评估机制，定期对企业的创新项目进行跟踪了解，帮助企业识别风险；精简行政审批程序，清理中小企业发展隐性壁垒；进一步取消、下放、承接行政许可事项，进一步压减审批事项申请材料和办理时限，分类、分批、分次清理影响市场主体准入和经营的隐性壁垒，清理规范行政备案事项；降低中小企业市场准入门槛，充分激发市场活力；加强政府部门作风建设，持续为企业排忧解难，不断提高服务能力。

参考文献

[1] 董志勇，李成明. "专精特新"中小企业高质量发展态势与路径选择[J]. 改革，2021（10）：1-11.

[2] 周善将，周天松. 环境规制、人力资源管理强度与企业绿色创新[J]. 财会通讯，2022，(9)：66-71.

作者简介：蒋楚麟，贵州省社会科学院城市经济研究所副研究员、管理学博士。

贵州以数字经济人才赋能新质生产力发展研究

陈玲玲

一、引言

当前，无论是技术革命的突破，生产要素的创新，还是产业转型的升级，都离不开数字经济的创新发展，数字经济已经成为稳增长、促转型的重要引擎，成为加快新质生产力发展的关键支撑，成为汇聚科技、创新和人才的典型场域。在数字经济时代，数据作为新的生产要素，是基础性资源和战略性资源，也是重要生产力。当数据成为劳动对象、算法成为劳动工具时，必然要求劳动者具备一定的数字素养，掌握一定的数字技能。数字经济人才作为能够操作、控制、维护、管理数字技术和设备的劳动者，成为新时代新质生产力劳动者的标配[1]，对新质生产力的形成与运行有重要影响。

贵州作为西部重要的省份，近年来积极抢抓数字经济发展新机遇，大力推动数字经济与实体经济深度融合，围绕算力、赋能、产业三个关键，大力培育和引进数字经济人才，在数字经济领域取得了显著成就，为地方经济发展注入强劲动能。数字经济人才已成为贵州人才队伍的重要组成部分。加快数字经济人才发展是贵州因地制宜发展新质生产力的必然要求，是贵州实现后发赶超的必由之路，是推动贵州经济社会高质量发展的创新举措，必须予以高度关注。

二、数字经济人才赋能新质生产力的逻辑机理

（一）数字经济人才是推动科技创新的引领者

2024年年初，习近平总书记在中共中央政治局就扎实推进高质量发展进行第十一次集体学习时强调，科技创新是发展新质生产力的核心要素。2023年，我国国内有效发明专利增速排名前三的技术领域分别为信息技术管理方法、计算机技术和基础通信程序，分别同比增长59.4%、39.3%和30.8%，远高于国内平均增长水平，显示了数字经济人才具备较高的创新力[2]。数字经济领域中那些具备信息与通信技术相关技能的从业者，以及其他与信息技术专业技能互补协同的跨界人才，共同推动数字技术的创新和应用。数字经济人才在实践中展现出的深厚的科技背景和创新能力，较强的信息技术和数字化技能以及利用数字技术开发新的技术、产品、应用和服务的能力，有助于加快推动新质生产力的形成和发展。例如，人工智能、大数据分析、云计算、人工智能、物联网等领域的数字经济人才，通过研发新的算法、模型和应用，推动创新，为各行各业提供数字化、智能化的解决方案，提高生产效率和质量。通过引进和培养一批具有高水平、高技能的数字经济人才，可以引领、带动整个行业的创新和发展，为贵州的数字经济提供新的思路、方法和解决方案，推动新质生产力的快速增长。

（二）数字经济人才是促进传统产业转型升级的保障者

2021年10月，习近平总书记在十九届中央政治局第三十四次集体学习时指出：数据作为新型生产要素，对传统生产方式具有重大影响，数字经济具有高创新性、广覆盖性，不仅是新的经济增长点，而且是改造提升传统产业的支点。作为发展新质生产力的重要组成部分，数字经济能为传统产业发展带来难以预估的放大、叠加和倍增作用，帮助传统产业整体改造升级、降本增效，构筑新的发展优势。数字化车间和智能工厂的普及，数字化研发工具的开发，关键工序的数控化率的提升都离不开人才的支撑，企业数字经济人才可以显著提升传统行业的"含智量""含绿量""含金量"。从企业数字化能力重构的角度

来看，数字经济人才包括数字化领军人才、数字化管理人才、数字化应用人才和数字技术人才，他们利用大数据、云计算等技术，对生产过程进行精细化管理，可及时发现生产过程中的瓶颈和问题，提出针对性解决方案。借助物联网技术，将各种设备和系统连接起来，实现信息的实时传递和共享，优化业务流程，实现生产过程的自动化和智能化监控。同时，打造集数据收集、分析、决策、精准推送和动态反馈于一体的闭环消费生态，为用户提供多元化、个性化的产品和服务，为企业创造更多的商业价值。数字经济人才通过不断研发新技术、优化现有技术，提升数字经济的整体技术水平，为新质生产力的发展提供强有力的技术保障。

（三）数字经济人才是培育新兴产业未来产业的推动者

新质生产力是以战略性新兴产业和未来产业为主要载体，形成高效能的生产力。在产业构成方面，新质生产力涉及的新能源、新材料、先进制造、电子信息等战略性新兴产业，以及人工智能、量子信息、生命健康等未来产业，均属于数字化程度较高的产业体系，且属于数字经济核心产业，在数字经济领域形成一定领先优势，这即是数字经济人才深耕产业发展的结果，也为数字经济人才未来发展开辟了广阔空间。一是数字经济人才具备敏锐的市场洞察力和创新能力，善于捕捉新兴产业的发展趋势，发现新的市场需求和商业模式，推动新兴产业特别是战略性新兴产业的发展，是发展新质生产力内在要求和重要着力点。二是数字经济人才具备数字技术背景和专业知识，熟悉新兴技术的原理和应用，能够将其转化为具有市场竞争力的产品和服务，为新兴产业的崛起提供有力支撑。三是数字经济人才善于利用创新思维和创意，敢于尝试新的方法和手段，从而创造出具有独特价值和竞争力的产品和服务，为新兴产业的快速发展注入了新动力。此外，数字经济人才还通过搭建创新平台和生态系统，促进新兴产业的集聚和发展。例如，在数字创意、电子竞技、数字内容等领域，数字经济人才通过创新和创意，推动相关产业的崛起和壮大。

（四）数字经济人才是推动跨界融合的主导者

在数字经济时代，跨界融合已经成为一种趋势，数字经济的广泛渗透可以促进不同行业之前的融合与协作，形成跨界融合的产业创新机制。各行各业都在寻求与数字经济的深度融合，以提升自身的竞争力，数字经济人才正是这一趋势的推动者和实践者。数字经济人才以其固有的跨界融合能力，打破了空间区隔和行业壁垒，跨越不同领域、不同行业，将各种知识和技能进行融合与创新，突破要素资源配置的时空界限、打破时空障碍和地方保护引致的要素市场分割，提升邻近区域间在颠覆性技术创新和战略性新兴产业上的空间相关性，改变原有产业的服务模式与产业技术组合方式，创造出更多新的商业模式和产品，促进产业间的融合，形成新的创新链、产业链、资金链、人才链"四链"融合。这种跨界融合的能力，正是推动新质生产力发展的关键所在。同时，数字经济人才的跨界融合能力也促进了创新文化的形成。他们敢于尝试新事物，勇于挑战传统观念，为产业发展带来了更多的可能性。这种创新文化不仅提升了企业的核心竞争力，也为整个社会的创新发展提供了源源不断的动力。

三、贵州数字经济人才发展现状

（一）贵州数字经济人才的数量、结构和分布

近年来，贵州省委、省政府大力实施人才强省战略，数字经济发展战略，推动了数字经济人才队伍的发展壮大。

从数量上看，截至2022年，贵州数字经济人才[①]达42.43万人，其中数字产业化人才19.17万，产业数字化人才21.21万，数字化治理人才1.24万，数字化科研人才0.81万。产业数字化人才与数字产业化人才的规模比达到1.11∶1，进一步推动了传统三次产业结构化转型升级。2022年贵州数字经济人才年均GDP产值为11.90%，人均GDP单位产值达121.78万元，人才资源相比较一般劳动力资源，其对产业的拉动能力较强。[②]

从结构上看，贵州数字经济人才男性占比多，是女性的1.79倍。35岁及以下青年人才占比达53.94%。非公有制企业数字经济人才较多，其中数字产业化和产业数字化人才在私有制企业中占92.31%。以技术型人才为主，技能

---

① 贵州数字经济人才分为数字产业化人才、产业数字化人才、数字化治理人才、数字化科研人才四大类。
② 数据来源：《贵州省数字经济人才发展白皮书（2022）》。

型人才为辅，分别占比64.19%和21.59%。人才主要积聚在贵阳（贵安），占全省数字经济人才总数的54.82%，其次是遵义市占11.97%。高学历人才占比偏少，硕士及以上学历1.04%，专科及以下学历人数占比达70.54%。其中数字化科研人才是高学历人才占比最多的人才类型，其中硕士及以上学历占比32.69%[①]。

从数字产业化人才的产业分布来看，数字产业化领域人才主要分布在软件和信息技术服务业，占比56.69%。从产业数字化人才的行业分布来看，产业数字化领域中信息化从业人员数量占比最高的产业为第三产业（服务业），占比为59.64%，其次为第二产业（工业）人才，占比36.62%。从产业数字化人才的数字化效率提升领域人才分布来看，主要集中在数字商贸、智能制造等行业[②]。

（二）加大对数字经济人才的培养和引进力度

近年来，贵州全省上下全力以赴招才引才育才，深化人才培养模式，建立梯次递进人才培育体系，拓展人才引进渠道，优化人才服务环境，为打造贵州数字经济发展创新区提供有力的人才支撑。

从人才的培养来看，通过人才基地培育、高校联合培养、重点人才倍增计划等方式培养人才，提升人才综合素质和实践能力。强化本地人才培养和使用，高校和职业（技工）院校主要开展数字经济领域相关专业教育和实用性人才培养。提高本地毕业生留黔率，同时大力招引大数据相关专业黔籍高校毕业生留黔就业创业。推行大数据人才服务专员制度，对大数据高层次人才采取"量身定制"的办法，一人一策、特事特办。2022年，贵州数字经济领域相关专业毕业生共计3.15万人，占普通高等学校毕业生的11.89%，主要是数字技术和技能类应用型人才。鼓励企业采取订单式、定向式和项目制等方式，广泛开展数字技能岗前培训，在岗培训和转岗专业培训等，增强企业人员数字技能素质。积极开发适应大数据产业发展需求和新职业（工种）培训师资，培育发展一批优秀培训机构，促进数字技能人才就业创业。

从人才的引进来看。贵州用好重点人才蓄水池、人才强省会等系列人才政

[①] 数据来源：《贵州省数字经济人才发展白皮书（2022）》。
[②] 数据来源：《贵州省数字经济人才发展白皮书（2022）》。

策，创新引才模式，利用"线上+线下"相结合的方式拓展引才渠道。定期发布数字技能类职业就业、培训和岗位需求信息，精准引育一批云计算、人工智能、网络数据安全、集成电路等重点领域、重点产业、重点项目急需紧缺人才。利用数博会、人博会展馆设立引进专区，组织云上贵州、贵州电商云、朗玛信息等知名大数据企业引进各类数字经济人才。2021—2022年，共发布320个岗位近900个人才需求，吸引各类高层次人才485人次。2021年引进外省数字经济人才达3586人次。

四、贵州数字经济人才发展赋能新质生产力的主要问题与挑战

（一）主要问题

1. 高层次人才缺乏，部分专业人才供不应求

由于贵州数字经济发展相对薄弱，龙头企业较少，产业积聚度不高，对人才的吸引力有限，特别是高层次数字经济人才的吸引力不足。尤其是在大数据、云计算、物联网、人工智能等前沿技术领域。这些领域的专业人才往往集中在东部沿海等发达地区，而贵州在这方面的吸引力还有待提升。同时，部分数字领域相关专业存在供不应求的现状。根据《贵州省数字经济人才发展白皮书（2022年）》的数据统计，十大工业产业中对应的本科及以上数字经济领域相关专业中，供不应求的有基础材料产业中的能源与动力工程专业，清洁高效电力产业中的能源与动力工程、新能源科学与工程；对应的高职专科数字经济领域相关专业中，供不应求的有大数据电子信息产业中的计算机应用技术、电子商务、软件技术。

2. 政策执行不力、人才发展市场环境有待改善

首先，虽然贵州出台了一系列吸引和培育数字经济人才的政策，但在实际操作中往往存在执行不到位的情况。这可能是由于政策制定时缺乏全面考虑，导致政策制定的门槛设置较高，或者政策执行过程中缺乏足够的监管和执法力度，使得政策红利不能真正转化为人才红利和发展红利，人才对政策的可及度和感知度不高。调研发现，大部分数字经济人才都认为《贵州省重点人才"蓄

水池"管理办法（试行）》是一项好政策，正是人才所期盼的，但由于要求太高，很少有人能真正享受到这一政策。此外，政策宣传不足、信息不透明等问题也可能导致政策执行效果打折扣。人才政策的执行不力使得贵州在吸引和留住数字经济人才方面面临较大挑战，难以形成稳定的人才队伍。其次，人才发展市场环境不优也是制约贵州数字经济发展的一个重要因素。目前，贵州数字经济领域的市场竞争较为激烈，但缺乏有效的市场规范和监管机制。一些企业、高校存在不正当竞争行为，如"挖墙脚"，破坏市场秩序，影响人才队伍的健康发展。同时，数字经济领域的法律法规体系尚不完善，存在一定的法律空白和模糊地带，这给企业和个人在数字经济活动中的权益保护带来了一定的风险。

（二）面临的主要挑战

1. 技术更新迭代快速，人才需求变化大

随着科技的迅猛发展和数字化转型的深入推进，数字经济领域的技术更新迭代加速，对人才的需求也在不断变化。一是新技术的不断涌现使得原有的知识和技能很快过时。在数字经济领域，诸如人工智能、大数据、云计算、区块链等前沿技术层出不穷，这些技术的快速发展要求人才必须不断学习和更新自己的知识体系，以适应新的技术环境和工作要求。这对贵州数字经济人才来说是一个巨大的挑战。二是数字经济领域的人才需求也在不断变化。以数字经济人才推动新质生产力发展，对人才能力的需求从单一向多维转变，需要大量具备跨界融合能力、创新思维和实践经验的综合型人才。这些人才不仅需要具备深厚的专业知识，还需要具备跨领域合作的能力、解决问题的能力以及创新的思维方式。有数据推算，未来5年，数字经济可能创造3000万个就业岗位，同时数字经济催生的新职业也对求职者提出了更高的要求[3]。如何优化培训机制，使贵州数字经济人才的发展适应新质生产力的要求依然任重道远。

2. 区域竞争日益激烈，人才争夺加剧

当前，数字经济已成为区域竞相发展的重点领域，人才作为推动数字经济发展的核心要素，其争夺也愈发激烈。一是东部发达地区的数字经济巨头在吸引和留住人才方面具有显著优势。他们拥有更为成熟的产业环境、更丰富的资源支持和更广阔的发展平台，这使得贵州在吸引高端数字经济人才时面临较大

压力。二是作为新质生产力发展的智力之源，全国各个省份都在想方设法争夺数字经济人才，竞相攀比吸引人才的待遇和条件，加剧了国内人才市场竞争的"白热化"，这对于经济基础相对薄弱的贵州来说无疑面临不小的挑战。三是贵州在数字经济领域发展相对较晚，与一些发达省份相比，贵州数字经济在产业基础、创新能力和品牌影响力等方面还存在一定差距。这使得贵州在吸引和培育数字经济人才时面临一定的困难。

五、贵州以数字经济人才赋能新质生产力的对策建议

（一）优化人才政策体系，提升政策效果

一是完善人才政策的制定机制。在制定人才政策时，应充分考虑到贵州数字经济的实际需求和发展趋势，紧密结合行业特点，确保政策的针对性和实效性。同时，要加强政策制定的科学性，充分调研和论证，广泛征求各方意见，挖掘比较优势，因地制宜制定合理的政策措施，注意各项政策的衔接度和集成度，确保政策的合理性和可行性。二是要加强人才政策的宣传和推广。通过全媒体传播方式宣传和推广贵州人才政策，注意政策宣传的广泛性、深入性和持久性，提高政策的知晓度、接受度和利用率。同时，加强政策的解读和辅导，帮助企业和个人更好地理解和运用政策，提高政策的利用率和效果。营造一个公平、透明、高效的政策环境，能够吸引更多的人才投身贵州数字经济的建设，助力贵州新质生产力发展。

（二）建立健全人才政策的执行和评估机制

政策的效果不仅取决于政策本身的质量，还取决于政策的执行力度和评估反馈。加强对人才政策执行情况的监督和检查，确保政策能够真正落地生效。同时，还应建立政策评估机制，定期对政策效果进行评估和反馈，及时调整和优化政策内容，确保政策的持续性和有效性。此外，还应注重人才政策的创新和完善。随着数字经济的快速发展和人才需求的不断变化，人才政策也需要不断创新和完善。充分发挥贵州比较优势，积极探索符合自身特点和发展需求的人才政策，如设立专项人才基金、建设人才公寓、提供税收优惠等，以吸引和

留住更多优秀的数字经济人才。

(三) 加大对应用型数字经济人才的培养力度

围绕新质生产资料的应用,培养大量能与时俱进、熟练掌握新质生产资料的应用型数字经济人才。政府应因势利导,将数字经济专业人才培养计划纳入"十五五"规划,推进职普融通、产教融合、科教融汇,坚持教育优先发展,创新人才培养模式,建立覆盖全面、资源共享、梯次递进的数字经济人才培育体系,探索实行高校和企业联合培养高素质复合型工科、农科类数字化人才的有效衔接机制。面向未来产业、战略性新兴产业、高技术服务业发展趋势,加大学科建设力度,调整优化学科专业结构,建立学科专业动态调整机制,匹配人才培养数字化转型的需求。按照"新工科(新农科)建设+新职业确立+新实训搭建"的要求,增加大数据、人工智能、物联网等新兴学科专业,提高人才培养质量。推进普通本科高校向应用型转变。探索混合所有制办学模式,依托大数据企业打造数字经济实训基地,建设博士后工作站,参与建设国家重点实验室、工程技术中心等研发平台和实验室,提升企业技术研发和人才承载能力,夯实数字经济专业人才队伍根基。增加社会培训预算,建设数字化培训平台,持续开展终身职业技能培训,确保数字经济人才能力匹配数字化时代需求。

(四) 加大对科技型数字经济人才的引进力度

新质生产力是基于高科技发展水平的生产力,是与数字经济、智能经济相适应的生产力,是以科技创新为主导的现代化生产力,企业家精神、算力等成为其新的核心生产要素。科技型数字经济人才在新质生产力的形成和发展中发挥着关键的作用,他们创新创造新型生产工具,包括在颠覆性科技认知和技术创造方面展现出非凡才干的顶尖科技人才,在基础研究和关键核心技术领域做出突出贡献的一流科技领域人才和青年科技人才。贵州做好数字经济人才的塔尖,要加大对科技型数字经济人才的引进力度,拓宽人才引进渠道,充分发挥世博会、人博会、高层次人才引进计划等平台和项目,吸引一批数字经济领域的拔尖创新人才、战略科学家、一流科技领军人才及团队。积极落实东西部协作和中央定点帮扶挂职干部人才选派工作,重点在数字经济人才帮扶支持上给予贵州更大支持。灵活人才引进方式，采取兼职挂职、成果转化、对口支援、技术入股、揭榜挂帅、异地用才等柔性引才方式，坚持人才引进的高端化，为新质生产力提供源源不断的智力支持。

参考文献

[1] 王羽. 新质生产力核心要素指标的思考——形成新质生产力的核心要素指标分析与研究 [EB/OL]. （2024-03-11）. https://www.greenmine.org.cn/shows/25/234871.html.

[2] 向"新"而行，数字经济蝶变腾飞 [N/OL]. 人民邮电报，（2024-03-12）. https://www.cnii.com.cn/rmydb/202403/t20240312_551099.html.

[3] 韩晶，张滨. 全力以赴稳就业 [N]. 经济日报，2024-03-27（5）.

作者简介：陈玲玲，贵州省社会科学院社会研究所助理研究员。

人工智能对企业高质量发展的影响研究

刘 英

摘 要：基于2007—2021年中国A股上市公司数据，探讨了人工智能对企业高质量发展的影响。研究发现，人工智能可以显著赋能企业高质量发展，通过稳健性检验、内生性处理等多种方式进行验证，结果仍然成立。异质性分析发现，外围城市、高市场竞争行业、非国有产权性质对这种赋能效应的作用更为明显。机制分析结果表明，人工智能可以通过扩大多样化集聚和改善融资结构的途径赋能企业高质量发展。研究结论可以为企业释放更多的潜力和活力，早日完成智能化转型，为实现高质量发展提供支撑方案和经验证据。

关键词：人工智能；企业高质量发展；产业集聚；融资结构

一、引言

高质量发展是全面建设社会主义现代化国家的首要任务，作为2024年全国两会期间的热词之一，有必要深化"高质量发展"的全方位认识。企业作为市场经济活动的重要参与者，对我国经济发展起着重要作用，着力推动企业高质量发展，无疑是当前的一个重要课题。人工智能作为推动高质量发展新引擎，为企业发展带来了前所未有的机遇，然而，由于我国缺乏重大原始性创新和关键核心技术，在科技领域与部分发达国家仍存在较大差距，科技创新能力不足已成为制约企业高质量发展的突出短板。因此，在"十四五"及未来一段时期，亟须通过以"智"提"质"、"数智赋能"，为企业发展拓展新空间，对新时代新征程下增添高质量发展新动能具有重要意义。

现有研究主要从人工智能的内涵（Kusiak，1990；任保平和宋文月，2019）[1-2]、高质量发展测度（李梦欣和任保平，2019；曲立等，2021）[3-4]等角度进行探讨。关于人工智能与高质量发展的实证研究并不多见，部分文献主要聚焦于新一代信息技术（大数据、区块链、数字经济等）对高质量发展的影响。如在微观层面，任保平和何厚聪（2022）[5] 提出可通过规模经济、范围经济和网络经济促进高质量发展。在中观层面，郭朝先和方澳（2021）[6] 提出从三大产业的角度看，人工智能可分别通过扩张效应、赋能效应和"活化效应"促进经济高质量发展。从宏观角度看，荆文君和孙宝文（2019）[7] 认为新兴技术主要通过增加新的要素投入和调整要素占比的渠道、提高新的资源配置效率、提高全要素生产率三条路径促进经济高质量发展。

通过梳理以往文献发现：一是现有研究对人工智能的内涵并未形成共识，且"智力"这种隐含属性难以直观测度，使研究数据的可得性受限。一般而言，使用工业机器人（李志强和刘英，2022）[8]、全要素生产率（Autor & Salomons，2018）[9] 等指标往往只能表征人工智能的某一侧面。二是在高质量发展的测度方面，现有研究大多停留在区域或产业层面（张军扩等，2019；余东华和王梅娟，2022）[10-11]，未能将指标体系触及经济发展的微观方面。而不论是宏观还是中观层面的经济高质量发展，都需要依赖微观企业主体的高质量发展才能得以实现，因而迫切需要从微观层面探究企业高质量发展的概念，并建立一套科学的评价体系对其进行专门的系统性测度。三是人工智能与企业高质量发展的影响机制大多聚焦在理论层面（任保平和宋文月，2019）[2]，鲜有文献对人工智能影响企业高质量发展的具体路径进行实证探讨。

基于此，本文创新性地从微观角度切入，尝试在以下几个方面进行深入探讨。第一，利用目前较为流行的文本挖掘方法，通过 Python 从企业年报中抓取智能化关键词，以尝试设计更为合理的人工智能代理变量。第二，将企业发展与五大发展理念相结合，构建一套科学的企业高质量发展水平评价体系。第三，对人工智能与企业高质量发展关系进行系统的理论探讨和实证论证，以期得到更为全面丰富的研究成果。

二、研究设计

（一）理论分析与研究假设

锚定高质量发展新目标，各行各业正加速与人工智能渗透融合，加快构建多元化产业结构布局，助力企业向高质量发展方向不断迈进。相比传统的管理制度和体系，人工智能可以加强企业内部的管理，调动全体员工进行组织模式的参与，进而缩小管理层与员工层的差距，促使企业管理逐步向现代化、合理化、智能化的方向发展。不仅如此，人工智能还可以赋能企业实现降本增效，通过依靠智能机器辅助或全部依靠计算机完成，可以大幅提高企业各生产环节的效率，从而降低原材料的损耗和不良产品比率，实现降本增效的双重发展。此外，随着智能技术的深入应用，企业还可以根据自身发展需求，协同推进产业链创新，通过质量变革、效率变革、动力变革，以企业创新的方式赋能高质量发展。与此同时，智能时代的到来加深了经济全球化的程度，可以帮助企业更快拓展全球市场，企业将不再局限于某个地区的市场份额，能够通过灵活化、多样化的办公方式缓解信息不对称问题，为企业带来更加广阔的发展空间。基于上述分析，提出以下研究假说。

H1：人工智能可以赋能我国企业高质量发展。

产业集聚作为企业智能化发展的重要着力点，不仅可以推动产业结构转型，也可以为企业高质量发展贡献力量，通过要素流动、技术溢出、规模经济等方式为企业智能化转型提供动力。目前关于产业集聚的分类大部分是从专业化集聚和多样化集聚的角度进行区分，不同程度的集聚对企业的影响并不相同。专业化集聚一般是指同质性企业在一定区域内的空间集聚现象，由于诸多同质企业大量聚集，使得资源相对集中形成要素池，缩短了区域内的企业要素转移距离，加大了企业间互动，从而形成规模经济，促使企业降本增效。但过高的专业化集聚带来的趋同效应和拥挤效应，可能会对企业发展带来不利影响。同质企业的过度聚集会加剧企业间的竞争程度，造成资源过度内耗，尤其是对于技术水平低、自身实力较弱的企业而言，这种残酷的竞争环境会让其濒临停产甚至倒闭。当专业化集聚程度超过区域承载力后，所带来的负外部效应会反向作用于企业的创新水平,进而抑制企业高质量发展水平的提升。而多样化集聚一般指的是不同类型的企业在一定区域内的空间集聚现象。一方面,作为引领新一轮科技革命和产业变革的战略性技术,人工智能具有明显的技术外溢特征。由于企业多样性和差异化的存在,区域内企业可以通过知识共享和技术互通进行思维碰撞,从而强化自身知识积累的深度和知识创造的广度,为企业技术创新和转化打下基础,进而推动区域内产业多样化发展,使得生产价值链进一步延伸,因此人工智能可以通过提高多样化集聚进而提升企业的高质量发展水平。基于上述分析,提出以下研究假说。

H2：人工智能可以通过多样化产业集聚促进企业高质量发展。

企业的高质量发展离不开智能技术的支持,然而智能化转型需要大量且持续的资金投入,此时,企业融资成为企业高质量发展的重要因素。近年来,随着智能技术的不断成熟,打破了金融机构的传统审核门槛,通过智能系统实现了企业融资需求与银行供给产品的快速精准对接,使得金融机构的信贷效率明显提高,为企业的融资模式带来了根本性变革,极大地改善了企业的融资困境。根据优序融资理论,当企业具有融资需求时,内源融资会成为企业融资决策的优先选择。不可否认,企业在人工智能的发展过程中所需的资金数额较大,仅依赖企业的内部资金可能无法支撑企业完成智能化转型,实现高质量发展,故企业会寻找外部融资的渠道为企业发展提供更多的资金支持,此时,外源融资成为企业重要的资金来源。从外源融资的角度看,股权融资是企业可持续发展的重要保障,对资金的使用者来说,一方面,通过股权融资募集到的资金没有固定的还款日期且无需归还,这些资金主要是依据具体的盈利情况来确定股利分配的数额,因而能够持续为企业发展提供有力的资金支持。另一方面,股权融资不仅拥有较低的财务风险还可以帮助降低企业融资成本,通过与企业风险共担的方式,确保经营者行为的长期化,以促进企业扭亏增盈持续健康发展,同时,企业还可以引入战略投资者来提升企业的市场知名度和市场竞争能力,促使企业朝着更加规范、有序的方向迈进。相比之下,债务融资作为另一种外源融资渠道,具有融资成本高、条件严苛的特点,在某些情形下可能会抑制企业创新,不利于企业发展。既有文献大多认为,企业进行债务融资时必须保证投资收益高于资金成本,否则将出现收不抵支不利于企业发展,一旦债务过度,会导致企业筹资风险急剧增大,可能会危及企业的生存（Yazdanfar

& Öhman, 2015)[12]。基于上述的分析,提出以下假设。

H3：人工智能可以通过改善融资结构促进企业高质量发展。

(二) 变量定义

企业高质量发展 (hq)：在现有研究的基础上,本文从创新驱动、绿色发展、开放合作、效益增长和社会共享五个方面构建企业高质量发展水平评价体系。创新驱动方面,包括创新投入和创新产出,其中,创新投入选取研发人员占比、硕士及以上人员占比和研发经费投入强度三个指标衡量,创新产出选取专利申请数和无形资产占比衡量。绿色发展方面,本文从环保投资、环境披露和环境意识三个层次进行刻画,具体以环保投资强度来反映企业的环保投资情况,以是否披露环境和可持续发展来反映企业环境披露情况,以是否受到环保处罚和是否重污染企业来反映企业环境意识。开放合作方面,本文以开放投资和开放成果表征,具体以对外投资金额表征开放投资情况,海外业务收入占比表征开放成果情况。效益增长方面,应该包括企业的盈利能力、营运能力和发展能力,本文以主营业务利润率和净资产收益率描述企业的盈利能力,以总资产周转率和资产负债率描述企业的营运能力,以营业收入增长率和净利润增长率描述企业的发展能力。社会共享方面,要求企业在保障员工权益的同时,也能反哺社会,对社会做出贡献,具体以薪酬差距、薪酬增长幅度和基层持股能力反映企业员工权益,以税负贡献水平、就业吸纳能力和社会捐赠水平反映企业社会贡献。在收集整理上述指标数据后,运用熵权-TOPSIS法对企业高质量发展水平进行测度,最终得到企业高质量发展总指数。

人工智能 (ai)：人工智能这类涵盖智能意识的价值信息更容易体现在企业具有总结和指导性质的年报中,从而折射出企业对智能化转型的战略布局和未来展望。本文借鉴吴非等(2021)[13]、张远和李焕杰(2022)[14]等一系列研究归纳整理有关人工智能的特征词。同时,根据人工智能相关产业政策、"十四五"规划、党的二十大报告、近年政府工作报告等重要政策文件以及相关机构研究报告进一步扩充企业人工智能的特征词库。将上述自建的人工智能分词词典扩充到Python包的Jieba中文分词库中,提取并统计词典中各关键词在年报中出现的披露次数,参考肖土盛等(2022)[15]的做法,重点对年报"管理层讨论与分析"部分进行文本分析,最终得到企业人工智能发展总指数。

控制变量：根据以往文献（孟庆斌等，2019；刘艳霞，2022）[16-17]，本文主要控制了企业规模（size），采用企业期末资产总额的自然对数表示；固定资产比率（fia），采用企业固定资产净额占企业期末资产总额的比重表示；股权集中度（top），选取企业第一大股东的持股比例表示；现金流强度（cash），选择企业现金及其现金等价物与期末资产总额的比值表示；独立董事占比（indp），选取企业独立董事人数占企业董事会规模的比例表征；两职合一（dual），通过设置虚拟变量来表征两职合一，若企业董事长与总经理由同一人兼任，则虚拟变量设为1，否则为0。

（三）模型构建

为检验人工智能对企业高质量发展的影响，本文将基准模型设置如下。

$$hq_{it} = \alpha + \beta ai_{it} + \sum_i \rho_i control_{it} + industry_j \times year_t + \mu_{it} \quad (1)$$

其中，被解释变量 hq_{it} 表示第 i 个企业第 t 年的高质量发展水平，核心解释变量 ai_{it} 表示企业层面的人工智能发展水平，$control_{it}$ 表示相关控制变量。本文还进一步控制了行业×年份联合固定效应 $industry_j \times year_t$，μ_{it} 表示随机误差项，并将稳健标准误聚类到企业层面。

（四）样本选择与数据来源

本文选取2007—2021年中国A股上市公司作为初始样本，并对样本进行以下处理：将变量数据缺失较多的样本予以剔除；鉴于金融行业数据的特殊性，将金融行业子样本予以剔除；剔除ST、*ST、PT等特殊类型股票以及样本期间退市的企业样本；将破产或资不抵债的企业样本予以剔除；考虑到异常值对变量的影响较大，对连续变量进行1%的缩尾处理。数据来源主要为深圳证券交易所、上海证券交易所、国泰安数据库、万得数据库。

三、实证分析

（一）基准回归结果

人工智能对企业高质量发展影响的基准回归结果见表1。列（1）是只控制了行业×时间双向固定效应的结果，人工智能 ai 系数显著为正，初步表明企业智能化发展程度越高，高质量发展成效越显著。为增强模型的稳健性，缓解遗漏变量可能带来的偏差，依次加入企业规模、固定资产比率、股权集中度、现金流强度、独立董事占比、两职合一等控制变量，列（2）至列（7）结果显示，纳入这些控制变量后，人工智能的系数依然显著为正。总的来说，表 1 的结果能够从实证层面证实人工智能对企业高质量发展赋能效果的存在性。

表 1　基准回归结果

变量名	（1）	（2）	（3）	（4）	（5）	（6）	（7）
ai	0.0052*** (0.0013)	0.0025** (0.0012)	0.0025** (0.0013)	0.0027** (0.0012)	0.0027** (0.0012)	0.0027** (0.0012)	0.0028** (0.0012)
$size$		0.0098*** (0.0029)	0.0103*** (0.0030)	0.0110*** (0.0031)	0.0113*** (0.0031)	0.0113*** (0.0031)	0.0113*** (0.0031)
fia			0.0182 (0.0174)	0.0180 (0.0173)	0.0213 (0.0182)	0.0218 (0.0181)	0.0195 (0.0182)
top				0.0004* (0.0002)	0.0004* (0.0002)	0.0004* (0.0002)	0.0004* (0.0002)
$cash$					0.0097 (0.0103)	0.0095 (0.0103)	0.0102 (0.0103)
$indp$						−0.0286 (0.0260)	−0.0259 (0.0260)
$dual$							−0.0097*** (0.0037)
固定效应	控制	控制	控制	控制	控制	控制	控制
样本量	10302	10302	10302	10302	10302	10301	10301
R^2	0.0075	0.0126	0.0129	0.0139	0.0140	0.0142	0.0160

注：圆括号内为企业层面的聚类稳健标准误；*、** 和 *** 分别代表 10%、5% 和 1% 的显著性水平。下同。

（二）稳健性检验[①]

更换解释变量。企业的智能化投资与人工智能发展水平密切相关，本文利用智能化投资指标作为企业人工智能发展的代理变量进行稳健性检验，借鉴张远和李焕杰（2022）[14]的研究，手工整理上市公司财务报告附注中与智能化相关的固定资产投资和无形资产投资。然后利用人工智能的固定资产投资和无形资产投资之和占企业年度资产总额的比重来衡量企业智能化投资水平，结果表明基准模型的估计结果依然稳健。

增加控制变量。虽然上述基于企业年报所构建的人工智能发展水平指标可以较为全面地反映企业智能化发展的真实状况，但受到企业管理者策略性炒作的影响，企业年报中对人工智能的披露程度可能比实际推进的多，进而导致实证结果比现实情况偏高。参考肖土盛等（2022）[15]在基准模型的基础上进一步纳入企业信息披露质量的虚拟变量以排除企业的策略性炒作，结果显示核心结论"人工智能可以赋能企业高质量发展"并没有发生任何改变。

缩小研究样本。从时间维度看，2008年全球金融危机爆发，银根紧缩，导致企业融资困难，员工福利、公司效益等均受到影响，可能使企业蒙受巨大损失。2015年的超级大股灾，部分上市公司股价暴跌，使得公司卷入舆论的旋涡，极大降低了公司的市场地位，不仅如此，股价暴跌时公司市值也会随之缩水导致股东蒙受权益损失，一旦爆仓极易引发退市风险。2020年，疫情的暴发对全球经济造成了较大冲击，给广大企业带来了诸多难题和挑战，复工复产困难、订单大幅下降，对企业营收产生了严峻影响。因而考虑到样本期内发生的重大外部事件可能会对企业高质量发展产生影响，将发生国际金融危机、超级大股灾以及新冠疫情相关年份（2008年、2015年、2020年及以后）的企业样本排除，结果表明，核心结论依旧稳健。

（三）内生性处理[②]

为了尽可能缓解内生性问题，本文采用工具变量法以识别人工智能对企业高质量发展影响的净效应。黄群慧等（2019）[18]、张远和李焕杰（2022）[14]

---

① 限于篇幅，未列出稳健性检验结果。
② 限于篇幅，未列出内生性检验结果。

认为现有技术进步是传统通信技术的延续和发展，企业所在地以往的通信方式会延续至样本期阶段进而影响当期企业技术水平的发展。同时，国内在固定电话盛行之前，社会各界主要是通过邮局进行沟通交流，因而企业所在地邮局的分布也会对现代智能技术的发展产生影响，从这个角度考虑，历史上的固定电话和邮局均为现在人工智能发展创造了扎实的基础条件。因此以往固定电话数量和邮局数量可以作为样本期企业人工智能发展指数的工具变量。同时，以前的企业借助固定电话、邮局仅是提供简单的通信服务，对样本期内企业高质量发展五个维度的影响微乎其微，满足外生性条件。因此，本文基于外部工具变量来处理内生性问题，具体地，分别选取各城市在1984年每百万人拥有的邮局数量和每百人拥有的固定电话数量作为工具变量来缓解内生性问题。考虑到本文选取的研究样本为面板数据，而这两个外部工具变量的原始数据均表现为横截面形式，不能直接纳入面板模型进行计量分析，Nunn & Qian（2014）[19]提出可以通过引入一个时间序列从而对两者进行衔接。参考同样的方法，分别将企业所在地1984年每百万人拥有的邮局数量和每百人拥有的固定电话数量与上一年度的全国互联网用户数量的乘积作为当期企业人工智能发展水平的工具变量。在进行一系列内生性检验后，人工智能对企业高质量发展依旧有着显著的促进作用。

（四）异质性分析

区域不同位置的检验。从火石创造产业数据中心发布的"2022中国城市人工智能创新指数"可以看出，目前我国各大城市的人工智能创新发展呈现"一超多强"的格局，北京、上海、深圳等地表现强劲，呈现全面开花，全面领先的优势，而其余城市也表现不俗，具有较大的向上发展空间。在这样的发展格局下，企业对前沿技术的应用可能存在"干中学"现象（Gilbert等，2022）[20]，这些具有后发优势的城市可以通过一段时间的学习借助前沿技术助推企业向更高水平发展。本文参考赵涛等（2020）[21]对城市的划分方法，若企业自身所在地位于省份城市、直辖市和副省级城市则划分为中心城市，若企业自身所在地位于其他地级市则划分为外围城市。表2的列（1）和列（2）显示，仅有处于外围城市的企业，人工智能对企业高质量发展才表现出显著的正向作用，但这种积极效应在中心城市表现得并不显著。

行业不同属性的检验。竞争状况是行业特征的一个重要维度,在竞争程度不同的行业中,人工智能对企业高质量发展的影响也可能有所不同。本文借鉴Nickell（1996）[22]、张叶青等（2021）[23]关于行业竞争程度的测量方法,采用行业内所有样本企业的主营业务利润率标准差的倒数来衡量该行业的竞争程度,对行业的竞争程度大小按照计算结果进行排序,以中位数为界点将全样本划分为低市场竞争和高市场竞争两组子样本,并按照基准模型分别在每一组子样本内重新进行回归,从列（3）和列（4）的结果可以看出,ai的系数仅在第（4）列显著为正,说明较之市场竞争较低的行业,人工智能对企业高质量发展的赋能效果主要体现在高市场竞争的行业中。

企业不同特征的检验。从企业产权性质的角度看,不同企业所处的市场环境和拥有的资源条件并不完全一致,因而企业对人工智能技术的目标要求也会有所不同。本文根据企业的产权属性进行异质性分析,从表2最后两列可以看出,虽然在国有企业的子样本中人工智能对企业高质量发展的回归系数为正值,但并没有通过显著性检验。相反,在非国有企业的子样本中,核心变量ai的回归系数通过了5%水平下的检验,并表现为显著的正向影响。上述结果表明,相比于国有企业,人工智能对非国有企业高质量发展的赋能效果更为明显,具有一定的差异化效果。

表2　不同区域异质性检验

变量名	中心	外围	低竞争	高竞争	国有	非国有
	（1）	（2）	（3）	（4）	（5）	（6）
ai	0.0004	0.0062***	−0.0013	0.0073***	0.0017	0.0035**
	(0.0017)	(0.0018)	(0.0016)	(0.0018)	(0.0018)	(0.0016)
控制变量	控制	控制	控制	控制	控制	控制
固定效应	控制	控制	控制	控制	控制	控制
样本量	5882	4419	5229	5072	4042	6248
R^2	0.0181	0.0180	0.0161	0.0153	0.0289	0.0141

四、机制分析

(一) 产业集聚机制

由前文理论分析可知,在不同产业集聚模式下,人工智能对企业发展可能会产生不同的影响。虽然专业化集聚可以借助资源共享的方式降低企业生产成本,并且还可以通过形成规模经济圈进而推动企业高质量发展水平的整体跃升。但不可否认,过高的专业化聚集会产生区域拥挤效应,导致企业间同质化现象严重,反而不利于企业发展。而多样化集聚则可以通过信息互换、技术溢出以及跨界融合,推动企业协调创新,促进产业进一步集聚进而赋能企业高质量发展。基于以上考虑,本文将从专业化集聚和多样化集聚的角度实证分析人工智能对集聚规模的影响。

关于产业集聚的测度方法有很多,鉴于计算的简便性、数据的可获性以及测度结果的可靠性,现有研究使用区位熵数法测度产业聚集较为普遍。本文在区位熵数法的基础上,按照国民经济行业分类标准,参考陈长石等 (2019)[24] 的测度方法对产业集聚进一步分类为专业化产业集聚 (single) 和多样化产业集聚 (diversify)。

$$single_{it} = max\ (s_{ijt}/s_{jt}) \tag{2}$$

$$diversify_{it} = \frac{1}{\sum s_{ijt}^2} \tag{3}$$

其中,s_{ijt} 表示 i 地区 j 产业在第 t 年的就业人数占地区总就业人数的比重,s_{jt} 表示 j 产业在第 t 年的就业人数占所有地区就业人数的比重。

从表3的列 (1) 和列 (2) 可以看出人工智能对不同产业集聚模式的影响方向和程度是不同的,由于人工智能应用领域的广泛性,必然会促使企业朝着全方位、多样化的方向发展。

(二) 融资改善机制

根据前文理论分析,进一步从内源融资和外源融资两个方面实证考察人工智能赋能企业高质量发展的融资改善机制。表3第 (3) 列报告了人工智能对企业内源融资的影响，结果显示人工智能在5%的水平下显著改善了企业内源融资，产生以上结果的原因可能在于企业在智能化发展的过程中为了避免自身掌握的前沿技术信息被泄露，在融资过程中会尽量选择资金获取便捷、限制较少的内源融资。第（4）列报告了人工智能对企业股权融资的影响，结果显示股权融资在人工智能与企业高质量发展之间的作用机制表现为"积极效应"。原因可能在于股权融资能够增强投资者的信心，促使企业获取更多的融资机会，进而确保高质量发展的平稳运行。值得注意的是，相比其他融资模式，股权融资的系数绝对值最小，说明人工智能对股权融资的影响最小，这也符合优序融资理论。第（5）列报告了人工智能对企业债务融资的影响，结果显示债务融资在人工智能与企业高质量发展之间的作用机制表现为"消极效应"，根据信号传递理论，企业若选择以举债的方式募集资金，可能会给投资者传递负面信号，影响投资决策，因此在高质量发展的过程中应当减少债务融资。总的来说，人工智能可以通过改善融资结构促进企业高质量发展。

表3 机制分析结果

变量名	专业化集聚 （1）	多样化集聚 （2）	内源融资 （3）	股权融资 （4）	债务融资 （5）
ai	-0.0191 (0.0138)	0.1406*** (0.0194)	0.0107** (0.0054)	0.0048* (0.0026)	-0.0096*** (0.0029)
控制变量	控制	控制	控制	控制	控制
固定效应	控制	控制	控制	控制	控制
样本量	10132	10132	6372	10244	5174
R^2	0.0017	0.1856	0.0602	0.1812	0.0609

五、结论与启示

（一）研究结论

本文基于2007—2021年中国A股上市公司数据，考察了人工智能对企业高质量发展的影响。从整体角度看，现阶段人工智能可以显著促进企业高质量发展，通过更换解释变量、增加控制变量、缩小研究样本、工具变量法等多种方式进行验证，发现结果仍然稳健。从异质角度看，一是从区域层面得出相比于中心城市，人工智能在外围城市对企业高质量发展的赋能效果更为明显。二是从行业角度发现，较之于市场竞争较低的行业，人工智能对企业高质量发展的赋能效果主要体现在高市场竞争的行业中。三是不同企业的微观特征也会影响人工智能对企业高质量发展的赋能效果，相比国有企业，在非国有企业的研究样本中，人工智能对企业高质量发展的赋能效果更为明显。同时，本文发现人工智能可以通过集聚产业、改善融资等渠道赋能企业高质量发展。

（二）政策启示

第一，加快布局人工智能新型基础设施建设。一方面要持续加大智能化领域投资力度，大力引进智能化设备助力企业转型升级，通过搭建智能化平台紧跟市场需求，帮助企业抓住市场先机，从而创造更多的营收增长点。另一方面企业要紧抓关键核心技术攻关，积极拥抱人工智能等前沿技术领域，并对其进行前瞻布局，进而推动企业更好地实现高质量发展。

第二，强化人工智能赋能企业高质量的影响渠道。在产业发展方面，同一空间载体应遵循多样化发展原则，通过积极吸引国际领先或国内龙头企业、建立新兴园区等发挥"虹吸效应"推动多样化产业共聚，从而衍生产业链条，增强经济韧性，进而形成优势互补，帮助企业降本增效。在改善融资方面，应借助金融科技趋势，拓宽企业融资渠道、丰富增信手段、改善融资环境，以帮助企业缓解融资困境，共享更多数字金融"红利"。

第三，"因地制宜"制定和执行相关产业政策。在区域方面，如中心城市应继续保持先发优势，持续壮大形成规模经济，打造一批具有核心竞争力的成熟产品。外围城市应补齐短板，依靠自身资源禀赋，加快布局区域特色产业链，帮助相关企业形成新的经济驱动极。在行业方面，应注重破除"低端锁定"，提升国际竞争力，逐步迈向产业链中高端。企业自身则需要及时更新技术设备，通过搭建现代化信息系统以挖掘更多的需求增长极。

参考文献

[1] Kusiak A. Intelligent Manufacturing Systems [J]. Journal of Engineering

for Industry, 1990, 113 (2): 581-586.

[2] 任保平, 宋文月. 新一代人工智能和实体经济深度融合促进高质量发展的效应与路径 [J]. 西北大学学报 (哲学社会科学版), 2019, 49 (5): 6-13.

[3] 李梦欣, 任保平. 新时代中国高质量发展的综合评价及其路径选择 [J]. 财经科学, 2019 (5): 26-40.

[4] 曲立, 王璐, 季桓永. 中国区域制造业高质量发展测度分析 [J]. 数量经济技术经济研究, 2021, 38 (9): 45-61.

[5] 任保平, 何厚聪. 数字经济赋能高质量发展: 理论逻辑、路径选择与政策取向 [J]. 财经科学, 2022 (4): 61-75.

[6] 郭朝先, 方澳. 人工智能促进经济高质量发展: 机理、问题与对策 [J]. 广西社会科学, 2021 (8): 8-17.

[7] 荆文君, 孙宝文. 数字经济促进经济高质量发展: 一个理论分析框架 [J]. 经济学家, 2019 (2): 66-73.

[8] 李志强, 刘英. 机器人的应用可以缩小性别工资差距吗——基于CFPS2018的经验证据 [J]. 山西财经大学学报, 2022, 44 (2): 91-102.

[9] Autor D H, Salomons A. Is Automation Labor-Displacing? Productivity Growth, Employment, and the Labor Share [R]. NBER Working Papers, 2018.

[10] 张军扩, 侯永志, 刘培林, 等. 高质量发展的目标要求和战略路径 [J]. 管理世界, 2019, 35 (7): 1-7.

[11] 余东华, 王梅娟. 数字经济、企业家精神与制造业高质量发展 [J]. 改革, 2022 (7): 61-81.

[12] Yazdanfar D, Öhman P. Debt Financing and Firm Performance: An Empirical Study based on Swedish Data [J]. Journal of Risk Finance, 2015, 16 (1): 102-118.

[13] 吴非, 胡慧芷, 林慧妍, 等. 企业数字化转型与资本市场表现——来自股票流动性的经验证据 [J]. 管理世界, 2021, 37 (7): 130-144.

[14] 张远, 李焕杰. 企业智能化转型对内部劳动力结构转换的影响研究 [J]. 中国人力资源开发, 2022, 39 (1): 98-118.

[15] 肖土盛, 吴雨珊, 亓文韬. 数字化的翅膀能否助力企业高质量发展——来自企业创新的经验证据 [J]. 经济管理, 2022, 44 (5): 41-62.

[16] 孟庆斌,李昕宇,张鹏.员工持股计划能够促进企业创新吗?——基于企业员工视角的经验证据[J].管理世界,2019,35(11):209-228.

[17] 刘艳霞.数字经济赋能企业高质量发展——基于企业全要素生产率的经验证据[J].改革,2022,343(9):35-53.

[18] 黄群慧,余泳泽,张松林.互联网发展与制造业生产率提升:内在机制与中国经验[J].中国工业经济,2019(8):5-23.

[19] Nunn N, Qian N. US Food Aid and Civil Conflict [J]. American Economic Review, 2014, 104 (6): 1630-1666.

[20] Gilbert C, Sandra N, Loriane P. The Impact of ICTs and Digitalization on Productivity and Labor Share: Evidence from French Firms [J]. Economics of Innovation and New Technology, 2022, 31 (8): 669-692.

[21] 赵涛,张智,梁上坤.数字经济、创业活跃度与高质量发展——来自中国城市的经验证据[J].管理世界,2020,36(10):65-76.

[22] Nickell S J. Competition and Corporate Performance [J]. Journal of Political Economy, 1996, 104 (4): 724-746.

[23] 张叶青,陆瑶,李乐芸.大数据应用对中国企业市场价值的影响——来自中国上市公司年报文本分析的证据[J].经济研究,2021,56(12):42-59.

[24] 陈长石,姜廷廷,刘晨晖.产业集聚方向对城市技术创新影响的实证研究[J].科学学研究,2019,37(1):77-85.

作者简介:刘英,江西省社会科学院助理研究员、博士。